글로벌 경영을 위한

정보시스템

MANAGEMENT INFORMATION SYSTEMS

최재화 / 손승희 / 장윤희 / 유기동

북넷

머리말

세계화, 무한 경쟁, 고객 보스(Customer is Boss), 끊임없는 기술 발전 – 이 모두가 기업이 해결해야 하는 도전들이다. 비지니스 환경뿐만 아니라 조직 내에서 이러한 변화를 일으키는 가장 중요한 요소는 정보통신 기술이다. 흔히 정보통신 기술은 비지니스를 움직이는 동력이며 비지니스 전략을 지원하여야 한다고 한다. 그러나 이것은 소극적인 태도이다. 기업은 새로운 정보통신 기술을 핵심 전략으로 능동적으로 이해하고 받아들여야 한다. 따라서 정보통신 기술이 어떻게 기업 또는 조직에서 활용될 수 있는지에 대한 지식은 경영학을 공부하는 학생에게는 필수 불가결하다.

급변하는 기업 환경에서 정보통신 기술의 역할이 중요해짐에 따라 그 기능이 조직 구조에 나타나고 또 전문가들을 요구하게 되었다. 이러한 변화로 경영정보시스템이 하나의 학문 분야로 등장하였고 대학에서도 학생들에게 그것을 교육하게 되었다. 거의 40년 전에 등장한 경영정보시스템은 이제 그 학문적 위상이 확고하다. 우리 나라 대학에서도 경영정보시스템 교육이 이루어진 것이 20여 년 정도 된다. 많은 경영 관련 전공 학생들이 경영정보시스템을 공부하며 실무에서 일할 수 있는 기반을 마련하고 있다. 이것을 돕기 위해 많은 경영정보시스템 교재도 여러 학자들에 의해 출판되었다.

그러면 왜 저자들은 또 다른 경영정보시스템 교재를 출판하고자 하였는가? 그것은 경영정보시스템은 정보통신 기술의 비지니스에의 응용이므로 교재의 교육 내용이 발전하는 기술, 변화하는 비지니스 환경, 그리고 디지털 시대의 학생을 고려하여야 한다고 믿기 때문이다. 교재의 내용뿐만 아니라 스타일 또한 시대에 맞게 변화되어야 한다고 본다. 이 교재는 경영

정보시스템의 기본 개념, 이론, 기술, 그리고 실무를 체계적으로 소개한다. 전체 내용을 4부 12장으로 구성하였으며, 각 장은 학습 개요와 목표, 요약, 연습문제, 그리고 참고문헌을 포함하여 학생들의 학습 효과를 높이도록 하였다. 각 장에는 정보통신 기술 분야의 최신 동향 및 기업 사례가 포함되어 있어 기업 실무 현장을 간접적으로 알 수 있도록 하였다.

어떤 책이든 저자들이 최선을 다하기 마련이지만 오류나 실수가 있을 수 있다. 저자들은 본 교재를 지속적으로 수정하고, 새로운 내용으로 업데이트할 것이다. 모든 책의 저자들과 마찬가지로 저자들은 본 교재를 저술함에 있어 감사할 분이 많이 있다. 저자들은 친절하면서도 남다른 직업 의식으로 일하시는 북넷의 사장님과 편집부 김미애 실장님에게 감사를 드린다. 저자들은 방학 중에 원고를 마무리하느라 바쁘게 보내며 더 많은 시간을 할애하지 못한 가족에게도 감사한다.

2009년 2월

저자 일동

차 례

제 1 부 기업과 정보시스템

제 5 장 데이타 자원관리

제 3 부 기업의 정보기술 응용

제 4 부 정보시스템 기획과 개발

제 12 장 정보시스템 개발

제1부 기업과 정보시스템

제1장 디지털 경영과 정보시스템

학습 개요 및 목표

21세기는 디지털 혁명으로 시작되었다. 우리는 디지털 경제의 한 가운데로 진입했으며, 디지털 경제는 기존 경제의 구조와 틀을 바꾸는 새로운 경제 패러다임으로 부상하고 있다. 즉, 인터넷으로 연결된 네트워크 경제에서는 거래대상으로서의 상품 및 서비스, 거래의 본질과 방식, 유통부분의 역할이 전통경제와는 근본적으로 달라진다는 것이다. 그 중심에는 ICT (Information & Communication Technology) 산업이 자리잡고 있다.

디지털시대 경영환경의 변화는 매우 불확실하고 변화의 속도가 빠르며 글로벌 경쟁으로 더욱 치열해지고 있다. 이와 같은 상황에서 기업들은 디지털화 되어야 하는데, 디지털에 기반한 비지니스 모델을 수립하고 고객, 공급자, 협력업자 등 다양한 이해관계자들과의 긴밀한 네트워크를 형성할 수 있는 기술 기반을 마련하여야 한다. 여기서 기술 기반이라 함은 인터넷 기반의 정보기술, 정보시스템의 구현이다.

본 장에서는 디지털 혁명과 디지털 경제의 본질에 대하여 이해하고, 디지털시대의 새로운 경영 패러다임에 대하여 살펴본다. 또한 디지털 경제의 원동력이 되는 정보기술, 정보시스템, 특별히 기업경영의 핵심적인 전략도구가 되는 경영정보시스템(MIS: Management Information Systems)의 개념, 발전과정, 유형 등, MIS 전반에 대하여 개괄적으로 학습함으로써 본 서에서 제공되는 세부적인 학습내용에 대한 이해를 돕고자 한다.

- 디지털 혁명으로 파급된 디지털 경제의 특징에 대하여 이해한다.
- 디지털 경제의 등장에 따른 21세기 경영패러다임의 변화에 대하여 살펴본다.
- 21세기 핵심 경영자원으로서의 정보의 특성, 정보관리의 사이클, 지식정보사회의 본질을 이해함으로써 정보력을 갖추도록 한다.
- 디지털 경영으로 전환하는데 전략적 도구로서의 역할을 수행하는 경영정보시스템에 대하여 이해한다.
- 정보기술 및 경영정보시스템의 발전과정과 동향을 파악하고, 다양한 관점의 경영정보시스템 유형을 살펴봄으로써 경영정보시스템의 핵심을 정확히 이해한다.

최근 3~4년간 IT업계의 가장 큰 화두는 컨버전스(Convergerce)였다. 융합이라고 해석되는 컨버전스의 사전적 의미는 한 점으로의 집중, 수렴 등이다. IT업계는 전통적으로 컨버전스를 하나의 기기 혹은 서비스에 다른 정보통신 기술을 묶어 한 곳으로 합치는 융합형태로 받아들이고 있다. 최근에는 IT산업뿐만 아니라 기존 전통산업에서도 컨버전스라는 표현을 사용하는 것이 일상사가 됐다.

IT융합 바람 거세다 - IT와 전통산업간 결합에 관심 쏠려

올해도 이 컨버전스는 그야말로 IT업계뿐만 아니라 전 산업계에 변화 바람을 몰고 왔다. 유선과 무선, 통신과 방송, 온라인과 오프라인, IT와 비IT의 결합은 올해 IT업계뿐만 아니라 전 산업을 흔드는 기폭제가 됐다.

PC, PDP, 카메라, MP3, 전자사전 등의 컨버전스로 등장한게 바로 스마트폰이다.

이미 유선과 무선, 온라인과 오프라인의 컨버전스 현상은 우리 주변에 쏟아져 나오고 있다. 2009년에는 통신과 방송, IT와 비 IT의 결합에 관심이 쏠릴 것으로 보인다. 이미 통신과 방송의 융합, IT와 비IT의 융합이 시작됐지만 내년부터는 IPTV 등 실질적인 서비스가 본격화될 것이라는 전망과 함께 이 두 가지에 업계의 관심은 커지고 있다. 기존 유선과 무선, 통신과 방송 등의 융합은 흔히 디지털 컨버전스로 정의할 수 있다. 디지털 컨버전스 현상은 이미 IT업계에서는 정착화가 됐기 때문에 그 시장규모 자체를 추정하는 것 자체가 불가능하게 됐다.

불과 몇 년전만 해도 음악을 듣고, 동영상을 보고 게임을 하는 것은 개별적인 기능으로 여겨져 각 기능에 맞는 제품들이 별도로 출시되고는 했다. 그러나 이제 상황이 크게 반전됐다.

디지털시대의 화두

최근에 나오고 있는 휴대폰을 보면, 음악, 동영상, 전자사전, 카메라 기능까지 그야말로 모든 디지털 기능이 모두 포함돼 있다. 몇 년전만 해도 전자사전이 크게 인기를 끌었던 적이 있었다. 그러나 이제 전자사전이 별도로 판매되는 경우는 드물어졌다. 이른바 컨버전스 현상 때문에 나타난 것이다.

휴대폰에서 인터넷도 가능하다. 컴퓨터에서나 할 수 있었던 인터넷이나 문서 작업 등이 가능한 컴퓨터가 등장했다. 특히 구글, 마이크로소프트 등 전통적인 인터넷 혹은 IT 업체들도 휴대폰의 운용체계 등에 큰 관심을 보이며 적극적인 투자를 하고 있어 갈수록 휴대폰의 컨버전스 현상은 더욱 심화될 것으로 예상된다.

인터넷전화로 불리는 VoIP도 컨버전스의 한 형태로 인기를 끌고 있다. 올해 인터넷 전화가 대폭 상승세를 보였다. 기업들도 인터넷 전화도입에 적극적인 관심을 보이고 있는 것이 이전과 달라진 양상이다.

특히 법 규제도 바뀌고 있어 주목된다. 이제는 집 전화 번호 그대로 인터넷 전화를 쓸 수 있게 됐기 때문에 가정에서도 대폭 수요가 늘어날 것으로 보인다. 번호이동제도 시행만을 기다렸던 인터넷전화 업계도 가입자 확대를 위한 공격적인 마케팅을 벌여나갈 것으로 예상된다.

통방융합 가속화

2009년 컨버전스 현상으로 통방융합과 IT와 비IT의 융합이 주목된다. 통방융합은 2~3년 전부터 지속적으로 불거져오던 문제였다. 통신쪽과 방송쪽의 힘겨루기에서부터 비롯해 관련 부처 간 눈치 경쟁 등 많은 화제거리를 쏟아낸 분야이기도 하다.

주변 상황이야 어찌됐던 간에 통방융합에 대한 미래 전망은 밝다. 결과적으로 소비자의 트렌드가 통방융합 형태를 원하고 있기 때문이다.

방송 융합이 대세로 자리잡으면서 IPTV, DMB, 디지털TV 등에 대한 관심은 더욱 증폭될 것으로 기대된다. IPTV는 2009년에는 본격적으로 시장이 열릴 가능성이 높다. DMB분야도 수익원 창출에는 어려움을 겪고 있지만 융합의 한 형태로 자리잡을 것으로 보인다. 디지털TV부문은 2012년 아날로그 방송 중단을 예고한 가운데 잠재 시장으로 인기를 끌 것으로 예상된다.

투자도 늘어날 듯

2009년에는 IT와 비IT의 컨버전스가 가장 크게 부각될 것으로 보인다. 이른바 IT산업과 전통 산업 간의 결합이라 할 수 있는 이러한 현상은 지난 2000년대 초 e트랜스포메이션 바람이 불었던 것처럼 하나의 트랜드로 자리잡을 전망이다.

이러한 배경에는 두 가지 요소가 있는데, 불황일수록 IT기술을 활용한 업무 효율성, 시스템 프로세스의 단순화 등이 요구된다. 이럴 때마다 IT를 기존 사업에 연결시키려는 시도가 많아진다. 2000년대 닷컴 붐도 원인을 제공하긴 했지만 여러 전통기업들이 인터넷과 혼합한 컨버전스 사업에 열중했었다.

물론 이런 현상은 우리나라에서 더욱 강했다. IMF 이후에 기업의 생존을 위한 수단을 IT를 적극 활용하자는 바람이 불었기 때문이다. 전통산업에 인터넷을 접목시켜 e-비지니스를 만들자던 그때의 바람은 이제 컨버전스(융합)라는 이름으로 다시 한 번 전성기를 누릴 것으로 예상된다.

무엇보다 정부의 투자 방향이 그렇다. 이명박 정부는 올해 취임 이후 여러 번 융복합에 대한 정책을 내놓았다. 이는 한마디로 IT와 전통산업을 하나로 묶어 시너지 효과를 내겠다는 것. 그것으로 인해서 국내 산업을 육성하겠다는 전략이다.

이에 따라 IT산업과 전통산업 간의 융합이 확대될 것으로 보인다. 통신, 방송, 금융, 교육, 자동차, 의료, 건설 등 그 분야는 무궁무진하다. 이미 2000년대 초반에서 중반으로 넘어가며 불었던 e-비지니스 바람으로 양쪽 결합으로 인한 시너지에 대해서는 검증받은 바 있어 정부의 투자 방향과 맞물려 IT와 비IT의 컨버전스는 더욱 강화될 것으로 기대된다.

김신배 SK텔레콤 사장은 최근 한 강연에서 “산업 간의 경제가 무너지면서 컨버전스 트랜드가 가속화되고 있다”고 말했다. 물론 통신 시장을 둘러싼 경쟁 상황을 이야기한 것이지만 산업 간의 경계는 불분명해졌다는 것을 입증한다.

무엇보다 업체들의 변화도 주목된다. 이미 복사기 업체로 알려진 후지제록스, 신도리코 등의 변신을 보자. 광고 카피만을 보고 있으면 이미 복사기 업체가 아니면 토털 IT솔루션 업체로 보인다.

물론 제품도 그렇고 전략도 그렇고 그쪽 방향으로 흐르고 있다. 이는 기존 복사기 기능뿐만 아니라 인터넷 등 IT기술을 융합한 결과다.

최길선 현대중공업 사장이 지식경제부에 건의했던 내용을 보면 내년부터 IT와 비IT의 융합이 어떻게 이뤄질지 주목된다.

"지속적으로 조선분야 1위를 고수하기 위해서는 IT산업 분야 기술을 조선분야에 응용할 수 있도록 하는 산업 간의 기술융합이 적극 검토돼야 할 것이다."

2012년 뉴IT인력 2만명 양성 - 4년간 2800억원…IT와 비IT 융합 이끌 인력 배출

2009년에 IT와 비IT의 융복합이 인기를 끌 수 밖에 없는 이유 중 하나는 정부의 IT 지원사업이 그쪽으로 초점이 맞춰져 있기 때문이다.

내년에는 IT산업이 핵심키워드인 '융복합' 전문인력을 양성하는 'IT융복합 인력양성센터'가 설립된다. 기존보다 기간을 대폭 늘리고 취업과의 연계성을 강화하는 새로운 'IT인턴쉽 제도'도 도입된다. IT전공자가 아이디어 제공단계부터 글로벌 수준의 연구인력으로 성장할 때까지 전생애적인 경력을 관리해 주는 프로그램도 마련된다. 지식경제부가 마련한 IT인력 양성방안을 보면 2012년까지 2800여억원의 예산을 투입해 약 2만여명(연간 5,000명 수준)의 뉴 IT인력을 육성해 나갈 것이라고 밝혔다.

지식경제부는 그간의 IT인력양상이 IT기반 융복합 주체에 대비하지 못했고, 졸업생들에 대한 현장의 불만이 지속되고 있으며, 차세대 기술개발에 필수적인 고급, 전문인력의 공급이 부족하는 등 최근의 시장수요를 반영하지 못했다고 분석하고 있다.

무엇보다 최근 자동차, 조선 업계에까지 퍼지고 있는 융복합 전문인력 양성도 주목거리다. 전자공학과 출신 자동차 전문가가 양성되며, 조선공학 전공자도 IT에 관한 전문지식을 갖출 수 있는 센터를 만들겠다는 것이다. 정부뿐만 아니라 업계도 이에 화답하고 있어 2009년부터 융복합 인력 양성이라는 용어 자체가 부각될 전망이다.

▸ www.ittoday.co.kr, 2008. 12

01 디지털 경영

1.1 디지털 혁명의 도래

(1) 디지털이란

최근 우리 사회는 '디지털'이라는 용어를 어디에서나 쉽게 접할 수 있다. 그렇다면 아날로그와 대비되는 디지털이란 무엇인가?

아날로그는 전류, 전압 등과 같이 연속적으로 변화하는 물리량을 이용하여 데이타를 표현하거나 측정하는 기술을 의미하는 반면, 디지털은 연속적인 아날로그 정보(소리, 문자, 동영상 등)를 0과 1로 표현하는 것을 의미한다. 오늘날 과학자들과 이를 상용화하는 기업들은 물질을 비트로, 아날로그 데이타를 디지털 데이타로, 문자, 소리, 영상 등 자연신호를 0과 1의 이진수로 전환시킨 후, 이를 다시 자연신호로 재전환시키고 표현할 수 있는 디지털 기술을 비약적으로 발전시켰고, 디지털 기술의 활용영역 및 가능성, 그 영향력은 폭발적으로 확산되었다.

디지털 기술의 특징을 살펴보면 다음과 같다.

첫째, 자연신호를 동일 매체로 저장, 재생, 전송할 수 있는 단일성, 둘째, 반복 사용하고 복사해도 원래의 자연신호를 유지할 수 있는 무한 반복 재현성, 셋째, 자연신호의 가공을 쉽고 다양한 형태로 변형시킬 수 있는 조작의 용이성 등을 포함한다.

그림 1-1 아날로그 신호와 디지털 신호

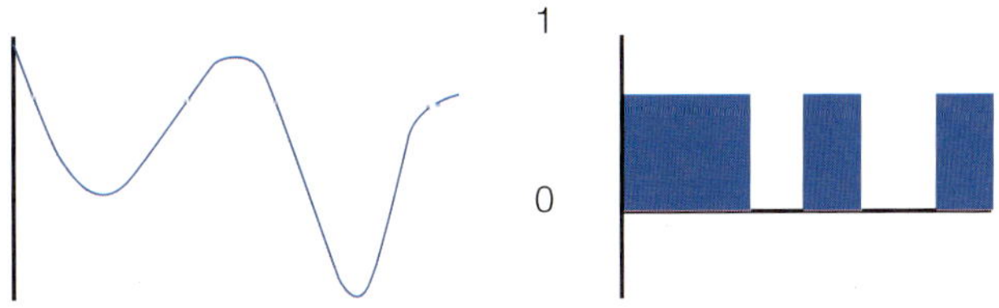

a. 아날로그 신호 예 b. 디지털 신호 예

21세기는 디지털 신호의 처리, 전송, 저장 등, 디지털 관련 기술의 획기적인 발전과 수요 확대로 인해 디지털로 움직이는 세상이 되었다. 이는 정치, 경제, 문화, 기술, 과학, 산업, 교육, 나아가 국가 간 관계 등, 우리가 살고 있는 세상의 제 기능과 활동들을 새로운 방식으로 발전시키고, 함께 융합하여 다시 새로운 기술을 창조하여 발전시키는 원동력이 됨으로써 총체적이며 획기적인 패러다임의 변화를 불러일으켰다.

(2) 디지털 혁명

디지털 기술이 사회전반을 움직이는 원동력이 되고 있는 21세기의 혁명적인 변화를 디지털 혁명이라고 표현한다. 이것은 농업혁명과 산업혁명에 이어 인류사의 세 번째 큰 변혁으로 보고 있는데, 과거 새로운 혁명적인 변화가 발생하는데 요구되었던 시간과는 달리 디지털 기술에 의한 혁명은 불과 30여 년 만에 전 세계와 인류에 급속히 영향을 미치게 되었다. 디지털 혁명은 무엇보다 인터넷으로 전 세계가 단일 망으로 연결되고 24시간 활동이 가능한 가상공간이 탄생함으로써 촉발되었다. 디지털 가상공간에서 창조된 3C(Content, Community, Commerce)의 발생과 이동은 전통적인 생산요소나 수단의 혁신인 동시에, 유통, 소비과정에서의 새로운 변혁을 발생시켜 과거와는 완전히 다른 새로운 패러다임을 형성하고 있다.

디지털 혁명은 다음과 같은 현상으로 정의해볼 수 있다.

첫째 디지털 제품의 혁명으로서 기존 제품과 서비스가 디지털화되는 것이다. 이는 다시 문자, 소리, 동영상 등 정보재의 디지털화와 소비재와 산업재를 포함하는 하드웨어의 디지털화로 나눌 수 있다.

표 1-1 디지털 혁명을 이해하는 네 가지 법칙

1. 무어(Moore)의 법칙 : 마이크로 프로세서 칩 수는 19개월에 2배씩 증가한다
2. 길더(Gilder)의 법칙 : 광섬유 정보 전달량은 12개월마다 3배 증가하고, 인터넷은 매 100일마다 트래픽이 2배씩 증가한다
3. 매칼프(Metcalf)의 법칙 : 네트워크의 가치는 참여자 수의 제곱에 비례하며, 임계치에 도달하면 폭발적인 증가세를 보인다
4. 코스(Coase)의 법칙 : 거래비용이 감소하면 조직의 이익은 줄어드나, 조직 간 관계는 증가한다.

- 정보재의 디지털화에는 문자가 디지털북(digital book)으로, 소리가 MP3와 같은 음악파일로, 동영상은 MPEG와 같은 형식으로 전환됨으로써 모든 데이타와 정보가 디지털화 되어지는 것이다. 이와 같은 현상에는 수확체증의 법칙이 적용된다.
- 하드웨어의 디지털화는 디지털 가전기기와 같은 소비재에서 디지털 컨버전스가 계속적으로 이루어지고, 라우터나 반도체와 같은 산업재는 무어의 법칙에 따라 급속한 속도로 발전이 이루어지는 것이다.

한편 디지털 혁명은 인터넷 혁명을 포함하는 개념으로서, 인터넷의 속도와 인터넷의 이용자 수는 길더의 법칙과 매칼프의 법칙에 따라 폭발적으로 증가되어 왔다. 이와 같은 현상을 리드하는 디지털 혁명의 주체는 창조적인 지식인, 디지털 관련 산업, 그리고 선도적인 기업들이다.

그림 1-2 디지털 혁명의 현상

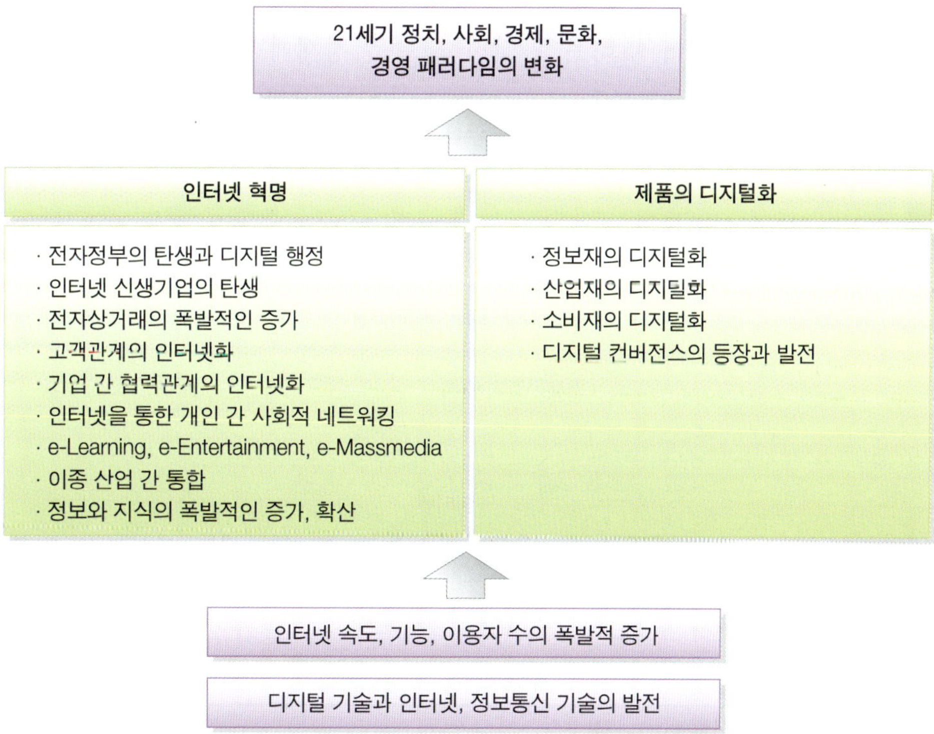

그 밖에 디지털 혁명으로 인해 지식기반 경제로의 전환이 가속화되고 있으며, 전자정부의 탄생과 디지털 행정, 인터넷을 통한 개인들의 사회적 네트워킹, 공동체 현상, 신생 인터넷 기업들의 폭발적인 증가, 고객관계의 인터넷화, 기업 간 협력관계의 인터넷화, 전자상거래의 폭발적인 증가, e-Learning과 e-Entertainment, e-Masscommunication 등을 통한 새로운 사회문화 패러다임의 형성, IT 산업과 다른 산업 간의 역동적인 통합, 집약화 현상 등은 21세기 디지털 혁명에 따른 다양한 현상으로서 미래를 창조하는 새로운 동향으로 이해할 수 있다.

1.2 디지털 경제의 등장

(1) 디지털 경제의 개념

디지털 경제란 어떤 의미인가? 과거 산업사회의 기반은 19세기에는 철도, 20세기에는 도로망의 확충으로서, 이를 통해 노동과 자본이 자유롭고 효율적으로 배분되었고 자본의 가치가 극대화되었다. 그러나 디지털 경제는 기존 경제의 구조와 틀을 바꾸어 버리는 완전히 새로운 경제패러다임으로서, 그 중심에는 ICT (Information & Communication Technology)가 자리잡고 있다. 즉 디지털 경제의

그림 1-3 디지털 경제의 기반 모델

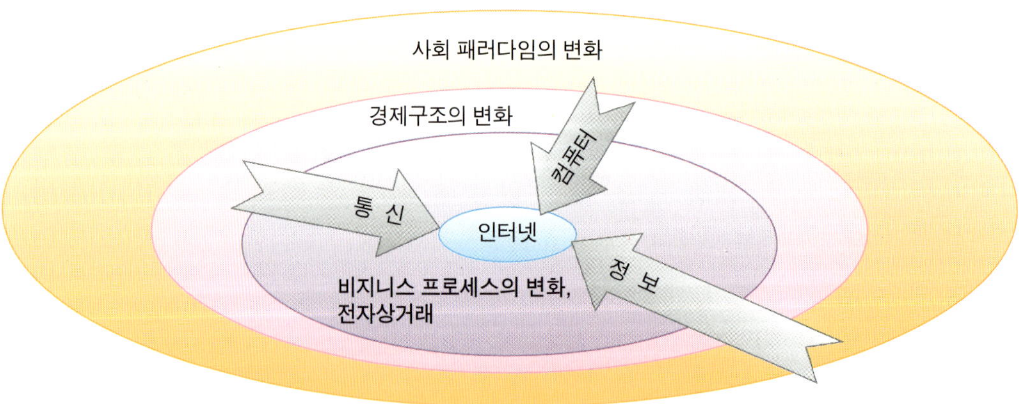

자료 : 미상무성, Modeling of the Digital Economy, 1999 참조.

기반은 정보통신산업의 발전과 정보, 컴퓨터, 통신이 하나로 만나는 인터넷 기술의 발전이 촉매역할을 하였으며 시장, 공급자, 소비자, 거래 프로세스 등이 네트워크화되어 기능하는, 전통적인 경제구조와는 근본적인 변화의 양상을 보인다. 디지털 경제 하에서 정보는 인터넷을 통해 시간과 공간을 초월하여 전달됨으로써 기존의 가치에 새로운 가치를 더하여 부가가치를 창출하고 생산성이 비약적으로 발전함으로써 폭발적인 국가 경제성장을 유발하는 것이다.

또한 네트워크로 연결된 디지털 경제에서는 상품구성, 거래의 본질, 경제적 가치창출의 원천이 제조업을 중심으로 한 전통적인 경제와는 근본적으로 차이가 있으며, 기업은 한 순간도 쉴 수 없는 역동적인 체제 하에서 다양한 이해관계자들과의 협력과 경쟁활동을 끊임없이 수행하여야 한다.

(2) 디지털 경제의 특징

무엇보다 디지털 경제의 특징은 과거에 존재하지 않았던 디지털 가상공간이 생성되어 교환방식과 비지니스 모델이 완전히 새로워졌다는 특징을 가지고 있다. 디지털 경제 하에서는 전자상거래 등 새로운 경제활동이 발생함으로써 기업의 경영방식 및 운영활동은 디지털화되고, 이로 인해 제조업 및 유통, 금융 등, 다양한 산업 전반에서 막대한 가치가 창출되고 있다.

인터넷 사용의 보편화로 기업, 정부, 단체들은 수평적 구조로 재편되고, 사회전반의 네트워크화와 정보공유가 확대되었다. 전통경제에서는 거래에 의해서 상품이 교환되고 소비자는 구매한 상품에 대해 독점적이고 배타적인 권리를 갖게 되지만 디지털 네트워크 경제에서는 많은 상품이 무한 복제를 통해 다른 소비자와 공유되기 때문에 상품 및 거래의 본질과 유통부분의 역할이 전통경제와 근본적으로 다르다.

디지털 경제시대가 열리면서 소비는 매우 빠르고 쉽게 확대됨으로써 경제성장과 경기 활성화를 진작시킬 수 있었는데, 이는 디지털 경제의 특징인 거래비용이 거의 발생하지 않고, 진입 및 경쟁장벽이 사라진 이상적인 시장, 마찰없는 경제의 도래를 통해 가능하게 된 것이다. 소비자는 시간적, 공간적 제약을 받지 않고 국경을 넘어, 24시간, 365일, 그리고 과거에는 존재하지 않았던 상품, 서비스, 유통채널을 통하여 소비활동을 수행하게 되었다.

한편 기업의 입장에서는 새로운 기술과 방식을 통해 소비자가 원하는 소비재를 생산하고 새로운 시장을 창출하고, 새로운 투자를 계속 발생시킬 수 있다. 관련하여 산업구조가 장치산업에서 인터넷, ICT 산업으로 전환되면서 새로운 고용의 창출과 전문직, 지식근로자에 대한 수요가 지속적으로 발생하고 있다. 디지털 경제로의 이행을 위한 IT 산업에 대한 대규모 투자와 인터넷 특성에 따른 연결의 경제성으로 인한 네트워크 밀도의 증가는 경제전반에 걸쳐 생산성 향상과 경제성장을 유발하는 요인을 제공하였다. 이와 같은 디지털 환경변화 속에서 기업들은 계속적으로 디지털화 되어가고 있는데, 새로운 비지니스 모델의 선점과 성공적인 실행을 위한 경쟁이 치열해지고, 다양한 이해관계자들에 대한 선택과 긴밀한 협력이 요구되는 네트워크 경영구조로 민첩하게 전환되어야 하는 당위성을 갖는다.

디지털 경제가 심화됨에 따라 제조, 거래, 유통 등에서 비용의 효율성이 향상됨으로써 고성장, 저물가, 저실업 등, 안정화가 이루어질 수 있었다. 1990년대 이후, 최고의 호황기를 맞았던 미국경제는 디지털 경제, 즉 신경제(New Economy)의 모형으로서, 이는 세계 경제의 글로벌화에 따른 생산요소의 자유로운 이동, 인터넷 등 첨단 정보화, 디지털 경제의 확산에 따른 생산성의 향상, 정부의 규제완화 및 적극적인 지원 등에 기인하는 것이다. 그러나 정보화, 혹은 디지털화의 격차는 개인, 조직, 국가에 있어 더 큰 빈부의 격차를 발생시킬 수 있다는 위험요소를 갖는다. 특별히 산업 간에는 디지털 경제의 등장과 발전에 따른 산업의 쇠퇴와 부흥의 명암이 크게 엇갈리는 현상이 증가하고 있다.

표 1-2 디지털 경제의 특징

구 분	전통 경제	디지털 경제
상품의 원천	분자와 원자	바이트와 비트
거래의 특성	교 환	무한복제
이용 관계	배타적 소유	타인과 공유
기술의 본질	물리적 힘의 확장	논리적 힘의 확장

02 디지털 경영 패러다임의 변화

2.1 경영환경의 변화

디지털시대의 도래로 인해 기업의 경영환경은 급속하게 변화하였다. 마이클 해머와 제임스 챔피는 1980년대에 이미 기업의 환경변화와 관련하여 고객중심, 경쟁의 심화, 변화의 가속도를 이야기 하였다. 이와 같은 경영환경의 변화는 21세기의 디지털시대가 되면서 한층 더 불확실해지고 가속화되어 기업이 새로운 문제와 기회에 대하여 신속하고 융통성 있게 대응하도록 촉구하고 있다.

Boyett & Boyett는 과거와 다른 극적인 경영환경의 변화를 비지니스 압력, 또는 동인 주도요인의 집합으로 설명하고, 이를 기업의 운영에 압력을 형성하는 힘

그림 1-4 비지니스 압력과 조직의 핵심 반응활동

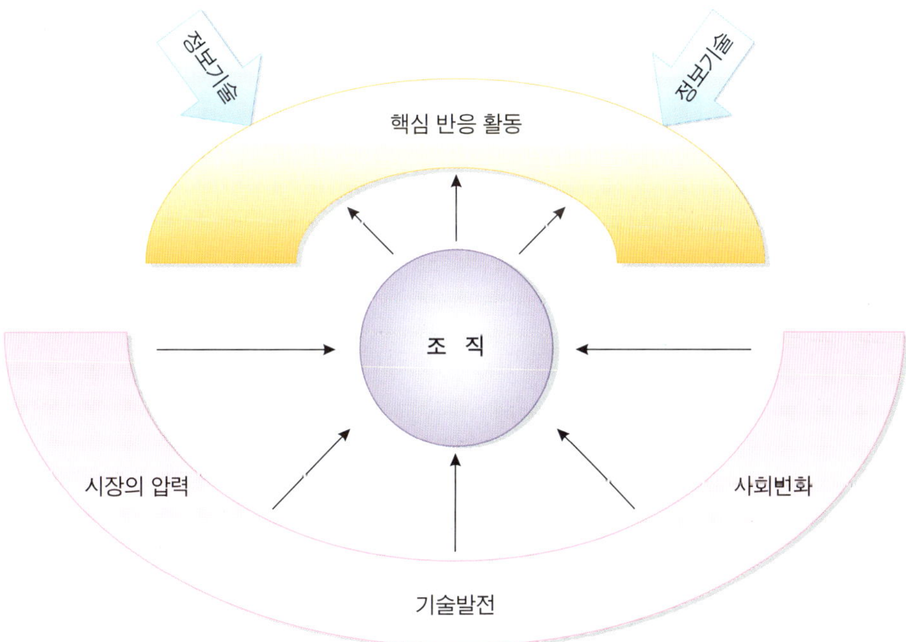

이라 하였다. 따라서 기업은 디지털시대의 비지니스 압력에 대응하기 위해서 즉각적인 반응활동을 수행하여야 하는데 조직구조와 비지니스 프로세스를 변화시키는 혁신적인 활동과 더불어 기업 내부의 일상적인 업무로부터 기업 외부를 대상으로 하는 전략활동들을 포함한다. 연구자들은 이러한 기업의 상호 연관된 반응을 주요 핵심 반응활동이라 명명하였다. 이때 가장 중요한 것은 대부분의 기업 반응활동이 정보기술에 의해서 지원되고 활발히 촉진된다는 것이다. 심지어는 정보기술이 없이는 비지니스 압력에 대하여 효과적으로 반응할 방법을 찾을 수 없다는 것이다. 비지니스 압력, 조직의 반응, 정보기술 간의 관계는 [그림 1-4]에서 볼 수 있는데, 이 모형은 비지니스 압력에 대해 기업이 정보기술의 지원을 받아 반응하는 것이다. 경영 환경은 비지니스 활동에 영향을 미치는 사회적, 기술적, 법적, 경제적, 물리적, 정치적 요소 등을 의미한다.

① 최근 영향의 강도가 큰 환경요인 가운데 하나는 '시장압력'이다. 지난 20여 년에 걸쳐 소련이 붕괴하면서 중국과 러시아를 포함한 대부분의 국가가 시장경제로 이동하고 아시아 신흥국가들의 경제성장과 소비시장으로서의 부상은 글로벌 경제의 기반을 마련하였다. 또한 국가와 지역에 따른 노동임금의 격차는 자국을 떠나 생산시설을 세계 각지에 분산시키게 됨으로써 글로벌 경영환경을 마련하였다. 그러나 가장 중요한 요인은 정보통신과 네트워크 기술의 발전, 특히 인터넷 기술의 등장과 발전으로서 이는 세계를 하나의 네트워크로 묶어 단일 시장으로 변모시킴으로써 세계화의 물결을 가속화시켰다. 즉, 신속하고 저렴한 의사소통 수단과 운송방식은 국제무역의 규모를 한층 더 증가시킴으로써 하나의 산업, 또는 지역에 국한되었던 기업경쟁이 글로벌 경쟁으로 확대되었다.

② 또 다른 주요 환경요인은 기술압력이다. '기술압력'은 기술혁신과 정보의 과부하로 설명될 수 있는데, 새롭고 개선된 기술은 대체재, 대체 서비스를 생성하고 계속된 품질개선으로 초일류 제품을 지향하도록 한다. 따라서 기술혁신은 경쟁을 가속화시키고, 기업이 경쟁력을 마련하도록 촉진한다. 많은 기술 가운데서도 정보기술은 기업의 경쟁력에 큰 영향을 미치는 핵심기술이다. 정보의 과부하는 인터넷과 그 밖의 정보통신, 네트워크에 의해 촉진되었다. 정보와 지식에 쉽게 접근할 수 있고 시간과 공간에 구애없이 의사소통하며 비용에 큰 부

담을 갖지 않고 무한하게 학습할 수 있게 되었기 때문에 조직원들의 창의성은 커지고 협업이 증가하고 경영 의사결정의 정확성과 합리성은 향상되었다. 이는 역시 경쟁과 변화를 유발시키는 요인이 된다.

③ 사회적 압력은 새롭게 등장한 기업의 주요 환경요인이다. 이는 사회적 책임, 정부의 규제, 윤리의식의 증가 등을 포함한다. 기업과 조직 외부와의 상호작용이 증가하고 사회가 투명해졌기 때문에 기업은 사회적 문제를 인식하고, 사회적 문제에 책임을 가지고 해결하기 위해 시간과 자금을 투자하여야 한다. 정부의 규제, 혹은 규제의 폐지, 조직원, 고객, 공급업자와 관련된 윤리 이슈, 특별히 정보기술과 관련한 윤리적 이슈로서 수 많은 이해관계자들에 대한 프라이버시와 재무적 안전, 사이버 공격 등은 기업이 이에 대응하기 위하여 조직의 구조와 프로세스를 변화시키고, 비용발생에 대한 계획을 세우고, 규제가 약한 국가의 기업들과 경쟁하기 위한 다양한 대응방안을 마련하도록 압력을 가한다. 이와 같은 사회적 압력은 미래에 기업에게 더욱 큰 부담을 안겨줄 새로운 환경요인으로 작용할 전망이다.

이상에서 설명한 디지털 시대의 비지니스 압력 요인들을 마이클 포터가 제시한 기업의 미시환경 요인들로 설명하면 다음과 같다.

① 새로운 경쟁자

기업이 생산해내는 제품과 서비스가 디지털화되고 이들이 컨버전스화 되고, 디지털 정보재가 다수의 채널을 통해 제공됨으로써 새로운 경쟁자들이 다수 발생하였다. 즉, TV와 컴퓨터를 생산하는 기업들, 게임기와 핸드폰을 생산하는 기업들, 신문업과 인터넷 포탈기업들은 새로운 경쟁자가 될 수 있는 동시에 전략적인 협력자도 될 수 있다. 예를 들면, 브리테니카 백과사전과 MS의 Encarta는 과거에는 전혀 다른 산업, 다른 유형의 제품으로 분류되었으나 이제 두 기업들은 디지털 경영환경에서 새로운 경쟁자가 되었다.

② 공급자

기업은 다양한 경영자원을 조달하는데 B2B, B2C, B2G 등의 전자상거래를 통해 새로운 방식의 구매활동을 수행할 수 있게 되었다. 디지털 기술 기반에서 경영활동을 수행하는데 가장 핵심적인 내용은 투명성과 공개성으로서, 구매자는 공급자의 제안가격을 비교하여 보다 합리적인 선택을 할 수 있게 되었으며, 가상 공간의 열린 시장(marketplace)에서 공급업자를 선택할 수 있게 되었다. 반면 과거의 공급자는 전자상거래를 통해 중개인을 두지 않고 직접 고객과 만날 수 있는 정보기술 기반의 장을 마련하게 되었다. 그러나 무엇보다 중요한 것은 기업은 기존의 공급사슬을 통합할 수 있는 기술적 기반을 마련함으로써 공급업자들과 협력적 관계를 강화하여 궁극적으로 산업 내에서 경쟁력을 높일 수 있게 되었다는 것이다. 이는 공급업자와 함께 윈윈(win-win)할 수 있는 효율적인 환경의 등장을 의미한다.

③ 고 객

인터넷은 고객들이 기업이 제공하는 제품과 서비스에 대해 전문화되고 다양한 정보를 습득할 수 있게 하였고, 중개인을 거치지 않은 직접 거래와 교류를 가능하게 하였다. 따라서 고객들은 가격, 품질, 서비스 등을 비교할 수 있게 되었을 뿐 아니라 고객이 직접 제품의 생산과 판매에도 참여할 수 있는 기회를 갖게 되었다. 이로써 구매자의 협상력은 과거와 비교할 수 없을 만큼 증가하였다. 이에 기업은 경쟁기업 대비, 고객의 요구사항을 신속히 찾아내고 최대한 충족시켜줄 수 있는 만족요인을 찾고 실행할 수 있는 역량을 갖추지 않으면 생존할 수 없는 상황을 맞이하였다.

④ 대체재

상품과 서비스의 디지털화, 유통채널의 다양화, 산업 간 경계의 붕괴, 디지털 컨버전스 등의 동향은 많은 기업에게 기회와 함께 위기를 제공하고 있다. 디지털시대의 새로운 비지니스 모델은 기존의 제품과 서비스를 상당 부분 디지털로 변모시키고 있는데, 과거 전형적인 아날로그 방식의 신문, 방송, 문헌, 그리고 교육, 의료, 엔터테인먼트 등의 상품과 서비스들은 디지털 콘텐츠화 되어 전자상거래를 통해 유통된다. 또한 많은 종류의 하드웨어들은 컨버전스가 진행되어 기존의 독립적인 제품기술과 생산방식을 가지고는 경쟁할 수 없는 환경이 되었다. 과거의 아날로그 사진기는 이제 다양한 첨단 기술과 함께 디지털로 통합되어 모바일폰 안에서 기능한다. 따라서 기업은 동종 및 이종 산업 간의 전략적인 제휴를 통해 첨단의 대체품을 지속적으로 개발하고 생산해 내어야 하는 환경이 되었다.

⑤ 산업 내 경쟁자

인터넷 기술은 동종의 새로운 경쟁자가 디지털에 기반한 비지니스 모델을 가지고 산업 내에 쉽게 진입하여 앞서갈 수 있는 기회를 제공한다. 전통적으로 갖추어야 했던 생산 및 판매 공간이 꼭 필요하지 않게 되었으며, 관계가 돈독한 중개업자들이 더 이상 필요하지 않게 되었고, 장소에 구애 받지 않고 지구 반대편에 있던 경쟁자가 우리의 시장에 진입할 수 있는 환경이 되었기 때문이다. 닷컴 기업으로 불리는 신생 인터넷 기업들은 전통 서비스 기업들과 경쟁하는데 있어 훨씬 민첩함과 융통성, 그리고 가격 경쟁력을 가지고 있다. 인터넷을 통한 증권매매 중개기업인 E-trade.com, 새로운 유통채널인 아마존이나 eBay, 인터파크 여행사 등은 기존의 관련산업 기업들에게 위협적인 경쟁자가 됨으로써 전통기업들 조차 인터넷을 통한 거래를 수행하도록 하는 촉진제가 되었다. 이에 전통 제조업체들은 다양하고 전략적인 협력자들과 힘을 합하게 되었는데, 새로운 비지니스 모델, 유통채널, 디지털 컨버전스의 이점을 살릴 수 있는 기술환경을 최대한 활용할 필요성을 크게 인식하였기 때문이다.

[그림 1-5]는 위에서 기술한 기업의 미시환경 요인들을 제시하고 있다.

2.2 경영 패러다임의 변화

그렇다면 디지털시대의 환경변화에 기업은 어떻게 대응할 것인가? 기업이 디지털 환경변화에 전통적인 방식으로 대응하는 것은 새로운 문제에 내해 효과직이지 않다. 기업은 보다 적극적인 반응 활동을 통해서 경영환경 변화에 대응할 때 오히려 기회를 찾아낼 수 있다. 예를 들면, 니시털 경제에서 발생하는 산업 내부의 변화는 중개업체의 소멸이다. 디지털 가상공간에서 판매업자들은 중개조직을 통하지 않고 고객과 직접 거래가 가능한 상황이 되어 제조업체와 소매업체 간에, 도매업체와 고객 간에, 혹은 제조업체와 고객 간에 거래가 발생하게 된다. 이때 중개업체는 변화에 대응하여 생존하기 위한 새로운 방안을 적극적으로 마련하여야 하며, 판매업체들은 중개업체에 지불하는 막대한 비용을 줄이고 고객과 직접 만날 수 있는 기회를 충분히 활용하여야 한다.

그림 1-5 디지털시대의 미시환경 요인

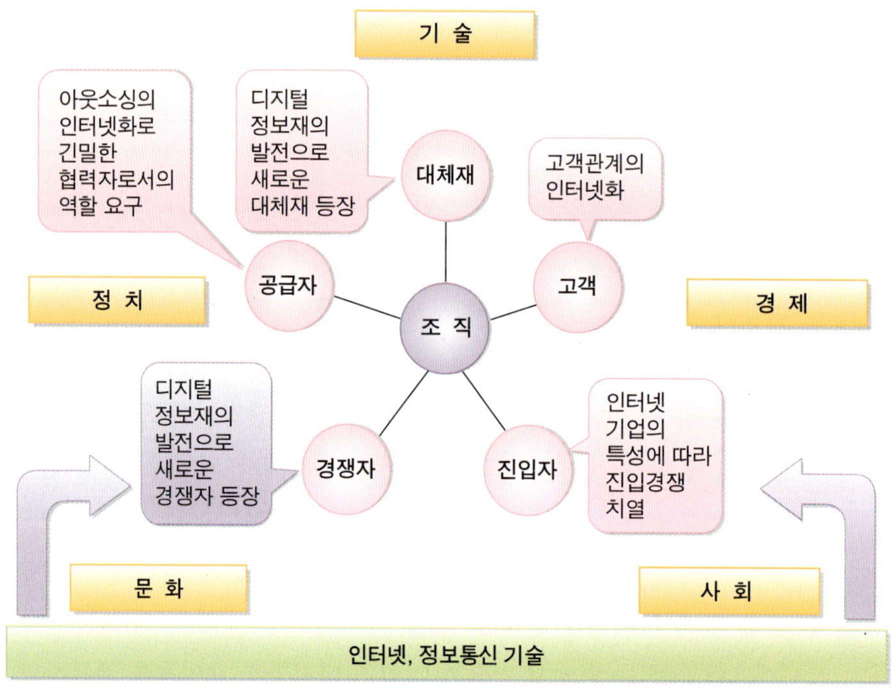

이와 같이 기업은 디지털 경영환경의 변화에 대하여 효과적인 반응활동이 요구되는데, 기업의 반응활동은 새로운 경영 패러다임을 형성하게 된다. 기업은 조직구조 및 직무의 재설계, 비지니스 프로세스의 혁신, 이해 관계자들과의 비지니스 제휴 및 협력관계의 강화, 고객관계 관리, e-비지니스로의 전환 등을 수행할 수 있으며, 이 모든 방안에 있어 정보시스템의 전략적인 활용은 핵심적인 수단을 제공한다.

(1) 조직구조 및 직무의 변화

전 세계가 인터넷을 기반으로 한 네트워크가 가능해짐으로써 글로벌 기업들은 물론이고 중소기업 규모의 기업들도 작은 형태로의 분산화나 아웃소싱을 통한 협력업체와의 긴밀한 협조체계 구조를 새롭게 형성하고 있다. 과거 조직의 형태는 중앙집권화에서 분권화, 그리고 네트워크화로 변화되었으며, 시간과 공간의 제한없이 표준화된 전자적 방식으로 전 세계의 업무처리 방식이 전환됨으로써 조직원들의 직무구조, 직무수행 방식, 직무내용의 변화 등을 가져오게 되었다. 이와 같은 양상은 결국, 중간관리층의 감소와 전문인력의 프리랜서화, 아웃소싱 등 인력구조의 변화와 함께, 컴퓨터 기반 학습(CBD: Computer Based Development), e-Learning의 활성화 등을 통한 인적자원의 지식화, 지속적 역량 개발에 대한 요구를 낳게 하였다. 기업은 즉각적인 환경대응을 위한 융통성, 효율성, 합리적인 경영활동이 요구되는 패러다임으로 전환하여야 하기 때문에 더 이상 피라미드 형태의 전형적인 조직구조와 상명 하달식의 관리적 직무수행 방식을 고수할 수 없다.

(2) 상호관계의 변화

디지털시대의 경영환경에서는 기업 내부 조직원들 간의 상호관계, 조직 간 이해관계자들과의 상호관계에 큰 변화가 발생하였다. 조직 내부에서는 인터넷 기반의 정보시스템을 통하여 업무를 처리함으로써 직접적인 대면 접촉의 커뮤니케이션은 줄어드는 반면, 전자메일, 전자결제, 화상회의, 파일 공유, 웹 게시판, 지식관리시스템 등의 디지털 공간을 이용한 상호작용은 급속히 증가하고 있다. 이와 같은 현상은 조직원 계층 간의 관계 또한 지시와 보고의 관계에서 협력과 공유의 관계로 전환시킴으로써 사회 패러다임의 변화를 유발시키고 있다.

기업경영에 있어 주된 상호관계의 변화는 조직 외부에서 발생하였으며, 특별히 고객과의 관계는 매우 중요한 기업의 핵심 반응 활동이 되었다. 새로운 환경 하에서 고객은 글로벌화 되어 있고, 다양한 정보를 가지고 전문화되어 있으며, 요구사항이 복잡하고 까다롭다. 고객과의 관계는 기업이 일방적으로 정보를 전달하고 판매 프로세스를 주도하였던 과거와는 달리 고객과 보다 긴밀한 관계를 갖는 방법을 마련하는 데서 출발하여 상호작용을 하고, 그것을 통해 기업의 경쟁력을 갖게 된다.

(3) 비지니스 제휴

기업과 정부, 금융기관, 협력업체, 공급업자 등과의 관계도 변화하였다. 디지털시대에는 다른 기업들, 심지어는 경쟁사와의 전략적 제휴가 요구되기도 한다. 특별히 디지털 경제의 특징에 따라 산업 간의 경계가 소멸되고 있는 상황에서 수 많은 기업들은 다양한 유형의 비지니스 제휴를 실행하여야 한다. 즉, 자원의 공유,

협력적 조달, 영속적인 공급자 관계의 형성, 공동연구 노력 등이다. 비지니스 제휴는 과거에는 생각조차 하지 못했던 일로서 비지니스 압력에 의해 생존하기 위해 발생되었으며, EDI(Electronic Data Interchange), CALS(Commerce At Light Speed), 그리고 엑스트라넷(Extranet)과 미들웨어(Middleware) 등, 정보기술의 발전에 힘입어 시간과 공간의 제약 없이 적극적으로 협력작업이 이루어지고 있다. 예를 들어, 오늘날 수 많은 조인트벤처 기업들은 오프라인 사무실을 마련할 필요없이 전자적 공간 안에서 기업운영이 이루어질 수 있는데, 이와 같은 형태의 비지니스 조직은 미래에 더욱 보편화될 것으로 보인다.

(4) 지속적인 기업혁신

기업조직의 혁신 노력은 오래 전부터 시작되었다. 1980년대 일본기업들이 분임조 활동(QC: Quality Circle)을 통한 품질 개선으로 경쟁력을 높인 이후, 가치공학(VE: Value Engineering), 비용절감(CR: Cost Reduction), 기업 정체성 확립(CI: Corporate Identity) 등의 활동이 시작되었고, 1990년대에 기업의 환경변화가 크고 다양해지면서 보다 활발해졌다. 정보기술의 급속한 발전 또한 함께 이루어지면서 정보기술과 기업혁신 활동의 상호작용은 경영 패러다임의 변화를 가속화시켰다. 조직의 재구조화(Restructuring), 직무의 다운사이징, 기업비전 수립 작업, 고객만족경영(CS: Customer Satisfaction) 등의 혁신작업들이 활발하게 수행되었으나 무엇보다 기업들의 관심을 받고 크게 확산된 혁신활동은 JIT(Just-In-Time), TQM (Total Quality Manageemtn)과 BPR (Business Process Reengineering)이었다.

▸ **적시생산시스템**(Just-In-Time)은 포괄적인 생산일정계획과 재고통제 시스템이다. 이 접근방법은 원자재와 부품이 필요할 때 정확히 작업장에 도착하도록 원자재와 부품의 일정계획을 작성하여 비용을 절감하고 업무 프로세스를 향상시키는 것이다. JIT는 제조 공정상(In-Process) 재고와 낭비를 최소화하고 저장공간을 절약한다. 일부의 JIT 실행은 수동으로 관리될 수 있지만 대규모의 복잡한 JIT의 구현은 정보기술의 지원을 필요로 한다.

▸ **전사적 품질경영**(TQM: Total Quality Management)은 지속적으로 생산품의 품질을 개선하기 위한 노력 활동들인데, 오늘날 품질이란 고객의 요구에 대한 신속성과 유연성에 초점이 맞추어져 있다. 따라서 전사적이고 전략적인 차원에서 고객

만족을 위한 지속적인 업무 프로세스의 개선노력으로 이해할 수 있으며, 최근에는 고객 및 협력업자들과 연결될 수 있는 정보기술의 지원을 통해 TQM의 목표들을 보다 효과적으로 성취할 수 있게 되었다.

▸ BPR(Business Process Reengineering) 은 극적인 개선노력이다. 1980년대 미국기업들이 일본기업들에 의해 경쟁력이 떨어지면서 의식적으로 짧은 시간에 극적인 반전을 성취하고자 실행하게 되었다. 마이클 해머는 BPR을 '매출 실적을 나타내는 중요한 척도인 비용, 품질, 서비스, 속도 등의 기업 핵심요소를 극적으로 향상시키기 위하여 업무 프로세스의 전 과정을 근본적으로 완전히 새롭게 재설계하는 것'으로 정의하고, BPR의 목표는 현재의 성취도에서 100% 내지 그 이상의 효과를 얻는 것이라고 하였다. 따라서 BPR은 다음과 같은 개념들이 포함된다.

- 극적인(Dramatic) 향상이다. 이는 BPR의 추구하는 바가 점진적인 변화가 아닌 새로운 것으로 과감하게 대체하여 업무성과의 획기적인 향상을 추구한다는 것이다.
- 근본적(Fundamental)으로 변화한다. 지금까지 실행했던 방법에 대하여 왜?, 무엇을?, 어떻게?, 누가?, 어디서? 등과 같은 근본적인 질문들에 대답하고 근본적인 프로세스 상의 문제들을 찾아내어 개선하려는 것이다.
- 급격하게(Radical) 수행한다. 이는 현존하는 모든 구조와 절차를 버리는데 있어 점진적으로가 아닌 빅뱅 방식으로 단시간에 이루어낸다는 것이다.

표 1-3 BPR과 TQM의 차이

비교 요인	점진적인 프로세스 개선	비지니스 프로세스 리엔지니어링
정 의	현재의 비지니스 프로세스를 점진적으로 개선함	현재의 비지니스 프로세스를 급격하게 재설계함
목 표	계획하는 특정 프로세스	전략적인 관점에서 요구되는 프로세스로부터 전사적으로 모두 포함
동력 엔진	정보기술 및 작업 단순화	정보기술 및 조직 재설계
잠재적 보상	10% ~ 50% 개선	100% 이상의 개선
변화 대상	동일한 직무를 더욱 효율적으로 함	새로운 직무, 규모가 크고 중심이 되는 직무의 재설계
실패 위험	낮 음	높 음

- BPR의 핵심 대상은 '업무 프로세스'이다. 프로세스란 입력물을 처리하여 고객에게 가치있는 결과물을 산출하는 조직활동들의 집합이다. 그러므로 혁신의 목표는 업무 프로세스의 정확한 진단과 분석을 통해 불필요하거나 중복되는 낭비 요소들을 제거하고 프로세스를 획기적으로 개선하고 성과를 향상시키는 것이다.
- BPR에서 가장 중요한 것은 정보기술을 도구로 활용한다는 것이다. 현실적으로 정보기술의 도움없이는 프로세스를 혁신적으로 설계하고 이를 실천하는 것이 불가능하다. 따라서 BPR은 정보기술을 이용하여 경영시스템 전체를 재구축하는 경영혁신 기법이라 할 수 있다.

BPR은 환경변화가 갈수록 심화되는 경쟁의 구도 하에서 혁신적인 변화를 갈망하는 국내외 수 많은 기업들의 열렬한 관심을 받으며 수행되었으나 결과적으로 성공률은 높지 않았다. 이는 BPR이 근본적이고 급격하게 조직구조, 직무, 업무 프로세스의 수행방식을 변화시키는 개념이었기 때문에 조직원들의 저항이 매우 거세었고 무엇보다 정보기술을 BPR 혁신에 효과적으로 반영하는 능력이 부족했기 때문이다. 그러나 BPR을 성공적으로 구현한 Ford, Kodak, First Chicago 등의 기업 사례들에서는 놀라운 성과향상이 이루어졌음을 볼 수 있다.

(5) e-비지니스 등장

디지털시대, 새로운 경영 패러다임의 핵심은 e-비지니스와 전자상거래의 등장이다. e-비지니스는 인터넷 기반 하에서 다양한 정보기술의 통합과 활용을 통하여 경영을 디지털화 하는 개념이며, 전자상거래는 e-비지니스를 실행하는 많은 기업이 추구하는 가장 유망한 비지니스 모델이며 전략이다. 비지니스를 e-비지니스로 전환한다는 것은 기업의 관리절차 및 행위를 정보기술을 근간으로 하여 근본적으로 변화시킨다는 의미이고, 비지니스의 초점을 내부에서 외부로 전환시키는 것이다. 새로운 비지니스 공간인 사이버 공간이 탄생되었으며, 이는 사이버 공간에서의 새로운 비지니스 방식을 수용하고 활용하는 기업이 미래를 개척할 수 있음을 의미하는 것이다.

e-비지니스 환경에서는 유통, 경쟁, 협력, 고객이 글로벌화되고, 시장 경제가 붕괴되거나 결합되고, 끊임없이 고객중심의 새로운 비지니스 모델이 요구된다. 모방

이 쉽고 자본과 기술의 부담이 크지 않은 전자상거래의 낮은 진입장벽으로 인하여 경쟁의 압박은 커지고, 가격과 절차가 투명해짐으로써 이윤은 낮아지며, 중간상이 소멸하는 등, 시장의 경제성 제고로 핵심 역량을 갖추고 비지니스 프로세스 모델을 끊임없이 새롭게 변화, 발전시켜야 생존과 성장이 가능하다. 기업의 비지니스 목적은 불변하지만 정보활용, 고개관리, 프로세스의 최적화를 통해 비지니스 방식은 지속적으로 변화시켜야 하는 것이 디지털시대, e-비지니스 패러다임의 핵심적인 생존법칙이 된 것이다.

[그림 1-6]은 디지털시대의 비지니스 압력과 조직의 대응 방안에 대한 구도를 제시하고 있다.

경영환경 변화에 따른 디지털 경영 패러다임에 대하여 정리하면 다음과 같다.

디지털 경제 하에서 기업은 새로운 경영시스템을 마련하는 것이 요구되는데, 이때 기업이 고려하여야 할 요인들은 전 세계적으로 네트워크화된 경제의 본질, 지

그림 1-6 디지털시대의 기업 환경과 대응방안

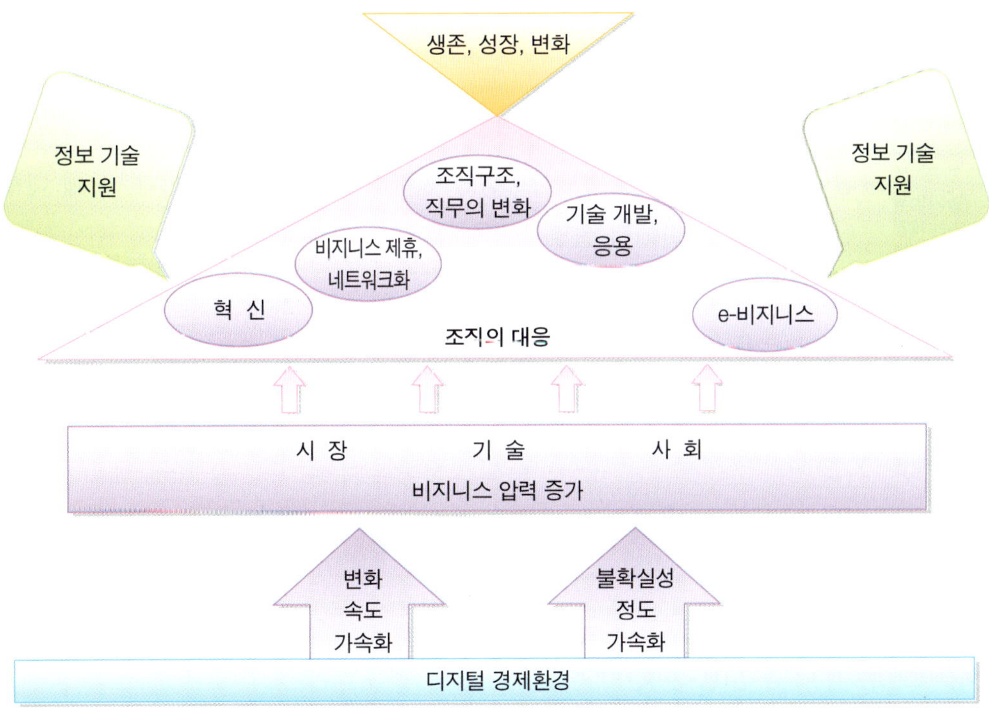

● Brick And Mortar
전통적인 제조기업으로서 오프라인 공간에서 생산하고 판매하는 기업, 혹은 그와 같은 비지니스 방식을 의미한다.

● Click And Mortar
기존의 기업들이 오프라인과 온라인 채널을 통합하고 병행하여 비지니스를 수행하는 방식, 혹은 그와 같은 유형의 기업들을 의미한다.

● 블루오션
유럽경영대학원 인시아드의 김위찬 교수와 르네 모보르뉴(Renee Mauborgne) 교수가 1990년대 중반 가치혁신(value innovation) 이론과 함께 제창한 기업 경영전략론이다. 블루오션(푸른 바다)이란 수많은 경쟁자들로 우글거리는 레드오션(red ocean:붉은 바다)과 상반되는 개념으로, 경쟁자들이 없는 무경쟁시장을 의미한다. 이 새로운 시장은 차별화와 저비용을 동시에 추구함으로써 기업과 고객 모두에게 가치의 비약적 증진을 제공하는 시장으로, 다른 기업과 경쟁할 필요가 없는 무경쟁 시장이다. 쉽게 말해 기존의 치열한 경쟁시장 속에서 시장점유율을 확보하기 위해 애쓰는 것이 아니라, 매력적인 제품과 서비스를 통해 자신만의 독특한 시장, 곧 싸우지 않고 이길 수 있는 시장을 만들어 내는 전략을 말한다.

식기반의 사회와 경제의 본질, 기업이 디지털화를 추구할 수 있도록 하는 구조적인 변화, 프로세스 혁신, 인터넷 기술의 핵심과 기술 컨버전스의 가능성 파악, 새로운 환경에서 경쟁우위를 점할 수 있는 수단과 도구의 마련 등이다.

디지털시대에 진입하면서 경쟁의 범위가 글로벌화되고, 새로운 기술기반의 제품이 쉽고 빠르게 모방될 수 있는 환경이 되면서 산업 내에서 경쟁력을 갖는 것이 점점 더 어려워지고 있다. 기업의 산업구도에 변화가 발생하고, 과거에는 상상할 수 없었던 고객거래 관계와 거래방식에서 혁신적인 변화, 그리고 기업과 고객, 모두의 관점에서 구매 프로세스의 효율화, 비용의 효율화가 가능하게 되었다. 이에 기업은 인터넷 기술기반 하에서 새로운 비지니스 모형을 통해 돌파구를 마련하는데 초점을 맞추고 있다. 과거의 'Brick-And-Mortar' 기업, 즉 전통적인 제조 및 판매 기업들은 이제 'Click-And-Mortar' 기업, 즉 웹 상에서 전자상거래를 통해 제품을 판매하려는 경영방식으로 전환하였다. 그러나 이러한 방식조차 다른 경쟁기업들이 곧 모방할 수 있기 때문에 끊임없는 창조적 아이디어로 블루오션(Blue-Ocean) 시장을 개척할 수 있어야 하며, 경쟁기업들이 모방하기 전에 선점하고, 규모를 키우고, 전략적 제휴 등을 통해 단단한 진입장벽을 마련하는 것이 요구된다.

새로운 경영 패러다임의 변화 속에서 기업이 반응활동을 성공적으로 수행할 수 있도록 하는 다양한 방법들이 있겠으나 첨단 정보기술에 기반하여 등장한 디지털 환경에 대응하기 위해서는 새로운 비지니스 모델과 프로세스를 수립하고 이를 실현할 수 있도록 하는 정보시스템의 전략적 활용이 필수적이다. 이에 대해서는 본 단원의 마지막 절에서 설명하도록 한다.

03 정보기술과 정보시스템의 발전과정

3.1 경영자원으로서의 정보

(1) 데이타와 정보

우리가 흔히 이야기 하는 데이타와 정보의 정확한 개념과 의미는 무엇일까? 또한 우리가 살고 있는 지식정보화 사회의 의미란 무엇일까? 우리가 자주 사용하지

Case in Point

iPhone으로 레스토랑 찾기

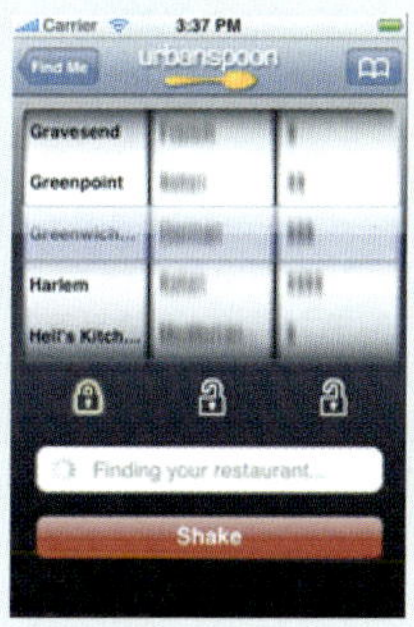

UrbanSpoon

Urban Spoon은 당신의 얼굴에는 웃음을, 당신의 뱃속에는 맛있는 음식을 채워줄 것이다. 그것은 바로 iPhone의 위치 찾기 서비스로서 당신이 위치하고 있는 곳과 가장 가까운 레스토랑을 찾아주는 새로운 서비스로 등장하였다. 그 서비스는 매우 재미있는 화면과 기능을 통해 사용자가 쉽게 사용할 수 있는 인터페이스를 제공한다.

당신이 Urban Spoon의 사용을 시작하면 먼저 당신의 위치를 확인할 수 있는지 물어봅니다. 당신의 위치를 확인한 후에는 슬롯머신 타입의 세 가지 엄지손톱 모양 아이콘이 제시됩니다. 하나는 당신이 위치한 주변지역들에 대한 정보를 제공하고, 두 번째는 맛있는 음식점들의 리스트가 들어있는 정보를 제공하며, 세 번째는 가격의 범위를 포함하고 있는 화면들을 제공합니다. 당신은 그와 같은 기준들 중 하나를 선택하여 필요한 정보를 찾아볼 수 있습니다.

그리고는 iPhone을 흔들면 내장되어 있는 악셀레이타가 움직임을 감지하고 작동을 시작합니다. 삭업을 지시하기 위해서는 화면 아래의 'shake' 버튼을 눌러주어도 됩니다. 적절한 음향효과와 함께 슬롯머신 바퀴가 돌아가면서 당신은 레스토랑을 추천받게 됩니다. 당신은 레스토랑 정보를 얻는 후에 선택한 레스토랑의 이름을 클릭한 후 주소와 전화번호를 얻고, 혹은 웹 주소도 확인할 수 있습니다. 그와 같은 서비스는 웹 상에서 제공되는 다양한 정보들을 검색하여 당신에게 제공되는 것입니다

이 어플리케이션은 인터넷 기반의 레스토랑 찾기 그 이상입니다. 물론 가장 믿을만한 친구에게 물어보거나 당신이 직접 나가서 스스로 레스토랑을 찾아보는 것 이상으로 좋은 것은 없겠지만 뉴욕 타임즈의 푸드 섹션에서는 뉴요커들에게 조사한 결과, Urban Spoon이 맛있는 레스토랑을 확인하는 매우 만족할만한 방안인 것으로 보도하였습니다. 그러나 사용자 인터페이스는 우~~ 야유 받을 수준인 것으로 조사되었습니다.

▸ Mitch Wagner, Newsweek, Jul, 2008

만 정확하게 이해하고 있지 않은 중요한 개념에 대하여 살펴보자.

데이타는 정보의 원천이 되는 것으로, 세상 속에 존재하는 사물, 사람, 사건, 개념 등, 개체로서의 사실 그 자체이다. 반면, 정보란 데이타로부터 추출, 분석, 구성의 과정을 거쳐 산출된 결과물로서, 그것을 사용하는 사용자에게 유용한 형태로 변형된 자료이다. 정보는 미래의 불확실성을 감소시켜 의사결정과 행위를 지원할 수 있어야 하며, 사용자의 목적을 얼마나 잘 충족시켜 주느냐에 따라 정보의 가치가 결정된다.

지식이란 오랜 기간에 걸쳐 이해, 경험, 축적된 학습, 전문적인 내용을 전달하기 위해 구성되고 처리된 데이타나 정보의 집합체이다. 조직의 과거 경험이나 전문분야의 지식을 반영하여 처리됨으로써 중요한 의미를 갖게 된 데이타와 정보는 조직원들에게 중요한 의사결정 지식을 제공하며, 이와 같이 조직화된 해당분야의 지식은 정보시스템을 계획, 분석, 설계하는데 유용한 원천이 된다.

(2) 정보의 특성

정보가 가지고 있는 특성을 여러분이 이해한다면 정보를 더 잘 활용할 수 있는 능력을 갖게 될 것이다. 정보의 특성은 다음과 같다.

첫째, 정보는 경로성(Channel)을 갖는다. 정보는 하늘에서 뚝 떨어지는 것이 아니라, 신문, 방송, 문헌, 인터넷, 전문가, 대면 회의 등의 다양한 채널, 즉 경로를 통하여 우리에게 제공된다. 따라서 정보를 필요로 하는 개인과 조직은 정보의 채널을 다양하게 열어놓고 정보의 원천으로부터 우리에게 유용한 정보가 지속적으로 전달되도록 하여야 한다.

둘째, 정보는 시한성을 갖는다. 정보는 정보가 필요한 해당 시점에 사용자에게 주어질 때, 정보의 가치를 발휘한다. 이미 의사결정과 행위가 이루어진 후 주어지는 정보는 쓸모가 없게 된다. 따라서 정보는 필요한 시점에 바로 사용할 수 있도록 신속하게 수집되어야 한다.

셋째, 정보는 결합성과 축적성을 갖는다. 정보는 A라는 정보와 B라는 정보가 결합하여 더욱 가치 있는 C라는 정보로 탄생될 수 있으며, 지속적으로 축적되어 체계화되면 미래의 의사결정 시점에 유용하게 사용될 수 있다. 따라서 개인과 조직은 정보를 체계적으로 정리하고 보관하여야 한다.

넷째, 정보는 비용성을 갖는다. 정보는 무료로 얻어지는 경우도 있으나 가치가 있는 정보일수록 수집하는데 비용이 요구된다. 따라서 정보를 이용하여 더 큰 목적을 이룰 수 있다면 정보에 적합한 비용을 지불하여야 하며, 많은 기업들이 정보를 수집, 분석, 제공하는 전문기업들로부터 정보를 제공받는 이유이기도 하다.

다섯째, 정보는 유인성을 갖는다. 즉 정보는 정보를 부른다. 정보를 풍부히 가지고 있는 개인과 조직들에게는 새로운 정보가 계속적으로 경로를 따라 제공되고 축적되는 반면, 정보가 부족한 개인이나 기업들은 계속적으로 정보자원이 부족하여 경쟁력을 갖지 못하는 경향이 있다.

여섯째, 정보는 가치 변환성을 갖는다. 즉, A라는 정보는 가라는 조직에게는 꼭 필요한 정보가 될 수 있으나 나라는 조직에게는 의미없는 정보가 될 수 있으며, 그 반대의 상황이 가능하다. 따라서 개인과 조직은 각자 요구되는 정보와 지식을 공유, 또는 교환함으로써 시너지 효과를 갖는 것이 필요하다. 오늘날과 같이 인터넷을 통해 전 세계적으로 조직 간 네트워크가 가능한 환경에서는 유익한 정보의 교환과 공유가 전략적으로 요구된다.

(3) 정보관리의 사이클

그렇다면 데이타는 어떤 과정을 통해 정보로 변환되고 활용되는가? 정보의 관리과정을 살펴봄으로써 여러분은 역시 정보를 활용할 수 있는 능력을 갖게 될 것이다.

정보의 관리과정이란 데이타를 의사결정에 유용한 정보로 변형하기 위하여 계

그림 1-7 정보관리의 사이클

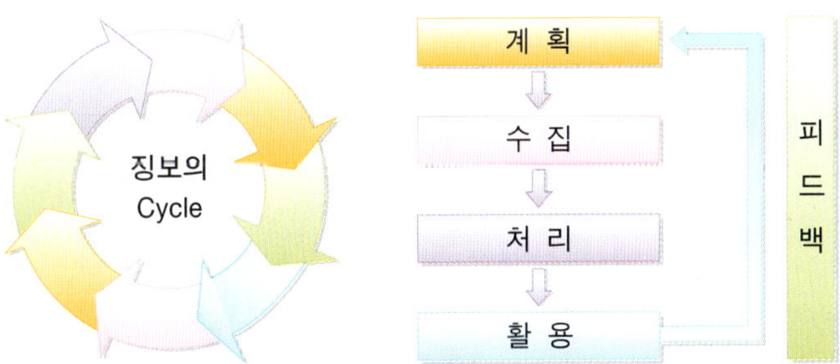

획, 수집, 저장 및 처리, 활용하는 활동이다.

- 첫째, 정보의 계획과정에서는 요구되는 의사결정을 수행하기 위하여 어떤 정보를 어떤 방법으로 수집할 것인가를 계획한다. 모든 관리과정에서와 같이 계획활동은 가장 중요하다.
- 둘째, 수집과정에서는 준비된 다양한 채널, 경로를 이용하여 새로운 데이타를 수집하거나 기존에 개인과 조직이 보관하고 있는 데이타들 가운데 적합한 것들을 선택하고 결합하는 작업을 한다.
- 셋째, 정보를 활용하기에 적합한 형태로 분석 및 가공 처리한다. 오늘날의 최신 정보기술은 의사결정에 최 적합한 형태로 데이타를 처리해준다.
- 넷째, 의사결정자가 정보를 활용한다. 이때 의사결정 지원 시스템이나 전문가 시스템 등은 의사결정자의 효과적인 의사결정을 지원할 수 있는 사용자 인터페이스를 제공함으로써 정보 활용의 성과를 더욱 증진시킨다. 마지막으로 활용된 정보는 피드백을 통해 미래의 정보계획에 반영된다.

이와 같은 정보관리의 과정은 반복적인 사이클을 갖는데, 과거에는 전화, 회의, 종이문서, 계산기 등 단순한 처리 도구의 힘을 빌려 수행되었으나 오늘날 최신 정보기술 기반의 정보시스템은 정보관리 사이클 전반을 빛의 속도로 디지털화하여 최신의 분석 소프트웨어와 사용이 용이한 인터페이스 기능을 통해 각 단계의 활동들을 효과적으로 지원한다.

3.2 지식정보화 사회

지식정보화 사회란 정보와 지식이 중요한 생산자원이 되며, 정보의 생산, 저장 및 분배 관련 활동이 사회의 주된 활동이 되는 사회로서, 지식정보산업이 산업의 중심이 된다. 과거 19세기에 가장 많은 부를 축적한 기업은 산업혁명에 힘 입은 철강회사였으며, 20세기에는 자동차, 석탄, 기계 등의 제조업체들이 부를 축적하였다. 그러나 21세기에는 경제의 중심이 제품의 생산과 분배를 위주로 하는 산업에서 지식과 정보의 생산과 분배에 초점을 맞춘 지식관련 산업으로 이동하기 시작하였다. 이는 지구의 에너지 고갈이라는 위기감과 정보통신 기술의 획기적인 발전에 의해 촉진되었다고 볼 수 있는데, 이 시대의 산업활동이란 물리적인 자원의 직접적인 이동보다 정보와 아이디어의 이동으로 전환되고 있는 것이다.

따라서 컴퓨터, 우주 항공, 통신, 엔터테인먼트, 교육, 의료 등의 다양한 분야에서 정보와 지식을 기초로 하는 새로운 비지니스의 가능성이 계속적으로 증진되고 있다.

지식정보화 사회의 특징을 보다 구체적으로 살펴보자.

첫째, 정보의 전략적 이용이 보다 요구된다. 정보를 적극적으로 만들고, 이용하고 판매하는 정보 및 지식관련 기업들은 축적된 정보와 지식을 바탕으로 다른 산업에도 쉽게 진출하여 경쟁우위를 차지할 수 있는 환경이 도래하였다.

둘째, 정보가 폭발적으로 증가하고 있다. 순수과학, 사회과학, 응용과학 등의 각 분야에서 과학정보와 사업정보, 문화정보, 경제 및 사회정보, 취미정보 등의 막대한 양의 정보가 생산되고 분배, 저장, 처리되고 있는데, 정보기술의 발전은 그와 같은 수 많은 정보의 관리를 놀라운 속도와 품질로 수행함으로써 새로운 지식을 생산하고 축적 및 활용할 수 있도록 해준다.

셋째, 인터넷 기술의 등장과 발전으로 정보는 시간과 공간을 초월하여 원하는 누구에게나 접근 가능하게 되었고, 개인과 조직은 과거에는 접해보기 어려웠던 지식들을 손쉽게 습득하여 새로운 내용들을 창조할 수 있는 환경이 되었다.

넷째, 아담 스미스가 주창하였던 이상적인 시장, 효율적인 시장이 등장하였다. 이는 모든 판매자와 모든 구매자가 서로 원하는 가격을 공개하고 완전한 정보를 기초로 사회의 자원이 효율적으로 분배될 수 있음을 의미한다. 최근 전자상거래의 등장과 다양한 거래방식의 출현은 공개된 정보의 기반 하에서 이루어지는 효율적인 시장이 시간과 공간을 초월하여 누구에게나 열려있게 되었다고 볼 수 있다.

다섯째, 산업 간의 경계가 소멸되고 있다. 기업들이 첨단 비지니스를 추구하면서 다양한 업종을 망라한 사업영역을 추구하게 되었는데, 이는 인터넷 기반을 통해 네트워크화되고 공개되어 있는 지식정보화 사회에서 서로간의 전략적인 협력과 통합을 통해 가능하게 되었다. 이와 같은 지식정보화 사회에서 경제의 원동력은 자본(資本)에서 지본(知本)으로 전환됨으로써 지식과 이를 효과적으로 창출, 전달, 활용할 수 있는 능력을 가진 개인, 조직, 국가가 세계를 지배한다.

3.3 기업경영과 정보

[그림 1-8]은 기업 경쟁력의 원천이 어떻게 변화되어 왔는가를 보여준다. 산업혁명 이후 기업 경쟁력의 원천은 비용, 품질, 고객중심, 그리고 속도의 경쟁력으로 이어졌으며, 현재는 과거 경쟁력의 바탕 위에 신속하고 융통성있게 환경변화에 대응하는 역량이 요구된다고 볼 수 있다. 그러나 시대에 따라 기업 경쟁력의 원천이 변화되어 왔더라도 결국 경쟁력의 원천은 정보력에서 비롯된다는 것을 알 수 있다. 스티븐 브레들리는 '미국 하이테크 산업의 세계와 전략'에서 21세기에 살아남는 조직의 조건을 '시장의 불완전성을 제거한 기업'으로 즉, 정보와 지식을 신속히 습득, 분석, 활용할 수 있는 조직으로 정의하고 있다. 디지털시대의 환경변화에 민감하게 대응할 수 있는 정보력을 갖춘 기업들과 그렇지 못한 기업들은 생존의 갈림길에서 나뉘어질 것이다.

과거 기업은 Top-Down 방식으로 강력한 리더십에 의해 시간과 비용을 효율적으로 처리하기 위한 목표지향적인 지식만을 요구함으로써 역동적이고 창조적인 실천력을 동반하지 못하였다. 그러나 21세기 지식정보화 사회에서는 정보와 지식의 생성과 확산이 다양한 주체들에 의해 생성되고 인터넷을 통해 유기적으로 연결되는 거대한 지식 생태계를 통해 이루어진다.

따라서 기업이 경영활동을 성공적으로 수행해 나가기 위해서는 다양한 채널을 통한 다양한 유형의 정보를 관리하여야 한다. [그림 1-9]와 같이 기업의 기능활동

그림 1-8 기업 경쟁력 원천의 변화과정

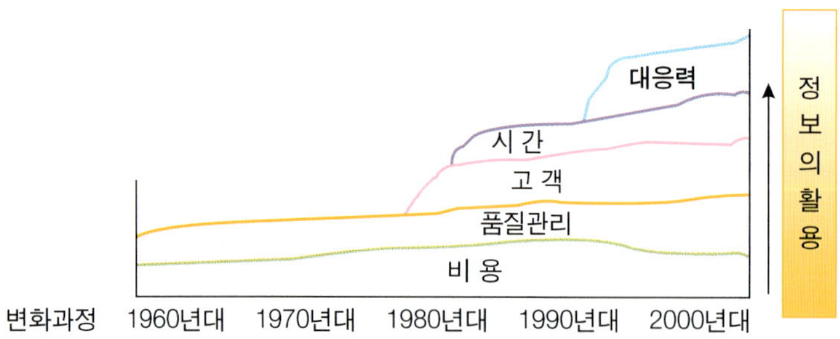

인 생산, 인사, 재무, 회계, 영업 등의 업무를 효율적으로 수행하기 위해서는 일상적인 업무처리 활동에 의해 산출되는 공급업체, 고객, 조직원, 교육, 송장 등과 관련한 정보의 정확하고 신속한 유통이 요구된다. 또한 계획, 조직, 지시, 통제 등과 같은 경영관리 업무를 수행하기 위해서는 기업의 자원, 목표, 전략 등에 관한 내부정보가 필요하다. 경영층이 수행하는 다양한 유형의 전략적 의사결정 업무를 수행하기 위해서는 공급자, 고객, 경쟁자 등에 관한 조직 외부정보와, 조직 내부의 현상에 관한 정보가 함께 제공됨으로써 기업의 미래 청사진을 준비하고 자원을 배분하는 등의 활동을 수행할 수 있다. 이와 같이 기업은 조직 외부의 거시적, 미시적 환경정보와 기업실체 및 비지니스 활동 상황에 관한 정보를 다각도로 민첩하게 수집하고 처리하여 분배한 후, 이를 이해관계자들과 함께 전략적으로 활용할 때 경쟁우위를 점할 수 있다.

3.4 정보기술의 발전 동향

정보기술이란 '정보처리와 관련된 과학적, 기술적, 공학적 원칙 및 기법의 총칭', 또는 '정보의 생산, 통제, 유통을 원활히 하는 컴퓨터 기술과 통신기술 및 이와 관련된 절차와 제도'로 정의된다. 또한 정보기술은 몇 가지 기술적 관점에서 설

그림 1-9 기업경영을 위한 정보

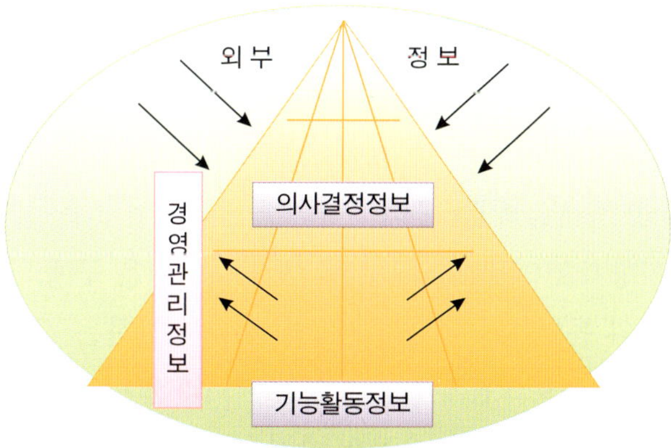

명될 수 있는데, 컴퓨터 하드웨어, 소프트웨어, 데이타베이스, 그리고 통신 및 네트워크를 통칭하는 것이며, 감지기술, 통신기술, 분석기술, 표현기술에 포함되는 다양한 장치들을 포함한다. 정보기술은 1946년 애니악(ENIAC)이라는 거대한 규모의 컴퓨터가 등장하여 기업의 자료처리 업무에 사용된 이후, 불과 50여 년 만에 세상을 놀랄 만큼 변화시키는 원동력이 되었다.

1960년대 기업에 정보기술의 도입이 본격화된 이후, 조직과 경영에 미치는 정보기술의 영향력은 정보기술의 발전속도만큼이나 급속도로 증가되어 왔다. 1960~1970년대의 컴퓨터 사용은 대용량의 데이타 계산과 처리를 목적으로 하였으나, 1980~1990년대의 정보화는 업무 프로세스의 자동화와 개별업무의 최적화 관점에서 활용도가 높아지다가 점차 경영의 전략적 지원 관점으로 발전한 시기이다. 이는 단순히 정보기술을 통해 업무의 프로세스를 자동화하는 것이 아니라 비지니스 변화의 원동력으로서 환경변화에 따른 새로운 비지니스 모델의 수립과 전략적 계획, 조직구조, 관리체계 등을 지원하는 핵심적인 경영도구로서의 역량을 발휘하게 된 것이다.

다음은 몇 가지 관점에서 최근 정보기술의 발전동향을 조명한 것이다.

① 비용 대비 성능 비율

인텔사의 공동 창업자인 고든 무어는 1965년에 반도체 칩의 처리능력은 매 18개월마다 2배가 될 것으로 예측했으며, 실제로는 그 이상의 속도로 발전하였다. 맥가비와 Inornetworks.com에 의하면 광통신 네트워크의 성능은 매 3년마다 10배 정도 성장하는 것으로 전망되었다. 반면 처리속도 및 메모리 등을 기준으로 한 성능 대비 가격은 같거나 낮아져, 컴퓨터 대 수작업의 비용 대비 성능의 차이는 시간이 갈수록 벌어지게 될 것이다. 이는 컴퓨터가 인력에 비해서 훨씬 큰 비교우위를 가진다는 것이다.

② 객체지향 환경과 문서관리

객체지향기술(Object-Oriented Technology)은 구매, 공유, 재사용이 가능한 소프트웨어의 독립적인 단위의 개발을 가능하게 하는 기술이다. 이는 한 조직 안의 다양한 응용 프로그램에 적용될 뿐만 아니라 글로벌 네트워크에서도 사용될 수 있기 때문에 객체지향 환경으로의 발전은 정보시스템의 개발과 유지보수 비용을 상당히 절감시키는 혁신적인 컴퓨터 프로그래밍과 데이타베이스, 운영체계, 그리고 컴퓨터 사용방법을 가능하게 하였다. 멀티미디어의 디지털화와 객체지향 시스템의 발전은 정보기술의 새로운 장을 열었다고 볼 수 있다.

③ 데이타베이스

오늘날 조직은 데이타베이스에 저장된 정보를 보다 잘 사용하기 위하여 강력한 데이타 분석 도구들과 데이타웨어하우스(Data warehouse)를 설치하고 있으며, 웹과 연동되는 데이타베이스 기술을 활용할 수 있게 되었다. 전통적인 데이타베이스 모델들이 표현할 수 없었던 데이타 분석 방법으로는 온라인 다차원 분석처리(OLAP: Online Analytical Processing), 데이타마이닝(DM: Data mining) 도구들을 포함하여 특별한 질의 및 표준화된 질의 도구들, 분석 도구들, 그래피컬한 리포팅 기능들이 있다. 다차원 분석은 사용자들이 여러 가지의 다양한 차원들을 이용하는 상이한 방식들을 통해 동일한 데이타를 이해할 수 있도록 해준다. 또한 데이타마이닝은 많은 양의 데이타들에 숨겨진 패턴들과 관계성들을 찾아내는 다양한 기법들을 이용하며, 이러한 패턴 및 관계성들을 통해 미래의 행위를 예측하고 의사결정을 도와주는데 사용될 수 있는 규칙들을 추론하는 다양한 기법들을 이용한다.

한편, 오늘날 조직에 축적된 데이타의 양은 너무나 방대하여서 그 많은 데이타를 효과적으로 사용하는 것이 매우 어렵게 되었다. 의사결정자들은 현재의 기업 운영상태, 동향, 변화 등에 관해 간결하고 신뢰할 수 있는 정보를 필요로 하지만, 수 많은 채널을 통해 쏟아져 들어오는 정보와 보고서는 오히려 의사결정의 질을 떨어뜨릴 수 있다. 데이타웨어하우스는 기업 전반으로부터 산출된 핵심 데이타들만을 일목요연하고 일관성 있게, 쉽게 사용할 수 있는 형태로 통합함으로써 이러한 문제들을 해결하고자 하는 것이다. 이 데이타들은 핵심적인 운영시스템과 웹사이트 거래처리를 포함한 외부 원천들로부터 수집된 다양한 데이타 보넬들을 공동의 데이타 모델로 표준화하고 통합한다. 또한 데이타마트(Data Mart)라 불리는 데이타웨어하우스의 부분집합의 성격을 가진 데이타 저장소는 요약되거나 매우 집중화된 조직 데이타의 일정 부분을 포함함으로써 특정 사용자 집단을 위한 개별 데이타베이스로 사용될 수 있도록 한다.

전통적인 데이타베이스 관리시스템(DBMS: Database Management Systems)들은 디지털시대에 수없이 생성되고 전달되는 그래픽 기반 또는 멀티미디어 응용프로그램들을 다루는데 적합하지 않다. 객체지향 데이타베이스는 데이타들과 데이타들을 다루는 절차들을 자동으로 조회되고 공유될 수 있는 객체로 저장함으로써 점점 관계형 데이타베이스 관리시스템을 대체하여 보편화되고 있다. 오늘날 다양한 멀티미디어 요소들 또는 다양한 데이타 원천들로부터 정보를 통합시키는 웹 응용시스템을 지원할 수 있는 객체지향 데이타베이스는 복잡한 유형의 정보들을 관리할 수는 있지만 많은 처리업무를 수행하는데 상대적으로 느리다. 이에 혼합형인 객체관계형 데이타베이스 관리시스템을 통해 문제를 해결할 수 있는 데이타베이스 기술환경을 만들고 있다.

④ 네트워크 컴퓨팅

컴퓨터 네트워크의 개척자인 매칼프는 네트워크의 가치는 대략 네트워크 사용자 수의 제곱에 선형적으로 성장한다고 주장하였다. 예를 들면, 네트워크 사용자의 수가 2명에서 10명으로 증가한다면 사용가치는 2의 제곱인 4에서 10의 제곱인 100으로 증가한다는 것이다. 네트워크 컴퓨팅 기술은 매칼프의 법칙에서 제시되었듯이 짧은 기간에 전세계에 큰 힘을 발휘하는 정보기술의 핵심으로 자리잡았다. 한편, 캘리에 따르면 인터넷의 가치는 이보다 훨씬 큰데, 매칼프의 법칙이 점대점(Point-to-Point) 연결방식의 전화 네트워크 아이디어에서 기반한 것이라면 인터넷 기반 하에서는 다수의 동시연결을 원칙으로 하여 n^2으로 보다 기하급수적인 증가를 보인다는 것이다. 이와 같은 네트워크 컴퓨팅의 발전은 인터넷 망을 기반으로 하여 e-비지니스, 전자상거래, 디지털 컨버전스, 유비쿼터스 세상을 탄생시키게 되었다.

3.5 경영정보시스템의 진화

본 단원에서는 경영정보시스템(MIS: Management Information Systems)의 개념, 진화과정, 유형, 역할 및 중요성 등, 경영정보시스템 전반에 대하여 개괄적으로 살펴봄으로써 본 교재의 각 장과 절에서 설명하는 경영정보시스템 세부 영역에 대한 이해를 돕고자 한다. 경영정보시스템 학문에서 학습하는 수 많은 개념들과 내용들을 보다 잘 이해하기 위해서는 몇 가지 용어에 대하여 먼저 정확히 파악하는 것이 필요하다. 대부분의 MIS 학습자들이나 기업에서 정보시스템을 사용하는 임직원들도 데이타 및 정보, 시스템, 그리고 프로세스와 같은 기본적인 용어들을 분명하게 설명하지 못하는 경우가 있다. 본 단원의 앞 절에서 데이타와 정보에 대하여 구체적으로 설명하였다. 본 절에서는 시스템과 비지니스 프로세스 개념에 대하여 설명한다.

(1) 시스템의 이해

시스템이란 '어떤 목적을 달성하기 위해 함께 유기적으로 움직이는 단위들의 집합'으로 사전에서 정의된다. 하나의 시스템은 여러 개의 하위 시스템으로 구성되며, 입력, 처리, 출력의 과정을 통하여 목적을 수행한다. 하늘 아래 가장 완전하게 만들어진 시스템은 인체시스템이라 하는데, 우리가 생명을 유지하기 위해서는 신체의 각 기관들이 함께 상호 연관되어 제 맡은 역할을 훌륭하게 수행하여야 한다. 우리가 음식을 먹는다는 작은 목적 행위를 수행할 때도 음식의 맛과 향을 감지하는 뇌의 기능으로부터, 혀, 이빨, 위, 장, 각종 소화효소들이 함께 작용하며, 섭취된 영양소는 우리의 피와 뼈, 신경 등의 기관에 전달되어 우리의 건강한 몸을 만들고 유지시킨다. 또한 컴퓨터시스템은 자료의 입력, 계산, 저장, 출력을 실행하는 각 하부장치들의 집합체로 이해할 수 있으며, 경영시스템이란 경영활동을 수행하기 위하여 요구되는 조직구조, 업무기능, 프로세스, 자원, 절차 및 법, 제도 등을 모두 포함하는 개념으로서 기업의 목적을 수행하기 위하여 크고 작은 경영활동을 수행한다.

(2) 비지니스 프로세스

비지니스 프로세스는 가치 있는 제품이나 서비스를 생산하기 위해 업무가 조직, 조정, 집중되는 방식을 말하는 것으로, 각종 생산자원과 정보, 지식의 워크플로우(Workflow)이다. 비지니스 프로세스는 개별 조직이 업무와 정보, 지식을 관리하는 독특한 방식과, 경영층이 업무를 관리하기 위해 선택하는 방식을 포함한다. 따라서 모든 기업활동과 그 결과물은 조직 규모에 따라 수십 개, 수백 개, 또는 수천 개 이상 비지니스 프로세스 집합체라고 할 수 있다. 특정 기능영역의 프로세스, 예를 들면 인적자원 부서의 업무 프로세스는 보다 상세한 세부활동 프로세스, 즉 모집, 채용, 배치, 교육, 성과평가 등으로 구성되며, 전사적인 차원의 포괄적인 비지니스 프로세스는 각 기능영역의 업무 프로세스나 관리, 협업활동 등, 다양한 프로세스의 연결과 통합을 통해 완성된다.

기업의 성과는 결국 비지니스 프로세스를 어떻게 잘 설계하고 수행하며, 관리하느냐에 달려있다. 기업의 프로세스 효율성과 효과성에는 차이가 있으므로, 특정 기업의 비지니스 프로세스가 경쟁사보다 더 혁신적으로 구조화되어 있고, 업무를 효과적으로 수행할 수 있도록 지원된다면 프로세스의 결과물인 경영성과는 높아지고 경쟁력이 증진되는 반면, 낡고 관습에 얽매인 업무방식에 기반을 둔 프로세스가 개선되지 않는다면 그 기업은 도태될 것이다.

(3) 경영정보시스템의 개념

기업에서 자료를 수집하여 경영활동을 수행하고 의사결정에 필요한 정보를 산출하는 모든 집합체를 경영정보시스템이라고 정의한다. 개념적으로 경영정보시스템은 컴퓨터없이도 존재할 수 있으나 실제로 컴퓨터없이, 한걸음 더 나아가 오늘날 고도로 발전된 정보기술의 도움없이는 제품, 서비스, 고객, 조직원, 공급업체, 주문 등과 관련된 수 많은 정보를 처리하고, 체계화하여 조직 내외의 복잡한 비지니스 프로세스를 수행할 수 있도록 지원하는 것이 불가능하다. 따라서 경영정보시스템은 사용자와 컴퓨터가 상호작용하는 시스템으로서, 컴퓨터 하드웨어와 소프트웨어는 물론 계획, 분석, 통제 및 의사결정에 필요한 모델, 데이타베이스, 그리고 정보통신 및 네트워크뿐만 아니라 개발자 및 사용자, 절차, 방법론 등을 포함한다. 경영정보시스템은 시스템 개념의 본질과 같이, 하위 부분들이 유기적으로 결합되고 상호작용할 수 있도록 설계되고 실행되어야 그 효과를 제대로 발휘할 수 있다.

(4) 정보시스템의 발전과정

① 1960년대

기업활동을 지원하는 정보시스템은 수 십년 동안 괄목할 만한 성장을 거듭해왔다. 초기의 컴퓨터는 2차 세계대전 중에 과학, 군사용으로 계산을 수행하기 위해 고안되었으나 1950년대에 업무용 응용프로그램이 개발되어 반복적인 대용량의 거래처리 업무를 수행하게 되었다. 경영정보시스템의 개념은 1960년대에 등장하여 사용자들로부터 조직의 다양한 활동들을 해결해줄 대단한 대상으로 인식되기도 했으나 기대에 크게 부응하지 못했고, 따라서 'MIS is a Mirage'라는 회의적인 시각이 등장하기도 하였다. 실제로 1960년대까지는 정보시스템의 기능이 주로 재무, 회계부서에 국한되어 대규모 데이타를 빠르게 처리, 요약 및 구조화하여 보여주는 반복적이고 일괄적인 트랜잭션의 처리에 치중되었다. 이와 같은 시스템을 전자적 자료처리(EDP: Electronic Data Processing), 혹은 거래처리시스템(TPS: Transaction Processing System)이라 부른다.

② 1970년대

1970년대 초기까지는 기업의 관리기능을 담당하는 관리자들에게 구조화된 주기적 보고서를 제공하여 관리업무를 지원하는데 국한되었으나 이후, 보고서 위주의 지원시스템에서 한 걸음 더 나아가 구조적인 업무뿐 아니라 반구조적이거나 비구조적인 의사결정 업무까지를 지원하는 의사결정지원시스템(DSS)의 개념이 도입되었다. DSS는 의사결정 과정을 사용자와 컴퓨터시스템 간의 상호작용하는 형태로 지원함으로써 기업경영자들이 실제로 직면하는 다양하고 독특한 문제들을 보다 적극적으로 해결할 수 있게 되었다. 한편, 1970년대 초반, 항공예약시스템 등이 전자적 통신을 통한 실시간 업무의 수행을 지원하게 되었고, 사무실에서는 사무자동화시스템, 생산현장에서는 로보틱스 및 컴퓨터 지원설계 및 생산(CAD/CAM) 등, 생산자동화 지원시스템이 등장하였다. 이와 같이 1970년 중반 이후에는 새로운 기능들이 추가되면서 경영정보시스템의 체계와 역할이 자리잡게 되었는데, 여러 연구자들에 의해서 경영정보시스템의 개념 또한 체계적으로 재정립됨으로써 경영정보시스템의 개념은 이를 구성하는 EDP, TPS, IRS, OA 등, 여러 하위시스템 유형들의 총합으로 구조화되고 이해되었다.

- **정보시스템 개념의 프레임워크** : MIS 개념을 정립하기 위하여 노력한 연구자들 가운데 Anthony와 Simon 등은 기업활동을 수행하기 위해 필요한 여러 가지 다른 유형의 의사결정 활동과 그에 요구되는 서로 다른 유형의 정보에 관심을 기울였다. 먼저 Anthony의 이론을 살펴보면, 기업활동을 수행하기 위해서는 전략적 계획, 경영통제, 그리고 업무통제 의사결정을 수행하게 되며, 각각의 의사결정

을 효과적으로 지원할 수 있는 정보의 유형은 다르다. Simon은 문제해결 방법 및 기법들에 관심을 가지고, 의사결정 유형에는 프로그램화가 가능한 구조적인 유형과 프로그램화가 용이하지 않거나 불가능한 비구조적인 의사결정 유형이 있음을 제시하였다. 그러나 어떤 의사결정이든지 두 가지 중 하나에 극단적으로 치우치기 보다는 프로그램화된 것과 비프로그램화된 것 사이의 연속선상에 존재하는 경향이 있다고 주장하였다. 비프로그램화된 의사결정을 지원하기 위해서는 데이타 분석과 휴리스틱 기술을 이용한 프로그램들을 기초로 의사결정자의 판단, 직관, 경험에 관한 지식이 요구된다.

Gorry와 Scott Morton은 Anthony와 Simon의 연구결과를 종합하여 정보시스템의 개념을 체계화할 수 있는 프레임워크를 마련하였다. 그들의 매트릭스는 〈표 1-4〉에서 보는 바와 같이 운영통제에서 전략계획에 이르는 의사결정 유형들을 구조적인 단계에서 비구조적인 단계로 분류하고 있다. 기업에서 매우 영향력이 큰 의사결정들은 비구조적인 경향을 띄고 있는데, 비구조적인 문제들을 위한 정보시스템의 개발은 점차 중요한 과제가 되었으며, 정보시스템의 목표는 조직의 목표와 전략을 지원할 수 있는 강력한 수단 및 도구가 될 수 있는 정보를 제공하는 것으로 발전하였다. Gorry와 Scott Morton의 정보시스템 프레임워크는 어떤 문제를 해결하는데 도움을 줄 수 있는 시스템의 특성을 파악하고 시스템의 유형에 따라 개발전략들을 달리 할 수 있도록 하는데 도움을 준다. 이상에서 설명한 이론들은 경영정보시스템의 체계와 발전을 가져오는 기틀을 마련하는데 유용하게 작용하였다.

표 1-4 경영정보시스템의 프레임워크

의사결정 유형	운영통제	경영통제	전략적 계획
구조적	주문처리, 급여처리	예산계획, 인적자원 보고서	공장입지 선정, 전자조달
반구조적	재고통제, 생산계획	매출분석, 마케팅 결과보고	신제품 및 관련기술 도입
비구조적	잉여금 처리, 고객불만 처리	인적자원 역량 개선 계획	투자 포트폴리오 구성, M&A 결정

자료 : Gorry & Scott Morton(1971).

③ 1980년대

1980년대에는 PC의 보급, 관계형 데이타베이스의 등장, 네트워크 개념의 도입 등, 정보기술의 괄목할만한 발전으로 정보시스템에 새로운 개념이 많이 등장하였고, 바햐흐로 전략적인 측면에서 경영을 지원할 수 있는 새로운 장이 열리게 되었다. 중대형 컴퓨터를 통한 배치처리에서 마이크로컴퓨터 프로세싱, 다양한 응용소프트웨어 패키지, 최종사용자가 보다 용이하게 접근하고 습득할 수 있는 컴퓨터 언어 및 최종사용자 기술환경(EUC: End User Computing), 통신 네트워크의 발전 등으로 기업경영의 모든 제 업무에서 최종사용자들이 컴퓨터를 사용하게 되었다.

DSS는 한 단계 더 발전하여 조직 내외의 정보를 다양한 요구사항에 맞추어 즉각적으로 제공함으로써 최고경영자들의 비구조적인 성격의 전략적 의사결정 업무를 지원할 수 있는 중역정보시스템(EIS: Executive Information System)이 제공되었다. 인공지능(AI: Artificial Intelligence) 기술의 개발과 응용은 정보시스템에 획기적인 발전을 가져다 주었는데, 전문가시스템(ES: Expert Systems)과 기타 지식기반 시스템들은 내장된 전문지식에 기반하여 전문적인 식견이 필요한 다양한 영역, 즉 지식기반의 투자, 분석, 유추, 조사 및 결정 등의 활동에서 비전문가들을 매우 효과적으로 지원할 수 있게 되었다. 공동의 작업이 필요한 그룹의 의사소통과 협업활동을 지원하는 그룹지원시스템(GSS: Group Support Systems)은 조직 내부에서 시작하여 통신을 이용한 서로 다른 공간과 시간의 작업자들을 연결할 수 있도록 확장되었다.

무엇보다 이 시기에는 전략정보시스템(SIS: Strategic Information Systems)의 개념이 등장하였는데, 1980년대 중반부터 미국의 많은 기업들은 최신의 정보기술을 기반으로 하는 정보시스템을 경쟁적 우위를 점할 수 있는 수단과 도구로서 인식하기 시작하였다. 따라서 보다 적극적으로 정보시스템의 활용 영역과 역할, 기능을 찾아 시스템을 구축하는 계기를 마련하였다. 지식정보화 사회로 본격적으로 진입하면서 기업은 조직 내에 암묵적으로 축적되어 있는 조직원들의 다양한 지식을 포착, 수집, 구조화, 공유함으로써 조직 전반의 지식수준을 높이고 지식활용의 시너지 효과를 극대화하여 경영성과를 높이고자 하는 의식이 유발되었다. 이는 지식관리시스템(KMS: Knowledge Management Systems)으로 실현될 수 있었는데, 조직에 분산되어 있는 지식을 모으고, 분류하고, 체계화하여 조직원들이 쉽고 유용하게 사용할 수 있는 형태로 제공할 수 있는 컴퓨터 기반의 정보시스템 도움없이는 사실상 지식경영의 실천은 불가능하였다.

④ 1990년대

1990년대에는 인터넷 기술의 발전과 확산으로 전세계를 하나로 묶는 네트워크가 구축되는 기술기반이 마련되었다. 따라서 기업들은 e-비지니스와 전자상거래를 급속히 발전시키며, 새로운 비지니스 모델을 실현하는 시기를 맞이하였고, 인터넷 기반의 정보시스템은 오늘날 기업운영과 경영에 획기적인 혁명을 불러일으키고 있다.

해외에서는 Y2K 문제를 해결하기 위하여 1980년대 하반기부터, 국내에서는 1990년대 중반부터 전사적 자원관리시스템(ERP: Enterprise Resource Planning)이 도입되기 시작하였다. ERP는 기업 경영활동의 프로세스를 정보시스템을 통하여 표준화하고 각 기능 부분의 정보를 통합하여 활용하도록 함으로써 경영성과를 최적화하도록 지원하는 패키지 시스템이다. 인터넷의 확산으로 공급사슬관리시스템(SCM: Supply Chain Management), 고객관계관리시스템(CRM: Customer Relationship Management) 등, Extended ERP를 이용하여 협력업체 및 고객들과의 네트워크를 형성하여 기업 내부뿐만 아니라 기업 외부로도 정보 및 시스템을 통합할 수 있게 되었다.

한편으로, 인공신경망, 사례기반 추론, 유전자 알고리즘 등의 기술들은 전문가 시스템 등을 통하여 갈수록 복잡해지는 비지니스 활동에 사용되게 되었다. 그 밖에도 데이타베이스의 발전은 데이타웨어하우스, 데이타마이닝, 온라인 분석처리(OLAP) 도구 등을 통해 기업의 핵심 정보들을 분석하여 민첩한 의사결정을 수행할 수 있는 환경을 제공하게 되었다.

⑤ 21세기

향후 21세기의 정보기술 키워드는 유비쿼터스, 디지털 컨버전스이다. 유비쿼터스는 우리 생활 주변의 눈에 보이는 컴퓨터와 보이지 않는 컴퓨터들이 서로 연결되고 통합되어 정보를 주고받는 미래의 컴퓨팅 환경을 의미한다. 디지털 컨버전스는 서로 다른 기술내용을 가진 하드웨어와 소프트웨어, 혹은 다른 기술영역, 산업의 이종 기술들과 제품들이 융합되어 새로운 컨텐츠, 기술, 서비스, 효과 등을 창출하는 것이다. 예를 들면, 무선통신 기술, 디지털 컨텐츠 생성 및 전달기술, MP3 기술, 바이오기술, 디지털 카메라 기술 등이 하나의 개체에 융합되어 차세대 휴대 전화를 만드는 것이다. 이와 같은 차세대 정보기술은 또 다시 새로운 응용 시스템들의 탄생과 활용, 통합을 통하여 기업경영에 새로운 장을 열어줄 것이다.

04 경영정보시스템의 유형

4.1 경영활동 지원 유형에 의한 분류

경영정보시스템의 핵심 기능은 경영활동을 지원하는 것이다. 이는 경영정보시스템의 구조가 상이한 관리수준 및 의사결정의 종류에 따른 계층적 측면에서 분류될 수 있음을 의미한다. 기업활동을 수행하는데 요구되는 의사결정은 최고경영층에서 수행되는 전략적 계획, 중간경영층에 의해 수행되는 경영통제, 그리고 실무자급에서 수행되는 운영통제 차원의 세 단계로 구분될 수 있다. 각 계층의 경영

그림 1-10 경영활동 지원을 위한 MIS

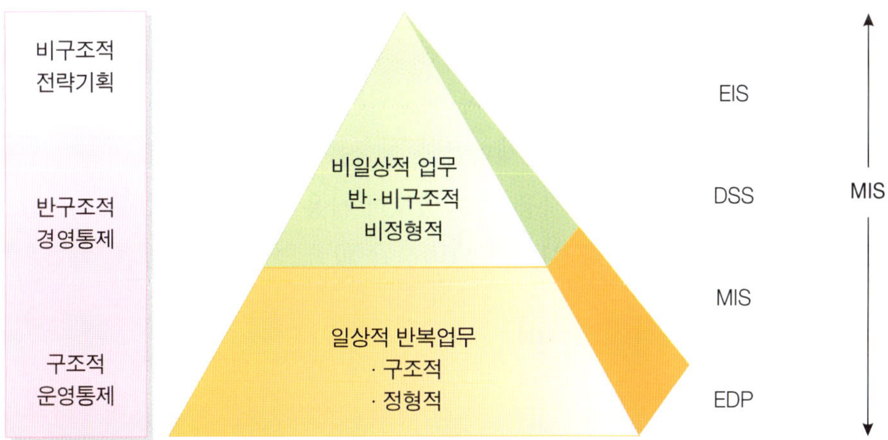

활동을 지원하는 정보의 유형과 처리 프로세스는 다르다. 따라서 각 단계의 경영 활동을 지원하는 MIS 구조 및 특성 또한 달리 계획, 분석, 설계, 개발되어야 한다.

(1) 운영통제시스템

운영통제 수준의 시스템은 일상적인 업무활동과 조직전반의 거래흐름을 관리하는 거래처리시스템(TPS: Transaction Processing System)이다. TPS는 정확한 거래처리에 의존하여 특정한 업무가 효율적이고 효과적으로 수행되도록 구조화되어야 하는데 미리 설정된 절차와 의사결정 규칙을 사용하며, 상당부분이 프로그램화될 수 있다. 예를 들면 부품 재고 수량결정, 외상거래의 승인, 취소, 조회, 상품 주문의 신속한 처리, 확인, 작업할당 보고서 출력 등의 업무를 실 시간화, 자동화하면서 정확한 결과처리가 되도록 지원한다. 이와 같은 시스템들은 다른 유형의 시스템들에 정보를 제공하는 주요 원천으로서, 일상적인 경영활동 처리의 중추적인 역할을 담당하기 때문에 단 몇 시간, 몇 분간의 장애가 발생하여도 기업에 심각한 위험과 영향을 초래하게 된다는 점에서 매우 중요하다.

(2) 경영통제시스템

경영통제 수준의 시스템은 현재 업무성과를 측정하여 통제조치를 결정하고 미래의 경영자원을 할당할 수 있는 최선의 의사결정을 지원하기 위한 시스템이다. 추세관찰 및 분석, 성과 갭 분석, 원인 찾기, 목표 값 분석, 행동경로 분석 기능과 같은 경영통제를 지원하는 데이타베이스는 조직 내부자료와 함께 외부자료도 참조하여야 하며(데이타 주도형), 문제를 발견하고 대안을 찾을 수 있도록 문제분석 모델 및 의사결정 모델 등이 제공되는 모델베이스(모델 주도형)가 포함된다. 더불어 경영층이 신속한 문제파악과 판단을 하고 컴퓨터에 익숙하지 않은 사용자가 시스템과 쉽게 상호작용할 수 있도록 사용자 인터페이스를 충분히 고려하여야 한다. 예를 들면 영업사원의 판매실적 파악, 개선방안 마련, 제품라인의 생산현황 파악 및 문제점 분석, 고용수준 및 비용 비교분석 등의 업무를 보다 효과적으로 지원할 수 있는 정보와 프로세스를 제공하는 것이다. 해당 시스템은 거래처리시스템에서 제공되는 데이타를 이용해 기업의 기본적인 운영상황을 요약하고 보고하는 좁은 의미의 MIS와 경영관리자의 비일상적인 의사결정을 지원하는 의사결정

지원시스템(DSS)을 포함하는데, DSS는 더 나은 비지니스 의사결정을 하도록 사용자를 지원한다는 의미에서 비지니스 인텔리전스(BI: Business Intelligence) 라고 부르기도 한다.

(3) 전략지원시스템

전략적 의사결정을 지원하는 시스템은 사용자가 장기적이고 비일상적이며, 비구조적인 전략적 계획과 추세파악 업무를 수행할 수 있도록 다양한 원천에서 자료를 수집, 처리하고 요약하여 실시간으로 제공할 수 있어야 한다. 기업의 현재 상황에 대한 각 기능분야의 실적 및 동향을 신속, 정확하게 요약하여 알려주고, 조직의 현재 역량과 성과, 미래 활동분야에 대한 경제 전망, 현재 및 미래의 정치환경, 조직의 현재 역량과 성과, 글로벌 산업 전망, 기술 동향 등의 자료들을 조직 내 · 외로부터 수집하여 모델베이스 기반에서 제공함으로써 의사결정자의 예측과 판단을 지원하는데, 이와 같은 자료들은 사전에 명시되기 어렵기 때문에 전략적 의사결정을 지원하는 시스템의 구조화는 매우 어렵다. 따라서 인공지능, 지식기반의 유추 및 비교분석, 다양한 의사결정 모델, 시나리오 기법 등, 최신의 정보기술

그림 1-11 시스템 간의 구조도

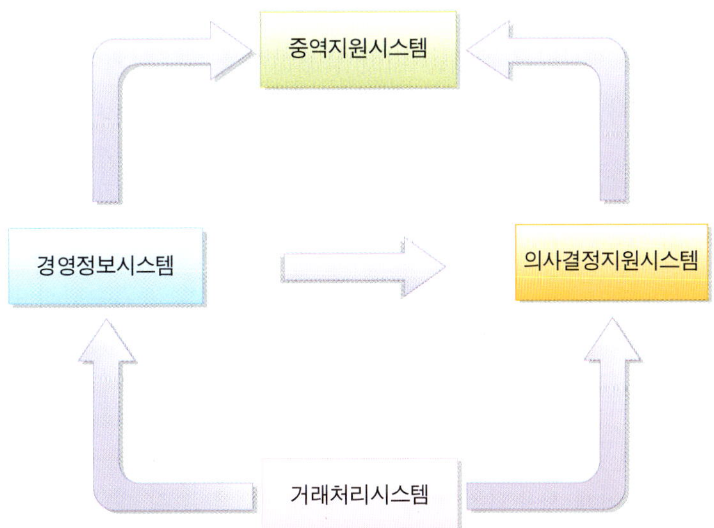

자료 : Kenneth C. Laudon 외, 김우주 외 역, Management Information Systems, 2006.

을 이용하여 시점과 상황에 맞게 대응할 수 있는 시스템의 분석 및 설계가 요구되며, 경영통제 지원시스템과 마찬가지로 그래픽 등으로 표현되는 사용하기 쉬운 사용자 인터페이스가 요구된다.

앞에서 설명한 시스템들은 [그림 1-11]과 같이 상호 연관되어 있다. 거래처리시스템은 다른 시스템들의 주요 데이타 원천이며, 중역지원시스템은 하위 수준의 시스템에서 데이타를 제공받는다. 과거에는 각 시스템 간의 데이타 전달이 용이하지 않아 비지니스 환경 변화에 신속하게 대응할 수 없었는데, 최근에는 인터넷 기반의 네트워크 환경과 전사적 소프트웨어 시스템을 사용함으로써 매우 효과적인 정보시스템 아키텍처 기반이 구성되고 있다.

4.2 기능 업무지원 유형에 의한 분류

경영정보시스템의 주된 기능은 기업의 기능 업무처리를 지원하는 일이며, MIS는 조직의 기능별 하위시스템들의 연합으로 정의될 수 있다. 마케팅, 회계, 인사 등, 각각의 기능조직은 고유한 정보요구와 처리특징을 가지고 있으며, 이에 알맞게 설계된 시스템의 지원을 필요로 한다. 각 기능별 하위시스템에는 다양한 업무처리와 관련된 하부시스템 기능들이 있으며, 이들은 거래처리, 운영통제, 경영통제, 그리고 전략적 계획을 위한 응용분야들로 구성되어 있다. 〈표 1-5〉는 조직기능 하위시스템 내의 정보처리 응용분야의 예를 제시하고 있다.

예를 들면, 마케팅 하위시스템의 기능에서 운영통제 활동에는 판매사원의 채용과 훈련, 일일 판매계획과 촉진활동, 그리고 지역별, 제품별, 고객별 주기적인 매출 분석 등이 포함된다. 경영통제에서는 마케팅 계획수립과 목표대비 매출성과 분석, 경쟁사 제품분석 등을 수행하여야 하며, 이때 고객, 경쟁자, 제품, 영업사원 등에 관한 포괄적인 정보가 요구된다. 전략적 계획으로는 새로운 시장개척을 위한 의사결정과 그에 따른 마케팅 전략수립, 해외법인의 설립 등에 관한 업무가 포함되는데, 이때 사용되는 마케팅 관리시스템은 조직 대내·외의 정보를 바탕으로 다양한 시나리오 분석을 통한 예측정보를 제공할 수 있어야 한다.

4.3 전사적 지원 유형에 의한 분류

기업은 경영활동의 규모가 커지고 시간이 지나감에 따라 다양한 목적으로 경영활동을 지원할 수 있는 여러 종류의 시스템들을 보유하게 되었다. 무엇보다 기업 내에 존재하는 여러 종류의 시스템들은 서로 데이타를 교환하고 하나의 시스템으

표 1-5 조직기능 하위시스템의 구조

조직기능 / 활동	영업 · 마케팅	회계 · 재무	생 산	인 사	구매 · 물류
정보시스템의 지원 기능	· 제품과 서비스의 대상고객 파악, 고객분석 · 고객요구사항 파악 · 제품과 서비스의 기획, 개발 · 제품과 서비스의 광고 · 판매촉진 · 고객접촉 · 제품과 서비스 판매 · 주문처리 · 판매 후 관리 등	· 기업의 자산을 정확히 파악, 분석 · 포트폴리오 구성 · 수익률 비교분석 · 기업의 외부정보 수집 · 기업 내 자금흐름의 파악, 문제점 발견 · 각종 재무기록 수집, 유지, 관리 · 재무관련 보고서 작성 등	· 생산설비의 기획, 개발, 유지보수 · 생산목표의 수립 · 생산 자재의 확보, 저장, 이용 · 제품 제작에 필요한 장비, 설비, 자재, 인력의 일정계획 수립 · 제조결함 파악 등	· 잠재력 있는 종업원의 파악 · 인적자원의 조직 내 배치, 이동, 승진 처리 · 조직원들의 인사기록 분석, 유지 · 성과 평가 · 조직원들의 역량개발 프로그램 수립 · 급여 및 후생복지 제공, 처리 · 보상 프로그램 개발 등	· 구매처 정보 수집, 비교, 분석하여 최종안, 대안 제시 · 구매요청 · 주문 · 비용 및 시간대비 최적의 수납위치 결정 · 선적 지시 · 재고관리 계획, 통제 · 최적의 물류경로 파악 및 추적 등
전략계획	· 해외법인 설립, 전략수립	· 장기적인 수익계획 수립	· 신규 생산설비의 위치, 규모 결정	· 인적자원의 장기 수급 계획 수립	· 배송정책 수립, 거래처 선정
경영통제	· 가격분석 및 결정 · 경쟁사 제품 분석 · 마케팅 계획 수립	· 단기예산 준비	· 생산일정과 수량 결정	· 조직원 성과평가 · 급여와 복지 수준, 범위 결정	· 재고분석, 재고회전율 문제점 분석, 구매원가 분석
운영통제	· 주문입력, 처리 · 반품처리주기적 매출분석 및 보고서 작성 · 촉진활동판매사원 교육훈련	· 세금기록 · 지출계정 · 자산관리 · 보고서 작성	· 기계, 장비제어 · 생산보고서 · 품질통제	· 급여처리, 조직원 업무시간 처리 · 훈련 프로그램 운영	· 운송업자 활동 파악 · 재고회전율 보고서 · 거래보고서 · 선적 지시, 처리

로서 함께 유기적으로 공동 작업되도록 하는 것이 매우 중요하다. 이와 같은 과제는 오늘날과 같은 글로벌 디지털 경제 환경에서는 한 조직의 내부시스템뿐만 아니라 기업 외부시스템들과의 정보이동과 통합 또한 요구되는데, 기업의 중요한 정보기술 의사결정 사항이다.

이에 기업은 전사적 관점의 몇몇 응용 시스템들을 구현함으로써 이와 같은 다양한 목적을 지원하도록 하고 있다. 전사적 응용 시스템은 자원과 고객서비스를 효율적으로 관리하고 조직의 전반적인 성과를 향상하기 위해 상호 관련 있는 기능들과 비지니스 프로세스들을 상호 밀접하게 조정하고 통합하는 것이다. 전사적 응용 시스템은 엑스트라넷과 인트라넷을 포함하는 인터넷 기술 플랫폼의 구현에 의해 더욱 효과적으로 조직목표 달성을 실현하도록 지원한다.

본 절에서는 현재 활발하게 사용되고 있는 몇 가지 전사적 응용 시스템들에 대하여 살펴본다. 먼저, 기업의 각 기능업무 시스템을 하나의 패키지 프로그램으로 통합하여 업무의 표준화와 프로세스의 혁신을 추구하는 전사적 자원관리시스템(ERP), 조직 내에 오랜 기간 축적되어 있는 다양한 노하우 및 업무관련 지식들을 체계화하여 공유하는 지식경영시스템(KMS), 조직 내에서 그룹을 형성하여 일하는 사람들의 의사소통 및 정보공유, 업무흐름의 일원화 등을 지원하는 그룹(GDSS: Group Decision Support System) , 기업의 고객에 대한 전사적인 관점의 노력을 지원하는 고객관계관리(CRM), 공급사슬 상의 협력업자들과 원활한 정보공유와 프로세스 흐름을 추구하는 공급사슬관리(SCM) 등은 갈수록 복잡해지는 경영활동을 다양한 차원에서 지원하게 되었다.

(1) 전사적 자원관리시스템

과거에는 조직 내의 각기 다른 기능과 업무활동, 비지니스 프로세스를 처리하기 위하여 독립적으로 수 많은 프로그램들이 개발되어 중복적이고 비효율적으로 운용되었다. 그러나 이들 시스템들 간에는 상호 간에 정보의 전달과 프로세스의 연결이 되지 않아 경영의 효율성은 떨어지고 조직의 목표를 달성하는데 어려움이 커졌다. 관리자들은 각 부서에서 보고받은 내용들에 일관성이 없었고 그것을 확인하는데 오랜 시간이 소요되어 정확한 의사결정을 수행하기가 어려웠다. 고객들은 상품주문의 처리현황을 파악하기 불가능하였고 요구사항을 신속히 제공받지 못했는데 이는 판매부서와 물류 및 회계 부서 간의 실시간 정보공유가 되지 못했기 때문에 수 많은 확인절차와 시간이 요구되었기 때문이다. 생산과 영업, 생산과 물류 등, 긴밀한 협조가 필요한 부서들도 중단없이 원활한 업무수행을 하는 것이 쉽지 않았다. 이는 모두 독립되고 분산된 데이타베이스와 프로그램들에 기인하여 정보와 프로세스 기능이 통합되어 처리되지 못했기 때문이다.

이에 ERP 시스템은 1990년대 들어 급변하는 글로벌 경영환경에서 IT 자원을 활용한 첨단의 신 경영기법을 필수적으로 도입해야 하는 상황에 처하면서 등장하였다. 사실, ERP의 출현배경은 좀더 오래되었는데, 1970년대, 재고와 생산을 합리적으로 관리할 목적으로 개발된 자재 소요량 계획(MRP: Material Requirement planning) 패키지와 1980년대에 자재 뿐 아니라 생산에 필요한 모든 자원을 효율적으로 관리하고 원가를 절감하기 위한 MPR의 확대된 시스템인 생산자원계획(MPR II: Manufacturing Resources Planning)패키지를 거쳐 발전된 개념이다. ERP는 기업 내의 업무 기능들이 조화롭게 동작할 수 있도록 하며, 기업 정보활동의 최적화를 통해 정보시스템의 효과를 극대화하며, 기업의 정보활용을 위한 전체적인 기반을 제공하여 정보시스템의 전략적 활용을 가능하게 하고자 하는 것이다.

ERP 시스템은 생산, 물류, 재무 및 회계, 판매 및 마케팅, 인적자원관리에 있는 다양한 핵심 비지니스 프로세스들에서 데이타를 수집하여 하나의 데이타 저장소에 저장하고 시스템 간의 데이타 및 기능의 연결과 흐름이 가능하도록 통합함으로써 기존의 문제를 해결한다. 고객이 제품을 주문하면 주문정보가 필요한 다른 기능업무의 시스템으로 자동으로 전달된다. 주문정보는 영업부서 및 재고부서, 또한 회계부서 등에서 주문과 관련된 처리들을 신속하고 정확하게 상호협조하여 진행되도록 지시한다. 즉 주문된 제품의 재고현황을 파악하고, 필요한 경우 생산요청정보가 생성되고, 회계부서에서는 송장을 준비하도록 한다. 고객 서비스 직원은 주문의 진행상황을 파악하여 고객에게 처리상태를 알려줌으로써 고객의 만족도를 높인다. 마케팅 부서에서는 주문 내역이 있는 고객정보를 확보함으로써 보다 효과적인 마케팅 계획을 세우고 고객관계를 증진시킨다. ERP는 많은 기업들이 과거의 업무관행을 탈피하기 어려워 실패하였던 BPR을 정보시스템의 구현을 통해 완성하게 하였으며, 최적의 자원관리를 통해 적시출하, 비용 최소화, 효율적 재고 및 물류관리 등을 가능하게 하는 동시에 경영자의 의사결정 개선에 기여하고, 고객의 요청에 신속히 대응함으로써 기업의 성과를 향상시킨다.

(2) 공급사슬관리시스템

SCM은 기업이 공급업체, 구매기업, 유통업체, 물류회사들과 주문, 생산, 재고수준, 제품과 서비스의 배송, 고객반응 등에 관한 정보를 공유하도록 하여 공급업체들과의 관계를 관리하고 제품과 서비스의 효율적인 생산과 배송을 최적화하도록 함으로써 궁극적으로 고객의 만족도를 최상으로 유지하고자 하는 것이다. 따라서 SCM은 조직 간 정보흐름을 신속하고 원활하게 자동화하는 기업간 시스템이다.

예를 들면, 고객이 인터넷 쇼핑몰에서 제품을 주문하면 쇼핑몰 업체는 공급업체의 재고상태를 확인하고 해당 시점의 최선의 배송회사를 선택하여 지시한 후, 배송회사에서 제공하는 추적시스템으로 정보를 조회하여 고객에게 제공할 수 있다. 대형 유통업체는 상품이 판매되는 동향을 파악하여 공급업체에 재고현황을 파악하고 재고가 부족한 경우 신속하게 대응할 수 있도록 정보를 제공한다. 또한 촉진활동을 통해 수집된 고객의 요구를 생산에 반영하도록 하며, 물류센터 및 배송업체와 최적의 보관 및 배송계획을 수립한다. 이 계획은 매일의 상황에 따라 수정, 변경되고 실시간으로 갱신된다. SCM은 공급업체로부터 고객까지의 제품 및 서비스의 흐름을 관리하고 통제하여 공급사슬 전반에서 함께 윈윈(win-win) 함으로써 최적의 경영활동을 수행하도록 지원한다.

(3) 고객관계관리시스템

CRM은 고객과 관련된 판매, 마케팅, 판매 후 서비스 부문의 모든 비지니스 프로세스를 조정하는 정보를 제공하여 수익, 고객만족, 그리고 기존 고객에게 양질의 서비스를 제공하며 고객유지를 최적화한다. CRM을 통해 제공되는 정보는 기업들이 가장 수익성 있는 고객들을 파악하고 확보하며, 유지하는 것을 도와준다. 과거에는 기업의 판매, 서비스, 마케팅을 위한 프로세스들이 서로 엄격하게 구분되어 있었기 때문에 고객이 요구하는 핵심정보를 함께 공유하지 못했다. 최근 고객중심 경영의 중요성이 확산되면서 전사적으로 특정 고객에 대한 단일 관점을 갖기 위해 모든 정보를 통합할 방법을 찾게 되었다. 이에 CRM은 기업 내 고객관련 프로세스를 통합하고 오프라인 고객창구, 전화, 웹사이트, 모바일 인터넷 서비스, 키오스크 등, 고객을 접할 수 있는 다양한 커뮤니케이션 채널을 통해 수집되는 고객정보의 활용과 고객대응 활동을 최적화하려는 시스템이다.

(4) 지식관리시스템

21세기 디지털시대가 되면서 기업의 제품, 서비스, 이미지 등이 갖는 가치와 기업의 성과는 물리적 자원뿐 아니라 무형의 지식자원에 상당 부분 의존하게 되었다. 어떤 기업이 다른 기업에서 모방하기 어렵고, 독특하며 더 나은 지식으로 제품과 서비스를 개발하고, 경영업무를 효과적으로 수행한다면 그 기업은 경쟁우위를 높일 수 있다. 지식경영의 목적은 조직과 조직원들에게 암묵적으로 존재하는 지식을 발견하고, 체계화하고 공유함으로써, 지식자원을 최대한 활용하려는 것이다. 그러나 지식경영은 현실적으로 지식관리시스템의 지원이 없이는 실현하는 것이 가능하지 않다. KMS는 기업 전반에 흩어져 있는 유익한 지식과 기술, 노하우 등을 다양한 채널을 통해 한곳에 모을 수 있도록 하고, 새롭게 창조하고, 그것들을 효과적으로 구조화하여 조직원들이 쉽게 사용할 수 있도록 지원한다.

KMS에서 포함하는 하위시스템에는, 문서, 그래픽, 디지털 지식개체를 관리하고 분배하는 전사적 시스템, 특정 분야에서 전문지식이 있는 종업원들의 지식 디렉토리를 생성하는 시스템, 지식과 정보를 분배하는 시스템, 지식창출을 촉진하는 지식작업 시스템, 그리고 지식을 조직의 다른 구성원들이 사용할 수 있도록 코드화하는 지능형 기법, 대용량 데이타에서 패턴이나 중요한 관계를 파악하는 지식발견 도구 등이 있는데 이와 같이 잘 체계화된 KMS의 성공적인 활용은 전체 임직원의 적극적인 자세와 목표의식에 따라 크게 좌우된다.

(5) 그룹의사결정지원시스템

GDSS는 그룹을 형성하여 업무를 수행하는 조직원들이 의사결정을 수행하는데 있어 비구조적인 문제들의 해결을 용이하게 하도록 지원하는 쌍방향 컴퓨터 기반 시스템이다. 기업에서 활발히 사용되고 있는 그룹웨어와 웹 기반 도구들은 몇몇 그룹 의사결정 프로세스를 지원하기도 하지만 주로 의사소통에 초점이 맞추어져 있다. 그러나 GDSS는 의사결정에 맞추어진 도구와 기술들을 제공하며, 회의의 질과 효율성에 대한 관심에서 비롯되어 개발되었다.

GDSS는 기본적으로 하드웨어, 소프트웨어, 사용자의 세 가지 요소로 구성된다. GDSS는 아이디어를 계획, 생성, 조직, 평가하고, 우선순위를 매기고, 기업의 다른 사람들을 위해 회의의 진행과정을 문서화하는 활동을 용이하게 하는 도구들을 제공한다. 보다 구체적으로 GDSS의 소프트웨어 도구들을 살펴보면, 전자식 설문지(Electronic Questionnaires), 전자 브레인스토밍 도구(Electronic Brainstorming tools), 아이디어 조직자(idea organizers), 질문도구(Questionnaire Tools), 투표나 순위결정 도구(Tools for voting or setting priorities), 이해관계자 확인과 분석도구(Stakeholder identification and Analysis Tools), 정책구성도구(Policy formation Tools), 그룹사전(Group Dictionnaires) 등의 제공이 가능하다.

따라서 GDSS는 대면회의와 분산회의 환경에서 보다 아이디어의 양과 의사결정의 질을 높일 수 있으며, 익명성을 보장함으로써 좀더 개방되고 협력적인 분위기를 조장해 참가자들의 창의성을 촉진할 수 있는 것으로 보고된다. [그림 1-12]는 위에서 설명한 다양한 유형의 전사 지원시스템을 구도화하여 보여주고 있다.

그림 1-12 전사차원의 경영정보시스템

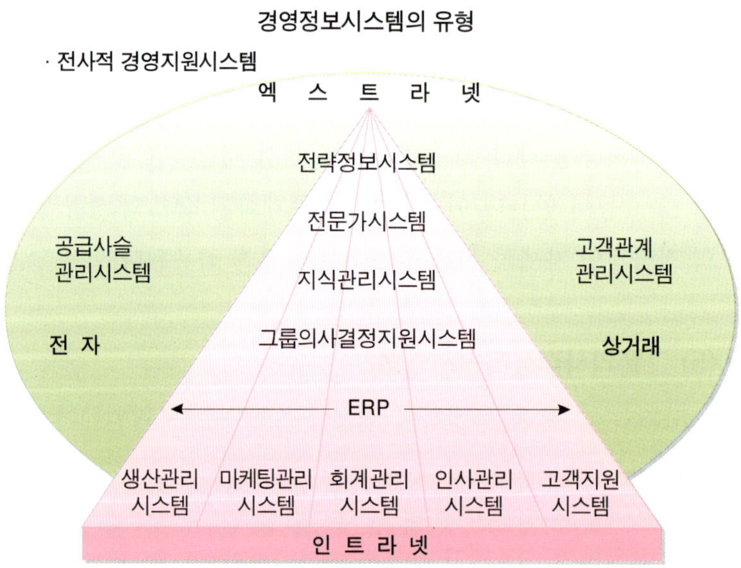

05 정보시스템의 전략적 역할

경영정보시스템은 앞 절에서 설명한 바와 같이 새로운 경영 패러다임에 따라 변화하고 있는 조직과 경영활동에 전략적으로 어떤 역할을 수행하고 있는지 살펴보기로 한다.

기업의 정보시스템은 웹을 통하여 전세계의 시스템과 연결될 수 있는 기반을 갖추게 됨으로써 경영활동을 수행하는데 필요한 의사소통 방식을 혁신적으로 변화시킨다. 이는 기업이 조직 내·외부의 다양한 이해관계자들과 실시간으로 작업하면서 보다 견고한 협력관계의 구축을 가능하게 한다는 것이다. 기업은 업무의 투명성, 확장성, 실시간성, 상호작용성, 생산성 등에 있어 획기적인 개선이 이루어지게 되었다. 또한 협력과 공유의 조직문화로 변모시키는 역할을 수행하기도 한다.

정보시스템은 아웃소싱과 신생기업의 탄생에 큰 영향을 미친다. 많은 기업들이 수 십 년간 정보기술에 막대한 투자를 하여왔고, 사람이 수행하던 많은 업무들은 컴퓨터에 의해 자동화되었다. 이는 실제적으로 일상적이고 반복적인 업무를 수행하는 조직원들의 수를 감소시켰고, 기업의 핵심업무를 제외한 다른 기능 업무들을 아웃소싱하여 한 조직 안에서 실행되는 것처럼 원활하게 관리할 수 있게 하였다. 따라서 조직원들이 정보기술에 대해 큰 저항과 적개심을 가졌던 것이 사실이다. 그러나 오늘날 정보시스템은 개인이 정보와 지식에 쉽게 접할 수 있도록 하여 보다 전문화되고, 창의적인 아이디어로 조직에 공헌하고, 디지털 기반의 새로운 비시니스 모델을 발의하여 독립적으로 비지니스를 창입할 수 있는 기회를 크게 증진시킴으로써 수 많은 벤처기업을 탄생시켰다.

정보시스템은 조직구조와 관리자의 체계와 역할을 변화시킨다. 웹으로 연결된 정보시스템은 조직원들이 기업 내부에서뿐 만 아니라 집에서, 해외 출장지에서, 협력업체의 공장에서, 심지어 길에서도 무선으로 업무시스템에 접근하여 업무를 처리할 수 있게 해준다. 이는 기업활동이 시간과 공간의 제약을 극복하고 조직의 구조가 전형적인 형태와 체계를 가지고 운영될 필요가 더 이상 없게 된다는 것이다. 따라서 조직구조는 점점 더 분산되어 네트워크로 연결된다. 이와 같은 조직형태에서 중간관리자의 일상적인 관리, 통제 업무의 비중은 감소되기 때문에 보다 창의적인 계획 및 의사결정 업무에 전념할 수 있도록 하여 관리자의 업무의 질을 높이도록 한다.

[그림 1-13]은 조직 내 · 외의 가치사슬 활동을 지원하는 인터넷 기반의 정보시스템 구도를 제시하고 있다. 이와 같은 정보시스템의 구축을 통해 경쟁기업보다 좀더 민첩하고 긴밀하게 경영활동을 수행할 수 있는 기업은 더 큰 경쟁우위를 점하게 된다.

- 조직 내외의 이해관계자들을 대상으로 기업의 포탈사이트에서 운영되는 뉴스그룹, 채팅 룸, 교육 및 학습 강좌 등은 정보와 지식을 창조하는 기업으로 변모시킴으로써 조직원들의 자질과 기술 능력을 향상시킨다.
- SCM을 통해 공급자들과의 제휴와 협력을 강화시킨다. e마켓플러스의 활용, 온라인 선적 일정 및 전자적 무역서류 전달, 물류 흐름의 추적, 생산현장의 문제발생 확인 등을 가능하게 하는 기업 간 시스템은 업무 담당자들에게 즉시적이고 지속적인 정보접근과 전달을 가능하게 함으로써 업무 대응력을 높일 수 있도록 한다. 결국, 정보시스템 기반 하에서의 경영활동은 낮은 가격, 비지니스 프로세

그림 1-13 정보시스템의 전략적 활용구도

스 활동시간의 단축, 제품과 서비스 품질의 향상, 매출의 향상, 고객충성도의 증진 등을 통하여 경영목표를 달성할 수 있도록 해준다.

- 고객관점의 비지니스로의 완벽한 실행을 지원한다. 고객관점의 비지니스란 고객의 반응에 즉각적인 관심을 기울이고, 고객의 요구사항을 제품과 서비스에 반영하고, 최선의 고객서비스를 제공함으로써 고객의 충성도를 높이고자 하는 것이다. e-비지니스 기반의 정보시스템은 고객이 중개업자 없이 직접 기업에 주문하도록 하고, 주문내용을 실시간으로 확인할 수 있도록 하는 거래처리 시스템 및 데이타베이스를 마련하고 이에 공급업자 및 물류업자들이 접근할 수 있도록 허용한다. 거래처리 데이타베이스로부터 수집되고 분석된 정보는 고객에 초점을 맞춘 데이타웨어하우스에 저장되어 맞춤화된 마케팅 활동을 수행하고, 고객과 상호 의사소통 할 수 있는 공간과 기회를 마련하여 고객관계를 돈독히 함으로써 경쟁력을 높이도록 한다.
- 인터넷 기반의 정보시스템은 경제활동을 활성화하는 가상의 기업과 시장을 만들어 준다. 가상기업의 수립은 디지털시대 기업전략의 매우 중요한 부분이다. 가상조직은 네트워크로 연결되고 구조화된 조직으로서 시간과 공간의 제약없이 다양한 분야와 산업 간의 전문인력, 자산, 아이디어, 다양한 기술들을 모으고 통합하여 놀라운 창의적 결과물을 만들어 내고 있다. 가상기업은 빠르게 변화하는 경영환경과 비지니스 압력에 효과적으로 생성되고 소멸될 수 있는 융통성이 있기 때문에 위험과 재무적 부담이 가볍다.

Case in Point

웹 2.0 마침내 이해되기 시작하다

나는 지난해부터 다른 사람과 대화를 하면서 웹 2.0이란 단어를 사용하기 시작했지만, 그 말을 쓸 때마다 다소는 바보처럼 느껴졌다. 그 의미를 완전히 이해하지 못하고 사용했기 때문이었다. 물론 나는 오리얼리가 쓴 '웹 2.0이란 무엇인가(What is Web 2.0)'란 백서를 읽었기 때문에 그것이 사람들과 상호작용을 하고, 그들에 대한 정보를 수집하며, 사람들이 사이트에 컨텐츠를 추가함으로써 그것을 더 가치있게 만들어 그들이 더 많은 컨텐츠를 추가하도록 만드는 것과 관련된 어떤 것이란 정도의 개념은 갖고 있었다. 하지만 그것은 무척이나 모호한 개념이었다. 그러나 지난 몇 주 사이에 나는 웹 2.0이 의미하는 바에 대해 약간은 분명한 시각을 갖게 되었다. 다음은 추상적인 개념에서 발전된 몇 가지 웹 2.0 아이디어이다. 웹을 사용해 소프트웨어 대신 서비스를 제공한다. 머리 대신 '긴 꼬리(long tail)'를 해결한다. 고객의 자급식 서비스 및 알고리즘 데이타 관리기능을 활용해 고객에 맞춘 경험을 창조한다. 사용자들과 공동으로 컨텐츠를 개발한다. 독특하면서도 복제하기 힘든 데이타베이스를 사용해 비지니스를 촉진한다. 이 아이디어들은 단순히 추상적인 개념을 넘어선 것이다. 그리고 다음은 그런 아이디어 가운데 내가 실제로 경험한 몇 가지이다.

최근 나는 무척이나 바쁘게 일하고 있는데, 일을 하면서 음악을 듣는 것을 좋아한다. 하지만 나는 아이포드를 잘 다루지 못해 주로 CD를 듣는데, 한참 일에 몰두하다 보면 시디가 다 돌아가 있어 침묵만이 존재하며, 그러면 나는 하던 일을 멈추고는 일어나 다른 시디를 선택해야만 한다. 그리고 나는 몇 장의 좋아하는 CD만을 반복해서 듣는 성격이다. 그래서 나는 내 취향을 잘 알아서는 그에 맞는 곡들을 많이 틀어주는 그런 개인 디제이가 있었으면 했다.

그런 상황에서 나는 판도라(pandora.com)란 사이트를 알게 되었다. 판도라는 인터넷을 통해 무료로 음악을 틀어주며, 선호하는 음악에 따라 내가 여러 '라디오 방송국'을 만들 수 있게 해 준다. 이것이 가능한 것은 일군의 음악학 연구자들이 지난 7년 동안 음악 게놈 프로젝트(Music Genome Project)를 통해 수만 곡의 노래를 분석하고 항목화한 덕이다. 그들은 각각의 노래에 박자, 음조, 사용된 악기, 가수 등 수 백 개의 속성을 붙였다. 내가 좋아하는 밴드나 곡명을 입력하면 판도라는 그 이름으로 방송국을 만든 다음 내가 선택한 첫 노래나 아티스트의 속성을 일부 또는 전부 가진 그런 곡들로 구성된 선곡 목록을 작성하기 시작한다. 만약 좋아하는 노래가 나오면, 나는 선택 버튼을 누를 수 있다. 반면 좋아하지 않는 노래가 나오면, 취소 선택을 누른다. 그런 식으로 판도라는 나의 선호사항을 추가적으로 그 게놈 데이타베이스에 입력하며, 그런 과정을 통해 잠시 후 나는 내가 진짜 좋아하는 노래만으로 구성된 목록을 만들 수 있다. 이것은 비슷한 장르의 아티스트나 노래를 재생하는 것보다 훨씬 발전된 것이다. 사실 내가 원하는 취향을 끝까지 파고드는 그 기능은 어떤 면에서 무시무시할 정도이다. 그리고 판도라는 내 목록에 새로운 아티스트와 노래를 계속 추가하기 때문에, 나는 결코 알지 못했을 그런 새로운 음악을 접할 수 있다. 예를 들면, 나는 존 콜트레인이라는 음악가 외에는 재즈에 대해 전혀 몰랐다. 그래서 나는 내가 좋아하는 콜트레인의 노래들을 토대로 '센트럴 파크 웨스트(Central Park West)'란 방송국을 만들었다. 그 방송국은 그의 노래들을 틀어주기 시작했다. 이후 나는 거기에 추가되는 여러 재즈 음악을 선택/

취소함으로써 몇 가지 피드백을 제공했으며, 얼마 후 나는 재즈란 신세계를 탐험하는 여정에 올랐다.

어느 날 나는 정말 좋은 노래를 들었다. 그래서 나는 '안내서(Guide Us); 버튼을 누른 후 '왜 이 노래를 틀었는가?' 버튼을 눌렀다. 그러자 이런 답이 나왔다. "당신이 지금까지 우리에게 말한 바를 토대로, 우리는 이 노래를 틀고 있다. 왜냐하면 이 노래는 느린 박자, 피아노 솔로, 경쾌한 드럼, 나른한 스윙 연주, 장조 등의 속성을 갖고 있기 때문이다." 나는 많은 것을 배웠고, 이제 다른 재즈 아티스트에 대해서도 많이 알게 되었으며, 그들의 노래를 두 세 번 들은 후 몇 장의 시디까지 구매해 내 개인 소장품에 추가하게 되었다.

나는 마침내 웹 2.0의 의미를 파악했다고 생각한다. 판도라는 소프트웨어가 아니라 서비스이다. 그것은 소프트웨어에 의해 가능해졌지만, 그 가치는 소프트웨어 그 이상이다. 판도라는 대중을 대상으로 '탑 40'를 트는 대신 (나와 같은) 모든 개인 사용자의 독특한 음악 취향을 해결해 줌으로써 머리만이 아닌 긴 꼬리를 해결하고 있다. 그리고 판도라는 고객의 자급식 서비스와 알고리즘 데이타 관리 기능을 활용해 각 고객에 맞춰진 독특한 경험을 창출함으로써 그 긴 꼬리를 해결할 수 있다. 반면 나는 기지국을 만들고 선택, 취소 버튼을 통해 노래를 취사선택할 수 있는 고객 자급식 서비스를 이용해 처음에 선택한 노래나 아티스트를 토대로 판도라의 음악 선택 알고리즘이 이미 맞춤 서비스로 제공하고 있는 것에 더해 내 스스로의 경험을 더욱 맞춤화할 수 있다.

나는 판도라의 음악 게놈 데이타베이스를 공동으로 개발하고 있는 수백만 명 가운데 한 사람에 불과하다. 판도라의 음악학자들은 노래를 분석하고 거기에 속성을 붙임으로써 그 노래를 다른 노래와 연계시키고 있다. 그리고 나와 같은 수백만 명의 집단적 피드백은 노래들 사이의 관계를 더욱 세분화할 것이고, 그 결과는 수십만 곡의 노래들 사이의 복잡한 관계를 담고 있는 복제하기 힘든 데이타베이스가 될 것이며, 그로 인해 판도라는 독특한 서비스를 제공할 수 있게 될 것이다. 나는 지난 몇 일 동안 이 새로 발견한 웹 2.0의 의미를 토대로 판도라에서 배운 몇 가지 기법을 다른 종류의 비지니스에 적용할 수 있는 방법에 대해 생각해 봤다. 웹을 통해 전달될 수 있는 서비스들은 긴 꼬리를 해결하는 서비스들은 사용자와의 상호작용을 통해 만들어지고 개선될 수 있는 복제하기 힘든 데이타베이스에 의해 추진되는 서비스들은 이런 것들 말이다. 여러분도 한번 생각해 보기 바란다.

▸ Mike Hugos, http://www.ciokorea.com/, 2007, 05

SUMMARY 요 약

본 단원에서는 오늘날 우리가 그 중심에 서 있는 디지털시대에 대하여 살펴보았다. 디지털은 반도체, 컴퓨터, 통신 등, 각 부분에서의 발전과 수요확대로 디지털 신호의 처리, 전송, 저장 등의 관련기술은 비약적인 발전이 이루어지면서 디지털 혁명을 불러 일으켰다. 디지털 혁명은 정보통신 인프라와 인터넷을 통하여 단시간에 전 세계로 파급되면서 빅뱅을 일으킴으로써 사회, 경제, 기술, 산업 나아가 국가 간 관계에 까지 총체적이며 획기적인 변화를 유발시키고 있다. 특별히 디지털 혁명은 인터넷에서 3C(Content, Community, Commerce)를 발생, 이동시키며 경제 패러다임을 급속히 변화시키고 있다. 디지털 경제는 상품구성, 거래, 경제적 가치창출의 원천이 제조업을 중심으로 한 전통적인 경제와는 근본적으로 차이가 있으며, 경제구조를 역동적이며, 원자적 경쟁체재로 개편하고, 유통구조의 변화와 생산성 혁명의 견인 역할을 하였다.

이에 기업은 디지털 경제, 변화하는 경영환경, 극심한 비지니스 압력 하에서 경영의 패러다임 변화를 주시하며 민첩하게 대응하여야 한다. 기업이 갖추어야 할 대응방안으로는 새로운 비지니스 모델과 비지니스 프로세스의 수립, 기술 컨버전스, 고객과 핵심 이해관계자들과의 긴밀한 관계 형성과 웹을 통한 디지털 경영으로의 전환, 디지털 구조로의 변화 등이다. 기업이 디지털 경제에서 경쟁력을 갖춘 진정한 디지털 기업으로 전환하기 위해서는 전략적인 수단과 도구가 요구되며, 최신의 정보기술과 정보시스템의 전략적 활용은 이에 대한 해답이 될 수 있다.

정보기술과 정보시스템은 지식정보화 사회에서 정보와 지식이 새로운 경영자원으로 등장하고, 1960년대 이후 경영에 본격적으로 사용되면서 급격한 발전을 이루어왔다. 정보기술은 1950년대 이후, 하드웨어, 소프트웨어 부문의 발전이 이루어지다가 1980년대, 관계형 데이타베이스의 도약이 이루어졌으며 1990년대 이후는 인터넷의 등장으로 정보통신과 네트워크 부문의 획기적인 발전이 디지털시대를 탄생시켰다. 정보시스템 부문에 있어서는 초기 복잡한 데이타 계산과 단순한 거래처리 업무를 해결하는 EDP, TPS에서 시작하여 DSS, EIS, KMS으로 발전하였으며, 전략적 경쟁우위를 선점할 수 있는 도구로서의 SIS개념으로 진보하였다.

경영정보시스템은 지원대상과 유형에 따라 조직구조 관점의 시스템 분류, 기능 업무지원 관점의 시스템 분류, 경영활동 지원유형에 따른 시스템 분류, 그리고 다양한 전사지원 응용시스템들의 관점에서 조명하여 볼 수 있다.

21세기는 e비지니스, 전자상거래를 통해 기업의 경쟁적 역량에 따라 기회와 위험을 선택할 수 있을 것이다. 고객에 대한 최적의 대응방안을 마련하기 위한 CRM, 공급업체와의 긴밀한 시장대응 체계를 마련할 수 있도록 하는 SCM, 그리고 조직내부의 비지니스 프로세스 표준화와 통합을 가능하게 하는 ERP 등은 기업이 생존과 발전을 위해 구현하여야 할 핵심적인 전략적 경영자산이 되었다.

연 습 문 제

01. 디지털 혁명의 주된 현상에 대하여 설명하여 보시오.

02. 디지털 경제의 특징은 무엇입니까?

03. 디지털시대의 핵심적인 경영환경 변화요인, 비지니스 압력 요인들을 설명하여 보시오.

04. 디지털 경제 하에서 기업은 어떻게 경영의 패러다임을 전환시켜야 할까요?

05. 정보시스템의 발전과정을 기억하여 봅시다.

06. 정보시스템의 유형을 조직구조적 관점, 경영활동 지원 관점, 기능업무 지원 관점에서 분류하여 봅시다.

07. 인터넷 환경에서 경영정보시스템은 어떻게 경영활동을 전략적으로 지원합니까?

08. 디지털 경제의 패러다임과 동향을 파악할 수 있는 자료, 보고서들을 인터넷에서 찾아본 후 정리하고 URL을 기록하여 봅시다.

참고문헌 Refereces

- 이웅희, 디지털 시대의 기업전략, 삼성경제 연구소, 2000
- E. Turban 외 공저, 임규건 외 공역, e-Business 시대를 위한 경영정보시스템, 사이텍미디어, 2003
- James A. O'Brien, *Management Information Systems*, International Edition, McGraw-Hill, 2004
- K. C. Laudon, J. P. Laudon, *Management Information Systems*, 9th Edition, Pearson Prince Hall, 2006
- P. Mckeown, *Information Technology & The Networked Economy*, 2nd Edition, Thomson, 2003
- www.ciokorea.com
- www.ittoday.co.kr
- www.newsweek.com

제2장 정보시스템과 기업전략

01 경쟁전략과 정보기술의 역할
02 정보전략이란?
03 전략정보시스템이란?
04 e-비지니스 전략

학습 개요 및 목표

2008년 기준으로 직원 수 100명 이상의 기업이 보유하고 있는 컴퓨터의 평균 대수는 직원 수와 동일한 것으로 보고되고 있다. 즉, 오늘날의 기업은 직원 1인당 1대 이상의 컴퓨터를 보유하고 있으며, 이는 기업의 활동에 있어서 컴퓨터라는 도구가 없이는 어떠한 업무도 처리하기 어렵다는 사실을 입증해 주는 조사이다. 개인이 사용하고 있는 컴퓨터, 즉 PC는 기업에서는 정보시스템이라고 일컫는 대규모 컴퓨터 시스템을 구성하는 가장 기본적인 요소이다. PC는 네트워크 기반에 접속되어 기업 내 여타 부서의 또 다른 PC들과 통신을 하며, 기업 업무를 하나부터 열까지 처리해 나가는 중요한 도구인 것이다.

이러한 정보기술 기반의 도구를 기업에 활용하는 이유는 매우 간단하다. 매일의 일과를 처리하고, 더 나아가 경쟁환경에서 경쟁적 활동을 수행하는 데에 도움을 받을 수 있기 때문이다. 이른바 정보기술의 전략적 활용은 오늘날의 기업활동의 성패를 좌우할 정도로 중요한 고려사항이 된 것이다. 기업은 정보기술이 제공하는 합리적이고 신속하고 정확한 서비스를 이용하여 산업 및 시장환경에서 활동을 지속할 수 있는 것이다. 기업의 전략적 활동에 있어 정보기술은, 단순한 선택 사항이 아닌, 필수적이고 전략적인 도구인 것이다.

본 장은 이러한 정보기술이 기업의 전략 수립에 어떠한 영향을 끼칠 수 있는가를 학습한다. 기본적인 경영전략의 수립 과정과 방법에 대한 학습을 통해 정보기술이 가미된 정보전략과 어떠한 차이를 보이며 어떠한 역할을 담당하는가를 학습한다. 또한 정보시스템이 어떻게 전략적으로 활용이 가능한가, 즉 전략정보시스템은 어떠한 개념과 특성을 갖고 있는가를 학습하고, 정보시스템의 전략적 활용 방안에 대해 알아본다. 또한 최근의 정보기술을 집대성하여 구현된 e-비지니스에서는 이러한 전략이 어떠한 양상으로 구현되어 기업과 개인의 삶을 어떠한 방식으로 바꾸어 가는가를 학습한다. 본 장의 학습 목표는 다음과 같다.

- 전략의 개념 및 전략 수립 절차에 대해 알아본다.
- 전략의 수립에 있어 다양한 고려사항들을 알아본다.
- 정보기술이 기업의 전략에 어떠한 영향을 갖는가 알아본다.
- 정보전략과 경영전략의 공통점과 차이점을 알아본다.
- 전략정보시스템의 개념과 정보시스템의 전략적 활용 방안을 찾아본다.
- e-비지니스 전략의 유형과 현실 속에서의 구현 양상을 학습한다.

모바일 비지니스 환경 구축, 모빌리티 전략 수립부터

모바일 비지니스 환경 구축은 오늘날 기업에게 매우 중요한 경쟁력이다. 또한 이것이 제대로 갖춰지지 못한 기업에게는 치명적인 아킬레스건으로 작용할 만큼 필수 요소로 인식되고 있다. 최근 외국 기업의 리서치 결과를 보면 한 주요 무선통신 서비스 업체가 모바일 네트워크상의 엔터프라이즈 자산관리(EAM: Enterprise Asset Management) 애플리케이션을 구축한 후 새롭게 발견한 자산의 가치가 9억 달러에 이른다고 한다.

모빌리티가 비지니스 전략의 핵심 요소라는 것은 의심의 여지가 없다. 모바일 비지니스 환경을 도입한 기업들에게서 생산성 향상 및 비용 절감에 대한 효과가 수치상으로 증명되며 이를 뒷받침하고 있다. 또한 모바일 엔터프라이즈 시장은 현재 매우 건실한 상태다. 2007년 애버딘그룹(Aberdeen Group)에서 발간된 '모바일 현장 서비스 업데이트' 보고서에 따르면 서비스 업체들의 경우 27%의 직원 생산성 향상, 19%의 신규 고객 유치, 13%의 서비스 매출 향상 등과 같은 성과가 모바일 현장 서비스 솔루션 구축에 기인하는 것으로 나타났다.

그러나 모바일 솔루션 도입이 모두 이와 같은 성공적인 결과를 가져올 수 있다고 확신하기는 어렵다. 성공적인 모바일 환경을 구축하기 위해서는 어떠한 요인들이 선행되어야 하는 것일까? 지난 몇 년간 현장 서비스, 운송, 추적 및 영업 등의 효율적인 운용을 위해 모빌리티 솔루션을 구축해온 1천 여 기업들을 조사한 결과 각기 디바이스, 애플리케이션 및 기업의 상황에 따라 다른 솔루션을 구축했으나 접근 방식에 있어 공통점을 가지고 있었다. 이번 기고에서 이러한 성공의 주요 요소들을 7가지 요인들로 나누어 사세히 살펴보자.

1. 전략부터 세워라

2000년대 초반 기업들이 모바일 솔루션을 처음 도입하기 시작했을 때 대부분 기업들은 모바일 솔루션을 최적으로 적용하는 방안이나 ROI 측정 방안, 비용 낭비를 막기 위한 방안 등에 대한 고민과 명확한 이해 없이 일단 구축해보자는 식으로 주로 도입했다. 이 때문에 많은 시행 착오가 있었던 것이 사실이다.

어떤 기업은 패키지화된 모바일 애플리케이션을 구축하기보다 자체 개발한 애플리케이션을 구축했다. 그러나 직접 개발에 드는 비용이 만만치 않았을 뿐 아니라 추후에도 애플리케이션 유지와 매년 새로운 기능 추가를 위한 관리 비용이 소요된다는 것을 고려하지 않아 낭패를 보았다. 또 어떤 기업은 비용절감을 위해 모바일 현장에 특수하게 맞춰 개발한 것이 아니라 일반 사용자를 위해 개발된 모바일 디바이스를 구매했다가 결국 현장에서 필요한 지원이 안 되서 불편을 겪을 수밖에 없었다.

이들 기업들은 모바일 기술을 통해 이루고자 하는 목적이 무엇인지, ROI 전략이나 주요 운용 기능 등에 관련한 최소한의 전략을 세우지 않았다. 결국 고객 서비스나 컴플라이언스 목적을 충족시킬 수 있는 방안이 아닌 잘못된 프로세스가 자동화되었다.

2. 큰 그림을 구상하라

모바일 비지니스 솔루션을 구축할 때는 단순히 어떤 핸드 헬드 디바이스를 사용할 것인지를 고민하는 것 이상으로 한발 더 나아간 구상이 필요하다. 전체적인 접근 방식을 택한 기업들의 경우 성공적이었던 것으로 평가된다. 이러한 기업의 경우 주요 미션을 지원할 수 있는 모든 모바일 기술 구축에 대해 잘 이해하고 기업이 일하는 방식에서 출발했다. 먼저 기업의 벽을 확장할 수 있는 기술 방식을 테스트해 현장 근로자들에게 가장 중요한 서비스 요구가 무엇인지 전체적인 시각으로 검토했다.

이를 위해 알아두어야 할 사항은 모든 모바일 애플리케이션은 비지니스 프로세스에 적용이 가능해야 한다는 것이다. 또한 고객 만족, 생산성 향상 및 비용 절감과 같은 주요 영역을 중심으로 이루어지는 경우를 지원해야 한다. 솔루션으로부터 얻을 수 있는 가치는 어떻게 적용하느냐에 직접적으로 관련되어 있다는 사실을 꼭 주지해야 한다.

고객 서비스를 최우선순위로 둔 무선통신 서비스 업체의 경우, 비상 상황 발생시 현장 직원들이 서비스 수준 계약에 따라 우선적으로 고객 업무를 처리하게 되며, 반면 다른 고객의 서비스 스케줄은 자동으로 수정 및 재설정되도록 모바일 업무 솔루션을 구축했다. 이 경우 가장 취약한 부분을 파악, 모바일 기술을 적용함으로써 고객 만족 부분에서 높은 결과를 기대할 수 있는 최적의 환경을 구현할 수 있게 됐다.

3. 현재 IT 인프라스트럭처 개요를 확인하라

기업전략을 파악했다면 현재의 IT 인프라스트럭처가 그것을 잘 지원하고 있는지를 살펴봐야 한다. 이러한 사정 작업은 향후 솔루션을 적용하기 이전에 반드시 필요한 것이다. 인프라스트럭처가 모바일 환경에 걸쳐 다양한 연결성 및 신뢰성 등을 처리할 수 있는가, 무선랜 아키텍처 및 가용성을 최적화하는가, 성장에 맞춰 확장이 가능한가, 새로운 애플리케이션이나 사용자 그룹을 추가할 때마다 주요 아키텍처를 다시 구축해야 할 필요성이 있는가 등을 확인해야 한다.

인프라스트럭처의 일부로 무선 광대역 네트워크(Wireless Wide Area Network) 기술을 통해 솔루션의 속도 및 대역폭을 확장하기 위해 무선통신 서비스 업체들과 함께 파트너십을 고려하게 될 수도 있다. 이것은 무선랜, WWAN 등 다양한 운용 방식을 인프라스트럭처가 지원해주고 이 둘간에 상호호환성이 보장돼야 한다는 것을 의미한다. 무엇을 선택하던지 모바일 기술을 승인하는 데서 출발하는 것을 일회용이라고 생각하면 곤란하다.

이는 현재의 IT 시스템에 획기적인 가치를 더할 수 있는 중요한 요소다. 잘 설정된 모바일 애플리케이션은 다양한 백엔드 플랫폼에서 데이타를 수집하고 업데이트가 가능하다. 모바일 비지니스 솔루션의 하나로서 웹 서비스 기술의 효과적인 구축은 기업의 인프라스트럭처 생명을 확장할 수 있다. 또한 모바일 구축을 진행하기에 앞서 제대로 맞는 모바일 기술 솔루션을 보유한 파트너가 각기 따로 존재하는 백엔드 시스템과 장애없이 통합될 수 있도록 모바일 솔루션을 개발, 협력할 수 있어야 한다. 기업에서는 즉각적인 ROI 효과와 함께 장기적으로 기업의 계획이나 백엔드 인프라스트럭처에 적용 가능한 유연성을 가져갈 수 있는 애플리케이션을 확보하게 될 것이다.

4. 워크플로우 변화를 고려하라

기업이 모바일 업무 애플리케이션을 구축하기 위해서는 현재의 워크플로우 과정을 평가하고 애플리케이션을 설계하는 과정이 필요하다. 그런데 이 과정 중에는 '왜 우리가 이것을 하는 거지' 라는 질문이 반드시 나오게 마련이다. 만약 비슷한 상황에서 이러한 질문이 나오지 않는다면 오히려 문제가 될 수 있다. 왜냐하면 모바일 기술 적용은 워크플로우와 프로세스를 검증하는 과정이 반드시 필요한데, 이러한 질문이 없다면 검증 과정에서 필요치 않은 것으로 드러나는 프로세스가 많아질 것이고 이는 비용, 인력, 시간의 낭비기 때문이다.

의료 분야에서의 주요 사례를 살펴보면 모바일 기술 도입의 목적이 단순히 자동화된 프로세스에 그치지 않는다는 것을 알 수 있다. 이제 병원은 환자들을 관리하고 서비스를 제공하는 의료 직원의 업무 단순화뿐 아니라 환자들에게 더 안전하고 검증된 새로운 의료 관리 프로세스를 제공하고, 직원들의 효율성을 높이기 위해 활용하고 있는 것이다.

이렇게 워크플로우 변화를 통한 가치 창출은 의료 산업뿐 아니라 다른 모든 산업에서도 그대로 적용될 수 있다. 즉, 제대로 된 모바일 환경 구축이라면 어떻게 모바일 기술을 적용해 '지금까지 하던 그대로' 의 업무 프로세스가 아니라 더욱 지능적인 워크플로우 설계가 가능할지 제시할 수 있어야 한다.

5. 최종 사용자 의견에 귀 기울여라

거의 모든 환경에서 가장 직접적으로 솔루션에 노출되는 것은 최종 사용자들이다. 따라서 사용자들을 시스템 설계 과정에 동참시킨다면 애플리케이션 과정을 보다 유연하게 하고 디바이스를 업무 방식에 최적화할 수 있다.

또한 모바일 기술을 가장 먼저 접하게 되는 것은 모바일 근로자들이므로 이 사용자들이 해당 모바일 기술을 받아들여서 활용할만한 문화와 기술적인 준비를 갖추고 있는지도 고려해야 한다. 어떤 사람들은 업무 방식이나 디바이스 변경을 원치 않을 수도 있으며, 또 어떤 경우에는 회사가 현장 직원을 감시하는 '빅 브라더' 의 역할을 수행하려 한다고 반발할 수도 있다.

따라서 성공적인 모바일 환경을 위해서는 전체적인 방식의 단일 전략, 접근 방식을 세워서 최종 사용자를 교육하고 변화시킬 수 있어야 한다. 사용자 중 기술에 가장 잘 적응하고 이를 활용하는 슈퍼 유저 그룹을 구성하고 지원하는 것도 좋은 방법이 될 수 있다. 또한 웹 기반의 인터랙티브 교육 솔루션을 활용할 수도 있다. 이러한 방법은 직접 교육보다 효율성이 높으며 새로운 애플리케이션 및 장비 사용방법 교육의 효과를 높일 수 있다.

6. 다른 기업의 실패와 성공에서 배워라

모바일 기기의 대부분이 윈도우 모바일 플랫폼 상에서 표준화돼 있다. 이 사실만 놓고 보면 개인 사용자의 모바일 기기 역시 엔터프라이즈를 위해 개발된 플랫폼을 사용하는 것이므로 개인 및 기업용 기기는 동일한 수준의 보안 체계를 갖추고 있다고 볼 수 있다.

하지만 기업용과 개인용 모바일 기기 사이의 유사성은 여기까지다. 실제로 기업 환경에 적합하게 만들어진 기기는 3~5년의 생명 주기를 기록하는데 반해 개인용 기기들은 이보다 훨씬 더 빨리 노후된다. 또한 디바이스 관리 솔루션을 사용하는데 있어서도 기업용 기기가 훨씬 유리하다. 이러한 솔루션은 기업용 모바일 기기 관리를 목적으로 개발됐기 때문에 소프트웨어 업데이트, 패치 배포 등을 고려했을 때 기업용 기기를 도입하는 것이 훨씬 더 현명한 선택이다.

또 다른 기업들의 경우 모바일 기술 솔루션을 무선 광대역 네트워크나 무선랜 상에 설치하면 모바일 애플리케이션의 생산성이나 ROI를 크게 향상시킬 수 있다는 점을 경험했다. 그런데 모바일 네트워크, 기기 및 애플리케이션이 수년간 성숙 단계에 이르게 되면 기업은 자사의 데이타가 공공의 통신사업자 네트워크상에서 안전하게 전송될 것이라고 믿게 된다.

그러나 보안은 이렇게 단순히 예측, 믿음만으로 해결되는 과제가 아니며 모바일 기술 및 애플리케이션의 복잡성 수준은 높아져만 가고 있다. 따라서 이제 처음으로 모바일 기술을 도입하려는 기업이라면 이렇게 타 기업들의 경험에서 나오는 메시지를 반드시 유념해야 한다.

추가로 언급하고 싶은 모바일 환경의 트렌드는 기업의 ERP 시스템과 모바일 애플리케이션 간의 통합이다. 이는 기업 내부에만 집중된 정보를 외부로 돌려서 모바일 기술 도입의 가치를 더욱 높이는 작업이다. 예를 들어 ERP 시스템의 부품 물류 알고리즘에 모바일 애플리케이션이 접근할 수 있도록 한다고 생각해보자.

이러한 통합 시스템이 구축되면 서비스 직원들은 더욱 효율적으로 재고를 추적하고, 부품 운반시의 비효율성을 최소한으로 유지할 수 있다. 또 직원들의 바코드 스캐닝 기기는 수작업으로 진행되는 프로세스와는 비교도 안 될 정도로 더욱 명확한 정보를 ERP 시스템에 전송할 수 있다. 결론적으로 기업은 레거시 시스템 기능과 모바일 기술의 밀결합을 통해 전사적인 비지니스 생산성 혜택을 누릴 수 있는 것이다.

7. 솔루션 파트너와 엔드 투 엔드로 협력하라

모바일 솔루션을 기업이 자체적으로 구축한다면 어떨까? 많은 경우 기업들은 자신이 무엇을 모르는지조차 알지 못하는 경우가 많으며, 이는 많은 자금을 투자하고도 달성하고자 하는 ROI를 얻지 못하는 결과를 낳는 경우가 많다. 즉, 자체적으로 단기적인 솔루션 도입 프로젝트로만 진행할 것이 아니라 모바일 시스템 투자 가치를 최대한으로 이끌어 올릴 수 있는 포괄적이고 장기적인 접근법이 필요하다는 것이다.

지난 몇 년간 솔루션이 더욱 복잡해진 상황에서 실제 많은 기업들이 전략, 지원, 통합, 사용자 적응 등 성공적인 모바일 전략을 위한 요소에서 자사를 도와줄 수 있는 엔드 투 엔드 솔루션 제공 기업을 파트너로 선택하고 있다.

결론적으로 성공적인 기업 모바일 환경은 디바이스나 구동될 애플리케이션을 고르는 것으로만 해결되는 것이 아니다. 모바일 환경 도입은 기업의 요구와 예산에 맞는 적절한 기업 모빌리티 솔루션을 통해 비지니스를 향상시킬 수 있는 전략을 수립하는 것이 목적이다. 따라서 앞서 정리한 일곱 가지 요인들을 유념한다면 성공적인 모바일 기업환경을 구축하고 기업의 비지니스 가치를 극대화할 수 있을 것이다.

▸ 네트워크 타임즈, 2008년 4월

01 경쟁전략과 정보기술의 역할

1.1 전략이란?

●전략
자사가 보유하고 있는 핵심역량을 최대한 발휘하여 경쟁우위를 달성하기 위한 방법

전략(戰略, Strategy)이라는 용어는 원래 군사 분야에서 기인된 것으로, 전략의 사전적 의미는 전쟁의 목적을 달성하기 위해 교전자의 힘을 무장하는 과학(Science)임과 동시에 기법(Art)이며, 구체적으로 적보다 유리한 상황을 차지하기 위한 지휘관의 과학이고 기법을 말한다. 즉, 적으로 정의된 상대방을 제압하고 능가하기 위한 구체적인 방법을 전략이라 한다. 따라서 이러한 전략은 경쟁이 발생되는 모든 분야에 기본적으로 필요하게 되었으며, 근대에 들어 동일 시장 내에 많은 경쟁자들이 존재하게 되자 기업에서도 필수적인 요소로 자리잡게 되었다. 기업환경에 있어 전략이란, 조직으로 하여금 경쟁자보다 우위를 얻을 수 있도록 설계된 계획이라 정의될 수 있다.

여기서 경쟁자보다 우위를 차지한다는 말은, 경쟁자보다 앞서 간다 또는 경쟁자를 이긴다는 표현으로 바꾸어 말할 수 있다. 이를 경쟁우위(Competitive Advantage)라 말하는데, 이는 기업이 자신의 강점을 최대한 활용하는 전략을 상대방보다 먼저 사용하여 확보될 수 있다. 즉, 경쟁우위 쟁취를 위한 전략을 가능하게 하는 자사가 보유하고 있는 강점을 핵심역량(Core Competency)이라고 한다. 요컨대 자사가 보유하고 있는 핵심역량을 최대한 발휘하여 경쟁우위를 달성하기 위한 방법을 전략이라 말할 수 있다.

일반적으로 기업에서 사용하는 전략은 문제 상황에 따라 매우 다양할 수 밖에 없다. 하나의 상황을 해결하는 데에 매우 유용하게 적용되었던 전략이라 할지라도 또 다른 상황을 해결하는 데에 도움이 될 것인가는 장담할 수 없기 때문이다. 따라서 기업의 모든 상황에 적용이 가능한 범용적인 전략은 현실적으로 존재하지 않는다고 볼 수 있으나, 여러 가지 상황에 조금씩의 수정을 가하여 적용할 수 있는 기본적인 전략은 존재한다. 일반적으로 가장 기본적인 전략으로 꼽히는 전략은 다음과 같다.

(1) 비용 감소

이익을 얻기 위한 방법으로는 제품 또는 서비스의 판매 증대를 통하여 이윤(Profit)을 최대화하는 방법이 가장 우선적이다. 그러나 이윤이 고정되어 있다고 가정하는 경우, 투자 대비 최고의 효율을 얻기 위해서는 비용을 감소시키는 방법이 고정된 이윤을 보장하기 위한 가장 좋은 방법이다. 많은 기업에 있어 업계 및 시장 상황이 불리하게 전개될 경우 기업 내부적으로 구조조정 및 인력 재조정을 시행하는 이유는 바로 불필요한 인건비 및 사업비를 최소화시키기 위한 방법인 것이다. 비용이 감소된다면, 감소된 비용만큼의 이윤이 창출된다고 볼 수 있다.

(2) 새로운 제품 및 서비스의 개발

기존에는 존재하지 않는 제품 및 서비스를 새롭게 개발하는 것으로, 경쟁우위 달성을 위한 가장 정직한 방법 중 하나이다. 현재의 시장과 경쟁사의 상황에 대한 철저한 분석을 통하여 기존의 시장에는 존재하지 않는 제품 및 서비스를 발굴하는 것이 중요하며, 또한 이를 개발하기 위한 과감하고 신속한 투자가 필요하다.

(3) 제품 및 서비스의 강화

기존의 제품 및 서비스를 강화하여 경쟁력을 제고하는 방법으로, 시장 내 고객의 요구와 경쟁사의 현황을 면밀히 분석하여 기존 제품 및 서비스의 부족한 점과 개선점을 도출하여야 한다. 새롭게 제품 및 서비스를 개발하는 것보다는 비용 및 위험도 측면에서는 다소 유리하다고 볼 수 있으나, 결과적인 효과 측면에서는 그다지 만족할 만한 결과를 가져오지 못할 수도 있다.

(4) 제품 및 서비스의 차별화

경쟁사와 차별화된 제품 및 서비스를 제공하기 위해서는 새로운 제품 및 서비스를 개발할 수도 있고 기존의 제품 및 서비스를 색다르게 강화시킬 수도 있다. 즉, 제품 및 서비스를 이용하여 전략을 구사하는 경우 차별화 전략은 가장 궁극적인 접근이 이루어진다. 따라서 제품 및 서비스의 차별화를 위해서는 기존 시장 및 고객에 대한 분석, 경쟁사의 제품 및 서비스 기술에 대한 철저한 분석이 선수적으로 이루어져야 한다.

(5) 진입장벽 구축

경쟁사에 비해 상대적으로 선도적인 지위를 점유하고 있는 경우, 경쟁사 및 후발 업체들이 현재의 시장에 진입하기 위한 방법을 말한다. 보통의 경우 제품 및 서비스 차별화를 위한 많은 투자를 선수적으로 시행한다든가 또는 규모의 경제를 통해 제품 및 서비스의 가격을 확연히 낮추는 방법 등이 있다. 후발 경쟁업체들이 시장 진입에 성공할지라도 시장 기득권을 갖고 있는 기업과 경쟁하기 위해서는 추가적으로 투자를 하여 제품 및 서비스 경쟁력을 확보하든가 또는 제품 및 서비스의 가격을 경쟁이 가능한 정도로 낮추어야 하므로 경쟁력 확보가 매우 어려울 수밖에 없다.

(6) 높은 전환비용 형성

고객이 새로운 제품 및 서비스를 제공하는 공급자로 옮기는 경우, 기존의 공급자는 자연스럽게 타격을 받게 된다. 따라서 새로운 공급자로 제품 및 서비스를 변경하는 경우 부가적인 비용이 발생되도록 하되, 그 비용이 높으면 높을수록 전환이 어렵게 된다. 이른바 고객이 자사의 제품과 서비스로부터 이탈하는 현상을 방지하기 위한 방법으로, 경쟁사의 제품 및 서비스의 수준에 대한 지속적인 관찰과 분석이 요구된다.

(7) 공급자 및 수요자 동결

자사에 제품 및 서비스를 제공하는 공급자, 그리고 자사의 제품 및 서비스를 공급받는 수요자를 동결하여 일종의 독점적인 수요 및 공급을 도모하는 방법이다. 자사에 제품 및 서비스를 제공하는 공급자를 동결하는 경우 더욱 저렴한 가격과 높은 품질을 보장하는 공급자를 선정할 수 있으며, 반대로 자사의 제품 및 서비스를 공급받는 수요자를 동결하는 경우 더욱 높은 가격의 거래를 보장할 수 있다.

(8) 전략적 제휴 체결

기업환경에서 발생되는 제휴는 매우 다양한 형태를 갖고 있으며 그 목적 또한 매우 다양하다. 업무 및 활동의 상호 제휴에서부터 시작하여 자본 및 자산의 제휴, 그리고 지역적 제휴 등 제휴를 체결하는 주체들 간의 이익관계에 의해 매우 다양하게 나타난다. 기본적으로 전략적 제휴를 통해 자사에는 부족한 자원(인력, 물자, 자금, 정보 등)을 지원받을 수 있으므로, 굳이 직접적인 투자를 하지 않을 지라도 자사에 필요한 요소자원들을 조달할 수 있게 된다.

1.2 전략 수립 절차

기업 내의 의사결정 수준과 기업이 처한 환경에 따라서 다소의 차이는 있을 수 있지만, 일반적으로 전략을 수립하는 과정은 다음과 같은 단계를 거친다.

- 기업의 비전 및 미션, 그리고 이에 따른 궁극적인 주요 목표 선택
- 기업의 외부적인 기회와 위협을 파악 및 분석하는 외부 환경요인 분석
- 기업의 내부적인 강점 및 약점을 파악 및 분석하는 내부 역량분석
- 기업의 내외부적 상황을 포괄적으로 고려하여 기업의 강점을 최대한 부각하고 약점을 보완할 수 있는 전략 대안 선택
- 전략의 규모 및 실행 시점에 기반한 장기, 중기, 단기전략 구분
- 전략의 로드맵 작성
- 구체적 실천 지침 작성 및 피드백

이러한 일련의 전략경영의 과정들은, 서로 유기적인 관계를 형성하고 전략의 실현에 영향을 미치는 요소들, 즉 조직의 크기 및 구조, 환경 변화에의 대응 능력, 변화 의지, 강력한 리더십 등의 요소들이 적절한 조화를 이룰 때 경쟁우위 확보의 중요한 전략적 무기인 동시에 기업지원의 보이지 않는 힘의 원천으로 작용한다. [그림 2-1]은 일반적인 전략수립 과정을 보여준다.

(1) 비전 및 미션의 설정

● 비전
조직 및 기업이 현재의 활동을 통하여 미래에 궁극적으로 추구하는 모습

비전(Vision)의 사전적 의미는 내다보이는 장래의 상황으로 정의된다. 이를 경영적 관점에서 해석하면 조직 및 기업이 현재의 활동을 통하여 미래에 궁극적으로 추구하는 모습이라 할 수 있다. 즉, 비전은 가치관 또는 방향(Direction)과 같이 구체적인 내용을 담고 있지는 않으나 전반적인 경영철학 또는 경영이념과 같은 성격

그림 2-1 **일반적인 전략수립 과정**

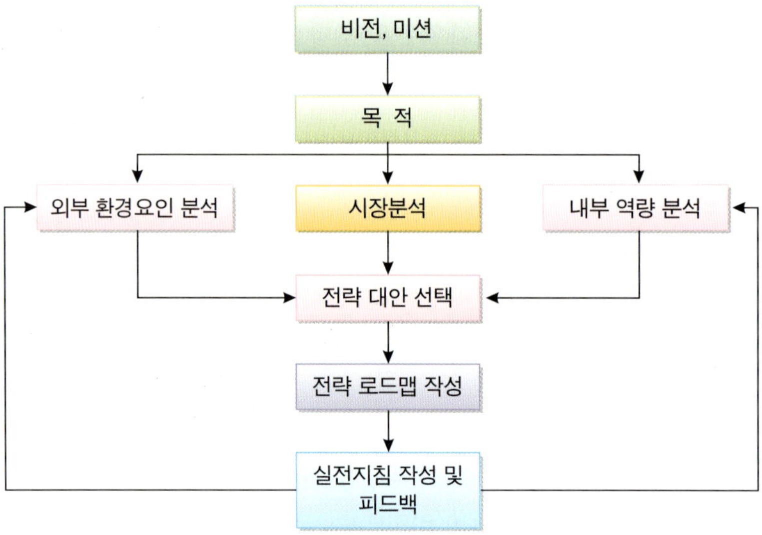

을 갖고 있다. 따라서 비전문(Vision Statement)에는 기업의 정체성(Identity)이 주로 나타나는데, 즉 나는 누구이고(who we are), 무엇을 하며(what we do), 어디로 갈 것인가(where we are headed) 등의 거시적인 내용을 담고 있다.

● 미션
기업 및 조직의 비전을 달성하기 위하여 실질적으로 하고자 하는 일 또는 사업, 그리고 기업 및 조직의 존재 이유를 설명하는 구체적인 강점 분야 등

미션(Mission)의 사전적 의미는 임무나 과업 또는 중요한 일 등으로 정의된다. 경영적 관점에서는 기업 및 조직이 실질적으로 하고자 하는 일 또는 사업, 그리고 기업 및 조직의 존재 이유를 설명하는 구체적인 강점 분야 등을 의미한다. 따라서 미션에는 비전의 달성을 위한 구체적인 방법 또는 방법론이 명시되며, 무엇을 해야 하며 무엇을 하지 말아야 하는가에 대한 명확한 구분이 포함된다. [그림 2-2]는 삼성전자의 홈페이지에 수록된 비전과 미션을 보여주는 예이다.

(2) 목적 설정

● 목적
기업 및 조직의 미션을 달성하기 위하여 실제적으로 수행하고자 하는 구체적인 행동 또는 업무

목적(Objective)은 실제적으로 수행하고자 하는 구체적인 행동 또는 업무를 의미하는 면에서 목표(Goal)와 구분된다. 목표는 달성하고자 하는 수준에 대한 구체적인 언급이 있는 반면, 목적은 정도 또는 수준에 대한 언급보다는 의도하는 결과 또는 대상에 대해 명시한다. 목적은 시간적인 구분에 의해서는 장기적, 중기적,

그림 2-2 비전과 미션의 예

비전과 미션

이를 실현하기 위한 삼성전자의 미션은 "Digital-e Company"입니다.
여기서 "Digital"이란 제품과 기술의 혁신을 통해 새로운 Lifestyle을 선도하여 산업을 주도할 수 있는 혁신제품, 사업, 서비스를 창출하는 것을 의미합니다.

'ε' 는 프로세스와 마케팅의 혁신을 통한 최고의 원가 경쟁력과 최단의 프로세스를 바탕으로 최고의 생산성을 가진 경영 프로세스를 구축하여 경영의 효율을 극대화 하자는 것입니다.

그리고 "Company"는 글로벌 운영과 조직문화의 혁신으로 글로벌 고객 흡인력을 갖추고 역동적 조직문화를 구축하여 고객이 사랑하고 신뢰하는 기업을 뜻합니다.

삼성전자는 앞으로 제품, 기술, 마케팅, 프로세스, 글로벌운영, 조직문화 등 6개 부문의 혁신을 통하여 디지털 컨버전스 혁명을 주도하는 초일류 기업이 될 것입니다.

VISION

디지털 컨버전스 혁명을 주도하는 초일류 기업달성

MISSION

Digital - εCompany

산업을 주도하는 제품, 서비스 창출	최고의 생산성을 가진 경영 프로세스	고객의 사랑과 신뢰를 받는 기업

단기적 목적으로 나뉘며, 추구하는 대상의 구분에 의해서는 전사적, 부서적, 개인적 목적으로 나뉠 수 있다. 보통의 경우 하나의 비전을 달성하기 위하여 수 개의 미션이 존재하며, 각 미션별로 수 개의 목적이 존재한다(그림 2-3 참조).

(3) 외부 환경요인 분석

기업의 외부 환경요인으로는 경제적 요인, 사회적 요인, 정치적 요인, 기술적 요인, 환경적 요인들을 꼽을 수 있다. 외부환경은 기업이 인위적으로 바꿀 수 없는 요인이므로 예측과 대비가 전략의 수립에 있어서 매우 중요한 활동이 된다. 실제로 기업들은 이러한 외부환경을 예측하기 위해서 전문기관을 자체적으로 설립 및 운영하는 경우가 흔히 있는데, 각 기업이 보유하고 있는 경제연구소가 그 예이며

그림 2-3 비전, 미션, 목적의 관계

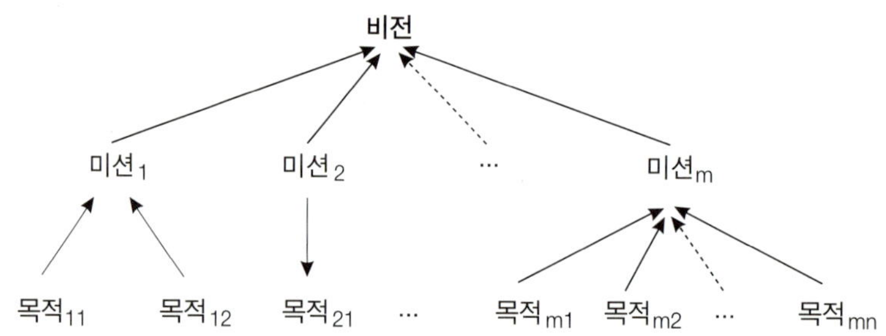

또한 앤더슨, 보스톤컨설팅 등의 전문컨설팅 회사들도 이 분야에 대한 서비스를 제공하고 있다. 각 요인들에 대하여 간단히 살펴보면 다음과 같다.

① 경제적 요인

국민총생산, 국내총생산, 이자율, 소비성향, 가처분소득, 실업률, 물가상승률 등의 거시경제 지표들과 OPEC, EEC, NAFTA 등 지역경제 블록 및 IMF, IBRD, OECD 등의 국제경제기구들이 경제에 미치는 영향 등이 경제적 요인에 포함된다.

② 사회적 요인

사회적 요인은 사회구성원들의 가치관, 종교, 라이프 스타일 등을 비롯하여 인구증가율, 교육수준 등을 의미한다. 최근의 중요한 사회적 변화를 예로 들자면 여성노동인구의 급격한 증가, 인구의 노령화 현상, 삶의 질을 중시하는 라이프 스타일 등을 들 수 있다.

③ 정치적 요인

정치적 변화는 기업의 잠재적 이익을 잠식하는 위협이 될 수도 있고 때로는 기업에게 새로운 기회를 제공하는 역할을 하기도 한다. 기업에 부정적으로 작용하는 예로는 공정거래법, 반트러스트법, 세금, 환경규제, 최저임금제 등의 각종 정부규제를 들 수 있고, 긍정적으로 작용하는 예로는 지적재산권에 대한 보호, 특허권, 물자조달계획, 사회간접자본에 대한 예산편성 등을 들 수 있다.

④ 기술적 요인

기술적 변화는 기업의 경쟁우위를 확보하기 위한 가장 중요한 수단이기 때문에 각 기업은 기술을 개발하기 위해서 끊임없이 노력해야 함은 물론, 미래의 기술이 무엇을 요구하는지, 어떻게 변화할 것인지를 예측하는 것 또한 매우 중요하다. 그러나 기술적 요인은 다른 외부요인들 보다 그 예측이 매우 어려운 것으로 알려져 있는데, 이는 기술변화의 비연속성으로 인한 것이라 설명되고 있다. 즉 기술은 어떤 과정의 일련의 선상에서 예측될 수 있는 것이 아니라는 것이다. 이런 이유로 기술변화의 예측에는 주로 정성적 분석기법인 시나리오방법, 델파이 기법 등이 많이 사용된다.

⑤ 환경적 요인

오늘날 기업들이 일으키는 각종 환경침해 요인은 생태계에 가장 위협적인 요인으로 여겨지고 있다. 따라서 국가나 각종 사회단체, 시민들은 기업들의 환경침해 요인의 배출을 억제시키기 위한 압력을 가하고 있으며 그들의 요구를 만족시키지 못하는 경우 기업의 생존자체가 위협을 받을 수 있기도 하다. 또한 이는 기업 비전의 중요한 구성요소의 하나인 기업이미지의 형성에 중요한 역할을 하기도 한다.

(4) 시장분석

외부요인이 기업의 의사와는 상관없이 외부적으로 주어지는 요인인 반면, 시장환경은 철저한 분석 후 전략을 수립한다면 기업에 유리한 상황으로 변화시킬 수도 있다. 시장분석을 수행하는 데에는, 포터의 다섯 가지 경쟁세력 모형을 이용한다. 한 산업 내의 수익률은 다섯 가지 경쟁세력의 경쟁의 강도에 의해서 결정된다고 하였는데, 즉 각 세력 간의 경쟁의 강도가 강하면 기업의 잠새적 이윤은 감소하고 경쟁의 강도가 약하면 이익을 추구할 수 있는 기회가 많다는 것을 의미한다.

(5) 내부 역량 분석

기업의 내부 역량을 분석함에 있어서 고려해야 할 요인은 매우 다양하다. 또한 분석방법 및 그 절차도 기업의 특성에 따라 매우 다양하다. 따라서 기업의 내부 역량, 즉 강점과 약점을 세부적으로 발견해낼 수 있는 방법론이 필요한데, 현실상 모든 기업의 상황에 적합하도록 보편적으로 적용이 가능한 방법론은 존재하지 않는다.

기업의 내부 역량을 분석함에 있어서 우선은 분석 및 비교의 대상이 되는 전략적 내부 요소를 파악해야 한다. 이는 그 기업이 가지고 있는 핵심역량 및 상대적 약점을 파악하는 과정으로, 이러한 기업의 강점 및 약점을 파악하는 방법에는 SWOT분석과 가치사슬분석 등을 사용할 수 있다.

여러 분석 방법 중 기능별 분석은 기업의 내부, 기능별로 기업의 강점과 약점을 파악하는 방법으로 전문적인 분석 방법에 익숙하지 않은 관리자들도 쉽게 이해할 수 있는 방법이다. 기업의 업무 기능들을 나열한 후에 각 기능에 대한 기업의 현재상태를 서술식으로 나열하는 방법은 [그림 2-4]의 예와 같이 진행한다.

(6) 전략 대안 선택

전략 대안을 생성하고 선택하는 데에는 의사결정자의 직관이 가장 크게 작용하는 것으로 알려져 있다. 그러나 하나의 전략을 결정하고 선택하는 데에 있어서도 매우 다양한 변수들이 작용을 하고, 많은 경우 여러 종류의 전략을 결정해야 하므로 의사결정자의 직관에만 의존하는 방법은 많은 위험성을 내포하고 있다. 전략은 기업의 내외부 상황을 종합적으로 고려하여 외부적인 기회와 위기를 내부의 강점

그림 2-4 내부 역량분석을 위한 기능별 분석의 예

마케팅 기능	기술 및 생산 기능
① 제품계열의 폭과 깊이는? ② 시장점유율은? ③ 유통채널은 충분하고 잘 통제되는가? ④ 제품의 이미지, 품질은? ⑤ 가격전략과 가격탄력성은? ⑥ 애프터 서비스는 잘되고 있는가? ⑦ 소비자의 브랜드 로얄티는 어느 정도인가?	① 원재료 값은 경쟁력이 있으며 공급은 안정적인가? ② 재고통제는 원활하며 재고회전율은 좋은가? ③ 유휴설비가 존재하는가? ④ 연구개발활동은 잘 이루어지는가? ⑤ 제품의 법적보호는 잘 이루어지는가?
재무 및 회계 기능	**조직 및 인사 기능**
① 장 · 단기 자금조달능력은 충분한가? ② 자금의 차입비용은 경쟁력이 있는가? ③ 각종 재무비율은 양호한가?	① 관리자들의 자질은 뛰어난가? ② 근로자들의 순력도 및 근로의욕은? ③ 노동생산성은 경쟁력이 있는가? ④ 급여 및 보상제도는 동기부여에 충분한가? ⑤ 인사정책은 공정한가?

과 약점을 조화시키는 것이 중요하다. 따라서 SWOT 분석과 같은 방법이 전략 대안을 생성하고 선택하는 데에 많은 도움을 줄 수 있다.

● SWOT 분석
미션과 목적의 이행을 위한 현재의 내부적 역량 및 외부적 환경이 어떠한가를 분석하여 전략의 수립에 활용하는 도구

SWOT 분석은 조직의 미션 이행을 위한 현재의 역량 및 환경이 어떠한가를 분석하는 것이다. 그 내용은 크게 보면 내부 요소와 외부 요소로 나누어 질 수 있으며 또한 긍정적인 면과 부정적인 면으로 나누어 질 수 있다. 강점(Strength)은 조직이 외부 기회요소(Opportunity)를 충분히 활용하거나 위협요소(Threats)를 경감시키는데 쓰일 수 있는 보유 자원이나 역량을 의미한다. 반면에 약점(Weakness)은 조직이 목적 달성을 하는데 있어서 필요한 어떠한 자원이나 능력의 결핍을 의미한다. 기회는 그것을 택했을 때 조직의 성과를 향상시킬 가능성이 있는 외부적 상황이나 힘들을 말한다. 반대로 위협은 조직이 그 목표를 달성하는데 방해가 되는 외부적 상황이나 힘들을 말한다.

종합해 보면 강점과 약점이 조직 내부적인 것들이라면 기회와 위협은 외부적인 것이고, 강점과 기회가 긍정적인 성격을 가진다면 약점과 위협은 부정적인 성격을 가진다. 이러한 내용들이 정확히 분석이 되어야 향후 추구할 비전과 목적 등이 좀 더 명확해 질 수 있는데, 조직의 약점이나 강점 등이 고려되지 않은 비전이나 목적은 현실성이 없는 내용이거나 너무 안이한 내용이 될 수 있기 때문이다.

그림 2-5 SWOT 분석

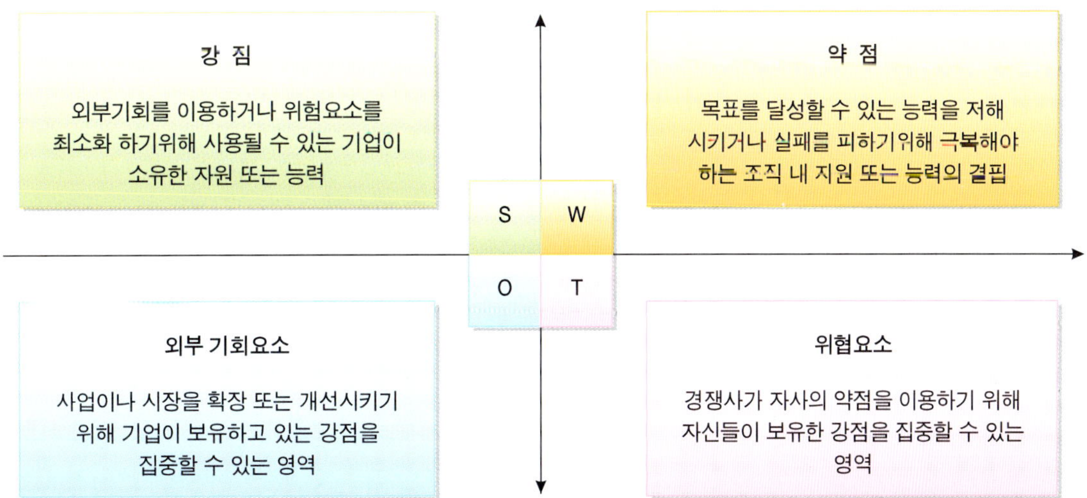

SWOT 분석을 통해 기업 내외부의 상황 파악이 완료되면 이를 바탕으로 전략을 도출한다. 전략을 도출하기 위해서는 SWOT 분석에서 파악한 강점 및 약점, 그리고 기회 및 위협을 서로 다른 축에 배치하고 서로를 매칭시켜 전략을 도출한다. 즉 강점을 이용하여 기회를 더욱 부각시킬 수 있는 전략(S–O 전략), 강점을 이용하여 위협을 회피할 수 있는 전략(S–T 전략), 기회를 이용하여 약점을 극복할 수 있는 전략(W–O 전략), 그리고 약점을 최소화하고 위협을 무마시킬 수 있는 전략(W–T 전략)을 도출한다. [그림 2–6]은 SWOT 분석을 기초로 하여 전략을 도출하는 방법을 보여준다.

(7) 전략 로드맵 작성

● **전략 로드맵**
다양한 전략들 간의 유기적인 관계를 실행 순서로 나타내는 전략 실행 순서도

전략 로드맵(Roadmap)은 다양한 전략들 간의 실행 순서를 보여주는 전략 실행 순서도의 일종이라 할 수 있다. 여기서 말하는 실행 순서란 시간적인 선후 관계에 의해 어떤 전략이 먼저 실행되고 어떤 전략이 그 후에 실행되는가를 의미한다. 보통 이러한 실행 시기의 차이에 의해 단기전략과 중장기전략이 구분된다. 단기 전략이란 전략 실행이 결정된 시점부터 바로 실행하는, 상대적으로 실행 시기가 빠르고 완료 또한 빠른 전략을 의미한다. 중장기적 전략은 실행 시기와는 상관없이 지속적이고 장기적으로 실행되는 전략을 의미한다.

그림 2–6 SWOT 분석을 통한 전략의 도출

		강 점			약 점		
		S_1	S_2	S_3	W_1	W_2	W_3
외부기회요소	O_1	S - O 전략			W - O 전략		
	O_2						
	O_3						
위협요소	T_1	S - T 전략			W - T 전략		
	T_2						
	T_3						

02 정보전략이란?

2.1 정보전략의 개념

● 정보전략

정보기술을 통하여 구사할 수 있는 다양한 전략들을 통칭하는 개념으로, 기업에서 활용하는 정보시스템을 통하여 기업 내외부의 상황과 활동을 전반적으로 관할하는 전략

앞에서 살펴본 기본전략을 바탕으로 하여 정보기술의 역량을 기업전략에 반영시킨 것을 정보전략이라 한다. 즉, 정보기술을 통하여 구사할 수 있는 다양한 전략들을 통칭하는 개념으로, 정보시스템이라는 기업에서 활용하는 정보기술의 매체를 통하여 기업 내외부의 상황과 활동을 전반적으로 관할하는 전략이다. 따라서 정보전략을 수립하는 활동, 즉 정보전략계획(Information Strategy Planning)은 기업의 경영전략과 관련하여 기업정보화의 총체적 방향 제시가 필요하다는 명제 하에 기업활동의 전개에 필요한 종합적인 정보구조 체계를 정립하고 향후 중장기적인 기업전략에 있어서 정보시스템의 역할을 정의해 나가는 고급의 경영활동을 말한다.

포터와 밀러(1985)는 기업의 경쟁우위 쟁취를 위한 정보 및 정보기술의 역할을 크게 세 가지로 보았다. 즉, 정보 및 정보기술은 산업구조를 변경하여 경쟁의 규칙을 변화시키고, 기업으로 하여금 경쟁우위를 창출할 수 있도록 도우며, 기존에 없는 완전히 새로운 비지니스를 발생시킨다. 또한 정보 및 정보기술을 통하여 구사 가능한 본원적 전략, 즉 가장 기본적인 정보전략으로 원가절감(Lowering Costs), 차별화(Differentiation), 그리고 틈새시장(Niche Market) 전략을 꼽았다.

(1) 원가절감

정보 및 정보기술을 통해 기업은 보유하고 있는 자원이 어디에 어떠한 방식으로 필요한가를 빠르고 정확하게 파악할 수 있다. 이를 통해 기업 내 자원이 적재적소에 배치되는 효과를 기대할 수 있으며, 이는 업무 효율의 향상과 더불어 궁극적인 이윤 창출의 효과를 가져올 수 있다. 정보의 금전적 가치를 고려해볼 때 원가절감을 위한 정보의 확보 및 정보기술의 구비는 추가적인 비용을 발생시켜 원가절감 측면에서는 반대급부적인 작용을 할 수 있으나, 정보의 확보 및 정보기술의 구비

가 일단 완료된 경우 이에 의한 파급효과는 업무 프로세스 및 관련 활동에 있어 획기적인 원가절감을 초래할 수 있다.

(2) 차 별 화

차별화 전략이란 제품 및 서비스의 이미지, 특성, 품질, 가격 등을 경쟁사와 차별되게 구성하여 자사 제품 및 서비스의 우수성을 고객에게 인식시켜, 이른바 고객 충성도를 확보하여 경쟁우위를 추구하는 전략이다. 차별화가 성공적으로 이루어진 기업은 고객으로 하여금 인지장벽(Perceptual Barrier)을 구축하게 되어 고객이 질적으로 동일한 수준에 있는 다른 제품 및 서비스를 인식하지 못하는 효과를 가져오게 된다. 따라서 정보 및 정보기술을 이용하여 고객이 원하는 요구사항을 신속하고 정확하게 파악한 후 자사의 제품 및 서비스가 경쟁사와 차별되도록 조치를 취하게 되며, 산출된 결과물에 대한 고객의 의견과 반응을 각종 채널을 이용하여 다시 파악할 수 있다. 정보 및 정보기술을 이용하여 고객과의 의사소통이 원활히 진행될 수 있으며, 시장 및 업계의 상황에 대해 신속하고 정확하게 파악할 수 있다.

(3) 틈새시장

전략적 의사결정 과정에서 말하는 '선택과 집중'이라는 용어와 같이, '집중'할 수 있는 시장을 파악하고 이를 선점하는 것은 전략을 구사하는 기본적 목적 중 하나라 말할 수 있다. 'Niche'란 틈새를 의미하는 말로서 '남이 모르는 좋은 낚시터'라는 은유적인 뜻을 가지고 있다. 대중시장 붕괴 후의 세분화한 시장 또는 소비상황을 설명하는 말이기도 하다. 따라서 남이 모르는 좋은 시장, 즉 경쟁사가 간과하고 있는 시장을 파악하고 공략하기 위하여 정보 및 정보기술을 활용하는 것은 앞서 언급된 원가절감 및 차별화 전략을 구사할 수 있는 좋은 계기를 마련하는 것이다. 틈새시장에 대한 선택 그리고 이에 대한 집중을 통하여 기업은 해당 시장에 대한 선도적 지위를 차지할 수 있으며, 이를 통해 많은 이익을 도모할 수 있다.

2.2 정보전략계획

● 정보전략 계획
정보시스템을 구축 및 활용 계획을 작성하는 체계적인 접근 방법

정보전략계획(ISP: Information Strategy Planning) 이란 기업의 전략적 정보요구를 식별하고, 비지니스 활동과 이에 대한 자료 영역을 기술하며, 현행 정보지원의 수준을 평가하고, 정보시스템 개발을 위한 통합된 프레임워크를 제공하며, 이의 구현을 위한 통합 정보시스템 계획을 작성하는 체계적인 접근 방법이다. 이러한 의미에서 정보전략계획은 기업이 목표하는 경영전략 등을 효과적으로 수행할 수 있도록 기업의 정보시스템과 관련하여 장기적인 비전과 목표를 제공하여 미래 지향적이고 일관성 있는 정보시스템 구축을 지원하기 위한 틀을 수립하는 것을 목표로 한다. 정보전략계획의 수립 과정은 [그림 2-7]과 같이 분석, 평가, 설계, 대안 도출, 계획 수립의 단계로 구성된다.

거시적인 측면에서 중장기를 내다 보는 정보전략계획의 수립에는 체계적인 방법론을 통한 내외부의 중요한 환경분석이 선행되어야 한다. 결과적으로는 정보시스템의 관리방안과 이의 사업적 활용방안, 그리고 기술의 발달에 따른 전략적 전환 방안들이 포함되어야 하며 실제적으로는 어플리케이션의 포트폴리오 구성과 실제적 효과를 측정할 지표의 사전 설정이 필요하다. 정보전략계획을 다른 전략적 계획들과 다르게 만드는 점들은 다음과 같다.

그림 2-7 정보전략계획 수립 과정

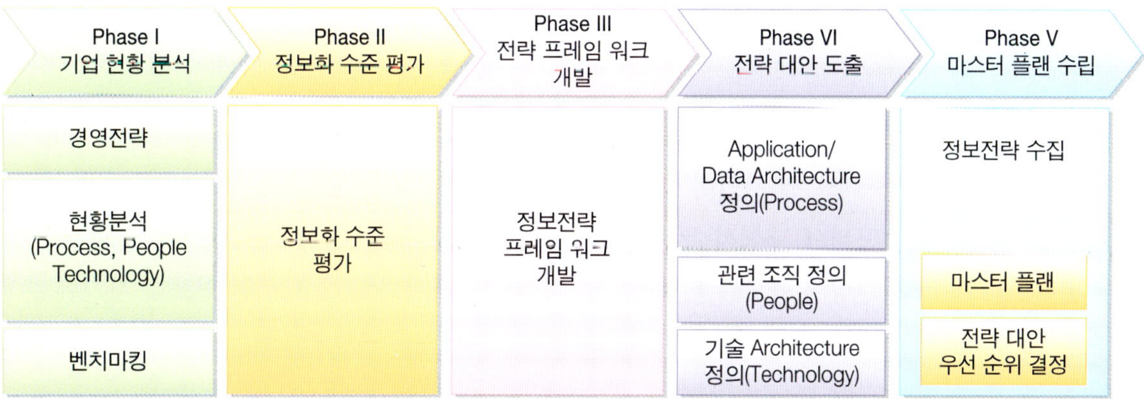

자료 : http://pds10.egloos.com/pds/200809/18/10/leaders_07.pdf

(1) 기업경영의 목표와 정보시스템 계획의 합치

정보시스템의 전략적 활용 방안, 기업에서 생각하고 있는 경영목표라던가 실제적인 기업의 궁극적 수익모델과 합치하여야 한다. 이를 위해서는 경영전략회의에 정보시스템 담당 경영진이 참석을 해야만 하고 의견을 개진할 수 있어야 한다. 역사적으로 정보시스템 담당자는 이러한 전략회의에 제외되었으나, CIO(Chief Information Officer)의 도입이 보여주는 바와 같이 그들의 지위가 점차 향상되고 있다.

(2) 급속한 기술의 발전

정보기술 변천의 속도는 다른 일반기술의 발전 속도보다 훨씬 빠르다. 이러한 정보기술 변화의 속도를 따라잡기 위해서는 전략계획의 수립에 관한 패러다임 자체가 바뀌어야 한다. 연례적으로 연말에 내년의 계획을 수립하고 다음 기까지 묻어두는 계획수립 과정으로는 효과적인 전략이행이 힘들어질 것이다. 현재 가능한 비전을 설정한 후 외부환경의 변화에 따라 유연성 있게 대처해 나가는 패러다임이 필요하다.

(3) 프로젝트의 선정에 전체적인 포트폴리오 구성 문제가 선행

프로젝트 별로 장·단점을 분석하기 보다는 전체적인 기업 자체의 어플리케이션 포트폴리오 내에서 각 개별 프로젝트의 장·단점이 분석되어야 하고 다른 프로젝트들과의 상충되는 점이나 시너지 효과를 함께 분석해 나가야 하며 포트폴리오 내에서 프로젝트 간의 균형 잡힌 발전을 도모해야 한다.

(4) 정보화 인프라 구축 재정의 문제점

프로젝트 별 주인이 따로 있는 관점에서는 그 근간이 되는 포트폴리오의 총체적인 인프라에 대해서 투자를 유인하기가 쉽지 않다. 특히 중소기업의 경우에는 이러한 현상이 규모에 비해서 상대적인 초기투자가 크게 보이는 인프라 투자에 손을 대기 쉽지 않은 상태이다.

(5) 공동책임제 운영의 난해

정보시스템 책임자 혼자서 수립한 정보전략계획은 최고경영자가 기술적인 조언 없이 수립한 정보전략계획만큼이나 위험하다. 정보전략계획은 순수한 기술개발 프로젝트도 또한 순수한 수익모델에 의거한 경영의사결정이 아니라, 두 가지가 통합된 복합 의사결정의 산물이다. 중소기업의 경우에는 전적으로 소유자의 통제관리 하에 있기가 쉬운데 이는 소유자의 전횡으로 연결될 소지가 많다.

2.3 정보전략계획의 목표

정보전략계획은 기업이 성공적으로 경쟁우위를 달성하는 데에 필요한 주요 정보 및 정보기술을 정확하게 분석하여 기업의 전략적 목표를 달성할 수 있도록 지원하는 것을 목적으로 한다. 이 목적을 달성하기 위해서는 다음과 같은 세부적인 사항이 전제되어야 한다.

(1) 경영전략 기반의 정보전략 정의

정보전략계획의 핵심은 경영전략을 체계적으로 검토하고 경영전략에 부합하는 정보전략을 도출해 내는 것에 있다. 경영전략과 정보전략을 연계하기 위해 정보요구와 성과지표를 도출하고 정보요구와 성과지표가 반영된 데이타 모델과 업무활동 모델을 제시한다.

(2) 전사적인 통합 정보시스템 개발 계획 수립

정보전략계획의 최종 산출물은 통합 정보시스템에 대한 아키텍처와 이를 구성하는 핵심 요소들, 정보체계, 시스템체계, 기술체계, 정보시스템 조직 등을 기술한 통합 정보시스템 개발계획이다. 정보전략계획의 최종 산출물에서는 조직 차원에서 관리해야 할 정보와 이 정보를 현업에서 사용하는 프로세스를 정의해야 하며, 이는 경영 의사결정 및 업무 수행과 직결되어야 한다.

(3) 현행 시스템의 진단과 정보시스템 조직 평가

현행 시스템과 정보시스템 조직을 분석, 진단, 평가하는 것도 정보전략계획의 중요 목표 중의 하나이다. 정보전략계획에서 현행 시스템에 대한 분석을 수행하는 이유는 기존 시스템의 효과성과 효율성을 평가하여 계속 사용 여부를 결정하거나 향후 시스템 개발에 참고하기 위해서다. 그밖에 정보전략계획 수립 과정에서 도출되는 새로운 체계로 이행하고자 할 때 기존 시스템을 어떻게 활용하고 어떤 방법으로 새로운 시스템으로 전화할 것인가 하는 이행전략을 수립하기 위한 목적도 있다. 정보시스템 조직을 분석하고 평가하는 것은 바람직한 통합시스템 아키텍처를 설계하고 이행계획을 수립에서 간과되기 쉬운 영역이지만 새로운 시스템을 성공적으로 구축하고 운영하기 위해서는 정보시스템 조직 차원에서의 혁신이 전제되어야 한다. 정보시스템 조직분석 및 평가는 일반적으로 새로운 정보시스템을 운영하기 위해 필요한 조직차원에서 새로 필요한 역할, 기술, 업무 분장 등을 검토하게 되며, 경우에 따라 정보시스템 조직의 절차, 직무, 규정, 각종 약식 등을 정하는 것이 포함되기도 한다.

(4) 자원의 효율적 활용을 위한 프로젝트 계획

정보시스템의 구축과 운영에는 상당한 시간과 예산 및 인력이 투입된다. 이와 같이 제한된 자원을 얼마나 효율적으로 사용하는 정보시스템 운영의 성패뿐만 아니라 기업의 경쟁력을 결정짓는 중요한 요소로 작용할 수 있다. 따라서 정보전략계획 수립에서는 시간, 예산, 인력의 배분과 가용성을 고려해야 하며, 필요한 자원과 가용자원을 비교하여 최선의 방법을 찾는 과정이 포함된다.

2.4 정보전략 수립 방법

(1) 다섯 가지 경쟁세력 모형

마이클 포터의 다섯 가지 경쟁세력(Five Competitive Forces) 모형은 새로운 산업 및 시장에 진입하려는 기업의 의사결정에 도움을 주는 유용한 모형이다. 이 모형은 수집 및 구비가 필요한 정보와 정보기술을 시장에 영향력을 갖는 각 세력별로 정리할 수 있으므로 기업의 정보전략의 수립에 있어 체계적인 방안을 제공할 수 있다. 이 모형은 [그림 2-8]과 같이 다섯 가지 경쟁세력을 포함한다.

① 구매자 교섭력

다섯 가지 경쟁세력 중 구매자 교섭력(Bargaining Power of Buyers)은 판매자가 많아 선택의 기회가 많은 때 가장 강하며 선택권이 없는 때는 약해진다. 구매자로서의 경쟁우위를 갖기 위해서 기업은 경쟁자보다 자신에게서 상품을 구매하는 것이 고객에게 더욱 매력적으로 되도록 조치하여야 한다. 정보기술 기반의 좋은 예로는 여러 기업이 도입하고 있는 우수고객(Loyalty Customer) 관리프로그램을 들 수 있다. 이는 고객이 특정 기업과 거래하는 구매량을 기준으로 고객에게 보상을 제공하는 프로그램이다. 수 천 개의 활동 내용과 계정을 기록 및 추적하는 일, 그리고 수 백만 명의 고객을 관리하는 일은 대형 정보시스템없이는 불가능하다. 또한 우수고객 관리프로그램은 정보기술을 이용하여 구매자의 영향력을 줄일 수도 있다. 즉, 여행자가 받는 혜택들, 즉 무료 비행기표, 좌석상향조정, 무료 호텔 숙박권 등의 혜택들로 인하여 고객들이 우수고객이 되기 위해 동일한 기업과 계속 거래하게 되므로 한 기업에 고정된 고객들은 자연스럽게 영향력을 잃게 되기 때문이다. 대량구매가 이루어지고 산업 내의 고정비용의 비중이 높은 경우, 제품의 표준화가 이루어져 차별화가 어려운 경우, 공급된 제품을 구매자가 부품용도로 구매

그림 2-8 다섯 가지 경쟁세력 모형

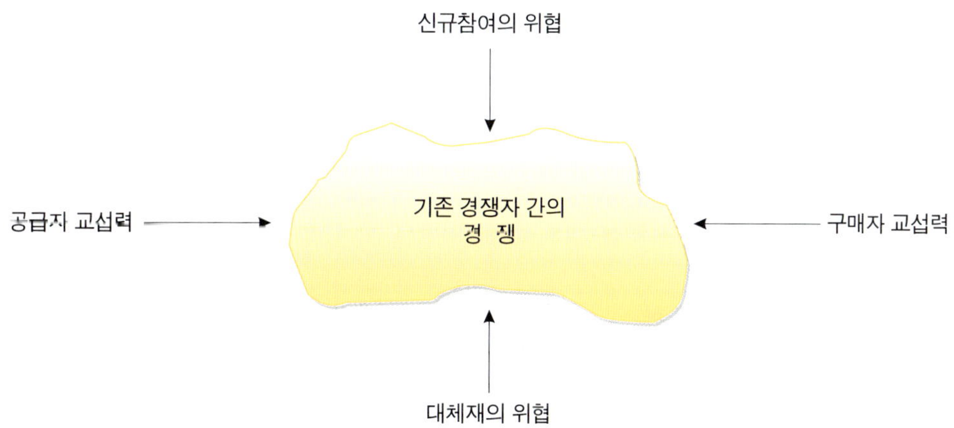

하고 그 부품이 원가에서 차지하는 비중이 높은 경우, 구매자가 현재 수익률이 매우 낮은 산업에 있는 경우, 공급된 부품으로서의 제품이 구매자의 제품 및 서비스의 질에 미치는 영향이 미미한 경우, 구매자가 산업 내로 진출할 능력과 의도를 갖고 있는 경우 구매자 교섭력은 커진다.

② 공급자 교섭력

공급자 교섭력(Bargaining Power of Suppliers)은 구매자가 제품 및 서비스를 구매할 수 있는 선택권이 거의 없을 때 강해지며, 반대로 선택권이 많으면 약해진다. 즉, 공급자 교섭력은 구매자 교섭력과 반대의 관계를 갖는다. 시장에서 공급자는 구매자의 교섭력이 약해지기를 원한다. 구매자로서의 기업은 대체할 수 있는 공급자를 발굴하여 경쟁우위를 달성할 수 있다. 소수의 공급자가 공급을 지배하는 경우, 공급자의 제품 및 서비스가 차별화되어 있고 구매자의 요구사항이 특정 공급자에게 고정되어 전환비용이 높은 경우, 산업 내에 대체재가 존재하지 않을 경우, 공급자가 산업 내에 진출할 가능성이 있는 경우, 해당 산업이 공급자의 매출에 주요 부분을 차지하지 않을 경우 공급자의 교섭력은 커지게 된다.

③ 신규참여자의 위협

신규참여자의 위협(Threats of New Entrants)은 시장에 진입하기 쉬울 때 높아지고 시장의 진입장벽이 높으면 낮아진다. 진입장벽은 고객이 당연히 제공받아야 한다고 생각하는 제품 및 서비스의 기능 또는 품질을 말하며, 이는 신규참여자가 경쟁에서 살아남기 위해 반드시 구비하여 고객에게 제공하여야 하는 요소이다. 예를 들면, 새로운 은행은 고객에게 정보기술 기반의 현금인출금, 온라인 계좌 이체, 인터넷뱅킹 등의 서비스를 제공하여야 하므로 기존의 금융시장에 새롭게 진입하기 매우 어렵다. 그러나 이러한 진입장벽으로 인하여 기존의 시장에서 기득권을 점유하고 있는 기업이라 할지라도 지속적인 장벽의 구축이 없이는 기존의 경쟁력을 유지하기는 어려운 것이 현실이다.

④ 대체재의 위협

기업은 대체 제품이나 서비스가 없기를 기대하지만 오늘날 이러한 현상은 거의 불가능하다. 기업은 대체재의 위협(Threats of Substitutes)으로부터 경쟁우위를 유지하기 위하여 전환비용을 높게 설정하는 등의 방법을 사용하기도 하며, 기존 제품 및 서비스를 대체할 새로운 제품 및 서비스에 대해 정책 및 법규를 이용하여 제한을 가하기도 한다. 그러나 시장의 법칙 상 대체재를 견제하는 이러한 노력들이 고객의 요구와 충돌하는 경우 결국 대체재로의 전환이 불가결하다. 우리 나라의 경우 1997년부터 이동통신 시장에 새롭게 등장한 PCS는 당시 이동통신 시장의 주류를 이루던 무선호출기(Pager)를 시장에서 사장시키는 역할을 하였다. 당시 이동통신 시장의 주류는 무선호출기가 대부분이었고 고가의 셀룰러 기반 이동전화가 일부를 차지하고 있었다. 셀룰러 기반 이동전화의 단말기 가격과 서비스 요금이 매우 높았으므로 많은 고객들은 기능적인 한계에도 불구하고 무선호출기를 사용하였는데, PCS의 보급으로 인하여 저가의 단말기와 저렴한 요금으로 이동통신 서비스를 제공받을 수 있게 되었다. 결국 무선호출기를 사용하던 기존의 고객들은 PCS로 대부분 전환하였고, 무선호출기 생산업체와 통신사업자들은 자연스럽게 사라지게 되었다. 즉, 기존 산업 및 시장에 대해 가장 위협적인 존재는 대체재라 말할 수 있다.

⑤ 기존 경쟁자 간의 경쟁(Rivalry among Existing Competitors)

기존 경쟁자의 위치에 있는 기업은 단기적으로는 전략을 구사하여 무찔러야 하는 적이지만 장기적으로는 자사의 제품 및 서비스의 품질과 경쟁력을 높여주는 동반자적 역할을 한다고 볼 수 있다. 따라서 기존 경쟁자에 대해 지속적인 모니터링과 관리가 필요하며, 상황에 따라서는 전략적인 제휴를 통해 상호 자원 및 기술을 공유할 수도 있다. 시장이 크면 클수록 관리해야 하는 경쟁사의 수와 규모도 커지며 따라서 경쟁의 강도도 커지게 된다.

(2) 가치사슬 모형

● 가치사슬

원자재에서 시작하여 완제품을 거쳐 이윤에 이르기까지의, 기업의 가치 창조와 관련된 일련의 활동들의 연결

전략을 분석하고 개발하는 데에 가장 공통적으로 사용하는 분석도구로 포터(1985)가 제시한 가치사슬(Value Chain) 모형을 들 수 있다. 가치사슬 모형은 경쟁전략이 가장 잘 적용될 수 있고, 정보시스템의 전략적 효과가 클 것으로 예상되는 비지니스의 구체적인 활동들을 식별할 수 있도록 지원한다. 가치사슬 모형은 기업이 그 경쟁적 지위를 향상시키기 위해 정보기술을 가장 효과적으로 사용할 수 있

는 구체적이고 핵심적인 작용점들을 파악한다. 이 모형은 기업을 기업의 제품 또는 서비스에 가치를 부여하는 기본활동들의 시리즈 또는 사슬로 보고 있다. 즉, 가치사슬이란 원자재에서 시작하여 완제품을 거쳐 이윤에 이르기까지의 일련의 활동들의 연결을 의미한다. 이러한 활동들은 [그림 2-9]와 같이 주요활동과 지원활동으로 분류된다.

● 주요활동
회사의 제품과 서비스의 생산 및 유통에 가장 직접적으로 관련된 주요 활동

▸ 주요활동(Primary activity)은 고객을 위해 가치를 창출하는 회사의 제품과 서비스의 생산 및 유통에 가장 직접적으로 관련된 활동을 말한다. 주요활동으로는 유입물류(Inbound Logistics) 운영(Operation), 산출물류(Outbound Logistics) 판매 및 마케팅(Sales & Marketing), 그리고 서비스 등이 있다. 유입물류는 자재의 수령 및 저장 관련 활동, 운영을 투입된 자재의 완제품으로의 변환 활동, 산출물류는 완제품의 저장 및 유통 관련 활동, 판매 및 마케팅은 제품 판매 및 촉진과 관련된 활동, 그리고 서비스는 제품, 유지보수 및 사후 관리활동을 의미한다.

● 지원활동
주요활동을 가능하게 하는 보조적 활동

▸ 지원활동(Support activity)은 주요활동을 가능하게 하며, 관리 및 경영을 포함한 조직기반구조(Firm Infrastructure), 인력 채용과 교육 및 훈련을 담당하는 인적자원관리(Human Resource Management), 제품 및 생산과 관련된 기술(Technology), 그리고 자재 및 자원을 구비하는 조달(Procurement) 등으로 구성된다.

기업의 가치사슬은 공급업자, 유통업자, 그리고 고객을 포함하는 다른 파트너들의 가치사슬에 연결될 수 있다. 기업은 내부 가치사슬의 개선뿐만 아니라 공급업

그림 2-9 가치사슬 모형

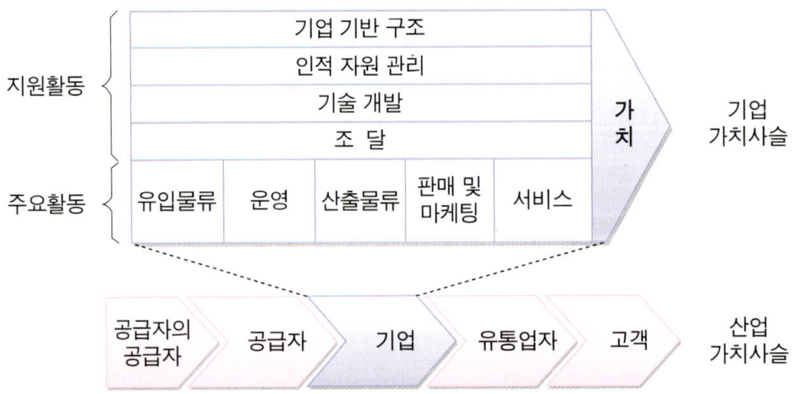

자, 물류업자, 유통업자 등 그 산업의 파트너들과 그들의 가치사슬을 가장 효율적으로 연계하는 정보시스템을 이용하여 경쟁자에 대해 전략적 우위를 차지할 수 있다. [그림 2-10]은 가치사슬을 구성하는 각 활동별로 사용이 가능한 정보시스템의 예를 보여준다.

공급물품의 구매뿐만 아니라 많은 기업들의 생산을 긴밀하게 구성하기 위해 디지털 네트워크가 사용될 수 있다. 즉, 하나의 기업이 제품 생산 및 판매에 관련된 모든 프로세스를 담당하는 것이 아닌, 그 중 설계, 조달, 마케팅 및 유통 등의 통제적 활동만을 담당하되 생산 및 테스트 등의 노동집약적인 활동들은 하청업체와 기타 OEM 업체를 이용하여 활동하는 것을 말한다. 보통 이러한 경우 주기업과 하청업체 및 기타 업체들이 지리적으로 분산되어 있는데, 이들 간의 효율적인 협력과 협업을 위하여 컴퓨터 네트워크를 통해 업무의 지시 및 통제가 이루어진다.

• OEM

Original equipment manufacturer, 두 회사가 계약을 맺고 A사가 B사에 자사 제품의 제조를 위탁하여, 그 제품을 A사의 브랜드로 판매하는 생산방식 또는 그 제품

• 가치웹

공동으로 제품과 서비스를 생산하며, 가치사슬의 조정을 위해 정보기술을 사용하는 개별적인 기업들의 집합

인터넷 기술은 기업의 모든 공급업자, 파트너, 그리고 고객을 가치웹으로 함께 묶을 수 있도록 가치사슬 개념을 확장시켰다. 가치웹(Value Web)은 공동으로 제품과 서비스를 생산하며 그들의 가치사슬 조정을 위해 정보기술을 사용하는 개별적인 기업들의 집합이라 말할 수 있다. 이는 더욱 고객 중심적이며 전통적인 가치사슬보다 유동적이고 비선형적으로 운영된다. 최근의 공급사슬관리(Supply Chain Management)는 이러한 가치사슬의 개념에 인터넷 기반 네트워킹의 기능이 추가되어 발생된, 가치웹의 개념이 현실화된 하나의 예라고 볼 수 있다.

그림 2-10 가치시슬 구성 활동별 정보시스템의 예

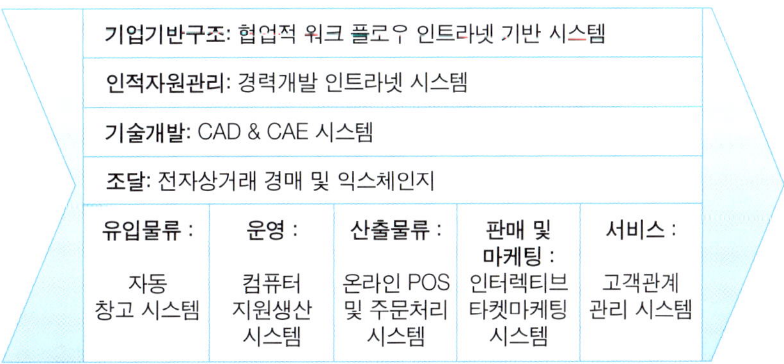

자료 : James A O' Brien (2003), Introduction to information systems: Essentials for the e-business enterprise, McGraw-Hill/Irwin

03 전략정보시스템이란?

3.1 전략정보시스템의 개념

● 전략정보시스템
기업 및 조직의 장기적인 경쟁우위를 달성하는 데에 도움을 줄 수 있는 정보시스템

전략정보시스템(SIS: Strategic Information Systems)은 기업 및 조직이 장기적인 경쟁우위를 달성하는 데에 도움을 줄 수 있는 정보시스템을 말한다. 따라서 전략정보시스템은 새롭게 구축될 수도 있고, 또는 기존의 정보시스템 중 경쟁우위 달성을 위한 전략적 활용을 통해 재편될 수도 있다. 즉, 전략정보시스템은 다른 정보시스템들에 비해 매우 개념적(Conceptual)인 특성을 갖고 있으며, 이는 모든 정보시스템이 전략정보시스템이 될 수도 있는가 하면 어떠한 정보시스템도 전략정보시스템은 아니라는 역설적인 평가를 가능하게 한다.

전략정보시스템이 되기 위해서는 일정의 조건을 만족해야 하는데, 즉 정보시스템이 전략적 가치를 가지며 조직 및 기업의 경쟁우위 쟁취라는 전략적 목적을 만족시켜야 한다. 다시 말하면, 정보시스템이 단순히 정보를 제공하고 관리하는 것이 아니라 조직의 목표(Goal) 달성에 활용되어야 하고, 이러한 조직의 목표 달성을 추구하는 조직 내의 관련 부서들과 정보시스템 부서가 유기적으로 협력해야 한다. 요컨대 전략정보시스템이 되기 위해서는 조직의 목표 달성을 위해 정보시스템이 사용되며, 조직 내의 원활한 의사소통과 의사결정과정을 지원할 수 있어야 한다.

전략정보시스템에 대한 편견과 오해는 크게 세 가지 측면에서 살펴볼 수 있다.

첫째, 정보시스템이 전략적이라고 하는 것은 그 시스템의 고유한 성격을 말하는 것이 아니고 정보시스템이 기업과 그 기업의 전략에 어떠한 영향을 미치고 있는가에 관한 개념이다. 따라서 정보시스템이 기업의 활동에 미치는 영향을 항시 점검해보아야 한다. 이는 어떠한 정보시스템이 일시적으로는 전략적으로 활용되다가도 상황이 변함에 따라 전략적인 특성을 상실할 수도 있기 때문이다. 즉, 전략정보시스템은 영구히 그 명칭을 갖는 것이 아니고 마치 생명을 가진 것처럼 변할 수 있다는 것이다. 경쟁환경에 있어 경쟁우위를 점하기 위해 사용되었다면 전략정보

시스템으로서의 생명을 유지하고 있는 것이지만, 경쟁환경에 있어 일반적인 정보시스템이 되어 버렸다거나 경쟁우위를 점하는 강점을 상실하게 되었다면 전략정보시스템으로서의 생명을 잃게 된다.

둘째, 전략정보시스템이 전략계획을 위해 정보를 제공해주는 시스템이라 오해한다. 이러한 오류는 전략정보시스템이라는 명칭으로 인해 생겨난 것으로 볼 수 있는데, 전략정보시스템은 정보시스템의 전략적 활용에 의해 붙여진 명칭으로, 전략계획 및 전략 구사와 관련된 구체적인 전략 제공 기능과는 거리가 멀다.

셋째, 정보전략계획을 잘 수립하여 정보시스템을 개발하면 전략적 효과를 가져다 주는 전략정보시스템을 구축할 수 있다는 잘못된 기대이다. 전략정보시스템을 달리 표현하면 전략적 정보시스템, 즉 정보시스템 중 전략적 가치가 있는 정보시스템을 말한다. 물론 정보전략계획이 추구하는 바 또한 전략적으로 활용이 가능한 정보시스템을 활용하여 경쟁우위를 도모하는 것이지만, 개발된 정보시스템의 적용 시점 및 적용 양상에 따라 결과적인 정보시스템이 전략적인 가치를 갖고 있는가를 보장하지는 못한다. 따라서 전략정보시스템의 구축을 위하여 전략정보시스템 계획이 별도로 존재한다.

3.2 전략정보시스템의 성공요소

모든 정보시스템과 동일하게, 전략정보시스템을 구축하고 활용하는 데에 있어서 가장 중요한 요소는 최고경영층의 확고한 의지와 추진력이라고 말할 수 있다. 그러나 일반적인 정보시스템과 다르게 전략정보시스템에 대한 기업 및 최고경영층의 기대는 당연히 높을 수 밖에 없으므로 그만큼 여러 요인이 요구된다.

(1) 성공을 위한 조직 구성

전략정보시스템은 기업의 경영전략을 반영하여 구축되고 이를 구사하므로, 기획, 구축, 운용을 위해서는 전사적 경영상황을 잘 알고 있는 인력, 즉 최고경영층의 직접적인 참여가 필수적이다. 최고경영층이 직접 관여하면 팀원의 사기도 올라갈 수 있으며, 무엇보다도 정보시스템 구축 프로젝트의 예산 관련 업무도 신속히 진행될 수 있다. 새로운 시스템을 기획할 때 계획서를 작성하여 상사의 승인을 받고 중역회의에서 토의를 거친 후 최종 결정이 내려지기까지의 시간과 노력을 줄일 수 있는 좋은 방법이 될 수 있다.

최고경영층은 생산 및 판매에서부터 재무, 인사, 경영계획, 전략에 이르기까지 경영활동의 모든 면을 인지하고 관할하며 참여하여야 하므로 워낙 방대한 기업의 모든 면을 상세히 인식하고 있을 수는 없다. 따라서 경영에 관여하면서도 정보 및 정보시스템을 담당하는 정보담당중역(CIO)이 필요하다.

• **정보담당중역**
회사의 정보 및 정보시스템 관련 업무의 총책임을 맡는 임원으로, 보통 상무급 이상의 중역임원

CIO는 전략정보시스템이 성공하기 위해 반드시 필요한 존재이다. CIO는 정보기술을 충분히 활용할 수 있도록 최고경영층에 조언을 할 수 있으며, 기업의 정보시스템 투자계획을 계획하고 필요한 정보시스템을 구축하고 관리해 나가는 책임을 갖고 있다. CIO는 기업정보시스템 부문의 총 책임자로, 효율적인 정보시스템 개발을 위한 제반 업무를 수행하고 필요에 따라서는 최고경영층에 건의하여 정보시스템에 관한 인력의 인사문제에 적극 관여한다.

(2) 최고경영층의 이해와 결단

전략정보시스템은 전사적 규모의 정보시스템일 뿐만 아니라 각종 정보기기의 도입과 조직구조의 변경 등이 요구되므로 최고경영층의 정확한 이해가 필수적이다. 최고경영층은 확고한 의지를 가지고 경영혁신을 적극 추진할 수 있어야 한다.

그림 2-11 전략정보시스템 관련 조직

CEO: Chief Executive Officer
COO: Chief Operation Officer
CTO: Chief Technology Officer
CIO: Chief Information Officer
CKO: Chief Knowledge Officer
CFO: Chief Financial Officer

기업의 최고경영층이 경영혁신을 지양하고 과거의 시스템만을 고집한다면 기업은 과거 지향적인 굴레를 벗어나기 어렵고 자연스럽게 경쟁에서 도태된다. 최고경영층이 CIO를 통하여 정보시스템 프로젝트에 관련된 모든 권한을 위임하고 강력히 지원하고 추진할 때 성공적인 전략정보시스템의 구축이 가능해진다.

(3) 전략 입안 및 수행 능력

기업환경의 변화를 전략적 기회로 활용하기 위하여 적합한 정보기술을 채택하여 지금까지의 사업을 확장하거나 신사업으로 진출하는 것은 성장지향의 기업에 있어서 중요한 경영과제가 된다. 이런 관점에서 전략과 정보자원의 적절한 통합을 위한 정보전략이 요구된다. 또한 전략정보시스템 자체가 대고객 서비스인 동시에 상품으로서의 성격을 가지므로 이를 수단으로 하는 기업의 활동에 있어서 정보전략의 확립은 성공에 대한 관건이라 할 수 있다. 따라서 기업을 중심으로 하는 주변 환경과 기업 내부적 상황을 종합하여 공격적이면서 안정적인 전략을 입안하는 것이 중요하다. 전략의 구사를 위하여 전략정보시스템의 적절한 적용을 도모하되, 기업 내부적으로 구현된 정보시스템을 전략적으로 활용할 수 있는 능력, 즉 정보기술을 전략적으로 적합한 곳에 배치할 수 있는 능력이 필요하다.

(4) 시스템 구축 능력

전략정보시스템은 컴퓨터 시스템과 정보통신망을 함께 구성하므로 이 분야의 기술적 지식과 경영적 노하우가 반드시 필요하다. 정보기술의 기능과 용도에 대한 인식과 전사적인 응용분야에 대한 새로운 사고가 없이는 경쟁우위를 창출하거나 지속적인 비교우위를 확보할 수 없다. 또한 변화가 빠른 정보기술의 특성을 바로 알고 경영환경에 대처하며 경쟁력을 지속시킬 수 있는 최신 정보기술의 빠른 접목이 필요하다. 물론 정보시스템을 전략적으로 사용하는 데에 반드시 최신의 정보기술을 사용하여야 하는 것은 아니지만, 최신의 정보기술이 과거에 해결하지 못한 문제를 해결해줄 수 있는 가능성을 갖고 있으므로 최신의 정보기술을 가장 적절한 곳에 배치하는 노력이 필요하다.

04 e-비지니스 전략

4.1 e-비지니스 개요

● EDI

기업 간 거래에 관한 데이타와 문서를 표준화하여 컴퓨터 통신망으로 거래 당사자가 직접 전송 · 수신하는 정보전달 시스템

● 인트라넷

기존의 정보시스템을 바탕으로, 인터넷을 이용하여 사용할 수 있도록 수정하여 재개발한 정보시스템

● 엑스트라넷

인트라넷의 확장개념으로, 고객 및 협력업체와의 업무 관계증진을 위해 기업의 내부 통신시스템인 인트라넷에 이들을 포함시킨 새로운 통신구조

전자상거래 또는 e-비지니스라는 개념은 1960년대 시작된 EDI(Electronic Data Interchange)에서 기원을 찾을 수 있으나, 본격적인 전자상거래의 시작은 1991년 웹(World Wide Web)이 개발되고, 1990년대 말 이후 초고속 인터넷망이 보급되면서 시작된 것으로 볼 수 있다. e-비지니스는 기업 내, 기업 대 고객, 기업 대 기업 등 기업을 둘러싼 대내외 기업 환경에 IT를 활용함으로써, 기업의 생산성과 효율성 제고, 고부가가치화 달성, 새로운 사업 기회 창출 등을 통해 기업 가치를 향상하고, 전반적인 기업 간 관계를 변화시키면서 산업구조 자체를 혁신하는 새로운 패러다임이다. 또한 인터넷과 IT를 이용하여 구매-제조-유통-판매-서비스로 이어지는 비지니스의 전 과정을 재조정하여 경영활동의 효율성과 생산성을 높이며, 새로운 사업기회를 창출하는 계획적으로 조직된 혁신운동이다. 따라서 e-비지니스는 인터넷, 인트라넷(Intranet), 엑스트라넷(Extranet) 등을 통해 이루어지는 전자상거래, 온라인 뱅킹, 고객지원, 지식경영에서 원격행정, 교육 등 공공분야에 이르기까지 네트워크 환경에서 이루어지는 모든 업무로 정의할 수 있다.

다른 측면에서 e-비지니스란 인터넷 기술에 의해 기존의 정보시스템 자원을 통합하여 핵심적인 사업 부문을 핵심적인 사업 구성원(고객, 직원 및 공급자 등)과 웹을 통해 연결시킴으로써 차별화된 비지니스 가치를 창출하는 접근 방식을 의미한다. 이러한 일반적인 개념은 최근의 혁명적인 기술의 진보와 더불어 새로운 개념으로 진화되고 있는데, 최근 e-비지니스 개념은 기업 내부 프로세스와 기존 시스템 통합부터 기업과 기업 간 거래 프로세스, 산업차원의 혁신까지 통합하여 경쟁력을 높이는 방향으로 확장되고 있다. 즉 새로운 비지니스 창출을 지향하던 닷컴기업 중심의 e-비지니스가 점차 비용절감과 효율성을 극대화하기 위해 정보기술을 도입하는 오프라인 기업 중심으로 재편됨에 따라 향후에는 'e-비지니스 = 비지니스'라는 기업의 기본전략으로 자리 잡을 것이다. 이러한 e-비지니스 개념의 확장

을 고려하면 e-비지니스 기술은 기업 내부 프로세스와 공급자 및 고객과의 프로세스 통합 그리고 환경 변화에 대응하여 질적 전환을 이루거나 새로운 비지니스를 창출할 수 있도록 하는 모든 기술을 포함한다고 할 수 있다.

4.2 e-비지니스 전략

기업에게 있어 인터넷의 가능성을 전략적으로 활용하기 위해서는, 자사의 상황과 경쟁환경을 종합적으로 고려하여 자사에 가장 적합한 인터넷 애플리케이션을 채택하는 것이 필요하다. [그림 2-12]는 기업이 e-비지니스를 이용하여 경쟁우위를 쟁취하기 위하여 어떠한 인터넷 기술들을 사용할 것인가를 파악하기 위한 전략적 포지셔닝 매트릭스(Strategic Positioning Matrix)를 나타낸다.

(1) 원가 및 효율성 향상

이 사분면은 내부적 동인과 외부적 동인 모두 낮아 고객, 공급자 및 파트너 등과의 의사소통 정도가 매우 낮은 상황이다. 따라서 이러한 상황에는 인터넷과 월드와이드웹을 빠르고 저렴한 의사소통 및 상호작용의 도구로 사용하여 효율성과 원

그림 2-12 e-비지니스를 위한 전략적 포지셔닝 매트릭스

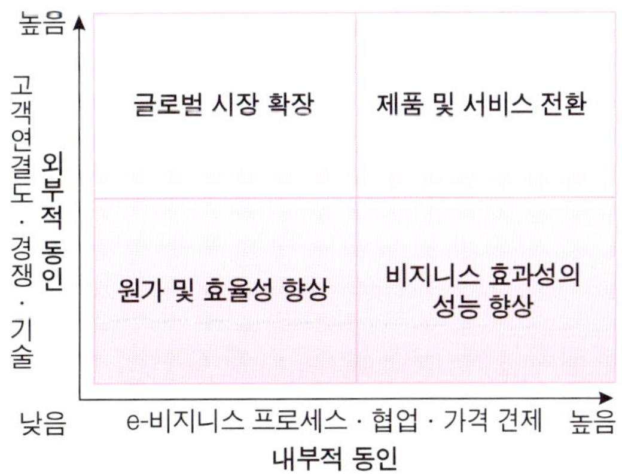

자료 : James A O' Brien (2003), Introduction to information systems: Essentials for the e-business enterprise, McGraw-Hill/Irwin

가절감을 도모하는 전략이 추천된다. e-메일, 채팅시스템, 온라인 토론 그룹, 그리고 기업 홈페이지의 활용이 전형적인 예이다.

(2) 비지니스 효과성의 성능 향상

이 사분면에 있는 기업은 내부적으로는 프로세스 간의 연결 정도가 높고 비지니스 프로세스를 향상시키려는 노력이 높은 반면, 고객과 경쟁자와 연결 정도는 낮은 경우이다. 따라서 비지니스의 효과성을 대폭적으로 향상시키는 전략이 필요하다. 예를 들면, 인트라넷이나 엑스트라넷과 같은 인터넷 기반 기술들을 전사적으로 사용하여 비지니스 수행도를 높이고 파트너들과의 정보 공유 및 협업을 활성화시킬 수 있다.

(3) 글로벌 시장 확장

이 사분면의 상황에 있는 기업은 고객 및 경쟁자와의 높은 연결 정도와 정보기술의 사용을 이용하여야 한다. 고객과의 상호작용을 최적화하고 시장 마진을 증진시키기 위하여 e-비지니스 애플리케이션을 개발하는 것이 필요하다. 부가가치를 갖고 있는 정보서비스와 포괄적인 온라인 고객지원이 가능한 전자상거래 웹사이트는 이러한 전략을 구현하는 좋은 예이다.

(4) 제품 및 서비스 전환

이 사분면에 있는 기업은 자사와 고객, 그리고 공급자 및 경쟁자와 매우 포괄적인 네트워킹을 진행하고 있다. 전사적인 작업과 비지니스 관계 관리를 위하여, 전자상거래 웹사이트와 e-비지니스 인트라넷 및 엑스트라넷 등을 포함하는 인터넷 기반 기술들이 구현되어야 한다. 이는 기업으로 하여금 새로운 인터넷 기반 제품 및 서비스를 개발하고 전개하도록 하여 전략적인 포지셔닝을 다시 할 수 있도록 한다. 기업 웹사이트 상에서의 고객의 전자상거래 거래처리를 위한 인터넷 사용, 그리고 공급자들의 전자상거래 경매 및 익스체인지 등은 이러한 전략적 e-비지니스 애플리케이션의 전형적인 예이다.

〈표 2-1〉은 e-비지니스 전략의 사례를 보여준다.

표 2-1 e-비지니스 전략 사례

e-비지니스 전략	내 용	사례 기업
시장 창조자	· 새로운 시장을 정의하기 위하여 인터넷을 이용하여 고객의 독특한 요구사항을 파악 · 새로운 시장에 대해 선도자적 위치를 점할 수 있게 함 · 지속적인 혁신으로 경쟁보다 앞서 나갈 수 있도록 함	Amazon.com E*TRADE 인터파크 G마켓
채널 재조정	· 인터넷을 이용하여 직접적으로 고객에게 접근하고 판매하고 주문을 완수할 수 있는 새로운 채널 형성 · 기존의 물리적 유통 및 마케팅 채널을 대체하는 것이 아닌 보조하는 수단으로 활용	Cisco Dell 롯데닷컴 신세계몰
거래 중계자	· 인터넷을 이용하여 구매를 수행 · 온라인 검색, 비교, 선택, 그리고 지불의 일련의 과정을 모두 인터넷 기반으로 수행	MS Expedia eBay 교보문고
정보제공자	· 인터넷을 이용하여 검색 비용을 절감 · 고객의 대량 구매에 필요한 정보를 수합하는 간단하고 단일화된 과정 제공	HomeAdvisor Auto By Tel 에누리닷컴
셀프 서비스 혁신자	· 인터넷을 이용하여 고객의 고용인들이 직접 사용할 수 있는 통합적 서비스 제공 · 셀프 서비스는 고용인들이 직접적이면서도 개인적인 관계를 유지할 수 있도록 지원	Employease Healtheon 삼성 싱글
공급사슬 혁신자	· 인터넷을 이용하여 공급사슬 내의 모든 참여 기업들 간의 상호작용을 능률적으로 혁신 · 작업의 효율성 향상을 도모	McKesson Ingram Micro
채널 관할자	· 인터넷 기반 판매 및 서비스 채널 형성 · 기존의 물리적인 사무실 또는 콜센터를 대체하는 것이 아닌 보조하는 수단으로 활용	Charles Schwab

자료 : James A O' Brien (2003), Introduction to Information systems: Essentials for the e business enterprise, McGraw-Hill/Irwin

Case in Point

쉐라톤워커힐 호텔의 e-비지니스 전략

내부프로세스 혁신 측면에서 호텔 산업의 e-비지니스는 어떤 모습으로 나타나는가?

e-비지니스를 활용한 내부 프로세스 혁신은 두 가지이다. 첫 번째는 서비스 품질 개선이다. 새로운 고객을 창출하는 것부터 고객 서비스에 이르기까지 호텔의 모든 비지니스 행위가 고객에 대한 서비스를 중심으로 IT가 대응할 수 있어야 한다. 이를 위해 쉐라톤워커힐 호텔은 지난해 CRM 시스템을 구축해 활용하고 있으며 고객이 인터넷을 자유자재로 사용할 수 있도록 객실에 전용선을 구축하고 있다. 다음은 경영 효율화 부분이다. 즉, 비용 절감 및 생산성 향상을 위해 프로세스를 최적화하고 이 프로세스를 시스템화하여 경영 전반을 지원하는 것이 그 두 번째 방향이다. 이를 위해 호텔 업종의 ERP 시스템이라고 할 수 있는 통합경영정보시스템과 e-프로큐어먼트 시스템 및 그룹웨어 등을 이미 개발해 도입했고 연내에 EIS(Executive Information System), KMS 등을 도입할 예정이다.

쉐라톤워커힐 호텔이 현재 기업 e-비지니스 측면에서 활용하고 있는 IT를 간략하게 설명한다면?

호텔 시스템은 크게 프런트 오피스 시스템과 백 오피스 시스템으로 구분할 수 있다. 프런트 오피스의 경우 PMS(Property Management System) 을 주축으로 통합예약시스템, CAS(Call Account System), 델파이 시스템, 무선주문 시스템, 면세점 시스템, CRM/DW, 원투원 시스템, 마케팅정보시스템 등을 통하여 대고객 접점에서 서비스 개선에 중점을 두고 운영하고 있다. 백오피스의경우, 인력, 회계, 구매, 감사시스템, 그룹웨어 등이 중심이 된다. 구매부문은 e-프로큐어먼트 시스템을 통하여 B2B도 활성화하고 있다. 현재 쉐라톤워커힐 호텔은 월구매액 42억 원 중 17억 원을 온라인으로 구매하고 있으며, 약 1,200개 협력업체가 온라인으로 입찰하고 있다.

쉐라톤워커힐 호텔은 ERP시스템 격인 호텔 정보화 시스템을 구축했다. 시스템의 목적 및 성과는?

큰 범위에서 정보화 시스템 구축의 목적을 설명하면 'IT를 통한 경영활동의 가치창조'라고 할 수 있다. 성과로서는 '고객만족을 위한 정보기술의 활용도 제고', '경영전략과 정보전략의 일치', '정보기술 인프라의 유연성 확보', '비지니스 프로세스를 효과적으로 지원하는 통합 MIS 구축' 등을 들 수 있다.

국내 최초로 e-비지 호텔을 표방한 W호텔을 대대적으로 구축하고 있다. e-비지니스 측면에서 W호텔 특성과 향후 청사진은?

W호텔의 주요 컨셉은 'EAT'이다. Entertainment의 'E', Art의 'A', 그리고 Technology의 'T'를 의미하는 EAT가 구현된 호텔이다.

IT 측면에서 보면 최근 정보통신의 화두인 모바일 및 무선 컴퓨팅을 호텔 고객 서비스에 접목한 것으로, 예를 들면 고객의 입퇴숙 절차를 원격지에서 무선으로 처리할 수 있도록 하여 굳이 고객이 프런트 데스크에 들리지 않아도 된다. 또한 호텔에 도착하여 곧바로 객실로 가는 중간에 호텔 체크인 절차가 완료되도록 하는 종류의 서비스가 시행될 것이다. PDA 단말기를 통하여 상품 정보를 제공하고 외부 데이타 검색, 예약 등이 이루어지도록 한다. 이를 통해 워커힐 호텔에 투숙하는 고객은 체류기간 동안 개인 맞춤 휴양 프로그램(Relaxation program) 등이 제공된다. 이러한 서비스가 현재 구체적으로 개발 중에 있는 서비스의 한 예이다. 앞에서 설명한 EAT 컨셉이 그대로 구현된 호텔이 바로 'W 호텔'이다.

- 쉐라톤워커힐 호텔은 CRM시스템을 일찍 도입했다. 현재 진행 중인 CRM 현황과 성과를 정리한다면?

쉐라톤워커힐 호텔은 국내 호텔 중에서 유일하게 CRM 시스템을 구축 완료했다. CRM 시스템은 고객 데이타베이스 통합을 위한 데이타웨어하우스 구축, 축적된 고객 DB의 분석을 지원하는 분석계 시스템, 캠페인을 지원하기 위한 캠페인 관리시스템, 현장 고객 서비스를 지원하는 원투원 서비스 시스템 등으로 나눌 수 있다.

현재 고객 DB를 확장하는 데 심혈을 기울이고 있다. 총 10만여 명의 DB 중 호텔에서 고객의 동선을 파악할 수 있는 DB가 3만 5천여 명이다. 정확한 DB를 확장하기 위한 캠페인을 지속적으로 실시하고 있다. 캠페인 결과 정제된 DB의 반응율은 그렇지 않은 DB에 비해 약 5배 가량 높은 것으로 나타났다. 특히 고객 DB를 우수고객 중심으로 전환하는 데 CRM 시스템이 사용되고 있다. 현재 가시적인 성과를 측정하기는 어려운 면이 있지만 향후 1~2년 이내로 CRM 시스템의 성과가 경영에 나타날 것이며 고객서비스 면에서 최고 호텔, 고객 LTV(Life Time Value)가 최고인 호텔이 바로 워커힐이 될 것이다.

▸ 웹비지니스, 2002년 7월

쉐라톤워커힐 호텔의 내부(좌상: 회의실, 우상: 객실 내 센서, 좌하: W호텔 로고, 우하: 객실 내 무선랜 서비스)

SUMMARY 요 약

정보기술의 전략적 활용은 더 이상 선택이 아닌 필수적인 과정이다. 오늘날 기업의 경영 전략은 정보기술의 지원없이는 실제로 구현되기 어려우며, 이로 인하여 정보전략은 곧 경영전략과 동일하다는 인식이 확산되고 있다. 전략을 수립하는 데에 있어 정보기술은 전략의 종류와 방향을 결정하는 역할을 하기까지 이르렀고, 기업의 전략적 활동을 수행하기 위해서는 정보시스템을 필수적으로 활용해야만 한다.

전략은 기업의 핵심역량을 이용하여 경쟁우위를 쟁취하기 위한 구체적인 방법을 말한다. 전략을 수립하기 위해서는 기업의 비전, 미션, 목적 등이 우선적으로 명확히 정의되어야 한다. 기업 내외부의 환경 및 상황에 대한 구체적인 분석에 의해 각각의 목적을 달성하기 위한 전략이 수립되는데, 이러한 전략의 수립을 위해 산업 및 시장환경에 존재하는 다양한 세력들을 관찰, 견제, 분석, 그리고 평가할 수 있는 정보기술의 도움이 반드시 필요하다.

전략을 수립하기 위해서는 기업의 비전, 미션, 그리고 목적이 명확히 정의되어야 한다. 또한 기업 내부역량, 시장환경, 외부환경에 대한 분석을 통해 비로소 기업의 강점과 기회를 살리고 약점과 위협을 무마시킬 수 있는 전략이 수립될 수 있다. SWOT 분석을 통해 이러한 전략을 단계적으로 수립할 수 있으며, 수립된 전략은 실행 시기, 주체, 그리고 지속성 여부에 의해 로드맵으로 표현한다.

정보전략은 정보기술, 구체적으로 정보시스템을 이용 또는 구축하기 위한 전략을 말한다. 정보기술은 산업 내에 새로운 비지니스를 만들고 경쟁의 구도를 완전히 새롭게 변화시키며 기업으로 하여금 경쟁우위를 달성할 수 있도록 한다. 따라서 전통적인 전략에 정보기술 또는 정보시스템의 가능성을 부가하여 더욱 효과적이고 효율적인 기업의 경쟁활동이 보장된다.

정보시스템이 전략적 가치를 유지하며 기업의 경쟁우위 쟁취에 핵심역량으로 작용한다면 전략정보시스템이 될 수 있다. 전략정보시스템은 기업 내의 의사결정 및 의사소통을 원활히 하여 기업활동의 효율성을 향상시킨다. 또한 기업 외부의 상황 변화에 대해 민첩하게 대응할 수 있도록 고안되어 경쟁환경을 전략적으로 관리하고 대처한다. 전략정보시스템은 최신의 정보기술을 사용하여 구축되지만, 과거의 정보시스템일지라도 전략적 가치를 유지하고 있다면 전략정보시스템으로 간주될 수 있다. 아무리 최신의 정보기술을 채택하여 구축된 시스템이라도 전략적 가치가 없어진다면 더 이상 전략정보시스템으로서의 명성을 누리기는 어렵다.

e-비지니스는 정보기술을 이용한 기업활동의 완성체로서의 성격을 갖고 있다. 따라서 e-비지니스는 더 이상 특별한 비지니스 방안이 아닌, 모든 기업에 있어서 필수적인 비지니스 모델이 되어가고 있다. e-비지니스 전략은 일반적인 정보전략과 동일한 범주에 있지만, 기업활동에 있어 시간과 공간의 제약을 극복해주는 인터넷 기술의 장점에 힘입어, 기존의 정보전략을 더욱 강화 및 확장시키는 효과를 가져온다.

연습문제

01. 경영전략과 정보전략의 차이를 설명하고 각각의 예를 찾아보시오.

02. 본인의 비전, 미션, 목적을 정의하고 내부 역량 및 환경요인을 분석하시오.

03. 2번의 결과를 바탕으로 본인의 전략을 SWOT 분석을 이용하여 수립하시오.

04. 3번의 결과 중 정보전략을 구분하고 이 전략이 다른 전략들과 어떠한 차이가 있는지 설명하시오.

05. 3번 결과를 바탕으로 본인의 전략 로드맵을 작성하시오.

06. 전략정보시스템과 일반적인 정보시스템의 차이점을 설명하시오.

07. 본인이 평상 시 사용하고 있는 정보시스템을 선택하여 이 정보시스템이 전략정보시스템이 되기 위한 요건을 설명하시오.

08. 본인이 평상 시 주로 사용하는 e-비지니스 웹사이트의 전략을 분석하시오.

09. 본인이 평상 시 사용하는 정보시스템이 e-비지니스 기능을 수행하기 위한 조건과 방법을 설명하시오.

참고문헌
Refereces

- 서영호 외, e-Business 시대의 경영정보시스템, 한경사, 2007
- 서의호, e전략정보시스템, 홍릉과학출판사, 2007
- Kenneth C. Laudon and Jane P. Laudon, 경영정보시스템: 디지털 기업의 경영(9th ed.), 김우주 외 역, 사이텍미디어, 2006
- Effy Oz, *Management Information Systems*(3rd ed.), Course Technology, 2002
- James A. O'Brien, *Introduction to Information Systems: Essentials for the e-Business Enterprise*(11th ed.), McGraw-Hill/Irwin, 2003
- John A. Pearce, *Competitive Strategy*(5th ed.), Irwin, 1994

제3장 정보기술과 사회적 이슈

01 정보시스템 보안
02 컴퓨터 범죄
03 정보시대의 프라이버시
04 정보윤리
05 정보사회

학습 개요 및 목표

정보기술의 발전은 과거에 없었던 여러 가지 이슈를 제기한다. 네트워크 컴퓨터 시스템은 기업과 다른 조직의 정보 수집, 처리, 교환 능력의 전환을 가져 왔다. 정보기술 인프라스트럭처는 기업과 조직의 생존과 경쟁의 수단이 되었다. 이러한 정보기술에의 절대적 의존은 새로운 파괴의 기회도 제공하게 되었다. 그것은 어느 정보시스템도 완벽하지 못하고 취약성을 가지고 있어 위협에 노출되기 때문이다. 조직은 컴퓨터 시스템을 보호하는 다중의 제도적 및 기술적 보안 장치를 하여 운영하고 있다. 그러나 컴퓨터 시스템은 내외부 침입자에 의해 범죄의 대상이 되기도 하고 수단이 되기도 한다. 정보기술이 모든 생활과 업무에 사용되는 만큼 범죄의 종류도 다양하다. 전통적인 범죄가 컴퓨터의 도움으로 새로워지기도 하였고 새로운 범죄도 계속 등장하고 있다.

기업이나 정부가 개인에 대한 데이타를 다양한 방법으로 수집하고 교환하고 여러 가지 목적으로 사용하면서 개인의 프라이버시 침해 가능성은 커지고 있다. 이를 예방하고 단속하는 법 · 제도는 항상 뒤쫓아 가고 있는 것이 현실이다. 따라서 정보기술의 사용자와 컴퓨터 전문가는 실제에서 당면하게 되는 복잡한 윤리적 문제에 대해 훌륭한 윤리적 판단을 하여야 한다. 이 밖에 평등한 정보기술 접근, 일과 직장의 변화, 건강 등의 사회적 이슈가 정보시대의 과제이다. 이 장에서는 이와 같은 여러 가지 정보기술이 초래하는 기술적, 사회적 이슈들을 살펴본다. 이 장의 구체적 학습 목표는 다음과 같다.

- 정보시스템의 취약성과 관련된 보안 정책과 통제 장치를 이해한다.
- 컴퓨터 범죄의 종류와 그에 대한 문제점을 이해한다.
- 프라이버시 이슈와 보호 방안을 살펴본다.
- 정보윤리의 이론과 윤리적 의사결정 프로세스를 이해한다.
- 정보기술이 사회에 미치는 이슈 중 디지털 격차, 일과 직장의 변화, 건강에 대하여 살펴본다.

인터넷 실명제

인터넷의 급속한 발전과 확산이 경제, 사회, 정치, 교육을 발전시켰지만 개인정보 유출과 도용, 불법 컨텐트 및 허위 정보 유통, 명예 훼손, 온라인 사기, 사이버 폭력 등과 같은 역기능이 한국의 인터넷을 신뢰 위기에 봉착하게 하고 있다. 특히 사이버 폭력 문제가 어제 오늘의 문제는 아니지만 인터넷 상에서 악성 댓글을 비롯한 사이버 폭력이 난무하고 있다.

2008년 봄 광우병 사태에서 잘 나타난 것처럼 괴담 수준의 악의적 게시글과 동영상이 인터넷을 통해 유포되어 대중의 합리적 인식과 이성적 판단을 저해하고 있다. 2008년 가을 탤런트 최진실씨가 인터넷 악플을 비관하여 자살한 이후 인터넷 실명제와 사이버 모욕죄에 대한 논의가 뜨겁다. 인터넷 실명제는 인터넷에 의견이나 정보를 올릴 경우에 실명 또는 본인 확인을 의무화하자는 것이다.

인터넷 실명제에 반대하는 사람들은 인터넷 실명제로 인해 익명성이 사라져 표현의 자유를 위축시킨다고 주장한다. 익명에 의한 표현의 자유도 존중되어야 한다는 주장이다. 찬성하는 사람들은 타인의 명예를 훼손하거나 비방하는 행위는 범죄이므로 표현의 자유에 의한 보호 대상이 아니라고 주장한다. 실명으로 책임있는 자세로 신중하게 표현된 의견이 건전한 여론을 형성한다는 주장이다. 지금까지 인터넷에는 자정(Self Clearance)기능이 있었으므로 이 문제도 개인의 윤리적 판단으로 인터넷에서 자정된다면 더 없이 좋을 것이다. 그러나 서로의 주장이 크게 다른 사회 문제는 사회적 합의로 제도화할 수밖에 없다.

01 정보시스템 보안

1.1 정보시스템 취약성

● 정보시스템 취약점
정보시스템의 취약점은 공격자가 시스템의 무결성을 파괴하는 것을 허용하는 컴퓨터, 사람, 또는 네트워크의 약점을 말한다.

정보시대에 우리는 점점 더 복잡한 정보시스템에 의존하게 된다. 따라서 컴퓨터 보안에 대한 공격과 컴퓨터 범죄에 대응하기 위하여 정보시스템이 가지는 취약성에 관심을 가져야 한다. 컴퓨터 시스템은 상당한 손실을 가져오는 여러 유형의 피해를 입을 수 있는 위협에 취약하다. 다양한 위협의 효과는 데이타의 비밀 유출과 무결성 문제나 시스템의 가용성 문제와 같이 상당히 크다. 이 피해는 데이타베이스의 무결성을 해치는 사용자 에러에서 전체 시스템을 파괴하는 화재에 이르기까지 다양하다. 손실은 신뢰하던 직원의 시스템 사기 행동, 외부 해커, 부주의한 데이타 입력 직원으로부터 발생할 수 있다. 컴퓨터 보안과 관련된 손실을 정확히 추정하는 것은 불가능하다. 그것은 많은 손실이 발견되지 못할 수도 있고, 손실이 알려지면 나타날 수 있는 비호의적 인식을 없애기 위해 발표하지 않기 때문이다.

정보시스템의 취약점(Vulnerability)은 컴퓨터, 사람, 또는 네트워크의 약점을 말하며, 위협(Threat)은 취약점을 활용하는 것을 말한다. 취약점은 불행하게도 악의적으로 이용될 수 있고, 실제로 많은 공격이 일어난다. 예를 들면, 운영시스템이 특정한 취약점을 가질 수 있다. 위협은 그 취약점을 활용하여 시스템을 더 불안정하게 만들어 공격이 일어나게 하는 것이다. 위협은 위협자에 의해 발생하는 행동이며 위협자는 취약점을 활용한다.

정보시스템을 구성하는 컴퓨터, 네트워크 장비, 그리고 이것들을 연결하는 케이블은 모두 보안상 취약점을 가지고 있다. 컴퓨터, 운영시스템, 네트워크 장비, 케이블, 애플리케이션, 그리고 사람까지 모두가 네트워크화된 시스템의 부분이다. 이들 하나 하나가 취약점을 가지고 있다. 따라서 정보시스템의 보안 취약점과 관련하여 앞의 요소를 고려할 때 이 중 어느 하나만을 고려할 수 없다. 오히려 [그림 3-1]에서 보는 바와 같이 정보시스템을 구성하는 요소 하나 하나를 모두 고려하여야 한다.

정보시스템의 취약성은 [그림 3-1]에서 보는 바와 같은 여러 가지 문제가 일어날 수 있다. 컴퓨터 하드웨어나 소프트웨어의 장애로 시스템이 제대로 작동하지 않을 수도 있다. 허가 받지 않은 사용자가 시스템에 접근하여 시스템에 손상을 입힐 수도 있고 전송 중인 데이타를 훔치거나 변경할 수도 있다. 인터넷은 오·남용이 발생했을 경우 그 영향력이 매우 클 수 있다. 전자우편과 인스턴트 메시징(IM: Instant Messaging)의 사용으로 인터넷의 취약성은 증가하고 있다. 멀웨어(Malware)라고 통칭되는 바이러스(Virus), 웜(Worm), 트로이 목마(Trojan Horse)와 같은 악성 프로그램에 의한 위협은 날로 증가하고 있다. 최근에는 Wi-Fi 표준을 사용하는 무선 네트워크 사용의 증가로 외부로부터의 침입이 더욱 쉬워지고 있다.

위협은 시스템을 공격하는 해커에 의해서만이 일어나는 것이 아니다. 위협은 사람에 의해서만 일어나는 것이 아니라 자연에 의한 것도 있다. 화재와 토네이도(Tornado) 같은 것이 그 예이다. 위협은 의도적일 수도 있고 우연적일 수도 있다. 의도적 위협은 대체하기 어려운 비밀 데이타를 지우는 불만족한 직원에 의해 일어

그림 3-1 정보시스템 취약성과 위협

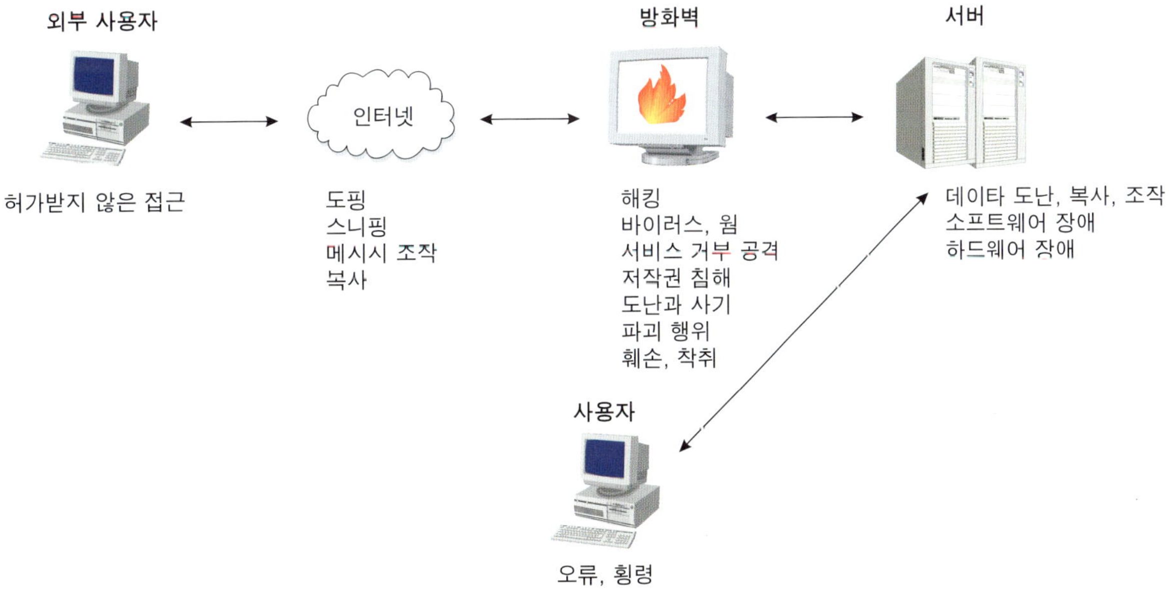

날 수 있다. 우연적 위협은 직원이 무지로 중요한 데이타를 지우는 행위로 일어날 수도 있다. 그러므로 위협은 사람에 의해 일어 날 수도 있고 기술에 의해 일어날 수도 있다.

컴퓨터 시스템의 취약성은 사용자의 부주의로 인한 데이타 입력 또는 조작 실수를 허용할 수 있다. 통제 수단이 약한 PC는 물론 고급 애플리케이션에서도 모든 유형의 데이타 입력 에러를 모두 발견할 수 없다. 사용자의 실수는 직·간접적으로 시스템의 보안에 문제를 일으킨다. 컴퓨터 시스템은 사기와 절도의 수단으로 사용될 수 있다. 컴퓨터를 통한 사기와 횡령은 외부 사용자뿐만이 아니라 내부 사용자에 의해서도 일어나고 있다.

1.2 정보시스템 보안 관리

● 정보(시스템) 보안
권한이 없는 접근, 사용, 노출, 방해, 수정, 또는 파괴로부터 정보시스템과 정보를 보호하는 것을 말한다.

앞에서 본 것처럼 정보시스템에는 많은 심각한 위협이 존재하고 있다. 정보시스템 관리자나 컴퓨터 전문가는 정보시스템의 보안, 품질, 그리고 성능에 대한 책임이 있다. 다른 자산과 같이 하드웨어, 소프트웨어, 네트워크, 그리고 데이타 자원을 보호하여야 한다. 따라서 기업이나 조직은 보안 관리를 위한 여러 가지 방법을 사용하고 있다. 조직이 사용하는 보안 관리는 크게 물리적 보안, 데이타 보안을 포함한 시스템 보안, 그리고 인터넷 보안으로 나누어 볼 수 있다.

(1) 물리적 보안

컴퓨터에 대한 범죄는 컴퓨터 하드웨어나 소프트웨어에 대한 손상 또는 컴퓨터 기술을 훔치는 것이 있다. 어떤 사람은 전화 요금이 수 백 만원으로 잘못 고지되거나 컴퓨터 작동의 실수로 해고통지서를 보내오는 등의 여러 가지 이유로 컴퓨터에 대하여 화를 낼 수 있다. 또 회사에 불만을 품은 직원이 데이타가 담긴 저장장치(테이프, 디스크, CD, DVD)를 손상시킨 경우도 있고, 직접 컴퓨터를 향해 총을 쏜 경우도 있다. 컴퓨터 하드웨어, 소프트웨어 또는 중요한 정보를 훔치는 일은 흔히 일어난다. 컴퓨터 장비는 일반 대중에 의해 쉽게 접근할 수 있거나 범죄율이 높은 지역에 있는 경우 그 위험성이 높다. 물론 시스템을 사용하도록 허가 받은 사람들에 의해 도난당하기도 한다.

컴퓨터 시스템의 첫번째 방어 라인은 시설, 장비, 그리고 인적 자원을 물리적으로 보호하는 것이다. 물리적 보안은 데이타, 데이타 무결성, 정확성, 프라이버시를 보호한다. 효과적 물리적 보안시스템은 보안의 실패를 막는다. 또 시스템이 성공적으로 공격을 당했을 때에도 조사를 위한 감사 단서(Audit Trail)를 만들어야 한다. 도난을 보상하는 비용은 도난 당한 장비의 대체 보다 더 훨씬 높을 수 있다. 그것은 조직이 제대로 백업되지 않은 중요한 데이타를 잃을 수 있기 때문이다.

최근에는 컴퓨터 시스템 및 관련 시설에 테러를 가하는 사건이 일어 나고 있다. 특히 2001년 9월 11일 미국의 무역센터에 대한 테러 행위가 있은 이후 컴퓨터 시스템 및 관련 시설에 대한 테러에 대한 경계가 높아지고 있다. 전력시스템, 항공관제시스템, 금융시스템, 그리고 정부시스템 등과 같은 국가 인프라스트럭처 시스템에 대한 보호 조치가 크게 강화되고 있다.

● 물리적 보안

물리적 보안은 침입자로부터 시설, 자원, 또는 물리적 매체에 저장된 정보에 접근하는 것을 방해하거나 막는 조처와 어떻게 다양한 적대적 행위에 대항하는 구조를 설계하는가에 대한 가이드를 포함한다.

물리적 보안은 침입자로부터 시설, 자원, 또는 물리적 매체에 저장된 정보에 접근하는 것을 방해하거나 막는 조처와 어떻게 다양한 적대적 행위에 대항하는 구조를 설계하는가에 대한 가이드를 포함한다. 이것은 간단히 출입문의 자물쇠에서 정교한 다중의 감시자를 두는 것일 수도 있다. 좀 더 정교한 물리적 보안은 환경적 디자인, 기계적 및 전자적 접근 통제, 침입자 발견(경보) 시스템, 그리고 비디오 모니터링으로 구성된다.

이러한 다중 계층의 물리적 보안시스템의 중요한 요소가 사람이다. 첫번째 단계에서 경비원은 순찰과 초소 근무자의 임무를 수행한다. 두번째 단계에서는 전자적 접근 통제시스템을 관리한다. 세번째 단계에서는 경보에 대응한다. 네번째 단계에서는 비디오를 모니터링하고 분석한다. 또 일반적인 물리적 보안 조처의 하나로 사용자에게 배지(ID Badge)를 착용하게 한다.

● 접근 통제

접근 통제는 허가 받지 않은 사람이 시스템에 불법적으로 접근하는 것을 방지하기 위해 조직이 사용하는 모든 정책과 절차를 말하며, 인증, 권한 허가, 감사를 포함한다.

(2) 시스템 보안

접근 통제(Access Control)는 특정인이 컴퓨터 시스템의 특정 자원을 사용하는 것을 허용하거나 거부하는 능력을 말한다. 접근 통제는 허가 받지 않은 사람이 시스템에 불법적으로 접근하는 것을 방지하기 위해 조직이 사용하는 모든 정책과 절차를 말하며, 인증(Authentication), 권한 허가(Authorization), 감사(Audit)를 포함한다. 접근 통제 메카니즘은 생체 스캔(Biometric Scan), 자물쇠, 비밀 통로, 디지털 서명(Digital Signature), 암호, 사회적 장애물, 모니터링을 포함한다.

●신분 확인과 인증
신분 확인과 인증은 사용자의 주체를 확인하는 과정이다.

●권한 허가
권한 허가는 사용자가 아닌 사용자 신분(ID)에 적용되며, 사용자 주체가 시스템에서 어떤 것을 할 수 있는지를 결정한다.

접근 통제시스템은 신분 확인(Identification)과 인증, 권한 허가, 그리고 책임(Accountability)의 필수적 서비스를 제공한다. 신분 확인과 인증은 누가 시스템에 로그인 할 수 있는지를 결정하고, 권한 허가는 무엇을 할 수 있는지를 결정하고, 책임은 무엇을 했는지를 파악한다. 신분 확인과 인증은 사용자의 주체를 확인하는 과정이며, 인증의 방법으로는 다음과 같은 것이 사용된다.

- 사용자가 알고 있는 것: 비밀번호, 개인 번호 (PIN: Personal Identification Number)
- 사용자가 지닌 것: 지문, 음성, 망막, 홍채
- 사용자가 가지고 있는 것: 스마트 카드 또는 토큰
- 사용자의 위치: 방화벽 내 · 외부, 로그인 장소

가장 흔하게 사용되는 비물리적인 인증 방법은 비밀번호 또는 개인번호와 같이 한 사용자만이 알고 있는 정보를 활용하는 것이다. 생체 인증(Biometric Authentication)은 신분 확인과 인증을 사용자가 가지고 있는 독특한 생체적 또는 행동적 특징을 활용한다. 측정된 사용자의 생체 특성을 미리 저장된 프로파일과 비교하여 인증 여부를 결정한다. 독특한 생체 특성은 주로 지문, 음성, 망막, 홍채에서 수집되어 사용된다. 이러한 인증 방법은 단순한 비밀번호에 의한 인증 방법과 비교할 때 필요한 기술을 추가적으로 활용하므로 비용이 많이 든다.

권한 허가는 사용자가 아닌 사용자 신분(ID)에 적용되며, 사용자 주체가 시스템에서 어떤 것을 할 수 있는지를 결정한다. 일반적으로 운영시스템은 읽기, 쓰기, 실행의 기본적 접근 유형을 허가한다. 책임은 사용자의 행동에 대한 감사 레코드(Audit Trail)와 로그(Log)를 사용한다. 감사 레코드와 로그의 정보는 사용자의 보안 위반을 발견하고 보안 사고를 재구성하는데 매우 중요하다. 많은 시스템은 사전에 정한 기준(Clipping Level)에 따른 보고서를 자동적으로 생성한다. 예를 들면 특정 기간에 로그인 시도를 세 번 이상 실패한 경우나 불능화한 사용자 계정을 사용하려는 시도에 이상 보고서 생성 기준을 정하는 방법이 있을 수 있다. 이러한 자동보고서는 시스템 또는 보안관리자가 잠재적 침투 시도를 파악하는 것을 돕는다.

● 컴퓨터 모니터링

컴퓨터 모니터링은 사용자의 컴퓨터 활동을 추적하기 위하여 소프트웨어를 사용하는 것이다. 모니터링은 개인의 데이타 입력, 인터넷 사용, 전자우편 및 다른 컴퓨터 사용뿐만이 아니라 네트워크 활동과 보안 위협을 추적하는 것을 포함한다.

컴퓨터 네트워크의 보안 위협에 대한 효과적 보호는 특정 모니터링 활동을 요구한다. 컴퓨터 모니터링은 컴퓨터 활동을 추적하기 위하여 소프트웨어를 사용하는 것이다. 모니터링은 개인의 인터넷 사용, 데이타 입력, 전자우편 및 다른 컴퓨터 사용뿐만이 아니라 네트워크 활동과 보안 위협을 추적하는 것을 포함한다. 모니터링은 사용자가 아닌 다른 사람이 수행하며 사용자에게 알려 질 수도 있고 비밀리에 이루어 질 수도 있다. 어느 경우든 사용자는 모니터링 활동이나 생성되는 데이타에 대하여 통제할 수 없다. 공유된 네트워크 자원의 무결성을 보장하고 해커나 다른 보안 위협에 대한 컴퓨터 시스템 보호를 위하여 네트워크 교통량 모니터링, 에러와 예외 기록, 산업표준 유지활동 수행에 관한 절차가 실행될 수 있다.

컴퓨터 보안에 대한 공통된 관점은 위협이 외부의 악의적 해커로부터 온다는 것이다. 해커(Hacker)는 컴퓨터 시스템에 허가없이 접근하는 사람을 말하고, 크래커(Cracker)는 범죄 의도가 있는 해커를 말한다. 그러나 두 용어는 실제에서 구분없이 동의어로 사용되고 있다.

많은 컴퓨터 보안 노력의 초점은 차단문, 지킴이, 자물쇠, 방화벽(Firewall), 비밀번호와 같은 물리적, 기술적 조처를 통하여 외부 사람을 차단하는 것에 둔다. 일반적으로 믿고 있는 것처럼 외부인에 의한 위협이 크기는 하지만 시스템에 대한 허가된 접근 권한을 가진 악의적 내부자가 금전적 손실로 따지면 더 큰 위협이 되고 있는 것이 현실이다. 따라서 접근 통제뿐만이 아니라 내부 직원의 컴퓨터 활동에 대한 모니터링도 중요하다.

● 데이타 보안

데이타 보안은 데이타가 오염되는 것을 막고 접근이 통제되도록 하는 것을 보장하는 수단이며 주요 사용 기술은 백업과 암호화이다.

데이타 보안은 백업 파일을 만들어 손실 또는 파괴된 파일을 복구하는 방법이 가장 기본적이다. 이것은 이전 기간의 파일을 복사하여 저장하여 보관하였다가 현재 파일이 피괴되면 과거의 파일에서 새로운 현재 파일을 복구하는 방법이다. 백업 파일은 컴퓨터 센터에서 떨어진 곳에 저장하여 다른 물리적 피해로부터 보호하는 방법도 사용된다. 또 전송되는 민감한 데이타를 보호하기 위하여 암호화 방법을 사용하기도 한다. 암호화는 주로 암호화 키라는 비밀 숫자 코드를 사용하여 데이타를 일련의 문자열이 뒤섞어 전송하고 수신시스템에서 일치하는 키를 사용하여 해독한다. 암호 프로그램은 개별 제품으로 판매되기도 하고 다른 소프트웨어에 포함되어 암호화 과정에 사용된다. 예를 들면 마이크로소프트 윈도우 XP는 RSA 소프트웨어를 사용하여 암호화 프로세스를 제공한다.

(1) 인터넷 보안

네트워크 보안은 컴퓨터 네트워크 인프라스트럭처에 대한 보호, 권한이 없는 자의 접근으로부터 네트워크와 네트워크 자원을 보호하기 위해 네트워크 관리자가 취하는 정책, 그리고 일관성 있고 지속적인 모니터링과 측정을 포함한다. 네트워크 보안은 보통 사용자 이름과 비밀번호를 사용하는 사용자의 인증으로 시작한다. 일단 인증이 되면 안정된 방화벽이 네트워크 사용자의 접근에 관한 접근정책을 적용한다. 방화벽은 권한 허가를 받지 않은 접근을 방어하는데 효과적이지만, 네트워크를 통해 전이되는 컴퓨터 웜(Worm)과 같은 잠재적으로 유해한 컨텐츠를 체크하는데 가끔 실패한다. 침입 방지시스템은 그러한 해로운 소프트웨어를 발견하고 방어하는 것을 돕고 서비스 거부(DoS: Denial of Service)와 같은 공격으로부터 네트워크를 보호하기 위하여 의심스러운 컨텐츠와 네트워크 트래픽 그리고 이례적인 것들을 모니터링한다. 네트워크를 사용하는 두 호스트 사이의 커뮤니케이션은 데이타 보안과 프라이버시를 유지하기 위하여 암호화될 수 있다. 네트워크에서 일어나는 개인적 이벤트는 감사와 뒤 이은 고도의 분석 목적으로 추적될 수 있다.

● 방화벽
방화벽은 네트워크 컴퓨터 시스템에 대한 권한 없는 접근을 방지하기 위해 디자인된 보안 장치들을 말한다.

방화벽(Firewall)은 네트워크 외부로부터의 위협으로부터 컴퓨터나 네트워크를 보호하는데 사용된다. 방화벽은 들어오고 나가는 네트워크 트래픽 흐름을 통제하는 하드웨어와 소프트웨어의 조합이다. 방화벽은 보통 조직의 내부 네트워크와 인터넷과 같은 신뢰하기 어려운 외부 네트워크 사이에 위치하여 조직 내부 네트워크에 접근이 허용되기 전에 사용자의 자격을 따지는 문지기 역할을 한다.

방화벽은 외부 사용자의 네트워크 침입을 완전하게 차단할 수는 없으나 상당한 수준으로 막을 수 있기 때문에 인터넷 보안의 중요한 한 요소이다. 방화벽이 완전한 보안을 제공할 수 없으므로 기업이나 조직들은 보안 관리 소프트웨어를 사용한다. 보안 관리 소프트웨어는 침투 발견, 관리, 취약성 점검 소프트웨어로 나누어진다. 침투 발견 시스템은 통신망의 가장 취약한 지점 또는 핫 스팟(Hot spot)에 위치한 전시간 감시 도구이며, 의심스럽거나 변칙적인 사건을 찾아 내면 경보를 발생한다. 네트워크 보안 소프트웨어는 일반 관리 소프트웨어에 의해 통제된다.

1.3 정보시스템 보안 이슈

전율을 추구하는 성인 해커가 아직 흔하지만 컴퓨터 범죄의 세계는 점점 정보를 팔 목적으로 훔치는 컴퓨터 전문가와 복수 또는 돈 벌 목적으로 정보를 훔치거나 시스템을 해치는 불만으로 가득 찬 내부 직원이 주된 위협자들이다. 따돌림 받은 사람들은 정보를 훔치거나 파괴하고 아니면 조직의 활동을 방해하기 위하여 컴퓨터 시스템에 성공적으로 침투하는 것을 통하여 어떤 권한, 통제력, 자기 중요성의 기분을 얻는다. 어떤 범인이 왜 은행을 털었는가라고 물었을 때 그는 '거기에 돈이 있기 때문'이라고 답하였다. 사람들은 정보가 있기 때문에 컴퓨터를 공격한다. 점점 경쟁이 치열해지는 하이테크 기업과 국제적 환경에서 정보는 더욱 큰 가치를 갖는다.

기업이나 조직은 보호해야 할 다양한 값진 정보 자산을 가지고 있다. 기업과 조직은 자신뿐만 아니라 고객, 직원, 비지니스 파트너의 정보 자산도 보호하여야 한다. 네트워크화된 정보시스템이 보안의 문제로 요구되는 기능을 제대로 못할 때 기업이나 조직은 심각한 손실을 입을 수 있다. 부적절한 보안과 통제로 인한 비지니스 기능의 마비와 정보의 손실은 심각한 법적 의무를 제기할 수도 있다. 게다가 정보시스템의 보안 미비 및 허점 때문에 발생하는 경제적 및 사회적 문제를 제거하기 위하여 각국 정부는 보안과 통제를 더욱 강력하게 하도록 요구하고 있다.

이에 따라 정보시스템 보안 정책과 장치를 개발하고 유지하는 데는 정보시스템의 하이테크 성격과 기술적 전문성이 요구된다. 컴퓨터 전문가들은 정보시스템의 기술적 취약성과 그에 대한 해결책에 굉장한 관심을 기울여 왔다. 구체적으로 [그림 3-2]에서 보는 것처럼 정보시스템의 취약점을 분석하고 잠재적 공격자와 공격목표를 파악하여 최대한 방어하도록 조처를 취해야 한다.

• 정보(시스템) 보안 정책

정보와 정보시스템을 보호하기 위한 문서화된 비지니스 규칙들이다.

(1) 보안 정책

① 법률적 이슈

많은 기업과 조직은 인터넷에 연결되어 있을 때 발생할지도 모르는 잠재적 법률적 이슈에 큰 관심을 두지 않았다. 예를 들면 직원이 인터넷을 통하여 밀매 소프

그림 3-2 보안퍼즐

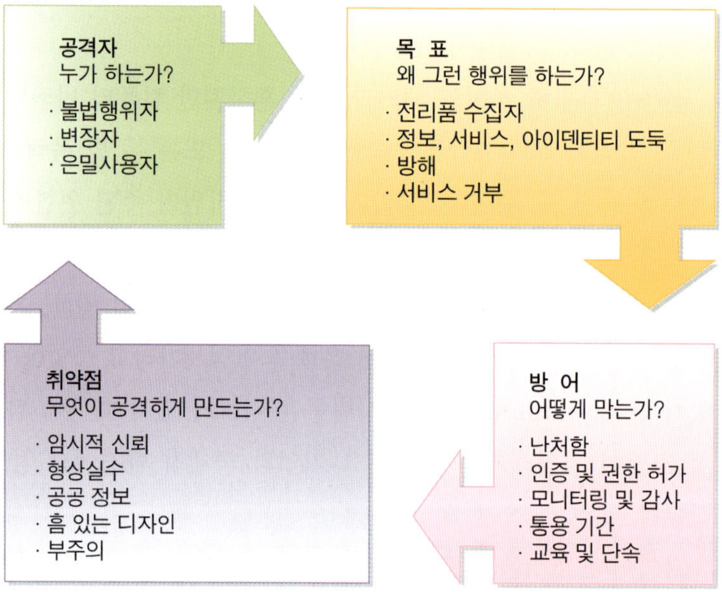

자료 : J. Craig Lowery, Computer System Security: A Primer http://ftp1.us.dell.com/app/1q02?Low.pdf

트웨어를 다운로드하여 사용하여 저작권법을 위반하는 경우가 있다. 또 회사가 FTP(File Transfer Protocol) 서버를 운영하여 외부 사용자가 불법 소프트웨어나 다른 저작권법 위반 컨텐츠를 거래하는 것을 허용하는 경우가 있다. 네트워크 관리자는 이러한 잠재적 위험을 인지하고 저작권법 위반으로 소송을 당하지 않도록 직원과 회사를 보호하는 조처를 취해야 한다.

② 전자적 증거

보안 통제의 하나로 전자기록 관리는 법률적 문제에 대응하는 데에도 필요하다. 최근에는 많은 법률적 문제에 디지털 증거가 활용되고 있다. 특히 전자우편은 가장 보편적 전자적 증거물이 되었다. 또 과학적 수집, 조사, 저장 매체의 복구와 같은 방법으로 얻은 컴퓨터 포렌식(Computer Forensics)은 법적 증거로 사용되고 있다. 따라서 컴퓨터 포렌식을 위한 잠재적 증거를 어떻게 보호할 것인지에 대한 것도 전자문서 보관 및 유지정책에 포함되어야 한다.

● 컴퓨터 포렌식
컴퓨터와 디지털 저장장치에 있는 법적 증거와 관련한 포렌식을 말한다.

③ 보 험

많은 보험회사가 컴퓨터 범죄에 대한 보험을 판매하고 있다. 대부분의 대기업은 컴퓨터 범죄에 대한 일반적 보험을 가지고 있다. 그러나 많은 경우 컴퓨터 범죄에 대한 예외 조항이 있음을 간과하지 말아야 한다. 예를 들면 해커나 내부 직원에 의한 범죄를 제외시키고 그 보상 범위도 재산과 금전적 손해에 한정한다. 이러한 예외적 범죄에 대한 보험을 고려하여야 하지만 그 비용이 높은 것이 현실이다.

④ 인적 자원 교육

정보시스템의 보안을 위한 기술적 역할만큼 인적 요소의 역할도 결정적이다. 그 첫째가 컴퓨터 보안에 대한 내부 직원의 태도를 바꾸기 위한 교육이 중요하다. 컴퓨터 사용자는 아래와 같은 컴퓨터와 네트워크 보안과 관련한 지식을 가지고 있어야 한다.

- 안티 바이러스 보호의 중요성을 이해하고 설치된 안티 바이러스 보호 소프트웨어로 스캔을 하여야 한다.
- 방화벽의 기본적 원칙을 이해하고 TCP/IP 네트워크에 연결된 컴퓨터의 보호를 위해 방화벽 소프트웨어를 설치하여 사용한다.
- 웹 브라우저와 다른 원격 접속 소프트웨어에 내장된 네트워크 보안 소프트웨어의 세팅을 관리한다.
- 공개키(PKI: Public Key Infrastructure)와 디지털 서명의 기본원칙을 이해한다.

02 컴퓨터 범죄

컴퓨터는 인간의 상상을 현실화하는 놀라운 도구이다. 사람들은 컴퓨터를 좋은 쪽으로도 나쁜 쪽으로도 사용할 수 있다. 컴퓨터는 물론 사람들의 삶의 질을 높이는데 사용하려고 개발되고 있으나 현실에서는 일부 사람들에 의해 범죄에도 사용되고 있다. 컴퓨터 기술의 발전은 새로운 범죄의 가능성을 열어 놓았다. 특히 인터넷 기술의 발전은 시간과 장소에 구애 받지 않고 저지를 수 있는 범죄의 유형과 방법을 크게 넓혀 놓았다. 그런데 어떤 행위가 '컴퓨터 범죄'에 해당하는지에 대한 의견이 명확하지 못하거나 일치되지 않는다. 어떤 사람은 컴퓨터의 사용 또는 존재와 관련된 범죄가 컴퓨터 범죄라 하고, 또 어떤 사람은 컴퓨터가 관련된 범죄가 과거의 범죄와 전혀 새로울 것이 없는 것이라고도 한다.

• 컴퓨터 범죄
컴퓨터나 네트워크가 범죄의 원천, 도구, 목표, 또는 장소인 범죄활동을 말한다.

컴퓨터 범죄에 대한 정의를 내리는 것은 쉽지 않다. 그것은 컴퓨터와 관련한 여러 가지 다른 범죄가 있을 수 있는 것도 하나이고 또 그 범죄가 급격하게 변화하는 까닭이다. 컴퓨터 범죄에는 컴퓨터가 목표(Target)일 수도 있고 에이전트(Agent)일 수도 있다. 또 컴퓨터 범죄에서 컴퓨터의 보급과 관련될 수도 있고, 컴퓨터가 다른 범죄의 부수적일 때도 있고, 네트워크 불법행위가 있을 수도 있다. 일반적으로 컴퓨터 범죄에 대한 정의는 컴퓨터와 네트워크가 관련된 불법 행위라 할 수 있다. 컴퓨터 범죄, 사이버 범죄, 또는 하이테크 범죄 중 어느 용어를 사용하든 그 범위는 넓다. 기술이 발전하면서 컴퓨터 범죄의 정의도 진화하고 있다. 현실에서 일어나는 컴퓨터 범죄의 수도 [표 3-1]에서 보는 것처럼 증가하고 있다.

컴퓨터와 관련된 범죄는 과거에도 존재하였던 것을 컴퓨터를 사용하는 범죄와 컴퓨터가 존재하면서 생겨난 새로운 범죄로 나눌 수 있다. 횡령, 착취, 위조, 스파이 활동 등과 같은 구식의 범죄를 컴퓨터를 통하여 할 수 있다. 반면에 파괴적 소프트웨어, 컴퓨터의 반올림 에러를 통한 횡령 같은 범죄는 컴퓨터가 없다면 생겨날 수 없는 범죄이다. 이와 같은 컴퓨터를 사용한 범죄뿐만이 아니라 컴퓨터와 컴퓨터 시스템 자체에 대한 범죄도 있다. 기술이 변화하면서 범죄의 기회도 변화하면서 컴퓨터 범죄의 성격도 시간이 지남에 따라 변화하였다. 다양한 컴퓨터 범죄를 [표 3-2]와 같이 몇 개의 유형으로 나누어 살펴볼 수 있다.

표 3-1 국내 컴퓨터 범죄 유형별 처리/구속 현황

	2002년	2003년	2004년	2005년	2006년	2007년
처리건수(건)	5,843	12,501	11,523	12,572	15,652	20,886
구속인원(명)	7,487	15,575	15,683	19,234	23,951	32,449

자료 : 인터넷범죄수사센터

(1) 절 도

컴퓨터에 대한 범죄는 컴퓨터 하드웨어, 컴퓨터에 저장된 데이타 또는 정보, 또는 컴퓨터 시스템의 서비스를 훔치는 것이 있다. 바이러스나 다른 침투 방법에 의한 피해가 가장 위협적이지만 가장 흔한 컴퓨터 범죄는 컴퓨터 하드웨어 절도와 관련된 것이다. 특히 이러한 컴퓨터 하드웨어 도난의 주범은 주로 내부 직원이다. 그 다음이 시설을 부수고 침입하는 외부 절도자이다. 이러한 컴퓨터 하드웨어 도난에 대비하는 방법은 정확한 재고관리를 하고, 잠금 장치를 설치하는 것이다. 최근의 재고관리는 외부로 반출할 때 비디오 카메라나 경보장치가 작동하도록 하는 RFID 기술을 활용한다. 최근에는 노트북을 외부로 가지고 가서 업무를 하는 경우가 많으므로 이들에 대한 보안 장치와 관리도 철저히 하여야 한다. 물론 중요한 재산에 대한 적절한 보험을 가입하여 두는 것도 필수적이다.

도난당한 하드웨어를 재구입하여 설치하는 비용도 크지만 정작 큰 비용은 하드웨어에 설치된 소프트웨어, 데이타 또는 정보의 손실에서 온다. 데이타 또는 정보

표 3-2 컴퓨터 범죄의 유형

유형	내용
절 도	· 하드웨어, 소프트웨어 절도 · 데이타 복사, 절도 · 컴퓨팅, 네트워크 서비스 절도 횡령
사 기	· 신분 절도(Identity Theft) · 신용 카드 사기 · 전자상거래 사기(Dot cons)
저작권 침해	· 소프트웨어 해적 행위 · 음악 및 비디오 해적 행위 · 온라인 컨텐츠 저작권 침해
공 격	· 공격 프로그램 · 서비스 거부(Denial of Service) · 사이버 테러리즘 · 산업 스파이
훼손, 착취	· 온라인 폭력 · 온라인 중상 · 성인용 컨텐츠 · 온라인 도박

를 훔치는 것은 네트워크를 통하여도 일어난다. 데이타나 정보를 유출하기 위한 방법은 여러 가지가 있다. 하나는 범인이 자신의 컴퓨터가 인터넷에서 신뢰할 수 있는 컴퓨터로 속여 접속한 컴퓨터의 데이타나 정보를 자신의 컴퓨터로 전송하는 것이다. 다른 방법은 네트워크를 통하여 비밀 출입로를 만드는 바이러스(Trapdoor)를 보내서 원래의 바이러스가 제거된 뒤에도 데이타나 정보를 훔치는 방법이다.

권한없이 컴퓨터 시스템이나 네트워크를 사용하는 것은 불법적 서비스 사용으로 기업이나 조직의 컴퓨터 시간과 자원을 훔치는 것이다. 흔한 예는 회사의 컴퓨터나 네트워크를 사용하여 개인 컨설팅이나, 사적 활동, 게임 등을 하는 것이다. 구체적으로 근무 시간에 웹 사이트 서핑 또는 게임을 하는 것도 이에 해당한다. 외부 침입자의 불법적 서비스 사용은 과거의 전화선 사용에서 유래하며 네트워크 용량(Bandwidth)과 컴퓨터 시스템의 서비스의 불법적 사용도 포함한다.

많은 컴퓨터 범죄는 돈을 훔치는 것과 관련된다. 대부분의 경우는 내부 직원이 네트워크에 불법으로 접근하여 자신의 행적을 감추기 위해 데이타베이스를 조작하는 사례로 인터넷을 통한 횡령(Embezzlement)이 많이 발생한다. 이러한 횡령에 의한 재무적 손실의 규모는 알려진 것보다 훨씬 큰 것으로 추정된다. 그것은 피해를 입은 기업이나 금융기관이 대외적 신용을 염려하여 그 사실을 감추거나 정확히 밝히지 않기 때문이다.

(2) 사 기

● 신분 절도
신분 절도는 사기꾼이 다른 사람의 이름, 주민등록번호, 신용카드번호와 같은 개인의 핵심 정보를 획득하여 다른 사람 행세를 하는 것을 말한다.

① 신분 절도

인터넷 확산에 따른 전자상거래의 발전으로 신분 절도(Identity Theft)에 의한 사기(Fraud)가 급증하고 있다. 신분 절도는 사기꾼이 다른 사람의 이름, 주민등록번호, 신용카드번호와 같은 개인의 핵심 정보를 획득하여 다른 사람 행세를 하는 것을 말한다. 사기꾼은 그 정보를 이용하여 피해자의 신분으로 물건 구입이나 다른 거래를 한다. 물론 사기꾼은 정보기술을 사용하지 않고 쓰레기통을 뒤져 다른 사람의 신분 정보를 얻을 수도 있지만 인터넷을 통하여 신분 절도를 위하여 필요한 정보(예를 들면 주민등록번호나 신용카드번호)를 훔치기가 쉬워진 탓으로 신분 절도에 의한 사기나 절도가 증가하고 있다.

신분 절도에 흔히 사용되는 방법으로 피싱(Phishing)이 있다. 피싱은 가짜 웹 사이트를 구축하거나 합법적으로 개인정보를 요구하는 위장한 전자우편을 보내어 거짓 웹 사이트에 입력하거나 답장 메일을 보내게 하여 개인의 핵심 정보를 획득한다. 예를 들면 입찰에 실패한 경매 입찰자에게 전자우편으로 입찰에 실패한 제품과 유사한 제품을 좀 더 나은 가격에 구매할 수 있다고 하여 은행 계좌번호와 패스워드를 제공하게 하고 가짜 에스크로(Escrow) 사이트에 송금하게 하는 것이다.

② 신용카드 사기

인터넷 확산을 계기로 인터넷이 등장하기 전에는 어려웠던 사기의 종류가 늘어나고 있다. 그 중 하나가 신용카드 사기(Credit Card Fraud)이다. 사기꾼은 웹 사이트의 신용카드 번호 생성 프로그램을 사용하기도 하고 저가의 상품을 판매하는 업체를 흉내 내는 웹 사이트를 만들어 신용카드 번호를 획득한다. 또는 성인 사이트 접속에서 성인임을 증명하는 방법으로 신용카드 번호를 입력하도록 하여 그 신용카드 번호로 거래를 하여 큰 피해를 입게 하는 것이다. 때로는 획득한 신용카드 번호를 범행을 저지를 의도를 가진 제3자에게 판매하기도 한다.

③ 닷 콘

● 닷콘
전자상거래가 일상화 되면서 사기꾼이 인터넷에서 일시에 다수의 개인 소비자를 상대로 전자상거래 사기를 벌이는 행위를 말한다.

전자상거래가 일상화 되면서 사기꾼은 인터넷에서 일시에 다수의 개인 소비자를 상대로 전자상거래 사기를 벌여 수입이 큰 사기를 할 수 있게 되었다. 이러한 사기를 닷콘(Dot Cons)이라 부르기도 한다. 대표적 닷콘은 가짜 또는 진짜 물건을 판매하는 웹 사이트를 만들어 많은 개인들이 송금하게 한 뒤 연락을 끊는 방법이다. 유사한 사기로는 인터넷에서 다단계 판매를 하는 것이다. 최근에 많이 벌어지고 있는 닷콘의 하나는 나이지리아 송금(Nigerian Money Offer) 사기이다. 이것은 전자우편을 통하여 수많은 개인에게 나이지리아에 있는 거액의 일부를 나누어 주겠다며 특정 계좌에 돈을 보내게 하여 그 돈을 챙기는 수법이다.

(3) 저작권 침해

저작권이 있는 물건을 저작권자에게 비용을 지불하거나 사용 허가를 얻지 않고 사용하는 것은 저작권 침해(Copyright Infringement)로서 범죄에 해당한다. 저작권법은 해당 지적 재산권을 만든 사람의 생애 동안과 사후 70년 동안 창조물이 복

●저작권
저작권은 원작의 창조자에게 일정 기간 동안 그 작품에 대한 독점적 권한(출판, 분배, 개작 등)을 주는 지적재산권의 한 형태이다.

제되거나 허가없이 사용 할 수 없게 하는 법이다. 저작권법의 목적은 개발자의 금전적 및 기타 이익을 보호함으로써 창조성과 저술을 촉진시키는데 있다. 저작권 보호는 소프트웨어, 서적, 잡지, 강의, 연극, 뮤지컬, 악곡, 지도, 그림 영화 등 여러 가지 예술작품에까지 적용된다.

① 소프트웨어 해적 행위

소프트웨어 해적 행위(Software Piracy)는 불법적 소프트웨어의 복제와 공유를 말하며 이것은 마이크로소프트와 같은 주요 소프트웨어 개발업체에게는 크나큰 손실을 가져다 준다. PC의 등장으로 소프트웨어 불법 복제는 급증하였고 저작권 보호정책은 변화하는 현실을 미쳐 반영하지 못하였다. 그 후 각 나라는 저작권법을 마련하였고 소프트웨어 산업은 저작권법 침해자들에게 법률 소송 등의 방법으로 투쟁하고 있다.

② 음악 및 비디오 해적 행위

최근 대용량 메모리의 MP3의 인기로 인터넷을 통한 음악과 비디오 다운로드와 관련한 저작권 침해가 큰 이슈가 되고 있다. 개인은 저작권을 가진 사람으로부터 음악이나 비디오를 다운로드하여 자신의 파일로 만들거나 저장할 수 있으나 저작권자의 허가없이 불법으로 다운로드하거나 거래할 수는 없다. 예를 들어 미국의 냅스터(Napster)와 한국의 소리바다가 MP3 음악 파일을 거래하도록 한 후 음반업계의 법률 투쟁으로 해적 행위에 대한 처벌이 강화되었다.

③ 온라인 컨텐츠 저작권 침해

온라인 컨텐츠는 많은 다른 소스로부터 구한 여러 텍스트, 그래픽, 오디오, 또는 비디오의 아이템들로 구성될 때가 있다. 각각의 아이템은 여러 다른 곳에서 온 것이므로 소유와 보상의 문제를 복잡하게 만들 수 있다. 미국은 온라인 디지털 컨텐츠의 저작권 보호를 위한 디지털 밀레니엄 저작권법(Digital Millenium Copyright Act)을 1998년 제정하고 그 이후에 개정하였다. 이 법은 접근을 통제하는 기술적 보호 장치를 우회하는 행위 즉 복제방지 기술을 무효화시키는 것을 불법으로 간주

● 맬웨어(Malware)
악의(Malicious)와 소프트웨어(Software)가 결합된 용어인 맬웨어는 소유자의 통지된 동의 없이 컴퓨터 시스템을 침투하거나 파괴하도록 디자인된 소프트웨어를 말한다.

하고, 저작권 관리 소프트웨어를 크랙(Crack)하는 것을 범죄로 규정한 포괄적인 우회 금지 조항을 포함한다.

(4) 공 격

테러리스트나 다른 범인 같이 정보시스템을 물리적으로 공격할 수도 있지만 정보시스템에 대한 주된 공격은 인터넷을 통해 일어 날 가능성이 훨씬 높다. 컴퓨터 시스템에 대한 공격(Attack)은 주로 소프트웨어나 데이타를 파괴하거나 훔치기 위해 이루어 진다. 해커는 서버를 공격하여 통제하는 경우도 있고 감당할 수 없을 정도의 요구나 메시지를 보내는 방법으로 서버가 제 기능을 할 수 없도록 만들기도 한다. 앞으로는 컴퓨터 시스템에 대한 공격은 사이버 테러리스트나 산업 스파이에 의해 일어날 가능성도 높게 예상하고 있다.

① 공격 프로그램

가장 흔한 공격 소프트웨어(Attack Software) 또는 파괴적 소프트웨어(Destructive Software), 악의적 소프트웨어(Malicious Software)는 바이러스(Virus), 웜(Worm), 트로이 목마(Trojan Horse)이다. 바이러스는 사용자의 인지나 허락없이 실행되기 위해 자신을 다른 프로그램이나 데이타 파일에 첨부시키는 악성 프로그래이다. 바이러스는 프로그램이나 데이타를 파괴하고, 컴퓨터 메모리에 부하를 가하고, 하드디스크를 포맷하거나 프로그램을 부적절하게 작동시킬 수 있다. 바이러스는 전자우편에 첨부되어 전송되거나 감염된 파일의 복사를 통해 한 컴퓨터에서 다른 컴퓨터로 확산된다. 웜은 네트워크 연결을 통해 자기 자신을 복사해 다른 컴퓨터로 퍼져가는 프로그램이다. 바이러스와 달리 웜은 다른 컴퓨터 프로그램 파일에 첨부되지 않고 스스로 작동하므로 훨씬 빨리 피질 수 있다. 바이러스와 웜은 공격 대상 컴퓨터에 손상을 가하고 자원을 고갈시킨다. 활성화된 웜은 바이러스처럼 행동하거나 트로이 목마를 심을 수도 있다. 트로이 목마는 정상적 프로그램에 비정상적으로 해를 주는 작동을 하는 프로그램을 숨겨 놓는 방법이다. 〈표 3-3〉과 같이 여러 가지 종류의 공격프로그램이 있다.

최근에는 무선 컴퓨팅 장치로도 바이러스와 웜이 침투하고 있다. 또 사용자의 웹 서핑을 감시하고 광고 제공을 위해 정보를 획득하는 스파이웨어(Spyware)가 악성 프로그램처럼 작동할 수도 있다. 가장 이상적인 안티 바이러스(Anti-Virus)

표 3-3 공격프로그램분류

구 분	정 의	종 류
웜	인터넷을 통해 전파되는 프로그램	이메일 웜, IM 메시징 웜, 인터넷 웜, IRC 웜, 파일 공유 네트워크 웜
바이러스	한 시스템에 자기 복제를 하는 프로그램	파일 바이러스, 부트 섹터 바이러스, 매크로 바이러스, 스크립트 바이러스
트로이 목마	사용자의 지식이나 동의 없이 특정 행동을 수행하는 프로그램	백도어(Backdoors), 일반적 트로이 목마, 패스워드 트로이 목마, 트로이 클리커, 트로이 다운로더, 트로이 드로퍼, 트로이 프록시, 트로이 스파이
기 타	바이러스나 트로이 목마를 만들거나 불법적 활동 수행에 사용되는 프로그램	서비스 거부 도구, 해커 도구, 플러더(Flooders)

자료 : Malicious Programs Descriptions, http://www.viruslist.com/en/virusesdescribed

접근 방법은 예방하는 것이다. 실제에서 100% 바이러스 예방은 가능하지 않으므로 발견, 파악 및 제거의 방법을 결합하여 사용한다.

●서비스 거부 공격
서비스 거부 공격은 컴퓨터 자원이 의도된 사용자에게 가용하지 않도록 하는 공격을 말한다.

② 서비스 거부 공격

바이러스와 웜과 같은 공격 소프트웨어에 의한 정보시스템 공격 이외에 가장 파괴적 손실을 가져오는 공격이 웹 사이트에 대한 서비스 거부 공격이다. 분산 서비스 거부(DDoS: Distributed Denial of Service) 공격은 여러 공격 지점으로부터 수많은 컴퓨터를 통해 공격하는 것이다. 서비스 공격을 받은 웹 사이트는 웹 페이지를 요구하는 수천 또는 수만 개의 요구에 웹 서버가 수 시간 또는 수 일간 제 기능을 할 수 없게 된다. 서비스 거부 공격은 해커가 인터넷을 통해 많은 컴퓨터에 소유자도 모르게 소프트웨어를 설치하고 해커의 지시에 따라 수많은 컴퓨터가 특정 웹 서버에 동시에 정보 요구 메시지를 보내면서 이루어 진다. 서비스 거부 공격이 제한된 영역에 접근하거나 정보를 파괴하지는 않지만 웹 사이트를 마비시킴으로써 실제 방문해야할 사용자가 사이트에 접근하는 것을 불가능하게 한다.

③ 사이버 테러리즘

모든 중요한 기간 시스템이 네트워크나 인터넷에 연결되어 있음에 따라 테러리스트, 외국의 정보기관, 혹은 광범위한 파괴나 피해를 목표로 하는 그룹에 의해 공격을 당할 수 있다. 이러한 사이버테러리즘(Cyberterrorism)은 전력망, 항공 및 교통 통제시스템, 주요 금융기관의 네트워크 시스템을 그 대상으로 할 수 있다. 예를 들면 중국을 비롯한 많은 나라의 해커들이 미국의 정부기관과 국방 네트워크를 공격하고 있는 것으로 보도되고 있다. 따라서 세계 각국은 사이버 테러리즘에 대응하기 위한 다양한 조치를 취하고 있다. 사이버 테러리즘과 관련된 용어인 정보전쟁(Information Warfare)은 적국에 대해 특정한 목표를 이루기 위해 정보 미디어를 목표로 하거나 이용하는 작전이라 정의된다. 정보전쟁은 사이버 테러리즘보다 광범위한 개념이며 가능성이 없는 것은 아니지만 반드시 생명의 손실 또는 경제적 손실이 수반되지는 않는다.

● 정보 전쟁
상대방보다 경쟁 우위를 차지하기 위한 정보 사용이나 관리를 말한다. 정보 전쟁은 전술적 정보 수집, 자신의 정보가 유효하다는 보장, 적과 일반 대중의 사기를 떨어뜨리는 선전 및 잘못된 정보 전파, 적의 정보의 질에 흠을 내는 것과 정보 수집 기회를 거부하는 것을 포함한다.

(5) 온라인 폭력과 착취(Harassment & Exploitation)

① 온라인 폭력

인터넷은 다른 사용자를 정신적 또는 심리적으로 괴롭히고 사회적 약자를 착취하는 수단으로 사용되기도 한다. 온라인 폭력은 여러 형태로 나타날 수 있다. 첫

그림 3-3 분산 서비스 거부 공격

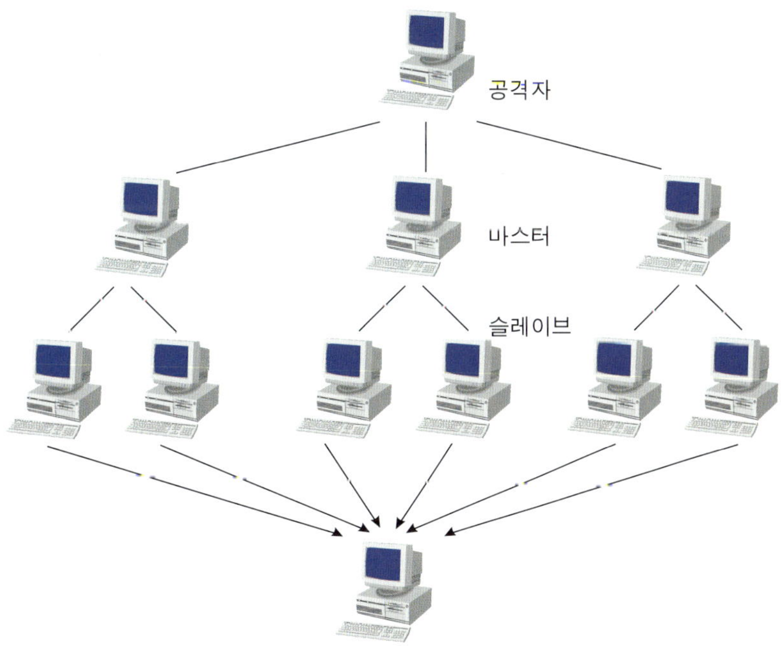

번째 유형은 원하지 않는, 독설적, 위협적 저질의 전자우편을 보내는 것이다. 예를 들면 미국 10대 대다수는 험담이나 욕설을 당하는 사이버 괴롭힘(Cyber-Bullying)을 경험하고 있다. 두번째 유형은 피해자에게 수백 통의 정크(Junk) 메일 메시지를 보내는 전자적 사보타지(Sabotage) 또는 스팸(Spam)과 관련된다. 온라인 폭력이 간접적일 수도 있다. 예를 들면 가해자가 피해자를 가장하여 피해자의 이름으로 독설적 또는 사기 전자우편을 보내는 것이다. 온라인 폭력은 개인이 원하지 않는 성적 불쾌감 또는 남자와 여자의 존엄성에 영향을 주는 행위를 나타내는 온라인 성적 폭력을 포함한다.

온라인 폭력은 사이버스토킹(Cyberstalking)과 대조된다. 사이버스토킹은 다른 사람을 추적하기 위하여 인터넷, 전자우편, 또는 다른 전자적 장치를 사용하는 것을 말한다. 사이버스토킹은 개인이 인터넷을 통하여 어떤 사람을 접촉하려는 시도를 반복적으로 시도할 때 일어 난다. 인터넷에서 가해자는 익명으로 피해자가 위협을 느끼거나 두려움과 공포를 느끼게 할 수 있다. 사이버스토킹은 추구와 공포라는 부가적 특성에서 온라인 폭력과 다르다.

• 사이버스토킹

사이버스토킹은 다른 사람을 괴롭히는데 인터넷이나 전자적 수단을 사용하는 것을 말한다.

② 인터넷 중상

인터넷은 우체국, 기숙사, 게시판, 지역 신문, 동네 광고와 같은 기능을 수행한다. 즉 인터넷을 통하여 전자우편을 보내고, 전자게시판이나 채팅 룸에 메시지를 올리고, 뉴스, 논설, 가십(Gossip), 광고를 담은 웹 사이트에 참여 또는 운영할 수 있다. 이러한 방법으로 개인이나 그룹이 특정 개인, 그룹, 기업 또는 조직에게 해가 되는 정보를 인터넷에 폭로할 수 있다. 즉 인터넷은 다른 사람에 대한 부정적 정보를 큰 비용 들이지 않고 넓게 퍼트릴 수 있는 수단이 되기도 한다. 인터넷은 순식간에 메시지나 뉴스를 전파하기 때문에 피해자는 손을 쓸 겨를이 없다. 2008년에 있은 '악플' 소동이 그 예이다. 인터넷의 익명성이 상대방을 중상 또는 모욕(Libel 또는 Defamation)하거나 미워하는 글(Hate Speech)을 유포할 수 있으므로 앞에 사례에서 본 것처럼 인터넷 익명성에 제약을 가하고 중상을 금지하는 법률 제정이 논의되고 있다.

• 인터넷 중상

인터넷 중상은 개인, 기업, 제품, 그룹, 정부에 부정적 이미지를 주는 거짓된 주장을 표현하거나 사실인 것처럼 암시하는 진술을 커뮤니케이션하는 것을 말한다.

③ 성인용 컨텐츠

많은 성인용 컨텐츠의 웹 사이트가 스팸 메일을 통해 미성년자에게까지 무차별

Case in Point

저작권 침해 방조 혐의카페 · 블로그상 저작권 침해 행위 포털업체 첫 기소

검찰, 불법 음원 통 방치 '네이버, 다음' 사법처리

국내 대형 포털 사이트 다음과 네이버가 포털 내 블로그와 카페 등을 통해 음성적으로 이루어져 온 불법 음원 유통을 방치한 혐의로 사법처리 됐다. 그 동안 음악이나 영화파일 등을 상습적으로 불법 업로드한 네티즌들이 처벌받은 경우는 있었지만, 유통공간을 제공한 포털업체에까지 형사책임을 묻는 것은 이번이 처음이다.

서울중앙지검 형사6부는 23일 한국음악저작권협회와 저작권보호센터로부터 네티즌들이 카페나 블로그에 올려놓은 불법 음원의 삭제 요청을 받고도 이를 삭제하지 않고 방치한 혐의(저작권법위반 방조)로 ㈜NHN 서비스와 이 회사 권모(35) 상황팀장, ㈜다음 서비스와 이 회사 이모(38) 센터장 등 두 회사 법인과 임직원을 각각 3,000만원씩의 벌금에 약식기소 했다.

검찰 수사결과 NHN의 경우 약 1,000만 건의 음악파일이 첨부파일 형태로 업로드 돼 있었으며, 이중 65% 정도가 불법 음원인 것으로 파악됐다. 다음도 약 340만 건 중 불법 음원이 약 60%에 달했다. 이들 업체들은 수사가 진행되면서 불법 음원 유통을 용이하게 하는 블로그 일부 기능을 삭제하고, 불법 음원 업로드 및 다운로드를 차단하는 필터링 시스템을 도입하기도 했다.

검찰 관계자는 "포털에서 음원을 업로드한 사람이나 퍼간 사람 모두 이를 정보공유 차원에서 이해하는 등 이용자들이 저작권 침해에 대해 불법의식을 거의 느끼지 못하고 있었다"며 "이번 수사가 인터넷상에서 저작권이 적극 보호되는 클린 인터넷문화 정착의 계기가 되길 기대한다"고 말했다.

검찰은 또 이들 포털 사이트에 카페 및 블로그를 운영하면서 불법 음원 파일을 대량으로 업로드 한 김모씨 등 2명을 저작권법 위반혐의로 불구속기소하고, 비교적 혐의가 가벼운 홍모씨 등 38명은 벌금 100만~200만원에 약식기소 했다.

이와 함께 NHH과 다음이 '쥬니버'와 '키즈짱' 서비스를 각각 제공하면서 한국음악저작권협회 관리저작물인 '검은고양이 네로' 등 동요를 무단 사용한 혐의(저작권법 위반)로 ㈜NHN과 이 회사 최모(36) 센터장, ㈜다음커뮤니케이션과 이 회사 허모(40) 본부장을 각각 벌금 3,000만원에 약식기소 했다.

▸ 인터넷 법률 신문 (2008년 12월 26일)

http://www.lawtimes.co.kr/LawNews/News/NewsContents.aspx?serial=44489

광고를 하고 있다. 성인용 컨텐츠가 미성년자에게 적절하지 않으므로 미성년자의 성인 웹 사이트 방문을 억제 또는 저지하는 노력이 여러 방면으로 있어 왔다. 첫 번째 접근방법은 웹 사이트의 컨텐츠를 제약하는 법률 제정이 있었으나 언론 및 표현의 자유 구속이라는 이유로 법원의 판결로 폐기되어 실패로 끝났다. 두번째 접근방법은 웹 브라우저를 통한 필터링(Filtering) 방법이다. 이것은 브라우저에 설치된 필터링 소프트웨어가 미성년자에게 적절하지 않은 사이트에의 접근을 제한하는 것이다. 세번째 접근방법은 서버 기반 필터링 방법으로 정보서비스 제공자(ISP: Information Service Provider) 가 승인한 사이트나 채팅 룸만 접근을 허용하는 것이다.

④ 도박 사이트

여러 나라가 온라인 도박을 불법화하고 있음에도 온라인 도박은 급증하고 있다. 미국도 온라인 카지노 사이트를 설립할 수 없도록 하고 있으나 업자들은 외국에 서버를 설치하여 접속이 가능하게 하여 영업을 하고 있다.

03 정보시대의 프라이버시

● 프로파일

프로파일은 개인에 대한 정보의 요약 또는 수집을 말한다.

현대 사회에서 개인 프라이버시에 대한 긴장감은 여러 맥락에서 점차 일반화되고 있다. 프로파일링(Profiling), 위험 평가(Risk Assessment), 마케팅, 다른 목적에서 개인정보의 상업적 가치는 조직으로 하여금 더 많은 개인정보와 그 데이타에 대한 접근을 요구하게 만든다. 정보수집 기관은 항상 자원을 효율적으로 배분하고 정책의 결과를 평가하는 것을 돕기 위해 개인에 대한 정보를 더 많이 보유하고자 한다. 예를 들면, 기하급수적으로 증가하는 국민건강 관련 비용을 통제하기 위해 개인건강 기록의 중앙 집중화를 추진하고 있다. 이것은 치료행위의 본질과 우리가 어떻게 개인에 대한 민감한 비밀정보를 다루는가에 대한 엄청난 파장을 가져 온다. 특히 유전자 정보(그것의 잠재적 사용)는 과거의 사회가 경험하지 못한 새로운 윤리적 이슈를 제기한다.

직장에서 회사는 직원들에 대한 감시의 수준을 점차 높이면서 개인정보를 더 많이 지속적으로 수집한다. 일과 개인생활의 경계가 불분명해지면서 회사의 감시는 과거에는 개인적인 생활이라고 간주되는 것까지 범위를 넓혀지고 있다. 현대 정보기술의 발전은 이제 어떤 데이타도 놓칠 수 없게 하였으며, 데이타의 부족이 아니라 오히려 넘침이 문제될 정도로 만들었다. 정보통신 기술은 감시의 수준과 정보처리의 수준을 이전에 상상하지 못한 단계로 높이고 있고, 정부의 보안과 법 집행에 대한 요구는 우리가 가지고 있는 프라이버시 권리에 대한 전통적 기대를 무너뜨리고 있다.

프라이버시는 신뢰의 이슈이다. 프라이버시에 대한 염려는 온라인에서 더욱 두드러진다. 개인 프라이버시에 대한 위협을 느끼는 염려가 인터넷에서 가장 큰 것으로 인식되고 있다. 프라이버시 염려는 소비자의 행동에 영향을 미쳐서 일부 소비자는 프라이버시 염려 때문에 웹 사이트에 정보를 주는 것을 꺼려 온라인 구매를 피하기도 한다. 또한 대부분의 소비자는 개인정보를 파는 기업에 대해 신뢰를 주지 않고 있다. 프라이버시는 사람들이 인터넷을 사용할 것인지에 영향을 주는 가장 큰 이슈이다.

3.1 프라이버시 정의

● 프라이버시

프라이버시는 자신이나 자신에 관한 정보를 감추거나 선택적으로 노출시킬 수 있는 개인 또는 그룹의 능력을 말한다.

● 익명성

익명성은 개인 신분이나 개인적으로 신분을 파악할 수 있는 정보가 알려지지 않는 것을 말한다.

프라이버시는 자신이나 자신에 관한 정보를 감추거나 선택적으로 노출시킬 수 있는 개인 또는 그룹의 능력을 말한다. 즉 프라이버시는 허가없는 침입으로부터의 자유이다. 프라이버시는 때로 일반으로부터 보이지 않거나 파악될 수 없는 상태로 있으려는 익명성(Anonymity)과 관련이 있다. 무엇이 어떤 사람에게 개인적이라면 그 안에 본질적으로 특별하거나 개인적으로 민감하다고 여겨지는 무엇이 있다는 의미이다. 그러므로 개인적인 정보가 노출되는 정도는 어떻게 일반 대중이 그 정보를 받아 들이는가에 달려 있다. 이것은 장소와 시간에 따라 다르다. 프라이버시가 한 그룹의 이익과 다른 그룹의 이익 사이의 상충관계가 명확하게 드러나는 보안의 요소로 간주될 수도 있다.

프라이버시 용어는 여러 다른 맥락에서 다른 의미를 갖는다. 개인이 얼마만큼의 프라이버시를 가질 수 있는지 또는 무엇이 프라이버시의 침범이 되는지에 대하여 사람, 문화, 국가에 따라 다양한 기대를 가진다. 프라이버시는 다음과 같이 세 차원으로 나누어 볼 수 있다.

① 물리적 프라이버시

물리적 프라이버시는 개인의 물리적 공간 또는 고독(Solitude)을 침범하는 것을 막는 것을 말한다. 구체적으로 개인적 행동이나 신체가 다른 사람에게 노출되는 것을 벽, 스크린, 수건 등으로 막는 것이 그 예이다. 개인의 소유물에 대한 검색, 개인의 집에 대한 허가없는 접근, 의료정보의 프라이버시의 침해를 방어하는 것이 이에 포함된다. 물리적 프라이버시는 문화적 민감성, 개인적 인격, 또는 수줍음 등에 관한 것이다. 또 물리적 프라이버시는 범죄나 스토킹의 대상이 되는 것에 대한 염려와 같은 안전의 문제이다.

② 정보적 프라이버시

정보 또는 데이타 프라이버시는 개인에 대한 데이타를 수집하고 공유하는 데에 따른 정보기술과 프라이버시에 대한 법적 권한 또는 일반적 기대의 관계를 말한다. 개인 또는 개인들에 대한 데이타가 수집 및 저장되는 곳에 프라이버시 문제가 일어 날 수 있다. 또 누구에게 정보 접근권한을 주는가의 이슈가 있을 수 있다. 이외에도 개인이 자신에 대한 데이타의 소유권을 가질 수 있는가와 그 정보를 보고, 확인하고, 또 정정을 요구할 권한이 있는가의 이슈가 있다. 프라이버시 문제를 일으키는 개인정보의 유형도 다양하다. 예를 들면, 개인의 종교, 정치적 성향, 개인 활동, 금융정보, 의료정보 등이 각각 다른 목적으로 보호되길 바란다. 인터넷 프라이버시는 개인이 인터넷에서 자신에 대한 정보를 어느 만큼 노출시킬지에 대한 능력을 말한다. 예를 들면 개인의 전자우편이 제3자에 의해 저장되거나, 읽히거나 하는 것 또는 제3자가 웹사이트 방문 궤적을 추적하는 것, 사용자에 대한 정보를 수집, 저장, 또는 공유하는 것에 대한 자신의 권한이 이슈가 된다.

③ 조직적 프라이버시

정부기관, 기업, 다른 조직은 그들의 활동이나 비밀을 다른 조직 또는 개인에게 노출되지 않기를 바랄 수 있다. 그러한 조직은 이것을 방어하기 위해 여러 가지

보안 조치를 취한다. 조직은 비밀에 대하여 법적 방어를 취할 수도 있다. 예를 들면 정부는 행정 특권(Executive Privilege)을 발동하거나 특정 정보에 대한 비밀분류를 할 수 있고, 기업은 영업기밀을 보호하려고 한다.

그러면 왜 프라이버시에 대한 염려가 그렇게 높은가? 프라이버시 위험은 다양하고 매우 복합적이다. 프라이버시 위험은 조직이 개인에 대하여 무엇을 알고 있는지를 알 수 있고 틀린 정보를 수정하는 것과 같은 단순한, 공정한 정보 사용과 관련된다. 프라이버시 위험이 개인의 움직임이나 커뮤니케이션이 항상 감시 당한다는 감시와 관련된다. 프라이버시 위험은 마케팅 활동 또는 신체적 접촉과 같은 원하지 않는 침범과 관련된다. 프라이버시 위험은 개인에 관한 정보가 수집, 저장, 다른 레코드와 대조될 때 개인이 느끼는 불안감과 관련이 있다. 개인으로써 우리는 우리의 개인정보에 대한 통제를 유지하려고 한다. 그 통제를 잃게 되면 우리는 자신의 신분(Identity)에 대한 통제를 잃게 된다.

3.2 프라이버시 철학

프라이버시는 자연적 권한 이론에 기초하여 새로운 정보기술에 대응한다. 19세기 말 미국에서는 프라이버시는 나 홀로 내버려 지고 싶은 권리로서 개인보호에 초점을 맞추었다. 사진, 전화와 언론의 기술이 발전함에 따라 감추어져 있던 개인정보가 들추어지기 시작했다. 프라이버시 권리는 정보기술과 불가분의 관계에 있다.

프라이버시에 대한 두 이론이 있다. 첫째로 프라이버시는 개인정보의 커뮤니케이션을 통제하는 관점과 재산권의 관점에서 개인권리로 이해될 수 있다. 재산권으로서 데이타는 양도될 수 있고 그러므로 모든 프라이버시를 잃을 수도 있다. 인터넷 시대에 우리는 재산권 체제에 살고 있다. 둘째로 프라이버시는 집합적 가치와 인권이라고 주장하기도 한다.

(1) 개인적 권리

새로운 기술은 프라이버시와 노출의 균형을 깬다. 프라이버시 권리는 정보의 감시를 제한하여 민주적 프로세스를 보호한다. 프라이버시는 개인, 그룹, 조직이 언제, 어떻게, 어느 정도로 자신에 대한 정보를 다른 사람에게 커뮤니케이션 할 것인지를 결정하는 권한이다. 개인은 지속적으로 그가 살고 있는 사회가 정하는 환경적 조건과 사회적 규범 속에서 프라이버시를 가지려는 욕망과 노출시켜 다른 사람과 커뮤니케이션 하려는 욕망 사이의 균형을 찾는 개인적 조정 프로세스에 있게 된다.

(2) 집합적 가치와 인권

프라이버시를 민주적 사회의 기능에 필수적 요소인 인간의 권리 즉 인권으로 보는 관점이 있다. 이 관점은 법률적 관점보다는 개인적 자유주의 이상의 프라이버시 개념에서 접근한다. 프라이버시에 대한 인권은 의미 있는 민주적 참여에 필요한 것이며 인간 권위와 자율을 보장한다. 프라이버시는 정보가 어떻게 배분되는지에 대한 규범에 달려 있다. 프라이버시에 대한 침해는 맥락에 달려 있다. 이 관점은 프라이버시는 인간 중심의 관점에서 접근되어야 한다고 본다.

프라이버시 개념의 특이한 점은 그것이 모든 것인 동시에 아무것도 아닐 수 있다는 것이다. 프라이버시는 인권이라고 널리 인식되고 있다. 프라이버시는 자유사회의 기본적 요소이며, 민주사회에서 기관과 개인의 권위에 더하여 견제와 균형의 중요한 요소이며, 사회가 사람들로 하여금 과거의 실수로부터 자유롭게 새로운 출발을 할 수 있게 하는 핵심적 요소이다. 또 우리는 프라이버시의 이러한 특징을 인식하면서도 '감출것이 없다면 두려워 할 이유가 없다'는 자세를 취하기도 한다. 즉 프라이버시에 대하여 걱정할 것이 없을 뿐만 아니라 프라이버시 옹호자는 반드시 범죄자, 이상성격자, 편집증 환자의 친구일 것으로 간주한다. 어떤 이는 프라이버시 개념 자체가 신기루라고 한다. 그것은 존재하지 않으며 중요하지도 않다고 한다. 프라이버시를 보호하려는 노력은 조직과 정부에 불필요한 부담을 지운다고 한다. 이러한 비판에도 불구하고 일반 대중은 프라이버시를 기본권으로 간주한다. 프라이버시는 개인 자율과 선택뿐만이 아니라 민주주의와 같은 사회적 재화로서의 가치를 가지므로 보호될 가치가 있다.

3.3 개인 데이타/정보 수집

기업은 오래 동안 개인정보를 경쟁 우위 확보를 위한 방법에 사용하여 왔다. 달라진 것은 정보기술의 발전으로 기업은 이전보다 더 많은 데이타를 수집하고 더 잘 활용하고 있다는 것이다. 모든 기업은 수입, 주거 상황, 소비 습관 등의 고객 정보 데이타베이스를 만들었다. 금융기관은 대규모의 개인정보를 가지고 대출, 금융 상품 판매 등의 업무와 관련한 의사결정에 활용한다. 오늘날 정보부서는 같은 유형의 정보를 더 큰 규모로 수집한다. 정부의 국민 개인 정보수집과 시민의 활동에 대한 감시는 어제 오늘 일이 아니다. 정부가 시민을 감시하기 위해 사용하는 기술은 더욱 정교하고, 침투적이고, 만연되어 있다. 미국 국토안보부는 개인에 대한 데이타뿐만이 아니라 외국 방문자, 개인 비행기, 수입 화물, 연방정부 계약자 등에 대한 정보를 수집한다. 이와 같이 개인의 프라이버시를 위협하는 기업과 정부의 개인정보 수집방법은 데이타 수집, 데이타 교환, 데이타 마이닝으로 나누어 볼 수 있다.

(1) 개인 데이타 수집

사람들에 대한 데이타를 수집하고 기록하는 것은 새로운 일이 아니다. 데이타를 모으고 기록하는 것이 항상 프라이버시의 문제를 일으키는 것은 아니다. 그러나 정보기술은 개인이 알지도 못하거나 동의없이도 데이타를 수집할 수 있게 한다. 정보기술을 사용하여 개인의 활동과 위치를 추적하고 개인 데이타를 수집 및 기록할 때 일어나는 프라이버시 문제는 다양하다. 정보기술을 통해 개인 데이타를 수집하는 창구는 크게 아래와 같은 세 분야로 나눌 수 있다.

- 거래 데이타 : 소비자의 신분을 요구하는 거래를 통하여 수집한다.

- 웹 방문 데이타 : 사용자의 웹 사이트 방문을 통해 수집한다.
- 인터넷 커뮤니케이션 데이타 : 전자우편, 채팅 대화, 게시판 포스트, 뉴스그룹 메시지 등을 통해 수집한다.

● 데이타 감시
데이타 감시는 데이타를 모니터링하는 형태의 감시와 관련된 문제와 수집된 데이타를 기록하고 처리하는 것과 관련된 문제를 제기한다.

① 데이타 감시

정보기술을 사용하여 개인 프라이버시를 침해하는 가장 큰 위협은 감시(Surveillance)와 모니터링(Monitoring)이라고 한다. 그런가하면 정보기술을 이용한 거래 데이타를 기록하는 것이 더 위협적이라고도 한다. Roger Clarke(1994)는 정보기술을 사용하여 데이타를 모니터링하는 감시와 데이타를 기록하는 기법 모두를 포함하는 데이타 감시(Data Veillance)라는 용어를 사용한다. 데이타 감시는 데이타를 모니터링 하는 형태의 감시와 관련된 문제와 수집된 데이타를 기록하고 처리하는 것과 관련된 문제를 제기한다.

정보기술을 데이타 감시에 사용하기 이전에도 전화 감청이 있었다. 지금은 개인의 온라인 활동에 대한 감시와 기록뿐만이 아니라 비디오 카메라에 의한 소비자 행동 감시까지 등장하였고, 톨게이트에서는 지능형교통시스템을 사용하는 감시도 가능하다. 또 직장에서 직원의 활동을 감시하는 것도 흔하게 있는 일이다. 개인이 항상 감시를 받고 있는지 모르는 가운데 온라인 비지니스는 얼마나 자주 웹사이트를 방문하는가와 선호하는 것을 알기 위해 방문자를 모니터링 한다. 심지어는 방문자의 키 스트로크(Key Stroke)와 마우스 클릭(Mouse Click)을 모니터링하고 기록한다. 프라이버시 옹호자의 주장을 받아 들여 구글(Google)은 웹 브라우저 크롬(Chrome)에서 사용자의 IP주소를 기록하던 것을 중지하기로 하고 모든 데이타 수집을 익명으로 하기로 하였다.

● 인터넷 쿠키
인터넷 쿠키는 웹 사이트가 웹 사이트 사용자의 컴퓨터에 보내고 또 가져오는 파일이며 사용자의 온라인 브라우징 선호와 관련한 정보를 수집한다.

온라인 감시기술의 대표적인 것으로는 인터넷 쿠키(Cookie)가 있다. 쿠키는 웹 사이트가 웹 사이트 사용자의 컴퓨터에 보내고 또 가져오는 파일이다. 웹 사이트는 사용자의 온라인 브라우징 선호(Browsing Preference)와 관련한 정보를 수집한다. 프라이버시 옹호자들은 쿠키가 웹 사이트를 방문하는 사용자의 활동을 모니터링하고 수집하고 나중에 그 정보를 사용자 시스템에 다운로드 하는 것이 사용자의 프라이버시를 침해한다고 주장한다. 사용자의 프라이버시 염려를 덜어 주기 위해 몇 가지 프라이버시 향상 도구(Privacy Enhancing Tool)가 개발되었다. 또 대부분의 웹 브라우저는 사용자가 선택(Opt-In) 또는 탈퇴(Opt-Out)의 선택으로 쿠키를 작동하지 못하도록 하는 옵션을 제공한다.

● RFID 기술

RFID 기술은 마이크로칩인 태그와 판독기로 되어 있다. 상업적으로 RFID는 물건의 고유한 아이디를 표현하는데 사용하기로 되었으나 태그는 그 물건을 모니터링 하는데 사용될 수 있다. 따라서 물건의 주인이 모니터링 될 수 있으므로 개인 프라이버시를 침해 할 수 있다.

② RFID 기술

RFID 기술은 마이크로칩(Microchip)인 태그(Tag)와 판독기(Reader)로 되어 있다. 태그에는 데이타를 저장하는 전자적 회로와 판독기의 신호에 따라 라디오 전파로 데이타를 방송하는 안테나가 담겨 있다. 판독기에는 라디오 신호를 수신하는 안테나와 아날로그 라디오 신호를 디지털 신호로 전환시키는 복조기(Demodulator)가 있다. 상업적으로 RFID는 물건의 고유한 아이디(Identification)를 표현하는데 사용하기로 되었으나 태그는 그 물건을 모니터링 하는데 사용될 수 있다. 따라서 물건의 주인이 모니터링 될 수 있으므로 개인 프라이버시를 침해 할 수 있다. RFID 소유자에 의해 거래 데이타가 축적되어 그 데이타가 미래에 어떻게 사용될 것인지에 대한 염려가 있을 수 있다. RFID는 이미 자동차 키, 고속도로통행카드(하이패스), 여권 등에 사용되고 있다. 인터넷 쿠키와 같은 다른 온라인 데이타 수집 및 감시기술과 마찬가지로 RFID는 개인의 프라이버시에 위협이 되고 있다. 쿠키와 달리 RFID는 사용자의 온라인 활동만을 추적하는 것이 아니라 오프라인에서도 개인의 위치를 추적할 수 있다.

③ 정부의 감시

정보기술을 사용한 정부의 개인 활동 모니터링 즉 국내 첩보(Domestic Spying)는 개인 프라이버시의 침해를 낳을 수 있다. 이것은 새로운 일이 아니고, 다만 사용되는 기술이 점점 정교해지고, 깊숙해지고, 만연해서 프라이버시와 시민 자유에 대한 위협이 심해지고 있다. 어떤 정보기술은 본래의 목적과 의도와 달리 정부의 감시를 쉽게 한다. 예를 들면 휴대전화에 위치정보시스템(GPS: Global Positioning System) 칩을 부착하게 하는 규제는 위험에 처했을 때 위치를 추적할 수 있게 하려는 목적이 있으나 프라이버시 옹호자들은 이것이 정부에 의해 개인에 대한 첩보활동에 사용될 수 있다는 점을 염려한다. 정부기관은 개인 전자우편 메시지를 가로채고 읽는데 다양한 기술을 활용한다. 테러와 사이버 공간에서의 범죄에 대처하기 위하여 이러한 기술과 프로그램을 사용하고 있다. 보안 수준을 높이기 위해 이러한 기술을 사용하려는 목적에는 반대하지는 않지만 많은 사람들은 이러한 수단의 사용이 가져올 수 있는 위험성에 주목한다.

(2) 개인 데이타 교환

앞에서 본 것처럼 개인 데이타는 감시기법을 통해 수집되고 컴퓨터 데이타베이스에 기록된다. 정보를 수집하는 데는 목적이 있기 마련이다. 그런데 정보수집이 원래의 목적과 다르게 활용될 수 있다. 최근에는 개인 데이타를 판매하고 교환하는 비지니스가 점점 활발해지고 있다. 개인정보를 컴퓨터 시스템 사이에서 교환하는 것은 개인 프라이버시를 침해할 가능성을 만든다. 즉 교환된 데이타는 컴퓨터 통합과 대조의 기법으로 개인의 프라이버시를 침해할 수 있다.

① 컴퓨터 레코드 통합

● 컴퓨터 통합
컴퓨터 통합은 둘 이상의 관련이 없는 개인 또는 그룹의 정보를 담은 데이타베이스의 정보를 추출하여 통합하여 합성 파일을 만드는 것이다.

컴퓨터 통합(Computer Merging)은 둘 이상의 관련이 없는 개인 또는 그룹의 정보를 담은 데이타베이스의 정보를 추출하여 통합하여 합성 파일을 만드는 것이다. 예를 들어 개인의 소득과 신용정보를 대출을 받기 위해 금융기관에 제공하고, 생명보험을 가입하기 위해 연령과 의료기록정보를 보험회사에 제공하고, 특정 정치 조직에 가입하기 위해 사회적 이슈에 대한 자신의 성향을 제공하였다고 했을 때, 개인의 동의나 사전 지식없이 보험회사의 정보가 금융기관이나 정치 조직에 전송되어 통합이 될 수 있다. 이렇게 조직은 개인이 승인하지 않은 방법으로 정보를 통합하려 한다면, 개인은 개인에 대한 정보가 교환되어 통합되는 것에 대한 통제가 불가능하다. 개인이 자발적으로 각 기관에 개인정보를 제공하였으나 어느 기관이 다른 기관의 정보와 결합하는 것을 승인하지는 않았다. 기업이나 조직이 개인정보를 수집하여 저장하면 이런 일이 일어나 프라이버시가 침해될 수 있다.

② 컴퓨터 레코드 대조

● 컴퓨터 대조
컴퓨터 대조는 대조 레코드를 만들기 위해 관련없는 둘 이상의 데이타베이스의 정보를 상호체크하는 것을 포함한다.

컴퓨터 대조(Computer Matching)는 컴퓨터 레코드를 통합하는데 사용되는 기술의 변형이다. 컴퓨터 대조는 대조 레코드를 만들기 위해 관련없는 둘 이상의 데이타베이스의 정보를 상호체크(Cross-Checking)하는 것을 포함한다. 정부기관의 여러 양식에 개인정보를 입력하면서 개인은 각 기관에 정보를 제공하는 것에 동의한다. 이것이 정부기관에게 다른 기관과 정보를 교환하여 대조하는 것을 허용하는 것은 아니다. 즉 개인정보를 한 맥락에서 사용하도록 한 것이 다른 맥락에서도 사용하라고 하는 것은 아니다. 개인정보를 사용한 컴퓨터 대조가 불법이나 사기를 찾아내는 긍정적 측면도 있지만, 이러한 개인정보의 맥락 위반을 이유로 개인 프라이버시에 침해할 가능성이 있다고 볼 수 있다.

(3) 개인 데이타 마이닝

● 개인 데이타 마이닝
개인 데이타 마이닝은 데이타 속에서 발견될 수 있는 암시적 패턴의 분석을 통하여 간접적으로 개인 정보를 수집하는 기법이다.

① 개인 데이타 마이닝

개인 데이타 마이닝은 데이타 속에서 발견될 수 있는 암시적 패턴의 분석을 통하여 간접적으로 개인정보를 수집하는 기법이다. 데이타 마이닝은 데이타의 관계 분석을 통하여 새로운 자명하지 않은 분류 또는 부류를 알아 낼 수 있다. 데이타 마이닝을 통해 어떤 개인이 이전에 알지 못했던 새롭게 파악된 그룹으로 파악될 수 있다. 즉 데이타 마이닝을 통해 알아 낸 개인정보를 가지고 패턴에 기초하여 개인에 대한 중요한 결정을 할 수 있다. 이것은 데이타 마이닝 기술이 개인 프라이버시에 대한 특별한 염려를 하게 하는 이유이다.

데이타 마이닝 프로세스에서 조작되는 개인 데이타에 대한 법적 또는 규범적 보호가 전혀없는 것이 현실이다. 데이타 마이닝에서 사용되는 개인 데이타는 암시적이며, 비밀로 분류되지 않고, 데이타베이스 간에 교환되지도 않는 것들이다. 전통적으로 데이타 마이닝은 데이타 웨어하우스의 개인 데이타를 사용하였으나 현재는 웹 사이트의 인터넷 사용자에 대한 데이타를 분석하는 데에도 활용되고 있다.

② 개인정보와 서치 엔진

인터넷 서치 엔진(Search Engine)은 사용자를 가용한 다양한 온라인 자원에 연결시켜 준다. 이러한 서치 엔진 기술은 두 가지 점에서 개인 프라이버시에 대한 염려를 하게 한다. 첫째는 구글과 같은 서치 엔진 회사가 사용자 요구를 기록하여 보관하고 있기 때문이다. 구글의 사용자 서치 요구에 대한 기록은 개인의 온라인 행동분석에 사용될 수 있고 또 서치 요구 기록이 테러리스트 분석 등의 국가 보안을 구실로 정부기관에 넘겨질 수도 있으므로 프라이버시 위협의 요소가 될 수 있다. 둘째는 서치 엔진이 사용자로 하여금 쉽게 어떤 개인에 대한 정보를 획득하게 한다. 즉 서치 엔진은 특정인에 대한 정보를 수집하는 도구로 사용될 수도 있다. 이미 인터넷에는 개인에 관한 정보가 공공 정보로 또는 기업의 데이타베이스에 존재하므로 개인에 대한 정보를 수집하여 분석하는 것이 가능하므로 프라이버시 위협이 존재한다.

3.4 프라이버시 보호

(1) 공정 정보 실무 원칙

프라이버시 보호를 위한 정보수집의 원칙과 법령의 기준을 제공하기 위한 노력은 1970년대 초에 시작되었다. 미국 보건, 교육, 복지부가 1973년 '기록, 컴퓨터 및 시민의 권리(Records, Computers, and the Rights of Citizens)' 보고서를 낸 이후 미국, 캐나다, 유럽은 개인 프라이버시 보호와 정보의 원활한 흐름을 위한 원칙을 만들어 보고서, 가이드라인, 모델 코드로 발표하였다. 이러한 노력의 핵심은 공정 정보 실무원칙(FIPP: Fair Information Practice Principles) 으로 불리는 다섯 가지 원칙이다. 이 원칙은 1990년대와 2000년대에 여러 나라에서 프라이버시 보호 법률로 구체화 되었다.

● 프라이버시 향상 도구

프라이버시 향상 도구는 웹에서 개인 아이디를 보호하고 인터넷을 통해 보내는 커뮤니케이션의 프라이버시를 보호하는 도구로 사용된다.

(2) 프라이버시 향상 도구

정보기술이 프라이버시 위협을 높이는 것뿐만 아니라 개인의 온라인 활동에서 프라이버시와 개인정보를 보호하는 데에도 사용된다. 프라이버시 향상 도구(PET: Privacy Enhancing Tools)는 웹에서 개인 아이디를 보호하고 인터넷을 통해 보내는 커뮤니케이션의 프라이버시를 보호하는 도구로 사용된다. 인터넷에서 익명으로 접속하게 하는 프라이버시 향상 도구도 있다. 또 온라인 거래를 위한 접속에서

표 3-4 공정정보실무원칙

원 칙	설 명
통지/인식	소비자는 정보가 수집되고 누구와 공유되는지에 대해 통보를 받도록 한다.
선택/동의	소비자에게 정보가 수집되지 않도록 할 수 있는 선택권을 준다.
접근/참여	소비자에게 자신의 데이타에 대한 접근을 허용하고 데이타의 정확성과 완전성에 대하여 이의를 제기할 권한을 준다.
무결성/보안	수집된 데이타는 정확하고 안전하다.
시행/교정	어떤 메커니즘으로 이 원칙을 실행하고 그렇지 않을 때는 소비자에게 시정을 약속한다.

자료 : http://www.ftc.gov/reports/privacy3/fairinfo.shtm

개인정보 제공에 대해 선택 또는 거부하는 옵션을 제공하는 온라인 프라이버시 도구도 있다. 이들 온라인 프라이버시 향상 도구는 다음과 같은 기능을 포함하고 있다.

- 커뮤니케이션과 저장 파일에 권한없는 접근 방지
- 데이타 수집 기관의 프라이버시 실무에 대한 정보획득과 이러한 실무에 기초한 사용자의 의사결정 자동화
- 데이타 수집 기관의 프라이버시 실무 감사 자동화
- 원하지 않은 메시지 필터링
- 쿠키, HTTP 헤더, 웹 버그, 스파이웨어 등을 통한 자동화된 데이타 수집 방지
- 특정 개인에게 연결되는 커뮤니케이션 방지
- 최소의 개인정보를 노출하는 거래 제공

현재 사용되고 있는 프라이버시 향상 도구는 다음과 같은 부류가 있다.

- 익명 커뮤니케이션 도구(Communication Anonymizers) : 실제 아이디가 아닌 추적할 수 없는 아이디를 사용함
- 공유 가짜 온라인 계좌 도구(Shared Bogus Online Accounts) : 한 사람이 허위 데이타로 계좌를 만들어 인터넷에 공개하면 다른 사람들은 그 아이디를 사용함
- 개인 데이타 접근 도구(Access to Personal Data) : 서비스 제공자 인프라스트럭처가 사용사에세 개인 데이타를 점검, 수정, 삭제 가능하게 함

이렇게 프라이버시 향상 도구가 사용자에게 일정한 인터넷 활동에서 자신의 아이디를 보호하고 개인정보를 보호하는 수단을 제공하지만 이것이 프라이버시 염려를 완전히 제거하는 방법은 못된다.

(3) 자율 규제

- W3C

월드와이드웹의 표준 개발을 위한 컨소시엄 형태의 국제표준조직이다.

전자상거래가 원활하게 이루어지기 위해서는 프라이버시 위협을 제거하여야 한다는 인식으로 산업표준과 같은 자율 규제가 실행되고 있다. 국제산업컨소시엄인 W3C(World Wide Web Consortium)가 이러한 표준제정을 위해 만들어졌다. 1997

년 W3C는 개인이 자신의 프라이버시 선호를 웹 브라우저에 제시하도록 하는 프라이버시 플랫폼 선호(P3P: Platform for Privacy Preferences) 표준을 발표하였다. P3P 표준을 따르면 사용자와 웹 사이트 사이의 데이타 교환은 사용자가 제시한 프라이버시 선호가 웹 사이트의 프라이버시 정책과 일치할 때만 일어난다. W3C가 웹에서의 프라이버시 표준을 수립할 책임을 맡았지만 실질적 개인 데이타의 보호를 강제할 책임은 지지 않는다. 따라서 웹 사이트에 제공되는 개인 데이타가 정보를 획득한 목적에 맞게 사용되는지를 보장할 다른 방도가 필요하다. 이것을 위해 협상 에이전트(Negotiation-Agent)와 신뢰 엔진(Trust-Engine) 기술이 개발되고 있다.

(4) 법적 보호

많은 나라들이 최근 강력한 프라이버시 보호 법률을 제정하였거나 개발하는 과정에 있다. 미국의 경우 유럽 나라들보다 프라이버시 보호에서 뒤떨어져 있다. 즉 미국 정부는 경제적 효율성과 경제 전반에 걸친 효과를 고려하여 기업의 이해를 소비자 프라이버시 보호보다 우위에 두는 법 제도를 가지고 있다는 비판을 받고 있다. 또 9.11 테러 이후 제정된 미국애국법(USA Patriot Act)은 국가 안보와 테러 방지를 목적을 가지는 컴퓨터 보안과 범죄와 관련된 조항으로 개인 프라이버시가 침해된다는 논쟁을 일으키고 있다. 반면에 유럽 국가는 엄격한 데이타 보호 원칙 실행을 통해 개인 프라이버시를 강력하게 보호하고 있다.

우리나라에서는 공공부문의 개인정보 보호관련법이 몇 가지 제정되었다. 공공기관의 개인정보보호에 관한 법률(1999)은 전산 기록에 한정한 개인정보 보호를 하고 있으나 자기 정보 통제권 보장이 미흡하다. 공공기관의 정보공개에 관한 법률(2007)은 정보 공개 과정에서 개인정보에 대한 제한을 두고 있다. 전자정부 구현을 위한 행정업무 등의 전자화 촉진에 관한 법률(2001)도 추상적인 개인정보 보호 규정을 두고 있고, 행정정보의 공동이용의 원칙으로 천명하고 있으나 목적 범위 이외의 용도로 활용될 위험으로부터의 보호가 미약하다는 비판을 받는다.

최근에는 민간부문과 관련한 개인정보 보호 관련 법률도 제정되었다. 금융실명거래 및 비밀보장에 관한 법률(2008)은 강력한 개인 금융 정보보호를 하고 있고, 정보통신망이용촉진 및 정보보호 등에 관한 법률(2006)은 정보통신 서비스 이용자의 개인정보 보호를 위한 장치이나 정보통신윤리 등을 동원한 검열 수단으로 이용된다는 비판이 있다. 그밖에 신용정보의 이용 및 보호에 관한 법률, 전자서명법, 전기통신사업법 등의 개별 법률이 존재한다.

지금까지 개인이 사용할 수 있는 프라이버시 향상 도구, 산업계에서의 자율 규제, 그리고 정부의 프라이버시 법률에 의한 개인의 프라이버시 보호 노력을 살펴보았다. 개인은 프라이버시 향상 도구와 다른 보안 도구를 사용할 책임이 있고, 기업은 정보수집 및 활용과 관련한 활동의 자율적 규제를 행사하고 소비자에 대한 온라인 프라이버시 정책에 대한 교육을 하여야 하고, 정부는 공공 및 민간부문에 대한 강력한 프라이버시 보호 법률을 마련하여야 한다. 각 방안은 장점과 단점을 모두 가지고 있으므로 이들의 결합을 통해 개인 프라이버시를 보호하도록 하여야 할 것이다.

04 정보윤리

새로운 기술은 개인적이든 집합적이든 인간 행동의 새로운 가능성을 창조할 때 새로운 윤리적 이슈를 가져 온다. 기술발전이 가져오는 새로운 가능성이 항상 좋은 것만은 아니다. 종종 좋은 것과 나쁜 것을 동시에 가능하게 한다. 새로운 기술이 항상 좋은 것만을 가져오지 않기 때문에 도덕적으로 또는 다른 방법으로 평가되어야 힌다.

정보통신 기술은 개인과 조직의 행동에 많은 가능성을 열어 놓았다. 동시에 정보통신 기술의 발전은 정책의 공백을 낳았다. 컴퓨터가 처음 등장하였을 때에는 전자적으로 저장된 데이타에 대한 접근 규정이 없었다. 소프트웨어가 처음 개발되었을 때에는 소프트웨어 소유권에 대한 정책이 없었다. 즉 정보통신 기술의 발전은 새로운 정책의 공백을 만든다. 정보통신 기술이 정책의 공백을 만든다고 해서 정보윤리의 과제가 단순히 정책을 만드는 것으로 끝나지는 않는다. 정보기술의 발전에 따른 새로운 행동 가능성은 매우 복잡한 이슈 즉 개념적 혼란을 가져온다.

어떤 규범이나 법을 적용할 것인지가 단순한 문제가 아니다.

정보통신 기술과 관련된 윤리문제를 다루는 분야로 컴퓨터 윤리, 인터넷 윤리, 사이버 윤리, 그리고 정보윤리의 용어를 혼용하고 있다. 그러나 이 용어를 좁게 해석하면 각각이 약간씩 다른 의미를 가지는 것을 알 수 있다. 컴퓨터 윤리(Computer Ethics)는 컴퓨터나 컴퓨터 전문가에 한정된 윤리적 이슈만을 다룬다는 의미를 가진다. 인터넷 윤리(Internet Ethics)는 컴퓨터 네트워크에 관한 윤리적 이슈를 다룬다고 할 수 있다. 사이버 윤리는 사이버 기술(Cyber Technology)과 관련한 도덕, 법, 사회적 이슈에 관한 연구이다. 정보윤리(Information Ethics)는 앞의 용어를 모두 포함하여 정보의 측면에서 윤리적 이슈를 다룬다고 볼 수 있어, 여기서는 이 용어를 사용하기로 한다.

● 정보윤리
정보윤리는 정보기술의 개발과 응용에서 일어나는 윤리 이슈를 조사하는 분야이다.

4.1 윤리 이론

(1) 윤리 개념

윤리학(Ethics)은 도덕에 대한 연구이다. 도덕(Morality)은 인간 행동을 유도하는 규범과 이 행동규범(Rules of Conduct)을 평가하는데 사용되는 원칙(Principles of Evaluation)으로 구성된 시스템이라고 할 수 있다. 인간 행동을 유도하는 규범에는 개인적 명령(Directive)과 사회적 정책(Social Policy)으로 나누어 볼 수 있다. 명령은 우리의 행동을 가이드 하는 규칙이며, 우리를 일정한 방향으로 이끈다. 어떤 행동규칙은 사회적 정책으로 세우는 것을 도와 우리의 행동을 가이드 한다. 명령과 사회적 정책 사이에는 상관관계가 있다.

도덕 시스템의 행동규칙은 원칙(Principles)이라는 표준에 의해 평가된다. 예를 들면, 최대 다수의 최대 선(the greatest good for the greatest number)을 촉진하는 '사회적 효용(Social Utility)'의 원칙은 '지적재산권이 있는 소프트웨어는 허가없이 복사할 수 없다'는 사회적 정책을 평가하는데 사용될 수 있다. 허가되지 않은 소프트웨어 복사를 허용하지 않는 규칙을 따르는 것이 더 전체적, 사회적 효용(사회에 대한 최대의 선)을 낳는다는 것을 보임으로서 어떤 정책이(공리주의(Utilitarian)에 근거하여) 정당화 될 수 있다.

Bernard Gert(2005)은 도덕 시스템의 공공성, 비공식적, 합리적, 공평성의 네 가지 특성을 기술한다. 공공성(Public)은 규범이 모두에게 알려져 있다는 의미이고, 비공식적(Informal)은 규범이 법률과 다르게 공식적인 형태를 가지지 않는다는 의미이고, 합리적(Rational)은 모두가 알고 있는 논리적 이성의 원칙에 기초한다는 의미이고, 공평성(Impartial)은 어느 개인이나 그룹에게 치우치지 않음을 의미한다.

도덕 시스템의 규범은 핵심적 가치에 근거하며, 종교, 철학적 윤리, 그리고 법에 기초한다. 핵심적 가치는 도덕적인 것과 비도덕적인 것으로 나눌 수 있다. 비도덕적 가치는 생존, 안전, 그리고 즐거움과 같이 욕구에서 출발하며 주로 합리적 자기 이해에 관한 것이다. 도덕적 가치는 공평성 개념을 사용하여 비도덕적 가치에서 유도된 것으로 자율과 인격존중과 같은 것이다.

도덕원칙의 정당화 근거는 종교(Religion), 법(Law), 철학적 윤리(Philosophical Ethics)이다. 행동규칙 '훔치지 말라'를 생각해 보자. 종교적 근거는 '훔치는 것은 신을 거역하는 것이거나 하느님의 명령을 어기는 것이어서 나쁘다'라고 말한다. 법적 근거는 '훔치는 것은 법을 어기는 것이어서 나쁘다'라고 말한다. 철학적 윤리 근거는 '훔치는 것은 그것이 나쁘기 때문에 나쁘다' 라고 말한다.

(2) 윤리 이론

• 윤리 이론

윤리 이론의 목적은 과학적 이론과 같이 도덕적 이슈를 분석하는 프레임워크를 제공하고자 함이다. 주요 고전적 윤리 이론은 공리주의, 의무주의, 그리고 가치윤리 또는 자기실현주의가 있다.

윤리 이론의 목적은 과학적 이론과 같이 도덕적 이슈를 분석하는 프레임워크를 제공하고자 함이다. 윤리 이론은 정보기술과 관련한 도덕적 이슈의 분석에서 우리를 가이드 한다. 정보기술 사용에서 당면하는 윤리적 이슈에 대한 가이드라인 될 수 있는 주요 고전적 윤리 이론은 공리주의, 의무주의, 그리고 자기실현주의가 있다.

① 공리주의

결과 기반의 윤리적 이론은 도덕 시스댐의 주목적은 회원들을 위한 바람지한 결과를 생산하는 것이라고 본다. 이 관점은 도덕적 판단에서 사회의 다수 또는 최대의 개인의 결과를 고려하여야 한다고 주장한다. 이와 같은 공리주의는 다음 두 가지 원칙에 기초한다.

- 사회적 효용성(Social Utility) 원칙
- 사회적 효용성은 생산된 행복의 양으로 측정할 수 있다.

② 의무주의(Deontology)

칸트는 도덕성은 궁극적으로 의무 개념에 근거하여야 한다고 본다. 도덕적 의무의 기초를 결정하는 객관적인 방법으로 사용할 수 있는 원칙으로 칸트는 다음의 정언명령(Categorical Imperative)를 제시한다.

- 항상 모든 개인을 목적을 위한 수단으로가 아니라 목적 그 자체로 다루는 원칙으로 행동하라
- 항상 예외 없이 모든 인간에게 보편적으로 구속하는 원칙에 따라 행동하라

③ 가치윤리

가치윤리(Virtue Ethics) 또는 자기실현주의는 도덕 행동의 평가에 적합한 표준을 결정하는데 도덕시스템에서 결과, 의무, 사회적 계약의 역할을 무시한다. 가치윤리는 개인의 성격 개발 및 바람직한 성격 특성 획득과 관련 있는 기준에 초점을 맞춘다. 아리스토텔레스는 도덕적 사람이 되기 위해서 바른 가치를 획득하여야 한다고 믿는다. 도덕 규칙과 특정 상황에 적용하는 방법에 대한 이해가 아니라 도덕적 사람에 초점이 맞추어져 있다.

4.2 윤리적 의사결정

정보기술의 급격한 발전은 주의 깊은 분석을 요구하는 윤리적 딜레마를 제기한다. 윤리적 의사결정은 윤리적 이슈, 문제, 또는 딜레마를 해결하는 비판적 사고, 평가 그리고 판단의 프로세스이다. 윤리적 분석의 목적이 어떤 행동의 도덕성을 판단하는 반응적이거나 행동의 방향을 정하는 순향적일 수 있다. 윤리적 분석과 의사결정에 대한 여러 가지 접근 방법이 제기되었다.

(1) 윤리적 의사결정의 가이드라인

가이드라인은 행동의 개요이다. 가이드라인을 어긴다고 법률을 지키지 않는 법적 문제가 바로 제기되는 것은 아니다. 가이드라인은 비공식적인 것도 있고 공식적인 것이 있다. 윤리적 문제가 존재하는 것을 인식하는 비공식적인 방법은 여러 가지가 있다. 첫째는 엄마 테스트라고 불리며, 이것은 어떤 행동을 했다고 엄마에게 말할 수 있는지 없는지를 생각해보고 결정하라는 것이다. 두번째는 TV 테스트라고 불리며, 이것은 어떤 행동을 한 것이 TV에 나오면 어떨지를 고려하여 결정하라는 것이다. TV에 나타난 자신이 좋게 보이는지 아니면 나쁘게 보이는지 또는 다른 시청자가 어떻게 반응할 것인지를 고려하라는 것이다. 세번째는 냄새 테스트(Smell Test)이다. 이것은 본능이 뭔가 이상하다고 말하는가에 귀 기울여 보면 알 수 있다는 것이다. 자신이나 다른 사람들이 '입다물기'를 바라는 것이 있는가를 따지는 것이다. 누군가가 쉬쉬하기를 바란다면 의심을 가져야 한다. 네번째는 상대방 신발 테스트이며, 이것은 상대방의 입장에서 판단하라는 것이다. 다른 사람이 어떤 행동을 자신에게 했을 때 좋다고 생각해 보는 것으로 그렇지 않다면 뭔가 이상하다는 것이다. 다섯번째는 마케팅 테스트로 나의 행동을 마케팅 도구로 사용할 것인지를 고려하는 것이다. 여섯번째는 피해 최소화 원칙으로, 이것은 이해당사자의 피해를 최소화하는 행동을 선택하라는 것으로 윤리적 문제의 파악뿐만 아니라 해결 방법이다. 일곱번째는 가족 테스트이다. 예를 들어 개발한 소프트웨어가 다른 사람의 생명, 금융적 이익, 또는 다른 중요한 문제에 영향을 주는 것일 때 그것을 가족에게 사용하게 할 것인지를 따져 판단하라는 것이다.

공식적 가이드라인은 문서로 된 것을 말한다. 공식적 가이드라인의 예는 기업정책이나 협회의 윤리준칙이다. 비공식적 가이드라인은 윤리적 딜레마를 해결하기 위해 신속히 상황을 평가하고 윤리적 행동의 일반적 방향을 정하는데 도움을 준다. 윤리적 문제가 존재하는 것을 인식하는 공식적인 방법은 다음 세 가지를 따져 보면 된다.

- 그 행동이 기업정책을 위반하는가? 대부분의 기업이나 조직은 명시적으로나 묵시적으로 직원들에게 어떻게 행동할 것을 밝히고 있다.
- 그 행동이 기업 행동준칙 또는 직업 윤리준칙을 위반하는가? 기업과 전문가 협회는 구성원의 행동을 정하는데 도움이 되는 매우 구체적인 행동 준칙 또는

윤리준칙을 채택한다.

- 그 행동이 남이 너에게 해주길 바라는 것과 같이 다른 사람에게 하라는 '황금 법칙(Golden Rule)'을 위반하는가? 또는 그 행동이 다수를 위한 것인가 아니면 소수를 위한 것인가?

(2) 윤리적 분석 및 의사결정 단계

● 윤리적 의사결정
윤리적 의사결정은 윤리적 딜레마에 직면했을 때 합리적이며 방어할 수 있는 윤리적 원칙에 근거하여 판단을 하는 것이다.

윤리적 의사결정은 윤리적 딜레마에 직면했을 때 합리적이며 방어할 수 있는 윤리적 원칙(Well-Reasoned, Defensible Ethical Principles)에 근거하여 판단을 하는 것이다. 윤리적 의사결정의 위험은 미숙한 판단을 하는 것이다. 미숙한 판단은 여러 가지 부정적 결과를 낳기 때문이다. 윤리적 의사결정에서 옳은 결정과 틀린 결정에서 하나를 선택하는 것은 쉬운 일이다. 그러나 하나의 옳은 결정과 다른 옳은 결정 중에서 하나를 택하는 것일 때 상황은 간단하지 않다. 그것은 모든 대안이 바람직한 결과와 바람직하지 않은 결과를 가지고 있기 때문이다. 이 때에는 덜 나쁜 것을 선택하여 방어할 수 있는 결정을 하여야 한다. 방어할 수 있는 결정은 두 선의의 개인이 같은 상황을 조사하고 다른 행동을 할 수 있는 것이다. 훌륭한 윤리적 결정은 이성에 기초하고 윤리적 개념으로 방어할 수 있는 것이다. 그러한 윤리적 의사결정을 위해서는 아래와 같은 체계적인 방법을 따르는 것이 바람직하다.

① 1단계 : 상황 이해

- 관련된 사실을 나열하라
- 이 중 어는 것이 윤리적 이슈인가? 왜? 어떤 잠재적 위험이 있는가?
- 관련된 이해당사자를 나열하라

② 2단계: 주요 윤리적 딜레마를 분리하라

- 무엇이 해결해야 할 윤리적 딜레마인가?
- 폼을 사용하여 기록하라: 누군가가 무엇을 했는가 아니면 하지 않았는가?

③ 3단계: 2단계의 대안에 대한 윤리성을 분석하라

- 의무주의 – 권리와 의무
- 공리주의 – 칸트의 정언명령

- 가치이론

④ 4단계: 결정을 하고 실행 계획을 만들어라

- 방어할 수 있는 결정을 하라 : 3단계의 분석에 기초하여 2단계의 질문에 답하여라
- 방어할 수 있는 결정의 실행에 필요한 구체적 단계를 만들어라
- 이 행동에 주요 이해관계자가 어떻게 영향을 받겠는가?
- 어떤 다른 장기적 변화가 미래에 그러한 문제를 돕겠는가?
- 이 딜레마를 애초부터 피하려면 어떤 일을 했어야 했는지 아니면 하지 말았어야 했는가?

4.3 직업 윤리

컴퓨터 전문가들의 윤리적 딜레마를 분석할 때 복잡한 환경에서 행동하는 개인만을 고려하는 것으로는 충분하지 않다. 컴퓨터 전문가의 윤리적 딜레마를 충분히 이해하기 위하여서는 직업 윤리에 대한 인식이 필요하다. 이것은 컴퓨터 전문가의 도덕적 딜레마는 보통 사람의 도덕적 딜레마와는 다른 점을 인식하는 것이다. 즉 컴퓨터 전문가가 일하는 환경의 도덕적 복잡성뿐만이 아니라 컴퓨터 전문가가 그 환경에 미치는 특별한 영향에 대한 이해가 필요함을 의미한다. 컴퓨터 전문가들은 자신의 기술과 지식과 조직 내의 위치에 의해 특별한 힘과 특권을 가지고 있다.

(1) 컴퓨터 전문직 윤리

컴퓨터 전문가의 삶은 도덕적으로 간단하지 않다. 컴퓨터 전문가로서의 직업을 택하면서 컴퓨터 전문가는 고용주, 고객, 동료, 일반 대중과의 관계를 갖게 되며, 각 관계에는 윤리적 변수가 존재한다. 컴퓨터 전문가와 고객 관계뿐만이 아니라 고용주와 직원 관계의 도덕적 기초는 기본적으로 계약에 있다. 직업 윤리 관점에서 볼 때 고용주와 직원 관계에서 가장 어려운 분야의 하나는 직원이 고용주에 대한 충성이 어떤 것인가 이다. 많은 윤리학자는 고용주에 대한 충성이 의무라고 보지는 않지만 직원들은 고용주에 대한 충성이 사실상 의무라고 생각한다. 문제는

직원의 고용주에 대한 충성이 다른 사회적 의무에 반할 때 어떻게 행동할 것인가이다. 이렇게 다른 두 당사자에 대한 컴퓨터 전문가의 책임의 충돌에서 직업 윤리 이슈가 생겨난다.

컴퓨터 전문가는 가끔 자신의 자율성과 고용주로부터의 조직에 대한 충성심 요구 사이에서 고민하는 경우가 있다. 특히 소프트웨어 개발자의 경우 윤리적 딜레마에 빠지는 경우가 많다. 예를 들면 1980년대에 미국 샌프란시스코의 지하철 시스템 개발에 관여한 컴퓨터 전문가가 특정한 상황에서 기차가 속도를 늦추어야 하는데 속도를 오히려 높일 수 있는 기차 속도 통제시스템의 안정성 문제를 상급자에게 보고하였으나 무시 당하자 신문에 폭로하였다. 이렇게 컴퓨터 전문가는 컴퓨터 시스템 개발 또는 운영에서 조직이 비도덕적 또는 불법 행위를 할 때 일반에게 알릴 것인가 즉 폭로(Whistle-Blowing)를 할 것인가에 대하여 고민을 할 수 있다. 폭로는 사회를 보호하기 위해 고용주에 대한 충성을 포기하는 것이다.

컴퓨터 전문가의 윤리적 또는 도덕적 이슈는 도덕적 책임, 법적 책임, 그리고 책임으로 나누어 볼 수 있다. 도덕적 책임(Moral Responsibility)은 개인을 책망 하지만 법적 처벌이나 보상을 요구하지 않는다. 법적 책임(Legal Liability)은 개인 보다 조직 또는 소유자에게 보상을 요구한다. 책임(Accountability)은 도덕적 책임보다 넓은 개념으로 반드시 책망을 하지 않으며, 개인, 그룹, 또는 조직이 답을 할 수 있으며 법적 책임 이상을 말한다. 컴퓨터 시스템은 보통 여러 사람에 의해 개발되므로 한 개인에게 책임을 묻기 어려울 때가 많다. 따라서 직업 윤리는 개인에게만 적용되는 것이 아니라 (집합적) 직종 전체의 문제로 고려해 볼 필요가 있다. 윤리적 이슈를 컴퓨터 전문가의 집합적 책임의 문제로 대응하게 되면 개인이 행동하기가 훨씬 쉬워지기 때문이다.

(2) 윤리규범

의사, 변호사, 회계사와 같은 많은 전문직 종사자들은 협회를 만들어 운영하며, 그 협회는 직업규범을 채택하였다. 직업규범(Professional codes)은 윤리규범(Code of Ethics), 행동규범(Code of Conduct), 그리고 실무규범(Code of Practice)으로 나누어져 쓰이기도 한다. 직업규범은 회원들이 특정한 방향으로 행동할 것을 촉진하도록 디자인 되었다. 여기서는 전문직의 업무와 관련한 윤리 이슈에 초점을 맞추어 윤리규범을 살펴본다. 윤리규범은 회원들을 고무하고, 가이드 하고, 교육하고, 징계한다. 윤리규범은 긍정적 자극을 주면서 윤리적 행동을 고무한다. 윤리규범은 회원들이 도덕적으로 복잡한 상황에 있을 때 가이드와 충고를 제공한다. 윤리규범은 회원들에게 윤리적 책임을 교육한다. 윤리규범은 회원이 징계 받을 근거를 구체화하여 형벌적 기능도 한다. 소프트웨어 개발자가 중심인 두 세계적 컴퓨터 전문가 협회인 ACM(Association for Computing Machinery) 과 IEEE-CS (Institute of Electrical & Electronics Engineers - Computer Society)는 윤리규범을 개발하여 회원들에게 준수할 것을 요구한다.

ACM 윤리규범은 개인적 책임으로 된 24개의 명령을 포함한다. 일반적 도덕 명령 8개와 이에 대한 구체적, 직업적 책임 8개를 제시한다. 이어서 여섯 개의 조직적 리더십 명령을 추가하고 마지막으로 두 개의 요소는 규범에 따를 것을 강조한다. IEEE-CS의 윤리규범은 10개의 지령을 제시하는데 첫 네 개를 보면 다음과 같다.

- 공공의 안전, 건강, 복지와 일치하는 엔지니어링 의사결정을 하는 책임을 지라
- 어디에서든 실질적 또는 인지된 이해 상충을 피하라
- 정직하라
- 어떤 형태의 뇌물도 거절하라

● 윤리규범
전문직 회원들의 책임을 밝히는 윤리규범은 회원들을 고무하고, 가이드 하고, 교육하고, 징계한다.

윤리규범은 회원들에게 윤리적 행동을 자극하는 것뿐만이 아니라 잠재적 고용주 또는 고객에게도 어떤 서비스를 받게 될 것인지를 기대하게 한다. 전문직의 윤리규범에 대한 비판자들은 윤리규범이 윤리적 딜레마에 빠졌을 때 구체적 가이드라인을 제공하지 못하고, 회원이 윤리규범을 위반하여도 실실석 세새를 가하지 못하고 있다고 비판한다. 그러나 잘 개발된 윤리규범은 전반적 윤리적 의사결정 프로세스에서 중요한 역할을 할 수 있다.

05 정보사회

네트워크로 연결된 컴퓨터는 많은 변화를 가져왔다. 인터넷은 일년 내내 24시간 동안 세계 어디에든 커뮤니케이션을 가능하게 하여 시간적 제약은 물론 지리적 거리의 제약이 사라지게 하였다. 이러한 정보기술의 발전은 정보기술의 접근과 관련한 평등의 문제 즉 디지털 격차, 일과 직장과 관련한 이슈, 건강 문제 등 여러 가지 사회적 이슈를 발생하였다.

5.1 디지털 격차

• 디지털 격차
디지털 격차는 정보 도구에의 접근을 가진 자와 가지지 못한 자 그리고 그 도구를 사용할 수 있는 자와 사용할 수 없는 자 사이의 격차를 말한다.

디지털 격차(Digital Divide)는 정보 도구에의 접근을 가진 자와 가지지 못한 자 그리고 그 도구를 사용할 수 있는 자와 사용할 수 없는 자 사이의 격차를 말한다. 디지털 격차는 국가 간의 디지털 격차와 한 국가 내의 디지털 격차로 나누어 볼 수 있다. 국가 간 디지털 격차는 정보 풍요 국가와 정보 빈곤 국가로 나누어 지며 글로벌 디지털 격차(Global Digital Divide)라고 부른다. 글로벌 디지털 격차는 북미, 유럽, 그리고 아시아의 일부가 가진 자에 속하고 다른 나라들은 가지지 못한 자에 속한다. 한 국가 내의 기술적 간격은 부유한 사람과 가난한 사람, 다수 인종과 소수 인종, 남자와 여자, 정상인 사람과 신체장애자 등의 기준으로 나누어지고 있다. 한 국가 내의 디지털 격차는 미국과 같이 다인종으로 구성된 나라는 인종 간의 디지털 격차가 있으나 우리 나라와 같은 단일 민족 국가는 그 외의 분류에서만 디지털 격차가 존재한다. 또 개발 도상국이나 선진국 모두에서 신체장애자가 가지는 디지털 격차가 존재한다. 각 나라에서는 신체장애자가 인터넷에 쉽게 접근할 수 있도록 하는 여러 가지 전략과 정책을 실행하고 있다.

5.2 정보기술과 일

정보기술은 고용에 큰 영향을 미쳤다. 마르크스와 엥겔스는 사회에서 생산 수단 통제의 중요성을 지적하였다. 생산방식은 사회의 모습에 영향을 미쳤다. 정보기술의 급격한 발전은 오늘날 세계가 비지니스를 하는 방법을 바꾸었다. 정보기술은 새로운 일을 만들어 내기도 하였고 또 많은 일이 없어지게도 하였다. 새로운 기술이 끊임없이 낡은 기술을 대체하면서 컴퓨터 세계에서 개인은 빠르게 쓸모없는 존재가 되고 있다. 자동화 기술로서 정보기술은 인간을 대체할 가능성을 가지고 있다. 자동화가 현명하게 사용되면 국가의 생산성은 증대시키고 노동은 덜 필요하게 하여 인간으로 하여금 더 창의적인 일을 할 수 있게 한다. 개인과 사회는 중대한 선택을 하여야 한다. 인간이 기계의 도구가 될 것인가 아니면 인간의 조건과 환경을 향상시켜 인간을 창의적 성취를 하는데 기계를 사용하는 자율권을 가질 것인가? 이것은 기술과 교육에 대한 도전이다. 따라서 향상되고 보편적인 교육이 강조된다.

PC, 노트북 컴퓨터, 인터넷, 휴대전화, 팩스 등의 등장으로 주로 컴퓨터로 일하는 많은 사람들이 집에서 일할 수 있게 되었다. 또 일의 패턴이 공간과 시간에서 융통성을 가질 수 있게 되었다. 원격근무(Telecommuting, Teleworking, Home Work, Remote Work)는 네트워크를 사용하여 노동자들이 사무실보다 자신의 집에서 일하는 것을 말한다. 많은 기업들이 원격근무에 대한 정책을 수립하여 실행하고 있다. 원격근무는 출퇴근에 드는 시간을 없애고, 보다 편안한 장소에서 일할 수 있게 하고, 집, 가족 공동체에 더 많은 시간을 활용하게 한다. 미국의 공기정화법(Clean Air Act)과 가족의료휴가법(Family and Medical Leave Act)은 원격근무를 장려하고 있다. 원격근무의 단점도 여러 가지가 있다. 원격근무가 새로운 계급 구조를 만들고 있다. 하나는 매니저, 중역, 과학자, 컴퓨터 프로그래머, 분석가와 같이 집에서도 효과적으로 일할 수 있는 부류이고, 다른 하나는 저임금을 받는 말단의 사무직 일을 하는 사람들로 해외 아웃소싱되는 부류이다.

5.3 정보기술과 건강

① 건강 및 안전 이슈

●인간 공학

인간 공학은 인간 니즈(Needs)에 따라 디자인하려는 과학 분야이며 인간 웰-비잉과 전반적 시스템 성과를 적정화하기 위하여 이론, 원리, 데이타, 방법을 디자인에 응용하는 직업을 말한다.

컴퓨터를 가지고 일하는 사람들이 겪는 여러 가지 질병이 있다. 컴퓨터로 일하는 사람들 중에는 눈의 피로, 두통, 목 아픔, 어지러움, 또는 손, 팔, 허리의 근육통으로 고생하는 사람도 있다. 오랜 시간 모니터를 보는 것은 VODS(Video Operator's Distress Syndrome)를 일으킬 수 있고, 키보드나 다른 입력 기기를 사용하면서 신경, 근육과 관절에 통증을 주는 RSI(Repetitive Stress Injury)로 고생하게 되기도 한다. 이러한 건강 문제에 대하여 인간공학(Ergonomics)적인 도구 및 근무환경을 제공하는 등 조직의 관심이 필요하다.

●테크노스트레스

테크노스트레스는 일, 가정, 여가에 새로운 기계를 도입하면서 발생하는 변화에 대한 저항이며 인간과 새로운 기술 도입 사이의 부정적 심리학적 연결을 말한다.

② 테크노스트레스

크레이그 브로드(Craig Brod, 1984)는 프로그래머와 같은 컴퓨터 노동자뿐만이 아니라 컴퓨터 사용자도 테크노스트레스(Technostress)를 받는다는 것을 발견하였다. 테크노스트레스는 새로운 컴퓨터 기술을 건강한 자세로 다룰 수 없어 생기는 현대적 적응 질병이다. 크레이그 브로드는 테크노스트레스를 느끼는 사람들을 두 부류로 나눈다. 하나는 컴퓨터와 관련된 것이면 무엇이든 매우 부정적으로 반응하는 컴퓨터 공포증(Computer Phobia)이고 다른 하나는 컴퓨터에 지나치게 동일시하여 자신이 컴퓨터라 생각하는 그룹이다. 첫번째 그룹은 컴퓨터로부터 도망치려 하거나 컴퓨터 사용이 강요되면 불행해진다. 컴퓨터를 다루어야 한다는 것만으로도 두통, 메시꺼움, 흥분, 악몽 등의 컴퓨터 걱정을 경험하는 사람들도 있다. 두번째 그룹은 컴퓨터와 너무 밀접하게 일을 하기 때문에 비인간화된다고 본다.

Case in Point

감시하는 사회, 감시당하는 개인: 사이버 세계에서의 사생활 침해

사이버 세계에서의 사생활 침해에 대해 무엇보다 중요한 것은 반감시 혹은 역감시라 불리는 감시자에 대해 적극적으로 대항하는 자세일 것이다. 앞으로 감시 시스템은 기술의 발전에 따라 더욱더 늘어날 것이다. 그에 따라 감시에 대해 적극적으로 감시하고, 이로부터 각 개인이 스스로 보호하려는 자세가 요구된다 하겠다.

영화 〈에너미 오브 스테이트〉는 정보통신기술이 얼마나 우리들의 일상생활을 감시하고 있는지를 잘 보여준다. 자신도 모르게 떠맡겨진 필림 때문에 도망자 신세가 된 주인공 딘은 정부의 감시로부터 숨을 곳이 없다. 그가 사용하는 모든 신용카드는 추적을 위한 단서로 사용되고, 한번 기록된 그의 모든 소지품은 다시 기록돼 추적을 위한 장치로 사용된다.실상 이러한 얘기는 영화속 얘기만은 아니다. 이미 알려진대로 〈에너미 오브 스테이트〉는 개봉당시 문제됐던 〈Echelon Project〉의 문제를 그대로 제기하고 있다. 미국 국가안전국이 주도돼 세계적인 전자감시망을 구성하는 에셜론 프로젝트는 국가적인 위험으로부터 세계안보를 지킨다는 미명하에 각국의 정보망 및 기업, 특정 개인, 특히 테러의 위험이 있는 사람들에 대한 끊임없는 정보수집과 감청, 도청 등을 행하고 있다.이러한 예는 비단 정부와 개인에게서만 발견되는 것은 아니다. 미국경영협회(America Management Association)는 2000년 미국의 주요 기업중 73.5%의 기업이 전화나 이메일, 인터넷 사용, 컴퓨터 파일 등 노동자들의 커뮤니케이션과 업무활동에 대해 감시하고 있는 것으로 조사됐다. 심지어 1999년 10월 〈제록스〉社는 인터넷으로 음란물이나 도박사이트를 접속했다는 이유로 직원 40명을 해고한 바 있다.사이버슬래킹(Cyberslacking), 즉 업무시간에 업무외 다른 활동에 대해 감시하는 시스템은 날이 갈수록 발전하고 있다. 'Spectorsoft'나 〈Tech Assist〉社가 개발한 'Desktop Surveillance'와 같은 프로그램은 인터넷 사용기록 뿐만 아니라 여러분들이 타이핑하는 정보까지 감시하고 있다.이처럼 전세계에 깔린 컴퓨터 네트워크망은 개인을 감시하고 관리하는 거대한 감시체제로 존재하게 될 수도 있다. 제레미 벤담이 지적했듯 원형감옥의 사회가 어쩌면 우리의 현실로 다가오고 있는지도 모른다. 영화 〈매트릭스〉 속에 나오는 유명한 대사처럼 매트릭스는 창문 너머에도 텔레비전 볼 때도, 일하러 갈 때도, 교회갈 때도 세금낼 때도 있다. 그것은 네가 세상을 제대로 보지못하게 하는 것이다. 우리사회는 매트릭스이다.

우리에게 필요한 권리는 무엇인가

실제로 우리가 사이버 세계에서 부딪히는 문제는 모두 인터넷 이용자들의 권리와 연관돼 있다. 그것은 첫째, 누구나 공표할 수 있는 권리로 '표현의 자유'에 대한 것이다. 즉 아무런 제약도 받지않고 자신의 생각이나 이념을 표현할 수 있는 자유가 그 첫번째다.두번째는 누구나 이용할 수 있는 권리로 '지적 재산권'과 깊은 관련을 갖고 있다. 제작자나 유통사들은 될 수 있는 한 이용자격을 제한함으로써 상업적 이익을 누리고자 한다. 그러나 모든 사람들은 누구나 제한없이 이용할 수 있는 정보시스템 환경을 원한다. 그 결과 두 가지 이익이 충돌한다. 냅스터나 소리바다의 사례에서 보는 것처럼, 이 두번째 권리는 경제적인 혐의를 가진 권리로서 앞으로 더욱더 많은 갈등의 양상을 드러낼 조짐이다.마지막 세번째 권리는 누구나 공표당하지 않을 권리, 즉 '사생활 보호'와 '개인정보 보호' 등에 관한 권리다. 실제로 우리는 아무런 보호장치없이 무한대에 가깝게 자신을 노출시키고 있다. 내가 인터넷을 사용하기만 해도 나와 관련된 정보는 세군데로 저장된다.첫째는 내컴퓨터이며, 둘째는 내가 접속한 네트워크 지점, 즉 라우터에 남는 기록 정보다. 셋째는 내가 도착한 지점의 컴퓨터와 대화하기 위해 남기는 다양한 기록들이다. 그렇지만 실상 내가 보호받을 수 있는 정보는 내가 스스로 등록한 개인정보 외에는 아무것도 없다. 나머지 정보는 기록하는 지도 모르면서 또한 어떻게 사용되는 지도 모르면서 타인에게 흘러가고 있는 것이다.

개인정보 및 사생활은 어떻게 침해당하는가

사생활 보호는 이처럼 사회적인 눈과 시각으로부터 개인을 보호하기 위한 권리를 말한다. 이러한 사생활 보호의 침해유형으로는 침해주체에 따라, 국가에 의한 침해 · 기업에 의한 침해 · 개인에 의한 침해 등 크게 세 가지로 분류된다.국가에 의한 침해는 민주주의와 개인의 인권과 관련돼 있다. 그리고 그 행위는 대부분 국가에 의한 감청과 도청으로 이뤄진다. 기업에 의한 침해는 기업과정에 의해 이뤄지는 종업원들의 사생활에 대한 침해와 소비자 및 고객을 대상으로 한 개인정보 침해와 이용에 대한 침해 등으로 나뉘어진다. 그리고 개인에 대한 침해는 주로 현대적인 관음증으로인해 이뤄지는 침해가 대부분이며, 여기에 사이버스토킹과 같은 범죄유형을 볼 수 있다.사이버 세계에서의 사생활 침해는 빅브라더쇼와 같이 상의협의하에 이뤄지기도 하며, 쿠키 등과 같이 의도하지않게 얻어진 정보에 의해서 이뤄지기도 하며, 백오리피스와 같은 바이러스와 해킹 등으로 인한 불법적인 정보 이용을 통해 이뤄지기도 한다.세계 인권선언 제12조는 '누구도 그의 프라이버시와 가족, 집, 편지왕래에 대해 자의적으로 간섭받거나 그의 명예와 평판에 대해 공격받아서는 안되며, 그러한 간섭과 공격에 대해 법의 보호를 받을 권리를 가진다'라고 명기해 놓고 있다. OECD 또한 1980년 '정보수집 제한원칙' 등 총 8개항으로 이뤄진 '프라이버시 보호와 개인정보의 국제적 유통에 관한 지침'을 각국 정부에 권고한 바 있다. 그러나 이는 단지 권고사항일 뿐이다. 디지털 기술의 발전과 더불어 감시의 눈길은 더 확장되고 있으며, 감시의 주체 또한 국가에서 기업, 그리고 개인으로 더욱더 확장되고 있다. 최근에는 단지 정보기술에 의한 감시뿐만 아니라 유전공학 기술의 발전에 따른 유전자 정보 등에 대한 보호 등까지 핵심 쟁점으로 떠오르고 있는 실정이다.

사이버 세계로부터의 자유를 위하여

그렇다면 우리는 이러한 사생활 침해에 대해 어떻게 대비해야 할 것인가? 가장 중요한 것은 우선 법적보호다. 즉 개인의 사생활을 최우선적으로 보장해주고 명백한 범익이 드러나지않는 한 개인의 사생활이 감시되거나 통제, 규제돼서는 안된다. 특히 양심과 표현의 자유 등에 대한 자유가 우선적으로 제고돼야 하며, 인터넷이나 디지털 기술을 동원한 개인정보보호에 대해 보호할 수 있는 조치가 이뤄져야 한다.둘째, 각각의 개인에 대한 보호지침에 대해 보다 명백한 태도를 취해야 한다. 인터넷상에서의 정보는 위에서 살펴본 것처럼 개인이 의도하던 의도하지않던 인터넷 이용 그 자체에 따라 수많은 정보와 이용흔적을 남기기 마련이다. 물론 빅브라더 쇼처럼 의도한 정보누출도 있지만, 쿠키같은 의도하지 않은 정보노출도 있고, 백오리피스같은 바이러스와 해킹 프로그램에 의한 강제적인 정보노출도 있을 수 있다. 그러나 중요한 것은 인터넷상에서 얻은 정보를 불법적으로 사용 · 이용하지 않으려는 자세이다.셋째, 그러나 무엇보다도 중요한 것은 반감시 혹은 역감시라 불리는 감시자에 대해 적극적으로 대항하는 자세이다. 앞으로 감시 시스템은 기술의 발전에 따라 더욱더 늘어날 것이다. 그에따라 감시에 대해 적극적으로 감시하고, 이로부터 각 개인이 스스로 보호하려는 자세가 요구된다 하겠다.미래는 분명 사이버의 세계가 될 것이다. 그러나 그 사이버의 세계가 어떤 것이 될 것인지는 아무도 모른다. 핸드폰의 기술발전은 아마도 그 미래를 보여줄지 모른다. 최근의 등장한 카메라가 달린 휴대폰과 컴퓨터는 또 다른 측면에서 새로운 감시기술의 완성을 말해주고 있다. 외부에서의 원격제어가 가능하다는 윈도우 XP도 마찬가지이다. 여러분은 여러분이 갖고있는 핸드폰에 카메라가 달린 것이 좋은가, 아니면 아바타로 대신하는 것이 좋은가, 아니면 그것을 섞어놓은 것이 더 좋은가? 이 모든 것은 우리의 미래와 관련된 직접적인 질문이다.

▸ 김양은, SK management, 2001년 11월
http://www.sk.co.kr/mag/mag0111/contents/04_management/index.html

SUMMARY 요 약

정보시스템은 여러 구성 요소로 되어 있으며 각 구성요소가 완전할 수 없다. 따라서 보안상 취약하며 이것을 통하여 해커나 범죄자는 컴퓨터 시스템을 공격한다. 오늘날 기업이나 조직은 중요한 자산인 데이타 또는 정보를 보호하여야 하므로 여러 단계의 보안 장치를 설치하고 운영한다. 컴퓨터 시스템의 보안은 크게 물리적 보안, 시스템 보안, 그리고 네트워크 보안 즉 인터넷 보안으로 구성된다. 시스템 보안 접근 통제가 제1차적 관문으로 사용되며 접근을 위한 인증의 방법은 점차 새로운 기술을 사용한다. 즉 사용자 아이디와 비밀번호뿐만이 아니라 사용자의 생체 정보를 이용한다. 인터넷 보안은 끊임없는 해커의 다양한 공격을 방어하기 위하여 새로운 방어 수단이 지속적으로 개발되어 사용되고 있다. 컴퓨터 시스템 보안은 이와 같은 정교한 방어 수단이 개인 및 조직의 정보를 보호하려는 자세와 노력 없이는 기대하는 효과를 얻기가 어렵다.

컴퓨터는 인간 생활의 질을 높이고자 만들어져 사용되고 있지만 일부는 그것을 범죄의 대상으로 하기도 하고 범죄의 도구로 사용하고 있다. 특히 인터넷은 새로운 범죄의 길을 열어 놓았다. 컴퓨터를 사용한 불법행위는 다양한데 크게는 절도, 사기, 저작권 침해, 공격, 폭력 및 착취로 나누어 볼 수 있다. 컴퓨터 범죄에 대한 철저한 분석은 그에 대한 대

응책은 개발할 수 있다. 또 그에 대한 법적 대응 방법도 새롭게 개발될 수 있다.

현대 사회에서는 다양한 개인정보가 많은 조직의 컴퓨터에 저장되어 있고 네트워크를 통해 교환되고 있다. 자연히 개인정보가 유출될 수 있고 그것을 도용하는 경우가 생겨난다. 따라서 프라이버시에 대한 긴장감을 놓을 수 없다. 자유민주주의 사회에서 개인은 프라이버시의 가치를 더욱 높게 평가한다. 따라서 개인은 프라이버시를 침해 당할 수 있는 과정과 방법을 잘 이해하고 보호하는 방안을 강구하여야 한다. 프라이버시의 중요성이 큰 만큼 보호 장치도 견고해지고 있는데, 그 예로 프라이버시 향상 도구의 사용, 기업 및 정부의 자율 규제, 그리고 법률적 보호 방안이 마련되고 있다.

정보기술을 주로 다루는 컴퓨터 전문가나 개인 사용자는 때로 정보기술과 관련된 윤리적 딜레마에 빠질 때가 있다. 정보기술의 발전이 워낙 빠르기 때문에 정책의 공백이 발생한다. 따라서 복잡한 이슈나 개념적 혼란을 맞았을 때 어떤 규범이나 법을 적용할 것인지가 단순하지 않다. 윤리적 딜레마에 직면했을 때 개인은 합리적이며 방어할 수 있는 윤리적 원칙에 근거하여 판단하여야 한다. 이것을 위해 비공식적 및 공식적 가이드라인이 적용되기도 한다. 가이드라인 중 하나가 컴퓨터 전문가 협회가 제정한 컴퓨터 전문가들을 위한 윤리규범이다. 윤리규범은 회원들에게 윤리적 행동을 자극할 뿐만 아니라 고용주 또는 고객에게도 어떤 서비스를 받게 될 것인지를 기대할 수 있게 한다.

네트워크로 연결된 컴퓨터는 많은 변화를 가져왔다. 인터넷은 시간적 제약은 물론 지리적 거리의 제약이 사라지게 하였다. 이러한 정보기술의 발전은 정보기술의 접근과 관련한 평등의 문제 즉 디지털 격차, 일과 직장과 관련한 이슈, 건강 문제 등 여러 가지 사회적 이슈를 발생하였다. 이러한 정보기술과 관련한 사회적 이슈에 대한 관심을 가지는 것은 개인과 사회의 건강과 발전에 필요하다.

연 습 문 제

01. 컴퓨터 시스템의 취약성은 어디에서 오며 그에 따른 위협은 어떤 것이 있는가?

02. 일반적인 컴퓨터 시스템의 보안은 어떻게 되어 있는가?

03. 인터넷 보안은 어떤 위협에 대처하기 위한 것이며 그 종류는 무엇이 있는가?

04. 네트워크 컴퓨터 시스템과 관련한 범죄의 종류는 무엇이 있는가?

05. 웹 사용자가 범할 수 있는 저작권 침해의 사례를 들어 보라

06. 인터넷 폭력은 무엇이며 대응 방안은 무엇이 있는가?

07. 왜 정보시대에 프라이버시가 더 문제 되었는가?

08. 인터넷 사용자가 개인정보를 제공하는 경우를 아는 대로 적으라

09. 프라이버시 향상 도구 웹 사이트를 가능한 많이 찾아 주 기능이 무엇인지 조사하라

10. 정보기술과 관련한 윤리적 딜레마가 일반적 윤리 이슈와 다른 점은 무엇인가?

11. 정보기술 관련 윤리적 사례를 하나 찾아 윤리적 분석 및 의사결정 단계에 따라 분석하라

12. 국내에서 발견되는 컴퓨터 전문가의 직업 윤리를 요약하라

13. 정보기술의 발전이 앞으로 직장인의 삶을 어떻게 변화시킬 것인지 조사하라

14. 컴퓨터 사용으로 인한 질병이 산업재해로 인정된 사례가 있는지 조사하라

참고문헌 Refereces

- 마누엘G.벨라스케즈, 기업윤리, 한국기업윤리경영연구원, 매일경제신문사, 2002
- 로버트 F. 하틀리, 윤리경영: 고객이 존경하는 기업 만들기, e매니지먼트(주) 옮김, 21세기북스, 2006
- Brod, Craig, *Technostress: The Human Cost of the Computer Revolution*, Addison Wesley, 1984
- Clarke, Roger, "*Information Technology and Dataveillance*," in Huff, C. & Finholt, T., eds. *Social Issues in Computing: Putting Computing in its Place*, McGraw Hill, 1994, pp. 416~444
- Deborah, G. Johnson, *Computer Ethics*, Prentice Hall, 2001
- Gert, Bernard(2005). *Morality: Its Nature and Justification*. Rev.ed. Oxford University Press
- Herman T. Tavani, *Ethics & Technology: Ethical Issues in an Age of Information and Communication Technology*, Wiley, 2004
- Stacey L. Edgar, *Morality and Machines*, Jones and Bartlett Publishers, 2003
- 경찰청 사이버테러대응센터 – http://www.ctrc.go.kr/
- 한국정보문화진흥원 – https://www.kado.or.kr/
- 한국인터넷진흥원 – http://www.nic.or.kr/

제2부 정보시스템 기반 기술

제4장 정보기술 기반구조와 플랫폼

01 정보기술의 이해

02 정보기술 기반구조

03 정보기술 플랫폼(IT Platform)

학습 개요 및 목표

인류사회가 변천해 오면서 사람들의 가치척도가 변하고 경쟁력의 원천에 대한 시각도 바뀌어 왔다. 초기의 농경사회에서는 토지와 노동력을 경쟁력의 원천이라 생각하였으며, 인간의 노동력을 대체할 기계의 발명으로 시작된 산업사회에서는 자본과 기술력이 경쟁력의 원천으로 간주되었다. 그러나 지식정보화 사회에서는 기업의 내 · 외부 환경이 급변하고 있는 상황에서 더 이상 자본이나 기계 설비의 단순한 자동화를 경쟁력의 원천으로 생각하지 않으며, 경쟁력의 원천을 인간의 두뇌와 지식 그리고 정보에서 찾고 있다. 특히, 현대 기업들은 고정관념에서 탈피한 새로운 아이디어와 양질의 정보를 확보하고, 이를 전략적으로 활용함으로써 비용우위를 차지할 수 있으며, 타 기업과의 차별화를 통해서 기업의 전략적 목표를 달성할 수 있기 때문에, 정보는 현대 기업에 있어서 가장 중요한 경쟁력의 원천이며, 정보기술은 경쟁력의 원천인 정보를 수집하고, 가공처리 및 저장하며, 분배 및 공유하기 위한 제반 기술이라 할 수 있다. 이처럼 기업의 업무처리 자체 혹은 기업이 필요로 하는 정보를 수집하고 가공처리하며 저장하였다가 필요한 시점에 필요한 형태로 제공하는데 활용되는 제반 기술들을 정보기술로 볼 때, 정보기술은 하드웨어 및 소프트웨어, 데이타베이스, 통신, 네트워크, 인터넷 등을 포함한 즉, 기업에서 사용되는 모든 컴퓨터기반 정보시스템(CBIS: Computer-Based Information Systems)들의 집합체로 정의할 수가 있다.

본 장에서는 현대 사회에서 경쟁력의 원천이 되는 정보를 수집 · 가공처리하며, 이를 저장하고 공유하기 위해서 필요한 정보기술 기반구조에 대해서 살펴보고자 한다. 먼저, 정보기술 기반구조의 기초라 할 수 있는 하드웨어와 소프트웨어에 대해서 살펴보고, 이어서 기업에서 활용되고 있는 응용시스템의 유형과 진화과정 그리고 현대 기업에서 활용되고 있는 플랫폼 형태의 정보기술 기반구조에 대해서 살펴보기로 하겠다. 본 장의 구체적인 학습목표는 다음과 같다.

- 정보기술의 기본개념과 구성요소에 대해서 학습한다.
- 컴퓨터시스템을 운영하고 관리하는데 필요한 운영체제의 유형과, 운영체제의 변화과정을 학습한다.
- 소프트웨어의 두 가지 유형인 전용소프트웨어와 범용소프트웨어에 대해서 학습한다.
- 현대 기업에서 이슈가 되고 있는 플랫폼의 개념과 의미에 대해서 학습한다.
- 하드웨어 및 소프트웨어의 플랫폼에 대해서 학습한다.

2008 리뷰 및 2009 전망

경제여건의 악화

미국 발 금융 위기의 여파로 2009년 세계경제는 선진국 전체가 경기침체에 빠지는, 세계 동시 불황 국면에 진입할 것으로 보인다. IMF의 최근 보고서에 따르면, 내년에 미국, 유럽, 일본이 모두 마이너스 성장률을 기록해 세계경제 성장률이 극도로 저조할 것으로 전망하고 있다. 더욱이 그 동안 세계경제의 성장을 이끌어온 중국도 성장률도 떨어져 세계경제 회복 전망을 불투명하게 하고 있다. 이에 따라 내년 한국경제는 유례 없이 어려운 여건 속에 처할 것으로 보인다. 경제성장 전망치는 발표기관에 따라 조금씩 차이는 있지만, 최근의 발표에 의하면 마이너스 성장이 전망되고 있다. 이 같은 경제불황 국면이 얼마나 지속될 것인지에 대해서는 논란이 분분하다. 금융 불안이 전반적인 수요 위축으로 이어져 불황이 장기화될 것이란 분석이 우세하지만, 한편으로는 최근 확대되고 있는 금융 및 실물 부문을 망라한 국제 공조 노력이 효과를 발휘하면 의외로 빠른 회복세를 보일 것이란 전망도 제기되고 있다.

세계 IT경기의 위축

대내외 경제 여건이 급격히 악화되면서 국·내외를 막론하고 IT산업의 경기 전망도 급속히 악화되고 있다. 시장조사기관 포레스터 리서치의 최근 시장전망 보고서에 의하면, IT업체들의 배출이 급격히 줄어들지는 않겠지만 성장세가 주춤하거나 정체되는 양상이 나타날 것으로 예상되고 있다. 포레스터 리서치는 세계 IT업체들의 매출 증가율이 2007년에는 2.7%에 이르렀으나 2008년에는 5.4% 성장에 그칠 것이며, 내년에도 6% 남짓에 머물 것으로 전망하고 있다. IT수요가 위축될 것이라는 전망도 속속 나오고 있다. 골드만삭스가 포춘 1,000대 기업 중 100개 기업의 CIO를 대상으로 조사한 바에 따르면, 경제 위기로 인해 기업들은 2008년과 2009년에 걸쳐 IT인력의 감축, 프로젝트의 축소 및 연기, 컨설팅 및 하드웨어에 대한 투자 축소에 나설 것으로 전망하고 있다. 조사대상자 중 47%는 PC, 서버, 스토리지 등 컴퓨팅 구매예산 집행이 미뤄질 것이라고 응답했으며, 42%는 예산 감축이 장비에만 제한되지 않을 것으로 응답했다. 미국 노동부에 따르면 3분기 미국 IT 분야의 일자리는 410만 개에서 400만 개로 2.4% 줄어든 것으로 집계되었으며, 컴퓨터 공학 및 시스템 분야, 소프트웨어 엔지니어 등의 일자리 감소세가 두드러진 것으로 나타났다. 실리콘밸리에서도 맷슨테크놀로지, 코디언트소프트웨어, 이베이, 엔비디아 등 IT 기업들이 인력 감축을 위주로 구조조정안을 발표하는 등 군살빼기에 나서고 있다.

한국 IT시장의 전망

시장조사기관 KRG는 내년 IT 시장 전망을 위해 매출 1,000억 원 이상 485개 기업을 대상으로 2009년 IT 투자 계획에 대한 조사를 실시했다. 그 결과 국내 기업들의 IT 투자 증가율은 올해 4.9%에 머물러 2007년 성장률에 비해 0.6%가 낮아질 것으로 나타났다. 더욱이 내년에는 성장률이 3.6%에 머물러 2004년 이래 최저수준으로 떨어질 것으로 나타났다.

그림 4-1 IT투자증가율

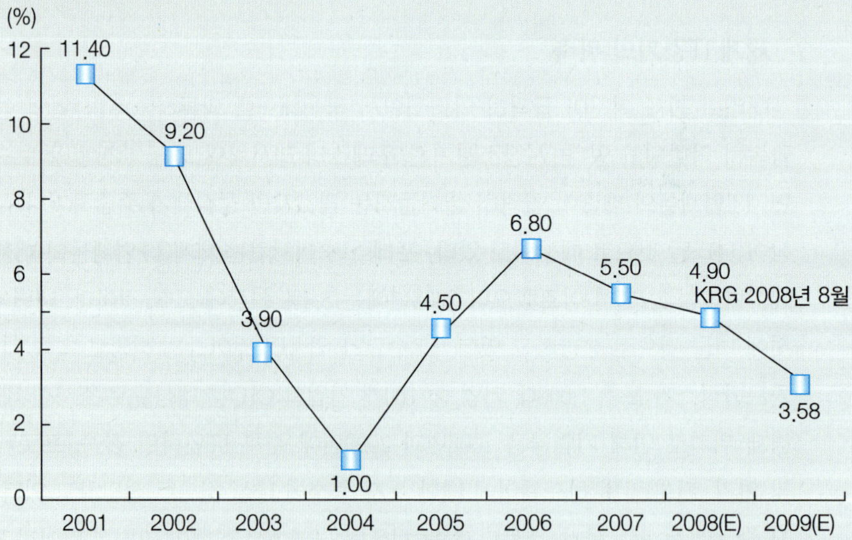

이를 업종별로 살펴 보면, 금융 및 제조업종은 4~6%의 성장률을 보여 상대적으로 안정적인 성장세를 이어갈 것으로 된다.

금융업종의 경우 대규모 투자가 진행되는 차세대시스템, 자본시장통합법 대비 시스템 구축과 같은 굵직한 프로젝트가 2009년 초까지 예정되어 있고, 차세대시스템 이후 프로젝트도 속속 진행될 것으로 보여 상대적으로 높은 성장률을 기록할 전망이다. 제조업종의 경우는 ERP, SCM, MES 등과 같은 기간 솔루션에 대한 고도화나 업그레이드에 초점을 맞춰 투자가 늘어날 것으로 전망되고 있다. 반면, 서비스 업종과 공공/SOC 분야는 소폭이나마 투자 감소가 예상된다. 서비스 업종은 국내외 경기 변동에 민감한 편이기 때문에 내년도 IT 투자가 올해보다 감소할 것으로 전망되며, 공공/SOC 분야는 정부 정보화 사업예산의 삭감에 따른 영향을 받을 것으로 보인다. 특히 정부가 마련한 '신 IT전략' 투자가 2009년에는 사전 프로젝트 위주로 진행될 것으로 전망돼 공공부문의 위축이 불가피할 전망이다.

2008~2009 IT산업 주요 트렌드

경제 위기가 닥칠수록 기업들의 관심은 비용 절감과 위기 대응력 강화에 모아질 수밖에 없다. 최근 IT산업의 핵심 이슈도 이 같은 기업들의 관심을 적극 반영하고 있다. 대표적인 것이 가상화, SaaS 비지니스 모델을 포함한 클라우드 컴퓨팅, 오픈소스, 그린

그림 4-2 업종별 IT Spending 증감률

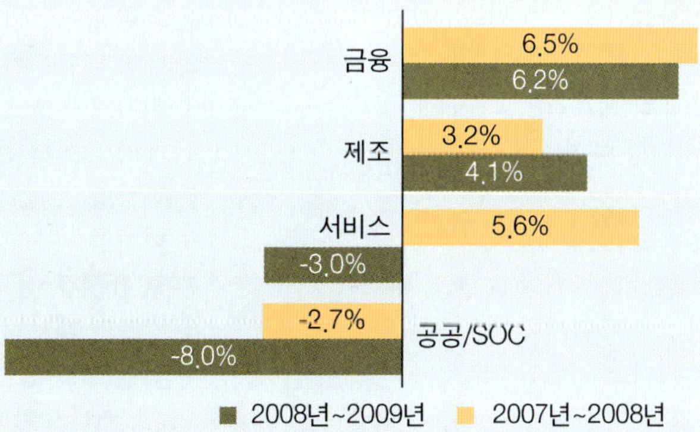

IT 등이 비용 절감 요구에 따라 급속히 부상하고 있다. 가상화 기술은 가트너가 10대 전략기술 중 첫 번째로 꼽을 정도로 그 중요성이 높아지고 있다. 가상화 기술은 서버, 스토리지, 클라이언트 단말의 통합을 통해 이들 자원들을 더욱 효율적으로 활용토록 하는 핵심 기술이다. IDC는 2010년이면 전 세계 신규 서버의 15%가 가상화 기술을 적용할 것으로 전망하고 있다. 컴퓨팅 자원이나 어플리케이션을 웹을 통해 이용하고 사용한 만큼의 비용만을 지불하는 클라우드 컴퓨팅도 경제 위기로 야기된 비용 절감 트랜드에 최적의 비지니스로 부상하고 있다. 특히 세일즈포스 닷컴의 SaaS 방식은 저렴한 초기 비용, 빠른 시장 진입과 신속한 비지니스 요구를 수용할 수 있는 장점이 있다. 오픈소스 SW의 경우도 라이선스가 비교적 자유롭고 벤더가 독점적 권리를 갖는 소프트웨어에 비해 훨씬 저렴한 비용으로 도입과 유지보수를 할 수 있다는 장점 때문에 시장이 빠른 성장추세를 보이고 있다. IT 자원의 저전력화, 고효율화를 위한 그린 IT 기술도 보급이 급속히 확산되고 있다. 한편, 정부의 경기부양 노력에 힘입어 u시티 관련 사업이 IT업계의 성장을 견인할 주력 시장으로 부상하고 있다. 이미 지난 3월 u시티 법 제정으로 관련 사업이 더욱 활기를 띌 것으로 예상되는 가운데 주요 IT 벤더들이 관련 사업역량 강화를 위해 투자를 강화하고 있다. 정부가 추진하는 전통산업과 IT의 융합을 위한 시범 프로젝트가 본격화되면서 이에 대한 업계의 관심도 높아지고 있다. 이 밖에도 국제회계기준이나 자

표 4-1 가트너의 전략기술 리스트

2009	2008
1. 가상화	1. 그린 IT
2. 클라우드 컴퓨팅	2. 통합 커뮤니케이션
3. 컴퓨팅 패브릭스	3. 비지니스 프로세스 관리
4. 웹 지향 아키텍처	4. 메타 데이타 관리
5. 엔터프라이즈 매시업	5. 가상화
6. 전문화된 시스템	6. 매시업
7. 소셜 소프트웨어 및 소셜 네트워킹	7. 웹 플랫폼
8. 통합 커뮤니케이션	8. 컴퓨팅 패브릭
9. 비지니스 인텔리전스	9. 리얼 월드 웹
10. 그린 IT	10. 소셜 네트워크

본세탁방지법, 각종 환경 및 에너지 규제에 대응한 컴플라이언스 요구, 개인정보보호 및 정보유출 방지를 위한 보안 강화 요구, 제조, 유통업종뿐 아니라 최근 식품 안정성 강화의 핵심 대책으로 떠오른 RFID 기술 확산 등이 IT 산업계의 핵심 이슈로 부상하고 있다. 또, 환율 급등과 매출 부진에 대응한 외국계 IT 벤더들의 잇단 제품 가격 및 서비스 요금 인상의 여파도 내년 IT 시장에서 주된 이슈가 될 전망이다. 글로벌 벤더들의 가격 인상은 국내 SI사업자들과 총판업자들의 수익성을 악화시키는 요인으로 작용하기도 하지만, 한편으로는 국산 하드웨어 및 소프트웨어 벤더들의 경쟁력 확보에 유리한 요소로 작용할 것으로 기대되기도 한다.

2009년은 경제위기와 함께 IT산업계에 큰 시련의 시기가 되겠지만, 동시에 새로운 성장동력을 개발하고 사업역량을 강화함으로써 한국 IT산업이 세계시장에 도약할 수 있는 기회를 제공할 수도 있다. 이러한 측면에서 산업발전을 위한 정부와 업계의 공동노력이 어느 때보다 절실한 시점이라 하겠다.

▸ 전원하, Special Theme 정보통신산업 부문별 2008 리뷰 및 2009 전망
IT산업 2008 리뷰 및 2009 전망(총괄)

01 정보기술의 이해

앨빈 토플러의 예견처럼, 현대 사회 곳곳에는 상상을 초월할 정도로 정보화의 물결이 넘쳐나고 있다. 정보화의 주역인 인터넷이 보편화되면서 모든 사회생활이 변화하고 있고, 효율적인 업무를 위해서 첨단 정보시스템들이 도입되면서 기업에서의 업무환경 또한 빠르게 변화하고 있다.

정보화의 물결 속에서 어떤 사람은 신분상승과 새로운 부의 기회를 갖기도 하지만, 어떤 사람은 정보화의 물결에 밀려 도태되는 경우도 있다. 기업의 경우에도 정보화의 물결 속에서 변화하는 흐름에 적응하는 기업은 생존을 넘어 지속적으로 성장하는 기업으로 남을 수 있지만, 변화 물결 속에서 스쳐 지나가는 변화를 뚫기에 급급한 기업은 생존할 수가 없다. 정보화 사회에서의 승자와 패자는 정보화 사회의 기본 도구인 정보기술에 대한 이해와 활용능력을 어느 정도 갖추고 있느냐에 따라 달라진다. 즉, 현대 사회의 승자는 산업사회에서처럼 누가 더 많은 자본과 기술을 가지고 있느냐가 아니라, 정보와 첨단 정보기술을 가지고 있으며, 이를 활용할 수 있는 능력을 가진 사람이라 할 수 있다.

본 장에서는 현대 정보화 사회의 핵심 도구이며, 경쟁력의 원천인 정보기술의 기본개념과 구성요소 그리고 정보기술의 현대적 의미에 대해서 살펴보기로 하겠다.

1.1 정보기술의 개념과 구성요소

(1) 정보기술의 개념

우리가 살고 있는 현대 사회를 지식정보화 사회 또는 정보화 시대(Information Age)라고 일컫는 이유는, 기업의 업무를 처리하는데 있어서 뿐만아니라, 일상생활에서도 다양한 형태의 정보기술이 활용되고 있기 때문이다. 이처럼 현대 사회에서 중요한 위치를 차지하고 있는 정보기술은 좁은 의미에서 현실 세계에서의 단순한 관찰이나 측정을 통해서 수집한 데이타를 의사결정에 활용할 수 있는 가치 있

• 좁은 의미의 정보기술

현실 세계에서의 단순한 관찰이나 측정을 통해서 수집한 데이타를 정보로 변환하는 데 사용되는 제반 기술

• 넓은 의미의 정보기술

데이타를 수집하고 가공하며 저장하는 기술은 물론, 다른 사용자들과 공유하는 데 사용되는 제반 기술

• 정보기술 기반구조

하드웨어, 소프트웨어, 데이타베이스, 정보통신, 정보기술 사용자, 업무규칙 및 절차의 집합체

는 정보로 변환하는데 사용되는 기술로 이해할 수 있다.

그러나 넓은 의미의 정보기술은 데이타를 수집하고 가공며, 저장하는 기술은 물론 다른 사용자들과 공유하는데 사용되는 제반 기술로 이해할 수 있다. 특히, 기업경영 측면에서 정보기술은 기업의 목표를 달성하기 위해서 필요한 데이타 혹은 정보를 수집하고 가공, 처리하고 저장하였다가 기업의 의사결정이 필요한 경우 합리적이고 과학적인 의사결정을 내릴 수 있도록 판단 근거를 제공하는 제반 기술로 정의할 수 있다.

이처럼 정보기술을 넓은 의미로 이해할 때, 정보기술은 하드웨어, 소프트웨어, 데이타베이스, 정보통신을 말하며, 정보기술의 기반구조는 핵심 정보기술의 구성요소에 사용자와 업무규칙과 절차 등이 포함된 구성요소의 집합체라 할 수 있다. 또한 이들 구성요소들은 서로 연결되어 하나의 컴퓨터 기반시스템을 이루며, 하나의 컴퓨터시스템을 통해서 가공 처리된 결과는 자체적인 의사결정에 활용되거나, 다른 컴퓨터시스템과 다양한 매체를 통해서 연결되어 결과를 공유하거나 다시 입력데이타가 되어 다른 컴퓨터시스템의 가공 처리대상이 된다.

• 하드웨어(Hardware) : 데이타를 수집하고 가공처리하며 저장하는데 활용되는

그림 4-3 정보기술 기반구조

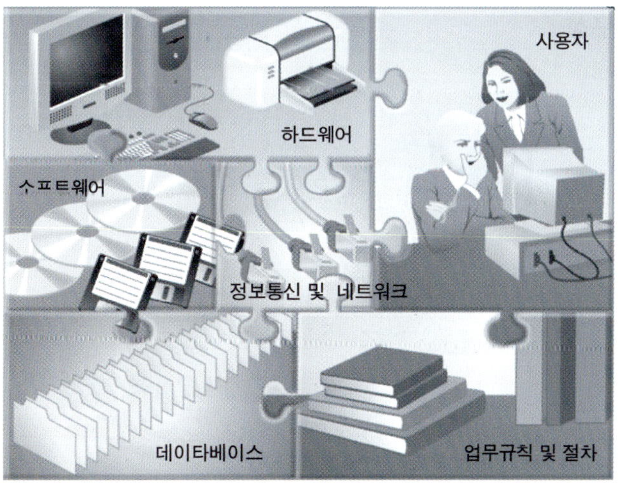

자료 : R.Stair & G.Reynolds, 2008

기본 컴퓨터 장비와 이를 공유하고 전파하는데 활용되는 제반 기계장치

- 소프트웨어(Software) : 하드웨어를 활용하는데 필요한 제반 컴퓨터 프로그램
- 데이타베이스(Database) : 데이타와 정보를 체계적으로 저장하고 관리하기 위한 기술
- 정보통신(Telecommunication), 네트워크(Network), 인터넷(Internet) : 데이타의 수집 및 가공처리한 결과를 다른 사용자들과 공유하기 위해서 필요한 제반 기술과 장비
- 사용자(user) : 하드웨어나 소프트웨어를 이용하여 데이타를 입력하고 가공처리된 결과를 활용하여 의사결정을 내리는 사람
- 업무규칙 및 절차(Business Rules and Procedures) : 정보기술을 활용하는데 있어서 필요한 업무규칙과, 정보기술의 운영, 관리, 보안 등과 관련된 제반 전략과 방법

(2) 정보기술의 핵심 구성요소

●하드웨어
데이타를 수집하고 가공처리하며 이를 저장하고 공유하기 위해서 필요한 모든 물리적인 기계장치

① 하드웨어

컴퓨터시스템의 종류에 관계없이 데이타를 수집하고 가공처리하며 이를 저장하기 위해서 필요한 모든 물리적인 기계장치를 의미하며, 외부의 데이타를 읽어 들

그림 4-4 하드웨어의 구성

자료 : R.Stair & G.Reynolds, 2008

• 소프트웨어
하드웨어를 작동시키고 효율적으로 운영하기 위한 명령어의 집합으로 시스템소프트웨어와 응용소프트웨어로 구별된다.

• 시스템소프트웨어
하드웨어를 효율적으로 사용하고, 사용자들이 컴퓨터시스템을 이용하여 작업하는데 편의를 제공하기 위해서 만들어진 소프트웨어

• 응용소프트웨어
최종 사용자의 특정 목적을 위해서 개발된 전용소프트웨어 혹은 범용소프트웨어

이기 위한 입력장치, 정보처리를 수행하는 중앙처리장치, 처리결과를 외부에 전달하기 위한 출력장치 그리고 정보를 보관하기 위한 기억장치 등이 이에 속한다.

② 소프트웨어

하드웨어를 작동시키고 효율적으로 운영하기 위한 명령어의 집합으로 시스템소프트웨어(System Software)와 응용소프트웨어(Application Software)로 구별된다. 시스템소프트웨어는 하드웨어를 효율적으로 사용하고, 사용자들이 컴퓨터시스템을 이용하여 작업하는데 편의를 제공하기 위해서 만들어진 소프트웨어로 Windows, UNIX, Linux와 같은 운영체제(OS: Operating System)들이 이에 속하며, 응용 소프트웨어는 전사적 자원관리시스템, 재고관리시스템, 급여계산시스템 등과 같이 최종 사용자의 특정 목적을 위해서 개발된 전용소프트웨어와, 워드프로세스, 스프레드시트, 통신시스템처럼 모든 사용자들에게 공통적으로 사용되는 범용 소프트웨어로 구분된다.

그림 4-5 시스템 소프트웨어: 운영체제

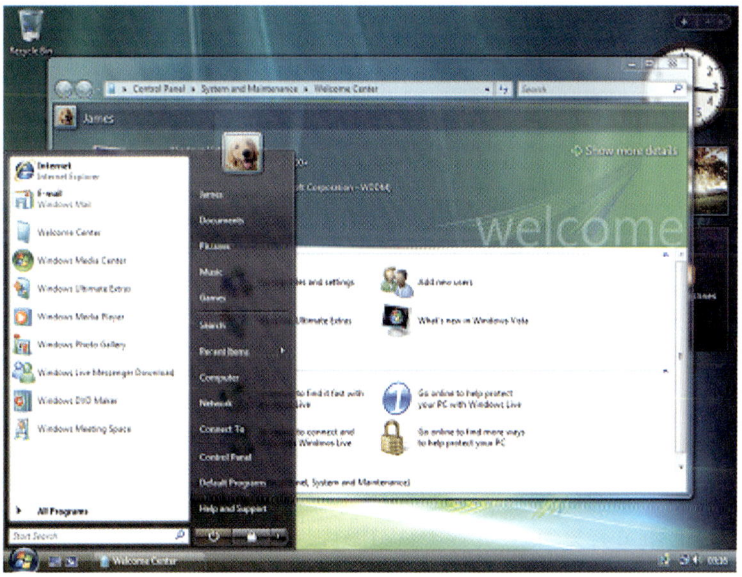

그림 4-6 **응용 소프트웨어: 전사적 자원관리시스템(uniERPII)**

● **데이타베이스**
서로 관련된 데이타와 정보를 체계적으로 저장하고 지속적으로 관리하기 위한 장비와 기술

● **데이타베이스관리시스템**
서로 연관된 데이타나 정보를 체계적으로 조직화하여 저장하고 수정, 변경, 삭제하며, 필요한 시점에 추출하기 위한 소프트웨어

● **정보통신**
개별 컴퓨터가 생성한 정보를 통신망을 이용하여 송수신하는 환경

③ 데이타베이스

컴퓨터시스템을 통해서 데이타를 수집하고 가공처리하는 목적은 가공처리한 결과를 체계적으로 보관하고 관리하였다가 필요한 시점에 필요한(최신의) 형태로 활용하기 위함이기 때문에, 서로 관련된 데이타와 정보를 체계적으로 저장하고 지속적으로 관리하기 위한 장비와 기술이 필요한데, 이를 데이타베이스라 하며, 서로 연관된 데이타나 정보를 체계적으로 조직화하여 저장하고 수정, 변경, 삭제하며, 필요한 시점에 추출하기 위한 소프트웨어를 데이타베이스관리시스템(DBMS: Database Management System)이라 한다.

④ 정보통신

정보통신이란, 개별 컴퓨터가 생성한 정보를 통신망을 이용하여 송수신하는 환경을 의미하는데, 컴퓨터시스템이 데이타나 정보를 수집하고 가공처리하며, 데이타베이스시스템이 가공처리된 정보를 효율적으로 관리하기 위한 목적이라면, 통신시스템은 기업활동의 다양성을 확보하고 효율성을 높이기 위해서 가공처리하고 관리하고 있는 정보를 교환하고 공유하는 것을 지원하는 정보기술이라 할 수 있다.

⑤ 네트워크 및 인터넷

네트워크는 컴퓨터와 주변장치들이 직접 연결된 대량의 데이타를 고속으로 송수신할 수 있는 컴퓨터통신망으로 연결된 지역범위에 따라서 근거리 통신망(LAN: Local Area Network)과 원거리통신망(WAN: Wide Area Networks)으로 나누어진다. 더 나아가서는 전 세계에 흩어져 있는 수만 개의 네트워크들을 상호 연결한다는 의미의 인터넷(Internet: Inter+Networking)은 시간적, 공간적 제약없이 전 세계의 그 누구와도 언제든지 통신이 가능한 통신망의 일종이다.

1.2 정보기술의 현대적 의미와 역할

다양한 정보기술들이 도입되기 시작했던 초기에 정보기술은 컴퓨터 관련 전문교육을 받은 전문가들의 전유물처럼 여겨졌으며, 따라서 정보기술 전문가는 컴퓨터를 만들고 수리하며 좋은 프로그램을 개발할 줄 아는 전문가를 의미했다. 당시 컴퓨터 관련 전문교육을 받은 전문가들은 첨단 정보기술을 개발하여 새로운 부의 기회를 얻으려는 목적이었기 때문에, 정보기술의 개발자체가 목적이었으며, 이들은 초기 정보화 사회를 주도하는 중추적인 역할을 담당했다. 그러나 현대 정보화에서 정보기술이 확대 보급되고 일반화되면서 사람들은 정보기술의 개발자체가 목적이 아니라, 자신들의 기본적인 삶을 영위하거나, 기업을 경영하는데 필요한 유용한 도구라는 인식이 팽배해지면서 정보기술은 더 이상 목적이 아닌 수단이 되어가고 있다. 특히, 기업에서 컴퓨터시스템이 도입되기 시작하던 1960년대에는 급여계산이나 주문처리 혹은 제품을 생산하는데 필요한 자재소요계획 등 기업 내부의 반복적인 일상업무를 보다 쉽고 빠르게 처리함으로써 업무처리속도를 향상시키고 생산성을 높이려는 목적이었으나, 거의 모든 기업에서 정보기술의 활용이 보편화되고 있는, 이미 성숙기에 접어든 현대 정보화 사회에서 기업들에게 정보기술은 어떤 의미를 갖는 것일까?

첨단 정보기술을 개발하는 것을 목적으로 하는 IT기업이 아닌 일반기업에서 정보기술은 다음과 같은 의미를 갖는다.

- 부가가치 창출 및 지원수단으로서의 정보기술 : 기업의 단기적인 목적은 부가가치 창출이 최대의 목적이기 때문에, 기업의 부가가치 창출 행위 및 이를 위한 활동을 지원하기 위한 수단으로 활용된다.
- 경쟁력의 원천으로서의 정보기술 : 기업의 장기적인 목적인 생존과, 생존을 넘어 지속적으로 성장하기 위해서 갖추어야 할 경쟁력을 향상시키기 위한 도구로서의 역할을 담당한다.
- 경영혁신 도구로서의 정보기술 : 기업의 장기적인 목적인 지속적인 성장을 위해서 끈임없는 경영혁신 노력이 있어야 하는데, 정보기술은 경영혁신 도구로서의 역할을 담당한다.

(1) 부가가치 창출 및 지원수단으로서의 정보기술

① 부가가치 창출과정

●가치사슬모형
기업의 부가가치 창출을 위하 사슬형태의 부분활동들로 주활동과 지원활동으로 나누어진다.

한 기업의 부가가치 창출과정은 수많은 부분 활동들로 이루어져 있으며, 기업의 추구하는 목적인 부가가치 창출을 위한 부분 활동들은 사슬형태의 연속된 흐름으로 진행된다. 이와 같은 부가가치 창출을 위한 사슬형태의 부분 활동들은 가치사슬모형이라 한다. 마이클 포터의 가치사슬모형에 의하면, 기업에서 이루어지는 모든 부분 활동들은 주활동과 지원활동으로 나누어진다. 제조업의 경우 주활동은 다

그림 4-7 가치사슬모형의 주활동과 지원활동

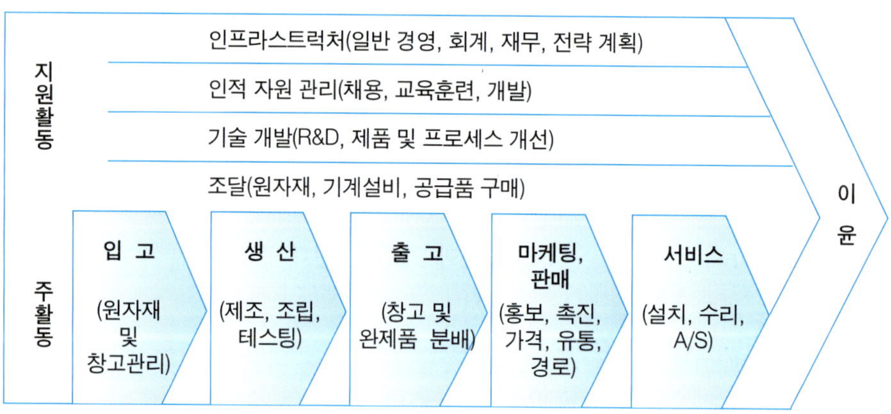

자료 : 서영호 외, 2007

음과 같다.

- 입고 : 제품을 생산하는데 필요한 원자재와 부품 등의 입고 관련 업무
- 생산 : 제품의 조립 및 생산과 관련된 업무
- 출고 : 생산된 완제품의 분배
- 마케팅 : 제품의 홍보, 촉진, 판매 및 유통 관련 업무
- 서비스 : 판매 후의 설치, 수리 등 사후 서비스 관련 업무

이와 같은 주활동을 수행하기 위해서 필요한 지원활동은 일반적으로 다음과 같다.

- 인적자원관리 : 채용, 교육훈련, 개발
- 인프라스트럭처 : 일반 경영, 회계, 재무, 전략 및 기획
- 기술개발 : R&D, 제품 및 프로세스 개선
- 조달 : 원자재, 기계설비 구매

정보기술이 도입되기 이전에는 이와 같은 주활동과 지원활동은 주로 수작업으로 이루어졌다. 그러나 기업들이 컴퓨터시스템을 도입하기 시작한 이유는 바로 위와 같은 반복적이고 일상적인 주활동과 지원활동들을 보다 쉽고 빠르게 처리하기 위해서였으며, 정보기술이 일반화 · 보편화되고 있는 현내 사회에서 기업의 거의 모든 업무는 정보기술을 이용하여 자동으로 수행되고 있다. 주활동과 지원활동을 지원하는 정보기술의 예들은 [그림 4-8]에서 확인할 수가 있다.

② 업무처리 수단으로서의 정보기술의 활용

현대 기업들의 대 내 · 외적 경영환경과 업무처리환경이 급변하고 있는 상황에서 정보기술의 도입은 이제 선택이 아니라, 생존과 지속적인 성장을 위한 필수적인 요소이다. 더 나아가서 많은 기업들이 앞 다투어 첨단 정보기술을 도입하려는 이유는 부가가치 창출을 위한 부분적인 업무처리과정에서 다음과 같은 효과를 얻을 수 있기 때문이다.

- 시간과 공간의 개념을 뛰어 넘는 의사소통 및 정보공유 : 정보기술의 발전으로 급속하게 보급된 인터넷과 통신망을 통해서 시간적 제약과 공간적 제약을 극복하

그림 4-8 **부가가치 창출과정에서의 정보기술의 활용**

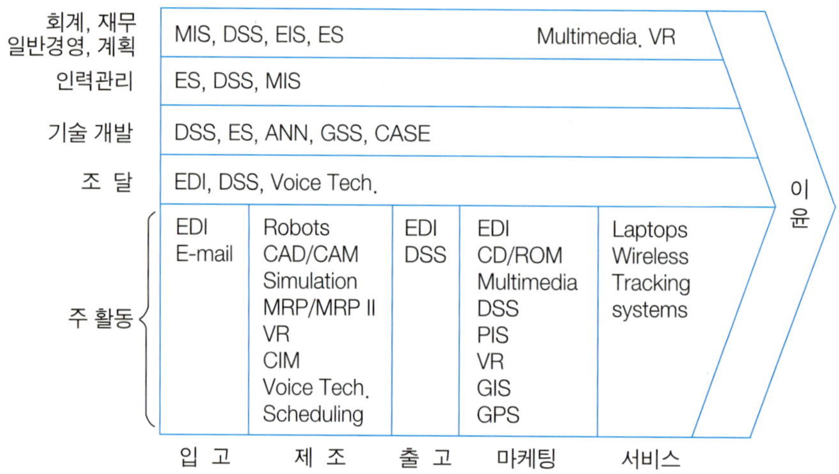

자료 : 서영호 외, 2007

고 의사소통과 정보공유가 가능하기 때문이다. 개인고객과 은행 간의 금융업무의 대부분이 은행업무시간과 고객의 위치에 상관없이 인터넷뱅킹을 통해서 이루어지고 있으며, 인터넷을 통해서 제품을 판매하거나 서비스를 제공하는 것이 대표적인 예에 해당된다.

- 업무절차의 간소화 및 효율화 : 정보기술을 활용함으로써 업무처리에 대한 부담이 줄어들고 업무처리방식이 간소화되고, 효율적으로 재구성될 수 있기 때문이다. 예를 들어, 실물기반의 제품 판매방식에서 인터넷 판매 방식으로 전환함으로써 기업 내의 구매처리 부서가 없어지고 고객이 직접 주문을 하게 되어 업무처리절차가 간소화되고 업무처리속도가 향상될 수 있다.
- 경영 환경변화에의 신속한 적응 : 정보기술의 보급으로 고객과 판매자와의 관계, 시장 및 고용구조 변화 등이 급속도로 변화하고 있는 가운데, 정보기술은 이처럼 급변하고 있는 경영 환경변화에 신속하게 대처할 수 있는 기술적 기반을 제공한다.

정보기술의 도입은 기업 내부의 효과뿐만 아니라, 동일 산업 내에서의 영향, 개별적인 기업 내에서의 영향 그리고 기업의 전략적 차원에서도 긍정적인 효과가 있다.

- 동일 산업 내에서의 영향 : 동일 산업 내에서의 정보기술은 산업의 특성을 변화시킨다. 즉, 정보기술은 해당 산업 내에서 제공되는 제품과 서비스의 특성을 변화시킨다. 예를 들어, 물리적 제품의 비중보다 디지털제품의 비중이 높아지거나, 제품의 정보재적 성격이 강해지는 것은 이에 대한 좋은 예이다. 또한 산업 내에 형성된 판매시장과 구매시장의 구조를 변화시킨다. 시장의 변화는 정보의 벽이 없어지면서 소비자들에게 공급자에 대한 정보 또는 제품에 대한 정보가 공개되면서 시장의 중심이 공급자에서 소비자로 넘어가게 된다.
- 개별 기업 내에서의 영향 : 개별 기업 내에서 정보기술은 기업의 주요 경쟁세력 간의 관계에 영향을 미친다. 포터에 의하면, 개별 기업차원에서 기업의 경쟁세력은 구매자, 공급자, 대체재, 잠재적 진입자, 경쟁업체로 구분되는데, 정보기술은 이들 경쟁세력 간의 관계를 변화시킨다. 또한 정보기술은 기업이 경쟁적 우위를 차지하기 위해서 어떤 전략을 추구할 것인가를 결정하는데 영향을 미친다.
- 전략적 차원에서의 영향 : 정보기술의 도입은 기업경영 활동들(구매, 생산, 판매, 재무, 회계 등)에 변화를 가져오며, 경영 계층별 그리고 기업의 업무(기능)를 수행하고 통합하고 변화시키는 역할을 한다. 따라서 정보기술의 전략적 활용은 기업의 전략적 목표를 달성하는데 결정적인 역할을 담당한다.

(2) 경쟁력의 원천으로서의 정보기술

하버드 대학의 마이클 포터는 현대 사회에서 경쟁(competition)이야 말로 기업의 성공과 실패를 판가름하는 가장 핵심적인 요인이라 설명하며, 경쟁세력모형(five competitive forces model)을 발표하였다. 경쟁세력모형의 핵심은 기업이 경쟁적 우위를 치지하기 위해서 기업의 전략개발과 정보기술이 기업 경쟁력 강화에 어떻게 활용되는지를 보여주는 좋은 예이다.

● 경쟁세력모형
기업의 수익창출에 부정적인 역할을 하는 세력(구매자, 공급자, 신규진입자, 대체재 그리고 경쟁자)에 대한 경쟁모형

① 경쟁세력모형

마이클 포터가 주장하는 경쟁세력은 구매자와 공급자, 신규 시장 진입자, 대체재 그리고 산업 내의 경쟁자이다. 이들은 기업의 수익창출에 부정적인 역할을 하는 주체들이며, 이들 세력의 강도에 따라서 자사의 수익이 증가 또는 감소될 수도 있다는 것이다.

그림 4-9 마이클 포터의 경쟁세력모형

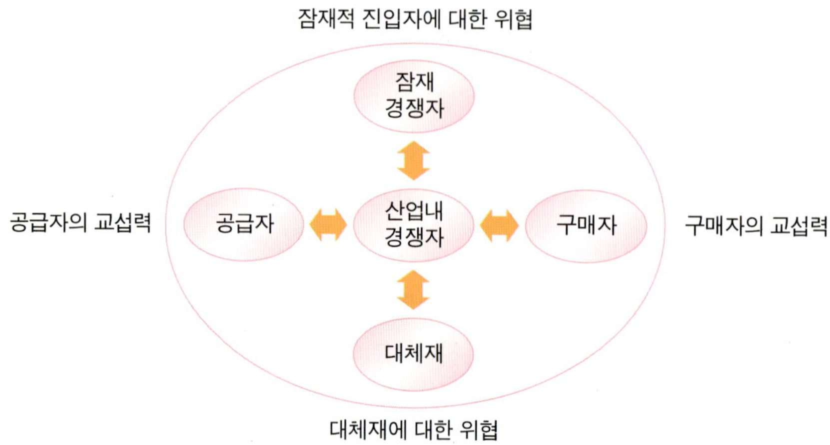

② 경쟁무기로서의 정보기술 활용

모든 현대 기업들은 위의 경쟁세력모형에서의 경쟁세력의 위협에 노출되어 있다. 기업의 생존과 성장은 이러한 경쟁세력들의 위협에 대해서 어떻게 대처하느냐에 달려있다고 해도 과언이 아니다. 기존 기업들은 경쟁세력에 대응하기 위한 무기로 다음과 같이 정보기술을 활용할 수가 있다.

● 원가우위 전략
경쟁사에 비해서 제품이나 서비스를 낮은 비용으로 제공하는 전략

- 원가우위를 위한 전략적 활용 : 원가우위 전략이란 경쟁사에 비해서 제품이나 서비스를 낮은 비용으로 제공하는 것을 말하는데, 비용이 수반되는 특정 부가가치 창출 활동을 지원하기 위한 시스템을 구현하거나 첨단 정보기술을 도입함으로써 비용을 절감할 수가 있다. 과거에는 비용절감을 위한 업무가 반복적인 데이타 처리활동으로 제한되었으나, 이제는 더 이상 제한 영역이 없으며, 기업의 모든 업무활동 영역에 첨단 정보기술의 도입되고 있기 때문에, 비용절감을 통한 원가우위를 차지하기 위해서 전략적으로 활용될 수가 있다.

● 차별화 전략
독특하고 차별화된 고품질의 제품 혹은 서비스를 낮은 가격으로 제공하는 전략

- 경쟁사와의 차별화된 제품/서비스 제공하기 위한 수단으로 활용 : 차별화 전략이란, 독특하고 차별화된 고품질의 제품 혹은 서비스를 낮은 가격으로 제공하는 것을 의미하는데, 정보기술은 고객의 요구에 맞는 차별화된 제품을 생산하고 서비스를 제공하는데 전략적으로 활용될 수가 있다. UPS사의 경우, 업계에서는 처음으로 독자적인 화물 자동추적시스템을 개발하여 차별화된 서비스를 제공

그림 4-10 UPS 화물 자동추적시스템

그림 4-11 아메리칸 에어라인(AA) 항공예약 및 연계서비스

함으로써 경쟁력을 확보할 수 있었던 것은 이에 대한 적절한 사례이다. 차별화된 서비스를 제공하기 위한 수단으로 시작된 정보기술이 차후에 핵심 수익원이 되는 경우도 있는데, 항공예약뿐만 아니라, 자동차 렌탈, 호텔예약, 쇼핑 등과 연계하여 부가 수익을 창출하고 있는 아메리칸 에어라인의 항공예약시스템의 경우는 이에 대한 좋은 예이다.

- 새로운 산업창출 수단 : 정보기술은 무한한 가능성을 제공한다. 뛰어난 컴퓨터 시스템 성능과 데이타베이스, 다양한 정보기술은 기존의 사업영역에 전략적으로 활용될 수 있을 뿐만 아니라, 전혀 새로운 사업영역을 개척하는데도 활용될 수가 있다.

(3) 경영혁신 도구로서의 정보기술

① 생명주기와 경영혁신

기업은 일종의 유기적인 조직체이기 때문에, 다음과 같은 생명주기에 따라서 도입 · 성장기, 고객만족 및 운영효율화 단계, 리뉴얼 및 철수단계를 거치며, 성장하고 발전한다.

모든 제품과 서비스마다 이와 같은 생명주기(Product and Services Life-Cycle)

그림 4-12 기업의 생명주기

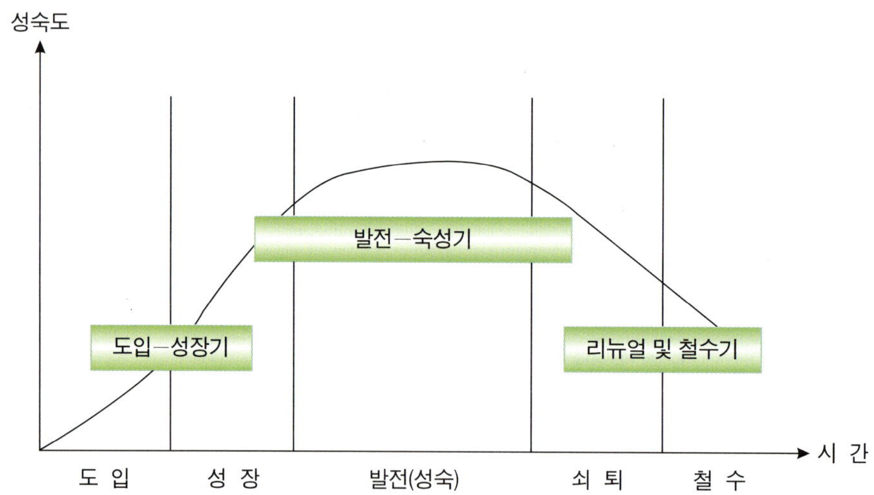

자료 : Geoffrey Moore, 2005

가 있는데, 중요한 것은 세부 생명주기마다 창출되는 핵심가치와 핵심가치 창출을 위한 활동이 다르다는 것이다. 이는 생명주기마다 적절한 혁신전략으로 접근해야 한다는 것을 의미한다. 예를 들어, 생명주기의 초기단계인 도입 · 성장기에는 많은 초기비용이 투입되었음에도 불구하고 아직 제품이나 서비스를 통해서 창출된 부가가치가 소요비용을 충당하지 못하는 시기이며, 발전 · 성장기로 진입하기 위해서 다른 기업의 제품 및 서비스와의 차별화 전략이 절실하게 요구된다. 도입 · 성장기의 대표적인 혁신전략은 제품혁신, 응용시스템 혁신, 플랫폼 혁신 등이다. 생명주기가 어느 정도 성숙기에 접어들어 목표로 하는 가치창출이 이루어지면 이를 지속적으로 유지하기 위한 다양한 혁신전략이 요구된다. 구체적으로 고객만족도를 향상시키기 위한 전략이나 가치창출 활동을 보다 효율적으로 수행하기 위한 운영활동 측면의 혁신전략이 요구되는데, 예를 들어, 가치공학 혁신, 시스템통합혁신, 프로세스 혁신 등이 이에 해당된다. 마지막으로 시장이 쇠퇴기에 접어들면, 현재의 상태에서 최소비용으로 최대수익을 얻기 위한 전략, 새로운 제품과 서비스와 연계하기 위한 전략, 시장에서 철수하기 위한 적절한 전략들이 요구된다. 다음은 생명주기에 따른 혁신전략을 정리한 것이다.

그림 4-13 생명주기와 영역별 혁신전략

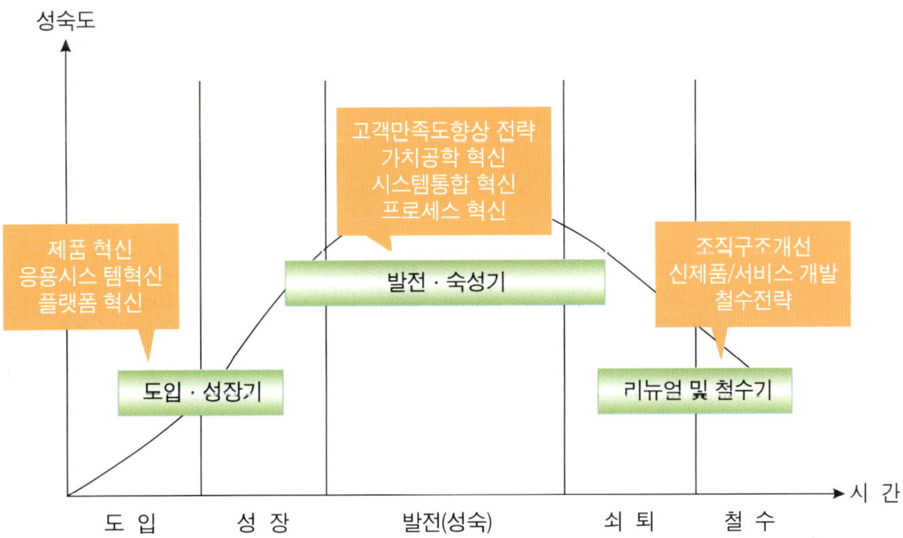

자료 : 손승희, 2007

② 혁신영역과 정보기술의 활용

위에서 보는 같이 생명주기와 경영혁신 영역별 혁신방안들은 주로 경영환경변화에 적응하기 위해서 기업의 체질을 개선하고 새로운 사업기회를 모색하며 지속적인 부가가치 창출을 위한 활동에 주로 정보기술이 활용된다. 먼저 생명주기 단계 및 혁신영역별로 활용되는 정보기술이 어떤 역할을 하는지 정리하면 다음과 같다.

- 도입 · 성장기 : 도입 · 성장기에는 새로운 제품과 서비스를 개발하여 부가가치 창출의 기반을 닦고 이를 실지로 시장에 출시하여 부가가치를 창출하는 활동들이 주로 수행된다. 이 단계의 경영활동은 기업의 경영환경변화와 경쟁업체의 상황 그리고 사회적 환경변화 등에 절대적으로 영향을 받기 때문에, 환경변화에 적응하여 새로운 부가가치 창출 기회를 포착하는 것이 중요하다. 도입 · 성장기의 혁신전략은 따라서 주로 차별화된 제품과 서비스를 제공하기 위한 전략들이며, 이러한 전략을 수행하는데 활용되는 정보기술은 기본 인프라를 구축하거나, 새로운 정보시스템을 구축하거나 혹은 새로운 기회를 포착하기 위한 수단으로 활용된다.

그림 4-14 ERP시스템과 경영혁신

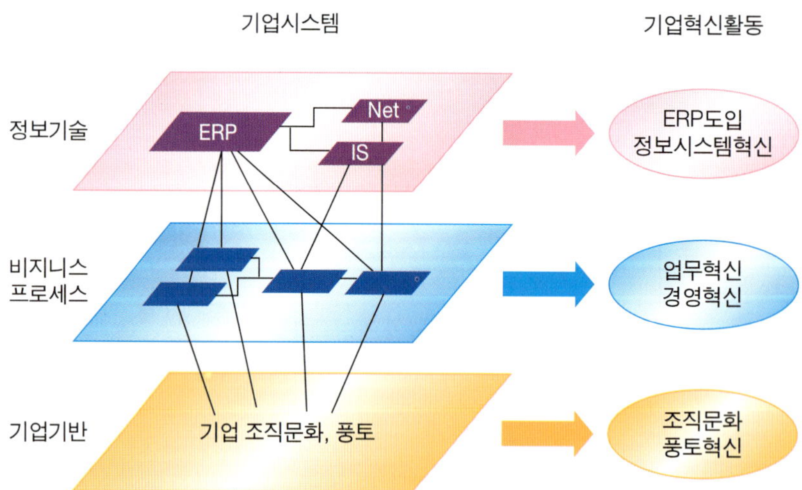

자료 : 손승희, 2007

- **발전 · 성숙기** : 발전 · 성숙기에는 기업의 목표가 어느 정도 달성되는 단계이기 때문에, 현재의 부가가치 창출 수준을 지속적으로 유지하기 위해서 효율적인 업무처리, 기업의 조직관리, 비지니스프로세스관리 등을 위한 정보기술들이 활용된다. 예를 들어, ERP시스템 도입은 기본적으로 글로벌 기업환경과 무한경쟁 속에서 살아남기 위해서 기업이 낭비적 요소를 제거하고 업무효율성을 높이기 위한 전략적 도구로 활용된다. 더 나아가서 ERP시스템에 내장되어 있는 기능을 통해서 신속하고 합리적인 의사결정을 지원하여 경영효율을 극대화하려는 것이 근본 목적이다. 특히, ERP시스템의 산업별 비지니스프로세스를 통해서 부가가치 창출 활동은 물론, 이와 연계된 모든 경영활동을 효율적으로 지원할 수 있는 공급사슬관리, 고객관계관리 등과 연계하여 경영혁신 도구로서의 역할이 더 증대될 것이다.
- **리뉴얼 및 철수기** : 리뉴얼 및 철수단계의 경영활동은 더 이상 부가가치 창출이 어려운 상황에서 새로운 경쟁력 있는 제품을 개발하거나 새로운 서비스를 제공할 수 있는 기회를 모색하거나, 현재의 제품이나 서비스 제공을 중단하고 철수하기 위한 방안들이 수행되는데, 이러한 위기의 원인은 주로 기업 환경변화로부터 기인하기 때문에, 리뉴얼 및 철수단계에서도 정보기술의 역할은 더욱 커질 것이다.

02 정보기술 기반구조

● 초기의 컴퓨터
방대한 양의 데이타를 신속하고 정확하게 처리하기 위한 기계

1952년 최초의 상업용 컴퓨터인 UNIVAC II가 등장한 이후부터 1970~80년대까지 컴퓨터는, '방대한 양의 데이타를 신속하고 정확하게 처리하기 위한 기계'라고 인식되어 왔다. 따라서 초기의 컴퓨터는 업무활동의 결과인 '나타난 사실(After the Facts)'을 처리하는 데이타처리 기계의 의미로 사용되었다. 그러나 1968년 Ted Hoff에 의해서 개발된 마이크로프로세서를 시작으로 Desktop Computers, LAN/WAN, Internet 등이 등장하면서 단순한 데이타처리 이상의 의미를 갖게 되

Case in Point

정보기술 도입사례 :
IBM 사내 서버통합 3,900대를 30여대 리눅스로 교체

IBM은 1990년대 중반에 겪은 경영위기 이후 전사적인 개혁에 강력한 드라이브를 걸고 있다. 2007년 말을 기준으로 1997년에 128명에 달했던 사내 IT시스템 책임자(CIO)가 단 1명으로 줄고, 155개의 데이타센터가 7개로, 15,000개의 애플리케이션이 4,700개로 축소된 점은 단적이 예이다.

사내 서버통합 프로젝트 'ECM' 추진 중

IBM은 지난 10년 동안 IT 시스템의 대대적인 통합을 수행했지만 아직도 수많은 서버와 애플리케이션을 운영하고 있다. 현재 IBM 사내에는 약 8,600대의 유닉스나 윈도우 서버가 있으며, 이들 대부분은 도입된 지 5년 이상이 지난 IBM p시리즈, x시리즈 등이다. IBM은 이에 따라 2007년 2월부터 사내 서버의 통합을 뼈대로 하는 ECM(enterprise computing model) 프로젝트를 추진하고 있다. IBM의 ECM 프로젝트는 2단계에 걸쳐 진행되고 있다. 1단계는 사내 시스템의 일부에 대해서 프로토타입을 만들어 PoC(proof of concept)을 실시해 통합 방법을 검증하는 것으로 2007년 2월부터 6개월간 진행됐다. 2단계는 실제 사내 시스템의 통합으로 일반적인 기업 시스템의 구축 프로세스를 확립하는 것으로 2008년 말까지 완료할 계획이다. IBM은 CPU 사용률이 낮은 서버(30% 이하)와, 제품수명이 끝난 서버(도입 후 5년 이상이 경과된 서버) 그리고 이행이 용이한 서버, 즉 자바 애플리케이션이 가동되는 서버 또는 ERP나 미들웨어가 가동되는 서버 등을 통합대상으로 선정했는데 그 규모는 약 3,900대에 이르렀다.

IBM은 이번 ECM 프로젝트에서 3,900여대의 서버를 30여대의 리눅스 메인프레임(정식명칭: Linux on system z)으로 통합할 계획이다. 이미 미국의 Poughkeepsie와 Boudler 등 두 곳의 센터에서 통합 작업에 나서 주로 로터스 도미노 서버와 웹스피어 애플리케이션 서버 등을 2007년 말까지 7대의 리눅스 메인프레임으로 통합했다. 2008년 들어서는 미국 사우스베리 센터의 서버통합을 실시하고 있다. IBM은 올해 안으로 미국 내에 있는 센터의 서버 통합을 완료하고, 이어 2009년부터 3년 간 해외 서버통합 작업을 실시할 계획이다. 아시아 지역에서는 일본 오사카의 난코 센터(사키시마 인공섬에 위치)가 대상이다.

분산환경에 비해 인건비 대폭 절감 효과

IBM은 이번 ECM 프로젝트의 수행으로 향후 5년간 약 2.5억 달러(약 2330억 원)의 비용 절감이 가능하다는 결론을 얻었다. IBM에 따르면 2.5억 달러의 내역 가운데 인건비가 전체의 54%로 가장 큰 비중을 차지한다. IBM 측은 "서버통합 이후 인건비는 분산서버 환경과 비교해 약 7분의 1에 불과하다는 결과를 얻었다"고 밝혔다. IBM은 또 이번 프로젝트의 성과로 현재 약 1,430만 달러의 연간 전력비용을 향후에는 약 280만 달러로, 연간 시설비용은 현재 약 1,930만 달러에서 약 290만 달러로 절감할 수 있을 것으로 내다보고 있다. 이러한 전력소비량을 CO2(이산화탄소) 배출량으로 환산하면, 연간 약 8,300톤의 CO2 배출을 절감할 수 있다고 한다. 이는 이승엽 선수가 활약하는 야구팀의 연고지인 도쿄돔(1,240,000 입방미터)의 3.4배에 달하는 양이다. IBM 측은 서버통합 프로젝트에 대해 "그 만큼 자연친화적인 데이타 센터를 운용할 수 있는 환경을 마련하는 것을 의미한다"고 설명한다.

▸ 컴퓨터월드, http://www.itdaily.kr/news/articleView.html?idxno=11910

었으며, 정보의 분배 및 공유를 위한 통신개념이 접목된 정보기술(Information Technology)이란 용어가 탄생되었다.

컴퓨터시스템의 도입 이후 과거 50년 동안 정보기술은 경쟁우위를 차지하고자 하는 기업들에게 큰 기회를 제공해온 것이 사실이다. 그러나 2000년대 이후 정보화 시대가 성숙기에 접어들면서 정보기술이 보편화되고 구축비용이 떨어지고 누구나 이용 가능해지면서 정보기술의 활용은 이제 일상이 되었다. IT전문가가 아니더라도, 복잡한 시스템의 기술적인 작동원리를 알지 못하더라도 복잡한 시스템을 이용하여 업무를 처리하는데 아무런 문제가 없다. 따라서 본 절에서는 정보기술 기반구조의 가장 기본적인 내용만을 중심으로 살펴보는 대신, 정보기술 플랫폼이라는 새로운 패러다임에 대해서 살펴보기로 하겠다.

2.1 하드웨어 기반구조

(1) 하드웨어

● 하드웨어
데이타를 수집, 가공처리, 저장, 공유하기 위해서 필요한 모든 물리적인 기계장치

● 중앙처리장치
컴퓨터시스템의 심장부에 해당되는 논리산술연산장치와 제어장치로 구성되어 있다.

● 논리산술연산장치
수리적인 사칙연산과 논리적인 연산을 수행하는 장치

① 하드웨어의 구성요소

하드웨어는 데이타를 수집, 가공처리, 저장, 공유하기 위해서 필요한 모든 물리적인 기계장치이며, 외부의 데이타를 읽어 들이기 위한 입력장치, 정보처리를 담당하는 중앙처리장치, 처리결과를 외부에 전달하기 위한 출력장치, 정보를 보관하기 위한 기억장치 그리고 외부와의 정보교환을 위한 통신장치로 구성되어 있다.

② 중앙처리장치

컴퓨터시스템의 심장부에 해당되는 중앙처리장치(CPU: Central Processing Unit)는 논리산술연산장치(ALU: Arithmetic/Logic Unit)와 제어장치(Control Unit)로 구성되어 있으며, 논리산술연산장치는 수리적인 사칙연산을 수행하는 산술연산과 비교 및 판단 등 논리적인 연산을 수행한다. 제어장치는 주기억장치에 저장된 프로그램의 명령을 호출하고 해독하여 각 장치들이 작업을 하도록 전달하고 조정하는 역할을 담당한다. 중앙처리장치 내의 작업과정은 하드웨어 구성요소의 역할과 작업과정은 다음과 같이 네 단계로 나뉘어 작동된다.

그림 4-15 하드웨어의 구성요소

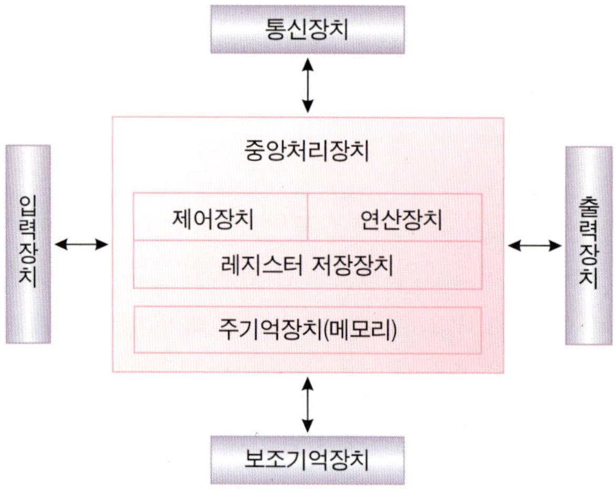

- 1단계(명령호출) : 제어장치는 실행할 프로그램과 명령을 메모리로부터 호출한다.
- 2단계(명령해독) : 작업을 수행할 중앙처리장치가 수행할 내용을 이해할 수 있도록 호출된 프로그램과 명령 내용을 해독한다.
- 3단계(명령실행) : 수행내용에 따라서 산술논리연산장치가 작업을 수행한다.
- 4단계(결과저장) : 작업 수행결과를 레지스터나 메모리에 저장한다.

명령을 호출하고 명령을 해독하는데 소요되는 시간을 명령시간(I-Time: Instruction-Time)이라 하고, 명령을 수행하고 처리결과를 저장하는데 소요되는 시간을 실행시간(E-Time: Execution-Time)이라 한다. 명령을 호출하고 해독하는데 소요되는 명령시간과 명령을 수행하고 결과를 저장하는데 소요되는 실행시간을 합하여 기계주기(Machine Cycle)라 하며, 기계주기는 1초당 100만개의 명령을 처리할 수 있는 시간을 나타내는 MIPS(Millions of Instructions per Second)을 이용해서 측정된다. 예를 들어, 2,000MIPS란, 1초에 20억 개의 명령을 수행함을 의미한다.

컴퓨터시스템의 처리속도는 기본적으로 기계주기에 의해서 결정되며, 기계주기는 CPU에서 일정 비율로 생성되는 전자펄스인 클럭속도(Clock Speed)에 의해서 좌우된다. 클럭속도는 일반적으로 메가헤르츠(MHz: Megahertz)로 측정된다. 1Hz는 1초 동안에 1사이클 주파수를 의미하기 때문에, 1MHz는 결국 1초 동안에 100

- **제어장치**
  주기억장치에 저장된 프로그램의 명령을 호출하고 해독하여 각 장치들이 작업을 하도록 전달하고 조정하는 장치
- **명령시간**
  명령을 호출하고 명령을 해독하는 데 소용되는 시간
- **실행시간**
  명령을 수행하고 처리결과를 저장하는 데 소용되는 시간
- **기계주기**
  명령시간과 실행시간을 합한 전체 시간

만 사이클의 주파수를 의미한다.

③ 메모리

메모리(Memory Storage)는 CPU칩과 마찬가지로 실리콘 칩 위에 데이타를 저장할 수 있는 기억소자가 삽입된 일종의 전자회로 판으로 모든 데이타가 'on', 'off'의 조합으로 표현되어 이 전자회로 판에 저장된다. 전자회로의 용량 즉, 실리콘 칩 위에 삽입된 기억소자에 따라서 결정된다.

메모리는 기억소자의 종류에 따라서 크게 두 가지 유형으로 구분된다. RAM(Random Access Memory)과 ROM(Read Only Memory). 컴퓨터시스템의 주메모리(Primary Storage)로 주로 사용되는 RAM은 휘발성 기억소자를 이용하여 만들어진 메모리로 저장된 내용을 언제든지 읽고 · 쓰는 것이 가능하지만, 이는 컴퓨터시스템이 작동되는 동안이며, 전원 공급이 중단되거나, 오작동 및 오류 등으로 인해서 컴퓨터시스템의 작동이 중단되면 저장내용이 없어진다. 그러나 비휘발성 기억소자를 이용하여 만들어진 ROM은 읽기만이 가능하지만, 전원 공급이 차단되더라도 저장내용이 영구히 보관되기 때문에, 주로 보조기억장치에 사용된다.

• 메모리
실리콘 칩 위에 데이타를 저장할 수 있는 기억소자가 삽입된 일종의 전자회로 판

• RAM
휘발성 기억소자로 만들어져 전원 공급이 중단되면 저장내용이 사라지며, 읽고 쓰는 것이 가능한 메모리

• ROM
비휘발성 기억소자로 만들어져 전원 공급이 중단되더라도 저장내용이 사라지지 않으며, 읽기만이 가능한 메모리

④ 입력장치

컴퓨터시스템을 이용함에 있어서 사용자들이 가장 먼저 접하는 입력장치(Input Devices)는 컴퓨터와 사용자를 연결하는 매개체로서 외부의 자료를 입력 받기 위한 모든 장치들이 포함된다. 입력 받고자 하는 자료의 형태에 따라서 입력장치의 종류가 달라지는데, 가장 일반적인 입력장치는 마우스와 키보드이다. 그러나 입력자료의 형태나 입력환경에 따라서 다음과 같은 다양한 입력장치들이 사용된다.

• 입력장치
컴퓨터와 사용자를 연결하는 매개체로 외부의 데이타를 받기 위한 모든 장치

- 마우스와 키보드(Mouse and Keyboard)
: 기호, 문자, 명령 등과 같은 가장 일반적인 데이타를 입력하기 위한 장치이며, 최근에는 인간의 신체공학과 연계하여 개발된 마우스와 키보드 등이 출시되고 있다.

인체공학적으로 설계된 마우스

- 언어인식장치(Speech-Recognition Technology) : 인간의 자연어를 디

• 언어인식장치
인간의 자연어를 디지털 신호로 변환하여 인식할 수 있도록 제작된 장치

지털 신호로 변환하여 인식할 수 있도록 제작된 장치로 휴대전화의 음성인식 서비스 혹은 차량 내의 길 찾기 서비스 등 다양하게 활용되고 있다.

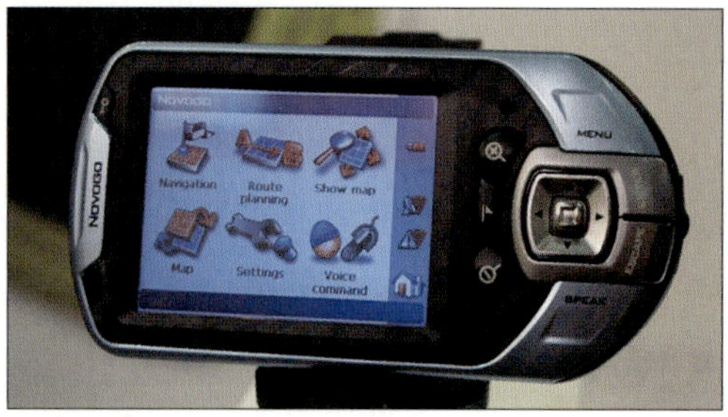

음성인식장치

- 디지털 카메라(Digital Camera) : 이미지나 오디오와 같은 형태의 자료를 디지털 형태로 저장하고 이를 사용하는 컴퓨터에 입력 받기 위한 장치이다.
- 터치센스 스크린(Touch-Sensitive Screen) : 화면의 일정 부분을 눌러 명령을 인식하여 수행하도록 제작된 입력장치로 레스토랑이나 호텔 등에서 고객의 주문 정보를 입력할 때 주로 사용된다.
- 바코드 스캐너(Barcode Scanner) : 레이저 스캐닝 기술을 이용하여 바코드 레이블에 저장된 자료를 인식하여 입력 받는 장치로 주로 판매시점관리(POS: Point Of Sales) 시스템 혹은 재고관리를 위해서 주로 활용된다.
- 자기문자인식장치(Magnetic Ink Character Recognition) : 자성의 미립자가 포함된 자기잉크로 중요 자료를 인쇄한 후, 이를 컴퓨터로 인식하여 입력 받는 장치로 1950년대 금융기관에서 종이수표나 은행업무를 효율적으로 처리하기 위

POS 장치

해서 개발된 장치로 은행에서 수표를 처리하는데 널리 활용되고 있다.

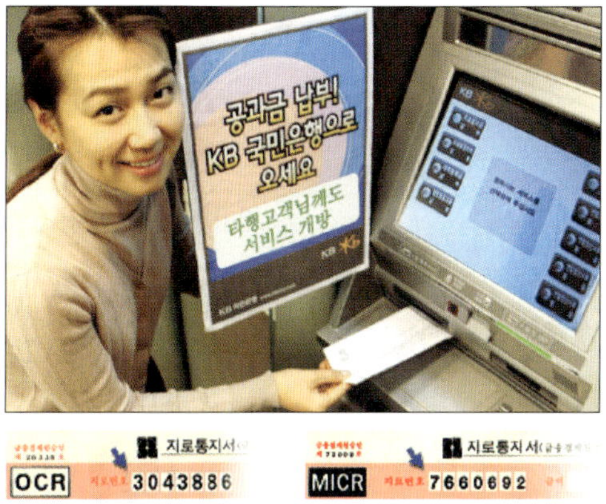

자기문자인식장치

- 펜 입력장치(Pen Input Devices) : 터치스크린과 마찬가지의 원리를 이용하여 화면의 특정 부분을 눌러 자료를 입력하고 명령을 수행하도록 하거나 펜으로 직접 글씨를 써서 이를 인식하여 받아 들이는 입력장치이다.

• 전파식별 장치
태그라고 불리는 마이크로칩에 저장된 정보를 식별장비를 이용해 판독하여 입력받는 장치

- 전파식별 장치(RFID: Radio-Frequency Identification) : RFID 태그라고 하는 일종의 마이크로칩에 저장된 중요 정보를 식별장비를 이용하여 판독하여 자료를 입력 받는 장치로 초기에는 식 · 의약품, 생산 및 재고관리 영역 등에서 주로 사용되었으나, 산업분야는 물론 일상적인 생활에서도 많이 활용되고 있다.

⑤ 출력장치(Output Devices)

사용자로부터 입력 받은 데이타를 가공하거나 명령을 수행한 결과는 다른 컴퓨터시스템에 다시 입력되거나 사용자에게 출력하는데 사용되는 제반 장치이며, 다음과 같은 장치들이 대표적이다.

- 디스플레이 모니터(Display Monitor)와 액정 디스플레이(LCD: Liquid Crystal Display)

전파식별 태그

액정 디스플레이

: 디스플레이 모니터는 TV 모니터와 같은 형태로 가장 일반적인 출력장치이다. 일반적인 디스플레이 모니터의 경우 음극선관(Cathode Ray Tube)를 이용하기 때문에, CRT 혹은 VDT (Video Display Terminals)이라고도 한다. 그러나 CRT 혹은 VDT의 경우 전자총을 이용하기 때문에, 전자총과 스크린 사이의 초소한의 거리가 확보하기 위해서 크기가 크고 평판화면에는 문제가 많았지만, 최근에는 평판화면(Flat Screen)이라는 기술이 등장하면서 CRT 화면의 문제점들이 해결되고 있다. 평판화면을 구현하기 위해서 가장 보편적으로 사용되는 것은 액정 디스플레이이며, 일반적인 컴퓨터에도 사용되고 있다.

● 플로터
주로 설계작업결과를 출력하기 위한 장치로 청사진이나 건물 혹은 신제품의 설계도면을 출력할 때 사용된다.

- 프린터(Printer)와 플로터(Plotter) : 화면출력 장치인 모니터와 함께 가장 일반적인 문서 출력장치는 프린터와 플로터이다. 플로터는 주로 설계작업결과를 출력하는 장치로 주로 청사진이나 건물 혹은 신제품의 설계도면을 출력할 때 사용된다. 프린터의 경우 출력용지에 상당한 제한이 있으나, 플로터의 경우에는 사용자의 요구에 따라 몇 인치에서 몇 피트에 이르는 플로터가 개발되어 사용되기도 한다.
- 디지털 오디오 플레이어(Digital Audio Player) : 디지털 오디오 플레이어는 디지털 자료를 저장하고 재생하는데 사용되는 장치이며, MP3(MPEG-1 Audio Layer-

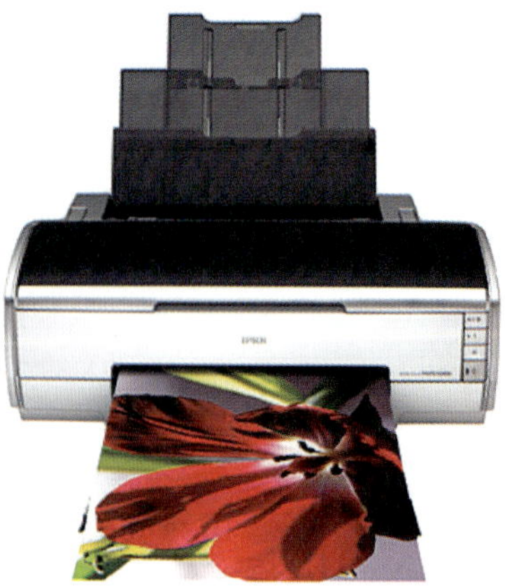
프린터와 플로터

• 디지털 오디오 플레이어
MP3 등과 같이 디지털 자료를 저장하고 재생하는 데 사용되는 장치

3)는 오디오 자료를 매우 작은 파일로 압축하였다가 이를 재생할 때 원래 수준의 음질로 재생시키는 대표적인 형식이다. 예를 들어, 애플사의 iPod는 이러한 형식으로 인터넷에서 음악을 다운로드하고 재생하는데 사용되는 대표적인 장치이다.

디지털 오디오 플레이어

⑥ 보조저장장치(Secondary Storage Devices)

CPU의 작동을 위해서 필요한 주메모리의 경우 기억용량에 한계가 있으며, 또한 휘발성 기억소자를 이용하기 때문에, 전원 공급이 차단되면 저장된 내용이 사라지는 문제가 발생한다. 컴퓨터시스템은 복잡하고 방대한 양의 데이타를 처리해야 하며, 의사결정이 필요한 시점까지 내용을 보관해야 하기 때문에, 전원 공급이나 컴퓨터시스템의 작동 여부와 상관없이 대용량의 데이타를 영구히 보관할 저장장치가 필요하다. 보조기억장치는 대용량의 데이타를 영구히 보관하기 위한 메모리로 주메모리와 비교하여 대용량의 데이타를 저장할 수 있을 뿐만 아니라, 주메모리보다 가격이 현저하게 저렴하기 때문에 용량 대비 경제적으로 내용을 저장할 수가 있다. 가장 일반적인 보조기억장치의 유형으로는 자기테이프, 자기디스크, 광디스크 등이 있다.

• 순차적 접근방법
데이타나 정보가 저장된 순서에 따라서만 접근이 가능한 방식

보조기억장치에 저장된 데이타나 정보에 접근하는 방법은 순차적 접근방법(Sequential Access)과 직접 접근방법(Direct Access)이 있는데, 순차적 접근방법은 데이나나 정보가 저장된 순시에 따라서만 접근이 가능한 방식이며, 직접 접근

보조기억장치의 유형
(자료 : R. Stair & G. Reynolds, 2008)

●직접 접근방법
저장된 데이타나 정보의 순서에 상관없이 원하는 데이타나 정보에 직접 법근하는 방식

방법은 저장된 순서와 상관없이 원하는 데이타나 정보에 직접 접근할 수 있는 방식으로 자기테이프의 경우에는 순차적 접근방식으로만 데이타나 정보를 읽을 수 있지만, 자기디스크나 광디스크의 경우에는 직접 접근방식에 의해서 원하는 데이타나 정보를 취득할 수 있다. 직접 접근방법은 순차적 접근방법보다 빠르다는 장점이 있다.

(2) 컴퓨터시스템의 유형

컴퓨터시스템의 유형은 사용자의 수에 따라서 단일 사용자 시스템(Single User Systems)과 멀티 사용자 시스템(Multi-User Systems)으로 구분된다. 단일 사용자 시스템과 멀티 사용자 시스템은 CPU 속도는 물론, 가격, 무게, 성능, 처리용량 등으로 구분되는 것이 보통이지만, 정보기술이 발전함에 따라서 속도 및 성능, 용량 등이 향상되고 있기 때문에, 컴퓨터시스템의 유형을 구분하는 것은 점차 의미가 없어지고 있다.

① 개인용 컴퓨터

개인용 컴퓨터(PC: Personal Computer)라 불리는 PC는 가격이 저렴하고 비교적 가벼운 소형의 컴퓨터시스템으로 단일 사용자를 타깃으로 개발된 시스템이다. 가장 일반적인 형태가 데스크탑 컴퓨터(Desktop)이지만, 다양한 목적과 다양한 환경에서 사용할 수 있는 개인용 컴퓨터들이 개발되어 사용되고 있다.

●핸드헬드 컴퓨터
신용카드 크기의 소형으로 주로 예약업무 및 처리결과 확인업무 등에 사용되는 단일 사용자 컴퓨터

- 핸드헬드 컴퓨터(Handheld Computer) : 핸드헬드 컴퓨터는 신용카드 크기의 소형 컴퓨터로 이용성이 뛰어난 단일 사용자 컴퓨터의 일종이다. 예약업무 및 처리결과 확인 등에 주로 사용되는 PDA(Personal Digital Assistant) 나, 이동전화, 디지털 카메라, 웹 브라우저, 전자메일, MP3 플레이어 등의 복합기능을 지원하는 스마트폰(Smart Phone) 등이 대표적인 핸드헬드 컴퓨터에 속한다.

스마트폰

- 랩탑 컴퓨터(Laptop Computer)와 노트북 컴퓨터(Notebook Computer) : 랩탑 컴퓨

터와 노트북 컴퓨터는 핸드헬드 컴퓨터보다는 크기가 크고 데스크탑 컴퓨터보다는 소형인 컴퓨터로 이동성이 뛰어나며, 데스크탑 컴퓨터와 비슷한 성능으로 진화하여 보편적으로 사용되고 있는 컴퓨터이다.

- 태블릿 PC(Tablet PC) : 태블릿 PC는 노트북과 마찬가지로 이동성이 뛰어난 단일 사용자 컴퓨터이며, 키보드 없이 사용자가 디스플레이 화면에 직접 글씨를 써서 데이타를 입력하는 방식과 전통적인 노트북과 펜 기반의 사용환경이 혼합된 방식인 태블릿 PC가 있다.

태블릿 PC

● 태블릿 PC
키보드 없이 사용자가 플레이 화면에 직접 글씨를 써서 데이타를 입력하거나, 기존의 노트북처럼 펜 기반으로 데이타를 입력하는 단일 사용자 컴퓨터

- 씬 컴퓨터(Thin Computer) : 씬 컴퓨터는 데스크탑 컴퓨터나 노트북 컴퓨터처럼 드라이브나, DVD 플레이어 등의 슬롯을 확장하지 않고 기본적인 기능만을 사용할 수 있는 단일 사용자 컴퓨터이다.
- 워크스테이션(Workstation) : 데스크탑 컴퓨터와 비슷한 크기의 단일 사용자 컴퓨터이지만, 성능을 뛰어난 단일 사용자 컴퓨터로 복잡한 수리계산이나 컴퓨터 설계 작업 등이 필요한 공학분야 혹은 시스템 개발 등 기술적인 작업을 하는 분야에서 많이 사용된다.

② 멀티 사용자 컴퓨터

멀티 사용자 컴퓨터는 다수의 사용자가 공동의 작업을 수행해야 하는 경우에 주로 사용되는 컴퓨터로 단일 사용자 컴퓨터보다 빠른 처리속도와 큰 메모리 용량이 요구되는 컴퓨터이다. 기본적인 유형은 서버, 메인프레임 컴퓨터, 수퍼컴퓨터 등이 있다.

- 서버(Servers) : 서버는 다수의 사용자가 네트워크에 동시에 접속하여 공동의 작업을 수행해야 하는 환경에서 사용되는 가장 일반적인 형태의 멀티 사용자 컴퓨터이다. 개별 작업자 컴퓨터를 클라이언트(Client)라고 하며, 개별 클라이언트는 중앙 서버에 접속하여 작업을 수행한다. 작업 수행결과는 개인 클라이언트 컴퓨터에 저장되는 것이 아니라, 중앙 서버에 저장되며, 모든 프로그램과 데이타와 정보는 중앙 서버에서 관리되고 통제된다.

- 메인프레임 컴퓨터(Mainframe Computer) : 메인프레임 컴퓨터는 수 많은 사용자들이 동시에 공동의 작업을 수행한다는 점에서 클라이언트/서버 환경과 비슷하다. 그러나 클라이언트/서버 환경에서의 클라이언트 컴퓨터는 자체적인 프로그램을 가지고 있으며, 서버에서 관리되는 프로그램을 호출하여 독자적인 기능을 수행할 수 있지만, 메인프레임 환경에서의 개별 작업자는 독자적인 기능을 수행할 수 없는 터미널(Terminals)을 이용하여 중앙컴퓨터에 접속하여 작업을 수행한다는 차이가 있다. 메인프레임 컴퓨터는 업무량이 많고 복잡하여 중 · 소형 컴퓨터로 처리할 수 없는 복잡한 업무를 처리하기 위해서 개발된 컴퓨터시스템으로 금융기관의 업무나 항공예약, 철도예약, 호텔예약 등의 업무처리에 사용된다.
- 수퍼컴퓨터(Supper Computer) : 수퍼컴퓨터는 처리속도가 가장 빠른 대용량의 초고속 컴퓨터로 과학기술분야의 복잡한 계산이나, 일기예보와 같이 대용량, 고성능의 정밀 작업이 필요한 분야에 사용된다.

2.2 소프트웨어 기반구조

● 소프트웨어
컴퓨터 하드웨어를 가동시키기 위해서 필요한 일련의 명령어들의 집합

컴퓨터 프로그램이라고도 불리는 소프트웨어는, 컴퓨터 하드웨어를 가동시키기 위해서 필요한 일련의 명령어들의 집합을 의미하며, 일반적으로 시스템 소프트웨어와 응용 소프트웨어로 구분되며, 각기 다른 기능을 갖는다.

시스템 소프트웨어는 중앙처리장치, 기억장치, 입 · 출력장치 등 하드웨어 구성요소를 효율적으로 사용하고, 일반 사용자들이 컴퓨터를 이용하여 작업하는데 편의를 제공하기 위해서 만들어진 프로그램이며, 응용 소프트웨어는 사용자들이 특정 업무를 처리할 수 있도록 특정 사용 목적에 맞도록 개발된 프로그램을 말한다. 컴퓨터시스템을 이용하기 위해서 필요한 운영체제나, 프로그램을 개발하기 위해서 필요한 언어번역 프로그램 등은 시스템 소프트웨어에 해당되며, 주문처리프로그램이나 워드 프로세서, 그래픽 프로그램 등은 응용 소프트웨어에 속한다.

(1) 시스템 소프트웨어

시스템 소프트웨어(System Software)는 하드웨어의 작동을 제어하고 통제하는 기본 기능과, 사용자들이 응용 소프트웨어를 쉽고 편리하게 사용할 수 있는 환경을 제공하는 기능을 동시에 수행하는 소프트웨어이다. 시스템 소프트웨어에는 하드웨어 구성요소를 관리하고 통제하기 위한 운영체제(OS)와, 응용 소프트웨어의 개발을 지원하고 기능을 수행하는 시스템개발 소프트웨어(System Development Software) 그리고 일상적인 업무를 수행하는 유틸리티 프로그램(Utility Program)이 있다.

● 운영체제
하드웨어를 통제하고 응용 소프트웨어와의 인터페이스를 제공해주는 역할을 하는 프로그램

① 운영체제

개인용 컴퓨터 사용자가 컴퓨터를 사용하는데 가장 먼저 접하는 것은 바로 윈도우즈(Windows)일 것이다. 윈도우즈가 실행되어야 사용자들은 비로서 원하는 작업을 수행할 수가 있다. 윈도우즈와 같이 하드웨어를 통제하고 응용 소프트웨어와의 인터페이스를 제공해주고 역할을 담당하는 프로그램을 운영체제라 하며, 운영체제는 일반적으로 다음과 같은 기능을 수행한다.

- 컴퓨터 하드웨어 구성요소가 수행하는 기능을 수행하도록 지원한다.
- 사용자 인터페이스를 제공한다(사용자 · 응용 소프트웨어, 응용 소프트웨어 · 하드웨어).
- 시스템 메모리를 관리한다.
- 업무처리과정을 지원한다.
- 파일관리를 지원한다.

② 운영체제의 유형

운영체제의 유형은 컴퓨터시스템의 종류와 컴퓨팅환경에 따라서 분류된다. 개

그림 4-16 시스템 소프트웨어의 역할

사용자 ←→ 응용 소프트웨어 ←→ 운영체제 및 시스템 소프트웨어 ←→ 

● 단일프로그램 OS
동시에 한 사용자가 한 개의 프로그램만을 사용하는 환경에서 사용되는 운영체제

● 멀티태스킹 OS
동시에 한 개 이상의 프로그램이 작동되는 환경에서 사용되는 운영체제

● 멀티프로세싱 OS
여러 개의 CPU가 동시에 작업하는 것을 조장하고 관리할 수 있는 운영체제

인용 컴퓨터처럼 한 사람의 사용자가 한 개의 프로그램만을 사용할 수 있는 경우와, 하나의 컴퓨터에서 한 개 이상의 프로그램을 동시에 사용할 수 있는 경우로 나뉘는데, 동시에 한 사람의 사용자가 한 개의 프로그램만을 사용하는 경우를 단일프로그램 OS(Single Program OS)라 하고, 동시에 한 개 이상의 프로그램이 작동되는 경우를 멀티태스킹 OS(Multitasking OS)라 한다. 예를 들어, 워드프로세스 작업을 하다가 스프레드시트 작업을 하기 위해서는 워드프로세스 작업에서 빠져나와 스프레드시트 프로그램을 주기억장치로 호출하여야 이용할 수 있는 경우는 단일프로그램 OS에 해당되며, 대형마트 내에 있는 수십 개의 단말기에서 판매관리 프로그램을 동시에 사용할 수 있는 것은 멀티태스킹에 해당된다. 또한 개인용 컴퓨터처럼 하나의 CPU가 장착되어 있는 것과 달리, 하나 이상의 CPU를 가진 컴퓨터를 멀티프로세서라고 하는데, 멀티프로세서에서는 CPU가 동시에 작동한다. 멀티프로세싱 OS(Multiprocessing OS)는 여러 개의 CPU가 동시에 작업하는 것을 조정하고 관리할 수 있는 운영체제이다.

③ 운영체제의 종류

초창기의 운영체제는 하드웨어 개발업체에서 개발되어 제공되었기 때문에, 컴퓨터 하드웨어와 운영체제는 컴퓨터 기종과 밀접한 관계가 있었으나, 최근에는 컴퓨터 기종에 관계없이 공동으로 사용할 수 있는 표준 운영체제가 개발되어 사용되

표 4-2 대표적인 운영체제의 종류

개인용	집단용	기업용
· Windows Vista	· Windows NT Server	· Windows Vista
· Window XP	· Windows 2003 Server	· Windows XP
· Windows Mobile	· Mac OS Server	· Windows Advanced Server
· Windows Embedded	· UNIX	· Limited Edition
· Mas OS	· Solaris	· UNIX
· Mac OS X	· Linux	· Solaris
· UNIX	· Red Hat Linux	· Linux
· Solaris	· Netware	· Red Hat Linux
· Linux	· IBM OS/390	· IBM OS/390
· Red Hat Linux	· IBM z/OS	· IBM z/OS
· Palm OS	· HP MPE/iX	· HP MPE/iX

고 있다. 〈표 4-2〉는 대표적인 운영체제를 개인용, 집단용, 기업용으로 분류하여 정리한 것이다.

④ 개인용 컴퓨터 운영체제

개인용 컴퓨터 운영체제는 마이크로소프트와 애플이 개발을 주도하고 있는 가운데, 현재 마이크로소프트는 개인용 컴퓨터 운영체제 시장의 93%의 시장점유율을 차지하고 있으며, 애플은 전체 시장의 3% 시장점유율을 차지하고 있다. 이외에 리눅스가 전 세계 운영체제 시장의 3% 점유율을 보이고 있다. 마이크로소프트와 애플 그리고 리눅스의 운영체제는 다음과 같다.

⑤ 마이크로소프트의 PC 운영체제

마이크로소프트사는 Windows 계열의 운영체제를 시리즈로 개발하고 있으며, 가장 일반적으로 사용되고 있는 운영체제는 Windows XP와 Windows Vista이다.

- 윈도우즈 XP(Windows XP) : 마이크로소프트사의 PC 운영체제 중에서 현재 가장 일반적으로 사용되고 있는 Windows XP는 기존의 Windows ME와 Windows 2000으로 나뉘었던 컴퓨터 기반 운영체제를 인터넷 사용 기반으로 개발된 운영체제이다. 기존 운영체제에 비해서 대용량으로 설치하는데 2GB의 하드드라이브 용량이 필요하며, 설치 후 효율적인 작동을 위해서 최소한 400MHz급 펜티엄3 프로세서에 128MB의 기본메모리가 요구된다.
- 윈도우즈 비스타(Windows Vista) : 윈도우 비스타는 마이크로소프트사가 개발한 가징 최신의 운영체제로서 Windows XP에 비해서 비교적 안정적이고 안전하다는 평가를 받고 있으며, 이전 버전에 비해서 향상된 그래픽 기능과 표시 기능을 제공하고 있어서 사용자 친화적 환경을 제공하고 있다.

⑥ 애플과 리눅스의 PC 운영체제

애플사의 대표적인 운영체제는 Mac OS이며, IBM 컴퓨터와 IBM과 호환성이 있는 컴퓨터의 운영체제 보급을 주도하고 있다. 마이크로소프트사의 Windows 계열의 운영체제와 비교하여 애플사의 운영체제인 Mac OS의 특징은 마이크로소프트사의 운영체제에서와 전혀 다른 사용자 인터페이스를 제공하며, 버튼, 스크롤바, 동영상 등 새로운 시각적 표현을 하고 있다는 것이다. 애플의 대표적인 운영

그림 4-17 마이크로소프트사의 Windows Vista

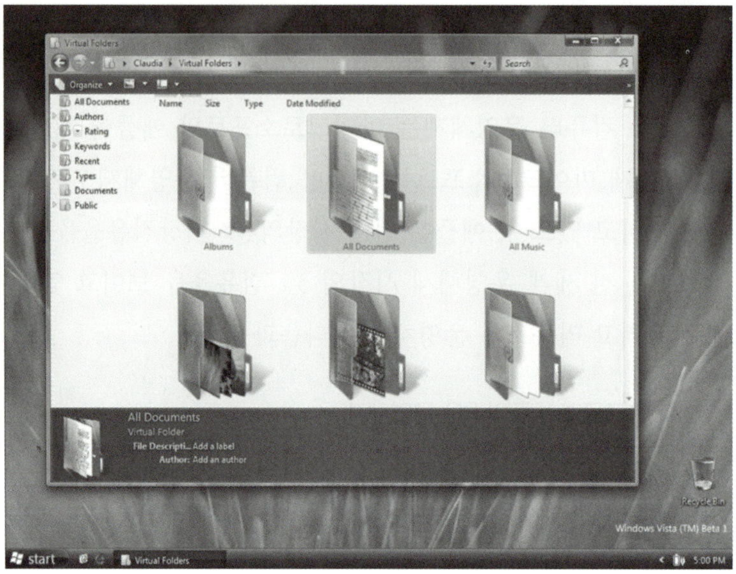

체제로는 Mac OS, Mac OS X 계열의 운영체제이며, Mac OS X.4(Tiger)라 불리는 운영체제가 최신 버전이다.

리눅스는 워크스테이션이나 개인용 컴퓨터에서 주로 사용되는 유닉스와 유사한 공개 운영체제를 개발하여 보급하고 있는데, 유닉스와 유사한 사용환경을 제공하고 있다. 그러나 유닉스의 경우 중대형 컴퓨터가 주요 사용대상이지만, 리눅스의 경우 소형 워크스테이션이나 개인용 컴퓨터를 대상으로 하며, 또한 공개기반의 무료로 제공된다는 점에서 연구기관과 교육기관에 널리 보급되고 있다. 리눅스의 대표적인 운영체제로는 Red Hat Linux와 Caldera OpenLinux 등이 있다.

● 집단운영체제
개인적인 업무처리환경이 아닌, 공동의 협동 업무환경을 충족시키기 위해서 개발된 운영체제

⑦ 집단운영체제

집단운영체제(Workgroup OS)는 개인적인 업무처리 환경이 아닌 공동의 협동 업무환경을 충족시키기 위해서 개발된 운영체제이며, 대표적인 집단운영체제는 다음과 같다.

- 윈도우즈 NT 서버(Windows NT Server) : LAN환경을 위해 개발된 서버 운영체제
- 유닉스(UNIX) : 워크스테이션과 네트워크 서버를 위해 개발된 전통적인 LAN용

운영체제이며, 멀티태스킹과 네트워킹을 지원하는 운영체제

- 리눅스(Linux) : 자발적인 프로그래머들에 의해서 개발된 운영체제이며, 무료로 제공되고 소스가 공개되어 있기 때문에, 누구든지 수정 가능한 운영체제
- 넷웨어(Netware) : 노벨사가 개발하여 보급하였으며, 복잡한 네트워크를 쉽고 용이하게 관리하기 위한 네트워크 전용 운영체제
- 레드햇 리눅스(Red Hat Linux) : 리눅스가 개발한 운영체제 중에서 웹 페이지를 관리하고 서버 클러스터를 관리하기 위해서 개발된 네트워크 전용 운영체제

● 기업 운영체제
업무환경이 복잡하고 대용량의 데이타를 고속으로 처리해야 하는 메인프레임환경을 위해서 개발된 운영체제

⑧ 기업 운영체제

기업운영체제(Enterprise OS)는 업무환경이 복잡하고 대용량의 데이타를 고속으로 처리해야 하는 메인프레임 컴퓨팅 환경을 위해서 개발된 운영체제를 말한다. 대표적인 기업운영체제는 마이크로소프트의 Windows NT Server, Windows Advanced Server, IBM의 OS/390, z/OS, HP의 MPE/iX, 리눅스 등이며, 이외에도 UNIX와 Linux, Solaris 등이 있다.

(2) 응용 소프트웨어

● 응용 소프트웨어
개인이나 집단 혹은 조직이 직면한 구체적인 문제를 해결할 목적으로 개발된 소프트웨어이며, 전용 소프트웨어와 범용소프트웨어로 구분된다.

우리들이 일반적으로 주변에서 사용하는 워드프로세스, 스프레드시트, 오락 및 통신 프로그램으로부터 기업에서 특정한 업무를 처리하기 위해서 사용하는 재고관리 프로그램, 주문처리 프로그램 등 모든 프로그램들은 응용 소프트웨어에 속한다. 응용 소프트웨어는 개인이나 집단 혹은 조직이 직면한 구체적인 문제를 해결할 목적으로 개발된 소프트웨어이며, 이는 전용 소프트웨어와 범용 소프트웨어로 구분된다.

- 전용 소프트웨어 : 최종 사용자의 목적에 맞게 개발된 소프트웨어이며 기업의 구체적인 경영활동을 수행하기 위해서 만들어진 사무용 소프트웨어(주문처리 프로그램, 재고관리 프로그램, 회계처리 프로그램), 과학계산용 전문 프로그램이나 교육 프로그램 등이 이에 속한다.
- 범용 소프트웨어 : 범용 소프트웨어는 사용자의 구체적인 사용목적이 정해진 것이 아니라, 사용자의 작업과정에서 공통적으로 사용되는 소프트웨어이며, 예를 들어, 워드프로세스, 스프레드시트, 데이타베이스관리시스템, 그래픽소

프트웨어, 통신소프트웨어 등이 이에 속한다.

응용 소프트웨어의 또 다른 분류기준은 개발된 소프트웨어의 소유권에 따른 것이다. 소프트웨어 자체에 대한 소유권에 따라서 다음과 같이 구분된다.

- 전유 소프트웨어(Proprietary Software) : 소프트웨어에 대해서 전적으로 소유권을 주장할 수 있는 소프트웨어
- 기성 소프트웨어(Off-the-Shelf Software) : 대가를 지불하고 소프트웨어를 사용할 수는 있으나 소프트웨어 자체에 대한 소유권을 주장할 수 없는 소프트웨어

> **●전유 소프트웨어**
> 소프트웨어에 대한 소유권을 전적으로 주장할 수 있는 소프트웨어

> **●기성 소프트웨어**
> 소프트웨어 자체에 대한 소유권은 주장할 수 없으나, 대가를 지불하고 독점으로 사용할 수 있는 소프트웨어

대부분의 전용 소프트웨어는 특정 목적에 맞게 자체적으로 개발하였거나 외부에 의뢰하여 개발된 소프트웨어이기 때문에, 주로 전유 소프트웨어에 속하며, 범용 소프트웨어는 일반 제품을 구입하듯이 소프트웨어 개발업체가 개발하여 판매하는 완성된 소프트웨어를 구입하여 사용하는 것이기 때문에, 기성 소프트웨어에 속한다.

전유 소프트웨어의 경우 특정 목적에 맞게 자체적으로 개발되거나, 외부의 아웃소싱을 통해서 개발된 소프트웨어이기 때문에, 개발과정에서부터 참여하여 사용자가 원하는 모든 기능이 제공되는 장점은 있으나, 소프트웨어 개발을 위해서 많은 시간과 비용이 소요된다는 단점이 있다. 반대로 기성 소프트웨어의 경우에는 이미 개발되어 있는 표준소프트웨어를 구입하는 것이기 때문에, 비용이 저렴한 장점은 있으나, 사용자의 특정 요구에 부합되지 않을 수 있으며 불필요한 기능에 대해서도 비용을 지불하거나 필요하지만 제공되지 않는 기능을 추가하기 위한 별도

그림 4-18 응용 소프트웨어의 종류

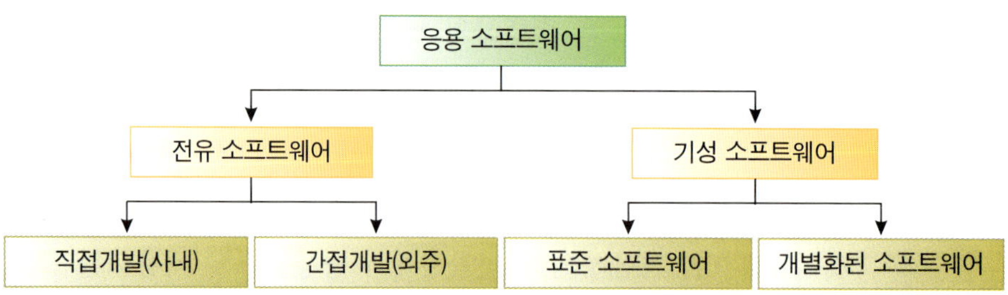

의 비용이 소요될 수 있다는 단점이 있다.

(3) 응용 소프트웨어의 유형과 종류

① 개인용 응용 소프트웨어

가정이나 학교 혹은 기업에서 개인 사용자들이 사용하는 응용 소프트웨어의 종류는 수없이 많다. 특정 작업을 수행하기 위해서 사용하는 수없이 많은 소프트웨어를 열거하고 분류하는 것은 따라서 무의미하기 때문에, 일반적으로 사용되는 응용 소프트웨어만을 열거하면 다음과 같다.

〈표 4-3〉은 개인 차원에서 사용되는 일반적인 응용 소프트웨어의 예를 보인 것이다.

② 기업용 응용 소프트웨어

기업 전체를 대상으로 할 때, 고객주문처리를 담당하는 작업자가 사용하는 프로그램, 발주업무를 담당하는 작업자가 사용하는 프로그램, 재고관리업무를 담당하는 작업자가 사용하는 프로그램 등 개별 영역의 수만큼 많은 응용 소프트웨어들이 존재할 수 있다. 물론 작업자마다 작업환경이 다르고 시스템 활용수준이 다르기 때문에, 각각 다른 프로그램을 이용하는 것은 가능하다. 그러나 작업자마다 사용하는 프로그램이 다르다면 기업의 중요 데이타와 정보는 일관성을 잃을 것이며,

표 4-3 개인용 응용 소프트웨어의 종류

소프트웨어 유형	설 명	소프트웨어의 예
워드 프로세싱	텍스트 중심의 문서 작성, 편집 및 출력	MS 워드, 한글
스프레드시트	수리 및 논리연산, 통계, 재무 등의 다양한 함수를 이용한 표 계산	엑셀, 로터스
데이타베이스	데이타의 저장, 수정, 변경 및 삭제 등 데이타 관리	액세스
온라인 정보서비스	상업용 서비스로부터의 정보 수집	아메리칸 온라인
그래픽	그래픽 및 그림 작업	일러스트레이터
…	…	…
재무관리	회계 및 재무 예산 관련 업무	매니징 유어 머니

통합적으로 관리될 수가 없으며, 데이타나 정보의 흐름 또한 유연하게 흘러갈 수가 없다. 따라서 기업 전체 차원에서 동일한 표준화된 시스템환경을 구축하고 기업 전체의 전사적 응용 소프트웨어를 사용하는 것이 바람직하다.

기업 전체의 전사적 자원을 효율적으로 관리하고 업무처리의 효율성을 높이기 위해서 ERP시스템을 도입하는 것은 이러한 이유에서이다. ERP 소프트웨어는 기업의 핵심 업무를 포함하여 전사적인 업무를 통합 · 관리하기 위한 소프트웨어 패키지로서 전사적 영역의 인적, 물적 자원 등 모든 경영자원을 체계적으로 관리함으로써 경영 효율성을 증대시키는 것을 목표로 하고 있다. [그림 4-19]는 대표적인 ERP시스템의 활용 예를 보인 것이다.

③ 특수 목적의 응용 소프트웨어

응용 소프트웨어는 작업자의 사용 목적에 따라 수없이 많은 종류가 있는데, 예를 들면, 의사결정지원을 목적으로 개발된 의사결정지원 소프트웨어, 컴퓨터에 인간의 지능을 이식한 것과 같은 특성을 활용하는 인공지능 분야의 인공지능 소프트웨어, 소프트웨어 개발을 지원하기 위한 소프트웨어 개발 소프트웨어, 자연어처리

그림 4-19 ERP시스템의 활용 예

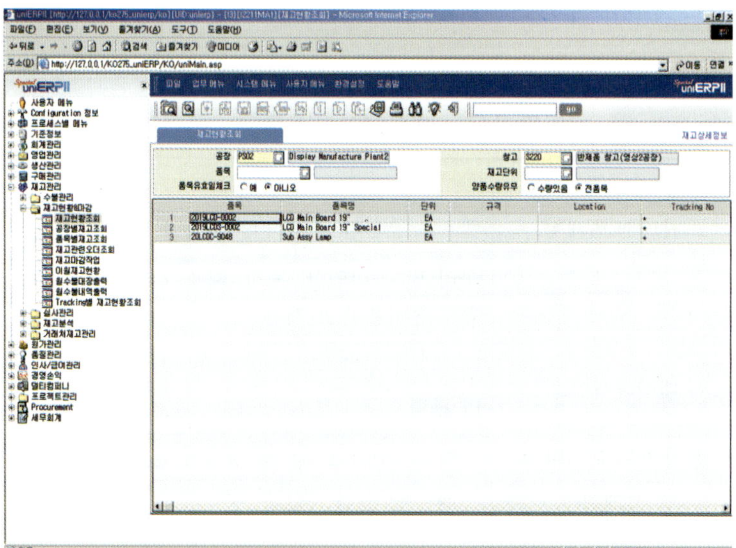

소프트웨어, 로보틱스 분야의 소프트웨어 등 특수 목적의 응용 소프트웨어는 사용자의 요구만큼이나 종류가 다양하다.

03 정보기술 플랫폼(IT Platform)

• 정보기술 분야의 플랫폼
컴퓨터 프로그램이 정상적으로 작동되고 실행될 수 있는 환경

앞 절의 하드웨어 기반구조에서는 하드웨어 구성요소와 구성요소의 작동원리, 컴퓨터시스템의 유형에 대해서 살펴보았으며, 소프트웨어 기반구조에서는 소프트웨어 유형과 유형별 소프트웨어 종류를 중심으로 살펴보았다. 하드웨어 구성요소들이 정상적으로 작동하기 위해서는 기본적인 PC 아키텍처가 있어야 하며, 또한 원하는 소프트웨어를 이용하기 위해서는 운영체제와 같은 또 다른 소프트웨어가 있어야 한다. 앞 절에서 구체적으로 지칭하지는 않았지만, 컴퓨터시스템을 이용하는데 전제가 되는 기본 환경을 플랫폼이라 하는데, 본 장에서는 플랫폼의 의미와 역할 그리고 플랫폼의 변화 방향성에 대해서 살펴보기로 하겠다. 특히, 다양한 플랫폼 중에서 모바일 환경에서의 소프트웨어 플랫폼과 웹 환경에서의 웹 플랫폼을 중심으로 살펴보기로 하겠다.

3.1 플랫폼의 개요

(1) 플랫폼의 정의

일반적으로 열차나 지하철에 탑승하기 위해서 대기하는 지정된 장소를 플랫폼(Platform)이라고 하며, 지정된 플랫폼 이외의 곳에서는 열차나 지하철에 탑승할 수 없다. 즉, 열차나 지하철을 이용하기 위해서는 우선 물리적인 플랫폼이 필요하며, 플랫폼에서의 기다림은 필수적인 조건인 셈이다. 그러나 IT분야에서 사용하는 플랫폼은 컴퓨터 프로그램이 정상적으로 작동되고 실행될 수 있는 환경을 의미하며, 일반적인 개념은 다음과 같이 정의된다.

"In computing, a platform describes some sort of framework, either in hardware or software, which allows software to run.(컴퓨팅 분야에서 플랫폼은 소프트웨어가 실행될 수 있는 하드웨어나 소프트웨어 프레임워크이다. 위키피디어(Wikipedia)).

(2) 플랫폼의 종류

① 하드웨어 플랫폼과 운영체제 플랫폼

소프트웨어 개발언어 혹은 소프트웨어 개발환경까지도 플랫폼에 포함시키기도 하지만, 플랫폼의 핵심은 소프트웨어가 실행되는 환경이다. 따라서 플랫폼의 범주에는 다음과 같은 영역이 포함된다. 예를 들어, PC의 CPU가 제공하는 아키텍처 위에서 BIOS와 같은 부팅 소프트웨어가 작동하며, 이 기반 위에서 각종 운영체제가 실행되고, 특정 운영체제 기반 위에 응용 소프트웨어들이 작동하기 때문에, PC의 CPU가 제공하는 아키텍처는 하드웨어 플랫폼(Hardware Platform)인 셈이고, 응용 소프트웨어를 작동하기 위해서 필요한 마이크로소프트의 윈도우즈, 애플의 OS/X, 선의 Solaris, Linux 등은 운영체제 플랫폼(OS Platform)에 해당된다.

일반적으로 운영체제는 모두 플랫폼이라 할 수 있다. Windows 계열의 운영체제는 Windows 계열의 프로그램을 실행시킬 수 있는 플랫폼이고, Linux는 Linux 프로그램을 실행시킬 수 있는 플랫폼이다. 자바 프로그램은 OS에 대한 종속성을 거의 없으나, 자바 런타임 환경없이 실행되지 않으므로 자바 런타임 환경도 일종의 플랫폼이다. 마찬가지로 닷 넷 프로그램도 닷 넷 런타임 환경없이 실행되지 않으므로 닷 넷 런타임 환경이 플랫폼이라 할 수 있다. VBA(Visual Basic for Application) 프로그램과 MS 오피스 COM API를 사용하는 프로그램이 MS 오피스가 없으면 실행되지 않기 때문에, MS 오피스를 플랫폼으로 하는 것과 마찬가지이다.

• 소프트웨어 플랫폼
JAVA, .NET framework와 같이 특정 소프트웨어를 작동하기 위해서 필요한 소프트웨어

② 소프트웨어 플랫폼

하드웨어 플랫폼이나 운영체제 플랫폼 이외에 특정 소프트웨어를 작동하기 위해서 필요한 소프트웨어들을 소프트웨어 플랫폼(Software Platform)으로 분류하기도 하는데, 예를 들어, 선의 자바(Java)나 마이크로소프트의 닷 넷 프레임워크(NET Framework) 등이 대표적인 예이다.

③ 웹 플랫폼

또한 월드 와이드 웹(WWW.)이 도래한 이후에는 HTML(Hypertext Markup Language)이라는 마크업 언어(Markup Language) 인식이 가능한 레이어로서의 브라우저들이 개발되었다. 그러나 점차 응용 소프트웨어들이 웹기반으로 전환되면서 이질적인 브라우저들 간에 괴리가 발생하게 되었다. 이러한 문제를 해결하기 위해서 웹 환경을 표준화하려는 움직임이 대두되었고, 그 결과 웹 표준화가 진행되어 표준화된 새로운 웹기반 응용 소프트웨어의 조류가 만들어지면서 '플랫폼으로써의 웹(Web as a Platform)' 개념이 등장하게 되었다. 즉, 웹 자체가 플랫폼으로서의 역할을 담당하고 있다.

(3) 플랫폼 계층구조

플랫폼은 플랫폼 위의 다른 플랫폼을 기반으로 할 수 있는 계층적 구조를 갖는다. 예를 들어, 자바 프로그램은 자바 런타임 환경이라는 플랫폼에서 실행되지만, 그 플랫폼 자체는 OS라는 플랫폼을 기반으로 실행되는 프로그램이다. 웹 플랫폼에 해당되는 웹 브라우저 또한 OS 플랫폼 위에서 작동되는 일종의 프로그램이며, VBA 프로그램의 플랫폼인 MS 오피스 프로그램 또한 OS 플랫폼 기반에서 작동하는 프로그램이기 때문에, 플랫폼 간의 상하 계층구조로 설명될 수 있다.

3.2 소프트웨어 플랫폼

(1) 소프트웨어 플랫폼의 의미와 역할

앞 절에서 설명한 바와 같이, 일반적으로 플랫폼은 응용 소프트웨어(애플리케이션)들을 사용하는데 필요한 하드웨어와 소프트웨어의 결합을 의미하기 때문에, 플랫폼은 크게 운영체제(OS)와 같은 소프트웨어 플랫폼과 컴퓨터 아키텍처와 같은 하드웨어 플랫폼으로 구분할 수가 있다. 일반 사용자들이 가장 쉽게 접하는 소프트웨어 플랫폼은 PC 아키텍처에서 구동되는 MS Windows이다.

기술적으로 소프트웨어 플랫폼은 마이크로프로세서와 다른 하드웨어를 작동하게 하는 소스코드와 컴퓨터시스템을 구동시키는 소프트웨어를 작성하는 프로그래밍 언어로 구성되어 있다. 다른 응용 소프트웨어를 사용할 수 있도록 서비스를 제공하는 운영체제와 같은 특수한 핵심 프로그램으로 이해할 수가 있다.

또한 소프트웨어 플랫폼은 소프트웨어의 일반적인 특징들을 모두 갖추고 있기 때문에, 산업적인 측면에서 독자적인 가치사슬을 보유하고 있는 동시에 가치사슬에 막강한 영향을 미치고 있다. PC의 Windows, 콘솔의 비디오 게임 플랫폼, 최근 OS 참여자 증가 등으로 소프트웨어 플랫폼은 기업의 수익성과 영향력 측면에서 점차 주요한 위치를 차지하고 있다. 이러한 소프트웨어 플랫폼의 수익성과 영향력은 소프트웨어 플랫폼이 보유하고 있는 공통적인 비지니스 모델에서 기인한다.

① 모바일 시장에서의 소프트웨어 플랫폼의 중요성

모바일 시장에서는 단말기 제조업체, 네트워크 서비스 제공업체, 소프트웨어 플랫폼 제공업체, 솔루션 및 애플리케이션 제공업체, 콘텐츠 제공업체 등 다양한 시장참여자가 존재하여 다른 시장에 비해 상대적으로 복잡한 가치사슬이 존재한다. 초기에는 서비스 사업자들이 자사의 서비스에 알맞는 미들웨어(Middleware) 성격의 모바일 플랫폼을 직접 혹은 외부 전문업체와 협력하여 공동으로 개발하였으나, 모바일 시장에 점차 다양한 멀티미디어 서비스가 채택되고, 멀티미디어 콘텐츠 사용증가, 단말기 개발기간 단축, 다양한 애플리케이션 및 솔루션에 대한 요구 증가, 데이타 처리 속도 및 메모리 증가, 무선 네트워크 속도 증가 등의 이유로 소프트웨어 플랫폼으로써 모바일 OS에 대한 필요성이 증대되어, 예를 들어, 스마트폰에 이러한 모바일 OS가 적용되어 출시되고 있다. 무선 인터넷 사용의 활성화를 통한 모바일 시장의 지속적인 성장에 따라 다양한 콘텐츠를 제공하고 애플리케이션을 이용하는데 소프트웨어 플랫폼이 가장 중요한 역할을 할 것으로 예상된다.

(2) 소프트웨어 플랫폼 전쟁

① 소프트웨어 플랫폼 전쟁의 배경

최근 IT업계의 가장 큰 화두는 '플랫폼의 승자가 누가될 것인가?'이다. 플랫폼의 문제는 곧 표준화를 의미하기 때문에, 이 문제는 플랫폼을 개발하고 자신의 플랫폼을 표준화하기 위해서 노력하는 거대 기업뿐만 아니라, 플랫폼 위에서 소프트웨어를 개발하는 중소 업체들에게도 매우 중요한 문제가 아닐 수 없다. 플랫폼에 따라서 자사의 서비스 범위가 달라질 것이며, 이에 따라 자사의 수익성이 영향을 받기 때문이다.

플랫폼은 결국 통일 혹은 표준화로 압축할 수 있는데, 이는 쉽지 않은 일이다. PC환경에서 마이크로소프트가 DOS로부터 시작하여 Windows 시리즈를 출시하면서 현재 전 세계 OS시장에서 93%의 점유율을 보이고 있기 때문에, 플랫폼의 표준을 이룬 대표적인 사례라 할 수 있을 것이다. 그러나 마이크로소프트가 OS 표준을 이루기까지는 큰 위험을 감수한 모험이었다. 아무도 퍼스널 컴퓨터의 일반화를 예상하지 못하고 있던 시기에 시장을 발견하고 기업의 온 역량을 투입했기 때문에 가능했다. OS 분야에서는 아마도 마이크로소프트의 독주가 당분간 지속될 것으로 보인다. 그러나 그 밖의 소프트웨어 분야에서는 모든 기업들이 표준화에 사활을 걸고 있기 때문에, 어느 기업 혹은 어느 한 소프트웨어가 표준화된 플랫폼으로 자리 잡기는 힘들 것이다.

② 소프트웨어 플랫폼 특허 출원

특히, 현대 사회를 지배하고 있는 웹 환경에서 소프트웨어의 개념이 '제품으로서의 소프트웨어'에서 '서비스로서의 소프트웨어' 개념으로 바뀌면서 이동형 소프트웨어 플랫폼 형식으로 변하고 있다. 따라서 제품으로서의 소프트웨어가 아닌 서비스를 제공한다는 차원의 이동형 소프트웨어 플랫폼과 서비스 제공 플랫폼 개발

표 4-4 이동형 소프트웨어 플랫폼 관련 특허출원 현황

기 술 분 야		미국	일본	한국	유럽	합계
워크벤치 사용자 인터페이스		2	6	13	1	22
이동형 소프트웨어 실행 엔진		18	3	4	1	26
이동현 소프트웨어 실행코드 포맷 변환기		4	5	2	–	11
브라우저기반 소프트웨어 실행엔진		20	27	29	2	78
주문형 소프트웨어 서비스시스템		50	61	30	29	170
가상 컴퓨팅 플랫폼		16	1	7	10	34
서버 관련 기술	자동 시험 환경 기술	26	13	2	1	42
	지식기반 소프트웨어 디렉토리 서비스	35	27	19	4	85
프로파일기반 개인맞춤형 서비스		130	73	38	39	280
합 계		301	216	144	87	748

에 기업들이 매진하고 있다. 전문자료에 의하면(전자통신동향분석, 2008), 마이크로소프트와 IBM이 이동형 소프트웨어 플랫폼 개발을 이끌고 있으며, 우리나라의 경우에도 현재까지 144건의 특허를 출원하여 미국과 일본의 뒤를 쫓고 있다.

기업별로는 마이크로소프트가 43건으로 가장 많은 플랫폼 특허를 출원했으며, IBM 38건, 일본의 NTT와 NEC가 각각 28건과 26건의 특허를 출원하였다. 한국의 경우 ETRI가 24건의 특허를 출원한 것을 시작으로 LG와 삼성이 각각 7건의 특허를 출원하여 플랫폼 전쟁에 뛰어들고 있다.

③ 소프트웨어 플랫폼 전쟁의 승자

IT산업을 선두하고 있는 기업들은 물론 중소 업체들까지 플랫폼 전쟁에 가담하고 있는 상황에서 플랫폼의 최종 승자는 하나가 아닐 것이다. 유력한 승자는 콘텐츠가 강한 구글, 고객 충성도와 브랜드 인지도가 높은 애플, 경험이 풍부한 야후, PC플랫폼의 독보적인 기업인 마이크로소프트 중에서 결정될 것이다. 그러나 위의 기업들 중에서도 다양한 콘텐츠를 제공할 수 있는 경쟁력 있는 기업만이 살아남게 될 것이며, 살아 남은 플랫폼은 표준화된 개발환경 및 사용환경을 제공하며 IT업계를 주도해 나갈 것이다.

3.3 웹 플랫폼

(1) 웹의 태동과 발전과정

오늘날 우리들이 일상적으로 사용하고 있는 웹은 리클라이더와 로버트 테일러와 같은 사람들이 컴퓨터의 가치는 양방향 커뮤니케이션 장치로 활용하는 것이 더 효과적이라는 미래 비전으로부터 출발하였다. 1960년대에 최초의 네트워크인 아파넷(ARPAnet)이 구축되었으며, 세월이 지나면서 이 네트워크는 대학, 연구기관, 방위업체 등과 연결되었다. 1990년까지는 과학자와 관료들의 커뮤니티를 네트워크로 연결하는 복잡한 시스템 형태였으며, 당시 주요 기능은 e-메일과 파일전송이었다. 1990년대 초 전 세계의 많은 컴퓨터들이 연결되었지만, 웹 정보를 공유하기에는 많은 어려움이 있었다. 특히, 장소를 이동하여 다른 컴퓨터에서 작업을 해야 했던 과학자들의 공동연구를 위해서 공통적인 시스템이 필요하다고 느낀 CERN(현재 유럽분자물리학연수소)의 팀 버너리스는 같이 작업하는 연구원들과 컴퓨터, 프로젝트 사이의 관련성을 기억하는 프로그램을 개발하였다. 그러나 여전히 세계 모든 컴퓨터에 저장되어 있는 정보들을 연결할 방법은 없었다. 팀 버너리스는 서로 관련성이 있는 정보들을 연결하기 위해서 하이퍼텍스트를 고안함으로써 인터넷과 하이퍼텍스트를 결합하여 전 세계에 흩어져 있어서 연결이 쉽지 않았던 문제점을 해결하려고 시도하였으며, 이러한 시도는 이후 서버와 브라우저 및 관련 소프트웨어들이 개발되면서 해결되기 시작하였으며, 웹 브라우저의 개발로 본격적인 웹의 시대가 열리게 되어 오늘에 이르고 있다.

(2) 플랫폼으로서의 웹 2.0

① 웹 2.0의 특징

지난 2000년 초 닷컴 버블의 붕괴로 웹 관련 기술과 인터넷 산업에 일대 전환기를 맞이하면서 기존의 웹에 대한 심각한 고민과 함께 새로운 고찰이 이루어졌다. 이러한 시도는 기존의 웹과 차별화하기 위해서 '웹 2.0'이라는 이름 하에 진행되었다. 웹 2.0이라는 용어를 처음으로 사용하기 시작한 팀 오라일러와 존 바텔은 웹 2.0 어플리케이션에 대해서 '플랫폼으로서의 웹'과 '네트워크 효과', '다양한 플랫폼(PC, PDA, 모바일기기)에 대한 통합적인 지원'을 강조하면서 웹의 플랫폼 중심의 참여형 네트워크를 강조하였다. 현재의 웹 2.0의 진화된 모습은 웹 1.0에 대응되는 개념보다는 기존의 웹 환경에서 사용자 중심의 정보검색 및 상호작용을 쉽게 하는 방향으로 진화하였으며, 웹 플랫폼 형태로 정보의 생성, 전파 및 공유가 자유로운 인터넷 환경을 통칭하는 용어로 사용되고 있다. 웹 플랫폼 기반의 웹 2.0의 특징은 다음과 같이 요약될 수 있다.

- 사용자의 지속적인 참여와 상호작용 : 사용자는 웹 플랫폼 위에서 제공되는 서비스를 지속적으로 이용할 수 있으며, 정보 간의 상호연결이 강화될 수 있다. 예를 들어, C2C 전자상거래를 통해서 판매되는 상품에 대해서 신규 구매자들에게 신뢰성 있는 정보를 제공하고, 판매자는 구매자들의 정보를 분석하여 구매자가 요구하는 제품을 제공할 수 있는 상호작용이 강화된 것이 대표적인 예이다.

- 정보의 접근성과 편리성의 극대화 : 구체적인 데이타를 소유하지 않지만 인터넷 환경에서 모든 사람들은 데이타를 사용할 수 있는 플랫폼을 제공할 수가 있다.
- 정보의 다양성과 정보의 품질 향상 : 정보가 수많은 참여자들의 상호작용과 참여를 통해서 생성되기 때문에, 정보의 다양성과 정보의 품질이 향상될 수 있다.
- 새로운 비지니스 모델의 창출 : 기존의 웹 환경에서는 비지니스에 대한 진입 장벽이 높았지만, 플랫폼으로서 웹은 개방된 데이타를 이용하고, 모든 소비자가 생산자가 될 수 있기 때문에, 새로운 비지니스 모델을 제공할 수가 있다.
- 웹 플랫폼 관련 기술의 진화 : AJAX, XUL(eXtensible User Interface Language – GUI를 정의한 XML 언어), RSS 등과 같은 웹 플랫폼을 지원하는 대표적인 open API 기술들이 개발되고 있다.

② 웹 플랫폼으로 성공한 기업

PC시대의 핵심 플랫폼은 운영체제(OS)였으며, 마이크로소프트는 OS라는 플랫폼을 지배하고 있다. 마이크로소프트는 자사의 운영체제의 기반 위에 응용소프트웨어들이 만들어 질 수 있도록 API(Application Programming Interface)를 공개함으로써 지금까지 소프트웨어 산업분야에서 주도적인 역할을 하고 있으며, 소프트웨어 산업분야에 막대한 영향력을 행사하고 있다.

그러나 웹 2.0 환경에서는 사용자의 참여와 정보를 공유할 수 있는 웹을 플랫폼화하여 그곳에서 사용자들이 활동할 수 있는 공간을 제공하고 창조적 작업을 할 수 있는 도구를 제공하는 것이 중요하기 때문에, 마이크로소프트를 비롯하여 많은 기업들이 정보의 생산 · 소비 · 유통 네트워크를 형성하기 위해서 노력하고 있다. 이러한 시대적 환경변화에 빠르게 대처한 기업들이 구글, 유튜브(YouTube), 플리커(Flickr), 아마존(Amazon) 등이다.

2004년에 상장한 구글은 상장 1년 만에 미국 내 20대 기업에 든 최초의 기업으로 그리고 상장 1년 만에 시가총액 천억 달러를 달성한 최초의 기업으로 알려져 있다. 이러한 시가총액은 제너널 모터스(GM)의 9배에 달하는 규모에 달하기 때문에, 웹 2.0 기업이 산업에 미칠 영향은 짐작하고도 남음이 있다. 유튜브의 경우에도 처음에는 직원 20여명의 벤처기업으로 시작하였으나, 1년 6개월 만에 수 천만 명의 독점적인 사용자를 확보하는 기업으로 성장하였다.

우리나라의 경우 네이버나 다음 그리고 싸이월드 등은 웹 2.0이라는 말이 나오기 이전부터 블로그, 미니홈피, 지식검색 등 웹 서비스를 통해서 사용자들의 참여를 유도하며 성장하고 있는 대표적인 웹 2.0 선두기업이라 할 수 있다.

(3) 미래의 웹 플랫폼으로서의 모바일 웹 2.0

웹 2.0 환경은 인터넷을 기반으로 하고 있기 때문에, 인터넷 사용환경 변화에 민감하게 반응할 것이다. 최근 무선 인터넷의 인프라가 성숙단계에 이르고 있고 휴대 단말기에서의 웹 이용에 대한 요구가 커지고 있기 때문에, 현재의 웹 2.0 환경은 모바일 웹 환경으로의 이동은 필연적인 결과일 것이다.

그러나 아직까지 모바일 환경에서의 웹 응용과 웹 활용 그리고 모바일 웹을 이용한 신규 비지니스 창출은 미비한 수준이다. 이러한 문제의 대표적인 원인은 모바일 웹 이용에 대한 표준이 없으며, 비싼 요금과 통신속도 그리고 불편한 사용자 인터페이스 등이다. 예를 들어, 모바일 웹은 휴대성과 이동성이라는 장점을 제외하고 단말기, CPU 성능, 저장 공간, 화면크기, 네트워크 속도 등에서 많은 차이가 있기 때문에, 상당한 제약이 따른다. 그러나 초근의 정보통신 기술의 발전 추이를 볼 때, 초고속 무선 인터넷의 보급이나 모바일 단말기의 고성능화, 모바일 단말기의 컨버전스화 등은 더 이상 걸림돌이 되지 않을 것은 분명하다. 새로운 수익모델 창출도 큰 문제가 되지 않을 것이기 때문에, 모바일 웹 2.0은 미래의 새로운 웹 플랫폼으로서 역할을 하게 될 것이며, 새로운 블루오션 영역이 될 것이다.

SUMMARY 요 약

정보기술은 좁은 의미에서 현실세계에서의 단순한 관찰이나 측정을 통해서 수집한 데이타를 의사결정에 활용할 수 있는 가치 있는 정보로 변환하는데 사용되는 기술로 이해할 수 있지만, 넓은 의미의 정보기술은 데이타를 수집하고 가공하는 기술은 물론, 데이타를 수집, 가공하고 저장하며, 다른 사용자들과 공유하는데 사용되는 제반 기술로 이해할 수가 있다.

정보기술은 넓은 의미로 이해할 때, 정보기술의 구성요소는 다음과 같다.

- 하드웨어 : 데이타를 수집하고 가공처리하며 저장하는데 활용되는 기본 컴퓨터 장비와 이를 공유하고 전파하는데 활용되는 제반 기계장치
- 소프트웨어 : 하드웨어를 활용하는데 필요한 제반 컴퓨터 프로그램
- 데이타베이스 : 데이타와 정보를 체계적으로 저장하고 관리하기 위한 기술
- 정보통신, 네트워크, 인터넷 : 데이타의 수집 및 가공 처리한 결과를 다른 사용자들과 공유하기 위해서 필요한 제반 기술과 장비
- 사용자 : 하드웨어나 소프트웨어를 이용하여 데이타를 입력하고 가공 처리된 결과를 활용하여 의사결정을 내리는 사람
- 업무규칙 및 절차 : 정보기술을 활용하는데 있어서 필요한 업무규칙과, 정보기술의 운영, 관리, 보안 등과 관련된 제반 전략과 방법

정보기술은 초기에는 컴퓨터 관련 전문교육을 받은 전문가들의 전유물로 여겨져 왔으나, 현대 정보화 사회에서는 정보기술이 확대 보급되고, 사용환경이 간편해지면서 정보기술은 기본적인 삶을 영위하거나, 기업을 경영하는데 필요한 도구로 인식되고 있다. 특히, 정보기술의 활용이 보편화되고 있는 요즘은 기업들은 정보기술을 다음과 같이 인식하고 전략적으로 활용하고 있다.

- 부가가치 창출 및 지원수단으로서의 정보기술
- 경쟁력의 원천으로서의 정보기술
- 경영혁신 도구로서의 정보기술

정보기술의 핵심 기반구조 중에서 하드웨어는 데이타를 수집, 가공처리, 저장, 공유하기 위해서 필요한 모든 물리적인 기계장치이며, 외부의 데이타를 읽어 들이기 위한 입력장치(마우스와 키보드, 언어인식장치, 디지털카메라, 처치스크린, 바코드 스캐너, 자기문자인식장치, 펜 입력 장치, 전파식별 장치), 정보처리를 담당

하는 중앙처리장치(제어장치, 연산장치, 레지스터, 주기억장치), 처리결과를 외부에 전달하기 위한 출력장치(디스플레이 모니터와 액정 디스플레이, 프린터와 플로터, 디지털 오디오 플레이어), 정보를 보관하기 위한 기억장치 그리고 외부와의 정보교환을 위한 통신장치로 구성되어 있다.

컴퓨터시스템의 유형은 사용자의 수에 따라서 단일 사용자 시스템(핸드헬드 컴퓨터, 랩탑 컴퓨터, 태블릿 PC, 씬 컴퓨터, 워크스테이션)과 멀티 사용자 시스템(서버, 메인프레임 컴퓨터, 슈퍼 컴퓨터)으로 구별되고, 단일 사용자 시스템과 멀티 사용자 시스템은 CPU속도, 가격, 무게, 성능, 처리용량 등으로 구분되는 것이 보통이지만, 정보기술이 발전함에 따라서 속도 및 성능, 용량 등이 향상되어 컴퓨터시스템의 유형을 분류하는 것은 큰 의미가 없어지고 있다.

컴퓨터 프로그램이라고도 불리는 소프트웨어는 컴퓨터 하드웨어를 기동시키기 위해서 필요한 일련의 명령어들의 집합이며, 일반적으로 시스템 소프트웨어와 응용 소프트웨어로 구분된다. 대표적인 시스템 소프트웨어에는 운영체제(OS)가 있으며, 대부분의 운영체제는 컴퓨터 하드웨어의 구성요소가 제대로 작동하도록 지원하는 역할과 사용자 인터페이스를 제공하고, 시스템 메모리를 관리하며, 업무처리과정을 지원하는 역할을 담당한다. 운영체제의 종류는 개인용(Windows XP, Vista, OS, Mac OS/x, Red Hat Linux 등), 집단용(Windows NT Server, UNIX, Linux, 넷웨어, 레드햇 리눅스) 그리고 기업용(Windows NT Server, IBM의 OS/390, z/OS, MPE/iX)으로 분류되는데, 동시에 한 사람의 사용자가 한 개의 프로그램만을 이용하는 단일프로그램 OS와, 동시에 한 개 이상의 프로그램이 작동되는 멀티태스킹 OS로 구분된다.

응용 소프트웨어는 전용 소프트웨어와 범용 소프트웨어 구분되는데, 분류기준은 기업의 경영활동을 지원하기 위해서 개발된 주문처리프로그램, 재고관리프로그램, 회계처리프로그램과 같이 최종 사용자의 목적에 맞게 개발된 소프트웨어를 전용 소프트웨어라 하고, 일반적인 사용자의 작업과정에서 공통적으로 사용되는 워드프로세스, 스프레드시트, 그래픽소프트웨어 등과 같은 소프트웨어를 범용 소프트웨어라 한다.

컴퓨팅 분야에서 사용하는 플랫폼의 의미는, 소프트웨어가 실행될 수 있는 일종의 하드웨어나 소프트웨어 프레임워크이다. 예를 들어, PC의 CPU가 제공하는 아키텍처 위에서 BIOS와 같은 부팅 소프트웨어가 작동하고, 그 기반 위에서 각종 운영체제가 작동한다. 또한 운영체제 위에서 사용자들은 각종 응용 소프트웨어를 이용할 수가 있다. 이때

PC의 CPU가 제공하는 프레임워크가 하드웨어 플랫폼이며, 응용 소프트웨어가 작동하기 위해서 필요한 Windows XP 혹은 Windows Vista, OS/X, Solaris, Linux 등이 소프트웨어 플랫폼 중에서 운영체제 플랫폼에 해당된다.

소프트웨어 플랫폼은 소프트웨어의 일반적인 특징들을 모두 갖추고 있으며, 다른 응용 소프트웨어를 활용할 수 있는 기본 전제가 되기 때문에, 기업의 수익성과 관련 업계에 막대한 영향력이 있다. 따라서 어떤 기업이 소프트웨어 플랫폼 전쟁에서 승자가 되느냐에 따라서 업계의 판도가 달라질 것이다. 예를 들어, 현재 PC환경에서 마이크로소프트는 DOS로부터 시작하여 Windows 시리즈의 운영체제를 출시하면서 전 세계 운영체제에서 93%의 시장점유율을 차지하고 있다. 그러나 IT업계에서는 영원한 승자도 영원한 패자도 있을 수 없다. 콘텐츠가 강한 구글, 브랜드 인지도가 높은 애플, 경험이 풍부한 야후, PC플랫폼에서 독보적인 마이크로소프트 중에서 다양한 콘텐츠를 제공하고 강력한 플랫폼을 개발하는 기업만이 살아남을 것이며, 살아 남은 플랫폼은 표준화된 개발환경과 사용환경을 제공하며 소프트웨어 개발시장을 주도해 나갈 것이다.

개별 PC환경이 웹 환경으로 변화하고, 웹 기반 응용 소프트웨어들이 개발되기 시작하면서 웹의 중요성이 강조되고 있다. 시대적인 흐름에 맞추어 웹 2.0이라는 새로운 웹 환경이 플랫폼으로 자리잡고 있으며, 웹 2.0은 기존의 웹과 비교하여 다음과 같은 특징을 갖는다.

- 사용자의 지속적인 참여와 상호작용 유도
- 정보의 접근성과 편리성 극대화
- 정보의 다양성과 정보의 품질 향상
- 새로운 비지니스 모델의 창출
- 웹 플랫폼 관련 기술의 진화

또한 웹 2.0 환경이 기반으로 하고 있는 인터넷 사용환경이 바뀌면서 모바일 웹 2.0이 미래의 새로운 웹 플랫폼으로 등장하고 있다.

연 습 문 제

01. 정보기술의 개념을 넓은 의미에서 정의하고, 정보기술의 핵심 구성요소에 대해서 설명하시오.

02. 정보기술 자체를 목적으로 하는 IT기업이 아닌 일반기업에서 정보기술의 의미와 역할에 대해서 ① 부가가치 창출 및 지원수단 관점과, ② 경영혁신 도구 관점에서 설명하시오.

03. 기업의 생명주기를 세 단계로 구분하고 각 단계에서 정보기술이 어떤 역할을 담당할 수 있는지 설명하시오.

04. 하드웨어의 핵심 구성요소의 작동원리와 과정을 설명하시오.

05. 중앙처리장치, 입력장치, 출력장치, 기억장치에 해당되는 대표적인 최신 장치들을 열거하고 어떻게 활용되는지 설명하시오.

06. 컴퓨터시스템의 유형을 ① 단일 사용자 유형과, ② 멀티 사용자 유형으로 구분하여 설명하시오.

07. 소프트웨어의 유형을 구분하여 설명하고 각각의 기능을 설명하시오.

08. 운영체제는 대표적인 시스템 소프트웨어로서 다른 응용 소프트웨어를 사용하기 위해서 필수적으로 요구된다. 운영체제의 기능에 대해서 설명하시오.

09. 운영체제의 유형을 ① 개인용, ② 집단용, ③ 기업용으로 나누어 어떤 운영체제들이 있는지 조사하시오.

10. 응용 소프트웨어를 구분하는 두 가지 기준에 대해서 설명하고 각각의 분류기준에 해당되는 대표적인 소프트웨어에 어떤 것들이 있는지 설명하시오.

11. 정보기술 플랫폼의 의미와 역할 그리고 중요성에 대해서 설명하시오.

12. 소프트웨어 플랫폼의 의미와 역할에 대해서 설명하고, 소프트웨어 플랫폼의 파급효과에 대해서 설명하시오.

13. 플랫폼으로서의 웹의 진화과정에 대해서 설명하시오.

14. 운영체제 플랫폼으로 성공한 사례기업과 웹 플랫폼으로 성공한 사례기업을 각각 조사하여 플랫폼 개발 과정과 기업 전략에 대해서 설명하시오.

참고문헌
Refereces

- 김우주 외 역, 경영정보시스템-디지털 기업경영, 사이텍미디어 2006.
- 서용호 외, e-비지니스 시대의 경영정보시스템, 한경사 2007.
- 이준기 외, 웹 2.0 비지니스전략, sigma insight 2006.
- 한재민, 경영정보시스템 2판, 학현사 2000.
- 홍일유, 디지털 기업을 위한 경영정보시스템, 법문사 2005.
- J.A.O' Brien, *Introduction to information systems*, 12th, McGraw-Hill 2005.
- R.Stair & G.Reynolds, *Fundamentals of information systems*, 4th, Thomson 2008.

제5장 데이타 자원 관리

학습 개요 및 목표

모든 경영자와 관리자는 오늘날과 같이 고도의 경쟁 체제에서 데이타 자원이 조직의 사활에 필수적임을 인식하고 있다. 데이타와 그로부터 유도된 정보는 고객만족의 향상, 팀워크 지원, 새로운 상품과 시장 개발, 그리고 빠른 시장 대응과 같은 경쟁적 이니셔티브에 반드시 필요하다. 물론 데이타는 그것이 정확하고 필요할 순간에 제공될 수 있을 때에만 가치가 있다. 바로 이점이 조직이 데이타를 목적에 맞게 조직하고 관리하여야 하는 이유이다. 오늘날 데이타베이스 기술은 조직의 데이타와 정보를 구축하고 관리하는 표준적 기술이 되었다.

데이타베이스 접근방법은 조직 전체에 걸쳐 데이타를 통합하여 공유하는 것을 기본으로 한다. 1980년대 초만 하여도 이 방법은 최고 경영자를 비롯하여 사고방식의 대전환을 요구하는 것으로 여겨 졌다. 그러한 변화가 많은 조직에서 어렵게 받아들여 졌다. 그러나 현재는 거의 모든 조직이 정보를 경쟁의 무기로 삼아야 한다는 사실을 받아 들이고 정보의 공유를 가능토록 데이타베이스 기술을 사용하고 있다. 이 장에서는 조직의 데이타 관리가 컴퓨터 기술의 발전에 맞추어 발전하는 과정을 크게 데이타베이스 이론과 기술에서 데이타 웨어하우스 개념과 기술로 나누어 설명한다. 이러한 기업 및 조직에서의 데이타 자원관리 기술과 이론에 이해를 돕기 위한 이 장의 구체적 학습 목표는 다음과 같다.

- 조직 특히 기업에서의 데이타 자원관리의 중요성을 이해한다.
- 데이타베이스 시스템의 이론과 기술을 살펴본다.
- 데이타베이스 시스템 개발 과정을 살펴본다.
- 데이타베이스 설계에 대하여 이해한다.
- PC 환경에서의 데이타베이스 시스템의 실행에 대하여 경험한다.
- 조직에 축적된 데이타를 의사결정에 활용하는 데이타 웨어하우스를 이해한다.
- 온라인 분석 처리 기술에 대하여 살펴본다.

데이타베이스 관리시스템

최근 데이타베이스 기술 시장은 단순히 조직의 방대한 양의 데이타를 관리하는 데이타베이스 관리시스템(DBMS) 시장 뿐만이 아니라 다양한 정보의 관리는 물론 비지니스 환경 변화에 대한 기업들의 효율적 의사결정을 위한 효과적 정보활용을 지원하는 데이타 웨어하우스(Data Warehouse)와 비지니스 인텔리전스(Business Intelligence) 시장으로 영역을 넓히고 있다. 데이타 관리측면에서 빠른 속도로 증가하는 정형 및 비정형 데이타의 통합 관리가 실시간으로 이루어 지며 동시에 데이타베이스 관리의 자동화 및 컴플라이언스(Compliance) 대응을 위해 복제나 아카이빙(Archiving) 기능이 강화되고 있다. 또 의사결정 지원측면에서는 데이타 중복 배제와 표준화를 통해 실시간 기업 정보 분석 요구에 대응하기 위한 데이타 통합 수요에 부응하고 있다.

DBMS와 관련 소프트웨어의 수요가 증가하는 추세에 있으며 업체들의 경쟁도 치열해 지고 있다. 아래의 표에서 보는 것과 같이 현재 DBMS 시장 판세는 1강 2중 체제다. 세계적으로 오라클이 부동의 1위를 달리고 있고 IBM과 MS가 그 뒤를 추격 중이다. 이 같은 판도는 꽤 오랜 역사를 가지고 있다. 최근 MySQL로 대표되는 오픈소스 DBMS가 새로운 변수로 떠오르고 있다.

DBMS와 데이타 웨어하우스 시장(2007년 기준)

		Oracle	IBM	Microsoft	sybase	Teradata
DBMS	점유율(%)	44.3	21.0	18.5	3.5	3.3
	판매액(백만$)	8,336	3,953	3,479	658	630
데이타 웨어하우스	점유율(%)	31.7	21.2	13.5	9.1	8.2
	판매액(백만$)	2,137	1,424	905	610	549

출처: DBMS - IDC #212840(2008년 6월), 데이터 웨어하우스- IDC #213671e(2008년 6월)

01 데이타 자원

1.1 데이타와 정보

● 데이타

데이타는 사람, 객체, 또는 사건과 같은 것에 대한 사실을 말한다. 데이타는 전형적으로 물체의 현상이나 기업거래에 관한 사실이나 관찰의 기록이다.

● 정보

정보는 데이타가 특정한 사용자에게 의미 있고 유용하게 전환된 것이다. 즉 데이타는 원자재이고 정보는 완제품이라고 생각할 수 있다.

● 데이타베이스

데이타베이스는 조직의 다양한 사용자의 정보 요구를 충족하도록 논리적으로 연관된 데이타의 공유하는 집합체이다. 데이타를 정보로 전환하는 데는 획득, 저장, 조작, 검색, 그리고 분배의 과정이 필요하다. 이러한 과정을 효율적이고 효과적으로 수행하기 위하여 조직은 데이타를 데이타베이스 형태로 조직화하여야 한다.

흔히 데이타와 정보는 정확한 구분없이 사용되고 있다. 그러나 엄격하게 말하면, 데이타와 정보는 구분된다. 데이타는 사람, 객체, 또는 사건과 같은 것에 대한 사실을 말한다. 데이타는 전형적으로 물체의 현상이나 기업거래에 관한 사실이나 관찰의 기록이다. 좀 더 자세히 말하면 데이타는 개체(사람, 장소, 물건, 그리고 사건 등)의 속성(또는 특성)에 대한 객관적 측정치이다. 예를 들면, 자동차 판매나 우주선의 발사는 그 사건을 나타내는 많은 데이타를 산출한다. 자동차의 재고번호, 모델 이름, 제조회사, 가격 등에 대한 기록은 데이타이다.

조직은 내 · 외부로부터 엄청나게 많은 양의 데이타를 수집하고 저장한다. 이러한 데이타를 원래의 상태로 둔다면 그 양에 압도당하게 될 것이고 또 의미가 없는 경우가 많다. 정보는 이러한 데이타가 특정한 사용자에게 의미있고 유용하게 전환된 것이다. 즉 데이타는 원자재이고 정보는 완제품이라고 생각할 수 있다. 예를 들면, 자동차 판매 데이타는 스프레드쉬트(Spreadsheet) 프로그램이나 통계패키지를 사용하여 분석되고 요약되면 매니저에게 매우 가치있는 정보가 될 수 있다. 매니저는 자동차 판매에 관한 정보를 이용하여 새로운 자동차 개발에 관한 중요한 의사결정을 할 수 있다.

데이타를 정보로 전환하는 데는 획득, 저장, 조작, 검색, 그리고 분배의 과정이 필요하다. 이러한 과정을 효율적이고 효과적으로 수행하기 위하여 조직은 데이타를 데이타베이스 형태로 조직화하여야 한다. 데이타베이스는 조직의 다양한 사용자의 정보 요구를 충족하도록 논리적으로 연관된 데이타와 공유하는 집합체이다.

1.2 데이타베이스 접근방법

조직의 데이타 자원은 업무가 간단할 때에는 관리가 간단한 사무도구를 사용하여 소수의 사무직원에 의하여 가능하다. 그러나 업무가 다양해지거나 조직이 큰 경우에는 데이타의 생성, 저장, 그리고 활용을 체계적으로 지원하는 기술이 필요하다. 데이타 관리가 처음에는 데이타 파일과 응용프로그램을 중심으로 하는 파일 시스템이라고 불리는 컴퓨터시스템에 의해 지원되었다. 이어서 파일시스템의 여러 가지 단점을 해결하는 데이타베이스 관리시스템을 사용하는 데이타베이스 접근방법이 등장하였다.

(1) 데이타베이스 접근방법의 장점

● 데이타 중복의 최소화와 일관성

데이타베이스 접근방법은 데이타베이스의 데이타가 중복되지 않게 하거나 일관성을 유지하게 한다.

① 데이타 중복의 최소화

데이타베이스 접근방법에서는 분리되고 중복된 데이타 파일을 만들지 않고 하나의 논리적 구조로 통합한다. 한 데이타 항목의 사례는 데이타베이스의 한 곳에만 기록되어 있다. 예를 들면, 한 고객 주소가 여러 데이타 파일에 저장되지 않고 데이타베이스 시스템에 한번만 입력되어 기록된다. 그러나 모든 중복이 제거되어야 하는 것은 아니다. 때로는 같은 데이타에 대한 복수의 기록이 타당할 때도 있다. 데이타 접근의 효율성이나 데이타 유효성 점검을 위해 중복 기록을 할 때도 있다. 그러나 데이타베이스 시스템에서는 중복이 통제된다. 중복이 시스템의 성능을 향상하기 위해서 의도적으로 설계되며 시스템은 그 중복을 알고 있다.

② 데이타의 일관성

데이타베이스 접근방법은 데이타의 중복을 제거하면서 불일치의 가능성을 크게 감소시킬 수 있다. 예를 들면, 각 주소가 한번만 기록되어 있다면 저장된 값의 불일치란 있을 수 없다. 데이타베이스에 통제된 중복이 허용된다면 데이타베이스 시스템은 수정이 일어날 때마다 각 데이타 항목의 갱신을 통하여 일치를 유지할 수 있다. 예를 들어 주소가 두 레코드에 기록되어 있다면 수정이 일어 날 때마다 두 레코드의 값을 동시에 갱신할 수 있다.

● 데이타 통합과 공유
데이타베이스 접근방법의 가장 큰 목적은 조직의 모든 데이타를 통합하여 모든 허가된 사용자들이 데이타를 공유하게 하는 것이다.

③ 데이타의 통합

데이타베이스에서는 데이타가 연관된 데이타 개체의 논리적 관계에 따라 하나의 논리적 구조로 조직되어 있다. 이것은 사용자가 한 데이타 항목을 다른 데이타 항목에 쉽게 연관 지을 수 있게 한다. 예를 들어 고객의 주문과 관련하여, 고객은 주문 개체와 연결되어 있고 또 제품 개체에 간접적으로 연결되어 있으므로, 고객이 어떤 제품을 구입하였는가를 알 수가 있다. 데이타베이스 관리소프트웨어는 이러한 데이타 항목들이 데이타베이스의 저장 장소에 상관없이 논리적으로 연결된 데이타 항목들을 연관시키는 기능을 수행한다.

④ 데이타의 공유

데이타베이스의 목적 중 하나는 조직의 모든 허가된 사용자들이 데이타를 공유하는 것이다. 기업의 데이타베이스는 회계, 판매, 제조, 구매, 그리고 다른 부서의 정보 요구를 만족할 수 있도록 설계되었다. 한 마디로 데이타베이스로 기업 내의 여러 장부들을 하나로 묶은 것이라고 할 수 있다. 데이타베이스 시스템은 어느 정도의 제약은 있으나 다수의 사용자가 하나의 데이타베이스를 동시에 접근할 수 있도록 되어 있다.

데이타베이스 시스템에서 각 부서는 데이타베이스에 대해 각자의 사용자 관점을 가지게 된다. 예를 들어, 판매부서는 고객과 주문 개체의 관계, 회계부서는 고객, 주문, 그리고 송장 개체의 관계, 그리고 구매부서는 제품, 공급자, 그리고 원자재 개체의 관계에 관한 관점을 가질 수 있다. 이러한 사용자 관점은 각 부서에 근무하는 사용자가 데이타베이스의 전체적 복잡성에 대하여 알지 못하더라도 의사결정과 수행할 일에 대한 정확한 관점을 가지는 것이 가능하도록 데이타의 공유를 단순화 한다.

⑤ 응용 프로그램 개발의 용이

데이타베이스 접근방법의 주요한 장점은 새로운 응용시스템을 개발하는 시간과 비용을 크게 줄여 준다는 것이다. 이러한 이점은 정보시스템 개발전문가 뿐만 아니라 4세대언어 도구를 사용하여 응용프로그램을 개발하는 최종사용자에게 큰 이점이다. 데이타베이스 응용프로그램이 전통적인 파일 처리시스템보다 훨씬 쉽게 개발될 수 있다.

● 데이타 무결성

데이타 무결성은 데이타의 전체성 또는 완전함을 보장하는 것이다. 이것은 데이타가 조작(저장, 추출, 전송)될 때 동일하게 유지되고, 의도된 사용 목적과 품질을 지키는 것을 말한다. 간단히 데이타 무결성은 데이타가 일관성 있고 틀림이 없음을 말한다.

⑥ 통일된 데이타 보호 및 무결성 제어

데이타 관리기능은 데이타베이스에 대해 완전한 관할권을 가지고 데이타에의 접근, 갱신, 그리고 보호에 대한 통제를 수립하는 책임이 있다. 데이타베이스 환경에서는 이러한 통제가 흔히 데이타베이스 정의의 일부이다. 중앙집권화된 통제와 표준적 절차는 분산된 파일시스템에서 보다 향상된 데이타 보호를 할 수 있게 한다.

⑦ 데이타 접근 및 응답

데이타베이스 시스템에서는 데이타 항목에 대한 복수의 통로를 제공하므로, 데이타 추출에 있어 부서간의 경계를 넘어 데이타베이스에 직접 질의를 하여 정보를 구할 수 있게 한다. 특히 데이타베이스 시스템은 질의 언어나 보고서 기능을 통하여 최종사용자의 즉흥적인(Ad hoc) 데이타 요구를 만족시킬 수 있다.

● 데이타 독립성

데이타를 사용하는 응용프로그램으로부터 데이타 기술을 분리하는 것을 데이타의 독립이라 한다. 이것은 데이타베이스의 데이타가 그 데이타를 처리하는 응용프로그램의 변화와 관계없이 변경되고 진화할 수 있도록 한다.

⑧ 데이타 독립성

데이타를 사용하는 응용프로그램으로부터 데이타 기술(Description)을 분리하는 것을 데이타의 독립이라 부른다. 이것은 데이타베이스의 데이타가 그 데이타를 처리하는 응용프로그램의 변화와 관계없이 변경되고 진화할 수 있도록 한다. 데이타베이스 접근방법에서는 모든 데이타 기술이 응용프로그램에서 분리되어 별도의 저장고 즉 데이타 사전에 저장되어 있다. 데이타 독립성은 데이타베이스 접근방법의 주요한 목적이다.

⑨ 프로그램 관리 용이

저장된 데이타는 여러 가지 이유로 자주 변경되어야 한다. 새로운 데이타가 추가되고, 데이타 형식이 변경되고, 새로운 저장장치나 접근방법이 도입되는 것 등이 그 이유에 해당한다. 새로운 데이타 형식 또는 접근방법에 맞추기 위하여 기존 응용프로그램을 수정하는 것을 프로그램관리라 한다. 데이타베이스 시스템에서는 데이타가 응용프로그램으로부터 독립되어 있으므로 한계는 있지만 데이타나 응용프로그램을 다른 요소에 영향을 주지 않으면서 변경시킬 수 있다. 그 결과 프로그램 관리노력을 현저하게 줄일 수 있게 되었다.

02 데이타베이스 시스템

2.1 삼단계 아키텍처

• 삼단계 데이타베이스 시스템 아키텍처
데이타를 사용자와 데이타베이스 관리시스템은 다른 차원에서 다루어야 하므로 데이타베이스 설계는 자연히 각 단계에 따라 상이하게 표현되지만 전환이 가능하도록 체계화 한 개념이다. 데이타베이스 시스템 아키텍처의 삼단계는 외부 단계, 개념적 단계, 내부 단계이다.

기업 또는 다른 조직의 데이타를 관리하는 데이타베이스 시스템은 하드웨어, 소프트웨어, 데이타, 그리고 사람으로 되어 있다. 하드웨어는 다른 정보시스템에서와 마찬가지로 컴퓨터와 네트워 하드웨어를 말한다. 소프트웨어는 데이타베이스를 관리할 수 있도록 하는 복잡 다양한 기능을 제공하는 데이타베이스 관리시스템과 사용자가 데이타베이스를 사용하여 업무를 수행하는 것이 가능하도록 해주는 응용프로그램을 말한다. 하드웨어와 소프트웨어가 결합되어 데이타베이스 설계 과정을 거쳐 구조적으로 설계된 데이타를 관리하게 하는 기능을 여러 유형의 사용자에게 제공한다.

데이타베이스를 관리하게 하는 소프트웨어인 데이타베이스 관리시스템의 아키텍처와 데이타베이스에 저장되는 데이타를 어떻게 설계하는가는 밀접한 관계가 있다. 같은 내용의 데이타를 사용자와 데이타베이스 관리시스템은 다른 차원에서 다루어야 하므로 데이타베이스 설계는 자연히 각 단계(Level)에 따라 상이하게 표현되지만 전환(Mapping)이 가능해야 된다. 이 개념을 체계화 한 것이 삼단계의 데이타베이스 시스템 아키텍처이고, 이것이 앞에서 설명한 데이타 독립성을 가능하게 한다.

각 단계는 추상의 정도에 기초하여 세 가지 다른 데이타 모델을 정의하는데, 각 단계에서 데이타베이스를 기술한 것을 데이타베이스 스키마(Database Schema)라 한다. 데이타베이스에 저장될 사용자의 데이타를 전환이 가능한 세 가지의 다른 스키마로 표현하도록 하는 것이 삼단계 데이타베이스 시스템 아키텍처의 근본 개념이며 각 단계는 다음과 같다.

- 개념적 단계 : 데이타베이스가 지원하는 전체 조직의 관점을 표현하며 개념적 스키마(Conceptual Schema)로 표현된다. 개념적 단계는 외부단계와 내부단계를 연결하는 역할을 한다.

- **외부단계** : 사용자의 관점을 말하며 여러 개의 외부 스키마(External Schema)로 표현된다. 각 외부 스키마는 특정 사용자가 관심이 있는 데이타베이스의 일부분을 기술한다.
- **내부단계** : 데이타베이스가 물리적으로 저장된 형식이 내부적 스키마(Internal Schema)로 표현되며 데이타베이스의 물리적 저장 구조를 기술한다. 이 단계는 최종사용자에게는 보여지지 않고 데이타베이스 관리자만이 완전히 볼 수 있다.

데이타베이스 관리시스템은 사용자가 필요한 데이타베이스 관리기능을 복잡한 내부적 처리과정을 감추면서 사용하기 쉬운 인터페이스를 제공한다. 삼단계 아키텍처에 의한 데이타베이스 관리시스템에서 각 사용자는 자신의 외부 스키마를 통해서만 데이타베이스를 보게 된다. 그러므로 데이타베이스 시스템은 외부 스키마

● 스키마
데이타베이스의 구조, 내용, 의미를 표현한 것이다.

그림 5-1 삼단계스키마

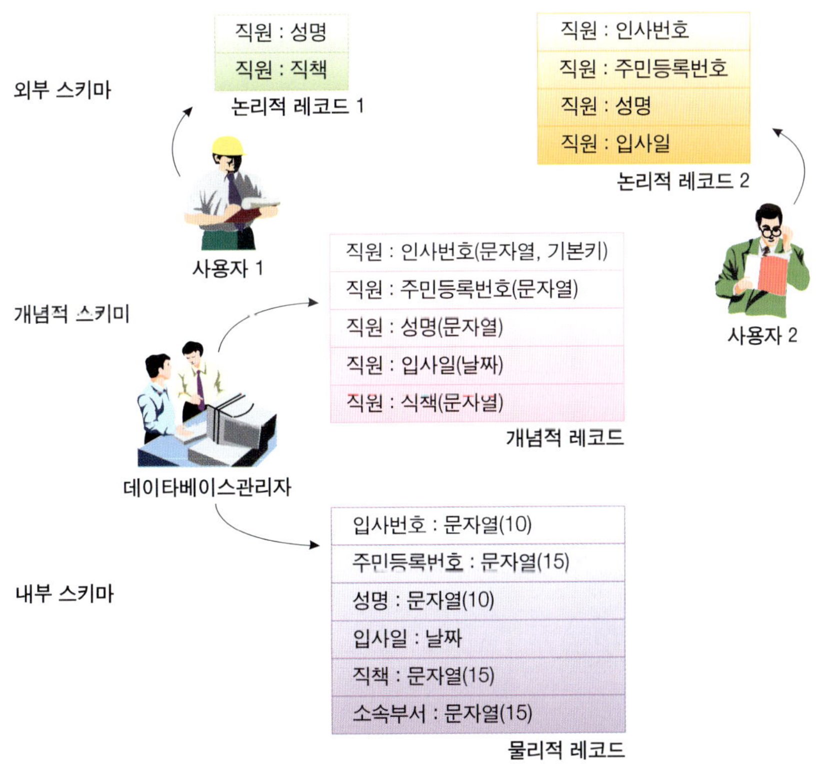

에 의한 사용자의 요구를 개념적 스키마에 대한 요구로 전환하고 다시 저장된 데이타베이스에서 처리될 수 있도록 내부 스키마에 대한 요구로 전환해야 한다.

2.2 데이타베이스 시스템의 구성요소

데이타베이스 시스템은 단순히 데이타와 데이타베이스 관리시스템의 결합 이상이다. 앞에서 본 것처럼 조직의 완전한 데이타베이스 시스템은 하드웨어, 소프트웨어, 데이타, 사람의 네 가지 요소로 되어 있다.

(1) 하드웨어

하드웨어는 데이타베이스를 자리잡게 하고 데이타베이스 관리에 관련된 여러 가지 물리적 기능을 제공하는 장치들이다. 하나 또는 그 이상의 컴퓨터, 디스크, 터미널, 프린터, 테이프 드라이브, 다른 보조 장치와 네트웍 하드웨어들로 데이타베이스 시스템이 만들어 진다.

• 데이타베이스 서버
데이타베이스 서버는 공통의 데이타베이스를 네트워크를 통하여 접근하는 다수의 사용자를 지원하는 컴퓨터 시스템이다. 이 서버에 데이타베이스 관리시스템, 응용프로그램, 데이타베이스가 있다.

데이타베이스의 데이타를 처리하는 데 사용되는 컴퓨터를 데이타베이스 서버(Server)라 부른다. 데이타베이스 서버는 주로 공통의 데이타베이스를 접근하는 다수의 사용자를 지원하기 위해 사용된다. 클라이언트(Client) 컴퓨터는 통제되는 독립된 데이타베이스에 접근하는 개인 사용자에 의해 주로 사용된다. 디스크는 임

그림 5-2 데이타베이스 시스템 구성요소

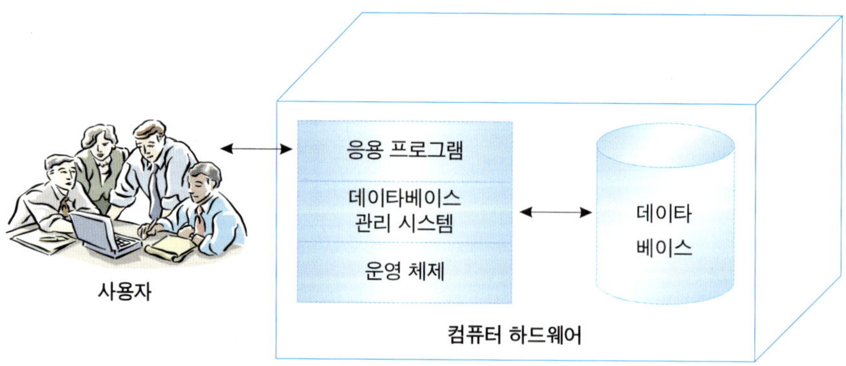

의 접근을 가능하게 하는 데이타베이스의 주된 저장장치이므로 필수적인 것이다. 터미널과 프린터는 데이타베이스로부터 정보를 입력하고 출력하는데 사용된다. 테이프는 디스크에 저장된 데이타의 값싼 백업 저장장치로 사용된다.

데이타베이스 시스템의 성공은 하드웨어 기술 발전에 크게 의존되어 왔다. 데이타베이스에 저장된 거대한 양의 데이타를 보존하고 통제하는 데에는 대량의 메모리와 디스크 저장 용량이 필요하다. 또한 많은 양의 데이타에 접근하는 일을 하는 다수의 사용자를 지원하는 환경에서 적절한 속도의 처리를 지원하기 위해서는 빠른 속도의 컴퓨터와 주변기기들이 필요하다. 다행히 데이타베이스 기술이 발전하는 동안에 컴퓨터 하드웨어는 계속적으로 성능이 향상되어 왔고 가격은 하락하였다. 이것은 데이타베이스 기술의 응용을 확산시키게 하였다.

(2) 소프트웨어

일반적 컴퓨터 하드웨어로 막대한 양의 데이타를 저장하고 관리하는 기능을 쉬운 환경으로 사용자에게 제공하기 위해서 데이타베이스 시스템은 다음 두 가지 형태의 소프트웨어를 포함한다.

- 일반 목적의 데이타베이스 관리소프트웨어인 데이타베이스 관리시스템(DBMS: Database Management System)
- 특정한 업무처리를 위하여 데이타베이스 관리시스템의 기능을 이용하여 데이타베이스를 조작하는 소프트웨어인 응용프로그램(Application Program)

데이타베이스 관리시스템은 운영체계의 지원을 통하여 최종사용자, 프로그래머, 데이타베이스 관리자, 그리고 다른 사용자에게 다양한 서비스를 한다. 데이타베이스 사용자는 데이타베이스 관리시스템의 인터페이스와 데이타 언어로 데이타베이스를 정의하고, 데이타를 입력하고, 데이타를 추출, 삽입, 삭제, 그리고 갱신을 하면서 데이타베이스를 사용한다. 데이타베이스 관리시스템은 여러 사용자가 동시에 의뢰하는 데이타 조작 요구를 데이타베이스의 무결성을 보장하며 지원하는 기능을 수행하고, 또 데이타베이스 시스템의 보안, 복구, 백업 등과 같은 서비스를 지원한다.

응용프로그램은 주로 특정 문제를 해결하기 위해 사용자나 응용프로그램 개발자가 표준 프로그래밍 언어 또는 데이타베이스 관리시스템의 한 기능인 4세대언어를 사용하여 개발한다. 응용프로그램은 데이타베이스의 데이타를 접근 또는 조작하는 것을 데이타베이스 관리시스템의 데이타베이스 관리시스템 엔진을 통하여 하게 된다. 응용프로그램은 조직의 거래처리를 가능하게 하고 또 조직의 정보요구에 응하기 위하여 보고서나 문서를 산출한다.

PC환경에서의 데이타베이스 응용은 폼, 쿼리, 보고서, 메뉴 등의 기능을 통하여 수행된다. 폼, 쿼리, 그리고 보고서는 데이타베이스 관리시스템에 포함된 디자인 도구를 사용하여 정의된다. 그리고 응용프로그램은 데이타베이스 관리시스템이 제공하는 특정 언어 또는 표준 프로그래밍언어를 사용하여 개발되며, 데이타베이스 관리시스템을 통해 데이타베이스를 조작하게 된다.

(3) 데 이 타

데이타베이스의 데이타는 필드, 레코드, 파일의 계층으로 구성되어 있다. 필드(Field)는 한 단위의 정보를 나타내고, 레코드(Record)는 관련된 필드의 집합이다. 파일(File)은 같은 유형의 레코드의 집합이다. [그림 5-3]에서 고객 파일은 고객 전체에 대한 컬렉션이라 할 수 있고, 고객 파일은 이름, 주소, 전화, 신용한도의 네 개의 필드로 구성되어 있다. 다시 이름 필드는 몇 개의 문자(Character) 즉 바이트(Byte)로 되어 있다.

데이타베이스는 기본적으로 사실의 집합이며 조직의 업무처리 또는 정보 필요에 따라 만들어 진다. 중요한 점은 데이타베이스의 데이타는 논리적이고 조리 있게 구성되어야 한다는 것이다. 조직의 기능과 업무에 대한 분석을 통하여 사용되는 데이타 항목과 그들간의 관계를 파악하여 명확히 정의하여야 한다. 그 다음에 실제 데이타를 수집하여 정의된 구조에 따라 데이타베이스에 입력한다. 이러한 절차에 따라 개발된 데이타베이스는 조직에 적시에 정보를 제공할 수 있는 중요한 자원이 된다.

데이타베이스는 자체적으로 기술하는 통합된 레코드의 집합이라고 할 수 있다. 데이타베이스는 사용자의 원천 데이타(Source Data) 이외에도 자체의 구조를 기술하는 체계를 가지고 있다. 이 기술을 데이타사전(또는 데이타 디렉토리, 카탈로그)이라고 부르며 이 데이타사전이 프로그램과 데이타가 독립적이 되도록 지원한다.

● 데이타 사전
데이타 사전은 데이타의 의미, 다른 데이타와의 관계, 원천, 사용법, 포맷 등 데이타베이스 자체의 구조를 기술하는 것이다. 데이타사전이 응용프로그램과 데이타가 독립적이 되도록 한다.

데이타베이스는 사용자가 수행하는 업무활동에 대한 사용자의 관점을 통합한 것이다. 그러므로 효과적인 응용시스템을 개발하기 위해서는 개발팀이 사용자의 관점에 대한 철저한 이해가 있어야 한다. 이를 위해서는 개발팀은 데이타베이스에 저장될 데이타를 파악하고 그들의 구조와 관계를 정의하는 데이타 모델을 개발하여야 한다.

(4) 사 람

> • 데이타베이스 관리자
> 데이타베이스 관리를 책임지는 사람이다. 데이타베이스관리자는 데이타의 보호자이고 데이타베이스를 통제한다.

① 데이타베이스 관리자

중앙집중된 데이타베이스에 대한 통제는 고위급 한 사람 또는 몇 사람으로 된 그룹에 의해 행사된다. 데이타 관리자(DA: Data Administrator) 라고 불리는 고위급 관리자는 조직의 정보자원 전반에 관한 정책 및 계획을 수립한다. 데이타베이스를 직접 관리하는 사람은 데이타베이스 관리자(DBA: Database Administrator)라고 불리며 데이타베이스의 정의, 갱신, 그리고 유지에 대한 책임을 진다.

데이타베이스 관리자는 데이타의 보호자이고 데이타베이스를 통제한다. 데이타

그림 5-3 데이타 계층

베이스의 무결성을 유지하는 장치를 마련하고 데이타베이스가 허가되지 않은 사람에 의해 접근될 수 없도록 하는 것도 데이타베이스 관리자의 책무이다. 데이타베이스 관리자는 데이타베이스 사용자에게 허가를 주며 각 사용자의 프로파일을 저장해 둔다. 데이타베이스 관리자는 또 데이타베이스가 사람 및 자연에 의한 재해 또는 하드웨어에 의한 고장으로부터 데이타 손실없이 원래 상태로 회복될 수 있도록 하는 절차를 마련해 두어야 한다.

② 시스템 개발자

시스템 개발자는 새로운 응용프로그램을 개발하는 시스템 분석가와 응용프로그래머들을 말한다. 응용프로그래머들은 최종사용자가 사용할 응용프로그램을 개발하고 사용자 인터페이스도 개발한다.

③ 사용자

조직의 대부분 사람들은 업무 수행과정에서 데이타베이스의 데이타를 삽입, 삭제, 그리고 갱신하는 일을 하고 그 데이타베이스로부터 특정한 정보를 요구하여 그 결과를 사용한다. 사용자들은 데이타베이스의 존재와 데이타베이스에 허가된 작동에 대한 어느 정도의 지식을 가지고 있어야 한다. 초보적인 사용자들은 주로 메뉴 중심의 응용프로그램을 사용하여 일을 처리하게 되고 좀 더 지식이 있는 사용자들은 데이타베이스 조작 언어를 사용하여 데이타베이스를 직접 조작할 수 있다.

사람들이 조직의 목적을 이루기 위해 사용하는 절차도 사람 요소의 중요한 부분으로 볼 수 있다. 시스템에는 많은 절차가 있게 마련이고 시스템의 성공은 시스템 기능에 맞물리도록 개발한 절차에 달려 있다. 어떤 시스템도 사용자의 업무를 완전히 자동화할 수는 없으므로 시스템 사용자와 시스템 사이의 부드러운 인터페이스를 위해 필요한 수작업 절차도 반드시 개발되어야 한다.

2.3 데이타베이스 관리시스템

데이타베이스 관리시스템은 복잡한 데이타베이스 구조나 그에 따른 다양한 기능을 감추고 사용자에게 데이타베이스 생성, 관리, 유지가 쉬운 환경을 제공한다. 사용자는 데이타베이스를 데이타베이스 관리시스템이 제공하는 인터페이스를 통해 사용하는데, 데이타베이스 언어를 이해함으로써 데이타베이스 관리시스템을 활용할 수 있다. 그리고 사용자는 데이타베이스 관리시스템이 제공하는 여러 유형의 관리 프로그램을 사용하여 권한을 부여 받은 데이타베이스 관리활동을 할 수 있다.

• 데이타베이스 관리시스템

데이타베이스 관리시스템은 복잡한 데이타베이스 구조나 그에 따른 다양한 기능을 감추고 사용자에게 데이타베이스 생성, 관리, 유지가 쉬운 환경을 제공한다. 많이 사용되는 데이타베이스 관리시스템은 서버용으로 오라클의 Oracle, IBM의 DB2, 마이크로소프트의 SQL Server가 있고, PC용으로 마이크로소프트사의 Acess가 있다. 최근 공개 소프트웨어인 My SQL의 데이타베이스 서버 시장 점유율이 증가하고 있다.

• (사용자) 인터페이스

사용자가 컴퓨터 프로그램과 상호작용을 하는데 사용하는 수단이다.

(1) 데이타베이스 관리시스템 인터페이스

대부분의 상용 데이타베이스 관리시스템은 사용자 중심의 인터페이스를 여러 가지 형태로 제공하고 있는데 대표적인 것은 다음과 같다.

① 메뉴 인터페이스

메뉴 인터페이스는 사용자의 요구를 선택할 수 있게 하는 옵션을 제공한다. 메뉴는 특정한 명령어나 질의어의 구문을 외우지 않아도 되게 하고 질의를 시스템이 디스플레이 한 메뉴 리스트에서 옵션을 선택함으로써 만들게 한다.

② 그래픽 인터페이스

그래픽 인터페이스는 보통 사용자에게 스키마를 도표의 형태로 디스플레이 한다. 사용자는 도표를 조종함으로써 질의를 만든다. 많은 경우에 그래픽 인터페이스는 메뉴와 함께 사용된다.

③ 폼 인터페이스

폼 인터페이스는 사용자에게 폼을 제공한다. 사용자는 새로운 데이타를 입력하기 위해 폼의 모든 칸을 채우거나 일부 칸만 채우면 데이타베이스 관리시스템이 다른 칸에 해당되는 데이타를 추출하여 채운다. 폼은 주로 거래처리를 하는 사용자를 위해 설계되고 프로그램 된다. 많은 데이타베이스 관리시스템은 프로그래머가 폼을 작성하는 것을 돕기 위해 폼 편집 언어라는 특정한 언어를 제공한다. 많은 데이타베이스 관리시스템은 사용자가 스크린에 샘플 폼을 직접 구성할 수 있도록 유틸리티를 제공하다.

④ 자연 언어 인터페이스

자연 언어 인터페이스는 영어나 다른 언어로 쓰인 사용자 요구를 받아 들여 이해하려 하며 보통 개념적 데이타베이스 스키마와 같은 스키마를 가지고 있다. 자연 언어 인터페이스는 사용자 요구를 해석하려는 과정에서 표준화된 언어 뿐만 아니라 스키마 언어를 참조한다. 해석이 성공적이면 자연 언어의 요구를 상응하는 고급 질의어를 생산하여 데이타베이스 관리시스템에 보내어 처리되도록 한다. 해석에 실패하면 자연 언어 인터페이스는 요구를 명확히 하기 위해 사용자와의 대화를 시작한다.

⑤ 데이타베이스 관리자 인터페이스

대부분의 데이타베이스 시스템은 데이타베이스 관리자에 의해서만 사용될 수 있는 명령어를 포함한다. 그 예로는 계좌 만들기, 시스템 파라메터의 지정, 계좌 권한 부여, 스키마 변경, 그리고 데이타베이스 저장 · 구조 · 재구성 등의 명령을 포함한다.

(2) 데이타베이스 언어

① 데이타 기술 언어

데이타 기술 언어(DDL: Data Description Language) 는 데이타베이스 관리자나 데이타베이스 설계자가 개념적 스키마와 내부 스키마를 정의하는데 사용된다. 데이타베이스의 구조를 묘사하는데 쓰여지는 언어는 데이타 정의어(DDL: Data Definition Language) 또는 데이타 기술 언어라고 불린다. 이 DDL은 데이타베이스의 테이블의 이름과 이 테이블 속의 속성들의 이름을 만들고 이 속성들의 성격을 기술한다. 데이타베이스 관리시스템 제품에 따라서 데이타베이스의 구조가 묘사되는 방법이 달라진다.

● 데이타 정의어
데이타베이스의 구조를 묘사하는데 쓰는 언어이다. 데이타베이스의 테이블 이름과 이 테이블 속의 속성들의 이름을 만들고 이 속성들의 성격을 기술한다.

② 데이타 조작 언어

데이타베이스가 정의되고 데이타를 입력하고 나면 사용자는 데이타를 조작하는 언어가 필요하다. 데이타의 삽입, 삭제 및 갱신과 같은 조작을 하도록 하는 언어가 데이타 조작 언어이다. 보통 데이타 조작 언어(DML: Data Manipulation Language)를 질의어(Query Language)로 알고 부르고 있으나, 엄격하게 말하면 질의 언어는

● 데이타 조작 언어
데이타의 삽입, 삭제 및 갱신과 같은 조작을 하도록 하는 언어이다. 보통 데이타 조작 언어를 질의어로 알고 부르고 있으나, 엄격하게 말하면 질의 언어는 데이타 조작을 하는 것이 아니라 추출을 하는 언어이다. 데이타베이스 표준 언어인 SQL은 질의 언어이며 데이타 조작 언어이다.

데이타 조작을 하는 것이 아니라 추출을 하는 언어이다.

대부분의 상용 데이타베이스 관리시스템에서는 위에서와 같은 데이타베이스 언어의 구분이 분명하지 않고 통합된 언어로 스키마 정의, 뷰 정의, 데이타 조종, 그리고 저장 정의를 하도록 한다. 가장 대표적인 언어가 SQL(Structured Query Language)언어이며 데이타베이스 표준 언어로 사용되고 있다. SQL은 질의 언어이며 데이타 조작 언어이기도 하다.

화일에 저장된 데이타를 검색하기 위해서는 3세대 언어인 프로그래밍 언어와 4세대 언어인 SQL과 같은 언어를 사용할 수 있다. 데이타를 검색하는데 있어서 SQL 사용과 일반 프로그래밍 언어 사용의 차이는 다음과 같이 요약될 수 있다. 절차적 언어인 3세대 언어는 프로그래머가 명령 코드를 작성할 때 정확하게 프로그램이 실행되는 순서대로 작성하도록 요구한다. 그러나 비절차적 언어인 4세대 언어인 SQL에서는 3세대 언어에서와 달리 프로그래머가 명령 작성 시 명령의 수행이 어떤 정해진 순서에 맞추어 지도록 프로그램을 작성할 필요가 없다.

데이타베이스에 저장된 데이타를 처리하고 조작하기 위해서 SQL에서 제공하는 조작어로는 SELECT, UPDATE, DELETE 및 INSERT 등 네 가지가 있다. SQL에서 SELECT문을 활용하여 데이타를 검색하는 것을 질의(Query)라 한다. UPDATE문은 데이타베이스에 저장된 값을 변경시키고자 할 때 사용한다. DELETE문은 상황에 따라 필요없는 레코드를 삭제할 경우에 쓰는 명령이다. INSERT문은 테이블에 레코드를 추가 시킬 경우에 사용하는 명령이다.

(3) 관리 프로그램

대부분의 데이타베이스 관리시스템은 위에서 본 기본적 구성 요소 외에도 데이타베이스 관리자가 데이타베이스 시스템을 관리하는데 필요한 아래와 같은 유틸리티 프로그램을 포함한다. 적재(Loading) 프로그램은 기존 데이타 파일의 데이타를 데이다베이스에 적제하는데 사용된다. 보통 소스 데이타 파일의 푸맷과 타겟 데이타베이스 파일 구조를 유틸리티 프로그램을 통하여 정의하면 유틸리티 프로그램이 자동적으로 데이타를 다시 포맷하여 데이타베이스에 적재한다. 상용 데이타베이스 관리시스템이 많아짐에 따라 한 데이타베이스 관리시스템의 파일을 다른 데이타베이스 관리시스템의 파일로 전환하는 일이 많아 짐에 따라 대부분의 데이타베이스 관리시스템 업체들은 전환 도구를 제공하고 있다.

백업 유틸리티 프로그램은 보통 전체 데이타베이스를 테이프에 덤프(Dump)하는 방법으로 데이타베이스의 백업 카피(Copy)를 만든다. 재앙이나 사고로 데이타베이스를 복구하여야 할 때 백업 카피를 사용한다. 파일 재구성 유틸리티 프로그램은 성능을 향상하기 위하여 데이타베이스 파일을 다른 파일 구조로 재구성하는데 사용된다. 성능 모니터 유틸리티 프로그램은 데이타베이스의 사용을 모니터링하여 통계 자료를 데이타베이스 관리자에게 제공한다. 데이타베이스 관리자는 통계 자료를 성능 향상을 위한 파일 재구성과 같은 결정을 하는데 사용한다. 이밖에 데이타 정렬, 데이타 압축(Compressoin), 사용자 접근 모니터, 또는 다른 기능을 수행하는 유틸리티 프로그램도 있다.

03 데이타베이스 개발 수명주기

● 데이타베이스 개발 수명주기

데이타베이스 개발 수명주기는 정보시스템 개발 수명주기의 개념으로 데이타베이스 설계와 실행 과정을 이해하는 것이다.

데이타베이스 개발은 데이타베이스 설계와 실행 과정을 말한다. 데이타베이스 설계의 목적은 완전하고, 데이타의 중복이 제거되고, 정규화되고, 그리고 완전히 통합된 개념적, 논리적, 그리고 물리적 데이타베이스 모델을 만드는 것이다. 데이타베이스 실행은 데이타 저장 구조를 창조하여 요구되는 사용자 데이타를 데이타베이스에 적재하고, 응용프로그램을 개발하고, 데이타 관리에 대한 준비를 하는 것을 포함한다.

데이타베이스 개발은 정보시스템 개발 수명주기의 커다란 테두리 안에서 그 수명주기를 갖게 된다. 데이타베이스 개발 수명주기는 [그림 5-4]와 같이 여섯 단계로 나누어 볼 수 있다. 데이타베이스 개발은 순차적 과정이 아니다. 오히려 그것은 전 단계를 추적할 수 있도록 설계되어 계속적인 피드백을 제공하는 반복 과정이다.

3.1 데이타베이스 초기 조사단계

데이타베이스 개발 수명주기의 첫 단계인 초기 조사에서는 문제 및 기회를 정의하고 데이타베이스 개발의 목적, 범위, 그리고 경계를 정한다. 데이타베이스 개발팀은 문제를 정의하는데 도움이 되는 추가적 정보를 얻기 위하여 정보의 공식적 및 비공식적 출처를 모두 주의 깊게 조사하여야 한다. 이러한 정보를 바탕으로 개발팀은 완전한 것과 가능한 것의 차이를 알아 개발에 반영해야 한다.

그림 5-4 데이타베이스 개발 수명 주기

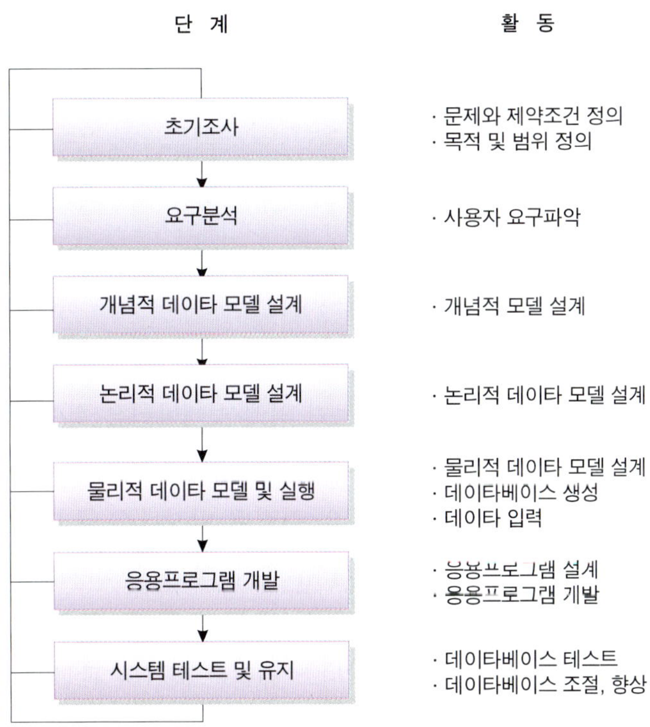

3.2 데이타베이스 요구분석 단계

(1) 데이타 요구 파악

• 데이타베이스 요구분석
사용자가 필요로 하는 데이타와 비지니스 규칙을 파악하는 작업이다.

데이타베이스 요구분석 단계에서는 필요한 데이타를 파악하는 작업이 수행된다. 이를 위해 개발팀의 노력은 다음 사항에 집중되어야 한다.

- 어떤 종류의 정보가 필요한가? 즉 어떤 산출물(보고서와 질의 등)이 시스템에서 생산되어야 하는가?
- 어디에서 정보가 발견되는가? 발견된 정보는 어떻게 추출되는가?
- 정보를 생산하기 위하여 어느 데이타 요소가 필요한가? 데이타 속성은 무엇인가? 데이타 사이에 무슨 관계가 있는가? 데이타의 양은 얼마인가? 얼마나 자주 데이타가 사용되는가? 필요한 정보를 생산하기 위하여 어떤 데이타 전환이 사용되는가?
- 누가 정보를 사용하는가? 어떻게 정보가 이용되는가? 최종사용자의 관점은 무엇인가?

(2) 비지니스 규칙 파악

정확한 데이타 모델을 개발하기 위해서 개발팀은 회사의 데이타에 대한 완전한 이해를 가져야 한다. 수집한 데이타 그 자체가 전체 비지니스를 설명하지는 않는다. 그러므로 개발팀은 데이타와 관련된 비지니스 규칙(Business Rule)도 파악하여야 한다. 비지니스 규칙은 정책, 절차, 또는 특정 기업 환경 내의 원칙에 대한 이야기체의 기술 형태로 정의될 수 있다. 비지니스 규칙은 비지니스 환경 내의 행동을 창조하고 주도한다. 비지니스 규칙은 회사의 관점에서 데이타의 주요한, 독특한 특성을 간단한 언어로 기술한 것이다.

• 비지니스 규칙
비지니스 규칙은 정책, 절차, 또는 특정 기업 환경 내의 원칙에 대한 것으로, 회사의 관점에서 데이타의 주요한, 독특한 특성을 간단한 언어로 기술한 것이다.

비지니스 규칙의 주요한 출처는 회사 매니저, 정책입안자, 부서 매니저, 그리고 회사 절차, 표준, 그리고 운영 매뉴얼과 같은 문서들이다. 비지니스 규칙을 가장 직접적으로 빨리 알아 내는 방법은 최종사용자와의 직접 인터뷰를 통해서 이다. 요구분석 단계에서는 많은 시간을 최종사용자와의 대화에 사용해야 된다. 데이타베이스 개발이 매우 기술적인 문제이기는 하나, 그것은 또한 매우 사람 중심적인 것이기도 하다. 따라서 데이타베이스 개발팀은 뛰어난 의사전달자이어야 하며 훌륭하고 성숙된 대인관계기술을 소지해야 한다.

3.3 개념적 데이타 모델 설계

● **개념적 데이타 모델 설계**
개념적 데이타 모델 설계 단계에서는 데이타 모델링 활동을 통하여 현실 세계의 객체들을 나타내는 추상적 데이타베이스 구조를 정의한다.

[그림 5-4]의 데이타베이스 개발 수명주기의 두번째 단계부터 네번째 단계까지는 데이타베이스 설계에 관한 활동이다.

회사의 목적과 운영을 지원할 데이타베이스 시스템의 개발을 위해서는 개념적 데이타 모델 설계 단계가 데이타베이스 개발 수명주기의 가장 중요한 단계라고 할 수 있다. 개념적 설계 단계에서는 데이타 모델링 활동을 통하여 현실 세계의 객체들을 나타내는 추상적 데이타베이스 구조를 정의한다. 개념적 설계는 소프트웨어 그리고 하드웨어와는 독립적이어서 나중에 선택되는 어떠한 하드웨어와 소프트웨어 플랫폼(Platform)에서도 실행될 수 있다.

데이타 모델 활동에서 가장 중요한 원칙은 필요한 모든 데이타가 데이타 모델에 있고 모델에 있는 모든 데이타가 필요한 것이어야 한다는 것이다. 즉, 데이타베이스 응용프로그램에 의해 필요한 모든 데이타요소들은 데이타 모델에 정의되어야 하고, 모델에 정의된 모든 데이타 항목은 적어도 한 데이타베이스 응용프로그램에 의해 사용되어야 한다.

3.4 논리적 데이타베이스 설계

논리적 데이타베이스 설계는 특정한 데이타베이스 관리시스템에서 사용하는 데이타 모델을 정한 다음에 시작된다. 데이타베이스 관리시스템의 데이타 모델에 따라 개념적 설계는 선택된 데이타 모델에 맞는 논리적 모델로 전환된다. 다시 말하면, 논리적 설계는 개념적 설계를 선택된 데이타베이스 관리시스템의 내부 데이타 모델로 번역하는 것이다. 이것은 모델내의 모든 객체를 선택된 데이타베이스 관리

● 논리적 데이타베이스 설계
논리적 데이타베이스 설계는 개념적 데이타 모델을 선택된 데이타베이스 관리시스템의 내부 데이타 모델로 번역하는 것이다. 이것은 모델 내의 모든 객체를 선택된 데이타베이스 관리시스템에서 사용되는 특정한 구조로 바꾸는 것이다.

시스템에서 사용되는 특정한 구조로 바꾸는 것이다. 예를 들면, 관계형 데이타베이스 관리시스템에서의 논리적 설계는 테이블과 인덱스의 정의 뿐만 아니라 데이타베이스의 바른 사용 방법도 구체화 한다. 관계형 데이타 모델의 틀 안에서 테이블은 누구에 의해 사용될 수 있고, 테이블의 어느 부분을 어떤 사용자에게 허용할 것인가 등과 같은 질문에 대한 답은 적합한 접근 권리와 뷰를 정의하는 것에 해당된다.

3.5 물리적 데이타베이스 설계 및 실행

● 물리적 데이타베이스 설계
물리적 데이타베이스 설계는 데이타베이스의 저장과 접근 특성을 선택하는 과정이다.

물리적 데이타베이스 설계는 데이타베이스의 저장과 접근 특성을 선택하는 과정이다. 저장 특성은 하드웨어에 의해 지원되는 장치의 유형, 시스템에 의해 지원되는 데이타 접근 방법의 유형, 그리고 데이타베이스 관리시스템의 함수이다. 물리적 설계는 저장장치의 데이타 위치 뿐만 아니라 시스템의 성능에도 영향을 준다. 물리적 설계는 PC보다는 서버(Server) 컴퓨터에서 더 전형적으로 행해지는 매우 기술적인 책무에 해당된다. 그러나 서버 컴퓨터 환경에서도 데이타베이스 관리시스템이 설계와 실행의 물리적 부분의 몫을 맡고 있어 데이타베이스 개발이 훨씬 쉬워 졌다.

3.6 데이타베이스 응용 프로그램 개발

실제에서 많은 경우 SQL 인터페이스를 통한 데이타베이스 접근은 데이타베이스 전문가들이나 할 수 있는 일이다. 대화형 SQL 인터페이스는 매니저, 사무원, 그리고 비서들과 같은 초보적 사용자들의 언어가 못 된다. 따라서 시스템 개발자들은, 초보적 사용자들이 메뉴 구동형이고, 폼 중심이고, 기능적으로 맞춤이 되어 있기를 바란다는 것을 알고, 직감적이고 쉬운 사용자 인터페이스를 가진 시스템을 사용하도록 응용프로그램을 개발해 주어야 한다.

3.7 데이타베이스 테스트 및 유지

● 데이타베이스 성능
데이타베이스 성능의 중요한 요소는 데이타 배치, 접근 경로 정의, 인덱스의 사용, 그리고 버퍼 사이즈 등과 같은 시스템과 데이타베이스 구성 파라미터들을 포함한다.

테스트와 평가 단계는 응용프로그램 개발과 병행하여 일어날 수 있다. 데이타가 데이타베이스에 적재되면 데이타베이스관리자는 성능, 무결성, 동시성 제어, 그리고 보안 통제에 대한 테스트를 하고 조절한다. 데이타베이스 성능은 데이타베이스 실행에서 가장 중요한 요소 중의 하나이다. 데이타베이스 성능의 중요한 요소는 데이타 배치, 접근경로 정의, 인덱스의 사용, 그리고 버퍼 사이즈 등과 같은 시스템과 데이타베이스 구성 파라미터들을 포함한다.

데이타베이스 실행에서 시스템의 성능이 평가기준에 적합하지 않으면 시스템을 향상시키기 위한 조치를 취해야 한다. 또 회사의 데이타베이스에 저장된 데이타는 허가 없는 사용자의 접근으로부터 보호되어야 한다. 그러므로 적어도 다음 조치들이 취해져야 한다.

- 물리적 보안은 데이타베이스의 권한을 가진 직원에게만 물리적 접근을 개방하는 것이다.
- 패스워드 보안은 허가된 특정 사용자들에게 접근의 권한을 부여하는 방법이다.
- 접근 권한은 데이타베이스 소프트웨어를 사용하여 만들어 질 수 있다.
- 감사 추적(audit trail)은 보통 접근 위반을 점검하기 위하여 데이타베이스 관리시스템에 의하여 제공된다.

데이타베이스 관리자는 정규적인 유지 활동을 수행할 준비가 되어 있어야 한다. 일반적으로 요구되는 정기적 유지 활동은 다음과 같다.

- 예방적 유지, 보수 활동(백업)
- 교정적 유지, 보수 활동(원상복귀)
- 적응적 유지, 보수 활동(성능 향상, 개체 및 속성의 추가, 등)
- 신 · 구 사용자에 대한 접근 허가 할당과 유지
- 시스템 감사의 효율성, 효용성의 향상 및 시스템 성능의 감시를 위한 데이타

베이스 접근 통계의 수집
- 시스템이 발생한 통계에 기초한 정기적 보안 감사
- 내부적 청구 또는 예산 목적의 정기적 시스템 사용 요약

04 데이타베이스 설계

데이타베이스 접근방법의 근본적인 특성 중의 하나는 대부분의 데이타베이스 사용자에게는 복잡한 데이타 저장의 구체적 사항을 감추어서 상위 수준으로 데이타를 추상화하여 데이타를 이해하게 하는 것이다. 데이타 모델이 바로 이러한 추상을 실현하는 기본 도구이다.

데이타베이스의 데이타를 어떻게 정의하여 저장하는가에 따라 데이타베이스 시스템의 효과와 효율이 결정된다. 즉 데이타베이스가 잘 설계되어야 개인, 그룹, 그리고 조직의 데이타 요구를 제대로 만족시킬 수 있다. 데이타베이스 설계 과정에서 해야 되는 중요한 작업 중의 하나가 데이타 모델의 개발이다. 데이타 모델의 역할은 복잡한 현실 세계를 추상의 과정을 통하여 사용자의 관점을 통합하고 개념적 모델로 전환함으로써 데이타베이스 설계 과정에서 의사소통을 돕는 것이다 .

데이타 모델은 데이타베이스의 구조를 기술하는데 사용되는 개념들의 집합이다. 즉 데이타베이스 환경 내에서 데이타 모델은 데이타 구조와 그들의 특성, 관계성 및 제약조건을 나타내는데 사용된다. 데이타베이스 설계자는 보통 데이타 모델을 설계자, 응용프로그래머, 그리고 최종사용자 사이의 상호작용을 돕는 의사전달 수단으로 사용한다. 잘 개발된 데이타 모델은 데이타베이스가 개발된 회사 또는 조직에 대한 이해를 향상시킨다.

4.1 개체관계성 데이타 모델

개체관계성 데이타 모델(Entity-Relationship Data Model)은 데이타베이스 설계자가 데이타베이스의 논리적 성격을 표현하도록 함으로써 데이타베이스 설계를 돕고자 개발된 모델이다. 개체관계성 모델은 앞에서 설명한 삼단계 데이타베이스 아키텍처의 개념적 모델을 개발하는데 사용된다. 간단히 말해서 개체관계성 데이타 모델은 현실 세계를 개체와 관계성 개념을 사용하여 표현하는 데이타 모델이다.

개체(Entities)는 우리가 데이타베이스에 표현하고 싶은 현실 세계의 사람, 장소, 사건, 객체, 또는 개념이다. 개체는 물리적 객체이거나 추상일 수 있다. 각 개체는 그것과 연관되는 여러 가지 속성을 가지고 있다. 개체의 속성(Attribute)은 개체를 정의하는 조직에게 관심의 대상이 되는 특성이다. 개체의 속성은 특정한 값을 가지며 그 값은 데이타베이스에 저장되고 사용된다. 각 속성에 허용되는 데이타 유형과 값의 집합을 그 속성의 도메인(Domain)이라 부른다

개체유형 즉 개체집합에서 한 개체는 다른 개체로부터 구분되는 어떠한 개체이다. 각 개체는 그 개체 예를 특징 있게 파악할 수 있게 하고 같은 개체유형의 다른 예들로부터 분명하게 구분하게 하는 속성 또는 속성의 집합을 가져야만 하고 그것을 키(Key)라고 한다. 한 개체집합에서 여러 개의 속성 또는 속성 집합으로 개체를 구별하는데 사용할 수도 있어 키가 하나 이상 존재 할 때도 있다. 이런 경우에 데이타베이스 설계자는 그들 중에서 하나만을 선택하여 개체를 식별하여 데이타 레코드를 접근하는 방법으로 사용한다. 그 선택된 속성이 기본키(Primary Key)가 된다.

관계성(Relationships)은 하나 또는 그 이상의 개체유형의 예들 사이에 존재하는 연계(Association)를 말한다. 예를 들면 대학의 경우 한 학생은 수강을 함으로써 한 과목에 관련된다. 관계성의 사상수(Mapping Cardinality)는 관계성에서 한 개체에 대하여 관련 지어 질 수 있는 다른 개체의 수를 나타낸다. 한 개체의 예에 대하여 연계된 다른 개체의 예가 없거나, 하나, 둘 또는 그 이상(M: Many)이 있을 수 있다.

- **데이타 모델**
데이타 모델은 데이타베이스의 구조를 기술하는데 사용되는 개념들의 집합이다. 즉 데이타베이스 환경 내에서 데이타모델은 데이타 구조와 그들의 특성, 관계성 및 제약조건을 나타내는데 사용된다.

- **개체관계성 데이타 모델**
개체관계성 데이타 모델은 현실 세계를 개체와 관계성 개념을 사용하여 표현하는 데이타 모델이다.

- **개체**
개체는 조직의 데이타베이스에 포함되는 현실 세계의 사람, 장소, 사건, 객체, 또는 개념이다.

- **속성**
속성은 개체를 정의하는 조직에게 관심의 대상이 되는 특성이다.

- **키**
같은 개체유형의 다른 예들로부터 분명하게 구분하게 하는 속성 또는 속성의 집합을 말한다.

- **관계성**
관계성은 하나 또는 그 이상의 개체유형의 예들 사이에 존재하는 연계를 말한다.

● 개체관계성도
개체관계성도는 개체관계성 모델을 그림으로 요약한 것으로 개체관계성 데이타 모델의 기본 구성 요소인 개체, 속성, 그리고 관계성을 포함한다.

개체관계성 모델은 최종사용자의 관점을 통합한 개념적 모델로 개체관계성도(Entity-Relationship Diagram)로 표현한다. 개체관계성도는 개체관계성 모델을 그림으로 요약한 것으로 개체관계성 모델의 기본 구성 요소인 개체, 속성, 그리고 관계성을 포함한다. 개체관계성도에서 개체는 사각형으로 표시하며 그 안에 이름을 적고, 속성은 사각형 외부에 표시한다. 관계성 집합을 표현하는 다이아몬드는 연계되는 개체를 나타내는 사각형을 선으로 연결하고 관계성이 속성을 가지는 경우 다이아몬드 외부에 표시한다. 관계성의 사상수는 1 또는 M으로 표시한다.

예를 들어 학생들의 과목 수강과 관련한 부분과 관련한 업무를 위한 개체관계성 데이타 모델을 만든다고 하자. 그 업무를 단순화하여 기본적으로 요구되는 데이타와 관련하여 파악된 개체, 관계성, 그들의 속성, 그리고 사상수와 같은 개체관계성 데이타 모델의 구성요소를 가지고 개체관계성도에 사용되는 부호를 그림으로 표시하면 [그림 5-5]와 같은 개체관계성도가 된다.

4.2 관계형 데이타베이스 설계

오늘날 관계형 데이타베이스 모델을 바탕으로 한 많은 데이타베이스 관리시스

그림 5-5 개체관계성도

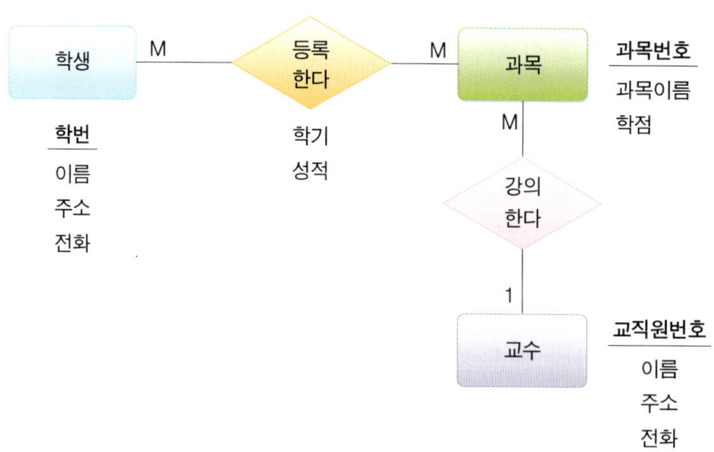

템이 개발되어 있으며 이를 사용하여 많은 회사들이 그들의 데이타베이스를 구축하고 있는 실정이다. 관계형 데이타베이스 모델은 그 구조가 간단 명료하고 조작하기가 용이할 뿐만 아니라 실행할 데이타베이스 관리시스템과는 독립적인 데이타 모델 설계를 할 수 있다. 대표적인 데이타베이스 관리시스템으로는 IBM의 DB2, Oracle의 Oracle, Microsoft의 SQL Server와 MS Access 등이 있다.

(1) 관계형 데이타 모델

- **관계형 데이타베이스 모델**

관계형 데이타베이스 모델은 수학의 관계 이론을 데이타베이스에 적용한 것으로 데이타를 관계스키마 또는 간략히 관계로 표현한다. 관계는 관계형 데이타베이스 관리시스템에서 행과 열로 구성된 테이블 형태로 표현되며, 관계형 데이타베이스는 테이블들의 집합이라 할 수 있다.

관계형 데이타베이스 모델(Relational Database Model)은 1970년 E. F. Codd에 의해 제안되었다. 관계형 데이타베이스 모델은 수학의 관계 이론을 데이타베이스 이론에 적용한 것이다. 이러한 이론적 발전의 결과가 실행의 실제적 고려사항에 적용되었다. 용이한 디자인과 실행에 초점을 맞춘 관계형 데이타베이스 모델은 사용자 관점에서의 단순성과 성능 때문에 모든 플랫폼에서 운영되는 데이타베이스 관리시스템으로 널리 사용되고 있다.

관계형 데이타베이스 모델에서 데이타는 관계스키마(Relation Schema) 또는 간략히 관계(Relation)로 표현된다. [그림 5-5]의 개체관계성도를 관계스키마로 전환하면 다음과 같다. 이 관계스키마는 개체관계성 데이타 모델의 의미를 그대로 구현한다. 구체적으로 학생과 과목 개체는 등록 관계로 연계되고, 과목과 교수 개체는 과목 관계에 교직원번호를 포함시켜 연계된다.

- 학생(학번, 이름, 주소, 전화)
- 과목(과목번호, 과목이름, 학점, 교직원번호)
- 등록(학번, 과목번호, 학기, 성적)
- 교수(교직원번호, 이름, 연구실, 전화)

관계형 데이타베이스 모델에서는 데이타를 테이블 형태로 표현하며, 관계형 데이타베이스는 테이블들의 집합이라 할 수 있다. 실제에서 데이타베이스 관리시스템의 관계는 〈표 5-1〉 또는 〈표 5-2〉와 같이 데이타가 들어 있는 이차원의 테이블을 가리킨다. 관계는 정해진 수의 열(Column)과 임의의 수의 행(Row)들로 이루어진다. 테이블에서 각 열은 테이블 속의 데이타에 대한 고유한 특성을 나타내는데 이를 속성 또는 필드(Field)라고 부른다. 테이블에서 각 행은 레코드(Record)

또는 터플(Tuple)이라고 불리며, 이는 특정 데이타에 대한 전체 기록을 보여준다.

• 정규화

정규화는 관계를 잘 구조화된 관계로 만드는 과정이며, 실제에서 데이타베이스를 관계형 데이타베이스 구조로 설계할 경우에 발생할 수 있는 자료 이상에 관한 문제점들을 방지할 수 있도록 해준다.

(2) 정규화

데이타베이스를 설계하는데 있어서 가장 중요하게 생각해야 할 점은 데이타의 중복성(Redundancy)과 일관성(Consistency)이다. 데이타의 중복은 데이타베이스를 저장하는데 필요한 저장공간을 낭비할 뿐 아니라 데이타의 일관성에도 문제를 일으킬 수 있다. 관계형 데이타베이스 설계의 목표는 데이타베이스 조작에 대하여 이러한 중복성을 배제하고 일관성이 있는 데이타베이스의 관계 구조를 구축하는 것이다.

잘 구조화된 관계는 최소한의 중복성을 허용하고 자료의 삽입, 삭제 및 수정 등과 같은 자료 조작 후 테이블에 일관성이 없어지거나 오류가 없는 관계를 말한다. 정규화(Normalization)는 관계를 잘 구조화된 관계로 만드는 과정이다. 이러한 정규화에 대한 이론은 관계형 데이타베이스 설계의 가장 실제적인 응용 분야로서 정규화를 통하여 바람직한 관계 구조의 기본틀을 제시하게 하여 실제에서 데이타베이스를 관계형 데이타베이스 구조로 설계할 경우에 발생할 수 있는 자료 이상에 관한 문제점들을 방지할 수 있도록 해준다.

앞에서 기술한 학생의 과목 수강과 관련한 개념적 데이타 모델인 개체관계성도(그림 5-5)를 논리적 데이타 모델인 관계형 데이타베이스로 표현하는 예를 보자. 학생이 과목에 등록한다는 부분과 관련한 데이타를 모두 한 테이블에 포함시키는 디자인을 생각할 수 있다. 그것은 〈표 5-1〉과 같은 관계로 나타낼 수 있다. 이 관계의 기본키는 직원번호와 고객번호이며 복합키(Composite Key)이다.

그러나 이 관계는 자료 이상의 문제를 가지고 있다. 그 구체적인 예로 직원 김철수가 학교를 그만 두게 되어 김철수의 정보를 삭제하게 되면 김철수가 수강한 경제학원론, 통계학개론 과목 데이타도 함께 잃게 된다. 따라서 이러한 데이타베이스 디자인은 좋은 것이 아니다. 이 관계는 비정규형 관계이며, 정규화 과정을 통해 문제가 없는 다음 단계의 관계로 만들어야 한다.

정규화 과정은 비정형 관계를 정규화 관계로 만드는 프로세스이다. 〈표 5-1〉의 비정규형 관계가 좋은 디자인이 아닌 이유는 개체관계성 데이타 모델에 나타난 학생과 과목 개체 그리고 이 개체 사이의 '등록' 관계성을 모두 한 관계 또는 테이블

표 5-1 비정규형 관계

학번	이름	주소	전화	과목번호	과목이름	학점	학기	성적
09111	김철수	서울	550-1789	Econ101	경제학원론	3	2009-1	3.5
09111	김철수	서울	550-1789	Stat110	통계학개론	3	2009-1	3.0
09111	김철수	서울	550-1789	Writ111	글쓰기	2	2009-1	3.6
09111	김철수	서울	550-1789	Comp150	컴퓨터개론	3	2009-1	3.8
09112	박영희	부산	323-5223	Engl120	영어회화	3	2009-1	3.5
09112	박영희	부산	323-5223	Comp150	컴퓨터개론	3	2009-1	3.8
09112	박영희	부산	323-5223	Fren112	프랑스어회화	3	2009-1	3.0
09112	박영희	부산	323-5223	Writ111	글쓰기	2	2009-1	4.0

표 5-2 정규형 관계

학생관계

학 번	이 름	주 소	전 화
09111	김철수	서울	550-1789
09112	박영희	부산	323-5223

등록관계

학 번	과목번호	학 기	성 적
09111	Econ101	2009-1	3.5
09111	Stat110	2009-1	3.0
09111	Writ111	2009-1	3.6
09111	Comp150	2009-1	3.8
09112	Engl120	2009-1	3.5
09112	Comp150	2009-1	3.8
09112	Fren112	2009-1	3.0
09112	Writ111	2009-1	4.0

과목관계

과목번호	과목이름	학 점	교직원번호
Econ101	경제학원론	3	2011
Stat110	통계학개론	3	4013
Writ111	글쓰기	2	1015
Comp150	컴퓨터개론	3	5021
Engl120	영어회화	3	1035
Fren112	프랑스어회화	3	1051

에 포함하였기 때문이다. 정규화 과정은 비정규형 관계를 〈표 5-2〉와 같이 세 개의 정규형 관계로 나누어 데이타 이상의 문제를 없앤 좋은 디자인 결과를 유도한다.

정규화에 따라 데이타베이스를 설계하여 자료의 중복성을 포함한 자료 이상의 문제점을 해결하였더라도 업무처리 요구에 따라 데이타베이스의 처리 속도 면에서 비효율적인 경우가 발생할 수 있다. 즉, 원하는 데이타를 얻기 위한 질의를 처리하려면 정규화에 따라 분리된 관계 테이블들을 재결합시켜야 하기 때문에 데이타베이스의 처리 속도가 느려지는 경우가 있다. 이러한 이유로 인하여 데이타베이스 개발자에 따라서는 데이타베이스의 처리 속도를 빠르게 하기 위하여 고의적으로 정규화에 위반하게 데이타베이스를 설계하기도 한다. 정규화된 관계 중 특정 관계들을 결합시켜 하나의 관계로 만드는 것을 비정규화(Denormalization)라고 한다. 실무를 위한 데이타베이스를 설계하기 위해서는 우선적으로 업무 분석을 철저히 하여 업무절차상 가장 효율적인 상태로 각 테이블에 대한 정규화 또는 비정규화를 결정해야 한다.

● 비정규화
정규화된 관계 중 특정 관계들을 결합시켜 하나의 관계로 만드는 것을 비정규화라고 한다.

05 데이타베이스 관리시스템 실행

5.1 데이타베이스 정의

● 데이타베이스 정의
데이타베이스 관리시스템을 사용하여 데이타베이스 테이블 또는 파일, 테이블에 포함될 데이타 요소, 효율적인 운영을 위한 데이타베이스의 물리적 특성, 데이타베이스 무결성과 통제를 위한 규칙 등을 정의하는 것이다.

데이타베이스 관리시스템을 사용하는 데이타베이스의 설계는 다음 사항들을 지정해 주는 명령을 실행시킴으로써 완성 된다.

- 데이타베이스 테이블 또는 화일
- 각 데이타베이스 테이블에 포함될 데이타 요소
- 개념적 데이타 모델에 있는 개체 간의 관계를 실행하는 구조적 요소

- 효율적인 운영을 위한 데이타베이스의 물리적 특성
- 무결성과 통제를 위한 규칙

각 데이타베이스 관리시스템에서 데이타베이스를 정의하는 방법은 큰 차이가 없으므로 앞의 학생의 과목 수강과 관련한 관계스키마를 마이크로소프트 액세스(MS ACCESS)로 정의하는 방법을 보자. MS ACCESS에서는 데이타베이스의 데이타를 정의하기 위하여 SQL문 형식의 데이타 정의어를 사용하는 대신에 [그림 5-6]과 같은 테이블 데이타 정의어를 사용한다. [그림 5-6]은 논리적 데이타베이스

그림 5-6 MS ACCESS에서의 테이블 정의

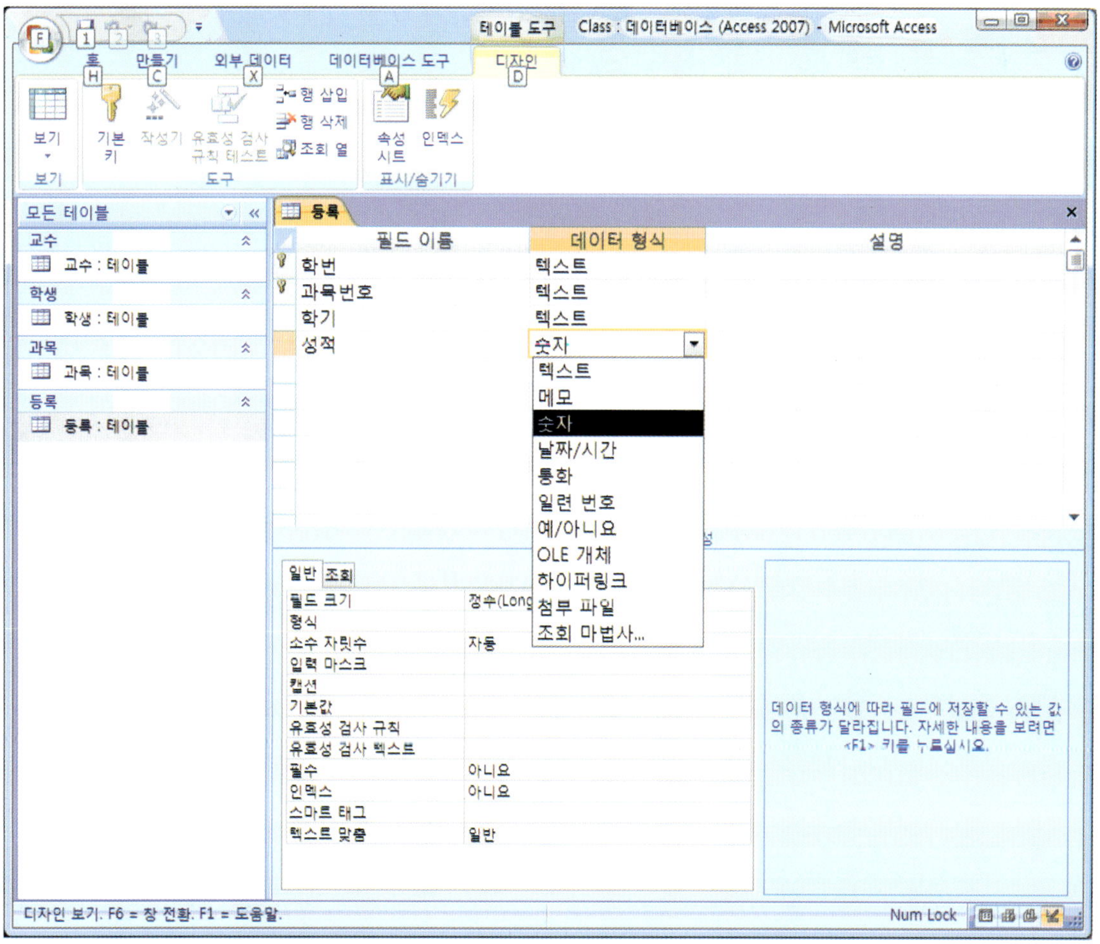

설계에 의해 확정된 '등록' 테이블 스키마를 액세스 테이블로 정의하는 스크린으로 필드이름, 데이타 형식, 설명의 세 부분으로 이루어져 있다. 각 필드는 특정한 데이타 형식(Data Type)을 갖게 되며 데이타 형식은 데이타 무결성 제약을 실현하는 하나의 방편이다. 즉, 지정된 데이타 형식이 아닌 데이타는 받아 들이지 않거나 입력되어도 지정된 데이타 형식으로 사용될 것임을 말한다. 따라서 각 필드의 데이타 형식은 데이타의 내용과 사용 목적을 고려하여 바르게 선택되어야 한다. 학번과 과목번호 필드이름 왼쪽에 키(열쇠) 모양이 표시되어 있는데 이는 기본키로 설정된 속성을 MS ACCESS에서 표시하는 방법이다.

[그림 5-7]은 위와 같은 방법으로 네 개의 테이블이 정의된 다음 이들 네 개의 테이블 사이의 관계를 보여준다. 이것은 앞에서 본 개체관계성도를 데이타베이스 관리시스템을 사용하여 표현한 것이다. [그림 5-7]에서 개체관계성도의 M은 ∞로 표현되었고 다이아몬드는 생략되었다.

그림 5-7 MS ACCESS에서의 테이블 관계

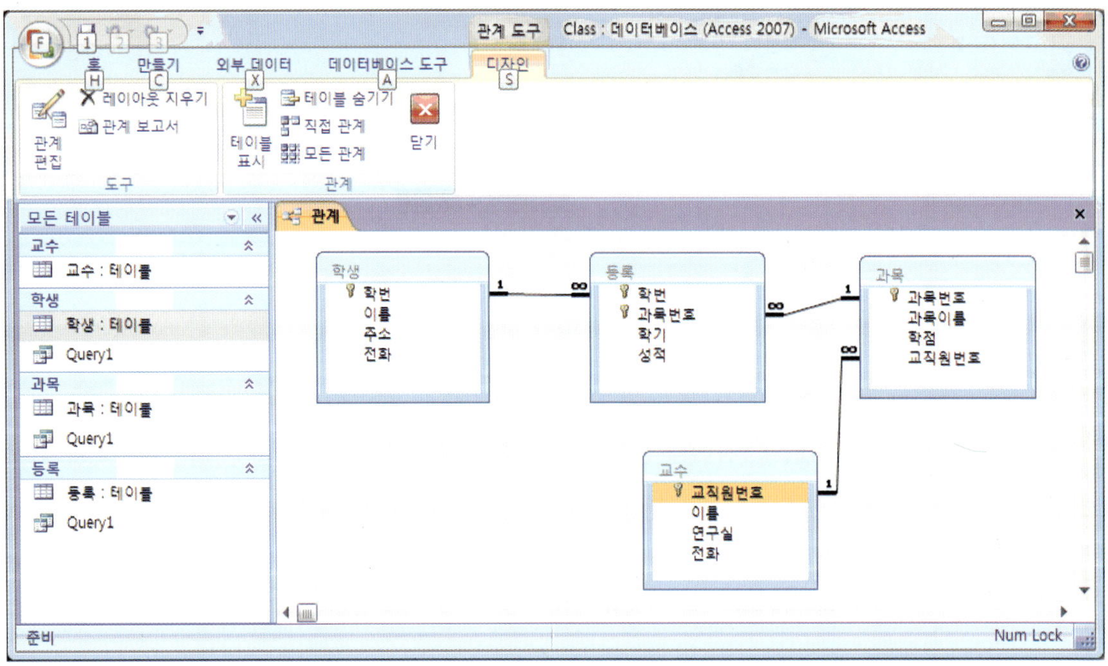

5.2 데이타베이스 질의

● 데이타베이스 질의
데이타베이스 질의어를 사용하여 필요한 데이타를 데이타베이스에서 추출하는 것을 말한다.

앞에서 본 것처럼 데이타베이스 테이블과 그들간의 관계를 정의한 다음 실제의 데이타를 입력하면 그 데이타베이스는 사용자에 의하여 사용되게 된다. 데이타베이스를 사용하면서 사용자는 때때로 필요한 데이타를 데이타베이스에서 추출할 때가 있다. 이렇게 데이타를 데이타베이스에서 추출할 때 사용자는 데이타베이스 관리시스템의 데이타베이스 질의어 즉 쿼리를 사용한다.

MS ACCESS는 QBE에 기초를 둔 그래픽 질의나 SQL 질의 방법 두 가지 모두를 포함하고 있다. 예를 들어 박영희 학생의 성적이 3.5 이상인 과목을 디스플레이하고자 할 때 [그림 5-8]과 같이 그래픽 질의 도구를 사용할 수도 있고, [그림 5-9]와 같이 SQL 언어를 사용할 수도 있다. 두 방법 모두 [그림 5-10]과 같은 결과를 얻는다.

사용자가 원하는 결과를 얻기 위해서 [그림 5-8]과 [그림 5-9]에서 보는 것과

그림 5-8 ACCESS 그래픽 질의

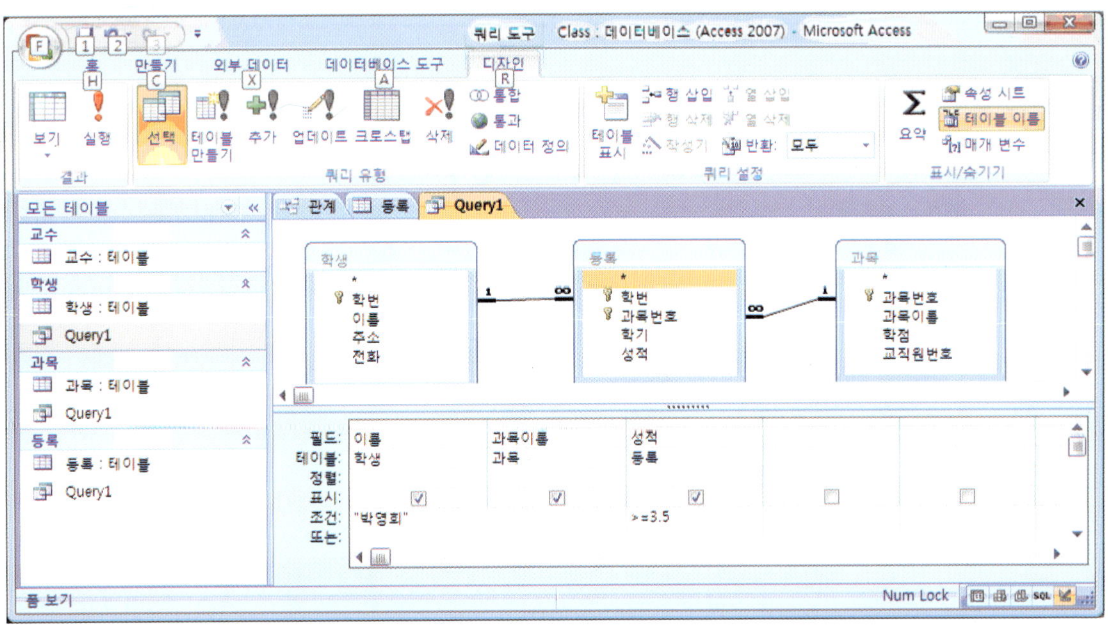

같이 같은 내용의 질의 조건이 다른 방법으로 표현되었다. [그림 5-8]에서는 학생, 등록, 과목 테이블이 결합(Join)되고, 학생 이름이 박영희이고 성적이 3.5이상이라는 조건이 표시되었다. [그림5-9]의 SQL은 나열될 속성들, 결합될 테이블 이름과 속성, 그리고 테이블로부터 선정될 행의조건을 규정하고 있다. 어느 방법을 쓰든 결과는 [그림 5-10]에서 보는 것처럼 동일하다.

그림 5-9 ACCESS SQL 질의

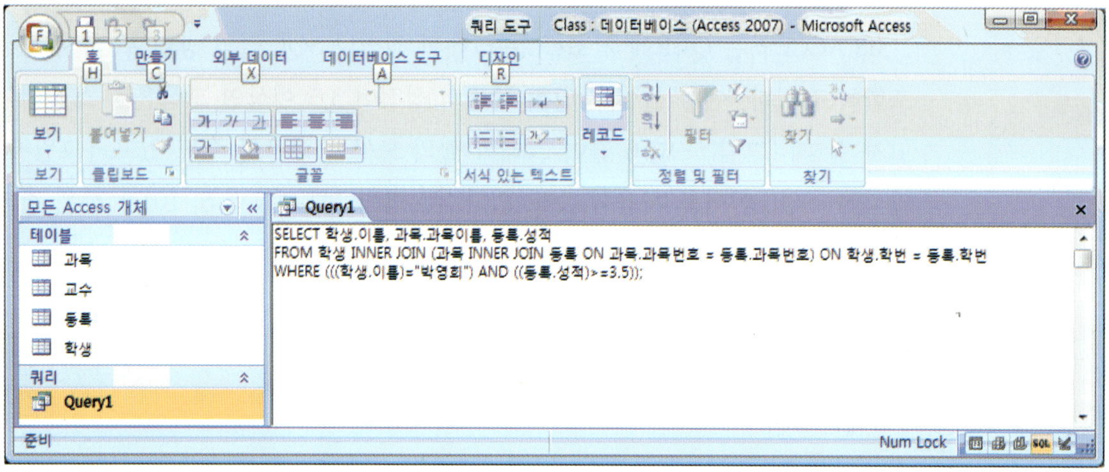

그림 5-10 질의 결과 테이블

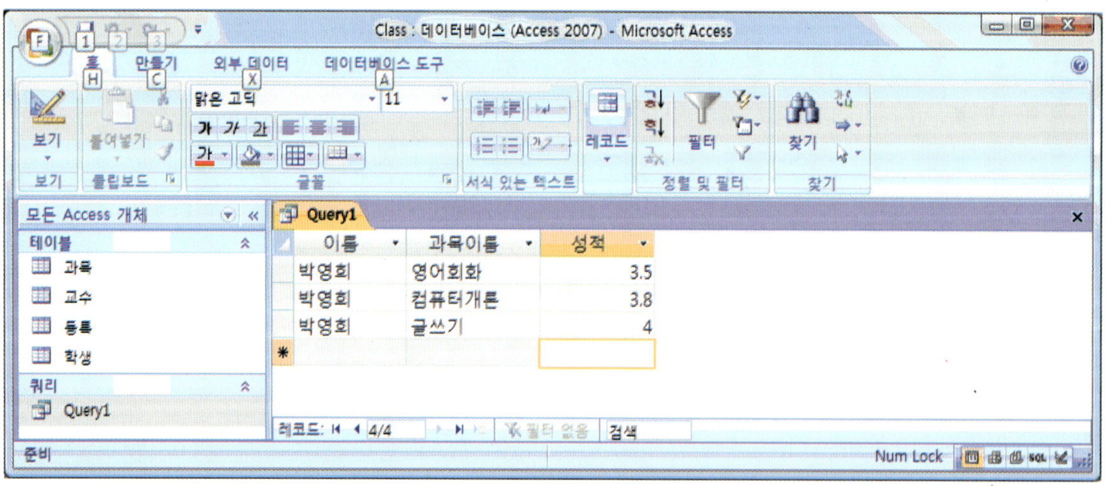

5.3 응용프로그램 개발

● **폼과 리포트**

데이타베이스 관리시스템은 사용자가 데이타 입력 또는 디스플레이를 하는 폼과 데이타베이스 질의 결과를 포맷하여 디스플레이하는 리포트를 쉽게 만들 수 있도록 폼과 리포트 개발 도구를 제공한다.

앞에서 설계된 테이블에 새로운 데이타를 입력하거나 입력된 데이타를 열람하거나 갱신하는데 사용될 폼(Form)들을 개발할 수 있다. 폼을 입력 폼으로 만들 것인가 또는 열람 가능하고 수정 가능한 폼으로 만들 것인가 하는 선택은 폼을 설계할 때 설계하는 폼에 대한 특성을 정의해 주는 데 달려있다.

MS ACCESS를 사용하여 설계된 질의를 저장해 두면 필요할 때마다 현재의 데이타로 된 정보를 볼 수 있다. 여기서 한 걸음 더 나아가면 MS ACCESS의 보고서 기능을 사용하여 질의 결과를 관리자 또는 경영자에게 적합한 모양으로 변형하여 정기 또는 수시로 보고할 수 있도록 보고서를 개발할 수도 있다.

Micro Soft는 SQL Server 2008과 Visual Studio를 결합하여 통합 개발 및 관리 도구 세트를 제공하고 있다. Oracle은 개발자들에게 풍부한 도구와 프로그래밍 인터페이스를 포함하는 Java 애플리케이션과 웹 서비스를 위한 일체의 개발 환경을 제공한다.

06 데이타 웨어하우스와 온라인분석처리

6.1 데이타베이스와 전사적 자원관리

● **전사적 자원관리시스템**

전사적 자원관리시스템은 조직의 데이타와 프로세스를 단일 시스템에 통합하여 접근과 플로우를 용이하게 할 목적으로 전체 조직의 다양한 기능을 위한 데이타를 통합한 데이타베이스를 사용한다.

전사적 자원관리(ERP)는 조직의 데이타와 프로세스를 단일 시스템에 통합하는 방법이다. 통합은 전사적 자원관리에서 매우 중요한 요소이다. 전사적 자원관리의 주요 목적은 조직의 모든 영역의 데이타와 프로세스를 통합하여 접근과 워크 플로우를 용이하게 하는 것이다. 전사적 자원관리는 조직의 다른 영역에 다양한 비지니스 기능을 제공하는 여러 가지 소프트웨어 모듈이 사용하는 단일 데이타베이스

Case in Point

"하나투어는 점점 중요해 지는 온라인 여행 시장의 선두를 더욱 확고히 하기 위해 Oracle Database 10g를 도입하여 안정성과 고가용성을 갖춘 시스템을 구축했다. 이를 통해 분산된 시스템을 단일 DBMS로 통합하여 더욱 빠르고 안정적인 여행 서비스를 제공하고 있다."

김병광 차장, IT 사업본부

하나투어

세계 최고의 여행종합그룹으로 도약 준비

하나투어는 1993년에 설립된 이래 세계 최고의 여행종합그룹으로 도약하기 위해 고객 감동 여행 서비스 강화, 해외 직영 네트워크 확대, 지식 경영 도입 등 글로벌 여행 기업으로서의 기반을 구축하고 있다. 9년 연속 해외송객 및 항공권 판매 1위 여행 기업으로서, 월 10만 명 이상의 해외 여행객에게 여행 서비스를 제공하고 있다. 전세계 25개의 해외 현지 직영 법인 및 사무소를 통한 고객 감동 서비스와 경영 투명성을 바탕으로 2000년 업계 최초로 코스닥 상장, 2006년 코스닥 상장사 최초 런던 증권 거래소에 상장했다. 하나투어는 매년 30% 이상의 성장을 통해 2010년 글로벌 Top 10, 2020년 세계 최대 여행종합그룹으로 성장하겠다는 전략하에 이를 위해 온라인 시스템 및 컨텐츠 경쟁력을 무기로 글로벌 네트워크를 통한 글로벌 여행 비지니스를 실현할 계획이다.

분산된 환경을 단일 DB로 통합

하나투어는 기존에 사용했던 인포믹스 데이타베이스를 2000년에 Oracle Database 8i 로 도입하여 활용해오다가 2007년 초에 Oracle Database 10g로 마이그레이션하여 분산되어 있는 DB를 한 개의 DB로 통합했다. 이를 통해 서버간 병목 현상과 서버 부하 문제를 해결했다. 기존에 사용하던 Oracle Database 8i에서 제공하지 않던 Sub Partitioning 기능과 온라인 DB 처리, Self Monitoring 기술 등을 활용하여 급격하게 증가하는 데이타를 안정적으로 처리하고 가용성을 향상시킬 수 있었다.

2중화 시스템 구축 및 Oracle Streams 통해 안정성 강화

하나투어는 향후 주력 전략의 하나로 온라인 사업을 강화하고 있다. 하나투어는 급격하게 성장하고 있는 온라인 여행시장의 선두를 확고히 하기 위해 지식경영 도입, ERP 시스템 구축 및 온라인 컨텐츠 개발에 주력하고 있으며, 강력한 컨텐츠를 기반으로 온라인 사업을 더욱 강화하고 있다. 이를 위해 하나투어는 예기치 못한 장애에 대비하여 Oracle Database 10g와 IBM Disk 복제 솔루션을 도입하여 시스템 2중화를 구축하고, 서버나 IDC 센터 지속적으로 서비스가 제공될 수 있게 핵심 인프라를 갖추게 되었다. 또한 Oracle Streams 솔루션을 도입하여 CRM이나 통계 작업을 위한 대용량 처리에 걸리는 부하를 주서버에서 분리하고 이를 별도의 서버에서 운영하여 안정성을 강화했다. 하나투어는 Oracle Streams 기능을 통해 약 128개의 테이블을 CRM 서버와 대용량 조회 서버 등의 두 개의 서버로 데이타를 이동시켜 온라인 서버의 운영 시간 부하를 최소화하며 데이타를 연계할 수 있도록 설계하였다. 그리고 Data Definition Language (DDL) 정보가 같이 반영되도록 하여 운영 시 발생하는 관리 부하를 최소화했다.

4배 이상 빠르게 이기종간의 마이그레이션 진행

하나투어는 Oracle Database 10g를 2007년 초에 도입하여 기존에 사용하던 애플리케이션에 대한 변화를 최소화하며 대용량 처리에 최적화된 안정적인 시스템을 구축했다. 특히 Oracle Database 10g의 Data pump를 이용하여 이기종간의 Oracle Database 마이그레이션을 4배 이상 빠르게 진행할 수 있었다. 별도의 마이그레이션 툴 없이 야간에 마이그레이션과 애플리케이션 테스트를 완료할 수 있었으며, 마이그레이션 중에도 Read Only 모드로 DBMS를 운영하여 조회 업무를 지원할 수 있었다. 또, 이기종 서버간의 데이타 이동시에도 애플리케이션에 대한 기능이나 성능 문제 없이 마이그레이션을 진행할 수 있어 테스트를 위한 시간을 절감할 수 있었다.

안정적인 시스템 운영 중

하나투어는 Oracle Database 10g로 전환 후에도 비지니스 확대로 서비스와 데이타가 지속적으로 증가하고 있으나 현재(2007년 10월) 8개월 이상 별 문제 없이 잘 운영하고 있다. Oracle Database 10g 도입 이전에 정기적으로 수행되었던 Patch 관리작업을 하지 않고도 안정적으로 서버를 운영하고 있다.

DR 구축하여 가용성 극대화

하나투어는 Disaster Recovery (DR, 재해복구) 센터를 활용하여 많은 시간이 요구되는 하드웨어 증설이나 인프라 작업을 진행할 때도 20분 정도의 최소한의 DR 전환 시간을 제외하고는 서비스가 중지되지 않는 시스템을 갖춰 가용성을 극대화했다. 기존에는 시스템 작업 시에 작업시간이 불특정하게 지연되어 이것이 곧 서비스 시간의 감소로 이어졌으나 DR 구축 이후에는 DR에서 서비스가 계속 될 수 있는 시스템을 갖추게 되었다. DR 시스템을 구축한 후에는 Flash Copy 본을 통한 DB 복제본으로 핵심 애플리케이션을 실제 적용하기 이전에 테스트할 수 있게 되어 운영 시 발생하는 애플리케이션 오류를 최소화 시켰다. 또, 기존에 개발과 운영이 100% 일치되지 못해 개발된 애플리케이션이 일부 오류를 일으키는 경우도 있었으나 Flash Copy 본 DBMS에서 사전 테스트를 진행하여 애플리케이션 오류를 사전에 차단하고 있다.

Flash Query 통한 사용자 오류 예방

Oracle Database 10g를 도입하기 이전에는 잘못된 drop 문장이나 이를 다시 복구하기 위해서는 운영중인 DB를 중단시키고 DB 단위로 복구를 해야 하기 때문에 현실적으로 1일 이전의 백업 본을 사용하여 복구하는 방법밖에 없었디. 그러나 Oraclc Database 10g의 Flashback Query를 이용하여 작업 이전 시간의 데이타 이미지를 읽어 올 수 있어 사용자의 실수나 오류에도 쉽게 대응할 수 있고 빠르게 복구할 수 있게 되었다.

향후 계획

하나투어는 2000년에 Oracle Database를 선택하여 잘 활용해 왔고 하나투어 사업이 계속 고성장하면서 올초에 Oracle Database10g로 마이그레이션 하였다. 하나투어는 Oracle Database가 안정성, 확장성, 고가용성 측면에서 탁월한 선택이었고, 당분간 Oracle Database 10g 기반에서 운영되는 하나투어의 사업은 또 다른 성장이 있을 것으로 보고 있다.

▸ 오라클(www.oracle.com/global/kr/customers/profiles/hanatour-db.pdf)

를 만들어 통합을 이룬다.

통합을 성취하기 위하여 전사적 자원관리시스템은 여러 가지 하드웨어와 소프트웨어로 되어 있다. 전사적 자원관리 소프트웨어는 업무의 기능별로 나누어져 있으며, 각 기능 분야는 다양한 비지니스 프로세스로 구성되어 있다. 각 기능 분야를 위한 전통적 정보시스템이 데이타나 프로세스를 공유하지 않던 것을 전사적 자원관리시스템은 전체 조직의 다양한 기능을 위한 데이타를 통합한 데이타베이스를 사용한다. 전사적 자원관리시스템은 중심에 중앙 데이타베이스를 가지고 애플리케이션이 데이타를 공유하고 재사용하게 한다. 대부분의 기업이 기존의 애플리케이션을 통합하도록 전사적 자원관리를 실행하므로 전사적 자원관리 개발의 주요 이슈는 다양한 소스의 데이타를 통합하는 것이다.

전사적 자원관리 사용은 소스 데이타 포착과 통합을 전제하므로 전사적 자원관리 데이타베이스의 데이타를 분석에 활용할 수 있게 되었다. 전사적 자원관리의 공통 데이타베이스는 전사적 자원관리시스템이 고차원의 의사결정지원과 분석을 지원하는 데이타 웨어하우스의 소스가 되게 하였다. 전사적 자원관리 도입과 비슷한 시기에 기업은 데이타 웨어하우스를 개발하여 의사결정지원 시스템으로 사용하게 되었다. 오늘날 의사결정지원시스템의 가장 대표적인 것이 데이타 웨어하우스며, 이것은 다시 비지니스 인텔리전스 시스템으로 발전하고 있다.

6.2 온라인거래처리시스템

• **온라인거래처리시스템**

온라인거래처리시스템은 기업의 업무와 관련된 데이타를 저장하고 있으며 매일 수천 또는 수만 개의 거래를 처리한다. 온라인거래처리시스템의 주요 목적은 데이타의 추가 및 수정을 지원하면서 데이타의 일관성을 유지하는데 있다.

모든 기업은 업무수행을 지원하는 정보시스템을 가지고 있다. 이러한 시스템을 거래처리시스템(TPS)이라고 한다. 오늘날 대부분의 거래처리시스템은 주문과 송장 처리와 같은 주요 업무를 온라인으로 지원하면서, 온라인거래처리시스템(OLTP: Online Transaction Processing)이라고도 부른다. 온라인거래처리시스템은 기업의 업무와 관련된 데이타를 저장하고 있으며 매일 수천 또는 수만 개의 거래를 처리한다. 온라인거래처리시스템의 주요 목적은 데이타의 추가 및 수정을 지원하면서 데이타의 일관성을 유지하는데 있다. 그러므로 온라인거래처리시스템의 핵심은 데이타베이스이다.

온라인거래처리시스템을 위한 데이타 모델은 앞에서 배운 개체관계성 모델링 프로세스를 통하여 디자인 되고, 이것은 다시 정규화된 테이블로 구성된 관계형 데이타베이스로 개발된다. 정규화된 관계형 데이타베이스는 수 십 또는 수 백 개의 분리된 테이블을 포함하며, 이 테이블의 대부분은 수 많은 관계로 다른 테이블에 연결되어 있다. 온라인거래처리시스템의 요구사항을 충족하기 위한 이러한 정규화된 데이타베이스에는 모든 정보가 단 한 곳에만 존재하고 쉽고 효율적으로 업데이트 될 수 있다.

기업의 직원들은 업무를 위해 온라인거래처리시스템이나 전사적 자원관리시스템과 같은 운영시스템에서의 보고서를 사용한다. 그러나 많은 경우 직원들에게는 추출할 수 있는 데이타가 미리 정해져 있지 않거나 직접 추출하는 것이 쉽지 않다. 구체적 고객 레코드나 주문 거래에 관한 보고서와 같은 표준화된 보고서를 만드는 것은 쉽게 할 수 있지만, 온라인거래처리시스템에서 자세한 거래분석을 통한 전체 비지니스에 대한 이해를 하는 것과 같은 응용은 쉬운 일이 아니다. 다시 말하면, 기업의 직원들이 관심이 일상적 거래처리와 관련된 단순한 데이타를 넘어서는 경우 온라인거래처리시스템이 해답을 주지 못하는 경우가 많다. 예를 들면 '지난해에 수도권에서 가장 많이 팔린 제품은 무엇인가?' 그리고 '그 지역의 어떤 부

표 5-3 온라인거래처리시스템과 데이타 웨어하우스 비교

	온라인거래처리시스템	데이타 웨어하우스
기본 동기	데이타 수집, 입력	정보 제공
분석 능력	낮 음	중 간
세센당 데이타	제한적	소량에서 중간 정도
결과 데이타	작 다	크 다
반응 시간	매우 빠름	빠르거나 중간 정도
데이타 단위	세부적	세부적, 요약
데이타 시세	현 재	현재, 역사적
접근 방법	미리 정해짐	미리 정해짐, 즉흥적
데이타 모델	데이타 업데이트 목적	쿼리 목적
데이타베이스 최적화	거래 처리 목적	분석 목적
업데이트 빈도	매우 자주	주로 읽기
사용자 상호작용 범위	단일 거래 처리	관련 데이타 컨텐츠

류의 고객이 그 제품을 구매하였는가?'라는 질문에 온라인거래처리시스템은 바로 해답을 주지 못한다. 그것은 온라인거래처리시스템이 비지니스의 거래처리를 주된 목적으로하는 시스템이기 때문이다.

온라인거래처리시스템은 일부 사용자가 분석 업무를 하고 있는 저변에서 쉬지 않고 변화하는 비지니스의 현재 상태를 보여 준다고 할 수 있다. 예를 들면 한 보고서는 각 지역별 합계를 보여 주고 다른 보고서는 그것에 대한 상세 정보를 보여 준다고 하면 두 보고서를 실행하는 사이에도 새로운 데이타가 입력된다면 두 보고서의 합계 숫자가 다를 수 있다. 그렇다고 실시간 운영을 지원하는 온라인거래처리시스템을 비지니스 분석에 직접 사용하는 것은 시스템 자원의 성능과 가용성에 영향을 줄 것이 분명하므로 바람직한 일이 아니다.

또 많은 온라인거래처리시스템의 쿼리는 여러 다른 테이블이 관련되므로 테이블의 결합을 요구한다. 데이타베이스의 사이즈가 어느 정도만 커지면 이것은 상당한 시스템 성능의 저하를 가져와 온라인거래처리시스템 본래의 기능을 떨어 뜨리게 한다. 또 온라인거래처리시스템의 데이타베이스의 복잡성과 시스템 성능의 이유로 온라인거래처리시스템 사용자는 시스템 개발자가 만들어 놓은 정적(Static)이거나 매개변수에 의한 보고서로 제한된 정보를 사용하게 된다.

온라인거래처리시스템이 사용자들이 바라는 복잡한 분석에는 적합하지 않은 또 다른 이유는 기업의 데이타가 산재해 있기 때문이다. 예를 들면 인사부서와 관련된 데이타가 인사시스템에 있고 내년도 예산 데이타는 스프레트쉬트에 있는 것 등이다. 복잡한 분석을 가능하게 하기 위해서는 산재한 데이타를 통합하여 온라인거래처리시스템 밖에 두는 것이 바람직하다.

온라인거래처리시스템과 같은 운용시스템(OS)은 일상적으로 수행되는 업무처리를 지원하는 목적을 가지고 있으므로 앞에서 본 것처럼 데이타를 분석하여 전략적 정보를 활용하게 하는 의사결정지원시스템(DSS)으로 사용하기는 적절하지 않다. 이것이 데이타 웨어하우스가 등장한 동기이다.

• 운용시스템
조직의 일상적 거래 처리에 사용되는 정보시스템을 말한다. 온라인거래처리시스템은 물론 오프라인거래처리시스템도 운용시스템일 수 있다.

6.3 데이타 웨어하우스

● 데이타 웨어하우스
데이타 웨어하우스는 다수의 관점으로 과거 데이타를 주제 중심으로 조직화하여 저장하여 사용자들이 데이타에 직접 접근하여 비지니스, 운영의 성과, 비지니스 경향 등에 관한 질문에 해답을 얻도록 하는 것을 목적으로 한다.

앞에서 본 것과 같이 의사결정을 위한 중요한 정보를 제공하기 위하여서는 기존의 원소적 거래(Atomic Transaction) 처리 중심의 온라인거래처리시스템이 아닌 분석을 위한 쿼리(Query) 처리를 위해 적정화된 데이타 웨어하우스를 별도로 만들어야 한다. 데이타 웨어하우스는 비지니스의 의사결정에 필요한 보고와 분석을 위해 구축된다. 즉 오늘날 데이타 웨어하우스는 기업의 의사결정지원시스템의 기초가 된다.

데이타 웨어하우스는 사용자들이 비지니스, 다양한 운영들의 성과, 비지니스 경향에 관한 질문에 답하고, 사업을 개선하기 위해 필요한 것에 대한 답을 주는 것을 목적으로 한다. 이를 위해 데이타 웨어하우스는 다수의 관점으로 과거 데이타를 정확하게 저장하여 사용자들이 데이타에 직접 접근하게 한다. 데이타 웨어하우스의 데이타는 온라인거래처리시스템과 다른 소스 시스템의 데이타와 분리되어 통합되는데, 이때 시간을 새겨 넣은(Time-Stamped) 데이타를 주제 중심(Subject-Oriented)으로 조직화하여 유발되지 않게(Nonvolatile) 저장한다.

데이타 웨어하우스는 사용자들이 접근할 수 있도록 조직 데이타를 일관성 있게 모아 둔 곳이다. 데이타 웨어하우스는 여러 소스에서 데이타를 추출(Extraction), 전환(Transformation), 적재(Loading)하는 과정을 거쳐 정제된 유효한 데이타 저

표 5-4 데이타 웨어하우스와 운영 데이타베이스의 데이타 비교

특 성	운영 데이타베이스 데이타	데이타 웨어하우스 데이타
통 합	유사한 데이타가 다른 표현과 의미를 가진다.	모든 부서를 위한 공통된 정의와 표현으로 모든 데이타에 대한 통일된 관점을 제공한다.
주제지향	데이타가 기능 또는 프로세스 지향적으로 지양된다.	데이타가 데이타와 의사결정에 대한 다중 관점을 가능케 하는 주제지향으로 저장된다.
시간변수	데이타가 현재의 거래를 나타낸다.	데이타가 역사적 성격을 갖는다. 시간차원이 데이타 분석과 시간 비교에 추가된다.
비소멸성	데이타 갱신과 삭제는 일상적이다.	데이타는 변경되지 않는다. 데이타 운영시스템으로부터 정기적으로 추가되기만 한다. 데이타가 저장되면 변경되지 않는다.

장고(Repository)이다. 이 데이타는 사용자가 쉽게 업무와 관련된 질의를 만들고 또 그 결과를 바로 줄 수 있도록 조직화되어 있다. 데이타 웨어하우스의 데이타는 다양한 분석 도구를 통하여 유용한 정보로 사용자에게 제공된다. [그림 5-11]은 이러한 데이타 웨어하우스 아키텍처를 간략히 보여 준다.

• 데이타 마트
데이타 마트는 특정 주제와 관련한 한 부서의 데이타 웨어하우스라 할 수 있다.

데이타 웨어하우스와 데이타 마트의 차이는 주로 관점에 관한 것이다. 전통적으로 데이타 마트는 특정 주제와 관련한 한 부서의 데이타 웨어하우스 프로젝트라 할 수 있다. 예를 들면, '마케팅 데이타 마트' 또는 '재무 데이타 마트'가 그것이다. 보통 이러한 프로젝트는 회사의 일관성 있는 비전이 없이 독자적으로 실행된다. 따라서 데이타 마트 간의 일관성 있는 차원이 없는 경우가 많아 문제를 일으키기도 한다. 그러나 데이타 웨어하우스는 여러 공동체가 사용할 중앙 집중적 데이타 저장고이다. 데이타 마트가 중앙 데이타 웨어하우스를 정보의 소스로 사용할 때도 있다.

6.4 데이타 웨어하우스 디자인

데이타 웨어하우스의 데이타 디자인은 일반적으로 두 가지 접근방법이 사용된다. 첫째는 데이타 웨어하우스의 데이타도 관계형 데이타베이스 모델에 의거 정규화된 관계로 디자인하는 것이다. 테이블은 주제별로 그룹을 만들어 저장된다. 이 방법의 장점은 데이타를 데이타베이스에 저장하는 것이 간단하다는 것이다. 단점은 사용자가 여러 다른 데이타 소스의 데이타에 대한 자세한 이해가 없이 접근하여 결합해야 한다는 것이다.

• 차원 모델
차원 모델은 주로 거래 데이타의 수치로 구성되는 사실 테이블과 사실 데이타에 대한 분석 차원을 표현하는 차원 테이블로 나누어 진다.

두번째 데이타 웨어하우스 디자인 방법은 통합된 데이타에 대한 이해와 쿼리에 최적화된 스키마(Schema)를 지원하는 차원모델(Dimensional Model)을 사용하는 것이다. 차원모델은 주로 거래 데이타의 수치로 구성되는 사실(Fact) 테이블과 사실 데이타에 대한 분석 차원을 표현하는 차원 테이블로 나누어 진다. 차원모델의 장점은 사용자가 데이타 웨어하우스를 이해하고 사용하기가 쉽다는 것이다. 또 데이타 웨어하우스로부터 데이타를 추출하는 것이 빠르다. 반면에 단점은 운영 데이타베이스로부터 데이타 웨어하우스로 데이타를 추출, 전환, 적재의 프로세스가 복잡하고 데이타 웨어하우스의 구조를 수정하는 것이 어렵다는 것이다.

차원모델의 중심에는 사용자가 관심을 가지는 판매량, 판매액, 마진 등과 같은 측정치(Measures)를 저장한 사실 테이블이 있다. 사실 테이블은 관련된 측정치를 수집한 것이며, 각 측정치는 사실 테이블의 행(Column)이 된다. 사용자는 사실 테이블의 수치를 여러 가지 다른 관점에서 사용한다. 예를 들면, 특정 제품의 판매량의 합계 그리고 특정 지역의 판매량의 합계는 같은 판매량을 다른 각도에서 바라보고 있다. 이렇게 같은 데이타를 보는 다른 관점을 차원이라 한다. 즉, 제품, 고객, 지역, 시간 등은 차원의 예이다. 차원 테이블은 기술적 속성을 가지며, 제품 차원의 제품 분류, 색깔, 크기 등이 그 예이다. 데이타 웨어하우스에서 가장 중요한 차원은 시간차원이다. 데이타 웨어하우스는 데이타를 역사적 관점에서 저장한 것이므로 시간차원은 시간에 따른 정보 분석을 가능하게 하기 위한 것이다. 예를 들면 사용자는 시간차원을 사용하여 어느 해의 합계를 구할 수도 있고 전년도 대비 증가율을 비교할 수도 있다.

[그림 5-12]는 비디오 렌탈 비지니스를 분석하는 차원을 보여 준다. 이 디자인은 매출 분석을 제품 분류, 시간, 지역의 차원으로 나누어 할 수 있게 하였다. 다시 시간차원은 제품은 모든 제품, 제품 분류, 개별 제품, 시간차원은 년, 분기, 월,

그림 5-11 데이타 웨어하우스 아키텍처

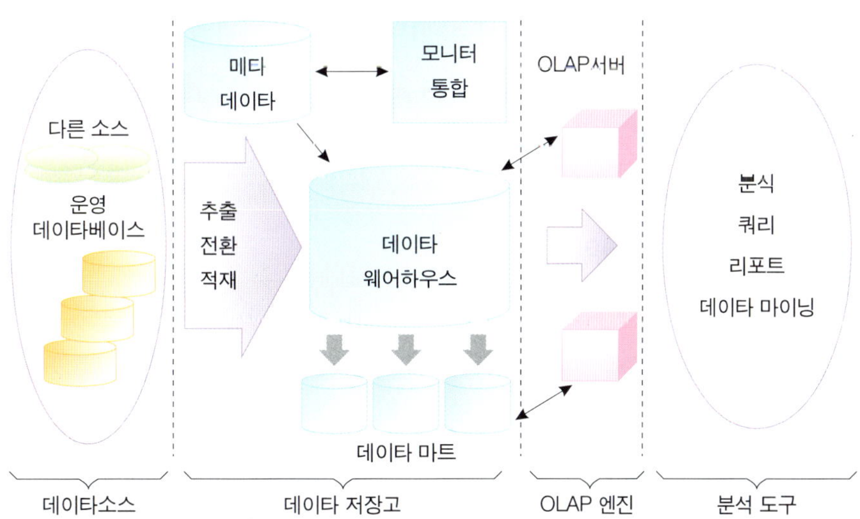

그림 5-12 다차원

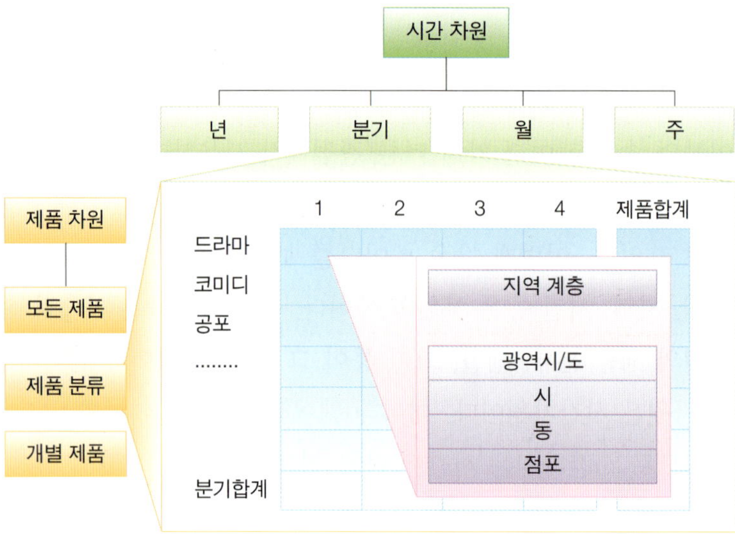

주, 지역은 광역시, 도, 시, 군, 동, 점포의 차원으로 나누어 세부적으로 분석할 수 있다.

● 스타 스키마
스타스키마는 하나 이상의 사실 테이블과 여럿의 차원 테이블로 구성되며 개체관계성 모델이 스타 모양을 갖는다.

● 스노우플레이크 스키마
스노우플레이크 디자인은 하나 이상의 사실 테이블과 여럿의 차원 테이블로 구성되며 개체관계성 모델이 스노우플레이크 모양을 갖는다. 스타 스키마와 유사하나 차원 테이블이 정규화되어 있다.

(1) 스타 스키마

다차원 데이타 웨어하우스 모델의 데이타베이스 스키마는 하나 이상의 사실 테이블과 여럿의 차원 테이블을 가진다. 가장 간단한 차원모델은 제품, 시간, 지역, 고객과 같은 각 차원에 대하여 한 개의 테이블을 가지는 '스타(Star)' 차원모델이다. 이러한 디자인을 스타 스키마(Star Schema)라고 부른다.

(2) 스노우플레이크 스키마

스타 스키마 디자인 즉 단일 차원테이블이 종종 추출, 전환, 적재 프로세스 입장에서 가장 쉬운 디자인이다. 특히 차원정보 모두가 하나의 정보 소스에서 올 때 그러하다. 그러나 차원속성이 여러 소스에서 올 때는 스노우플레이크(Snowflake) 디자인이 더 매력적이다. 예를 들면 지역 차원은 고객의 실제 주소를 기술하는 몇 개의 속성으로 그리고 그 주소가 있는 판매 지역을 기술하는 다른 속성으로 구성

그림 5-13 스타 스키마

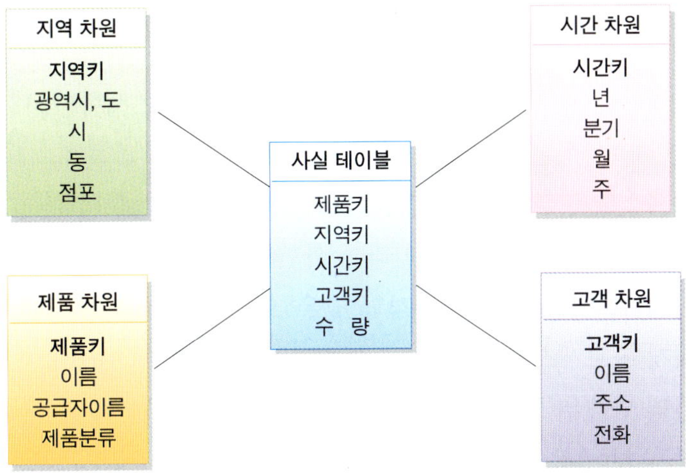

그림 5-14 스노우플레이크 스키마

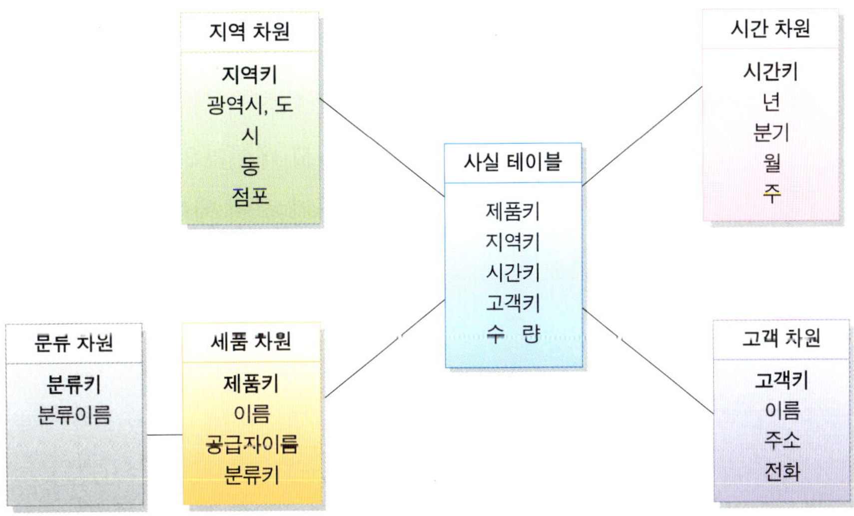

될 수 있다. 즉 고객 주소는 OLTP에서 오고, 판매 지역에 관한 마스터 데이타는 엑셀에서 올 수 있다. 스노우플레이크 디자인은 또 차원이 계층으로 되어 있을 때 적합하다. 예를 들면, [그림 5-14]와 같이 제품차원이 분류차원으로 나누어지는 경우이다.

6.5 추출, 전환, 적재 프로세스

●ETL
여러 소스 시스템으로부터 데이타를 추출, 전환하여 데이타웨어하우스에 적재하는 프로세스를 말한다.

데이타 웨어하우스는 다른 시스템과 별도로 존재하며, 데이타는 여러 소스 시스템(Source System)으로부터 추출, 전환, 적재의 프로세스를 거쳐 개발된다. 이 프로세스를 추출, 전환, 적재(ETL: Extraction, Transformation, Loading)라 부른다.

데이타 웨어하우스에 따라 정확한 추출, 전환, 적재 접근방법은 소스 시스템과 비지니스 요구사항의 성격과 같은 요소에 따라 다르지만, 전형적인 추출, 전환, 적재 프로세스는 매일 또는 일주일에 한번 배치(Batch) 프로세스로 일어난다. 첫 번째 단계는 소스 시스템에서 데이타를 추출하는 것이다. 이 소스 데이타는 데이타 유형이나 포맷(Format)을 비교하는 것과 유효한 비지니스(기본) 키가 사용되었는지 여부를 점검하여 바른 포맷으로 전환시킨다. 사실 테이블 적재는 보통 특정 기간의 새로운 레코드를 기존 레코드에 추가하는 것이며, 사실 레코드의 업데이트는 상대적으로 흔하지 않다. 차원 테이블의 적재는 종종 새로운 레코드 추가가 일어날 수 있으나 때로는 기존 레코드의 속성에 업데이트하는 형식으로 일어난다.

추출, 전환, 적재 프로세스는 한 시스템에서 다른 시스템으로 데이타를 복사하고 전환하는 것으로 이해하여서는 안되고 데이타의 출판으로 이해하여야 한다. 출판 프로세스는 사용자가 정보에 접근하기 전에 데이타 품질에 상당한 주의를 기울여야 하고 실수나 누락을 파악하여 수정하는 관리 프로세스를 의미한다.

6.6 온라인분석처리

●온라인분석처리
다차원 분석 쿼리를 빠르게 답하기 위한 접근 방법을 말한다.

온라인분석처리(OLAP: Online Analytical Processing)는 비지니스 인텔리전스를 위해 개발된 데이타베이스 기술이다. 정보를 열과 행으로 된 테이블로 조직화한 관계형 데이타베이스와 달리 온라인 분석처리 데이타베이스는 데이타를 다차원 데이타 모델의 포맷으로 저장한다. [그림 5-15]에서 보는 것과 같이 온라인 분석처리의 핵심 개념은 행과 열의 2차원 테이블 보다 더 많은 차원을 포함할 수 있는 데이타 구조인 큐브(Cube)이다. 온라인 분석처리 큐브는 하나 이상의 사실 테이

그림 5-15 **다차원분석**

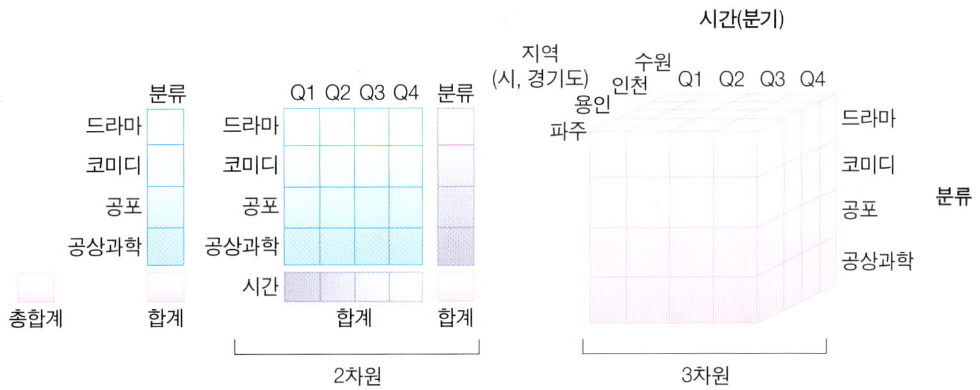

블의 데이타로 구성되며 측정과 차원의 형태로 사용자에게 정보를 제공한다. 온라인 분석처리 데이타베이스 기술은 일반적으로 쿼리 언어 외에도 큐브에 복잡한 분석적 논리를 더하는 계산 엔진을 포함한다.

• **드릴 다운**
온라인분석처리에서 요약된 정보로부터 특정 주제에 초점을 맞추어 세부적 데이다로 옮겨 기는 것을 말한다.

온라인 분석처리의 데이타베이스는 더 자세한 내용을 보기 위해 드릴 다운(Drill Down)할 수 있도록 요약된 수준으로 제시된다. 예를 들면, 앞에서 본 비디오 렌탈 비지니스의 판매액을 분석할 때 지역과 제품 분류 차원의 판매액 데이타를 시간차원의 년 단위로 보다가 3분기의 판매액이 목표를 달성하지 못했다는 것을 발견 한다면, 그 분기를 드릴 다운하여 월별 판매액 데이타를 보며 어떤 문제가 있는지를 분석할 수 있다. 또 앞의 데이타를 지역 차원을 동 단위에서 시 단위로 분석할 때 롤 업(Roll Up)할 수도 있다(그림 5-16 참조).

• **롤업**
온라인분석처리에서 미리 계산된 총계보다 더 굵은(차원이 높은) 총계를 계산하는 것을 말한다.

온라인 분석처리의 큐브는 상세한 사실 데이타 이외에도 미리 계산한 요약한 값 즉 통합값(Aggregates)을 저장한다. [그림 5-15]에서 보는 것처럼 제품 분류별 합계가 그 예이다. 적절히 조절된 온라인 분석처리 데이타베이스는 통합값을 사용하여 대부분의 쿼리에 빠르게 반응하여 온라인 분석처리의 성능을 향상시킨다. 또 다른 온라인 분석처리 데이타베이스 엔진의 성능 결정 요소는 상세한 데이타와 통합된 데이타가 어디에 어떻게 저장하는가이다. 앞에서 기술한 것처럼 최적화된 구조로 데이타를 저장하는 것이 다차원 OLAP(MOLAP: Multidimensional OLAP)이다. 이에 반하여 관계형 OLAP(ROLAP: Relational OLAP)은 상세 정보와

그림 5-16 Drill-down Roll-up 연산의 예

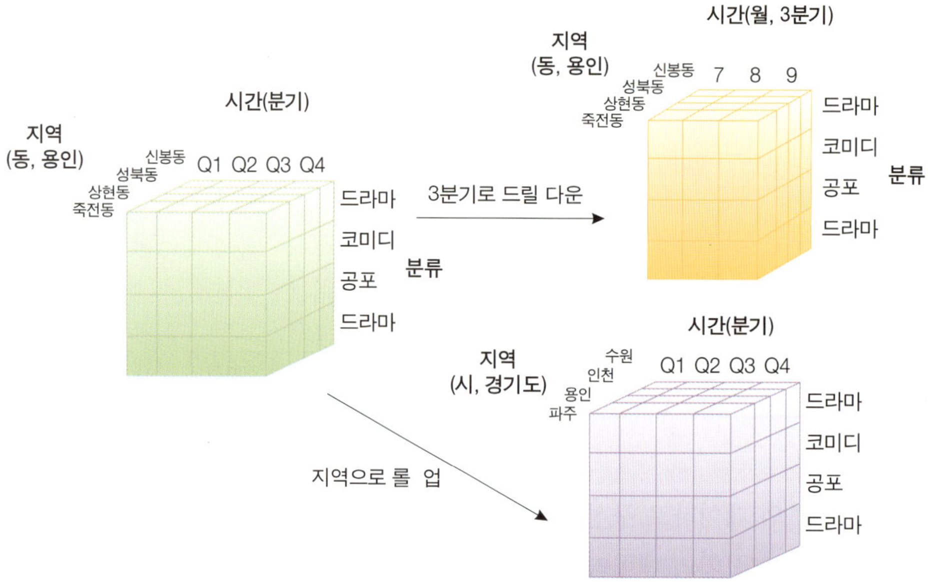

통합값을 관계형 데이타베이스에 저장한다. 즉 사실 테이블 외에 많은 요약한 값의 테이블이 저장된다. ROLAP은 규모에 적절하게 대응하지만 MOLAP만큼 성능이 높지 못하다.

Case in Point

"데이타 웨어하우스를 구축하기 전에는 연도별, 분기별, 월별 판매량 및 매출액을 산출하기 위해 현업 종사자 6명과 전산 담당 4명이 6일 동안 일을 해야 했다. 그러나 이제는 데이타를 추출, 변형, 로딩, 업그레이드하여 정보화하는데 10분이면 충분해 스피드 경영을 실현할 수 있게 되었다."

이인봉, 포스코 PI 지원실장

포스코, 데이타웨어하우스 구축으로 효율적인 데이타 분석 통해 스피드 경영 실현

포스피아의 성공신화는 계속된다!

세계적 철강기업인 포스코가 고객 중심으로 업무 프로세스와 조직, 시스템을 혁신적으로 변화시킨 PI 프로젝

트가 마무리 된 지 2년. 이미 포스코의 PI 프로젝트는 디지털 경영혁신의 성공사례로 자리잡았다. PI 프로젝트에서 포스코는 오라클의 ERP 프로그램을 도입함으로써 세계적 철강회사와 세계 최고의 소프트웨어 기업 간의 첫 협력으로 세간의 이목을 집중시킨 바 있다.

포스코는 이에 만족하지 않고 현재 2기 PI 프로젝트를 추진하고 있다. 6시그마 활동을 경영혁신 수단으로 정착시키고, 1기 PI 때 제외됐던 방대한 제철소 조업시스템을 최신 IT로 버전업시키며, 1기 PI를 통해 구축했던 시스템을 더욱 확대하여 전사 통합경영관리시스템인 포스피아를 완성하는 작업이 그것이다.

특히 포스코는 1기 PI 때 구축한 판매 · 원가수익성 · 출자사 · 인사교육 등 4개 부문의 데이타 웨어하우스(DW: Data Warehouse)를 2기 PI에서 생산 · 재무 · 구매 · 환경에너지 · 설비투자 등 전 부문에 걸쳐 확대하는 프로젝트를 수행하고 있다.

오라클과 함께하는 기업 경영 혁신

연 매출 100억 달러에 1만 9200여명의 종업원을 거느린 포스코는 자사가 추진하는 혁신 방향과 요구사항을 가장 잘 반영할 수 있는 기업이 한국오라클이라고 판단하고 데이타 웨어하우스의 구축을 맡겼다. 한국오라클은 포스코의 ERP 시스템 구축을 주도했던 여세를 몰아 데이타 웨어하우스에서도 자신감을 보였다.

포스코가 데이타 웨어하우스 구축으로 가장 큰 효과를 얻고자 하는 부분은 빠른 의사결정 시스템으로 기업의 효율성을 높이는 것이다. 정보가 필요한 사람에게 필요한 즉시 제공하려면 신속한 정보분석체계가 필요하다. 하지만 포스코의 운영계 시스템의 거래단위 데이타는 이를 지원하기에는 미흡했다. 그래서 포스코는 운영계와 정보계를 분리하여 운영계는 거래를 위주로 하여 퍼포먼스를 확보할 수 있도록 하고, 정보계는 분석 및 통계 위주의 데이타를 제공하도록 하였다. 또한 메타데이타를 관리하여 무분별하게 흩어져 있는 데이타에 통일성을 부여하고, 주요 지표 및 통계 데이타를 전사 통일된 기준 및 뷰로 접근할 수 있도록 일관된 접근방법을 제공하여 부문

기업 정보

포스코
Seoul, Korea
www.posco.co.kr

오라클 제품 및서비스

· Oracle Datawarehouse
· Oracle9i Database
· Oracle Discover
· Oracle Express Server
· Oracle Express Object
· Oracle Designer

프로젝트 기간

1기-1999.01~2001.06
2기-2001.11~2004.11

주요 효과

· 빠른 의사결정 가능
· 전사적 주요 지표 및 통계 데이타 통일
· 포스코 전부문이 지식을 공유할 수 있는 플랫폼 제공
· 사용자 편의를 고려한 화면
· 연도별, 분기별, 월별 판매량 및 매출액 산출을 위해 현업 종사자 6명과 전산요원 4명이 6일 동안 일 한 것이 구축 후 데이타 추출뿐만 아니라, 변형, 로딩, 그레이드하여 정보화하는데 10분소요됨

별로 발생하는 정보를 데이타 웨어하우스에서 통합, 공유할 수 있도록 했다.

한국오라클은 포스코의 데이타 웨어하우스 구축을 맡아 포스코의 전부문이 지식을 공유할 수 있는 플랫폼을 제공하고, ERP시스템과 연계되는 시스템에 흩어진 데이타를 통합한 정보창고를 구축했다.

설계 단계부터 현업종사자의 의견 반영

데이타 웨어하우스 구축 과정에서 포스코가 무엇보다도 신경 쓴 부분은 현업 사용자들의 편의이다. 철저히 현업부서를 중심으로 하여, 부서별 현업설계요원과 워킹그룹을 선정해 기본 설계 및 테스트에 참여시켰으며, 설계 단계, 개발 단계 등 각 구축 단계별로 현업과 함께 워크숍을 열어 현업의 요구사항을 재확인하여 반영하였다.

단계적으로 개발을 추진하여, 개발 과정의 시행착오를 최소화하였다. ERP 시스템이 안정화됨에 따라 양질의 데이타를 확보할 수 있었고, 데이타 웨어하우스 사용 경험에 따라 전략적 요구를 도출하여, 구축 효과가 클 것으로 예상되는 부분부터 먼저 구축하였다.

그리고 컨설턴트를 적극 활용했다. 컨설팅사 및 벤더사의 전문가와 같이 고민하면서, 데이타 웨어하우스의 개념을 정립하고 구축 프로젝트 계획을 수립하며, 전사 데이타 웨어하우스 모델링 작업과 개발방법론을 정립했다. 덕분에 개발 툴에 대한 이슈와 강화해야 할 사항을 신속하게 조치할 수 있었다.

데이타 웨어하우스 구축으로 업무 효율성 제고

오라클의 데이타 웨어하우스는 사용자의 편의를 고려한 퍼포먼스와 화면을 가장 큰특징으로 하고 있다. 구축이 완료된 것도 매월 부문별, 화면별로 사용실적을 분석하여 지속적으로 개선하며, 사용추이를 통해 증감원인을 분석한 다음 활용성 증대방안을 강구할 수 있도록 고안했다.

데이타 웨어하우스를 구축하기 이전에는 포스코가 연도별, 분기별, 월별 판매량 및 매출액을 산출하기 위해서 현업 종사자 6명과 전산요원 4명이 6일 동안 일을 해야만 했다. 그러나 구축한 뒤에는 이들 데이타를 추출, 변형, 로딩, 업그레이드하여 정보화하는데 10분밖에 걸리지 않는다. 한국오라클 데이타 웨어하우스의 효과를 톡톡히 보고 있는 것이다.

DW를 발전시켜 BI로 기업 디지털화 가속화 전망

현재 전사 전부문에 걸쳐 데이타 웨어하우스를 확대 구축하고 있는 포스코는 현업 종사자들이 사용하기 쉬운 비정형 분석 툴을 도입해 데이타의 활용도를 높인다는 방침이다.

또한 데이타 마이닝 및 클렌징, 프로파일링, 통계 해석 등의 툴을 적용하여 축적된 데이타웨어하우스의 데이타를 활용하고 업무의 비지니스 인텔리전스(BI: Business Intelligence)화도 추진하고 있다.

▸ http://www.oracle.com/global/kr/customers/profiles/posco-dw.html

SUMMARY 요 약

데이타 자원은 조직의 기본적 업무인 거래 처리를 지원하기 위하여 최적화하여 관리하고 이것은 다시 통합되어 다양한 분석을 통하여 전략적으로 활용되어야 한다. 오늘날 데이타 자원관리는 데이타베이스 접근방법의 개념과 기술인 데이타 모델과 데이타베이스 관리시스템이 핵심인 데이타베이스 시스템을 개발하여 실행된다. 데이타베이스 시스템의 네 개의 요소 중 근간은 데이타와 소프트웨어 즉 데이타베이스 관리시스템이다.

데이타베이스 시스템 개발은 정보시스템 개발의 일부분으로 또는 주요 요소로 수행된다. 데이타베이스 시스템 개발 과정은 일반적인 정보시스템 개발 수명 주기 안에서 그 수명 주기를 가지게 된다. 데이타베이스 개발 수명주기는 크게 여섯 단계로 나누어 볼 수 있다. 특별히 주의할 부분은 데이타베이스 설계와 실행 과정이다. 데이타베이스 설계의 목적은 완전하고, 데이타의 중복이 제거되고, 정규화되고, 그리고 완전히 통합된 개념적, 논리적, 그리고 물리적 데이타베이스 모델을 만드는 것이다. 개념적 데이타 모델루는 주로 개체관계성 데이타 모델을 개발한다. 이것은 다시 관계형 데이타베이스로 전환된다.

데이타베이스 실행은 데이타 저장 구조를 창조하여 요구되는 사용자 데이타를 데이타베이스에 적재하고, 응용 프로그램을 개발하고, 데이타 관리에 대한 준비를 하는 것을 포함한다. 조직의 데이타베이스는 흔히 메인프레임 컴퓨터용 DB2 또는 서버용 상용 DBMS인 Oracle 및 SQL Server를 사용하여 실행된다. 개인 데이타베이스는 주로 MS ACCESS를 사용하여 실행된다.

최근 들어 조직의 데이타 자원은 단순한 관리의 수준을 넘어 전략적으로 활용되는 단계로 가고 있다. 즉 데이타베이스에 축적되는 데이타의 효율적 관리를 넘어 효과적 의사 결정에 활용하도록 여러 소스의 데이타를 통합하여 데이타 웨어하우스를 만들어 온라인분석처리와 비지니스 인텔리전스로 응용한다. 데이타 웨어하우스는 여러 데이타 소스의 데이타를 추출, 전환, 적재한 데이타 저장고이다. 데이타 웨어하우스의 데이타는 주로 분석을 위한 처리에 맞도록 차원모델로 개발되어 저장된다. 데이타 웨어하우스의 데이타는 여러 형태의 온라인분석처리 도구를 사용하여 의사결정에 사용될 정보로 만들어 진다.

연 습 문 제

01. 특정 기업을 선택하여 데이타베이스 시스템을 사용하는 몇 사용자에게 그 데이타베이스 시스템이 어떤 업무를 지원하고 있는가를 파악해 보라.

02. 데이타베이스와 관련된 단체로는 어떤 것이 있으며, 데이타베이스에 관한 정기 간행물로는 어떤 것이 있는가를 조사해 보라.

03. 삼단계 데이타베이스 관리시스템 아키텍처를 간략히 설명하라.

04. 주요 상용 데이타베이스 관리시스템 제품으로는 어떤 것이 있는가를 조사해 보라.

05. 데이타베이스 개발 수명주기를 간략히 설명하라.

06. 데이타베이스 관리시스템 선택에서는 어떤 요소들을 고려하여야 하는가?

07. 어떤 서점의 데이타베이스는 고객서비스와 도서의 재고관리를 돕기 위한 것이다. 도서는 저자들에 의해 저술되어 한 출판사에 의해 출간된다. 중요한 고객서비스의 하나는 관심있는 주제를 말하면 소유하고 있는 도서의 저자에 대하여 알려주는 것이다. 이 서점을 위한 데이타베이스 시스템을 만들기 위한 간단한 개체관계성도를 개발하라. 또 그 개체관계성도에 기초하여 관계스키마를 도출하여 보라.

08. 문제 7의 관계스키마를 MS ACCESS로 테이블을 만들고 약간의 데이타를 각 테이블에 입력하라.

09. 데이타 웨어하우스는 온라인거래처리시스템과 어떻게 다른지 설명하라.

10. 데이타 웨어하우스의 데이타와 데이타베이스의 데이타의 차이점을 설명하라.

11. 스타 스키마와 스노우플레이크 스키마의 차이점을 설명하라.

12. 상용 온라인분석처리 도구는 어떤 것이 있는지 조사해 보라.

13. 상용 온라인분석처리 도구의 주된 기능을 설명하라.

참고문헌

Refereces

- 최재화, 김성언, 2002, 데이타베이스 시스템: 설계, 구축 및 관리, 학현사.
- Date, C.J., 2003, *Introduction to Database Systems*, Addison Wesley.
- Hoffer, J.A., Prescott, M.B., & McFadden, F.R., 2006, *Modern Database Management*, Pearson Prentice Hall.
- Kimball, R., Reeves, L., Ross, M., & Thornthwaite, W., 1998, *The Data Warehouse Lifecycle Toolkit*, John Wiley & Sons.
- Mundy, J., Thornthwaite, W., & Kimball, R., 2006, *The Microsoft Data Warehouse Toolkit*, Wiley Publishing, Inc.

제6장 정보통신 네트워크와 인터넷

학습 개요 및 목표

정보기술의 발달과 더불어 급속도의 발전을 거듭하고 있는 정보통신 및 네트워크 기술은 경영환경에 있어서 더 이상 새로운 현상이 아니다. 오늘날의 많은 기업에 있어 정보통신 및 네트워크 기술은 기업경영의 일차적인 도구로 인식되고 있을 뿐만 아니라 일상적인 업무의 수행을 위해서 필수적인 도구로 자리매김하고 있다. 사실상 정보기술의 발달을 견인하고 있는 장본인은 정보통신 기술의 발달이라고 말해도 과언이 아니다. 하루가 다르게 발전에 발전을 거듭하고 있는 오늘날의 정보통신 및 네트워크 기술은 이를 사용하고 있는 기업의 활동 양상뿐만 아니라 개인의 삶 또한 하루가 다르게 변화시키고 있다.

본 장은 기초적인 정보통신 및 네트워크 기술의 개념을 살펴보고 우리가 일상생활에서 사용하고 있는 네트워크 및 인터넷 기술의 특성을 학습한다. 이를 바탕으로 우리나라에서 추진 중인 미래형 네트워크 사업의 내용을 알아보고 차세대형 정보통신 네트워크 기술이 갖추어야 할 조건을 도출해 본다. 또한 이러한 정보통신 및 네트워크 기술이 통합적으로 응용되어 있는, 최근 들어 많은 관심을 얻고 있는 유비쿼터스 컴퓨팅의 개념과 기술적 특성을 학습하여 미래의 우리 삶의 변화를 예측해 본다.

본 장의 구체적인 학습 목표는 다음과 같다.

- 정보통신 및 네트워크를 가능하게 하는 구성장치의 종류 및 기능을 알아본다.
- 정보통신 및 네트워크의 표준 프로토콜과 그 구성을 알아본다.
- 인터넷 기술의 유래와 특성을 알아본다.
- 인터넷 네트워킹을 가능하게 하는 주소체계 및 표준 협약에 대해 알아본다.
- 우리나라에서 추진 중인 차세대형 네트워크 분야를 알아본다.
- 유비쿼터스 컴퓨팅 및 네트워크의 개념과 특성을 알아본다.

초고속 인터넷 속도 더 빨라진다 - 업계, 올해 설비투자만 1조 3천억 원

초고속 인터넷이 더 빨라지고 있다.

IPTV 상용화를 앞두고 초고속인터넷 사업자들이 올해에만 1조 3천억 원을 투입, 설비 업그레이드를 통해 최고 속도를 100메가 급으로 끌어올리고 있기 때문이다. 업그레이드에 따른 별도의 추가 부담은 없어 고객 입장에서는 한층 빨라진 초고속인터넷을 이용할 수 있게 된 셈이다.

13일 업계에 따르면 KT, 하나로텔레콤, LG파워콤 등은 IPTV 시청에 필요한 100메가 급 초고속 인터넷망의 확대를 위해 기존 ADSL(비대칭디지털가입자회선), VDSL(초고속디지털가입자회선), HFC(동축혼합망)에 대한 업그레이드 작업을 가속화하고 있다.

97년 국내 처음으로 1메가 급 초고속인터넷이 등장한 것을 감안하면 11년 만에 인터넷 최고 속도가 100배나 빨라지고 있는 것이다. 1메가 급 시대에 700메가짜리 영화 한편을 다운로드 받는데 1시간 30분이 소요됐다면 100메가 급 광랜 시대에는 다운속도가 1분에 마무리된다.

KT의 경우 6월말 현재 전체 초고속인터넷 가입자 660만 명 중 절반을 넘는 367만 명이 8메가 이하 급인 ADSL, 20메가 이하 급인 VDSL가입자다. KT는 올해 2천 800억 원을 투입, 100메가 급 FTTH(댁내 광가입자망) 비중을 70%로 끌어올리는 중이다. KT는 2010년까지 올해 수준의 투자를 지속해 업그레이드 작업을 마무리한다는 방침이다.

하나로텔레콤은 346만 4천명(6월 기준) 가운데 설비개선이 필요한 XDSL(ADSL+VDSL) 가입자가 아직 36만 2천명, HFC 가입자가 123만 명이며 100메가 급 가입자는 187만 명이다. 하나로텔레콤은 올해 전체 가입자의 90%를 100메가 급으로 전환토록 하고 내년까지 이를 완료하겠다고 밝혔다. 이를 위해 투자비를 지난해 3천 500억 원에서 5천 600억 원으로 늘렸으며 내년에도 이 수준의 투자를 유지키로 했다.

LG파워콤은 상대적으로 부담이 덜한 편이다. 190만 가입자에서 업그레이드가 필요한 가구는 HFC를 사용하는 80만 명 정도다. LG파워콤은 올해 설비투자에 4천 300억 원을 투입하고 연내 HFC를 100메가 급으로 끌어올리는데 필요한 기술규격(닥시스 3.0버전)이 출시되는 대로 시험운영을 거쳐 내년부터 업그레이드 작업을 본격화하기로 했다.

업계 관계자는 '각 업체들은 지금 100메가 급에 초점을 맞춰 설비투자를 진행하고 있지만 내심 200메가까지 염두에 두고 있나' 면서 '초고속인터넷의 속도 경쟁은 이제부터가 시작' 이라고 진단했다.

▸ 조선일보, 2008년 8월 12일

01 데이타 통신 및 네트워크

1.1 개 요

우리에게 익숙한 통신은 음성신호를 전기신호로 변환하여 음성을 송 · 수신하는 음성통신이 대표적이다. 한편 음성신호 대신 데이타를 전기신호로 변환하여 이를 송 · 수신하는 것을 네트워크라 할 수 있다. 통신 및 네트워크 기술은 이렇듯 엄격한 관점에서는 구분이 된다. 그러나 오늘날에 이르러 유무선 통신기술이 발전하고 아울러 유무선 네트워크 기술 또한 급속도로 발전함에 따라 이 두 가지 개념을 구분하는 것은 그다지 필수적이지 않은 것으로 간주되고 있다. 즉, 현재의 통신 및 네트워크 기술은 음성신호뿐만 아닌 영상신호 및 데이타를 송 · 수신하되, 상황에 따라 통신망을 이용하기도 하고 또한 네트워크 회선을 이용하는 경우도 있기 때문이다. 이른바 데이타 통신이라 일컫는 분야는 오늘날의 통신과 네트워크 기술의 융합을 단편적으로 보여주는 예라 할 수 있다.

그림 6-1 통신 및 네트워크 시스템 구성 장치

데이타 통신 및 네트워크가 이루어지기 위해서는 크게 두 가지의 시스템이 필요하다. 데이타 송신 및 수신을 담당하는 데이타 송 · 수신 시스템과 데이타의 변환을 담당하는 데이타 처리 시스템이 필요하다. [그림 6-1]은 이러한 데이타 통신 및 네트워크에 사용되는 장치의 구성요소를 보여준다.

• 단말 장치
키보드와 CRT 화면, 프린터 등과 같이 컴퓨터와 연결되는 모든 주변 장치

• CRT
Cathode-Ray Tube, 브라운관

(1) 단말 장치

단말 장치(DTE: Data Terminal Equipment)는 키보드와 CRT 화면, 프린터 등과 같이 컴퓨터와 연결되는 모든 주변장치를 의미한다. 단말기 또는 단말, 터미널(Terminal)이라 불리고 컴퓨터 네트워크에서는 컴퓨터 자체를 단말 장치로 사용하기도 한다. 단말 장치는 입출력 제어부, 송 · 수신 제어부, 오류 제어부, 공통 제어부로 구성되어 있으며 각각의 기능은 다음과 같다.

- 입출력 제어부 : 외부로부터 정보를 받아들이고 정보통신 시스템에서 처리된 결과를 외부로 출력하는 기능이 있으며 입출력 시 필요한 제어를 수행하고 동작
- 송 · 수신 제어부 : 실제적으로 데이타를 송 · 수신하며, 전송 제어 문자를 검사한 후 단말 장치에서 필요한 동작 수행
- 오류 제어부 : 오류를 검출하고 복구
- 공통 제어부 : 단말 장치를 종합적(입출력 제어, 오류 제어, 송 · 수신 제어)으로 제어

• 신호 변환 장치
변조와 복조의 기능을 수행하는 장치로 모뎀과 디지털 서비스 유닛으로 구성

(2) 신호 변환 장치

우리가 사용하는 전화기, 컴퓨터 단말기, 팩스, 비디오 카메라, 스캐너 등으로 생성되는 다양한 형태의 정보(음성, 데이타, 화상 비디오 등)는 전기적 신호로 변환되어 송신된다. 즉, 전기 신호의 시간에 따른 전압(또는 전류)이 어떻게 변환되는지를 표시하여 정보의 내용을 차별적으로 표현한다. 컴퓨터의 출력인 디지털 데이타를 전송하려면 아날로그 형태의 전기적 신호로 바꾸어야 하고, 이 전기적 신호는 전송 선로의 영향을 적게 받도록 고주파수로 변환하는 변조(Modulation) 과정을 거친 후 송신된다. 송신된 신호는 복조(Demodulation) 과정을 거쳐 수신부에 디지털

신호로 입력된다. 이러한 변조와 복조의 기능을 수행하는 장치를 신호 변환 장치라 부른다. 신호 변환장치에는 모뎀과 디지털 서비스 유닛이 있다.

- 모뎀(Modem) : 변조기(Modulator)와 복조기(Demodulator)의 합성어로, 단말 장치에서 발생한 디지털 신호를 통신 회선으로 전송하기 위해 아날로그 신호로 변환(변조)하거나 통신 회선으로부터 수신한 아날로그 신호를 통신제어장치나 컴퓨터로 전송하기 위해 디지털 신호로 변환(복조)
- 디지털 서비스 유닛(DSU: Digital Service Unit) : 디지털망을 사용할 경우에는 신호의 형식을 바꿀 필요는 없고, 단지 원거리로 전송할 수 있도록 신호의 레벨만 높여주면 됨. 따라서 디지털 데이타나 신호를 멀리 안전하게 전송하기 위해 단극성(Unipolar)의 신호를 양극성(Bipolar) 신호로 변환하여 전송 · 수신 측에서는 반대의 과정으로 원래의 디지털 데이타나 신호를 재생

● 통신 회선
통신기기 사이를 연결하여 데이타를 전송하는 통로

(3) 통신 회선

통신 회선은 데이타의 전송 통로로, 통신기기 사이(단말 장치와 단말 장치, 단말 장치와 컴퓨터, 컴퓨터와 컴퓨터)를 연결해 주는 역할을 한다. 데이타를 부호화한 신호를 수신 측으로 전송할 때 전송되는 통로, 즉 데이타가 전달되는 선로를 데이타 전송 선로 또는 정보 전송 매체를 의미한다. 통신 회선은 전화선, 동축 케이블, 광섬유 케이블, 마이크로웨이브, 위성통신 등을 사용한다. 〈표 6-1〉은 통신 회선의 종류 및 특징을 보여준다.

● 통신제어 장치
통신 회선과 단말 장치를 연결하고 송신 또는 수신되는 데이타를 처리하기 좋은 형식으로 바꾸어 주는 장치

(4) 통신제어장치

통신제어장치(CCU: Communication Control Unit)는 단말기 또는 컴퓨터와 모뎀 사이에 위치하여 통신 회선과 단말 장치를 연결하고 송신 또는 수신되는 데이타를 처리하기 좋은 형식으로 바꾸어 주는 역할을 한다. 예를 들어, 하나의 문자를 송신할 때는 병렬 비트를 직렬로 바꾸어 전송하고, 수신할 때는 여러 개의 비트를 모아서 하나의 문자로 만들어 주는 역할을 수행한다. 또한 데이타의 오류를 검사, 정정하는 기능 등의 여러 기능이 있다.

통신제어장치의 기능 중 매우 중요한 것이 다중화(Multiplexing)와 역다중화

표 6-1 통신 회선의 종류 및 특징

선 로	회선 종류	전송 수단	특 징
유 선	꼬임선	전기 (금속도체)	· 기후 조건(날씨, 온도 등)으로 인하여 감쇠현상 발생 · 지형에 따라 설치 시 장애 발생 · 데이타의 전달은 가입자에 한정 · 전선이 끊어질 우려 상존 · 근거리 통신에 적합
	동축 케이블		
	광섬유 케이블	빛	
무 선	마이크로파 (위성, 지상)	전파	· 지형 및 재해에 상관없이 전송 · 수신범위가 넓어 데이타를 다수에게 전달 · 광대역 통신에 적합 · 주파수 대역에 대한 전파법 규제 · 지형 및 기후에 따라 전파 방법이 다름
	라디오파		

(Demultiplexing)다. 즉, 장비(디지털 신호)측과 선로(아날로그→전기적 신호)측을 상호 교류해주며 전송 문자의 조립과 분해의 기능이다. 예를 들어, 24개의 전화를 지원해 주는 디지털 장비가 있다고 가정하면 이를 통신제어장치가 담당하는데, 선로를 24개로 모두 보내면 많이 낭비되므로 선로를 한 개로 보내기 위한 작업, 즉 다중화를 수행하여 전송한다. 다중화는 '조립', 역다중화는 '분해'를 의미한다고 보면 쉽게 이해할 수 있으며, 24개의 전화를 한 개의 선로로 보내기 위해서는 모으는 작업인 조립을 하고, 한 개의 선로로 온 전기적 신호를 24개로 나누어 분배하는 과정을 의미한다.

● 중앙처리 장치
통신제어 장치로부터 입력되는 데이타를 가공, 처리, 축적, 수정, 변경, 추가 등의 기능을 수행하는 장치

(5) 중앙처리장치

중앙처리장치(CPU: Central Processing Unit)는 통신제어장치로부터 입력되는 데이타를 가공, 처리, 축적, 수정, 변경, 추가 등의 기능을 수행한다. 데이타 통신 시스템 전체를 통제하고 데이타를 실시간 처리(Real-Time Processing)하기 위해서는 통신제어 프로그램이 필요하다. 중앙처리장치는 연산장치, 제어장치로 구성되며, 결과에 따라 입출력장치, 주기억장치(메모리), 보조기억장치 등에 대한 실행을 제어하고 시스템 전체의 정확한 수행이 되도록 통제한다.

- 연산장치 : 프로그램에 따라 산술 연산과 같은 계산 처리와 비교 판단과 같은

논리 연산을 실행

- 제어장치 : 컴퓨터의 각 장치에 대한 작업 처리 순서를 지시하며 주기억장치에서 데이타를 가져와 실행 명령을 해석하여 제어 신호를 만듦

(6) 주변장치

주변장치는 데이타를 저장하는 기억장치와 데이타를 표시하거나 저장하는 기능을 수행하는 입출력장치로 구성된다.

기억장치는 입력한 데이타, 출력할 결과 그리고 연산 결과의 보관에 필요한 장치이다. 기억장치에는 주기억장치(Main Storage)와 보조기억장치(Auxiliary Storage)가 있다. 주기억장치는 수행하고 있는 프로그램과 필요한 데이타를 저장하는데, 매체로는 자기 코어, 반도체 소자를 사용하며 용량에 제한이 있다. 롬(ROM)은 읽기만 가능한 비휘발성(nonvolatile)인 기억 소자이고, 램(RAM)은 읽기 및 쓰기 가능한 휘발성(volatile)인 기억 소자이다.

입력 장치는 컴퓨터가 처리해야 하는 명령이나 데이타를 컴퓨터 내부로 읽어들이는 장치이다. 광학 마크 판독기(OMR: Optical Mark Reader), 광학 문자 판독기(OCR: Optical Character Reader), 자기 잉크 문자 판독기(MICR: Magnetic Ink Character Reader), 자기 디스크(Magnetic Disk), 자기 테이프(Magnetic Tape) 등이 사용되고 있으며 과거에는 천공 카드 리더기(Punch Card Reader), 자기 드럼(Magnetic Drum)이 사용되었다. 데스크톱 컴퓨터인 PC에서는 키보드를 통해 주로 입력이 이루어지며 스캐너, 자기 디스켓, 마우스 등의 매체가 활용된다. 출력 장치는 프로그램의 순서에 따라 모든 실행을 마치고 기억된 내용을 처리한 결과를 사용자에게 제공해주는 장치이다. 일반적인 출력 장치로 프린터를 가장 많이 사용하며, 최근에는 미려한 출력을 위한 다양한 프린터와 화면을 이용한 영상 출력의 발전되고 있다.

- **광학 마크 판독기**
  컴퓨터 입력 장치의 하나로, 마크 시트와 같은 용지에 연필이나 펜으로 표시한 부분에 빛을 비추어 판독하고 전기 신호로 바꾸어 주는 장치
- **광학 문자 판독기**
  종이에 쓰여진 문자에 빛을 비추어 그 반사 광선을 전기 신호로 바꾸고 컴퓨터에 입력하여 문자를 알아낼 수 있도록 하는 입력 장치
- **자기 잉크 문자 판독기**
  자기 잉크로 인쇄된 문자를 자기적으로 판독하여 그 내용을 컴퓨터에 보내는 장치
- **자기 디스크**
  레코드 판과 유사한 원판(disk)에 자성체를 입히고, 원판의 정해진 궤도를 따라 자기헤드가 이동하면서 자료를 기록하거나 판독하는 컴퓨터 보조기억장치
- **자기 테이프**
  플라스틱 테이프 표면에 산화철 등의 자성체를 바른, 많은 양의 정보를 기록하기 위한 테이프 형식의 외부기억장치
- **천공 카드 리더기**
  프로그램이나 데이타를 카드에 천공(穿孔)시켜 만든 천공카드를 읽어 2진수의 형태로 만들어 주기억장치에 기억시키는 장치
- **자기 드럼**
  표면에 자성체를 칠한 원통을 한쪽 방향으로 회전시키고 그 주위에 근접해서 자기헤드로 판독하거나 기록하는 컴퓨터의 보조기억장치

1.2 통신 프로토콜

● 통신 프로토콜
통신을 원하는 두 개체 간에 무엇을, 어떻게, 언제 통신할 것인지를 서로 약속한 규정

● 국제전신전화 자문위원회
International Telegraph and Telephone Consultative Committee, 무선통신을 제외한 전기통신 전반에 관한 기술적 업무적인 문제에 대해 연구하고 전기통신표준에 대한 자문을 권고사항의 제정을 통하여 제공하는 상설 협회

● 국제 표준화 기구
International Organization for Standardization, 지적 활동이나 과학 · 기술 · 경제 활동분야에서 세계 상호간의 협력을 위해 1946년 설립한 국제기구

통신 프로토콜은 '통신을 원하는 두 개체 간에 무엇을, 어떻게, 언제 통신할 것인지를 서로 약속한 규정'으로 정의된다. 즉, 컴퓨터와 단말기, 또는 컴퓨터 간에 정보 교환을 하기 위하여 사전에 약속된 통신 규약을 말한다. 여러 계층으로 된 네트워크 구조에서 동일 계층 내에서의 표준화된 통신 규약으로, 네트워크 기능을 효율적으로 발휘하기 위한 협정을 의미한다.

통신 프로토콜은 컴퓨터를 이용해 처음 통신을 시작한 1960년대부터 사용되었다. 처음에는 IBM사가 제정한 프로토콜인 BSC(Binary Synchronous Communication)와 SDLC(Synchronous Data Link Control)를 많이 사용하였으나, 이후에 컴퓨터 및 통신 관련 제조회사마다 다양한 프로토콜이 개발해 사용하다가 많은 혼란이 생겨 1976년에 국제 전신전화 자문위원회(CCITT)에서 여러 프로토콜을 종합하여 권고하고, 국제 표준화 기구(ISO)에서는 OSI 참조모델을 발표하였다. 그 이후에도 여러 가지 표준화된 프로토콜이 개발 및 발표되었지만, 현재는 인터넷의 발전에 따라 근간이 되는 프로토콜인 TCP/IP를 많이 사용하고 있다.

(1) OSI 7계층 프로토콜

ISO의 OSI(Open Systems Interconnection) 7계층 프로토콜은 1977년 국제 표준화 기구(ISO: International Standards Organization) 위원회에서 제정한 표준 네트워크 구조를 위한 개방형 시스템 간 상호접속에 관한 규정이다.

OSI 7계층 프로토콜의 구성은 7개의 계층으로 구성된다. 1계층은 물리 계층(Physical Layer), 2계층은 데이타 링크 계층(Data Link Layer), 3계층은 네트워크 계층(Network Layer), 4계층은 전송 계층(Transport Layer), 5계층은 세션 계층(Session Layer), 6계층은 표현 계층(Presentation Layer), 7계층은 응용 계층(Application Layer) 등이다. 1계층에서 4계층의 하위 계층은 전달 기능이 있고, 5계층에서 7계층의 상위 계층은 통신 기능을 담당한다.

그림 6-2 OSI 7계층 프로토콜의 구성

(2) OSI 7계층 간의 데이타 전달 원리

OSI 7계층 상호 간의 데이타 전달은 송신 측의 최상위 계층(7계층: 응용 계층)에서 발생된 데이타가 하위 계층으로 차례로 전달되는 과정을 거치며 발생되는데, 이때 원래의 데이타에 각 계층에서 전달받은 헤더 정보(Header)가 추가되어 전달된다. 한 단계 낮은 계층에서는 한 단계 높은 계층에서 전달받은 데이타(헤더1+데이타)를 한 개의 데이타로 취급하고, 또다시 새로운 헤더를 그 데이타(헤더1+데이타)에 추가해(헤더2+헤더1+데이타) 현재보다 한 단계 낮은 계층으로 전달한다. 이러한 과정을 거쳐 마지막으로 최하위 계층(1계층: 물리 계층)에 도달하며, 송신 측에 있는 최하위 계층의 데이타는 원래의 데이타에 여러 개의 헤더가 씌워진 형태이다. 이러한 과정을 캡슐화(Encapsulation)라 한다.

● 캡슐화
데이타의 전송을 위하여 상위 계층의 통신 규약 정보를 하위 통신 규약 정보 영역에 내장시켜 전송하는 기술

수신 측 1계층에서의 데이타는 여러 개의 헤더가 씌어진 형태이며 각 계층의 헤더에 해당되는 부분을 벗겨내며 최상위 계층으로 전달된다. 이러한 과정을 캡슐해제(Decapsulation)라 한다. 수신 측의 최상위 계층(7계층: 응용 계층)에서는 송신 측의 최상위 계층에서 보냈던 원래의 데이타(헤더가 없는 데이타)가 정확하게 전달되게 된다(그림 6-3).

① 1계층: 물리 계층

물리 계층(Physical Layer)은 OSI 참조 모델의 최하위 계층인 1계층으로, 상위

그림 6-3 OSI 7계층 프로토콜에서의 데이타 전달 과정

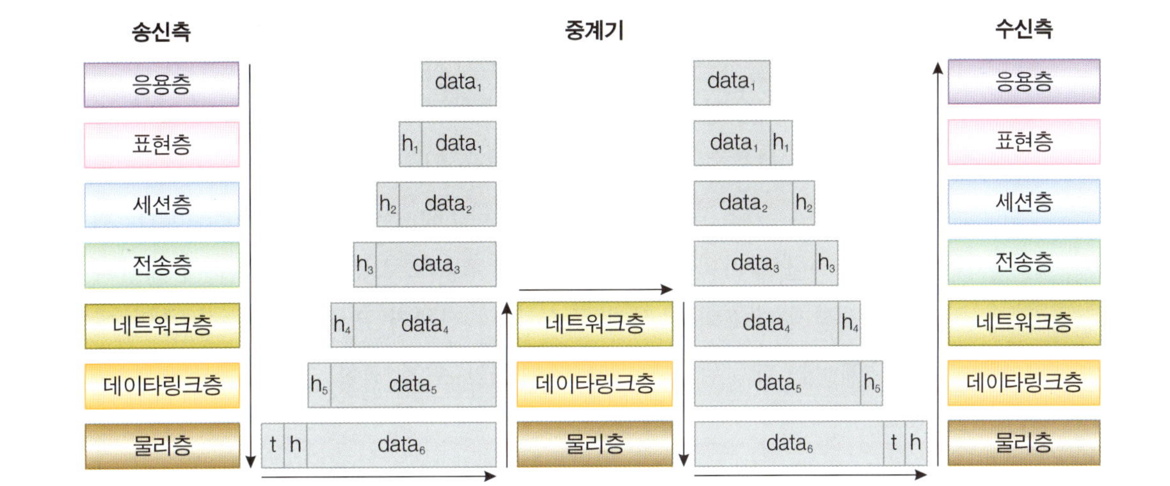

● 비트
bit, 정보량의 최소 기본 단위, 1비트는 이진수 체계 '01'의 한 자리로, 8비트는 1바이트

계층에서 내려온 비트열의 데이타를 상대편에게 전송할 수 있도록 통신기기 간의 물리적인 매체를 통해 연결을 확립하고, 데이타가 전송되는 동안에 연결을 유지 및 해제하기 위한 기계적, 전기적, 기능적, 절차적 특성을 정의한다.

- 기계적 특성 : 시스템과 주변장치를 연결하기 위한 규정
- 전기적 특성 : 상호 접속 규격 중에서 전기적 규격을 정의
- 기능적 특성 : 상호 접속 규격 중에서 상호 교환 회로에 대한 규격을 정의
- 절차적 특성 : 데이타를 전송하기 위하여 사건 흐름 순서를 규정

물리 계층은 물리적 연결 상에 비트 단위의 데이타 열을 전송하기 위하여 신호, 부호화, 전송 방식 등을 결정한다. 예를 들면, 송신 측의 물리 계층은 송신 측의 상위 계층으로부터 0과 1로 구성된 비트열의 데이타를 받아 그것을 전기적 신호로 변환한 후에 전송 매체를 통하여 상대편에게 보내고, 수신 측의 물리 계층은 상대편으로부터 받은 전기 신호를 0과 1로 구성된 비트열로 복원하여 수신 측이 상위 계층에 전달한다.

② 2계층: 데이타 링크 계층

데이타 링크 계층(Data Link Layer)은 OSI 참조 모델의 하위 계층인 2계층으로,

2개의 시스템 간에 오류가 없는 정보의 데이타 전송을 위하여 상위 계층(네트워크 계층)에서 받은 비트열의 데이타들을 프레임을 구성하여 하위 계층(물리 계층)으로 전달한다. 데이타 링크 계층의 대표적인 기능은 데이타 전송을 위한 노드 대 노드 전달 및 주소 지정, 전송 제어, 흐름 제어, 오류 제어, 동기화 등이 있다.

- **노드**
  데이타를 전송하는 통로에 접속되는 하나 이상의 기능 단위
- **라우팅**
  라우터가 가지고 있는 소프트웨어적 기능으로, 패킷의 주소정보를 읽어 데이타를 목적지별로 분류하는 기능
- **패킷**
  데이타가 전송되는 기본 단위로서, 데이타와 목적지의 주소, 보내는 사람의 주소와 같이 통신에 필요한 정보를 포함

데이타 링크 계층은 노드 대 노드 전달을 위해 이웃 노드 간의 데이타 링크를 설정하는 기능이 있다. 특히, 전송할 데이타(Data)의 앞에 헤더(Header), 뒤에 트레일러(Trailer)를 첨가하여 하위 계층(물리 계층)으로 전달한다. 이 때 헤더와 트레일러에는 발신지 주소와 목적지 주소 등의 정보가 포함된다. 수신 측의 데이타 링크 계층에서는 헤더와 트레일러를 삭제한 후에 수신 측의 네트워크 계층으로 전달한다.

③ 3계층: 네트워크 계층

네트워크 계층(Network Layer)은 OSI 참조 모델의 하위 계층인 3계층으로, 통신 노드에 대한 다양한 경로(Path)를 설정하고, 메시지 등을 라우팅(Routing)하며, 망 노드 간에 트래픽(Traffic)을 제어한다. 송신 측에서 수신 측으로 데이타를 안전하게 전달하기 위해서 논리적 링크를 구성하는 일도 담당한다. 두 개의 시스템 간 안전한 데이타 전송을 위하여 상위 계층(전달 계층)에서 받은 데이타로 패킷을 구성하여 하위 계층(데이타 링크 계층)으로 전달한다. 네트워크 계층의 대표적인 기능은 다음과 같다.

- 경로 배정 및 중계(Routing & Relaying) : 통신망 내부에서 경로 배정 및 중계 기능
- 상호 통신망 연결(Internetworking) : 다양한 통신망이 연결되어 있어도 통신망 계층의 기능
- 통신망 접속(Network Connection) : 통신망의 연결 설정 및 종료 기능
- 흐름 제어(Flow Control) : 네트워크 노드 사이에 트래픽을 제어
- 순서 제어(Sequence Control) : 수신 측에서는 송신 측으로부터 데이타를 보낸 순서대로 받지 못하는 경우에 순서를 제어

④ 4계층: 전송 계층

전송 계층(Transport Layer)은 OSI 참조 모델의 하위 계층인 4계층으로, 송신 측에서는 전달하려는 데이타를 알맞은 크기의 패킷으로 분할하고, 수신 측에서는 이를 다시 취합하여 순서대로 재조립한다. 양측의 응용 프로세스 사이에서 데이타를 확실히 송 · 수신하는 것을 보증해준다.

전송 계층은 오류없는 전송을 보장해주며, 통신망 계층이 제공하는 서비스의 품질에 따라 다섯 가지 서비스 등급을 제공한다. 목적지의 주소 지정(Destination Addressing), 메시지 우선권(Message Priorities), 다중화(Multiplexing), 보안(Security), 계정(Accounting) 및 오류 발생시 링크 회복, 흐름 제어(Flow Control), 송 · 수신의 무결성 보장 등의 기능을 수행한다.

⑤ 5계층: 세션 계층

세션 계층(Session Layer)은 OSI 참조 모델의 상위 계층인 5계층으로, 송신 측과 수신 측 사이에서 프로세스간 연결을 확립, 유지 및 해제하는 역할을 담당한다. 1~3 계층은 시스템 간의 통신, 4~7계층은 프로세스 간의 통신이므로 세션 계층은 다음과 같은 프로세스 간의 통신에 필요한 세션 관리 기능을 수행한다.

- 세션 연결의 설정과 종료 : 세션 연결의 설정과 종료 및 관리에 대한 절차를 규정
- 반이중 : 데이타를 한 방향씩 교대로 교환하며 데이타를 송신할 권리는 데이다 토큰 소유자에게 있음
- 동기 : 세션 연결을 하는 동안에 재동기를 제공
- 예외보고 : 세션 연결 동안에 예외 보고를 제공

⑥ 6계층: 표현 계층

표현 계층(Presentation Layer)은 OSI 참조 모델의 상위 계층인 6계층으로, 송신 측과 수신 측 사이에서 상이한 부호 체계 간의 변화에 대해 규정하며, 표준화된 데이타의 형식을 규정한다. 표현 계층의 기능으로는 데이타형식(Format), 명령해석(Command Translation), 코드변환(Code Conversion), 암호화(Encryption), 텍스트압축(Text Compression) 등이 있다.

⑦ 7계층: 응용 계층

응용 계층(Application Layer)은 OSI 참조 모델의 최상위 계층인 7계층으로, 사용자에게 직접 제공하는 서비스이며 응용 제반적인 작업 등에 대한 서비스를 제공한다. 응용 계층의 기능으로는 전자 메일(e-Mail), 파일 전송과 접근, 파일 전송 및 관리(FTAM: File Transfer Access and Management), 가상 터미널(VT: Virtual Terminal), 자원 공유 및 데이타 베이스, 네트워크 관리 등이 있다. 응용 계층에는 추상 구문, 표현 계층에는 전송 구문으로 표현한다. 추상 구문이 인코딩, 압축, 암호화 규칙에 따라 적용하여 전송 구문으로 변환되는데, 이는 효율적인 전송, 또는 암호화하기 위해서이다.

02 인터넷

2.1 개 요

인터넷은 '정보의 바다'라 불리는 국제 컴퓨터 정보통신망으로, 전세계의 컴퓨터가 서로 연결되어 TCP/IP 규약을 이용해 정보를 주고받는 공개 컴퓨터 통신망이다. 대중적인 월드와이드웹은 하이퍼 텍스트 프로토콜(HTTP: Hypertext Protocol)과 함께 사용되고, 하이퍼 텍스트 프로토콜로 되어 있는 웹 페이지를 보기 위한 웹 브라우저로는 마이크로소프트에서 개발한 인터넷 익스플로러(Explorer), 모질라 재단의 모질라 파이어폭스(Firefox), 그리고 최근 구글에서 발표한 크롬(Chrome) 등을 이용한다.

● 알파네트

연구소와 대학교의 컴퓨터 자원을 이용할 목적으로 개발 되었고 텔넷, FTP, e-메일 등의 어플리케이션이 서비스 되었음

인터넷의 유래는 1969년에 미국 국방성의 방위 네트워크인 알파네트(ARPANet)가 시초이며, 이후 1981년에 연구용 알파네트와 군사 통신 지원용 네트워크인 밀네트(MILNET)로 분리되었다. 현재와 같이 TCP/IP 기반의 네트워크가 된 것은 1983년 1월 1일 알파네트가 NCP 패킷 송출을 중단한 것이 기점이다. 알파네트와 별도로 1986년 미국 과학 재단(National Science Foundation)은 다섯 곳의 수퍼컴

퓨터 센터를 연결하여 NSFnet을 만들었는데, 1980년대말에 이르러 알파네트가 흡수통합 되면서 대학, 연구소, 정부기관, 기업 등 세계 모든 곳을 연결하는 국제 통신망으로 발전하게 되었다. 인터넷의 상업적 이용이 허용되고, 인터넷을 보다 편리하게 사용할 수 있는 브라우저로 1993년 모자이크(Mosaic)가 출시되면서 사용자가 폭발적으로 증가하였다. 현재는 전세계 146개국 5,000여 컴퓨터 네트워크와 900만대 이상의 호스트 컴퓨터가 연결되어 있다.

현재 우리가 일상적인 사용 중인 인터넷은 월드와이드웹(World Wide Web, WWW, W3)의 보급에 의해 이루어졌다고 해도 과언이 아니다. 월드와이드웹은 1989년 3월 유럽 입자 물리 연구소(CERN)의 연구원인 팀 버너스 리의 제안으로 시작되어 연구개발 되었다. 월드와이드웹은 인터넷에 연결된 컴퓨터들을 통해 사람들이 정보를 공유할 수 있는 전세계적인 정보 공간을 말한다. 이 용어는 인터넷과 동의어로 쓰이는 경우가 많으나 엄격히 말해 서로 다른 개념이다. 웹은 전자메일과 같이 인터넷 상에서 동작하는 하나의 서비스일 뿐이다. 하이퍼텍스트는 웹 브라우저라 불리는 프로그램을 통해 웹 서버에서 '문서'나 웹 페이지 등의 정보 조각을 읽어 들여 컴퓨터 모니터에 출력하는 형태로 보이게 된다. 사용자는 각 페이지에 있는 하이퍼링크를 따라 다른 문서로 이동하거나, 그 페이지를 서비스하고 있는 서버로 일련의 정보를 보낼 수도 있다. 하이퍼링크를 따라 이동하는 행위를 흔히 '웹 서핑' 또는 '웹 브라우징'이라 한다. 관련된 내용들이 모여있는 웹 페이지들의 집합을 웹 사이트라 한다.

이러한 월드와이드웹의 구현에 따라 사용자들은 많은 종류의 정보를 담고 있는 웹 페이지에 접근하는 것이 수월해졌다. 또한 월드와이드웹을 이용하여 사용자들은 웹 페이지들과 양방향 의사소통을 할 수 있게 되었다. 많은 기업과 조직에서 이러한 월드와이드웹의 장점을 이용한 활동을 시작하게 되었고, 오늘날에 이르러서는 인터넷이라는 것이 없이는 일상 생활이 어려울 정도로 지대한 영향을 끼치게 된 것이다.

2.2 인터네트워킹

인터네트워킹(Internetworking)은 근거리 통신망(LAN: Local Area Network)끼리, 근거리 통신망과 광역 통신망(WAN: Wide Area Network) 간에 상호 접속하여 형성되는 광역화된 네트워크의 집합을 말한다. 동일 또는 유사 프로토콜을 사용하는 네트워크끼리는 브리지나 라우터 등의 접속 전용 장치로 연결하고, 상이한 프로토콜을 사용하는 네트워크끼리는 게이트웨이로 연결하여 통신한다. 인터네트워킹의 관련 장비로는 리피터, 브리지, 라우터, 게이트웨이 등이 있으며, 인터네트워킹으로 구성된 대표적인 네트워크가 바로 인터넷이다.

● 인터넷
인터네트워킹이 가능하도록 구성된 대표적인 네트워크

인터넷에서 사용되는 대표적인 프로토콜은 TCP/IP(Transmission Control Protocol/Internet Protocol)이다. 인터넷 프로토콜은 1970년대 초반에 미국 국방고등연구계획국(DARPA)이 수행한 연구에서 비롯하였다. DARPA는 1969년에 선도적인 알파네트를 구축하였고, 여러 가지 다른 데이타 통신기술도 연구하기 시작하였다. 1972년에 로버트 칸(Robert E. Kahn)이 DARPA의 정보처리기술국(IPTO)에 채용되었다. 그는 거기서 위성패킷망과 지상무선패킷망을 연구하면서, 그같은 네트워크에서 이루어지는 통신의 가치를 깨달았다. 기존 ARPANET의 네트워크 콘트롤 프로그램(NCP) 프로토콜을 개발하였던 빈트 서프(Vinton Cerf)가 1973년 봄에 칸과 합류하여, 차세대 알파네트 프로토콜 설계를 목표로 개방적인(오픈 아키텍처) 상호 접속 모형을 연구하였다. 칸과 서프는 1973년 여름까지 기본적인 개혁안을 마련하였다. 이에 따르면, 네트워크 프로토콜의 다름은 공용 상호접속 인터네트워크 프로토콜을 씀으로써 해결되고, 신뢰성은 알파네트에서처럼 네트워크 대신에 호스트가 책임지게 된다. 서프는 CYCLADES 네트워크 설계자 후버트 짐머맨(Hubert Zimmerman)과 루이스 푸진(Louis Pouzin)이 위에 말한 설계에 중요한 영향을 미쳤음을 인정하였다.

네트워크의 역할을 최소화함으로써 거의 어떤 네트워크든 그들의 특성과 무관하게 서로 엮을 수 있게 됨으로써 칸의 초기 문제는 해결되었다. 서프와 칸의 연구 성과인 TCP/IP는 한때 유행하던 말대로 '두 깡통과 한 선'만 있으면 된다는 식이다. RFC 1149로 발표된 이른바 '조류전달방식 IP(IP over Avian Carriers)'의 구현은 제집을 찾아가는 비둘기가 편지를 날라다 주는 것에 비유했다. 잡다한 게이트웨이와 혼동되는 것을 피하여 '게이트웨이'라는 말 대신 '라우터'라고 이름 지어진 컴퓨터는 각 네트워크 마다 인터페이스가 마련되어 있어서 네트워크 사이에서 패킷을 주고 받을 수 있다. 라우터의 요건은 RFC 1812에 규정되어 있다.

1973에서 1974년 중에 스탠포드 대학에 있는 서프의 네트워크 연구 그룹은 그 같은 개념을 더욱 상세하게 발전시켜 최초의 TCP 사양서를 작성하여 1974년 12월에 RFC 675로 발표하였다. 그 무렵 DARPA는 하드웨어가 서로 다른 플랫폼 위에서 작동하는 프로토콜을 개발하기 위해서 BBN 테크놀로지와 스탠포드 대학과 유니버시티 칼리지 런던과 계약을 맺었다. 개발이 이루어낸 네 버전은 TCP v1, TCP v2, 1978년 봄의 TCP/IP v3, 그리고 마지막으로 오늘날도 인터넷에서 표준 프로토콜로 사용되는 TCP/IP v4로 정착하였다.

● IP

인터넷을 통해 호스트 혹은 라우터에 접근할 수 있는 정적인 인터넷 주소

● TCP

인터넷상의 컴퓨터들 사이에서 데이타를 메시지의 형태로 보내기 위해 IP와 함께 사용되는 프로토콜. IP가 실제로 데이타의 배달처리를 관장하는 동안, TCP는 데이타 패킷을 추적관리함

1975년에 스탠포드와 UCL 사이에 두 네트워크의 TCP/IP 통신 시험이 이루어졌다. 1977년 11월에 미국, 영국, 노르웨이 사이에 세 네트워크의 TCP/IP 통신 시험이 이루어졌다. 1978년부터 1983년까지 여러 연구소에서 새로운 몇몇 TCP/IP 시제품이 개발되었다. 1982년 3월, 미국 국방성은 군용 컴퓨터 네트워크에 사용될 TCP/IP 표준을 마련하였다. 1983년 1월 1일, ARPANET은 TCP/IP로 완전히 교체되었다. 1985년, 인터넷 아키텍처 위원회는 컴퓨터 산업을 위하여 3일간의 TCP/IP 워크숍을 열었고, 250명의 업체대표들이 참가하여 TCP/IP 보급을 돕고 상업적 이용을 촉진하는 데 앞장서기로 했다.

2.3 TCP/IP

TCP/IP는 패킷 통신 방식의 인터넷 프로토콜인 IP(Internet Protocol)와 전송 조절 프로토콜인 TCP(Transmission Control Protocol) 로 이루어져 있다. IP는 패킷 전달 여부를 보증하지 않고, 패킷을 보낸 순서와 받는 순서가 다를 수 있다. TCP는 IP 위에서 동작하는 프로토콜로, 데이타의 전달을 보증하고 보낸 순서대로 받게 해준다. HTTP, FTP, SMTP 등 IP를 기반으로 한 많은 수의 애플리케이션 프로토콜들이 TCP위에서 동작하기 때문에, 묶어서 TCP/IP로 부르기도 한다.

그림 6-4 TCP/IP 계층 구조

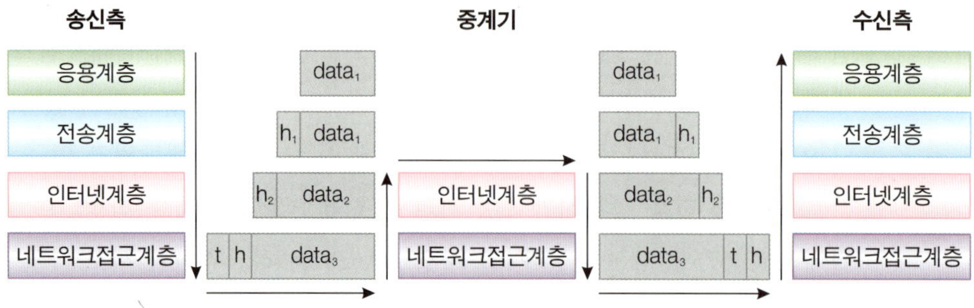

● 이더넷
가장 대표적인 버스 구조 방식의 근거리통신망

● FDDI
fiber distributed data interface, LAN과 LAN 사이 혹은 컴퓨터와 컴퓨터 사이를 광섬유 케이블로 연결하는 고속 통신망 구조

● X.25
패킷 교환망에서 회선 종단 장치와 데이타 단말 장치 사이에 이루어지는 상호작용을 규정한 프로토콜

TCP/IP는 네트워크 접근 계층, 인터넷 계층, 전달 계층, 응용 계층 4계층으로 이루어져 있다(그림 6-4 참조). OSI 7계층과 비교하면 네트워크 접근 계층은 1,2계층에, 인터넷 계층은 3계층에, 전달 계층은 4계층에, 응용 계층은 5,6,7 계층에 대응된다. 각 계층의 기능은 다음과 같다.

- 네트워크 접근 계층 : 이더넷, FDDI, 토큰링, X.25 등
- 인터넷 계층 : IP, ICMP, IGMP, ARP, RARP 등
- 전송 계층 : TCP, UDP 등
- 응용 계층 : HTTP, FTP, E-mail, Telnet, SMTP, DNS 등

2.4 인터넷 주소 체계

● ICMP
internet control message protocol, 호스트 서버와 인터넷 게이트웨이 사이에서 메시지를 제어하고 에러를 알려주는 프로토콜

● IGMP
internet group management protocol, 인터넷 컴퓨터가 멀티캐스트 그룹을 인근의 라우터들에게 알리는 수단을 제공하는 인터넷 프로토콜

인터넷 주소를 결정하고 관리하는 기관으로는 전세계 인터넷 주소 자원을 총괄, 관리하는 IANA(Internet Assigned Numbers Authority), 아시아 및 태평양 지역을 담당하는 APNIC(Asia Pacific Network Information Center)가 있고, 그 아래에 각 국가별 네트워크 정보 센터가 존재한다. 우리나라의 경우에는 한국 인터넷 정보센터(KRNIC: Korea NIC)가 있다.

이들 기관들은 도메인 및 IP 등 인터넷 주소 자원의 관리를 기본 업무로 인터넷 활성화, 차세대 인터넷 주소 자원, 차세대 인터넷 주소 자원 IPv6, 식별체계의 통합 서비스 등 다양한 사업을 진행한다. 주소는 임의로 결정하는 것이 아니라 국내

인 경우에 인터넷 도메인 등록 시 한국 인터넷 진흥원(NIDA)의 한국 인터넷 정보 센터(KRNIC)로부터 주소를 할당받을 수 있다.

인터넷 프로토콜(IP: Internet Protocol)은 송신 호스트와 수신 호스트가 패킷 스위칭 네트워크에서 데이타를 송·수신하는데 사용하는 데이타 위주의 프로토콜이며, OSI 네트워크 계층에서 호스트의 주소지정과 패킷 분할 및 조립기능을 담당한다.

IP의 데이타는 패킷 혹은 데이타그램이라고 하는 덩어리로 전송된다. 특히, IP에서는 이전에 통신한 적이 없는 호스트에 패킷을 보낼 때 경로 설정이 필요 없다. IP는 비신뢰성(Unreliability)과 비연결성(Connectionlessness)이라는 특성이 있다. 비신뢰성이란 전송되는 데이타의 안정성, 흐름에 관여하지 않아 전송되는 데이타가 제대로 전송되었는지 보장하지 않는다는 것이다. 예를 들어, 전송과정에서 패킷이 손상될 수도 있고, 한 호스트에서 전송된 패킷의 순서가 뒤죽박죽이 될 수도 있고, 같은 패킷이 두 번 전송될 수도 있으며, 아예 전송과정에서 없어질 수도

- **ARP**
  address resolution protocol, 인터넷 주소를 물리적 하드웨어 주소로 매핑하는 프로토콜
- **UDP**
  user datagram protocol, 인터넷에서 정보를 주고받을 때, 서로 주고받는 형식이 아닌 한쪽에서 일방적으로 보내는 방식의 통신 프로토콜
- **SMTP**
  simple mail transfer protocol, 인터넷에서 e-메일을 보낼 때 이용하게 되는 통신 프로토콜
- **DNS**
  domain name system, 네트워크에서 도메인이나 호스트 이름을 숫자로 된 IP 주소로 해석해주는 TCP/IP 네트워크 서비스

표 6-2 IP주소 체계

클래스	설 명
A	· 첫 번째 비트가 0인 주소이며, 주소의 범위는 1.X.X.X에서127.X.X.X까지 · 예를 들면, A 클래스에서 64.X.X.X인 경우에 64.0.0.0 및 64.255.255.255은 특수한 목적으로 사용되며, 나머지 주소는 그 망 안의 호스트의 주소가 됨 · 즉, 호스트의 주소의 개수는 16,777,214(256*256*256 2). 64.0.0.0은 서브망의 주소
B	· 첫 번째, 두 번째 비트가 각각 1, 0인 주소이며, 주소의 범위는 128.0.X.X에서 191.255.X.X까지 · 예를 들면, B 클래스에서149.11.X.X인 경우에 149.11.0.0 및 149.11.255.255은 특수한 목적으로 사용되며, 나머지 주소는 그 망 안의 호스트의 주소가 됨 · 즉, 호스트의 주소의 개수는 65,534(256*256 2). 149.11.0.0은 서브망의 주소
C	· 첫 번째, 두 번째, 세 번째 비트가 각각 1, 1, 0인 주소이며, 주소의 범위는 192.0.0.X에서 255.255.255.X까지 · 예를 들면, C 클래스에서 249.11.1.X인 경우에 249.11.1.0 및 249.11.1.255은 특수한 목적으로 사용되며, 나머지 주소는 그 망 안의 호스트의 주소가 됨 · 즉, 호스트의 주소의 개수는 254(256 2). 249.11.1.0은 서브망의 주소
D	· 첫 번째, 두 번째, 세 번째, 네 번째 비트가 각각 1, 1, 1, 0인 주소이며, 나머지 28비트를 멀티캐스트용으로 사용하는 분류
E	· 번째, 두 번째, 세 번째, 네 번째 비트가 각각 1, 1, 1, 1인 주소이며, 차후 사용을 위해 예약된 주소 분류

● 멀티캐스트
인터넷에서 같은 내용의 데이타를 여러 명의 특정한 그룹의 수신자들에게 동시에 전송하는 방식

있다. 패킷 전송과 정확한 순서를 보장하려면, TCP 프로토콜과 같은 IP의 상위 프로토콜을 이용해야 한다.

현재 인터넷에서 사용하는 표준 프로토콜은 인터넷 프로토콜의 4번째 판인 IPv4이다. 그러나 IPv4는 주소공간 고갈 문제를 겪고 있어 조만간 여섯 번째 판인 IPv6가 점차 도입될 것으로 보인다. 대한민국 정부는 2010년까지 정부와 공공기관에 IPv6 도입을 완료하겠다고 발표했다. 마이크로소프트 윈도우 XP 및 Vista, 맥 OS 텐, 리눅스 등 현재 널리 쓰이고 있는 대부분의 최신 운영체제는 IPv6 프로토콜을 지원한다.

IPv4 주소는 네 개의 십진수와 '.(점)'으로 표현하며, 실제로는 32비트로 이루어져 있다. 각 10진수의 숫자는 0에서 255까지 사용가능하며 256개의 숫자인 8비트가 필요하므로, 전체적으로 32비트가 필요하다.

IP 주소는 네트워크 번호와 그 네트워크에 접속되어 부여되는 호스트 번호로 구성된다. IP 주소 체계의 종류에는 A, B, C 클래스 세 개로 분류되며, 첫 번째부터 세 번째 비트까지 번호를 할당하여 클래스를 구분한다.

2.5 근거리 통신망

근거리 통신망(LAN: Local Area Network)은 동일 건물 또는 동일 지역 내에 설치된 컴퓨터 및 주변장치(단말기, 프린터, 플로터 등), 전화, 텔렉스, 팩스 등을 유기적으로 공유할 수 있도록 결합시킨 초고속 통신망 시스템이며 공중 통신망을 이용하지는 않는다. 통신에 적합한 지역(1~20km)에 제한된 통신망으로서 고속의 데이타 전송 속도(1~20M bps)를 갖는 통신 매체로 구성되며 오류율이 낮은 장점이 있다. 최근에는 기술의 발달로 그 이상의 전송 속도도 실현 가능할 수 있게 되었다.

근거리 통신망은 경제성, 신뢰성, 목적에 따른 확장성, 응답성 등의 개선을 위해 성능 향상, 부하 배분, 가용성의 향상을 실현하는데 그 목적이 있다. 예를 들어, 한 대의 컴퓨터에 여러 개의 단말기가 연결된 시스템에서 새로운 컴퓨터가 도입되어 각 단말기를 연결한다면 이는 각각의 단말기 스위치에 연결을 해야 하는 복잡한 회선의 연결 작업 등이 요구된다. 따라서 이 때 만일 근거리 통신망으로 구성

되어 있다면 어댑터를 통하여 추가 접속 장치를 연결시키면 어렵지 않게 새로운 정보 기기를 추가 및 접속하는 것이 가능하다(그림 6-5).

(1) 근거리 통신망 구성 장비

① 허 브

허브(Hub)는 중앙의 제어장치를 중심으로 사용자 단말기(PC)가 있는 지점 간에 트리 구조로 연결을 하기 위한 장비이다. 또한 서로 다른 LAN 사이를 연결하는 장비로도 사용 가능하다. 허브의 역할은 수신한 신호를 정확히 재생하여 다른 쪽으로 내보내는 장치이다. 초기의 허브는 더미허브(Dumb HUB)라고 하며 리피터처럼 신호의 증폭과 재생을 하고, 각 노드를 단순히 집중화하는 장비였다. 최근의 허브는 SNMP(Simple Network Management Protocol) 를 이용하여 망 관리가 가능한 수준인 지능형 허브로 발전하였다. 또한, 지능형 허브를 이용하면 허브 내에 브리지와 라우팅 기능을 갖는 기능도 있고, 동일 지역 내에 다른 LAN을 구성할 수도 있다. 대표적인 예는 트래픽 병목 현상을 제거한 스위칭 허브(Switching HUB) 등이 있다.

● SNMP
네트워크 장비를 관리 감시하기 위한 목적으로 TCP/IP 상에 정의된 응용 계층 표준 프로토콜

그림 6-5 LAN의 장점

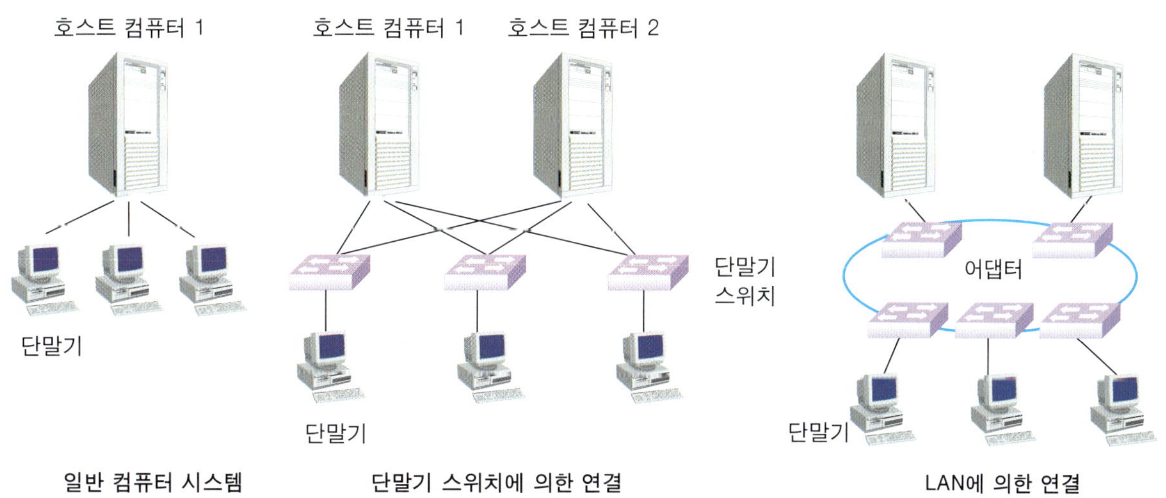

자료 : 고웅남, 정보통신 개론, 한빛미디어, 2005

② 리피터

리피터(Repeater)는 거리가 증가할수록 발생되는 신호의 감쇠를 재생시키는 장치이다. 서로 분리된 동일 LAN에서 네트워크의 거리를 연장하거나, 접속되는 세그먼트 간의 연결을 통하여 세그먼트의 수를 증가시키기 위해 사용된다. OSI 7계층의 1계층인 물리 계층에 해당되는 장치로, 동일한 통신망 구조를 가진 LAN을 연결할 경우에만 사용되며, 접속되는 리피터는 너무 많지 않도록(4개 정도 이하) 사용하는 것이 좋다.

③ 브리지

브리지(Bridge)는 LAN과 LAN을 연결하는 장비로 OSI 7계층의 데이타 링크 계층에 해당된다. 브리지가 리피터와 다른 점은 브리지는 서로 다른 유형의 LAN끼리 연결이 가능하나, 리피터는 동일한 유형의 LAN만 연결이 가능하다. 그 이유는 브리지는 OSI 7계층의 데이타 링크 계층에 해당되므로 LAN 프로토콜 중 MAC(Media Access Control) 계층을 지원하고, 리피터는 OSI 7계층의 물리 계층에 해당되므로 단순히 증폭 및 재생 기능만을 제공하기 때문이다. 브리지는 이질적인 구조를 갖는 LAN 세그먼트를 연결할 수 있어 하나의 LAN 세그먼트가 갖는 최대 길이, 최대 연결 노드 수 등과 같은 물리적인 제한을 극복할 수가 있다는 장점이 있는 반면, 주소에 관한 정보를 얻기 위하여 패킷을 브로드캐스트 모드로 전송해야 하므로 전체망에 심한 오버헤드가 될 수 있다는 단점이 있다.

• MAC
동일한 매체를 여러 노드가 공유하는 특성상에 존재하는 LAN 고유의 계층

• 브로드캐스트
멀티캐스트와 유사하게 같은 내용의 데이타를 여러 명의 수신자에게 전송하는 방식이나, 멀티캐스트는 수신자 1명 이상에게 선택적으로 전송하는 방식이고, 브로드캐스트는 네트워크 상에 존재하는 모든 수신자에게 동시에 전송하는 방식임

• WAN
광범위한 지역에 분산되어 있는 LAN이나 MAN을 상호 접속하여 형성한 대규모 통신망

④ 라우터

라우터(Router)는 서로 다른 구조를 갖는 망을 연결할 수 있어 LAN과 WAN(Wide Area Network, 광역통신망)을 연결하는 데 사용한다. 또한 효율적인 경로를 선택하는 라우팅 기능, 망 내의 혼잡 상태를 제어하는 기능, 오류 패킷의 폐기 등의 기능도 수행한다. OSI 7계층 중에서 네트워크 계층에 해당되며, 전용 회선을 통해 LAN에 연결된 컴퓨터들이 동시에 인터넷을 사용할 수 있게 해주는 장비로 데이타를 목적지까지 전달하는 기능을 수행한다. 두 개 이상의 서로 다른 네트워크를 접속하고 이들 간 데이타를 주고받게 하는 중계 기능이 있어, 하나의 LAN 환경에서 또 다른 LAN 환경으로의 접속이 이루어지기 위해 가장 필수적인 장비이다.

그림 6-6 LAN과 WAN의 인터네트워킹

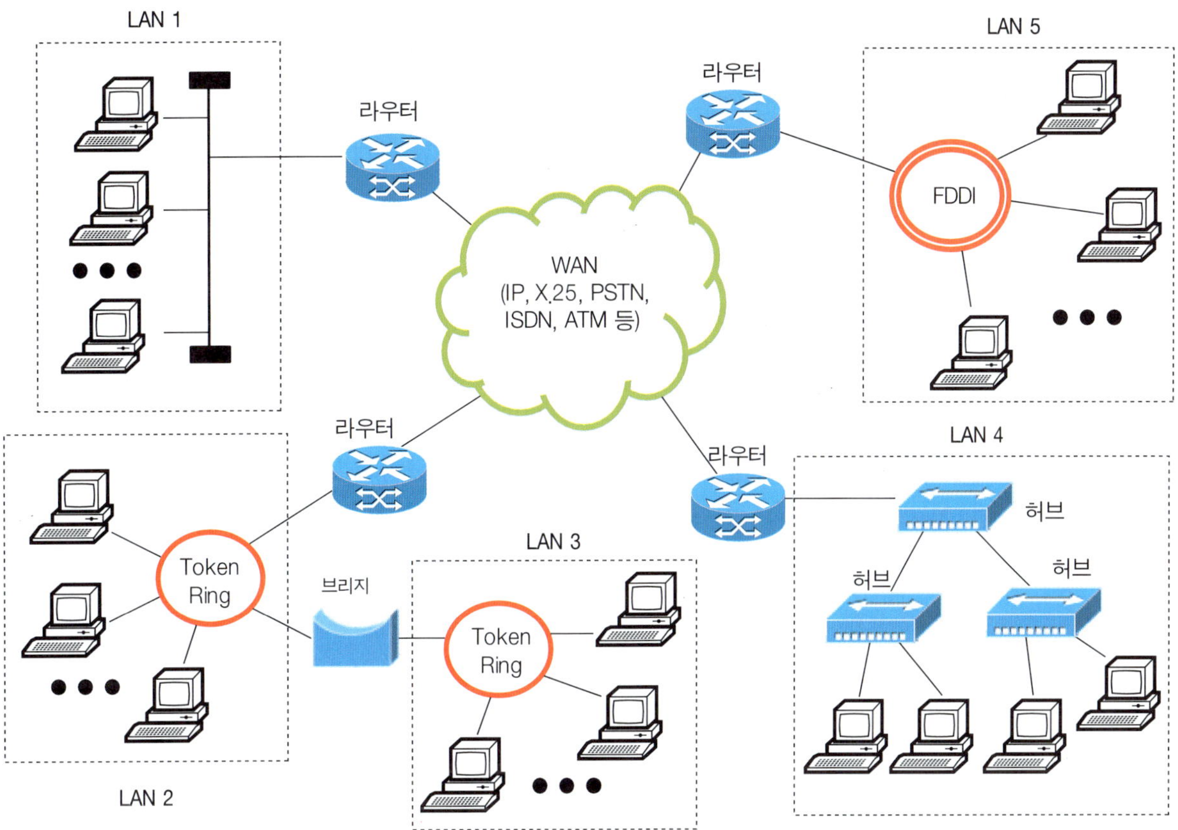

자료 : 이종일, 실무자를 위한 네트워크 관리의 이해, 진한엠앤비, 2005

⑤ 게이트웨이

게이트웨이(Gateway)는 서로 상이한 프로토콜 구조를 가진 통신망을 상호 연결하는 데 사용되며, OSI 7계층의 모든 계층을 포함하는 인터네트워킹 장비이다. 프로토콜 구조가 다른 통신망을 서로 연결하기 위하여 주소 구조 변환과 메시지 형식 변환 등 다양한 기능을 수행한다. 보통 ISP(Internet Service Provider, 인터넷 서비스 사업자)별로 각기 다른 게이트웨이를 보유하거나, 또는 국가별로 독립적인 게이트웨이를 보유하므로 서로 다른 통신망 간의 접속을 중계하는 중요한 역할을 담당한다.

03 미래형 네트워크

3.1 광대역통합망

미래는 디지털 정보기술의 급속한 발전으로 음성 · 영상 · 데이타 등 모든 형태의 정보가 다양한 통합 단말과 서비스를 통해 융합되는 디지털 컨버전스(Digital Convergence) 현상이 보편화 될 전망이다. 또한 모든 일상용품에 유비쿼터스 컴퓨팅 기능이 내재되어 누구든지 언제 어디서나 원하는 개인맞춤형 서비스를 편리하게 이용할 수 있는 지능기반의 유비쿼터스 사회로 발전될 전망이다. 정보통신부는 이러한 변화에 적극 대응하여 2004년부터 통신 · 방송 · 인터넷이 융합된 품질보장형 광대역 멀티미디어 서비스를 언제 어디서나 끊김없이(Seamlessly) 안전하게 이용할 수 있는 차세대 통합 네트워크인 광대역통합망 구축 정책을 추진하고 있다.

광대역통합망(BcN: Broadband Convergence Net work) 구축 사업을 통해 2010년까지 유선 1,000만 가입가구 및 무선 1,000만 가입자에게 광대역 멀티미디어 서비스를 제공할 수 있는 세계 최고 수준의 광대역통합망 가입자망을 구축하고 광대역통합망 관련 통신 · 방송 장비의 생산 67조원, 수출 201억불을 달성한다는 목표를 설정하였으며, 1단계('04~'05, 기반조성 단계), 2단계('06~'07 본격구축 단계), 3단계('08~'10, 완성 단계)로 나누어 신규 서비스모델의 발굴과 상용화 촉진, 핵심기술 개발 · 보급, 연구개발망 구축 · 운영, 국내 · 외 표준화 추진, 법제도 정비 등의 지원사업을 추진하고 있다.

광대역통합망의 성공적인 구축을 통하여 정부 부문에서는 M-Gov, T-Gov 등 다양한 형태의 전자정부서비스의 제공과 실시간 국민참여와 국정감시를 통한 참여 민주주의 기반을 제공하고 개인분야에서는 u-Learning, u-Healthcare, u-Work 등의 유비쿼터스 서비스 환경을 제공함으로써 국민들이 언제, 어디서나, 누구나, 편리하게, 고품격의 교육, 복지, 근로 서비스를 향유할 수 있는 환경을 제공할 것이다. 기업분야에서는 건설, 금융, 의료, 유통 등 전 산업분야의 정보화를 촉

● M-Gov
이동통신기술을 이용하여 모든 행정 서비스를 이동성과 휴대성을 갖고 있는 단말기를 통해 이용할 수 있는 전자정부 모델

● T-Gov
디지털 텔레비전으로 모든 행정 서비스를 양방향으로 이용할 수 있는 차세대 전자정부 모델

• QPS
인터넷 전화와 초고속 인터넷, 그리고 인터넷 텔레비전 서비스가 통합되는 트리플 플레이 서비스(TPS)에 추가하여 이동전화 서비스가 결합되는 형태의 통신 서비스

• FTTH
fiber to the home, 광섬유를 집안까지 연결한다는 뜻으로, 초고속 인터넷 설비 방식의 한 종류

• HSPA+
high-speed packet access family, 이동 통신기기를 이용한 무선 인터넷 계열의 기술

진함으로써 전통산업의 경쟁력을 강화하며, 안전하고 신뢰할 수 있는 기업간 전자상거래 환경을 조성하여 기업의 생산성 향상과 글로벌 비지니스 경쟁력을 제고할 것으로 기대된다.

광대역통합망 구축을 위하여 유 · 무선통신사와 케이블방송사들은 지난 4년간 25.2조원을 투자하여 1,073만('07.10월 기준)에게 광대역 멀티미디어 서비스를 제공할 수 있도록 가입자망을 고도화하였다. 또한, 영상전화, IPTV 등의 신규 서비스 모델을 발굴하여 현재까지 하나TV(하나로텔레콤), 메가TV(KT)와 같은 TV포털 서비스, DV(케이블사업자)와 같은 양방향 DCATV 등 14종의 서비스를 상용화하는 성과를 거두기도 하였다.

3단계('08~'10년)에서는 광대역통합망의 전국적 기반을 완성하고, QPS (Quadruple Play Service)를 언제 어디서나 끊김없이 이용할 수 있는 환경을 마련할 계획이다. 또한 2010년까지 광구간 전진 배치를 통해 FTTH, LAN 등의 방식으로 고도화하여 전체 가입자의 80% 수준(1,200만)을 50~100Mbps급으로 구축하며, 무선 가입자망은 WiBro Wave2, HSPA+ 기술을 도입하여 2010년까지 2,300

그림 6-7 광대역통합망 구축 개념도

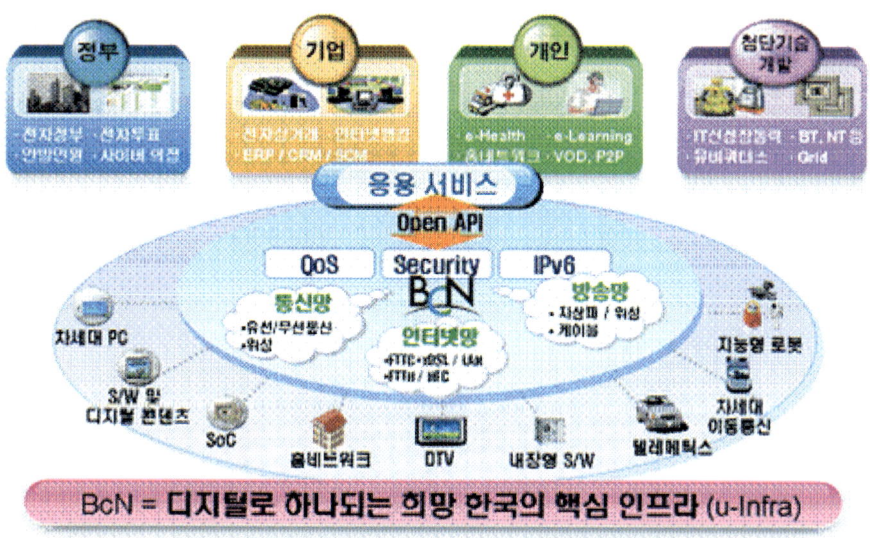

자료 : 광대역통합망 구축, IE 매거진, 2007년 겨울호

만 가입자망을 고도해 나갈 계획이다. 특히, 3단계 기간 내에는 1Gbps급 대역폭을 제공하는 BcN 가입자망 서비스가 출시되어 속도경쟁이 본격화 될 전망이다. 1Gbps는 2Mbps급 초고속인터넷의 500배에 해당하는 엄청난 속도이다.

우리나라는 농 · 어촌지역 초고속망 구축 확대사업('05~'08년)을 통해 2008년말이면 초고속인터넷 커버리지 100%를 달성하는 지구상의 유일한 국가가 될 전망이다. 또한 2009년부터 5년간은 세대수 50세대 미만인 농어촌지역을 대상으로 광대역통합망 가입자망 고도화를 지원함으로써 도농간 인프라 격차를 해소할 계획이다. 이를 통해, 2013년이면 전국 어디에서나 50~100Mbps급 광대역서비스를 이용할 수 있는 최초의 국가가 되는 것이다.

3.2 와이브로

최근 정보통신부는 IT산업의 경쟁력을 지속적으로 강화하여 세계 IT산업 발전을 선도하고자 IT 839 전략 추진을 밝힌 바 있다. 이는 8대 신규서비스, 3대 인프라, 9대 신성장동력 등으로 구성되어 있으며, 이 8대 신규서비스 중 새로운 시장 창출로 통신시장을 견인할 차세대 서비스의 첫번째로 휴대인터넷(WiBro: Wireless Broadband)을 제시하고 있다. 이는 초고속 인터넷과 이동전화 서비스의 비약적인 성장을 바탕으로 언제, 어디서나 고속으로 인터넷에 접속하여 다양한 정보와 콘텐츠를 이용하고자 하는 시장의 욕구가 반영된 것이라 볼 수 있다. 이러한 휴대인터넷 서비스는 3대 첨단인프라의 광대역통합망(BcN)과 9대 신성장동력의 차세대 이동통신 사업으로 이어져, IT 산업의 핵심과제로 자리를 잡고 있다.

● IT839
정보통신부가 2004년 2월 수립한 IT성장 전략방향으로, 8대 신규 서비스(WiBro, DMB, 홈네트워크, · 텔레매틱스, RFID, W-CDMA, 디지털 텔레비전, VoIP), 3 대 인프라(BcN, U-센서네트워크, IPv6), 9대 신성장 동력(차세대 이동통신, 디지털 텔레비전, 홈네트워크, IT SoC, 차세대 PC, 임베디드 SW, 디지털 콘텐츠, 텔레매틱스, 지능형 로봇)로 구성

(1) 서비스 개념

기존의 이동전화 기반의 무선인터넷(CDMA 1x, EV-DO, W-CDMA) 서비스는 커버리지 및 이동성 측면에서는 우수하지만 높은 서비스 요금, 느린 전송속도, 기대 이하의 품질 수준, 불편한 유저 인터페이스 등으로 장소에 구애받지 않으면서 자유로이 초고속 인터넷 서비스를 이용하고자 하는 요구를 충족시키기 어렵다. 또 무선LAN 서비스는 고속의 전송속도를 지원하고는 있으나 핫스팟(Hot Spot) 위주

의 옥내 기반으로 구축되어 커버리지가 협소하고 ISM(Industrial, Scientific, Medical) 대역 특성상 전파간섭 등의 취약점이 많아 사용자의 서비스 품질 기대에 부응하기 어려운 상황이다.

현재의 이동전화 및 무선LAN 인프라의 한계를 극복하고 이용자가 요구하는 저렴한 무선 초고속 인터넷 서비스를 이동 중에도 제공하기 위해 출현한 서비스가 휴대인터넷(Portable Internet) 서비스로, 휴대인터넷 서비스의 기본 개념은 '실내의 유선 초고속 인터넷을 휴대형 단말기를 이용하여 실외의 정지 및 이동환경에서도 고속으로 인터넷에 접속, 필요 정보나 멀티미디어 컨텐츠를 이용할 수 있는 통신서비스'라 할 수 있다. 휴대인터넷과 초고속 인터넷, 무선LAN, 이동전화 무선인터넷 등의 서비스 특성을 비교하면 〈표 6-3〉과 같다.

(2) 서비스 포지셔닝

휴대인터넷은 IMT-2000 서비스 전송속도보다 고속이며, 실내의 유선 초고속 인터넷 및 무선LAN 서비스가 실외 환경에서도 제공 가능한 서비스를 추구한다. 또한 현재의 유선 초고속 인터넷 서비스와 유사한 정도의 이용 요금을 통해 경제성을 확보하고 노트북, PDA 등 다양한 휴대형 단말을 이용하여 유선 초고속 인터넷 서비스와 동일한 컨텐츠 및 인터넷 접속 환경 제공으로 실질적인 유무선 통합 환경을 제공할 것이다.

표 6-3 유사 서비스와의 특성 비교

구 분	휴대인터넷	초고속인터넷	무선LAN	이동전화 무선인터넷
이용지역	옥내외(Hot Zone)	옥 내	옥 내 (Hot Spot/구내)	옥내외(전국망)
전송속도	고 속	초고속	초고속	중저속
이동성	Nomadic	없 음	정지 또는 준정지	고속 이동
컨텐츠	유무선 컨텐츠	유선 컨텐츠	유무선 컨텐츠	무선 컨텐츠
요 금	상대적 저렴	상대적 저렴	저 렴	높 음
단말 형태	PDA 노트북, 스마트폰 등	데스크탑, 노트북	PDA 노트북	핸드폰, PDA

자료 : 고종석, 휴대인터넷 사업전망, KT 차세대 통신사업단 사업기획팀

결국, 휴대인터넷은 유선 초고속 인터넷의 저가 요금을 유지한 채 이동 중에도 안정적인 초고속서비스를 제공할 수 있다는 점에서 무선LAN 및 IMT-2000서비스와의 보완재로서 고객의 요구를 충족시켜 무선인터넷 시장을 활성화시킬 것으로 예상된다. 휴대인터넷의 데이타 전송속도와 이동성을 축으로 하는 서비스 포지셔닝을 나타내면 [그림 6-8]과 같다.

(3) 수요 전망

휴대인터넷 시장 수요 전망은 수요예측 시기와 기관에 따라 다소 차이가 있으나, KISDI-사업자 공동수요조사 결과는 Y+5년을 기준으로 약 892만 명(최대 가입자 규모 908만 명)으로 예측하고 있다. 이를 기반으로 가입비와 통신료 등의 매출을 고려하여 전체 시장 규모를 산출하면 Y+5년에 약 3조 원의 시장을 형성할 것으로 예측 결과는 [그림 6-9]와 같다.

그림 6-8 휴대인터넷 서비스 포지셔닝

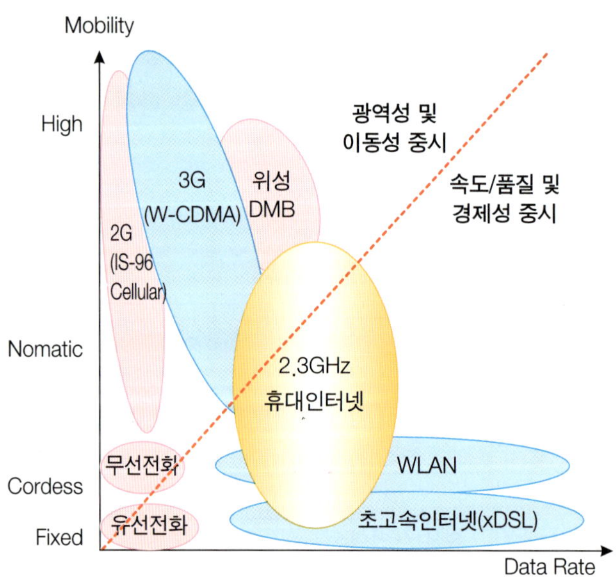

자료 : 고종석, 휴대인터넷 사업전망, KT 차세대 통신사업단 사업기획팀

그림 6-9 사업자 공동 수요 예측 결과(KISDI)

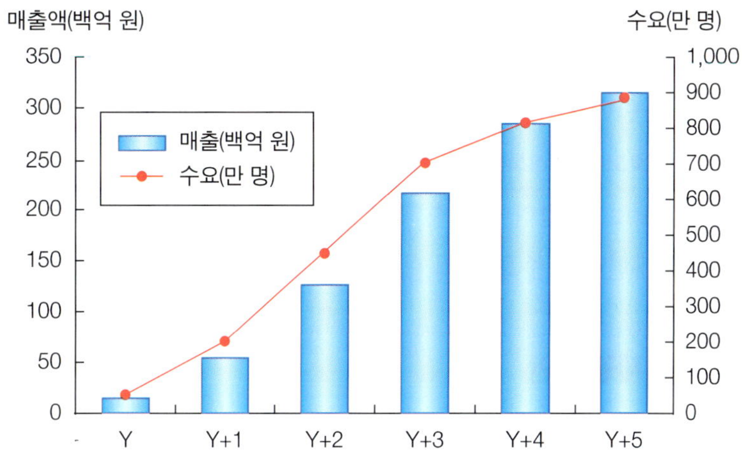

자료 : 고종석, 휴대인터넷 사업전망, KT 차세대 통신사업단 사업기획팀

그림 6-10 휴대인터넷 주요 킬러 애플리케이션 서비스

자료 : 고종석, 휴대인터넷 사업전망, KT 차세대 통신사업단 사업기획팀

(4) 휴대인터넷 서비스 제공 방안

휴대인터넷을 활용하여 유무선 통합 인프라를 구축하고 Seamless한 유무선 초고속 인터넷 서비스 제공이 가능하다. 이를 위해 초고속 인터넷 서비스를 통해 축적된 다양한 핵심 기술과 이동성, 저렴성 등 휴대인터넷의 차별화된 특성을 활용하여 MMS(Multimedia Messaging Service), LBS(Location Based Service), 게임, IP Multicasting 등 멀티미디어, 컨버전스형 킬러 애플리케이션 모델 개발이 진행 중이다. 휴대인터넷 주요 킬러 애플리케이션 서비스는 [그림 6-10]과 같다.

(5) 단말 제공 방안

휴대인터넷의 단말은 소비자의 다양한 단말 형태의 요구에 따라 시장별, 단계별 소비자의 요구에 맞추어 제공될 계획이다. 사업 초기에는 Laptop과 PDA용 PCMCIA 타입의 모뎀 카드와 CF(Compact Flash) 카드, SD(Secure Digital) 카드 등을 탑재한 Dual-mode 스마트폰을 중심으로 제공할 계획이며, 사업 성장기 이후에

그림 6-11 휴대인터넷 단말 형태 및 모뎀 진화 로드맵

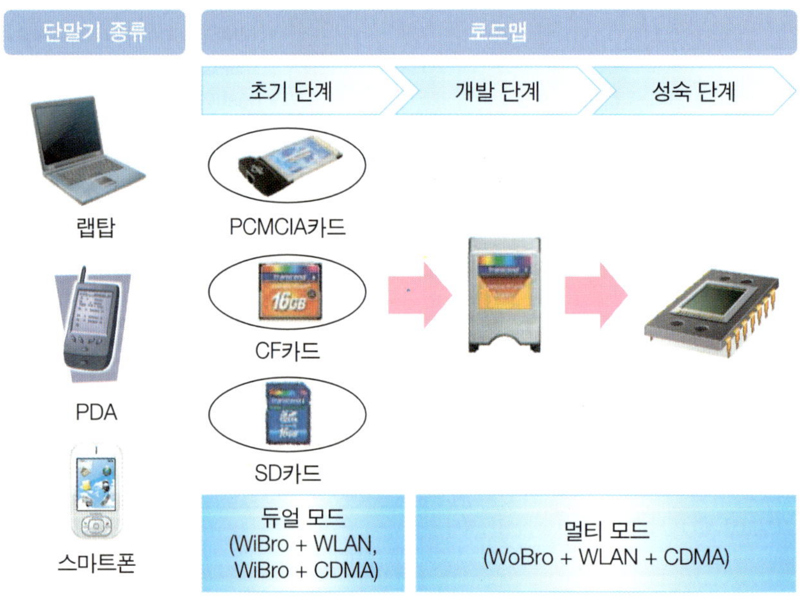

자료 : 고종석, 휴대인터넷 사업전망, KT 차세대 통신사업단 사업기획팀

는 Combo 카드, One-Chip 등의 도입에 따른 Multi-Mode 스마트폰과 복합기능 전용 단말기가 주력으로 활용될 계획이다.

(6) 주요 서비스 제공 방안

① Message Based Service

Message 서비스는 개인 및 기업고객에게 통신비 절감, 생산성 증가, 수익창출과 같은 혜택을 줄 것으로 기대되는 서비스로, 휴대인터넷 이용 시 이동전화 기반의 서비스와 달리 전송시간, 대역폭 등에 부담이 없어 사업 초기 유무선연동 Communication Tool로서 포지셔닝할 예정이다. 또한 휴대인터넷의 Message 서비스를 이용하여 이동전화 기반의 MMS와 유선 초고속 인터넷 기반의 IM(Instant Messenger)과 연동이 가능한 Convergence 서비스를 제공할 계획이다.

• MMS
multimedia message service, 문자와 숫자로만 이뤄진 기존 문자메시지와 달리 동영상, 사진, 멜로디 등을 첨부할 수 있어 마치 유선 인터넷에서 보내는 것처럼 화려한 메시지를 보내는 서비스

그림 6-12 Message Based Service 제공도

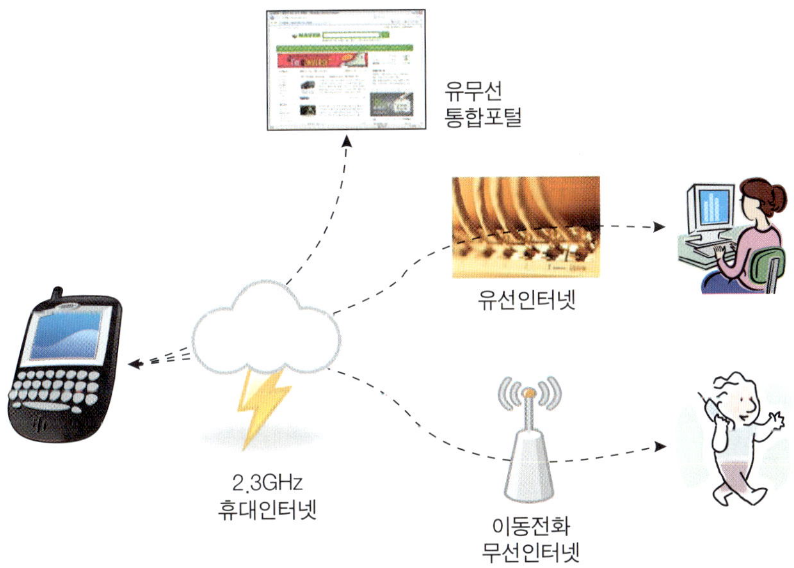

① 휴대인터넷 단말기를 이용하여 필요한 웹 콘텐트 이용
② 휴대인터넷 단말기를 이용하여 유선 사용자와 데이터 통신
③ 휴대인터넷 단말기를 이용하여 무선 사용자와 문자 및 음성 통신

자료 : 고종석, 휴대인터넷 사업전망, KT 차세대 통신사업단 사업기획팀

② 위치 기반 서비스

휴대인터넷의 위치 기반 서비스의 특징은 기존의 무선단말을 통한 사용자 위치와 주변정보 탐색 서비스의 한계를 뛰어넘어 사용자 주변정보를 기준으로 실질적 서비스를 제공하는 것이다. 즉, 휴대인터넷의 저렴한 이용요금을 기반으로 멀티미디어 서비스를 결합하여 실질적인 모바일 커머스 및 모바일 광고홍보 등 위치기반 서비스를 제공하는 것으로 기존 이동통신 기반 LBS에 비해 컨텐츠 및 비지니스 모델에서 우위에 있을 것이다.

③ Telematics Service

현재 제공되고 있는 이동통신 기반의 텔레매틱스 서비스는 교통정보와 네비게이션 서비스를 중심으로 시장이 형성되어 있으나, 컨텐츠 부족, 고가의 단말기 및 과다한 요금체계 등의 요인이 시장 활성화의 걸림돌이 되고 있는 실정이다.

휴대인터넷 기반의 텔레매틱스 서비스는 교통정보, 네비게이션의 기본서비스와 함께 인터넷 접속, e-메일 송·수신 등 사무실과 가정에서 사용하던 다양한 데이타 서비스를 차량 내에서도 이용할 수 있도록 저렴하게 제공할 계획이다. 특히 ITS(Intelligent Transport Systems) 및 BIS(Bus Information Service) 등의 교통정보 서비스의 기반 인프라로서 휴대인터넷 망을 활용할 계획이며, 서비스 구성도는 [그림 6-13]과 같다.

그림 6-13 Location Based Service 제공도

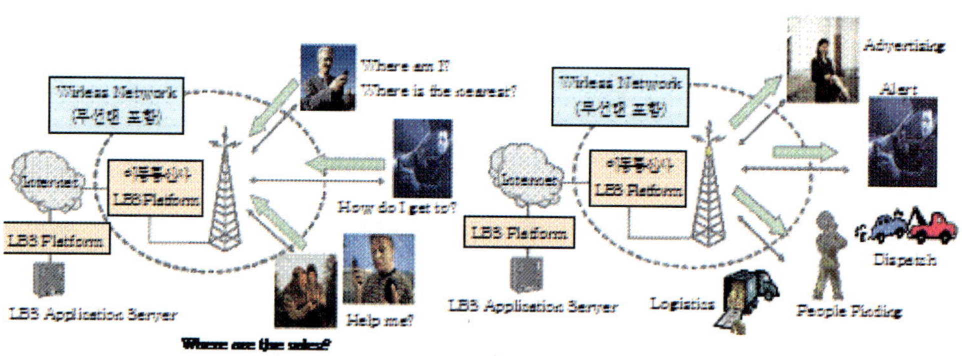

<FULL 서비스> <PUSH 서비스>

자료 : 고종석, 휴대인터넷 사업전망, KT 차세대 통신사업단 사업기획팀

3.3 IPv6

IPv6는 'Internet Protocol Version 6'의 줄임말이며 차세대 인터넷 환경을 위해 만들어진 차세대 인터넷 프로토콜이다. 현재까지도 널리 사용되고 있는 IPv4를 서서히 대체해 나가게 될 것이다. 아직 IPv6가 상용화되어서 쓰이고 있지는 않긴 하지만, 이미 많은 통신관련 제품들이 IPv6를 지원을 고려해서 제작되고 있으며, 관련 소프트웨어 역시 IPv4와 더불어 IPv6까지를 지원할 수 있도록 제작되고 있다.

(1) IPv6의 필요성

IPv4는 대단히 오래된 프로토콜이다. 지금으로부터 자그마치 20년 전인 1981년에 개발되었다. 당시에도 프로토콜 개발자들은 나름대로 미래를 예견해서 프로토콜을 개발했다. 따라서 인터넷 주소를 위한 크기 할당을 2^{32} 정도로 한다면, 이 프로토콜은 매우 오랫동안 쓰일 수 있을 것이라고 예상했다. 2^{32}는 42억이 더 넘는 크기로, 42억대의 호스트에 유일한 주소를 할당할 수 있는 정도의 크기였다. 당시의 인구 상황이나, 호스트 수, 컴퓨팅 및 네트워크 환경 등을 생각한다면 매우 터무니 없이 크게 잡은 숫자였다. 그 누구도 인터넷 주소에 기반한 인터넷이 이렇게까지 성공할 줄은 몰랐던 것이다.

사실 인터넷이 출발한 1969년부터 대략 20년이 지난 1990년까지도 인터넷은 그리 성공적이지 못했다. 그때까지도 여전히 인터넷은 소수의 전문가 그룹과 연구소, 대학의 전유물이었다. 그러던 것이 1992년 100만대 호스트를 넘기면서부터 매년 100% 이상 성장하게 된다. 현재(2008년 12월) 자료를 보면 인터넷에 연결된 호스트의 수는 약 36억 개로 집계되고 있다. 즉, 그 동안 우리가 사용해오던 IPv4 기반의 주소는 이제 곧 고갈되어 더 이상 주소 할당이 어려운 실정에 직면해 있다.

(2) IPv6의 특성

IPv6와 기존 IPv4 사이의 가장 큰 차이점은 바로 IP 주소의 길이가 128비트로 늘어났다는 점이다. 이는 폭발적으로 늘어나는 인터넷 사용에 대비하기 위한 것이다. 또한 IPv6는 여러 가지 새로운 기능을 제공하는 동시에 기존 IPv4와의 호환성을 최대로 하는 방향으로 설계되었다. 따라서 대부분의 네트워크 수준 상위 프로토콜들은 큰 수정 없이 IPv6 상에서 동작할 수 있다. IPv6 프로토콜은 다음과 같은 특성을 지니는 프로토콜로 개발되었다.

- IP 주소의 확장 : IPv4의 기존 32비트 주소공간에서 벗어나, IPv6는 128비트 주소공간을 제공한다.
- 호스트 주소 자동 설정 : IPv6 호스트는 IPv6 네트워크에 접속하는 순간 자동적으로 네트워크 주소를 부여 받는다. 이는 네트워크 관리자로부터 IP 주소를 부여 받아 수동으로 설정해야 했던 IPv4에 비해 중요한 이점이다.
- 패킷 크기 확장 : IPv4에서 패킷 크기는 64킬로바이트로 제한되어 있었다. IPv6의 점보그램 옵션을 사용하면 특정 호스트 사이에는 임의로 큰 크기의 패킷을 주고받을 수 있도록 제한이 없어지게 된다. 따라서 대역폭이 넓은 네트워크를 더 효율적으로 사용할 수 있다.
- 효율적인 라우팅 : IP 패킷의 처리를 신속하게 할 수 있도록 고정크기의 단순한 헤더를 사용하는 동시에, 확장헤더를 통해 네트워크 기능에 대한 확장 및 옵션기능의 확장이 용이한 구조로 정의하였다.
- 플로우 레이블링(Flow Labeling) : 플로우 레이블 개념을 도입, 특정 트래픽은 별도의 특별한 처리(실시간 통신 등)를 통해 높은 품질의 서비스를 제공할 수 있도록 한다.
- 인증 및 보안 기능 : 패킷 출처 인증과 데이타 무결성 및 비밀 보장 기능을 IP 프로토콜 체계에 반영하였다. IPv6 확장헤더를 통해 적용할 수 있다.
- 이동성 : IPv6 호스트는 네트워크의 물리적 위치에 제한 받지 않고 같은 주소를 유지하면서도 자유롭게 이동할 수 있다. 이와 같은 모바일 IPv6는 RFC 3775와 RFC 3776에 기술되어 있다.

● 플로우 레이블
송신자가 서비스 품질 또는 실시간 서비스와 같은 특별 처리를 요청하는 특정 트래픽 플로우에 속하는 패킷을 차별적으로 구분하는 방법

(3) IPv6 주소 공간

IPv4는 32비트의 주소공간을 제공함에 반해, IPv6는 128비트의 주소공간을 제공한다. 32비트 주소공간이란, 32비트로 표현할 수 있는 주소영역을 지칭한다. 32비트에 의해 생성할 수 있는 모든 IPv4 주소는 2^{32}개이다. 약 42.9억 개의 주소에

해당한다.

IPv6의 128비트 주소공간은 128비트로 표현할 수 있는 2^{128}개의 IPv6 주소영역을 지칭한다. 약 3.4×10^{38}개의 주소를 갖는 주소 영역이다. IPv4 주소에 비해 IPv6 주소는 그 표현비트 수가 128비트로 IPv4의 32비트에 비해 4배가 되었지만, 생성되는 IPv6 주소공간 영역은 IPv4 주소공간에 비해 2^{96}배의 크기를 갖는다.

IPv6 주소공간은 향후 인터넷에 등장할 대량의 유비쿼터스 통신 장치들이 상호 통신을 할 수 있는 주소공간을 제공할 수 있다. 냉장고, TV, AV 스피커, DVD 플레이어, 홈 보안장치, 전화기 등 각 요소 장비들이 지능화하면서 동시에 무선 인터넷 등을 통해 상호 통신할 수 있도록 각 기기에 IPv6 주소를 제공할 수 있다.

128비트의 주소공간은 지표면의 모든 공간에 $10m^2$당 1개씩의 IPv6/48 네트워크를 제공할 수 있을 만큼의 많은 개수를 갖는다. 어떤 사람들은 이 주소가 지나치게 많고, 그렇게 많은 네트워크가 필요하게 될 일은 영원히 없을 거라고 주장하지만, IPv6의 128비트 주소공간은 주소가 바닥나는 것을 막는 것 외에도 네트워크가 여러 개의 작은 단위로 조각나는 것을 막아 라우팅을 빠르게 만들기 위한 목적도 갖는다.

(4) 주소 표현

IPv6의 128비트 주소공간은 다음과 같이 32자리의 16진수를 4자리씩 끊어 나타낸다.

2001:0db8:85a3:08d3:1319:8a2e:0370:7334

그러나 32자리의 16진수는 사람이 읽고 쓰기에 불편하고, 대부분의 자리가 0의 숫자를 갖게 되므로, 4자리가 모두 0의 숫자를 가질 경우 하나의 0으로 축약하거나, 혹은 아예 연속되는 0의 그룹을 없애고 ‘ : ’만을 남길 수 있다. 따라서 아래의 IPv6 주소들은 모두 같은 주소를 나타낸다.

```
2001:0DB8:0000:0000:0000:0000:1428:57ab
2001:0DB8:0000:0000:0000::1428:57ab
2001:0DB8:0:0:0:0:1428:57ab
2001:0DB8:0::0:1428:57ab
2001:0DB8::1428:57ab
```

(5) IPv4 주소의 IPv6 형태

기존 네트워크와의 호환성을 위해, IPv4 주소는 다음과 같은 세 가지 방법을 통해 IPv6 주소로 나타낼 수 있다.

- 표준 IPv6 표기 : IPv4 주소 '192.0.2.52'는 16진수로 표시하면 '0xC0000234'가 된다. 이를 그대로 IPv6 주소로 변경하면 '0000:0000:0000:0000:0000:0000:C000:0234'가 되고, 줄이면 '::C000:234'가 된다.
- IPv4 호환 주소 : IPv4와의 호환성과 가독성을 위해 기존 표기에 '::'만을 붙여 '::192.0.2.52'와 같이 쓸 수 있다. 그러나 이 방법은 더 이상 사용되지 않아 폐기될 예정이다.
- IPv4 매핑 주소 : IPv6 프로그램에게 IPv4와의 호환성을 유지하기 위해 사용하는 다른 방법으로, 처음 80비트를 0으로 설정하고 다음 16비트를 1로 설정한 후, 나머지 32비트에 IPv4 주소를 기록하는 IPv4 매핑 주소가 존재한다. 이 주소공간에서는 마지막 32비트를 10진수로 표기할 수 있다. 따라서 '192.0.2.52'는 '::ffff:192.0.2.52'와 같이 쓸 수 있다.

04 유비쿼터스 컴퓨팅

4.1 유비쿼터스 컴퓨팅의 개념

● 인간-컴퓨터 상호작용
인간과 컴퓨터가 쉽고 편하게 상호작용할 수 있도록 작동시스템을 디자인하고 평가하는 과정을 다루는 학문분야

유비쿼터스 컴퓨팅은 정보처리 과정이 완벽하게 일상적 사물과 행위에 통합된 인간-컴퓨터 상호작용(HCI: Human-Computer Interaction)의 포스트 데스크톱 방식으로 정의된다. 즉, 특정 목적 달성을 위해 사용자가 컴퓨팅 기기에 의도적으로 접근하여 작업을 수행하는 전통적인 데스크톱 방식과는 반대로 유비쿼터스 컴퓨팅 방식을 이용하는 사용자는 자신이 다양한 컴퓨팅 기기와 시스템이 제공하는 컴퓨팅 서비스를 부지불식(不知不識) 중 사용하게 된다. 이른바 고요한 기술(Calm Technology) 또는 비가시적 컴퓨팅(Invisible Computing)이란 유비쿼터스 컴퓨팅의 이러한 개념을 대표하는 용어로, 유비쿼터스 컴퓨팅의 개념을 처음 소개한 마크 와이저(Mark Weiser, 1952~1999)는 이를 다음과 같이 설명하였다.

> Inspired by the social scientists, philosophers, and anthropologists at PARC, we have been trying to take a radical look at what computing and networking ought to be like. We believe that people live through their practices and tacit knowledge so that the *most powerful things are those that are effectively invisible in use*. This is a challenge that affects all of computer science. Our preliminary approach: *Activate the world*. Provide hundreds of wireless computing devices per person per office, of all scales (from 1" displays to wall sized). This has required new work in operating systems, user interfaces, networks, wireless, displays, and many other areas. We call our work "ubiquitous computing". This is different from PDA's, dynabooks, or information at your fingertips. *It is invisible, everywhere computing that does not live on a personal device of any sort, but is in the woodwork everywhere.*
>
> For thirty years most interface design, and most computer design, has been headed down the path of the "dramatic" machine. Its highest ideal is to make a computer so exciting, so wonderful, so interesting,

that we never want to be without it. *A less-traveled path I call the "**invisible**"*; its highest ideal is *to make a computer so imbedded, so fitting, so natural, that we use it without even thinking about it.* (I have also called this notion "***Ubiquitous Computing***", and have placed its origins in post-modernism.) I believe that in the next twenty years the second path will come to dominate. But this will not be easy; very little of our cur rent systems infrastructure will survive. We have been building versions of the infra-structure -to-come at PARC for the past four years, in the form of inch-, foot-, and yard-sized computers we call Tabs, Pads, and Boards. Our prototypes have sometimes succeeded, but more often failed to be invisible. From what we have learned, we are now exploit ing some new directions for ubi-comp, including the famous "dangling string" display.

(Mark Weiser, 1988, http://www.ubiq.com/hypertext/weiser/UbiHome.html)

1988년 당시로서는 이와 같은 마크 와이저의 미래형 컴퓨팅에 대한 예측을 이해하는 것이 쉽지 않았다. '컴퓨터를 내장시키고(Imbedded) 적합하며(Fitting) 자연스럽게(Natural) 하여 사용자가 생각하지 않을 지라도 컴퓨터를 사용할 수 있게끔 만든다'는 그의 아이디어는 그가 근무하던 제록스 PARC(Palo Alto Research Center)에서 개발된 지능형 'Tab'이 소개되고 나서야 비로소 이해될 수 있었다.

유비쿼터스 컴퓨팅에서 가장 주목할 용어는 비가시성(Invisibility)이라는 용어인데, 이는 값싸고 전력 소모가 적은 컴퓨터(또는 센서), 사용자의 상황(Context)을 추측해내는 운영시스템, 그리고 이들을 연결시켜주는 네트워크에 의해 구현될 수 있다. 즉 비가시적인 유무선 네트워크에 연결되어 있는 비가시적인 기기들을 통해 사용자의 상황에 적합한 서비스를 비가시적으로 제공하는 것을 의미한다. 유비쿼터스 컴퓨팅을 구성하는 주요 구성요소는 다음과 같이 세가지로 나뉜다.

- 입출력장치 : 사용자 단말기(PDA, PMP, UMPC, 노트북, 휴대폰 등), 센서
- 운영 시스템 : 센서 데이타 처리 시스템, 중앙 서버 시스템, 서비스 추론 엔진
- 네트워크: 유무선 센서 네트워크, 웹 서비스용 지능형 네트워크

● PMP

portable media player, 휴대형 멀티미디어 재생기

● UMPC

ultra mobile PC, 휴대형 PC

4.2 유비쿼터스 컴퓨팅의 특징

(1) 상황 인지 컴퓨팅

유비쿼터스 컴퓨팅의 가장 큰 특징 중 하나는 사용자의 컴퓨팅 의도(Intention)을 컴퓨터가 자동으로 파악하여 사용자 별로 차별된 서비스를 자율적으로 제공한다는 것이다. 즉, 사용자의 상황(Situation)에 적합한 서비스를 예측하여 제공하는데, 여기서 가장 중요한 역할을 담당하는 것이 상황정보(Context)이다. 상황정보란 사용자가 처한 상황을 설명하는 2차적인 정보로서, 사용자의 신분, 기호, 위치 및 장소, 주변 온도 및 습도, 시간, 일정 등 사용자를 둘러싼 주변 환경에 관한 정보이다. 즉, 사용자가 처한 상황을 1차적 정보라고 하면, 상황정보는 사용자의 상황을 부가적으로 설명해주는 역할을 담당한다. 예를 들어, 사용자의 상황이 점심식사를 하려고 식당을 찾는 경우라면, 상황정보란 점심식사를 하려는 순간의 주변상황, 즉 시간이 정오 근처이며 사용자의 일정 상 점심식사를 할 순서이고, 현재 위치가 식당 주변이라는 정보이다. 따라서 컴퓨터가 이러한 상황정보를 종합하여 사용자에게 가장 적합한 정보 또는 서비스를 예측하여 제공할 수 있게 된다. 상황인지 컴퓨팅은 이와 같이 상황정보를 바탕으로 사용자에게 필요한 컴퓨팅 서비스를 자율적으로 예측하고 제공하는 컴퓨팅 방식을 말한다.

• 상황정보
사용자가 처한 상황을 설명하는 2차적인 정보로서, 사용자의 신분, 기호, 위치 및 장소, 주변 온도 및 습도, 시간, 일정 등 사용자를 둘러싼 주변 환경에 관한 정보

전산학 분야의 관점에서 보면 상황 인지 컴퓨팅은 컴퓨터가 주변 환경에 대해 자동으로 감지하고 반응하는 컴퓨팅 방식으로 정의된다. 유비쿼터스 컴퓨팅에 있어서 '상황 인지(Context-Awareness)'라는 용어는 구글 연구소의 빌 실리트(Bill Schilit)에 의해 처음 제시되었다. 상황 인지 컴퓨팅은 상황정보를 이용하여 다음과 같은 특징적인 서비스를 제공할 수 있다.

• 상황인지 컴퓨팅
상황정보를 바탕으로 사용자에게 필요한 컴퓨팅 서비스를 자율적으로 예측하고 제공하는 컴퓨팅 방식

- 사용자에게 적합한 인터페이스 적용(Adapt interfaces)
- 애플리케이션과 관련된 데이타 세트 가공(Tailor the set of application relevant data)
- 정보추출의 정확성 향상(Increase the precision of information retrieval)
- 적합한 서비스의 추출(Discover services)

- 사용자와의 상호작용 최소화(Make the user interaction implicit)
- 지능형 환경 구축(Build smart environments)

(2) 유비쿼터스 컴퓨팅의 특성

유비쿼터스 컴퓨팅을 구성하는 기기와 네트워크, 그리고 운영 시스템을 통해 제공되는 서비스는 매우 다양한 특성으로 설명될 수 있다. 그러나 완전한 유비쿼터스 컴퓨팅 환경을 구축하기 위해서는 많은 비용과 시간이 필요하다. 또한 현재의 네트워크 및 단말기 기술로는 유비쿼터스 컴퓨팅이 표방하는 완전한 자율적 서비스를 제공하지 못하는 것이 현실이다. 따라서 유비쿼터스 컴퓨팅의 특성을 말하는 기존의 많은 연구들은 이러한 특성을 설명하기 위하여 기술이 완전히 구현되었다는 가정 하에 가상적 시나리오(Scenario)를 개발하여 사용하였다. 다음은 유비쿼터스 컴퓨팅 기술을 응용한 u-자동차의 운행 전 정보 제공 서비스의 시나리오이다.

서울에 살고 있는 A씨 가족은 1년 동안 기다리던 여름 휴가를 경포대에서 보내기 위해 들뜬 마음으로 자신의 u-car에 탑승했다. u-car는 A씨와 그의 부인이 주로 운행하는데, A씨가 운전석에 앉자 운전석의 RFID 칩이 A씨의 휴대형 단말기(또는 생체칩)의 식별코드를 스캐닝하여 A씨를 식별하고 A씨의 체형과 운전 스타일 데이타를 검색하여 automated action 칩에 전송하자 좌석과 핸들이 A씨가 편안하게 운행할 수 있는 최적 상태로 맞춰진다.

실내에는 운전석, 조수석 사이와 앞 좌석들 뒤에 각각 스크린이 있고 운전자가 운행 중에 고개를 돌리지 않고 정면을 주시한 상태에서 정보를 제공받을 수 있는 Head-up 디스플레이(HUD*)가 있다.

A씨 가족이 탑승하자 조수석 사이와 앞 좌석 뒤의 스크린에 현실세계가 아니라 컴퓨터 화면 속에서만 존재하는 3D 가상생명체인 유비봇(Ubi-bot**)의 모습을 나타내며 목적지까지 잘 안내하겠으며 필요한 사항 있으면 언제든지 요청하라고 말하면서 A씨 가족들을 반긴다.

*HUD : 홀로그램 패턴을 이용하여 실제로는 운전자와 유리창 사이에 표시되는 그림이 마치 차량 전방에 떠 있는 것처럼 보이도록 하는 디스플레이

**유비봇 : 컴퓨터 안에만 존재하지만 컴퓨터와 연결된 각종 센서와 RFID를 통해 외부의 빛과 소리, 접촉, 시각, 균형감각. 시간흐름 등의 자극정보와 RFID 칩에 저장된 데이타를 인식하고 이를 바탕으로 데이타를 화면과 음성으로 전달하고 인식하는 데이타와 자극정보에 따라 수 백 가지의 각기 다른 반응을 취함

위의 시나리오에서 확인할 수 있듯이, 유비쿼터스 컴퓨팅의 대표적인 특성은 다음과 같다.

- 비가시성(Invisibility) : 사용자는 자신이 의식하지 않아도 주변 환경에 보이지 않도록 내장된 컴퓨터로부터 가장 적절한 서비스를 제공받는다.
- 고요한 기술(Calm Technology) : (비가시성과 유사한 개념으로) 컴퓨터가 사용자에게 서비스를 제공하고 있는 과정이 눈에 보이지 않고 감지할 수 없을 정도로 고요하게 진행된다.
- 내장성(Embeddedness) : 눈에 보이지 않도록 작은 컴퓨터(센서)가 주변 환경 및 사물에 내장되어 사용자의 컴퓨팅 의도를 파악한다.
- 이동성(Mobility) : 이동하는 사용자가 휴대하는 정보단말기는 유무선 네크워크에 항상 연결되어 있다.
- 유목성(Nomadicity) : 이동 중인 사용자에게 적합한 서비스가 제공된다.
- 휴대성(Portability) : 사용자가 휴대하는 정보단말기의 크기와 무게가 충분히 작고 가벼워 휴대에 부담을 주지 않는다.
- 선응성(Proactiveness) : 사용자의 주변 환경으로부터 사용자의 의도 및 상황을 자동으로 파악하여 사용자에게 가장 적합한 서비스를 예측하고 선응적으로 제공한다.
- 비단절성(Seamlessness) : 이동 중인 사용자가 소지한 정보 단말기는 이동에 따른 네트워크의 연결 단절이 없어야 한다.

Case in Point

중앙대학교 u-캠퍼스 네트워크 구축

네트워크 병목 해결 및 안정성 확보로 u-캠퍼스 초석 마련

올해로 개교 90주년을 맞은 중앙대학교는 '의에 죽고, 참에 살자'라는 교훈을 바탕으로 글로벌 인재를 양성하고 있다. 특히 개교 100년을 맞는 2018년 세계 100대 명문 대학으로 도약하기 위한 발전 의지를 담은 실용적이고 단계적인 실천 계획인 'CAU 2018' 추진을 통해 중앙 교육 100년 완성에 나서고 있다.

두산그룹에 인수되며 사실상 제2의 개교를 선언한 중앙대는 글로벌 대학 육성을 위한 시설 투자 확대, 글로벌 경쟁력을 갖춘 연구 중심 대학으로의 도약 등 체계적인 발전전략이 추진되고 있다. 더불어 유비쿼터스 연구·교육 환경 조성을 위해 새롭게 구축한 U-캠퍼스 네트워크 역시 중앙대의 백년대계를 위한 든든한 버팀목이 되고 있다.

10기가 백본·무선랜 등 U-캠퍼스 인프라 구축

지난 1999년 기가비트 인터넷으로 백본망을 구축한 중앙대는 공대 등 트래픽이 많이 발생하는 일부 구간과 신규 건물이 다수 들어서며 네트워크 부하 증가에 따른 병목 현상이 발생했다. 또 기존 KT 네스팟 등 공중 무선랜 서비스는 일부 구간에서만 사용할 수 있을 뿐 아니라 저속, 보안, 사용자 불만 등 문제가 많아 자체 캠퍼스 네트워크의 고도화가 시급했다. 이에 정보화 전략계획에 따른 단계적인 인프라 개선 사업을 통해 지난해 12월부터 첨단 U-캠퍼스 네트워크 구축에 돌입해 지난 3월 정식 개통되었다.

중앙대 서울캠퍼스와 안성캠퍼스 전체를 아우르는 이번 프로젝트는 CAU 2018 발전전략에 따라 교육·연구 인프라 지원체계 확립, 유비쿼터스 연구·교육 환경 조성을 위한 것으로 노후된 네트워크 장비 업그레이드, 10기가비트 네트워크 장비 신규 도입, 초고속 무선랜 구축, 신규 네트워크 장비 도입에 따른 보안 장비 업그레이드 등 대대적으로 인프라 개선이 이루어졌다. 이를 통해 언제, 어디서나 초고속 인터넷 접속이 가능한 무선 인프라 및 10기가 비트 인터넷 백본망을 구축, 대용량 데이타를 안정적으로 처리할 수 있는 고성능 네트워크 환경 마련으로 U-캠퍼스 구현을 위한 초석을 다졌다.

김병기 중앙대 전산정보처 전산기획팀장은 '일부 구간의 병목 해결을 위해 기가비트 백본망을 10기가비트 인터넷으로 마이그레이션 하는 한편 캠퍼스 전체를 커버하는 무선랜 구축을 통해 음영지역을 제거하는 등 서울과 안성캠퍼스의 전체 인프라를 고도화했다'며 '특히 전체 네트워크를 10기가비트 기반으로 완벽하게 이중화해 안정성을 확보하는 한편 중단없는 고속 서비스가 가능토록 구축했다'고 설명했다.

성능·비용 뛰어난 '쓰리콤' 장비 선택

특히 중앙대는 새로운 인프라 구축을 위한 장비 선정에 무엇보다 만전을 기했다. 한정된 예산범위 내에서 최고의 효과를 발휘하기 위해 다양한 요구 사항은 물론 향후 네트워크 확장 및 업그레이드 방안, 차세대 IP 기술 적용 방안 제시와 더불어 오픈 스펙으로 공개 입찰을 거쳐 동급 제품 가운데 가장 우수한 성능과 합리적인 비용을 동시에 만족시킨 쓰리콤 장비를 선택했다.

그림 1 중앙대 서울캠퍼스 u-캠퍼스 네트워크 구성도

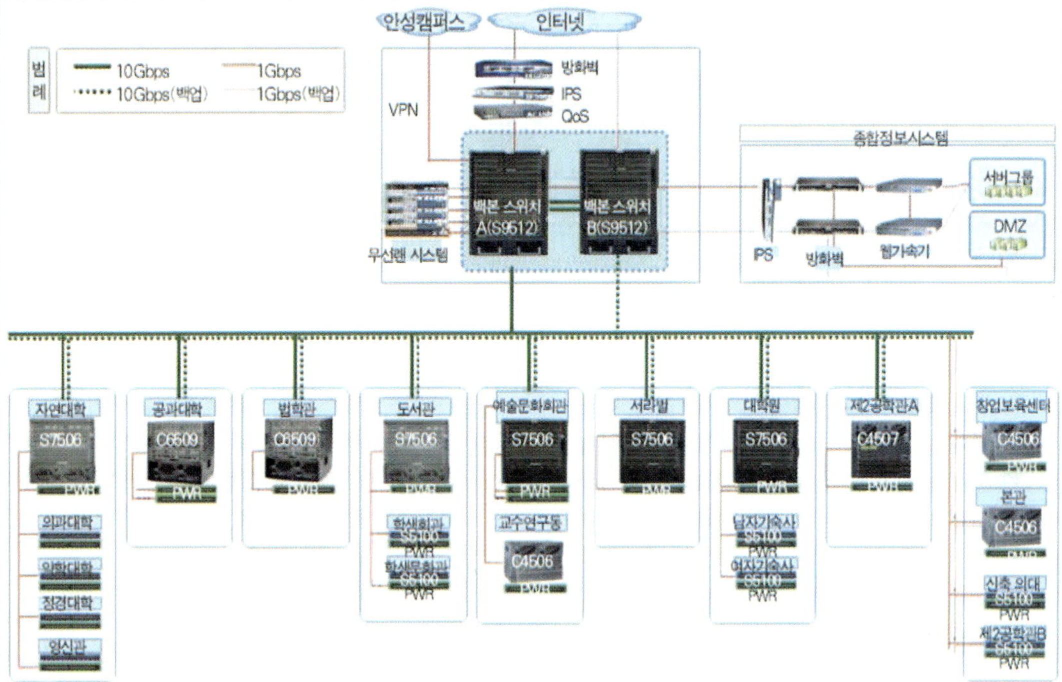

이번 프로젝트는 캠퍼스 네트워크 구축에 풍부한 경험을 보유하고 있는 앤앤에스피(NNSP)와 쓰리콤이 협력해 진행했다. 중앙대 U-캠퍼스 네트워크 구축 프로젝트에는 다수의 캠퍼스 백본 네트워크에 도입되어 우수성을 입증 받은 네라비트 코어 스위치 '쓰리콤 스위치 S9512', '쓰리콤 스위치 7500E'를 비롯 워크그룹 스위치 '쓰리콤 스위치 S5100-EI', '쓰리콤 스위치 4210-SI' 등이 공급됐다. 이를 통해 일부 구간에서 발생하던 병목현상 해결과 이중화를 통한 안정성을 확보하는 한편 활용할 수 있는 기존 장비도 재활용해 비용도 절감했다.

또한 캠퍼스 전체에 무선랜 구축을 위해 배포와 관리가 편리한 '쓰리콤 무선랜 매니지드 액세스 포인트 2750'과 액세스 포인트에 전원을 공급하기 위한 '쓰리콤 스위치 S5100 PWR', 대규모 배포 환경에서 액세스 포인트를 관리, 제어할 수 있는 '쓰리콤 무선랜 컨트롤러 WX4400'도 도입됐다. 특히 470여 개의 액세스 포인트와 6개의 무선 컨트롤러가 대규모로 도입돼 캠퍼스 전체를 수용, 내폭 빨라진 속도와 다양한 서비스 이용으로 사용자들로부터 큰 호응을 받고 있다.

특히 서울캠퍼스 전산센터 백본스위치를 이중화(장비 이중화, 엔진 이중화)하는 한편 여타 건물들과도 10기가비트 링크로 구성했다. 신규로 도입되는 모든 섀시형 백본 스위치는 하드웨어 기반의 IPv6 제공을 비롯 분배영역 스위치에서 라우팅 구현으로 백본 스위치의 성능 및 부하를 최소화했고, 분배 스위치와 액세스 스위치간

업링크 대역은 1기가비트로 구성해 만전을 기했다.

무선랜 구성은 802.11n을 검토하기도 했지만 안정성, 표준화, 가격 이슈 등에 의해 11g를 채택, 무선랜 스위치에서 모든 액세스 포인트를 통합 관리하고, L3 로밍도 지원하도록 구성했다. 또 PoE 스위치를 통해 액세스 포인트에 별도의 전원 없이 설치가 가능하도록 하는 한편 인증서버 도입을 통해 보안도 한층 강화했다.

김 팀장은 'U-캠퍼스 네트워크 구축으로 온라인 강의 및 수강신청 시 이용량이 폭증하는 시기에도 중단 없는 서비스가 이루어지는 것은 물론 일부 구간의 병목현상 역시 해결돼 사용자들의 불만이 사라졌다'며 '특히 대규모 무선랜 구축을 통해 속도, 커버리지 등이 대폭 개선돼 장소에 구애 받지 않고 수강신청, 정보검색, 사이버 강좌 수강 등 다양하게 활용되며 사용자들의 만족도가 높다'고 덧붙였다.

U-캠퍼스 고도화 적극 추진 1단계 U-캠퍼스 네트워크 구축을 완료한 중앙대는 인프라 고도화를 지속적으로 추진해 나갈 계획으로, 우선은 신규 건물이 들어서며 생긴 무선랜 음영지역 해소와 기숙사 네트워크 문제 해결을 위한 추가 사업도 진행할 예정이다. 또한 메일시스템, 그룹웨어, 홈페이지, 서버 통합, PC 교체 등 2단계 고도화 사업도 추진되고 있다.

김 팀장은 '쓰리콤의 기술지원, 장비의 비용대비 효율 등에 만족하며 철저한 점검과 지원을 통해 단기간에 안정화를 이룰 수 있었던 가운데 하드웨어 도입이 완료되면 그룹웨어 교체 등 소프트웨어 업그레이드 사업을 이어 나갈 계획'이라고 설명했다. 또한 '학내에 데이타센터 구축도 추진 중으로 이미 부지 선정과 감리가 완료된 가운데 학교뿐 아니라 중앙대병원의 전산 리소스까지 통합될 예정'이라고 밝혔다.

중앙대는 예산에 얽매이지 않고 연구 · 교육 강화를 위한 정보화에 투자를 더욱 늘려나가는 한편 지속적인 인프라 고도화를 추진하고 있다. 더불어 잘 갖춰진 인프라를 제대로 활용할 수 있도록 사용자 지원과 서비스 다양화를 강화하며 U-캠퍼스 모범사례가 되고 있다.

김병기 전산정보처 전산기획팀장과의 인터뷰

● U-캠퍼스 네트워크 구축 배경은?

트래픽이 많이 발생하는 일부 구간과 신규 건물이 다수 들어서며 네트워크 부하 증가에 따른 병목현상 발생과 무선랜 서비스의 제약 등으로 인한 문제 해결과 함께 유비쿼터스 연구 · 교육 환경 조성을 위한 인프라 확보를 위해 U-캠퍼스 네트워크를 구축했다. 서울캠퍼스와 안성캠퍼스 전체를 아우르는 대대적인 인프라 개선사업을 통해 언제, 어디서나 초고속 인터넷 접속이 가능한 무선 인프라 및 10기가비트 이더넷 백본망을 구축하는 등 안정적인 고성능 네트워크 환경 마련으로 U-캠퍼스 구현을 위한 초석을 다졌다.

● 쓰리콤 장비 선정 이유는?

일반적인 장비 선정 기준과 다양한 사전 자료조사, 각 대학의 사용자 자문과 더불어 제안서에 제시된 하드웨어 구성 방안, 기술지원 방안 등 전반적인 내용을 객관적이고 공정한 절차에 따라 장비를 선정했다. 특히 한정된 예산범위 내에서 최고의 효과를 발휘하기 위해 기술, 지원 등 다양한 요구 사항과 더불어 오픈 스펙으로 공개 입찰을 거친 결과, 쓰리콤이 동급 제품 가운데 가장 우수한 성능과 합리적인 비용을 동시에 만족시켰다.

● U-캠퍼스 네트워크 구축 효과는?

쓰리콤의 적극적인 지원으로 단기간에 백본망을 10기가 비트로 업그레이드함에 따라 일부 구간에서 발생하던 병목현상이 사라지며 사용자들의 불만 역시 사라진 가운데 온라인 강의 및 수강신청 시 이용량이 폭증하는 시기에도 중단 없는 서비스가 가능해졌을 뿐 아니라 네트워크 이중화를 통해 안정성을 확보할 수 있게 됐다. 또한 대규모 무선랜 구축을 통해 속도, 커버리지 등이 대폭 개선돼 장소에 구애 받지 않고 학내 전산망 접속, 수강신청, 정보 검색, 사이버 강좌 수강 등에 다양하게 활용되며 사용자들의 만족도가 높아진 가운데 U-캠퍼스 완성에 가속을 붙일 수 있게 됐다.

● U-캠퍼스 네트워크 고도화 계획은?

지속적인 인프라 고도화를 위해 우선은 신규 건물이 들어서며 생긴 무선랜 음영지역 해소와 기숙사 네트워크 문제 해결을 위한 추가 사업을 진행할 계획이다. 특히 하드웨어 도입에 이어 소프트웨어 업그레이드 사업을 이어 나갈 계획으로 메일시스템, 그룹웨어, 홈페이지 등 다양한 2단계 사업 추진과 더불어 IP 텔레포니도 필요하다면 도입을 적극 검토할 방침이다. 뿐만 아니라 데이타센터 구축도 연내 추진되는 가운데 연구 · 교육에 필요한 정보화 사업에 투자를 더욱 늘려 서비스 질을 개선하고 업무 효율을 높여 나갈 방침이다.

▸ 네트워크 타임즈, 2008년 9월

SUMMARY 요 약

정보통신 네트워크 기술은 현대의 기업 및 개인에게 없어서는 안될 필수적인 기술이다. 더욱이 인터넷 기술의 보급 및 발달에 의해 통신 및 네트워크 기술은 앞날을 예측하기 어려울 정도로 빠르고 복잡하게 발전되어 가고 있다. 이에 본 장에서는 정보통신 네트워크 기술의 기초적인 개념과 특성을 알아보고, 이를 바탕으로 미래형 네트워크 기술과 최근 많은 관심을 받고 있는 유비쿼터스 컴퓨팅에 대해 소개하였다.

데이타 통신 및 네트워크가 이루어지기 위해서는 단말 장치, 송·수신 회선, 통신제어 장치 등의 데이타 송·수신 시스템과 컴퓨터 및 주변 기기 등의 데이타 처리시스템이 필요하다. 또한 서로 다른 컴퓨터 간의 통신 및 네트워킹을 보장하기 위한 규정인 통신 프로토콜이 필요한데, 이 중 OSI 7계층 프로토콜은 ISO에서 제정한 만큼 널리 보급되어 표준으로 사용되고 있다. OSI 7계층은 물리, 데이타 링크, 네트워크, 전송, 세션, 표현, 응용 계층으로 구성되어 데이타를 전송하기 위해 캡슐화 및 캡슐해제화 작업을 수행한다.

인터넷은 TCP/IP 규약을 이용하여 서로 다른 네트워크 환경 간의 정보 교환이 가능한 공개적인 데이타 통신망이다. 인터네트워킹은 근거리통신망을 기본으로 하여 서로 다른 근거리통신망과 연결이 되며 이는 곧 광역통신망을 구성하여 지역 간 그리고 국가 간 정보 공유 및 접근이 가능하도록 구성되어 있다. 현재 우리가 사용 중인 인터넷 주소 체계는 IPv4이며, 10진수로 표현되는 이 주소 체계는 현재 고갈되어 가고 있어 곧 IPv6로 전환될 것으로 예상된다. 근거리통신망을 구성하는 장비로는 허브, 리피터, 브리지, 라우터, 게이트웨이 등이 있다.

이러한 통신 및 네트워크 기술을 바탕으로 우리 나라에서는 미래형 네트워크 사업을 진행 중에 있다. 광대역통합망(BcN)은 국가 정보망의 양적, 질적 향상을 도모하여 대용량의 데이타를 빠르고 안정되게 전송할 수 있도록 한다. 휴대인터넷(WiBro)은 기존의 유무선 통신 및 네트워크 기술을 모두 흡수 및 통합할 정도로 많은 가능성과 시장성을 갖고 있다. IPv6는 4세대 통신인 All-IP 방식에 필수적인 주소 체계로, 현재의 주소 체계를 대체해나가고 있다. 이들 기술들은 과거 정보통신부의 UIT839 정책에 속해 있을 정도로 파급효과 및 중요성이 큰 기술이다.

유비쿼터스 컴퓨팅은 기존의 단말기, 운영체제, 그리고 네트워크 방식을 획기적으로 변화시켜 보다 인간 친화적이며 편의적인 서비스를 제공한다. 유비쿼터스 컴퓨팅의 가장 중요한 개념은 비가시성으로 사용자의 주변 환경에 내장되어 있는 보이지 않는 컴퓨터가 사용자의 의도를 자동으로 파악하여 자율적인 서비스를 제공한다는 개념이다. 유비쿼터스 컴퓨팅 기술은 현재 지속적으로 연구개발 중이며, 조만간 우리의 삶을 보다 편리하고 쾌적하게 바꾸어 줄 것으로 기대된다.

연 습 문 제

01. 통신과 네트워크의 개념 상의 차이와 공통점을 설명하시오.

02. 통신 및 네트워크 시스템을 구성하는 장치들을 쓰고 각 장치들의 기능을 설명하시오.

03. OSI 7계층 프로토콜의 캡슐화 과정과 캡슐 해제 과정을 설명하시오.

04. 이메일을 보내는 경우, 송신 측으로부터 수신 측으로 전달되어 가능 일련의 과정을 OSI 7계층 프로토콜을 이용하여 설명하시오.

05. 인터넷과 월드와이드웹(WWW)의 차이점을 설명하시오.

06. TCP/IP와 OSI 7계층 프로토콜의 공통점과 차이점을 설명하시오.

07. 현재 자신이 학교 또는 집에서 사용하고 있는 컴퓨터의 IP 주소를 확인하고, 그 주소는 어떤 클래스에 속하는지 판별하시오.

08. 현재 자신이 학교 또는 집에서 사용하고 있는 컴퓨터를 통해 미국의 백악관(http://www.whitehouse.gov)에 접속하는 경우, 그 경로를 파악하고 라우터와 게이트웨이를 추출하시오.

09. 광대역통합망(BcN)의 보급에 따라 예상되는 개인 삶의 변화 양상에 대해 설명하시오.

10. 휴대인터넷(WiBro)가 기존의 유무선 네트워크 및 무선인터넷과 다른 점은 무엇인지 지적하고, 이를 바탕으로 휴대인터넷만의 비지니스 모델을 개발하시오.

11. IPv6의 보급을 위해 현재 추진되어야 할 정책 및 전략을 제안하시오.

12. 국내외 유비쿼터스 컴퓨팅의 사례를 찾아보고, 이들 사례를 통해 발견되는 유비쿼터스 컴퓨팅 서비스만의 특성을 도출하시오.

13. 유비쿼터스 컴퓨팅의 보급에 따른 문제점을 지적하시오.

참고문헌
Refereces

- 김한규 외 공역(Behrouz A. Forouzan), 데이터 통신과 네트워크, 교보문고, 2001
- 고응남, 정보통신 개론, 한빛미디어, 2005
- 고종석, 휴대인터넷 사업전망, http://kidbs.itfind.or.kr/WZIN/jugidong/1154/115403.htm
- 이승택, 광대역통합망(BcN) 구축, IE매거진, 제14권 제4호(통권38호), 2007
- 이종일, 실무자를 위한 네트워크 관리의 이해, 진한엠앤비, 2005
- 조동욱 외, 최신 정보통신 개론, 도서출판 그린, 2007

제3부 기업의 정보기술 응용

제7장 e-비지니스와 m-비지니스,
그리고 전자상거래

제8장 비지니스프로세스와 전사적 자원관리

제9장 경영지원시스템

제10장 지식경영

제7장 e-비지니스와 m-비지니스, 그리고 전자상거래

01 e-비지니스
02 전자상거래
03 m-비지니스

학습 개요 및 목표

인터넷 기술은 새로운 미디어이며, 새로운 비지니스 아이템의 가능성을 제공하는 기술이며, 혁신적인 경영 패러다임의 변화 도구이다. 인터넷은 모든 조직들에게 범용적이고 사용하기 쉬운 기술과 표준들을 제공하여 정보들이 네트워크를 통하여 자유자재로 이동할 수 있도록 한다. 인터넷 기술은 비지니스 전체의 운영을 위한 인프라를 제공하며, 거래비용을 급격히 감소할 수 있도록 지원하였다. 또한 인터넷 기술은 기업의 과거 비지니스 수행방식과 비지니스 모델을 획기적으로 변화시키고, 고객들의 소비행태를 변화시켰다. 마침내 인터넷과 관련기술은 e-비지니스를 태동시키고 이를 급격하게 발전시키고 있다.

가트너 그룹은 e-비지니스에 관한 정의를 '인터넷으로 가능해진 비지니스 활동'이라 하였으며, IDC는 '고객, 공급업체, 협력업체 등과의 사업 운영을 위한 전자적 연결'로서 설명하였다. e-비지니스는 기업과 산업의 구조, 경영형태와 방식, 그리고 관행을 획기적으로 변화시켰으며, 과거에는 존재하지 않았던 혁신적인 비지니스 모델이 등장할 수 있도록 하였다. 한편, 전자상거래는 e-비지니스의 한 영역이다. 과거에 전통적으로 물리적인 공간에서 수행되던 상거래는 생산자와 소비자가 가상공간을 통하여 만나는 새로운 형태의 상거래 패러다임으로 전환되고 있다. 전자상거래는 인터넷의 확산과 주문, 상품 검색, 결제, 인증 등의 관련 기술과 어플리케이션이 안정화되면서 해마다 급속한 속도로 그 규모가 증가하고 있으며, B2C, B2B, C2C, G2B, G2C 등, 다양한 상거래 유형들이 활성화되고 있다.

유선 인터넷을 중심으로 획기적 발전을 거듭해왔던 e-비지니스는 이제 무선통신망의 진화와 무선통신 단말기의 급속한 보급으로 인한 무선인터넷 환경의 조성에 힘입어 유선 인터넷만으로는 불가능했던 새로운 비지니스 영역으로 확장되고 있다. 이러한 m-비지니스는 장소에 구애 받지 않는 '편재성(Ubiquity)', 개인전용 휴대형 단말기의 사용에 따라 타인의 접근을 차단하기가 용이한 '보안성(Security)', 소형의 간편한 통신 기기를 활용하는 '편리성(Convenience)', 사용자의 위치정보를 파악하고 활용하는 '지역성(Localization)', 사용자 별로 서비스 특화가 가능한 '개인성(Personalization)' 등과 같은 모바일 환경의 기본 속성을 기반으로 전개된다.

따라서 기업은 고객만족을 위한 조직 내 외부 프로세스의 혁신 방안을 계속적으로 마련하기 위하여 m-비지니스를 선택하게 될 것이다. 무선을 사용할 고객의 수용성이 이미 확보되어 있고 정부, 망 사업자, 휴대장비 공급업체들이 이미 m-비지니스를 위한 인프라 구축을 끝마친 상황이다. 바야흐로 기업들은 이런 인프라를 자사의 경쟁력을 높일 수 있는 기회로 활용하기 위하여 고민을 하기 시작하였다.

21세기는 디지털 경제 시대이며, 기업들은 디지털 기업으로 전환되고 있다. 이에 따라 우리는 디지털 기업을 가능하게 하는 e-비지니스와 전자상거래에 대하여 살펴볼 것이다. 나아가 미래 시장을 개척하고 보다 새로운 비지니스 모델을 창출할 m-비지니스를 기반으로 기업이 어떻게 조직 내외의 비지니스를 통합하고 새로운 비지니스 모델을 창출할 수 있는지 파악하며, 향후 이를 통해 가능해지는 새로운 가치와 이점, 기회들을 살펴본다.

- 기업의 내 외부 비지니스 프로세스들에 대한 혁신적인 변화를 촉발시키고 새로운 비지니스 모델들을 탄생시키는 인터넷 기술에 대하여 살펴본다.
- 인터넷 기술의 발전과 확산으로 등장한 e-비지니스의 개념과 속성, 발전과정에 대하여 학습한다.
- e-비지니스 모델을 구성하는 각 영역에 대하여 살펴본다
- e-비지니스의 다양한 유형에 대하여 살펴본다.
- 전자상거래의 개념과 특징, 그리고 다양한 상거래 유형에 대하여 이해한다.
- 21세기의 새로운 비지니스 시장과 비지니스 모델을 개척할 m-비지니스가 무엇인지 이해한다.
- m-비지니스의 주요 서비스 영역에 대하여 살펴본다.
- m-비지니스의 동향과 미래의 비지니스 가능성에 대하여 학습한다.

m-비지니스 시장 동향을 살펴보면 다음과 같다. Gartner 그룹은 세계적으로는 2002년 현재, 모바일 직원의 수가 1억 8천 만명을 넘는 것으로 추산되며 , 약 6억개의 무선 인터넷 단말기를 사용하는 것으로 Gartner 그룹은 전망하였다. ETRI와 정통부에 의하면 국내 모바일 비지니스 시장은 매년 100% 이상 성장할 것으로 추산하였다. 메타그룹은 2000년대 중반 이후, 기업의 영업 및 지원분야 직원의 35~45%가 모바일 기기를 사용하게 될 것이며, 머지않아 지식근로자 75%가 전체 업무시간 중 최소한 25% 이상을 모바일 환경에서 일하게 될 것으로 예상하였다.

ETRI와 정통부에 의하면 국내 모바일 비지니스 시장은 2000년대 중반 이후, 매년 100% 이상 성장할 것으로 추산하였다. 국내 대표 무선 통신업체들의 가입자 수를 살펴보면, SK 텔레콤은 2003년 현재, 가입자 수 17,364,752명, 무선 인터넷 가입자 수 15,094,260명으로 확인된다. KTF는 가입자 수 10,277,333명, 무선 인터넷 가입자 수 10,123,482명이며, LG 텔레콤은 가입자 수 4,775,155명, 무선 인터넷 가입자 수 4,022,542명으로 파악되었다. 한편, 해외의 경우 이동통신 사업자 가입자 수의 차이는 모바일 1억 4천만 명, 보다폰 1억명, 차이나 유니콤 6천만 명이다. 국내 사업자별 Top 10 무선인터넷 서비스의 유형은 뮤직 · 그림 · 포토, 게임, 방송연예, 메일 · 문자 · 메시지, 캐릭터, 멜로디, 채팅 · 커뮤니티, 위치교통, 뉴스, 날씨, 레저, 증권 · 금융 · 쇼핑, 예매, 검색 · 포털, 성인클럽 등과 같이 나타나고 있다. 모바일 컨텐츠는 초기 마크업 언어(WML, MHTML) 기반의 텍스트 위주에서 가상기계 기반의 동적인 애플리케이션 중심으로 변경되었다. 이후 모바일 게임의 급성장으로 발전하고 있다. 2000년대 중반 가장 유효한 킬러 컨텐츠는 벨소리, 캐릭터, 모바일 게임, 통화 대기음으로 조사되었으나 향후 매우 다양화될 것으로 전망된다.

한편, 우리는 2G(2세대)에서 3G(3 세대) 로의 무선통신 환경의 대 변혁기에 들어서 있다. 현재 우리가 사용하고 있는 2G 모바일 서비스는 휴대성, 이동성, 단순 기능성 서비스에 초점을 맞추어 m-비지니스를 전개하고 있고 많은 컨텐츠가 유선 인프라에 기반을 둔 서비스이다. 반면, 3G 서비스는 유선과 무선의 영역을 파괴하는 새로운 개념의

유 · 무선 서비스의 통합

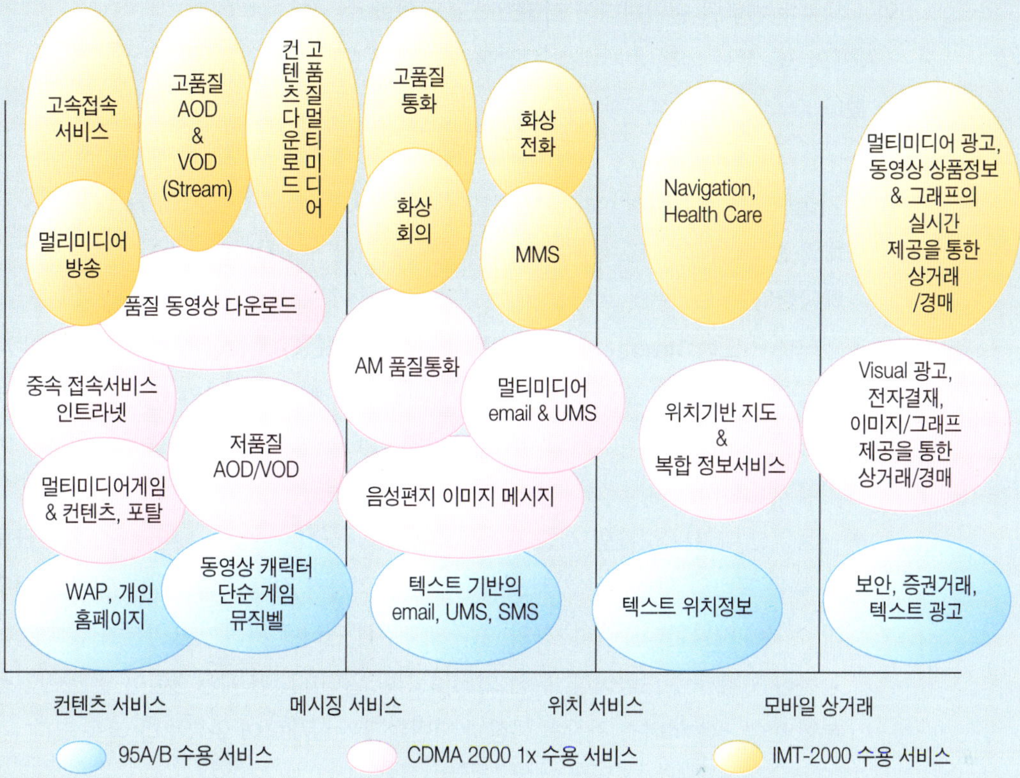

m-비지니스로서, 멀티미디어 포탈로 진화하는 과정을 겪으며, 유 · 무선 통합 지능망 기반의 초고속 멀티미디어 포탈 구현을 위해 비지니스 영역의 다각화, 역량의 복합 운영을 통한 고부가 가치창출을 주요 과제로 설정하고 있는 상황이다.

3G 서비스는 IMT(International Mobile Telecommunication)-2000을 통한 서비스이다. 이는 국제로밍 서비스와 동영상을 포함한 멀티미디어 서비스를 이동 중에 사용할 수 있다는 기술적 진화로서, 핵심은 고속의 멀티미디어 전송 서비스를 위한 유선망의 지원이 필수적인 유 · 무선 통합 서비스이다. 이는 음성 및 고속 데이타 전송능력을 확보함으로써 인터넷을 포함한 다양한 데이타서비스와 유 · 무선 통합 서비스를 세계적

으로 같은 주파수 대역과 같은 기술을 사용함으로써 전 세계 어디서나 서비스를 받을 수 있는 새로운 개념의 멀티미디어 서비스라고 정의할 수 있다.

세계의 3G 무선 인터넷 서비스 시장을 비교하여 살펴보면, 다음과 같이 구별하여 볼 수 있다.

- 기술주도형 시장(Technology Driven Market) : 높은 인터넷 보급률과 높은 모바일 보급률을 가지고 선도 기술 개발자가 시장을 주도한다. 유럽의 경우가 여기에 해당한다.
- 인터넷 주도형(Internet Driven Market) : 높은 인터넷 보급률과 낮은 모바일 보급률을 상반적으로 포함하며, 인터넷 시장을 주도했던 사업자가 무선 인터넷 서비스를 주도하는 경우이다. ISP 업체, 포탈업체, CP 등이 주도하는 미국의 경우가 여기에 해당한다.
- 이동통신 사업자 주도형 시장 (Operator Driven Market) : 낮은 인터넷 보급률과 높은 모바일 보급률을 가지고 이동통신 사업자가 시장을 주도하며 일본의 경우가 여기에 해당한다. 우리나라의 경우, 2G 무선 인터넷 서비스는 일본과 유사한 이동통신 사업자 주도형이나, 유선 인터넷 기반 멀티미디어 사용경험이 일본보다 풍부한 만큼, 3G 서비스 시장의 성장과 저변확대의 잠재력이 일본보다 더욱 크다.

▸ 이영곤, 이것이 모바일 비지니스다, 2002, 정득진, 모바일 비지니스(상,하), 2003

01 e-비지니스

1.1 인터넷 기술과 e-비지니스

(1) 인터넷 기술

인터넷과 그에 기반한 기술들, 그의 활발한 응용과 확산은 기업의 경영방식과 조직의 관리방식, 조직원들의 업무방식에 혁명을 일으켰다

먼저, 인터넷 기술은 비지니스 전체의 통합과 그에 기초한 운영을 위한 인프라를 제공할 수 있는데, 이는 관련 기술과 표준들로 인하여 정보들이 조직 전체와 외부로 물 흐르듯이 유통될 수 있기 때문이다. 인터넷 기술의 이용은 조직들이 독자적인 네트워크를 이용하는 것보다 적은 비용이 소요되고, 협업 활동들을 보다 용이하게 수행할 수 있게 하였다. 이와 같은 인터넷 기술에 의해 제공되는 저비용의 연결성과 범용적인 표준들은 e-비지니스의 강력한 확산과 디지털 기업의 부상을 강하게 촉진하고 있다. 인터넷은 이 기술을 사용하고자 하는 수 많은 유형의 사용자들의 요구에 부응하여 매우 빠르게 발전될 수 있었으며, 이제는 디지털 시대의 디지털 경영을 가능하게 할 뿐 아니라 사회 전반의 변화를 야기시키는 핵심 기술이 되었다. 현재 다양한 종류의 조직들이 사용하고 있는 컴퓨터 시스템, 또는 정보기술 플랫폼이 어떤 유형의 것이던 간에, 인터넷은 모든 조직들에게 범용적이고 사용하기 쉬운 기술들과 표준들을 제공하고 있다.

다음으로, 인터넷 기술은 기업이 비지니스를 수행하는 방식에 주요한 변화들을 초래하고 있다. 과거, 제품 및 서비스들에 관한 정보와 업무의 흐름은 물리적인 가치사슬에 의해 진행되었다. 고객은 제품과 서비스에 대한 정보를 찾고 확인하기 위하여 물리적인 공간인 대리점이나 소매점을 방문하여 면대면의 접촉을 통하여 목적을 처리하였다. 제품과 서비스를 판매하기 위한 기업의 입장에서는 고객에게 제품 정보지를 우편으로 보내거나 영업사원을 통해 방문하도록 하는 수고와 노력을 투입해야 하였다. 무엇보다 거래를 위해 요구되는 시간이 크게 지체되었으며, 고객이나 판매자의 입장에서 모두 요구되는 업무처리 비용이 높았다. 그러

나 인터넷을 통하여 전자적으로 연결되면 거래를 위한 정보의 수집과 전달, 확인 작업은 매우 신속하고 정확하게 이루어지며, 새로운 내용에 대한 업데이트도 매우 빠르며, 무엇보다 매우 저렴한 비용으로 판매자와 고객들이 효익을 누릴 수 있게 되었다.

이는 전자적인 가상공간을 통하여 가치사슬의 단계를 생략할 수 있게 되었기 때문에 기존의 순차적인 업무 프로세스 단계는 붕괴되었다. 특별히 공급자와 고객 모두 거래처리를 위하여 전형적인 중개상을 거치지 않고 직접 거래를 할 수 있게 되었다는 점은 매우 혁신적이다. 인터넷으로 인해 기업들은 기존의 제품 및 서비스들에 대해 추가적인 가치를 부가할 수 있게 되었고 새로운 제품 및 서비스들에 대한 기반을 마련하게 됨으로써, 새로운 방식으로 수익을 창출하고 획득할 수 있게 되었다.

이와 같이 새로운 전자공간이 출현함으로 인하여 과거의 비지니스 모델은 상당 부분 붕괴되거나 변형되고 새로운 비지니스 모델들이 탄생하고 있다. 예를 들어, 최초의 대규모 인터넷 쇼핑몰이었던 Amazon.com이나 인터넷 경매 방식의 쇼핑몰인 eBay.com 등은 웹 사이트 상에서 고객들이 제품과 서비스에 대한 정보를 찾고 주문하고 결제할 수 있도록 하는 새로운 비지니스 모델을 통하여 물리적 공간을 위한 임대료, 인건비용, 재고비용, 또한 여타의 간접비용에 대한 절감을 가능하게 함으로써 가격경쟁력을 가지고 고객들에게 새로운 경험과 만족감을 제공하였고 지금은 소매점으로서 완전하고 독보적인 위치를 차지하고 있다. 비지니스 모델이란 기업이 고객들에게 가치 전달을 어떻게 함으로써 수익을 어떻게 창출하는가를 제시하면서 제품 또는 서비스를 생산하고 인도하고 판매하는 방식을 설명하는 것이다. 이와 같이 인터넷에 기반한 새로운 비지니스 모델들은 고객에게 새로운 유형의 제품 및 서비스를 제공하며, 부가적인 정보 또는 서비스를 전통적인 제품 또는 서비스와 함께 제공하기도 한다.

인터넷 기술이 기업경영에 제공하는 효익은 매우 크다. 인터넷 기술은 상이한 조직들이 이용하고 있는 컴퓨터 시스템 또는 정보기술 플랫폼이 무엇이든 간에, 모든 조직들에게 범용적이고 사용하기 쉬운 기술들과 기술 표준들을 제공함으로써 호환성과 연결성을 가능하게 하였고 구체적으로 살펴보면 다음과 같다.

첫째, 인터넷 기반의 기업들은 고객들과 이해관계자들을 낮은 비용으로 쉽게 연결시킴으로써 강력한 네트워크를 형성할 수 있다.

둘째, 이해관계자들은 비효율적인 여러단계의 절차들을 건너 뛰고 서로 직접적인 커뮤니케이션과 정보교류를 쉽고 신속하게 할 수 있다.

셋째, 기업은 지역적인 한계를 뛰어넘어 글로벌한 세상과 만나게 된다.

넷째, 기업들은 인터넷 기술을 통해 거래비용을 급격히 줄일 수 있다. 이는 거래처에 대한 검색, 제품에 대한 정보수집, 가격 협상, 계약서 작성 및 거래처리 업무수행, 제품 운송, 고객 서비스들에 대한 비용들을 포함한다.

다섯째, 인터넷 기술은 비지니스 전체의 매끄러운 운용을 위한 인프라를 제공한다. 이것은 인터넷 기술과 표준들로 인해 경영정보들이 조직의 한 부분에서 다른 부분으로 막힘없이 흘러갈 수 있기 때문이다. 따라서 예전에는 개별적으로 운용되고 처리되던 가치사슬 활동들을 막힘없이 연결하도록 한다.

여섯째, 인터넷 기술은 관리자들이 보다 많은 직원들과 소통하고, 감독하고, 보고받고, 과업들의 세부적인 내용들, 원거리에서 발생하는 내용들까지 실시간으로 확인하고 지시할 수 있도록 해준다. 이는 인터넷 기술이 전 세계의 여러 부문에서 수행되는 다양한 팀 작업들, 프로젝트들을 관리하고 조정할 수 있는 여러 가지 커뮤니케이션 기능들을 신속하고 정확하게 제공하기 때문이다. 이와 같이 인터넷 기술에 의해 제공되는 저 비용, 연결성, 범용적인 표준들, 신속함, 정확성 등의 특징들은 디지털 기업의 부상과 e-비지니스의 강력한 확산을 강하게 촉진하였다.

오늘날 e-비지니스를 수행하는 기업들은 디지털 기술에 기반하여 과거에는 상상할 수 없었던 전자적 방식으로 장애물로 막힘 없이 고객들에게 정보를 제공하고, 디지털 컨텐츠를 판매하는 새로운 비지니스 모델로 수익을 창출할 수 있으며, 소비자들은 기업들과 직접적으로 거래하고, 확인하고, 원하는 디지털 제품들을 제공받을 수 있다. 따라서 새로운 시장이 형성되고, 과거와는 전혀 다른 새로운 형태의 공급자와 소비자들이 생성되게 되었다. 신 기술 기반의 새로운 제품들을 갈망하는 고객들에게 과거에는 존재하지 않았던 웹 기반의 특별한 제품과 서비스들을 제공하고, 그들을 참여시켜 충성고객으로, 또한 프로슈머로 탄생시킬 수 있다. 또한 기존의 중개서비스와 수수료가 생략됨으로써 높은 비용을 지불할 능력이 없는 신규 고객들을 창출할 수 있으며, 갈수록 바빠지는 21세기 소비자들이 직접적

● 프로슈머

프로슈머는 생산자 또는 전문가와 소비자가 결합되어 만들어진 신조어이다. 프로슈머의 개념은 1972년 마셜 맥루언과 베링턴 네빗이 《현대를 이해한다》에서 "전기 기술의 발달로 소비자가 생산자가 될 수 있다"라는 말로 처음 등장했으나, 프로슈머라는 단어는 1980년 앨빈 토플러가 《제3물결》에서 최초로 사용했다. 프로슈머는 기존 소비자와는 달리 생산활동 일부에 직접 참여하는데, 이는 각종 셀프서비스나, DIY(Do It Yourself) 등을 통해서 나타나고 있다. 또한 이들은 인터넷의 여러 사이트에서 자신이 새로 구매한 물건(특히 전자제품)의 장단점, 구매가격 등을 다른 사람들과 비교, 비판함으로써 제품개발과 유통과정에 직간접적으로 참여할 수 있다. 또한 지식과 정보를 생산, 공유한다는 점에서 위키백과를 집필하는 사람들도 프로슈머라 할 수 있다.

으로 시장에 나가 상거래를 하여야 하는 수고와 시간들을 매우 간편하게 생략할 수 있게 하였다

(2) e-비지니스 정의 및 범위

e-비지니스에 대한 정의는 그 동안 매우 다양하고 광범위한 범주들을 포함하고 있었다. IDC는 e-비지니스에 대한 정의를 '고객, 공급업체, 협력업체 등과의 사업운영을 위한 전자적 연결'이라고 하였다. Compaq은 '경쟁우위를 확보하기 위해 비지니스 모형의 변환을 실현하는 인터넷 및 인터넷 기술의 활용'이라고 개념화 하였다. 좀더 구체적으로 e-비지니스는 'R&D-구매-제조-판매-유통-A/S에 이르는 비지니스 전 과정에 인터넷 정보기술을 적용하여 경영활동의 효율성을 높이거나 새로운 사업기회를 창출하는 활동'이다. e-비지니스를 기업 외적으로 확장하면, '공급자-제조/판매기업-구매자까지 가치사슬을 전자적으로 연결하고 부가가치 중심으로 업무를 재편하는 광의의 e-비지니스'로서 설명할 수 있다. 따라서 이들을 종합하면, e-비지니스란 '비지니스의 모든 구성요소들인 고객, 조직원, 공급자, 협력업체, 프로세스 등이 인터넷 기반 기술을 통해 전자적으로 긴밀하게 연결되어 운영되는 새로운 비지니스 내용 및 효율성, 스피드, 혁신, 가치를 창출하는 새로운 활동 방식'을 의미한다.

21세기 디지털 시대에서는 제조 후 판매 활동이 아닌 지속적으로 고객 니즈의

그림 7-1 e-비지니스 환경

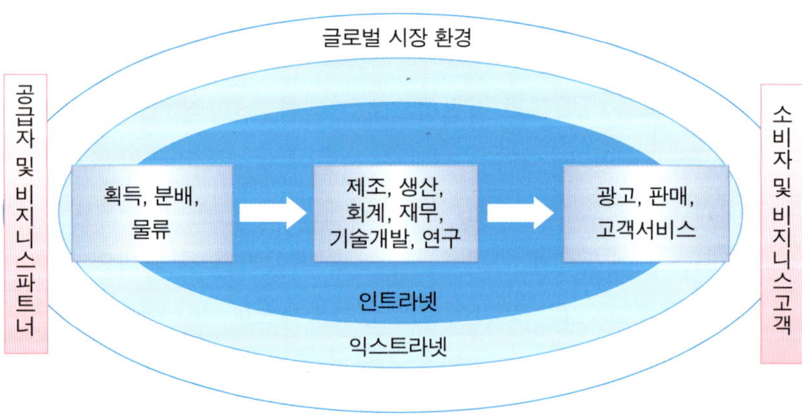

변화를 감지하고, 그에 대응할 수 있는 반응모형을 통해 고객의 요구를 충족시킬 수 있는 센서를 운영하며 맞춤형 제품과 서비스를 신속하게 전달하여야 하는 요구에 직면하고 있다. 이에 기업의 활동들이 보다 신속하고 정확하며 효율성이 요구되는 가운데 과거 마이클 포터의 전통적 가치사슬 활동 모형은 정보기술과 통신기술의 급속한 발달, 네트워크화를 통해 가치창출 활동이 가상적 공간을 통합하여 진행되는 가치사슬 모형으로 대체되고 있다. e-비지니스는 기업의 가치사슬에서 인터넷 정보기술을 이용하여 부가가치를 창출하지 못하는 단계를 생략하고, 그 공간은 인터넷이 대체하도록 하는 노력이다.

(3) e-비지니스의 발전 과정

기업에서 e-비지니스가 실제적으로 발전되어 온 단계를 살펴보면 다음과 같다.

먼저, 미국에서 1970년대에 EDI(Electronic Data Interchange)와 1980년대 중반, CALS(Commerce at Light Speed)를 통하여 문서와 업무처리를 전자적으로 전달하고 처리하게 됨으로써 시작되었다. 이후, 전자상거래의 관점에서 인터넷을 통하여 제품과 서비스에 대한 정보를 고객에게 전달하는 기능을 갖추게 되었다. 고객과 기업, 기업과 협렵업체 간에 전자적으로 쌍방향적인 정보의 교류를 통하여 커뮤니케이션이 활성화 되고, 거래 프로세스가 효율화됨으로써 시간, 비용, 정확성 등에서 경쟁력을 갖출 수 있는 기반 체계 및 수단이 등장하였다.

다음 단계로는 물리적인 시장의 개념을 극복하고 정보를 통해 직접적인 거래가 이루어지는 기술적, 제도적 통념상의 발전 단계를 맞이하게 되었다. 이제 보다 기민한 기업들은 e-비지니스의 개념과 기술적 발전에 힘입어 조직의 내·외부 입무 프로세스를 연결하고, 혁신적으로 변화시키고, 새로운 비지니스 모델을 창출하는 단계를 수용하세 되었다. 이제 기업들은 유비쿼디스 기술 환경의 도래에 따른 모바일 비지니스의 새로운 가능성을 통하여 기업경쟁력을 위한 전략적 도구로서 e-비지니스의 새로운 영역들을 발굴하고자 한다.

한편, 기업의 e-비지니스 진화과정은 다음과 같은 관섬에서도 설명될 수 있다.

- 채널향상 : 기존의 조직활동 프로세스를 수행하는데 인터넷 기반의 정보기술을 활용하는 것이다. 정보공유, 제품과 서비스의 마케팅, 판매, 구매를 위해 정보기술을 활용하며, 인터넷은 새로운 시장을 창출하고 확장하는데 완전히 새로

운 채널로서의 역할을 수행하게 되었다.

- 가치사슬 통합 : 기업 내부의 가치사슬과 공급자, 물류업체, 분배 망, 소매업자의 가치사슬을 통합하여 효율성을 높이고 원가를 절감하는 방법을 모색할 수 있게 되었다. ERP, SCM, Outsourcing 등을 통한 윈-윈 전략의 구현이 실현될 수 있는 완전한 기술적 기반이 마련되었다.
- 산업 전환 : 네트워크를 바탕으로 기업의 핵심역량과 비 핵심역량을 구별하게 되고, 가치사슬의 변화가 발생하고, 전자적인 방법으로 고객 및 공급자와 만나게 됨으로써 과거와 전혀 새로운 비지니스 모델이 등장하였고, 이는 특정 산업의 붕괴와 다른 산업으로의 전환을 가능하게 하였다.
- 융 합 : 제품과 서비스를 고객에게 제공하기 위하여 이종 산업에 속하는 기업과 결합하게 된다. 고객중심으로 네트워크화 된 조직과 시장이 형성됨으로써 산업 간의 벽이 무너지고 통합이 요구되는 경우가 빈번해졌다.

기업들은 핵심역량을 통하여 경쟁력을 확보할 수 있으나, 다른 산업 내의 대규모의 업체가 기존 산업의 경계를 넘어서 침범해 오는 일이 빈번해졌다. 금융 서비스를 제공하는 수퍼마켓의 탄생이 가능해졌고, 통신회사와 엔터테인먼트사의 합병이 이루어진다. 예를 들면, 듀퐁, 인텔, 마이크로 소프트, CNN 등이 합작 설립한 Web MD는 환자와 의사, 병원, 보험회사 등을 서로 연결해 주고 각자에게 정보와 서비스를 제공하는 비지니스 모형을 개발하였다

(4) e-비지니스의 구성

최근에는 기업마다 새로운 개념과 형태 및 운영방식의 e-비지니스 모형을 제시하여 새로운 사업영역을 개척하고 있으나 기본적으로 기업을 중심으로 한 e-비지니스 모형은 크게 고객과 관련한 활동부분, 기업 내부 활동부분, 협력업체와 관련된 활동부분, 그리고 기업전반의 하부구조 부분으로 나누어 볼 수 있다. 이와 같은 구조는 내부 프로세스를 리엔지니어링하고, 조직 외부와 네트워크화하고, 전자상거래를 활성화하는 것으로 설명할 수 있다.

e-비지니스를 위한 새로운 가치사슬은 조직 내, 외부와 전자적 네트워크를 형성하고 정보, 프로세스 상의 계속적인 통합을 요구한다. 인터넷을 사용하지 않던 환경에서는 조직의 서로 다른 기능 영역들과 요소들을 지원하는 여러 종류의 시스

템들 간에 정보가 매끄럽게 흐를 수없어 비지니스 프로세스 통합이 어려웠다. 그러나 인터넷 기술을 이용하여 분산되고 분리된 시스템들을 하나의 표준과 체계로 통합할 수 있는 하부구조와 응용 시스템들이 마련되었다. e-비지니스의 각 구성부분을 지원하고 있는 시스템들을 설명하면 다음과 같다.

① ERP

기업 인트라넷을 이용한 기업 내부 활동부분은 여러 부문의 내부 시스템들을 통합하는 기능을 가진 인터넷 기반의 ERP를 구축하는 경향으로 나아가고 있다. ERP는 전사적인 차원에서 기업의 경영자원인 돈, 사람, 기술, 정보 등을 보다 효율적이고 효과적으로 관리할 수 있는 시스템으로서, 인터넷기반의 기술환경에서 확장형 ERP(Extended ERP)로 발전되면서 조직 외부를 대상으로 기능하는 시스템들과 통합되고 있다.

재무 및 회계관리 부문에서 관련정보에 대해 통합된 뷰를 온라인 상에서 사용하기 쉬운 형식으로 제시함으로써 재무 관련 활동에 대한 종합적인 관점을 관리자들에게 제공한다. 인적자원 관리부문에서는 인트라넷을 통하여 인적자원에 대한 데이타를 관리하고 이 데이타를 기반으로 모집, 선발, 배치, 교육, 복리후생, 평가, 급여 관련한 활동들을 일관되게 처리할 수 있다. 조직원들은 인트라넷을 통하여 직접 신상정보 및 업무 노하우, 지식에 대한 자료들을 입력할 수 있으며 기업은 조직원들에게 다양한 기업정보를 신속히 제공할 수 있다. 판매 및 마케팅 부문에

그림 7-2 e-비지니스의 구성과 관련 시스템

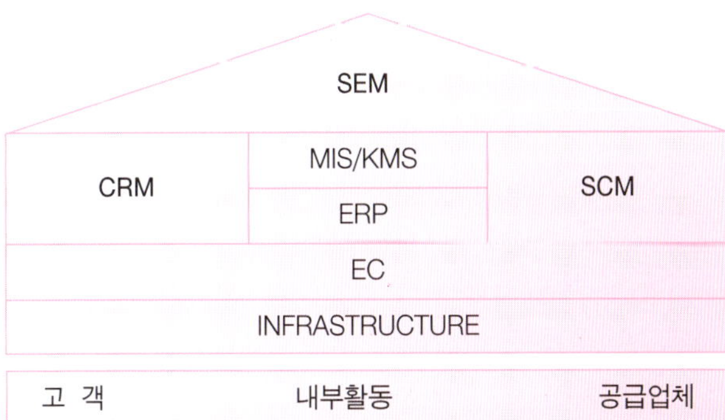

서는 가격, 판촉활동, 고객에 관한 정보를 신속히 업데이트하여 공유할 수 있으며, 입찰 자료 및 계약서를 준비하는데 있어서 경쟁력을 가질 수 있다. 또한 고객 관련 자료들을 공유함으로써 고객 니즈에 대한 맞춤화된 서비스로 고객 만족도를 높일 수 있다. 제조 및 생산부문에서는 생산과 관련된 데이타 파일들이 지속적으로 갱신되어야 하는 경우가 빈번한데 이들이 지체되거나 서로 맞지 않는 정보를 공유하는 일이 감소된다. 제조 및 물류 정보들은 신속히 영업 및 회계 등의 관련 부서들에게 전달됨으로써 기업의 업무 효율성을 높이고 불필요한 비용은 줄일 수 있도록 한다.

한편, 기능업무 처리시스템과는 다른 성격의 MIS는 데이타웨어하우스 구축을 통해 관리자들에게 보다 핵심적인 고객 및 경쟁사 관련 정보를 심층적으로 분석하여 제공할 수 있도록 발전되었다. KMS는 전사적 지식의 축적과 분배활동을 확산시킴으로써 기업역량을 강화시킨다.

② SCM

e-비지니스의 수행을 위한 인터넷 기술은 한 조직 안에서만 머무르는 것이 아니다. 인터넷 기술은 외부 조직 및 이해 관계자들과 표준화된 기술과 엑스트라넷

그림 7-3 SCM의 기반 기술과 프로세스

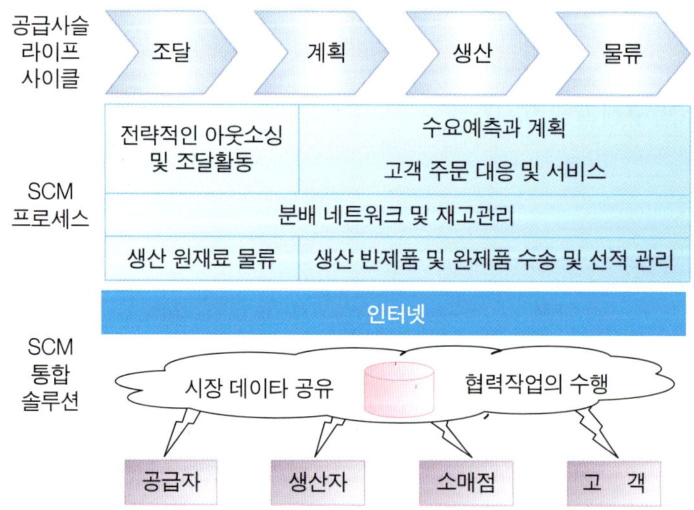

자료 : James A. O'Brien, Management Information Systems, Sixth Edition, 2004, McGraw-Hill

을 통하여 외부 업무 프로세스들을 연결시킨다. 21세기 디지털 환경에서는 더 이상 조직 내부의 효율화와 경쟁력만을 가지고 최선의 결과물을 산출할 수 없기 때문에 기업 내부와 기업 외부의 협력활동은 더욱 중요하며, 조직 내 · 외부를 연결하는 활동들은 물 흐르듯 막힘없이 진행되도록 하여야 한다. 최근 협력업체와 관련된 기업의 활동들은 공급사슬 관리시스템(SCM)으로 처리되고 있다. 기업이 제품과 서비스의 생산을 위한 최초의 아이디어 창출 단계로부터 제품과 서비스를 시장에 제공하는 마지막 단계에 이르기까지 가장 빠르고, 효율적이며, 가장 낮은 비용으로 전체 프로세스를 진행할 수 있다면 시장에서의 경쟁력은 크게 향상될 것이다. 따라서 SCM은 오늘날 기업의 핵심적인 전략목표가 되는 기업관리 활동이며 시스템이다. SCM의 목적은 기업이 최적의 상품을, 최적의 장소에서, 최적의 시간 내에, 최적의 생산량을, 최적의 비용으로 생산하고 공급하도록 지원하려는 것이다.

SCM의 구체적인 활동들은 이해관계자들과의 네트워크를 긴밀하게 발전시킴으로써 가치사슬 상의 각 연결단계마다 신속하고 정확한 정보의 전달과 피드백이 산출되도록 하여 고객의 수요를 예측하고, 전략적인 아웃소싱과 조달 채널을 계획하며, 협력 생산활동을 관리한다. 또한 원재료, 반제품, 그리고 재고를 통제하는 활동을 수행하고, 최적의 물류 흐름이 가능하도록 설계하며, 공급사슬 전반의 성과관리 활동을 수행한다. 이와 같은 활동들을 통하여 고객, 공급업체, 물류업체, 그리고 그 밖의 전체 경영활동 프로세스가 기민하고 효율적으로 수행되도록 하는 것이다.

SCM을 수행하기 위하여 요구되는 정보기술 체계는 가치사슬 상에서 연결된 각 이해관계자들이 시장 및 고객과 관련한 정보를 실시간으로 공유할 수 있는 데이타베이스와, 순차적인 업무 프로세스의 진행과 협력작업을 가능하도록 하는 어플리케이션들이 요구된다.

③ CRM

고객관계관리시스템(CRM: Customer Relationship Managemen)은 판매, 마케팅, 그리고 고객서비스 등과 같이 고객과의 상호작용이 요구되는 고객지원 프로세스를 자동화하고 통합할 수 있도록 지원하는 시스템으로서, 기업이 고객중심의 비지니스의 수행을 가능하도록 지원한다. CRM은 고객지원 프로세스와 여타 다른 업무 기능 프로세스를 통합하도록 하는 데이타베이스와 웹 기반의 어플리케이션으로 구성된 IT체계를 갖추어야 한다. 최근 CRM은 기업이 고객들에게 신속하고 편리하며, 맞춤화되고, 일관된 서비스를 제공할 수 있도록 하는 기업 경쟁력의 핵심 도구로 자리잡아 가고 있다. CRM이 지원하는 활동에는 고객접촉과 고객계좌관리, 판매, 마케팅, 고객 서비스와 지원활동, 그리고 고객 유지와 로열티 프로그램의 실행 등이 포함되며, 데이타베이스 마케팅(DBM: Database Marketing), 영업자동화(SFA: Sales Force Automation) 등은 이와 같은 활동들을 실제적으로 실천하는 방법, 혹은 시스템을 의미한다.

CRM은 크게 세 가지 단계의 프로세스로 진행된다.

첫째, 새로운 고객을 획득하는 활동 단계이다. 이는 새로운 고객이 해당 기업에서 제공하는 제품과 서비스의 가치를 인식하도록 돕는 것이다. 고객과 접촉하고 마케팅하고 판매하는 활동을 통해 새로운 고객을 입수하고 고객에 관한 구체적이고 실제적인 데이타를 획득하는 활동이 수행된다.

둘째, 기업의 수익을 창출하고 향상시키는 활동 단계이다. 웹에 기반한 CRM 시스템에는 고객에 대한 데이타를 다각도로 분석함으로써 고객계좌를 관리하고, 고객에 맞춤화된 서비스를 제공하며, 또한 고객에 대한 후속 판매활동이 발생되도록

그림 7-4 CRM의 기반 기술과 프로세스

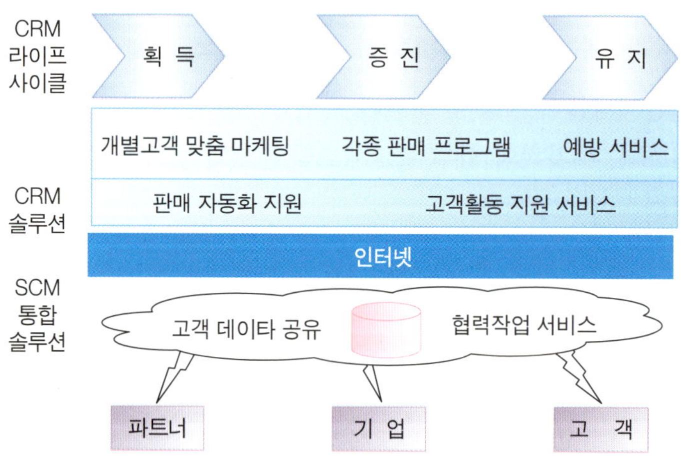

자료 : James A. O'Brien, Management Information Systems, Sixth Edition, 2004, McGraw-Hill

● 활동기반관리
활동기준관리란 활동기준원가계산에 의한 활동분석과 원가정보를 이용하여 공정개선, 원가관리, 의사결정, 예산수립, 성과평가 등의 경영관리를 행하는 것을 말한다. 이는 경영의 효율을 높이기 위해 활동기준회계 정보를 이용하는 것으로써 활동기준관리는 고객의 부가가치를 향상시킴으로써 수익성을 높이기 위한 활동관리에 초점을 맞춘 경영관리 기법이다. 활동기준관리에는 세 가지 유형의 정보, 즉, 활동분석, 원가발생요인 분석, 그리고 성과분석 정보가 요구된다.

● 균형성과지표
재무적, 비재무적 성과지표를 통한 균형적인 성과관리 도구를 의미한다. BSC의 균형적인 4가지 성과지표는 학습과 성장 관점, 내부 비지니스 프로세스 관점, 고객 관점, 그리고 재무적 관점을 포함하는 것으로 BSC의 근본적인 목적은 평가나 보상, 그 자체가 아니라 기업의 경영활동이 전략을 달성할 수 있는 방향으로 움직였는지에 대한 검증을 하는데 있다.

● 가치기빈관리
가지기반관리는 기업의 가장 기본이 되는 목적을 주주와 투자자들에게 최고의 경제적 가치를 창조하는데 두고 이를 각종 기업 자원 활용의 의사결정 및 평가에 반영하는 것이다. VBM 을 위해서는 기본적으로 기업의 가치 평가에서부터 출발하여 기업의 현재가치를 평가하기 위한 상당한 양과 질의 정보가 필요하며, 기업의 현재가치를 측정

촉진활동을 수행하는 도구를 포함한다. CRM의 자동화된 도구들은 고객들이 호감을 느낄 수 있는 상품들을 찾아 매력적인 판촉 이벤트를 제공하고, 경쟁사보다 저렴한 가격으로 고객들이 불편함없이 원스톱으로 구매행위를 하도록 지원함으로써 기업의 수익창출에 공헌하고 있다. 이와 같은 과정에서 서비스 전문가와 비지니스 파트너들과 판매팀은 긴밀하게 네트워크로 연결됨으로써 정보를 공유하고 아이디어를 창출하고 신속한 고객 반응활동을 수행할 수 있다.

셋째, 고객 유지활동 단계이다. CRM 분석 소프트웨어와 데이타베이스는 기업에 가장 충성스럽고 높은 수익창출에 기여하는 고객들을 인식하여 그들 고객에 대한 관계마케팅 프로그램을 수행하고 해당 고객을 통한 수익이 유지되도록 한다. 개별 고객에게 맞춤화된 보상 판촉활동들은 고객들이 가치를 느끼고, 해당 기업과의 관계유지에 대하여 지속적인 만족감을 갖도록 잘 구성된 것이다. 이를 위하여 데이타 분석 도구들은 끊임없이 고객 활동 데이타를 분석하고 의미 있는 정보들을 추출하고 새로운 마케팅 프로그램들이 창출될 수 있도록 지원한다.

④ 정보기술 인프라

이와 같은 e-비지니스 모델은 궁극적으로 기업이 활동기반관리(ABM: Activity Based Management), 균형성과지표(BSC: Balanced Scorecard), 가치기반관리(VBM: Value-Based Management) 등을 포함하는 전략기업관리(Strategic Enterprise Management)를 지향하고자 하는 것이며, 데이타 웨어하우스와 연계되어 조직 전반의 평가활동과 성과 향상활동을 추진하도록 지원한다.

기업 전반의 기술적 하부 구조는 인터넷, 인트라넷, 엑스트라넷으로서, 이는 e-비지니스 활동을 가능하게 하는 기간 망이 된다. e-비지니스의 핵심적인 영역인 전자상거래(EC: Electronic Commerce)는 전자적인 주문, 시불, 보안, 광고 등을 가능하게 하는 다양한 어플리케이션 시스템의 발전에 따라 엄청난 속도로 확산되고 있다. 전자상거래와 관련한 내용들은 다음 절에서 보다 상세하게 다루도록 한다.

(4) e-비지니스 분류

디지털시대에는 인터넷 기술과 관련한 수 많은 비지니스가 새로이 등장하였고, 많은 연구자들과 조사기관들이 e-비지니스의 다양한 유형들을 분류하였다. 산업 차원의 분류 모델을 제시한 Merry Linch는 다음과 같이 비지니스 유형을 분류하

하기 위해서는 참여하고 있는 시장, 고객, 경쟁사 등과 관련하여 산업의 전반적인 매력도 뿐만 아니라 자사의 강, 약점을 정확히 진단할 수 있어야 한다.

● 전략기업관리

전략적 기업경영은 기업의 경영정보를 보다 정확히 파악하여 임원 및 최고 경영진으로 하여금 가치중심 경영을 전사적으로 구현할 수 있게 해 주는 일련의 통합된 분석용 어플리케이션 제품 툴과 프로세스이다. SEM은 기업 구조 전반에 걸쳐 전사적 정보를 통합해 실시간으로 보여 주기 때문에 고위 경영진은 기업의 가치를 평가하고 향상시킬 수 있다.

였다.

첫째, 인터넷 월 접속료가 주 수입원인 접속 서비스업이다.

둘째, 광고료와 구독료가 주 수입원인 컨텐츠 제공 서비스업이다.

셋째, 판매, 혹은 중개활동을 통해 수익을 창출하는 상거래 비지니스업이다.

넷째, 소프트웨어 라이센스, 소프트웨어 유지관리, 컨설팅, 소프트웨어 구축 및 운영 서비스 등을 통해 수입을 창출하는 소프트웨어 개발업 및 제공업이다.

다섯째, 웹 호스팅, 어플리케이션 대여, 트랜잭션 처리, 정보 제공, 컨설팅, 웹 디자인 및 구축 등, 다양한 유형의 인터넷 기반의 서비스를 제공하는 비지니스다.

e-비지니스를 수행하는 목적에 따라 크게 수익모델과 지원모델로 나누어볼 수 있다.

- 수익모델이란 e-비지니스를 통해 직접적으로 새로운 수입원을 창출하려는 목적이 주된 사업이다. 수익모델에는 첫째, 웹사이트 상에서 직접 수익을 창출하는 상거래 모델, 혹은 이용료 모델이 있다. 둘째, 거래조성에 따른 수익 창출 모델인 제휴 수수료 모델, 광고모델 등이 포함된다. 셋째, 사이트 참여자로부터 수익을 창출하는 회비 모델이 포함된다.
- 지원모델이란 웹사이트의 사용을 직접적인 수익 창출이 아닌 기존 오프라인 비지니스의 지원 역할을 위해 사용하는 것이다. 첫째, 홍보모델, 둘째, 정보지원 모델, 셋째, 서비스 모델, 넷째, 고객 커뮤니티 모델 등과 같이 주로 고객의 편의를 목적으로 정보와 서비스를 제공하여 고객관계를 향상시키고자 하는 것이다.

e-비지니스 환경에서는 인터넷 기술을 이용하여 기존의 정보와 제품 및 서비스에 새로운 가치를 부가하고, 그들의 결합을 기반으로 한 새로운 방식과 형태의 비지니스 모델들이 계속 출현하고 있으며, 제품과 정보를 교환할 수 있는 일부의 전통적인 채널들은 점차 불필요하거나 비경제적인 것이 되어가고 있다. 〈표 7-1〉은 새로이 제시되고 있는 e-비지니스 모델들을 보다 구체적으로 설명하고 있다. 이와 같은 새로운 비지니스 모델들은 인터넷 기술의 특징과 가능성을 적극적으로 활

표 7-1 인터넷 비지니스 모델들

유 형		비지니스 내용	예
상거래/교환 (Exchange)	가상 상점 (Virtual Storefront)	고객들 또는 개별 기업들이 직접 물리적 제품들을 구매하고 판매할 수 있도록 한다.	Amazon.com, EPM.com
	온라인 마켓플레이스 (Online marketplace)	구매자들과 판매자들이 만날 수 있고, 제품을 검색하며, 제품을 진열하고, 이러한 제품들에 대한 가격을 설정할 수 있는 디지털 환경을 제공한다. 온라인 경매 도는 역경매 협상에 의한 가격 또는 고정 가격 뿐만 아니라 구매자가 정한 가격으로도 구매하기 위해 구매자가 다수의 판매자들에게 입찰서를 보내는 경매) 기능을 제공할 수 있다. 개인 고객대상의 전자상거래 또는 B2B 전자상거래 서비스를 제공하고 거래 수수료를 통해 수익을 창출할 수 있다.	Edmunds.com, Kbb.com Insweb.com, Realtor.com
	거래 중개자 (Transaction broker)	온라인 판매 거래를 통해 사용자들의 돈과 시간을 절약시키며, 거래가 발생할 때마다 수수료를 받는다. 또한 수수료와 조건에 대한 정보를 제공한다.	E*TRADE.com, Expedia.com
정보 중개자 (information broker)		제품, 가격 결정, 입수 가능성에 관한 정보들을 개인 및 기업들에게 제공한다. 광고 또는 판매자에 대한 직접적인 구매자 연결로부터 수익을 창출한다.	eBay.com, priceline.com ChemConnect.com
컨텐츠 제공자 (Content provider)		웹을 통해 디지털 뉴스, 음악, 사진 또는 비디오와 같은 디지털 컨텐츠를 제공함으로써 수익을 창출한다.	WSJ.com, CNN.com, eStreet.com
온라인 서비스 제공자 (online Service Provider)		개인 및 기업들을 대상으로 온라인 서비스를 제공한다. 구독료 혹은 거래 수수료, 광고, 사용자들에 대한 마케팅 정보 수집 등으로부터 수익을 창출한다.	Employease.com Salesforce.com
가상 커뮤니티(Virtual Community)		유사한 관심사들을 가진 사람들이 커뮤니케이션하고 유용한 정보를 찾을 수 있는 온라인 미팅 장소를 제공한다.	Motocross.com Friendster.com
포털(portal)		특정 컨텐츠 및 여타 서비스들과 함께 웹으로 들어가는 초기 관문을 제공한다.	Yahoo.com MSN.com
인프라스트럭처(Infrastructure)		인터넷에 상호 접속하고, 커뮤니케이션하고, 정보를 제시하고, 저장하고, 추출하고, 처리할 수 있도록 하는 기반을 제공한다.	AOL, IBM, Sun Microsystems
어플리케이션(Application)		e-비지니스 상의 정보의 조직, 단순화, 제시, 해석, 분석, 확인, 전달 등을 가능하게 하는 응용 소프트웨어를 제공한다.	IBM, Microsoft, Oracle, SAP

자료 : James O'Brien, Management Information Systems, 2004
Patrick McKeown, Information Technology & The Networked Economy, 2nd edition, 2003

용함으로써 출현하게 된 것이다.

〈표 7-1〉에서 기술된 전자상거래, 정보 및 컨텐츠 제공자, 온라인 서비스 제공자, 포털, 인프라 기반 및 어플리케이션 제공자 등, 대부분의 비지니스 모델들은 전적으로 인터넷 기반의 순수 온라인 비지니스 모델이다. 이러한 인터넷 비지니스 기업들은 기존의 Bricks-and-Mortar 비지니스가 포함되지 않은 것이다. 그러나 다수의 인터넷 비지니스 기업들은 그들의 전통적인 Bricks-and-Mortar 비지니스를 확장하고 강화하기 위하여 온라인 비지니스 모델들을 도입하고 통합하여 새로운 비지니스 모델들을 개발하고자 한다. 이러한 기업들은 혼합형 Click-and-Mortar 비지니스 모델들을 제시하고 있다.

인터넷 비지니스 모델을 구현하는데 있어 사회적 네트워킹 사이트의 역할은 매우 중요하다. 사회적 네트워킹은 온라인 커뮤니티의 한 유형으로서, 개인들 간의 연결관계 형성을 통해 자신의 비지니스, 또는 사회적 교제의 횟수를 증가시키는 방법이다. 사회적 네트워킹 사이트들은 개인들 공통의 비지니스 또는 개인적 연결관계들을 통해 사람들을 계속적으로 연결시키며, 구매 유도, 구직 정보, 또는 필요한 관계들을 형성할 수 있게 해준다.

포털(Portal)은 e-비지니스를 수행하는데 있어 개인들과 조직들이 보다 효율적으로 정보를 찾고 목적 행위를 수행할 수 있도록 해준다. 포털은 그 자체로서 다양한 원천들로부터 통합되고 개인화된 정보를 제공하는 웹 인터페이스이며, 동시에 하나의 전자상거래 비지니스 모델로서 인터넷 상의 엄청난 자원과 서비스들에 대해 포괄적으로 접근할 수 있는 입구, 관문을 제공하는 슈퍼사이트이다. 야후, 구글, 네이버 등이 여기에 해당되는데, 이러한 포털들, 그리고 웹 컨텐츠 사이트들은 종종 다양한 소스 및 서비스 제공자들로부터 컨텐츠와 응용 서비스들을 제공받아 이들을 결합하여 제공한다.

02 전자상거래

2.1 전자상거래의 발전과정 및 동향

전자상거래의 등장은 1970년대 미국에서 시작된 EDI(Electronic Data Interchange)로부터 시작되었다. EDI란 국제 운송회사들이 운송서류를 신속히 전달할 목적으로 전자문서를 표준화하여 사용한 것이 시작이며, 기업 간 거래의 시작에서 종료까지 표준화된 전자형식으로 컴퓨터와 컴퓨터 간에 정보를 서류없이 상호 처리하는 프로세스로 정의할 수 있다.

그 이후, EDI는 CALS로 발전하였다. CALS란 1985년 무기 메뉴얼의 디지털화를 통하여 군내부의 업무를 개선하기 위한 목적으로 개발되어 기업조직으로 활용이 확대됨으로써 이후, 상품의 설계, 개발, 생산, 판매, 유지보수, 폐기 등 상품의 전주기에 걸친 기업 활동전반을 전자화하는 것으로 확장되었다.

전자상거래의 태동은 EDI와 CALS로부터 비롯되었지만 본격적으로 전자상거래라는 용어가 사용된 것은 1989년 미 국방성 프로젝트이다. 이 때는 인터넷이 범용화되기 이전이었기 때문에 인터넷 기술을 전제로 하지 못했으며, 오늘날과 같은 사회전반의 변화를 예상하지는 못했다. 그러나 초기 기업 간 거래에 한정되어 사용되어지던 전자상거래 활동은 1990년대에 등장한 월드와이드웹으로 인해 정보의 게시와 제공이 급속히 확산되고 하이퍼링크와 GUI 환경을 통해 그 사용이 매우 용이해지면서 EDI의 정형화된 문서와, CALS의 한정된 기술기반에서 탈피하여 전자상거래의 급속한 발진이 이루어지게 되었다.

전자상거래 관련기술의 발전 추이를 살펴보면 다음과 같다.

- 1970년대, 은행 간 자금이체(EFT: Electronic Funds Transfer) 업무가 수행되었다.
- 1970년대 후반에서 1980년대 초반, EDI, 이메일 등의 전자 메시징 기술이 출현하였다.
- 1980년대 중반 온라인 서비스의 확산, FTP, 뉴스그룹 등의 새로운 온라인 서비스가 제공되었다.

- 1980년대 후반, 1990년대 초반, 전자 메시징 기술과 워크 플로우, 그룹웨어 기술이 통합되어 업무수행의 흐름이 매우 원활하게 수행되게 되었다.
- 1990년대 웹의 출현으로 전자상거래 활용이 급속한 속도로 확산되고 안정화 되었다.
- 2000년대, 모바일과 유비쿼터스 환경의 구축으로 모바일커머스의 출현이 도래하였다.

전통적으로 수행되던 상업적 거래들은 기존의 시장을 통한 생산자, 소비자 관계에서 발전하여 생산자 및 소비자가 가상공간을 통하여 만나는 새로운 형태의 상거래 패러다임인 전자상거래로 급격하게 전환되고 있다. 전자상거래는 인터넷의 확산과 전자결제의 안정화가 이루어지면서 불과 10여 년 만에 엄청난 속도와 규모로 로 증가하였다. 통계청 자료를 통해 발표된 국내 전자상거래 발전 동향을 살펴보면 다음과 같다.

2008년 3/4 분기 현재, 전자상거래 총 거래금액은 167조원으로서, 2007년도 동분기 124조 7,380억원보다 33.7%가 증가한 규모이며, 2008년 2/4 전분기 156조 7,970억원 보다도 약 9.4% 증가한 것으로 급속한 규모의 증가 추이를 보이고 있다. 거래주체별 비중은 B2B 거래가 총 거래액의 90.5% 이상을 차지하며, B2G 거래는 6.8%, B2C는 1.8%, 그리고 C2C 거래는 0.9%를 차지하고 있다. B2B 거래는 전년 동분기 대비 33% 증가하였으며, B2C는 16.5%, B2G 거래는 53% 증가하는

표 7-2 전자상거래 규모 추이(10억 원)

년 도	B2B	B2G	B2C
2001년	108,941	7,037	2,580
2002년	155,708	16,631	5,043
2003년	206,853	21,633	6,094
2004년	279,399	27,350	6,443
2005년	319,201	29,037	7,921
2006년	366,191	34,435	9,132
2007년	464,456	36,802	10,226

자료 : 통계청, 2008

등 매우 빠른 성장세를 보이고 있다. B2B 거래 중 제조업이 차지하는 비중이 65% 이상을 차지하고 있으나 건설, 도소매업, 전기가스 · 수도업, 농축수산물 및 식음료, 출판, 영상 및 방송통신업의 비중도 빠르게 성장하고 있다. B2B 상거래는 2001년의 1,089,410억원의 규모가 2008년 현재 4,207,880억원으로 증가함으로써 해마다 50% 이상의 빠른 성장세를 보이고 있는 것으로 파악된다.

B2B 전자상거래의 유형을 살펴보면 구매자 중심형 전자상거래의 비중이 69.3%를 차지하며, 판매자 중심형, 그리고 중개자 중심형인 이마켓플레이스(e-market place) 비중의 순서를 보이고 있다. 특별히 국내기업과 해외기업 간 거래도 2008년 3/4분기 현재, 전년 동기 대비 54.8%의 성장세를 보이고 있어 기업들의 관심이 주목된다.

〈표 7-2〉는 2001년부터 2008년 3/4분기 현재, 국내 전자상거래 유형별 거래금액 규모의 변화를 보여주고 있다.

미국, 일본 등 선진국은 전자상거래의 표준화를 통하여 국제적 기술우위와 경쟁력을 선취하려는 노력을 활발하게 수행하여 왔다. 미국은 전자상거래를 통한 국가적 경쟁력을 제고하기 위하여 1994년 연방조달효율화법을 통해 정부의 전자거래 활동에 적법성을 부여하였고, 1997년 1월부터는 모든 연방정부의 입찰, 구매활동을 EDI에 의한 거래로 전환하고 관련된 법적, 제도적 장치를 마련하는 등 선도적인 입장을 취하여 왔다. 이에 따라 미국은 산, 학, 연을 연계하여 IT에 대한 선도적인 투자와 지원, 기술개발에 의해 1990년대 이후, IT를 통한 경제부흥과 국가경쟁력 우위를 이루었다. UN의 국제 상거래법 위원회(UNCITRAL: UN Commission on International Trade Law)는 1996년 6월 전자상거래에 관한 모델법(UNICITRAL Model Loaw on Electronic Commerce)을 채택하고 국제 간 거래에 있어 진자싱거래의 사용을 합법화할 법률적 기초를 제공하고 있다. 이와 같이 미국이 범세계적 전자상거래를 위한 기반구조를 준비하고 발표하면서 전자상거래는 글로벌 상거래 구조로써 발전하게 되었으며, 현재 세계 각국은 국제기구를 통한 협상과 기술적, 법적 표준을 마련함으로써 명실상부한 글로벌 상거래 방식으로 자리잡게 되었다. 국내의 경우도 1999년 7월에 전자거래기본법을 시행함으로서 전자상거래에 대한 법적 기틀을 마련하고 있으며, 정부조달 업무 등을 전자거래로 하는 등 전자상거래에 대한 촉진정책을 적극적으로 시행함으로써 전자상거래가 급속히 확대되고 있으나 윤리적, 제도적, 법적으로 정비되어야 할 부분이 여전히 존재한다.

2.2 전자상거래의 개념과 특징

전자상거래의 정의는 1999년 7월 1일부터 시행된 전자거래기본법에 제시되어 있는데, '재화나 용역의 거래에 있어 그 전부, 또는 일부가 전자문서에 의해 처리되는 거래'라고 개념화하고 있다. 전자문서라 함은 컴퓨터 등 정보처리능력을 가진 장치에 의하여 전자적 형태로 작성되어 송, 수신 또는 저장되는 정보를 의미한다. 즉 과거의 상거래에서는 종이를 통해 거래를 인증받아야만 법적으로 거래가 보장되었으나, 이제는 전자적으로 인증을 받아도 법적으로 보호를 받을 수 있게 되었다. UN의 국제상거래법 위원회의 전자상거래에 관한 모델법에서 정한 정의를 토대로 하면, '전자상거래란 데이타 메시지 형태의 정보를 통한 상거래행위이며, 판매, 구매, 건설, 은행, 운송 등 제반 상거래행위'로서 정의되고 있다. 데이타 메시지란 EDI뿐만 아니라 전자메일, 팩스 등을 포함한 전자통신, 혹은 광통신 등의 매체를 이용한 정보를 의미한다. 또한 상거래행위의 의미는 제품과 서비스를 사고 파는 거래행위 뿐만 아니라 계약, 건설, 은행업무, 엔지니어링, 운송 등, 상거래와 관련된 일체의 행위를 포함하는 것이다.

(1) 소비자 측면의 변화

전자상거래가 확산됨에 따라 소비패턴의 변화와 더불어 고객들은 전자상거래 방식을 통해 제품과 서비스에 대한 정확하고 신속한 정보에 직접적으로 접근할 수 있으며, 쌍방향 커뮤니케이션을 통해 제품과 서비스 선택의 폭이 확대되었다. 거래의 편이성과 고객 맞춤 서비스의 혜택 등을 누릴 수 있게 됨으로써 소비자의 권리를 행사할 수 있게 되었다. 또한 공통의 구매의사를 가진 소비자들이 제휴하여 물건을 구매하고 역경매가 가능해짐으로써 협상력이 증대되었으며, 고객들이 상거래를 수행하는데 있어 시간과 비용상의 효율성을 갖게 됨으로써 소비력이 크게 증진된 점은 기업의 수익 창출과 산업의 발전을 유도하였다.

전자상거래의 확산은 노동 시장에도 커다란 변화를 가져올 것으로 보인다. 향후 전자상거래가 기존의 판매 및 서비스 방식을 지속적으로 대체해 나갈 경우, IT 관련 고숙련 노동력에 대한 수요 증대, 재택근무의 확산 등, 노동력의 유연성이 증대되고 글로벌화의 가속화, 국가 간 숙련 노동자의 수급 불균형 등, 노동시장 및 사회적 패러다임의 큰 변화가 예상된다.

(2) 기업 측면의 변화

기업관점에서 전자상거래를 적절히 활용할 경우, 기존 사업의 경쟁역량 및 성장 잠재력의 강화를 도모할 수 있다. 기업은 웹사이트와 전자상거래 관련 정보시스템의 구축을 통해 제품과 서비스의 판매에서 비용 효율성이 획기적으로 증진되었고, 쉽고 빠르게 제품과 서비스를 출시하여 이에 대한 정보와 상품들을 신속히 제공하고, 고객들에 대한 구체적인 정보를 쉽게 파악하여 이용할 수 있게 되었다. 웹사이트를 통해 접속하는 고객들의 로그온 데이타들은 고객들의 구체적인 신상정보 및 구매행위들을 다양하게 분석할 수 있게 함으로써 고객들의 기호와 판매경향을 파악할 수 있는 전략적인 데이타가 되어 진정한 고객관계관리(CRM)가 가능하게 되었다. 또한 이해관계 조직들과도 매우 용이하게 정보를 실시간으로 교환함으로써 비지니스 관계가 강화되어 공급사슬관리(SCM)를 통한 경쟁력을 강화할 수 있게 되었다. 기업 내 사업부, 부서 및 팀내 간에는 인트라넷을 이용하여 빠른 업무처리와 협조가 가능하며 경영 의사결정을 정확하고 신속하게 할 수 있는 네트워크를 마련하였다.

이와 같이 기업을 중심으로 한 상거래 이해관계자들은 쌍방향 커뮤니케이션을 가능하게 하는 인터넷 인프라와 응용 시스템들을 기반으로 한 전자상거래를 통하여 시상동향 및 고객요구의 변화를 신속히 파악하고, 고객요구에 직접적으로 대응하며, 이를 협력업체와 공유하고 협력함으로써 가치사슬 전반에서 정보와 업무의 프로세스가 하나로 통합되는 시대가 열리게 되었다. 결국, 기업들은 전자상거래의 활용을 통해 업무 프로세스의 효율성 제고, 글로벌 범위로 대상 시장의 확대, 경쟁구도의 변화에 따른 성장기회 포착, 블루오션의 새로운 신 산업 발굴 등의 효과를 거둘 수 있는 기회를 맞이하게 된 것이다.

(3) 산업 측면의 변화

인터넷을 이용한 전자상거래는 인터넷 관련 산업을 확산시킬 뿐 아니라 기존 산업의 패러다임을 넘어서는 새로운 사업기회를 제공하고 있다. Amazon, SABRE Group 등은 전자상거래와 기존 산업의 접점에 형성된 새로운 사업분야를 선점한 온라인 기업들이다. 인터넷 기술을 이용한 컨텐츠 서비스의 유통은 소프트웨어, 음반, 게임, 신문 및 방송, 잡지, 주식, 항공권, 보험증서 등 무형의 상품들을 디지털 부호로 전환하여 유통시키는 것이다. 컨텐츠 서비스의 유통의 활성화는 소비자에게는 편리함과 저렴한 비용으로 새로운 경험과 문화를 체험하며 과거와는 전혀 다른 사회적 변이를 이루게 하는 것인 반면, 기업에게는 유통 및 판매 비용 절감, 신 사업을 통한 수익 창출기회 획득, 새로운 비지니스에 대한 창의적인 개발 동기의 촉진 등을 가능하게 하는 것이다.

또한 전자상거래는 유통업과 택배업 등 기존의 산업뿐 아니라 관련 하드웨어, 소프트웨어 및 서비스 관련 산업의 발생과 발전을 급속히 진행시키고 있으며, 기업 이해관계자들과 거래를 위해 소통하고 정보를 교환하는 방식이 쌍방향, 실시간을 통하여 이루어짐으로써 기업의 비지니스 프로세스가 혁신적으로 바뀌고 있다.

2.3 전자상거래의 유형

전자상거래를 디지털화의 정도에 따라 분류하여 보면 다음의 몇 가지 유형으로 나누어볼 수 있다. 디지털화의 정도라는 것은 전자상거래가 물리적인 거래형태에서 전자적인 거래형태로 어느 정도 전환되어 있느냐 하는 것이다. 그것은 상품이나 서비스의 성격, 제품이나 서비스를 생산하고 매매하는 과정의 성격, 그리고 매매 및 유통 중개자의 성격에 따른 것이다. 즉 제품이나 서비스, 매매되는 과정, 그리고 상품과 서비스를 전달해주는 중개자가 얼마나 전자화되어 있느냐, 아니면 아직은 물리적인 활동에 의존하느냐 하는 것이다.

- 과거의 전통적인 상거래에서는 위의 세 가지 성격이 모두 물리적으로 진행되었다. 이와 같은 상거래 기업을 'Brick-and-Mortar'라고 한다.

- 반면, 완전한 전자상거래에서는 가상의 상거래 기업에 의해 이 모든 영역에서 전자적으로 이루어진다.
- 세 가지 영역에서 디지털과 물리적인 조합에 의해 진행되는 전자상거래는 부분적인 전자상거래로서 이해될 수 있다.

그러나 이제는 전통적인 제조 및 판매 기업들이 전자상거래를 그들의 상거래방식의 일부로 활용할 수 밖에 없는 상황을 맞이하고 있다. 왜냐하면 고객들이 기업들로 하여금 정확하고 신속한 정보를 제공할 것을 요구하며, 고객들의 편의에 맞추어 상거래활동을 하도록 요구하고 있는 상황이기 때문이다. 더불어 전자상거래는 상당한 거래처리 비용을 절감하도록 해주며, 거래 프로세스에 있어 보다 큰 효율성을 제공하기 때문이기도 하다.

전자상거래 유형을 구분하는 방식들은 학자에 따라 다양하나, 그 가운데 가장 일반적인 분류법은 전자상거래 참여자들의 속성에 따른 구분이다. 주요한 전자상거래 유형들로는 B2C(Business-to-Consumer), B2B(Business-to-Business), C2C(Consumer-to-Consumer), B2E, 그리고 G2C, G2C를 포함하는 전자정부 등이다.

(1) B2C(기업과 소비자 간 거래)

이는 소비자들이 인터넷 상에서 다양한 제품 판매자들로부터 직접 구매를 하는 형태이다. 인터넷을 통한 B2C 상거래의 등장으로 소비자의 구매 프로세스는 중개상을 거치지 않고 제품 공급자, 혹은 인터넷 사이트 업체와 직접적으로 거래를 할 수 있게 되었다. 소비자는 인터넷 사이트를 통해 제품과 서비스를 검색하고 거래를 요청하면 업체는 대금지불 요청을 하고 거래를 승낙한다. 소비자는 은행 및 카드회사의 결제 시스템을 통해 결제를 진행하고 인터넷 사이트 업체는 이를 확인한다. 이와 같은 과정에서 인증기관은 공개키를 통해 소비자의 거래정보와 결제정보를 확인할 수 있도록 해주며, 관련 정보가 안전하게 보호될 수 있도록 보안활동을 지원한다. 인터넷 사이트 업체는 최종적으로 제품을 고객에게 배달하고 사후 관리를 수행한다.

소비자는 B2C 전자상거래를 통해 인터넷상의 가상 상점에 들어가 상품의 검색, 주문, 지불, 배송 확인을 할 수 있는데, 이 과정에서 상품 및 서비스에 대한 다양한 정보를 수집하게 되고 제품의 개발에도 직접 참여할 수 있는 커뮤니케이션 채널을 갖게 되었다. 전자상거래 초기에 B2C를 통해 거래되던 상품은 음반 및 서적, 컴퓨터 주변기기, 게임 및 기타 소프트웨어 등이었으나 점차 의류, 가전제품, 식품, 건강 및 기타 생활용품, 여행, 디지털 컨텐츠 및 예약 서비스 등 수 많은 다양한 제품과 서비스가 거래되게 됨으로써 온라인 쇼핑몰로 대표되는 B2C 전자상거래는 폭발적으로 증가하게 되었다. 초기에 정보보안이나 지불방식에 의구심을 가지고 망설이던 소비자들도 가격 비교우위를 가지고 고객의 편리성을 증진시키는 이점과 함께 다양한 인증 및 보안장치를 통해 안정성이 확보됨으로써 이제는 적극적으로 활용도가 높아지고 있다.

B2C 상거래를 이끄는 주된 유형은 전자상점과 전자몰이다.

- 전자상점 : 전자상점은 가장 쉽게 전자상거래를 수행할 수 있는 비지니스 모델이다. 수 많은 전자상점들은 쉽게 URL을 마련하고 제품과 서비스를 소비자들에게 직접 판매할 수 있다. 기존의 오프라인 제조업체들이 직접 운영하는 전자상점을 비롯하여 작은 규모의 소호 상점까지 수 많은 상점들이 인터넷 상에서 판매행위를 수행하고 있으므로 진입장벽이 낮고 특별한 경쟁력이 없는 이상, 대형업체에 비교우위를 가질 수 없기 때문에 수 많은 업체들이 새로이 출현하고 사라지고 있다.
- 전자 몰 : 대규모의 종합 인터넷 쇼핑 사이트들이다. 이와 같은 업체들은 인터파크, 야마존 등과 같이 처음부터 온라인 비지니스 업체로 시작된 업체뿐만 아니라 Hmall, Lotte 쇼핑몰과 같이 기존의 오프라인 유통업체들이 온라인 상에서 비지니스를 확장하고자 출현하게 되었다. 각 전자 쇼핑 몰 안에는 수백개 이상의 제품 공급업자들이 포함되어 수 천개 이상의 다양한 상품들을 소비자들이 전자적으로 구매하고 배송 받을 수 있도록 하고 있으므로 고객 편의성이 있고, 오프라인 대리점이나 소매상점들보다 더 큰 가격 경쟁력으로 소비자들의 구매욕구와 충동을 유발시키고 있다. 따라서 전자상거래 규모의 폭발적인 증가를 유도하게 하였다.

•소호
자기집이나 조그마한 공간을 사무실로 삼아 퍼스널컴퓨터를 이용하여 사업을 하는 직업형태. Small Office Home Office의 약칭. 1980년대에 들어 기업합리화에 따른 실업자 증가와 퍼스널컴퓨터 보급으로 인해 미국에서 두드러지게 나타났다. 미국에는 이미 SOHO 인구가 5000만명에 이르는 것으로 추정되고 있는데, 주로 인터넷 등을 이용해 정보나 기술을 공유하여 사업을 해나가는 방식을 취한다. 한국에서는 1990년대 중반 이후 대기업들이 감량경영을 추구하면서 네트워크를 이용한 재택근무나 이동사무실 환경을 구현하여 거리나 시간상 제약을 극복함으로써 원가절감효과를 가져오고 있다.

(2) B2B(기업 간 거래)

1990년대 초까지 주로 VAN(Value Added Network)을 이용하던 기업 간 전자상거래는 1990년대 중반 이후 인터넷을 활용하여 기업 간 주문처리, 송장처리, 지불 등의 제 업무들을 처리하게 되었다. 기업 간 전자상거래는 경영의 여러 부문에서 다음과 같이 경쟁력을 창출할 수 있게 만들어 준다.

첫째, 공급자 관리 측면에서 협력업체와의 거래를 신속하게 처리할 수 있게 됨으로써 인력을 절감할 수 있고, 구매 및 조달 업무의 처리비용과 시간을 절감할 수 있게 되었다.

둘째, 재고관리 측면에서 주문, 선적, 결재 등의 처리시간이 단축되고, 관련업무 진행과정을 모니터링 할 수 있음으로 해서 정확하고 신속한 재고관리가 가능해진다. 또한 재고변화를 모니터링함으로써 원자재 수급상태를 지속적으로 파악할 수 있게 해주며, 궁극적으로는 재고수준과 재고부족을 동시에 관리할 수 있게 해준다.

셋째, 문서관리 측면에서 선적 계산서, 주문서 등 선적에 필요한 문서의 전송이 용이하게 된다.

넷째, 채널관리 측면에서 신기술, 신제품, 가격정보 획득이 용이하게 되었다.

다섯째, 결재관리 측면에서 송장 처리속도가 빨라지고, 거래처리 시 비용이 절감된다. 따라서 기업들은 전자상거래를 효과적으로 활용함으로써 기업경쟁력을 획기적으로 향상시킬 수 있다.

구체적으로 B2B 상거래의 유형들을 살펴보면 다음과 같다.

① 판매자 중심형(Sell Side Marketplace)

제품과 서비스를 판매하는 판매자 측면에서 기업의 자체 전자마켓이나 제 삼자 웹사이트를 통하여 판매하는 방식이다. 이와 같은 방식에서는 B2C 판매방식과 같이 소비자가 공급자의 사이트에 방문하여 거래대상을 검색하고 주문하는 것이기 때문에 제품과 서비스에 대한 정보를 제공하는 웹 카탈로그가 매우 중요하며, 시장에서 브랜드 명성이 있는 기업의 이미시와, 가격 경쟁력과, 다수의 제품을 보유하고 있는 역량이 요구된다. 따라서 전자상거래 초기, 다수의 공급자들은 B2C 혹은 B2B를 막론하고, 그 규모가 큰 대형업체에게 합병되어 전자상거래 업체들은 점점 더 대형화되고 있다.

② 구매자 중심형(Buy-Side Marketplace)

이와 같은 방식의 상거래 모델은 역경매방식이다. 구매자 입장에서 전자상거래를 활용하는 것은 구매 프로세스를 보다 효율적으로 하기 위함으로써 기업이나 정부조직 등의 입장에서 이와 같은 전자적인 방식으로 구매하는 것을 e-Procurement, 전자조달이라고 한다. 전자조달은 역경매방식을 이용하여 가장 낮은 가격으로, 가장 최선의 서비스를 제공하는 공급자를 찾는 방식인데, 공동구매를 이용하기도 한다. 공동구매에서 구매자들은 함께 대상품목을 구매함으로써 구매량을 늘릴 수 있기 때문에 협상력을 가질 수 있으며, 구매 규모에 따른 할인의 혜택도 얻을 수 있다. 때로는 작은 규모의 구매자들을 함께 모아 구매하도록 해주는 제삼자 벤더가 등장하기도 하였다. 이와 같이 구매자들의 전자조달은 정부기관이나 일반기업들에서 더욱 증가하는 경향으로서, 생산 프로세스를 수행함에 있어 비용절감과 원활하고 투명한 구매활동을 통해 원가경쟁력과 기업의 경쟁우위를 성취하는데 큰 일조를 하고 있다.

③ 중개자 중심형(Third-Party Marketplace)

일반적으로 다수의 구매자와 다수의 판매자가 거래활동을 하는 e-Marketplace를 전자적 공공거래라 하며, 이는 모든 기업조직에 개방되어 있다. 이와 같은 전자시장은 제삼자에 의해 운영되는데, 운영자는 모든 상거래 관련 정보를 참가자들에게 공개하고 판매자와 구매자는 상거래활동을 위한 만남을 쉽게 가질 수 있으며, 향후 개별적으로도 거래활동을 할 수 있는 기회를 발견하게 되며, 지속적으로 비지니스 프로세스를 개선시켜 나갈 수 있다. 전자교환 시장에서 거래되는 대상물품으로는 생산에 요구되는 직접적인 원자재와 조직운영에 필요한 소모품들이다.

- 수직적 교환(Vertical Exchange) : 이와 같은 전자거래는 동종의 산업 내에서 이루어진다. 컨소시엄을 형성하여 진행되는 경우가 많다.
- 수평적 교환(Horizontal Exchange) : 이는 다양한 산업 간의 구매자와 판매자가 상거래 활동을 수행하는 것이다. 주로 MRO(Maintenance, Operations, and Repairs)를 다룬다.
- 기능적 교환(Functional Exchange) : 이는 상황에 따른 필요에 의해 기업활동에 필요한 자원과 서비스를 구할 수 있는 경우이다. 예를 들면, 임시적으로 필요

한 전문 인력 등을 구할 때 활용할 수 있다.

④ 전자 허브(Electronic Hubs)

이는 B2B를 수행함에 있어, 가치사슬 상의 비지니스 협력업체들 간의 커뮤니케이션과 협력을 용이하게 하기 위하여 사용되는 전자적 공간이다. 허브를 통하여 비지니스 파트너들은 웹사이트에 접속하여 정보의 교환을 하게 되고, 때에 따라서는 상거래활동을 수행하게 된다.

(3) C2C(소비자 간 거래)

이는 웹 상에서의 개인 간 거래로서 P2P라고도 한다. 인터넷은 국경 및 시간의 차이를 극복하고 웹으로 연결된 어느 누구와도 개별적으로, 또한 실시간으로 전자상거래를 가능하게 함으로써 상거래의 새로운 문화를 열게 되었다. 소비자 간 전자상거래에는 직거래와 경매가 대표적인데, 이와 같은 매매 방식을 통해 일반적으로 소비자는 판매자보다 더 큰 협상력을 가질 수 있다. C2C 상거래는 인터넷 상에서 신뢰에 기반한 상거래행위가 이루어지지 않을 위험이 존재한다는 점이 가장 큰 문제이며, 제재를 받지 않고 저작권에 위반되는 컨텐츠가 유통될 수 있다는 문제도 존재하기 때문에 도덕과 윤리문제가 대두된다. 그러나 미래에는 C2C 상거래가 보다 활성화될 전망으로서 지속적으로 관련한 법적, 제도적 장치가 마련되어야 한다.

(4) B2E(Business-to-Employee)

B2E는 기업조직이 내부에서 조직원들을 대상으로 전자적으로 정보, 상품 및 서비스를 제공하거나 판매하는 것이다. 예를 들면, 인터넷으로 교육과 훈련을 제공하거나 보다 할인된 직원 대상 가격으로 다양한 종류의 제품 및 서비스를 판매하는 것인데, 보험, 여행상품, 공연티켓 등을 기업의 인트라넷을 이용하여 제공할 수 있다. 이와 같이 직원들을 대상으로 전자적인 내부 상거래를 실행함으로써 기업입장에서는 새로운 시장을 창출할 수 있는 한편 조직원들에게 후생복지 차원의 잇점을 제공할 수 있다. 조직원들의 입장에서는 상거래의 시간, 비용, 거래대상을 찾아야 하는 번거로움에서 벗어나 상거래의 편리성을 누릴 수 있으며, 소속 기업

으로부터 혜택을 받는다는 측면에서 회사에 대한 충성심이 증진된다.

(5) 전자정부(e-Goverment)

G2B 및 G2C의 전자적 거래행위들을 포함한다. 이는 정부가 시민, 협력업체, 혹은 공급업체들을 대상으로 전자적인 채널을 통하여 정부 물자 조달 및 공사 계약을 발주하고, 공급받고, 정보와 공공서비스를 제공하는 것이다. 전자정부는 공공활동을 더욱 효율적으로 처리하고 국가경쟁력을 높이기 위하여 현재 전세계적으로 국가마다 전자정부의 구축에 힘을 쏟고 있으며, 특히 우리나라는 발달한 인터넷 기간망과 정보기술을 이용하여 세계에서 최고 수준의 전자정부 활동을 수행하고 있으며, 미국 브라운 대학 공공정책센터에서 매년 선정하는 세계 전자정부 순위에서 198개 국가 가운데, 2006년, 2007년, 그리고 2008년(미국 브루킹스 연구소)의 평가에서 연속 세계 1위 전자정부의 평가를 획득하고 있다. 현재, 세금고지 및 납부, 사회복지 혜택 제공, 연금지급 및 사회적인 안전보장의 실현, 각종 공문서 확인 및 발부 등의 업무를 실현하고 있으며, 정부조직 내에서도 각 부서간 전자적인 문서의 수 · 발신, 전자조달로의 전환을 통한 비용감소, 데이타베이스의 공유를 통한 경쟁력 있는 아이디어의 개진 및 실행 등이 가능하게 되었다.

2.4 전자상거래의 지불 수단

전자상거래를 수행하는데 있어 물리적인 현금이나 수표를 사용하기 보다는 전자적인 지불수단이 상거래의 한 부분으로서 필수적이다. 이에 전자적 지불수단으로 전자수표, 전자신용카드, 구매카드, 전자현금 등이 등장하게 되었다. 이와 같은 전자 지불수단은 국가가 달라도 통용될 수 있는 표준화 문제, 보안 문제를 해결하게 되면 매우 편리하고 신뢰할 수 있는 전자상거래의 핵심 요소가 될 것으로 전망된다.

(1) 전자수표(Electronic Checks)

전자수표는 대부분 B2B 상거래에서 사용된다. 전통적인 무역거래에서와 같이 구매자는 은행에 계좌를 개설하고 상거래행위가 발생할 때 구매자는 판매자에게 암호화된 전자수표를 이메일로 보내고, 판매자는 전자수표를 은행에 적립하게 된다. 은행은 중개자로서 구매자의 계좌로부터 판매자의 계좌를 자금을 이체한다. 전자수표는 물리적인 수표와 마찬가지로 대조 확인할 수 있는 구매자의 서명이 되어져야 하는데, 서명되고 승인된 전자수표는 어음교환소를 통해 금융기관 간에 유통된다.

(2) 전자 신용카드(Electronic Credit Cards)

전자카드는 구매자가 그의 신용카드계좌에서 지불될 수 있도록 허용하는 것이다. 구매자가 온라인 구매행위 후, 지불을 할 때 그들의 신용카드 정보를 입력하면 그 정보는 암호화되어 판매자에게 전달되는데, 해당 정보는 판매자에게 공개되지 않고 자동적으로 어음교환서에 전달되고 확인과 승인을 받게 되는데, 이때 신용카드 정보는 모두 암호화되어 전달된다. 전자적 신용카드는 주로 일반 소비자들이 활용하는 B2C 상거래에서 사용된다.

(3) 구매 카드(Purchasing Cards)

이와 같은 지불방식은 B2C에서 전자신용카드가 사용되듯이 B2B 상거래에서 주로 사용되는데, 이는 신용카드를 이용한 지불이 판매자에게 일정기간의 수취기간이 필요한 반면, 구매카드는 일주일안에 지불 처리된다. 그러나 구매카드는 반복적으로 이루어지지 않는 계획되지 않는 B2B 거래에서 사용되며, 따라서 사용금액은 큰 액수를 넘지 않는 것이 일반적이다.

(4) 전자 현금(Electronic Cash)

전자현금은 물리적인 시장에서 현금이 선호되는 것처럼 전자공간에서도 선호된다. 전자현금에는 대략, 네 가지 유형이 존재한다.

- 적립카드(Stored-Value Money Cards) : 신용카드와 유사하지만 전자현금의 형태를 가지고 있다. 일정금액이 적립되어 있다가 사용할 때 마다 감소되는 형태로서 전화카드, 교통카드, 상품권카드 등에서 사용된다.

- 스마트카드(Smart Cards) : 사용자에 대한 정보가 입력되어 있어 신용카드처럼 사용되기도 하지만 적립카드, VIP 고객카드 등의 다양한 목적으로 사용된다. 주로 백화점 카드 등이 이에 해당된다. 보다 진보된 형태는 사용자의 자금이체, 지불, 물건 구매 등에서 다양하게 사용되기도 한다.
- 개인 간 지불(Person-to-Person Payments) : 신용카드를 사용하지 않고 개인 간, 개인과 기업 간에 자금이체를 할 수 있도록 하는 지불수단이다. 이는 매우 새로운 전자지불수단으로서 지인에게 선물을 보내거나 대학에 학자금을 송금하거나 물건을 구입하는 등의 다양한 목적으로 사용될 수 있다.
- 전자지갑(Digital Wallets) : 판매자와 구매자가 상거래를 수행할 때 판매자에게 구매자의 정보가 한번 입력되면 매번 지불하는데 정보가 송 · 수신 될 필요가 없이 안전하게 디지털 지갑에서 돈이 빠져나가는 형태로 지불하는 방법이나 거래하여야 하는 각각의 판매자에게 디지털 지갑을 마련하여야 하는 번거로움이 있다.

03 m-비지니스

1960년대 이후, 기업경영에 정보기술이 적극적으로 도입되기 시작하였다. 40여 년이 지난 현재, 기업은 모바일 정보기술 기반 하에 디지털 시대의 새로운 비지니스 모델과 시장을 창출하기에 이르렀다. 정보기술은 기업경영을 혁신적으로 변화시킬 수 있는 원동력을 제공하고, 기업은 정보기술을 전략적으로 활용하는 경우 새로운 사업영역과 수익창출을 해나갈 수 있는 경쟁력을 갖추게 된다. [그림 7-5]는 1990년대 이후, 기업에서 도입되어 온 정보시스템의 진화 과정을 제시하고 있다.

그림 7-5 기업 정보시스템의 진화

기업내부의 통합 및 최적화	기업 간 협력	e-비지니스 완성	m-비지니스 완성
ERP Stand Allone	ERP+확장 ERP (SCM, CRM, PLM, KM....)	e-Community 형성	Mobile Conversion (Mobility+Ubiquitous)
기업 프로세스 통합에 의한 원가 절감, 능률 향상	공급체인 상의 협력을 통한 효과적 비지니스 수행	솔루션 복합화 기반 하에 거래처, 파트너 간의 공동 작업 통한 가치 창조	모바일 시스템 도입으로 이동성 확보 및 현장성 제고로 효율성 제고 및 가치 창출 배가

자료 : 정득진, 모바일 비즈니스(하), 2003

3.1 m-비지니스의 개념 및 동향

마이크로 소프트사의 빌게이츠 회장은 '모바일 인터넷 사용자가 유선인터넷 사용자를 앞지를 것이다'라고 말한 바 있다. 앞으로는 휴대폰을 음성 통화만을 위해 사용하는 것이 아니라, 정보이용을 위해 더 많이 사용하게 될 것이라는 사실을 예측하는 것은 그리 어렵지 않다. 이미 시장은 모바일 환경으로 빠르게 움직이고 있고 앞선 기업들은 이러한 통신 환경을 자사의 경쟁력으로 전환하기 위해 노력하고 있다.

아직은 m-비지니스라는 단어가 우리에게 익숙하지 않으나 21세기에는 e-비지니스가 m-비지니스로 신속히 진화될 것이다. m-비지니스는 이동전화 단말기를 포함한 모바일 단말기를 이용하여 수행하는 모든 비지니스를 총칭한다. m-비지니스는 각종 모바일 단말기(휴대폰, PDA)를 이용해 시간과 공간의 갭과 장애를 극복함으로써 경영의 효율성과 효과성을 높일 수 있는 큰 가능성을 갖는다.

e-비지니스와 m-비지니스의 차이점은 우선 인터넷의 특징을 활용한 비지니스 모형이냐 아니냐에 달려 있기 때문에 성공하는 m-비지니스 모델을 구축하기 위해서는 e-비지니스에 이동통신의 이점을 결합하여야 하는 이유를 찾고, 어떻게

결합하여, 어떤 차이점을 창출할 수 있을지에 대하여 고민하여야 한다.

무선 인터넷은 이동통신과 인터넷의 융합을 통해 탄생하였다. 이동통신의 이동성 및 휴대성의 특징과, 정보를 신속하고 쉽게 전달하는 인터넷의 특징이 통합되어 디지털 시대의 새로운 사회적 변화의 가능성을 제시하고 있는 것이다. 유선 네트워크에 한정되어 있던 기존의 e-비지니스에 무선채널을 추가함으로써 시간, 장소의 한계를 극복한 보다 폭 넓은 의미의 e-비지니스를 m-비지니스로 이해할 수 있다.

국내 모바일 비지니스 도입 현황은 2002년 현재, KRG와 디지털 타임즈가 전국 261개 기업 및 공공기관을 대상으로 공동 조사한 결과, 모바일 시스템을 도입한 기업 및 공공기관은 전체의 11% 정도이며 도입 예정은 24%로서 도입 업종은 금융 및 유통 · 물류 업종이 가장 활성화되어 있고 제조업 등으로 점차 확산되어가는 추세에 있었다. 이는 2001년 대비 3~4 배의 수요 확산이 이루어진 것으로 향후 매우 빠르게 성장할 것으로 예상되고 있다. 기업의 도입 업무 분야로는 SFA와 대리점 관리 등의 영업지원 분야가 34%, 그룹웨어 20%, 현장 A/S alc 운송택배분야 등 FFA가 16%로 모바일 시스템 시장을 주도하고 있다. 모바일 시스템의 도입목적은 업무 효율성, 고객 서비스 향상, 영업망 확대, 데이타 실시간 통합, 현장 근무자 업무편의 등으로 나타나고 있으며, 향후 SFA, 대리점 관리 등 영업지원시스템에 대한 도입계획이 50% 이상을 차지하는 것으로 나타나고 있다.

3.2 m-비지니스의 특징

오늘날 규모지향, 성장위주의 전략으로는 경쟁의 심화, 개방화 등의 비지니스 환경변화에 대응하기 어렵다. 따라서 급변하는 경영환경에서 혁신적인 정보기술의 도입과 새로운 비지니스 모델의 제안을 통한 수익창출의 경영, 기업가치의 극대화로 경영 패러다임의 변화를 기업성장의 새로운 돌파구로 받아들여야 한다. 따라서 다음과 같은 m-비지니스의 가능성을 면밀히 주시하여야 한다.

- 보다 더 빠른 의사결정
- 비지니스 비용 절감

- 고객 서비스 향상
- 정보와 서비스 유통 속도 향상
- 이동에 따른 업무손실률 경감
- 모바일 작업자의 업무 효율성 향상
- IT 인프라 활용가치의 극대화

향후 m-비지니스의 등장과 활성화를 촉진할 모바일 인터넷의 특징은 다음과 같이 정리할 수 있다.

- 첫째, 편재성(Ubiquity)이다. 이는 실시간 정보를 어디서나 받아볼 수 있는 속성을 의미한다.
- 둘째, 도달성(Reachability)이다. 이는 언제 어디서나 접속할 수 있다는 속성이다.
- 셋째, 보안성(security)이다. 이는 보안과 안전이 보장될 수 있다는 속성이다.
- 넷째, 편리성(convenience)이다. 이는 경박 단소화된 정보통신 도구의 속성에서 비롯된다.

그러나 이와 같은 속성들은 현재 이동통신의 특징이며, 향후 m-비지니스의 발전을 가속화하기 위해서는 다음 세 가지 속성이 더해져야 되는데, 이 세 가지 속성

그림 7-6 모바일 환경의 변화

	이 전		현 재
통신 인프라	구내 무선랜	다양화 →	CDMA 2000 1x 구내 무선랜 공중파 무선랜
단말기	산업용 PDA/ 맞춤형 PDA	성능향상 →	무선통신 기능이 결합된 다양한 형태의 PDA (CPU, 메모리 성능 향상)
활용형태	기업외부보다 기업내의 생산라인, 창고, 재고관리 등의 업무에 사용됨. 일종의 전자수첩의 역할	활용방식확대 →	그룹웨어, SFA, FFA, CRM, A/S 등의 기업업무의 모든 영역에 활용 기업 내외에서 모두 활용 가능

자료 : 정득진, 모바일 비즈니스 (상), 2003

의 발전 정도와 거래처리 간의 결합 정도에 따라 m-비지니스의 속성은 구현방법, 비지니스 방법에서 방향을 잡아갈 것으로 예상된다. 새롭게 추가되어야 할 속성은

- 첫째, 위치성(Localization)이다. 이는 특정 시점에 사용자의 현 위치가 어디인지 정확히 제시하여 주는 속성이다.
- 둘째, 즉시 연결성(Instant Connectivity)이다. 이는 보다 빨리 필요한 정보를 탐색할 수 있는 속성이다.
- 셋째, 개인화(Personalization)이다. 이는 이동통신 사용자의 개인화와 차별화된 고객 서비스가 제공되어야 하는 속성이다.

현재 m-비지니스를 가능하게 하는 모바일 환경의 변화를 살펴보면 다음과 같다.

그러나 아직은 구축실패에 대한 우려와 벤치마킹 사례에 대한 부재로 인해 도입을 주저하고 있는 형편이며, 도입이 이루어진 기업의 경우도 활용도가 충분히 높지 못한 것으로 나타나고 있다. 보다 구체적인 장애요인을 살펴보면 다음과 같다.

- 아직 표준화되지 않은 모바일 기술과 계속적으로 빠르게 진화하고 있는 모바일 기술로 인해 적합한 도입시점의 판단이 어렵다는 점이다.
- 부족한 단말기 성능, 통신망의 안정성과 속도, 주도적인 무선 플랫폼 부재, 단말기 및 통신비 부담 등의 무선 인프라 체계가 아직 미흡하다는 점이다.
- 산업별로 성공적인 사례가 아직 부족하여 모바일 도입의 가이드라인을 구성하

Tip: 모바일 인터넷 기술

WAP: Wireless Application Protocol
MME: Microsoft Mobile Explorer
J2ME: JABA 2 Micro Edition
GVM: General Virtual machine
MAP: Mobile Application S/W Plug-In
SK-VM: SK Virtual Machine(XVM)
BREW: Binary Runtime Environment for Wireless
WIPI: Wireless internet Platform for Interoperability
WITOP: Wireless internet Terminal Open Platform

기 어렵다는 점이다

- 시스템의 개발과 구현이 아직은 중소 모바일 SI 업체를 중심으로 수행되고 있어 다양한 모바일 솔루션의 개발이 아직 미흡하다는 점이다.
- 모바일 환경 도입의 필요성은 인지하고 있으나 추진방향에 대한 명확한 전략을 찾기 어렵다

3.3 m-비지니스의 영역

m-비지니스는 현재 어떤 발전 과정을 거치고 있는가? m-비지니스는 특정 방식이나 전략과 관련된 비지니스 유형의 한 흐름이 아니라 기술발전 곡선의 다음 단계라는 개념이 지배적이다. 즉, 그 만큼 기술적 인프라에 많은 상관관계를 가지고 있다. 기술적 인프라의 발달은 서비스 환경의 발달을 가지고 왔으며, 이에 따라 새로운 m-비지니스 영역으로 확대되는 것이다.

그림 7-7 m-비지니스 영역과 가치 사슬

m-비지니스 가치사슬의 특징은 크게 세 가지로 요약될 수 있다.

첫째, 가치사슬에는 통신망 사업자, 단말기 생산업체, 금융서비스 사업자, 컨텐츠 사업자 등, 다양한 참여자가 존재한다.

둘째, 단독 솔루션의 존재 가치는 의미가 없다. 즉, 어떤 사업자도 단독으로 고객에게 End-to-End서비스를 제공할 수 있는 솔루션을 갖기 어렵기 때문에 사업자 간 제휴와 다양한 솔루션들의 조합이 필수적이다.

셋째, 사업자 간 제휴의 필요성이다. 서로 다른 시각과 동기를 가진 다양한 사업자들이 통합하여 사용자를 만족시킬 수 있는 서비스를 제공하는 것이 m-비지니스의 핵심과제이다.

따라서 m-비지니스의 발전은 네트워크, 플랫폼, 컨텐츠의 3대 요소가 결정한다. 이는 공급자와 수요자의 새로운 수익모델에 대한 욕구와 새로운 서비스에 대한 요구가 맞물리면서 진화하게 된다.

● 미들웨어

컴퓨터 분야에서 미들웨어는 각기 분리된 두 개의 프로그램 사이에서, 매개 역할을 하거나 연합시켜주는 프로그램을 지칭하는 용어로 마치 "접착제"와 같은 존재이다. 미들웨어의 대표적인 기능은 특정 데이타베이스에 접근하기 위해 작성된 프로그램이 다른 데이타베이스에도 접근할 수 있도록 하는 것이다. 최근에 미들웨어가 이용되는 경우의 예를 보면, 데이타베이스와 웹서버를 연결시켜주는 것을 들 수 있다. 이것은 웹브라우저에 양식을 띄워놓고, 이를 이용하여 데이타베이스로부터 데이타를 찾아올 수 있게 하거나, 사용자의 요청 내용에 따라 다이내믹 페이지를 나타낼 수 있게 해주기도 한다. 3 계층 클라이언트/서버 구조에서는 미들웨어가 중간 계층을 형성한다.

첫째, 기업 모바일 어플리케이션에 적합하고 비용 효율적인 네트워크를 선택하는 것은 중요하다. 특별히 네트워크는 어느 정도의 속도와 확장성을 가진 네트워크를 보유하느냐에 대한 문제로, 네트워크의 진화는 서비스 가능 영역의 확대와 더불어 모바일 사용자에게는 편의성을 제공하여 좀더 많은 서비스 수요를 이끌어 낼 수 있다. 예를 들면, 네트워크와 관련한 문제는 새로이 이사를 가고자 할 때, 내가 사는 동네의 교통의 편이성은 좋은가, 혹은 주변 환경 여건은 어떠한가와 같은 것이다. 네트워크는 고속, 중단 없음, 그리고 안정성이 핵심이며, 다양한 어플리케이션이 자유롭게 사용될 수 있도록 발전되어야 한다.

둘째, 모바일 플랫폼이란 모바일 디바이스에 장착되는 일종의 미들웨어로 무선망을 통해 어플리케이션을 다운로드하거나 다운로드 한 컨텐츠를 실행하기 위한 환경을 제공한다. 이러한 모바일 플랫폼은 세 가지 부분으로 구성되는데 어플리케이션 개발을 위한 SDK(Software Development Kit), 무선망을 통한 설비체계, 모바일 디바이스에 탑재되는 실행환경 등이다. 모바일 플랫폼의 표준화는 무선망의 개방과 함께 다양한 모바일 포털을 위한 기본 조건이다. 플랫폼은 소형화, 장시간 사용 가능성, 컨버전스가 핵심이며, 다양한 기능을 All-In-One에 집적할 수 있어야 하고, 휴대성 및 인터페이스의 개선이 이루어져야 한다.

●킬러 어플리케이션
킬러 어플리케이션이란 특정 플랫폼을 반드시 사용 하게 만들 정도의 능력이 있는 컴퓨터 소프트웨어를 뜻한다. 마케팅 측면에서 "킬러 어플리케이션"의 개념을 살펴보면, 특정 산업군에서 산출된 재화, 용역, 서비스로서 그 산업을 성장을 이끌어낸 원동력 역할을 하는 상품이라고 할 수 있다.

셋째, 컨텐츠와 관련한 문제는 컨텐츠가 들어가는 환경, 즉 모바일 디바이스의 환경에 대한 문제를 먼저 고려하여야 한다. 컨텐츠가 들어가는 환경, 컨텐츠가 서비스 되는 환경이 좋아져야 하는데, 이는 어느 집을 살 것인가? 방은 몇 개이며, 위치는 어떠한가? 남향집인가 동향집인가? 나무로 된 집인가, 혹은 벽돌로 된 집인가? 정원은 있는가? 향후, 증축이나 개축이 가능한가? 등을 고려하여야 하는 것과 유사하다. 따라서 네트워크와 디바이스 환경의 발전은 곧 컨텐츠 서비스 환경으로 이어진다. 인프라 환경의 확장 위에 다양한 어플리케이션과 컨텐츠의 등장은 모바일 비지니스 성장의 마지막 단계가 되는 것이다. 이는 집을 어떻게 꾸밀것인가에 관한 문제로서, 인테리어, 정원 조성 등에 관해 고려하는 것과 같다. 컨텐츠의 발전을 위해서는 모바일 특성에 부합되는 다양한 킬러 어플리케이션(Killer Application)의 개발이 요구된다.

m-비지니스의 영역을 분류하는 방법은 이를 바라보는 각도에 따라 다양하게 구분할 수 있다.

첫째, 무선사업자 관점이다. 이는 서비스 영역, 애플리케이션 영역, 테크놀로지 영역으로 나누어 볼 수 있다.

그림 7-8 모바일 비지니스의 진화

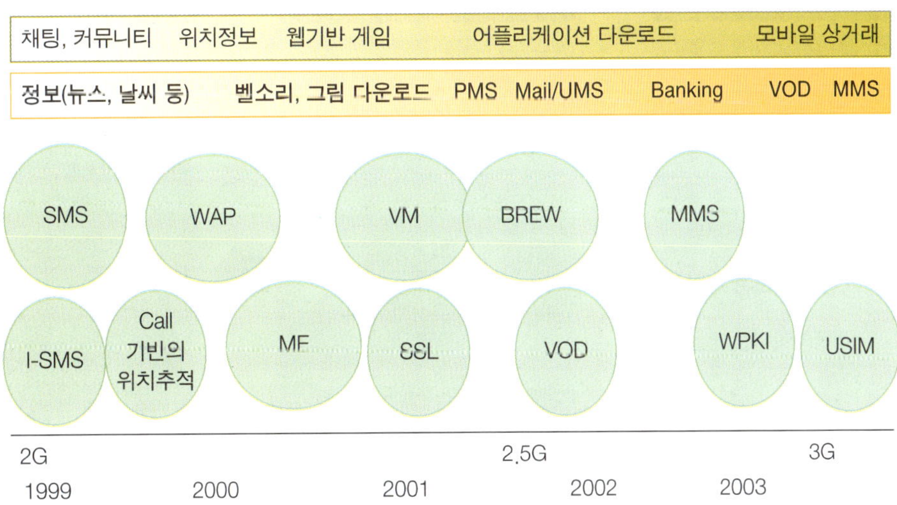

자료 : 정득진, 모바일 비즈니스(상), 2003

둘째, 서비스 카테고리 관점이다. 이동 서비스, 정보통신 서비스, 인터넷 서비스로 구분한다.

셋째, B2C 애플리케이션 관점이다. 정보, 커뮤니케이션, 엔터테인먼트, 거래활동 등으로 분류할 수 있다.

넷째, B2B 애플리케이션 관점이다. 정보, 커뮤니케이션, 거래활동, m-SCM 등을 포함한다.

m-비지니스 내용들은 다음과 같이 분류되기도 한다.

- 모바일 컨텐츠 비지니스
  a. 캐릭터, 벨소리, 게임, 통화대기음
  b. 운세, 성인, 유머, 만화, 방송, 연예
  c. 복권, 교통, 채팅, 미팅
- 모바일 솔루션 비지니스
  a. 모바일 플랫폼
  b. WAP Gateway · browser, MMS Server, SIS, Mobile Flash, Wavelet,

그림 7-9 모바일 비지니스 영역

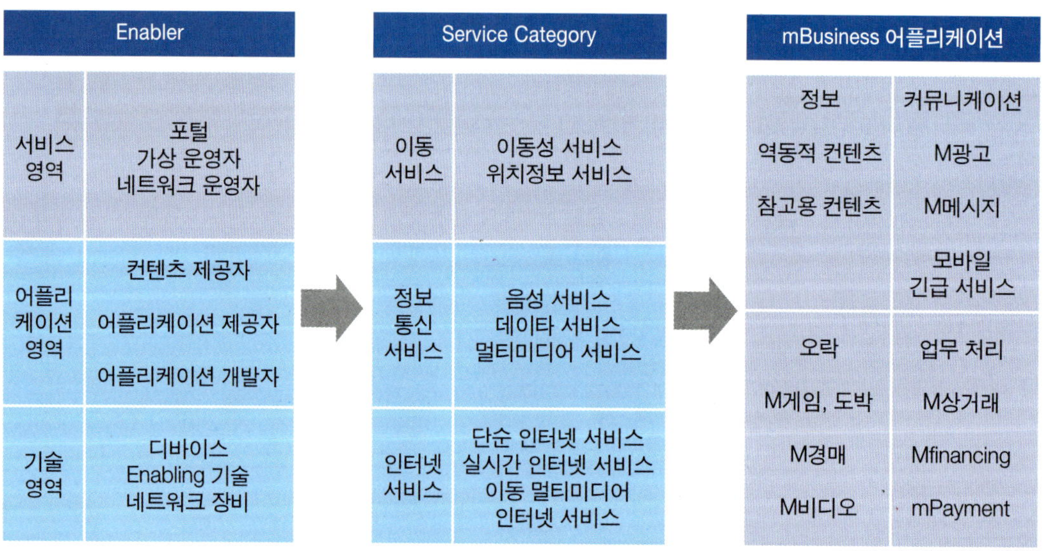

자료 : Morgan Stanley Dean Witter, 한국전자통신연구원, Durlacher, 아이비젠 이영곤

MPEG4

c. WPKI, Coloring

- 모바일 서비스 플랫폼 비지니스
  a. 텔레매틱스
  b. M-CRA, M-SFA
  c. 모바일 상거래
- 모바일 SI 비지니스

표 7-3 **업종별 모바일 도입 현황**

산 업		적용분야 및 업계 동향	솔루션
증 권		· 실시간 주식시황 조회 및 거래 · 일정 약정고 이상 고객에게 저가로 디바이스 제공 · 주식 시장의 침체로 최근 보급율 둔화 추세임	모바일 트레이딩
보 험	생보사	· 생활설계사의 현장 중심 업무 강화 · 보험료 산출 및 CRM 강화 등 · 최근 외국계 보험사 적극 검토 중	SFA/CRM
	손보사	· 현장중심의 영업 및 보상업무 처리로 업무 효율 증대 및 대 고객 서비스 이미지 개선 · 음성 + 무선 데이타 + 위치정보 + SMS를 복합적으로 활용	SFA/CRM
카 드		· 할부대출 상담 시 고객 및 보증인 정보 즉시 조회 가능 · 신용카드 발급여부를 즉석에서 확인 가능 · 현장사진 및 가입 신청서 모바일 전송 시스템 검토 중	SFA
은 행		· 업무용 보다는 CRM 차원으로 대 고객 서비스 위주로 모바일 검토 중 · 무선 인터넷을 통해 잔액 조회, 자금이체 등 서비스 제공 · 최근 B2B 결제 시장에 관심이 증가되고 있음	모바일 뱅킹 CRM
택배 · 물류		· 주로 기지국 단위의 차량 위치 추적으로 배차 관리 및 화물정보 확인 · 최근 RFID 물류관리시스템 추가 도입 검토 중	위치정보
식품 · 음료		· 영업사원, 대리점, 매장 직원 등의 주문, 재고, 물류관리시스템 도입 · 주요 기업을 중심으로 최근 모바일 검토 적극 추진 중	SFA
화장품		· 주로 방판 조직의 체계적인 관리를 위해 모바일 검토 추진 중(주문 및 재고, 물류관리, 고객정보 관리 등) · 전사 ERP 구축과 연계하여 추진하는 기업이 대부분임 · 피부측정 관리기의 대체품으로 모바일 디바이스 검토 중	SFA

산 업	적용분야 및 업계 동향	솔루션
제 약	· 영업사원의 주문, 재고, 고객관리 등을 위해 모바일 도입을 추진 중 · 제약업계 영업사원의 높은 이직율로 체계적인 고객 D/B 구축이 곤란함 · 모바일을 통하여 고객 D/B를 확보하기 위하여 적극 추진 중	SFA CRM
자동차	· 신차 주문, 재고, 출고, 견적 관리 · 중고차 시세조회, 주문, 재고관리 · Telematice의 일환으로 출하 차량에 차량정보 단말기 장착 프로젝트 추진 중	SFA 위치정보 등
A/S	· A/S 요원의 현장 업무 시간 강화 (출동 및 작업지시, Claim 내용 확인, 고객이력 확인), A/S 작업 조회, 부품 재고 및 단가 조회 등)	FFM
교육 · 학교	· 방문교사를 대상으로 한 그룹웨어, 학습 진도 관리 · 교육 컨텐츠 제공, 각종 컨설팅 제공을 위하여 검토 중 · 일부 대학을 중심으로 학사관리, 커뮤니케이션 채널로 활용하기 위해 도입 진행 중	SFA
다단계	· 주로 웹 기반으로 구축되어 있는 신상품 정보, 주문, 재고조회, 출하정보, 이익관리 등을 모바일로 적용 · 수익모델 보다는 마케팅 도구로 활용도가 높은	SFA
보안 · 도시가스	· 위치정보를 통한 출동지령 및 상황정보 제공 · 각종 보안 장비의 원격관리 및 전용선 대체 · 가스검침 업무, 안전관리 업무 등에 확산 추세	FFM 위치정보 Telemetry
건 설	· 최근 사이버 아파트의 인기로 모바일 홈 오토메이션에 관심 · 일부 공정관리용으로 PDA 등을 검토하는 사례 · 하차관리 체크 업무에 활용	HA FFM
중소기업	· ASP 형태로 ERP를 활용하고 있는 기업을 중심으로 모바일 도입을 검토 중	SFA
SOHO	· 신제품 및 이벤트 소개, 각종 고객관리용으로 SMS 활용 중 · 배달 위주의 업소는 모바일 신용카드 결제가 활용 중	CRM

자료 : 정득진, 모바일 비즈니스(상), 2003

이상의 m-비지니스 영역을 구분하여 구조화하면 [그림 7-9]와 같다.

현재, 산업별, 업종별로 m-비지니스를 도입하고 있는 현황들을 살펴보면 〈표 7-3〉과 같다.

본 장에서는 m-비지니스 영역 가운데 모바일 컨텐츠 서비스 영역에 대하여 보다 자세하게 다루도록 한다. 왜냐하면 경영정보시스템을 학습하는 여러분들은 장차 네트워크나 플랫폼을 다루는 업무를 수행하기보다는 그와 같은 기술 기반 하에서 기업의 수익을 창출할 수 있는 모바일 컨텐츠 비지니스 모델을 수립하는 업무를 수행할 가능성이 크기 때문이다.

(1) 모바일 컨텐츠 서비스

2002년 현재 2.5억 유로의 모바일 컨텐츠 및 어플리케이션 시장은 2005년 30억 유로의 규모로 성장할 것으로 전망되나 디지털 저작권 관리문제가 해결되면 110억 유로로 급성장할 것으로 예측되었다. 미국시장은 2001년 현재 약 4.5억불의 시장이 2008년에는 93억불로 성장을 예상하고 있으며, 이를 위하여 휴대폰 성능의

그림 7-10 모바일 컨텐츠 서비스의 진화 환경

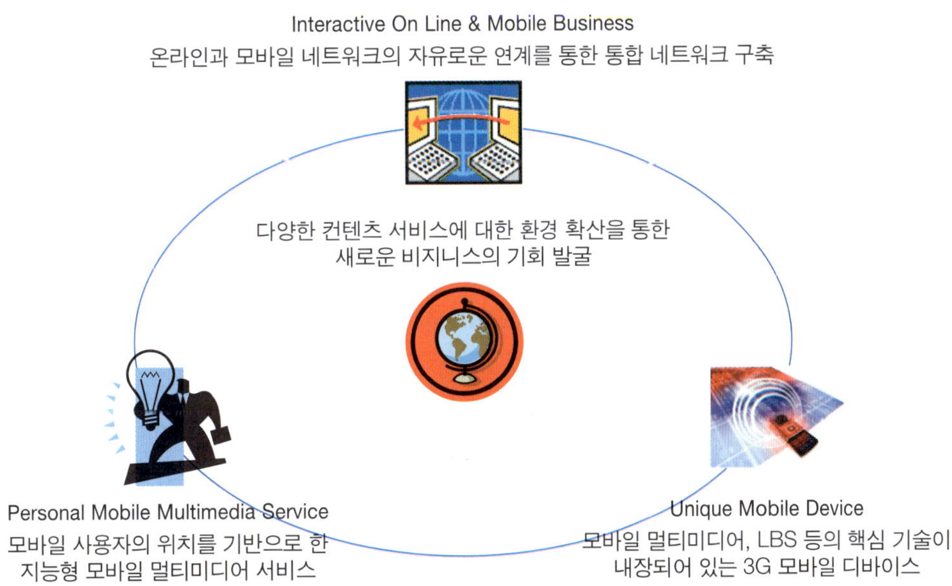

자료 : 정득진, 모바일 비즈니스(하), 2003

향상을 위한 노력이 경주되고 있다. 한편, Frost & Sullivan은 모바일 다운로드 게임시장이 2001년 이후 급속히 성장함으로써 2001년 3,045백만 달러에서 2008년 128십억으로 성장하고, 사용자수는 2001년, 1,540만 명에서 2008년 1억 7,880만 명으로 예상하였다. 또한 2001년 현재, 세계 모바일 게임 이용자 수는 전체 모바일 가입자의 1.8%에 불과하지만 모바일 게임이 더욱 인기를 끌면서 2004년에는 5.5%, 2008년에는 12.3%로 증가할 것으로 전망하였다.

온라인과 모바일의 자유로운 연계와 통합화된 유무선 연동 네트워크의 구성, 그리고 모바일 멀티미디어로 특화된 모바일 디바이스의 등장은 차세대 모바일 멀티미디어 서비스를 중심으로 새로운 패러다임을 형성할 것으로 보인다.

모바일 시장의 핵심 사업자들의 다각화와 모바일 컨텐츠 서비스 영역의 확대는 B2C 시장에 머물러 있는 모바일 컨텐츠 비지니스 영역을 B2B, B2G, P2P로 확대하여 U-Commerce 시장으로 진입하도록 할 것이다.

모바일 컨텐츠 서비스의 진화는 모바일 디바이스의 진화와 네트워크의 진화에 의해 의존하는데, 이제까지의 모바일 비지니스에 있어서 핵심 사업자들은 이동통신 사업자들이었으나 향후 망 개방과 더불어 모바일 비지니스의 핵심 사업자들의 유형은 다각화 될 것이다.

모바일 컨텐츠 서비스 가운데는 휴대폰 멜로디 다운받기가 가장 높은 비중을 차지하고 있으며, 2위가 게임, 이메일 송수신, 연예 및 스포츠 정보, 뉴스 검색, 위치 · 지리정보, 주식거래, 증권정보 조회, 일기예보 검색, 사주 · 궁합 · 운세정보, 쇼핑정보 및 구매, 캐릭터 다운 및 교환, 방송, 음악 등의 순서로 서비스 비중을 차지하고 있다. 그러나 모바일 서비스 비지니스에서 컨텐츠 및 어플리케이션의 경

표 7-4 업종별 모바일 도입 현황

무선 인터넷 기술의 급속 성장	신규 모바일 컨텐츠 확대
다양한 무선 인터넷 브라우저 출시 KVM, BREW 등 신규 플랫폼 등장 신규 모바일 단말기 개발 활발	모바일 비지니스 영역의 확대 신규 유선 포탈 중심으로 무선 전용 포탈구축 활발
새로운 모바일 컨텐츠 서비스 환경에 맞는 컨텐츠가 무엇일 것인가와 기존의 있는 컨텐츠를 어떻게 새로운 모바일 컨텐츠 서비스 환경에 맞게 활용할 것인가를 고민하여야 한다.	

향은 다운로드 중심에서 대표적인 킬러 어플리케이션인 게임중심으로 전환되고 있다.

킬러 어플리케이션인 MMS(Multimedia Message Service)는 보다 성능이 향상된 휴대폰이 보급됨으로써 2007년부터 SMS를 추월하여 수익성이 향상될 것으로 전망하고 있다. 킬러 어플리케이션으로서의 텔레매틱스는 네비게이션과 디지털 지도를 통해 위치 정보확인, 모바일 인터넷을 통해 예약 및 이메일 사용, 교통정보, 주차 가이드, 일기예보 등을 사용하는 정보 서비스, 경찰, 교통보험사, 소방서, 앰블런스 등의 호출에 이용되는 응급 서비스, 영화, 음악 등을 제공하는 엔터테인먼트 등의 다양한 기능을 제공할 것으로 전망된다.

대표적인 킬러 어플리케이션인 게임은 향후 그 성장 가능성이 가장 큰 것으로 전망된다. 2002년 이후, 국내 게임시장은 계속적으로 성장하고 있으며, 시장 규모는 2002년 1,000억원에서 2006년 4,100억원으로 증가하였다. 글로벌 시장의 동

그림 7-11 모바일 컨텐츠 서비스 영역

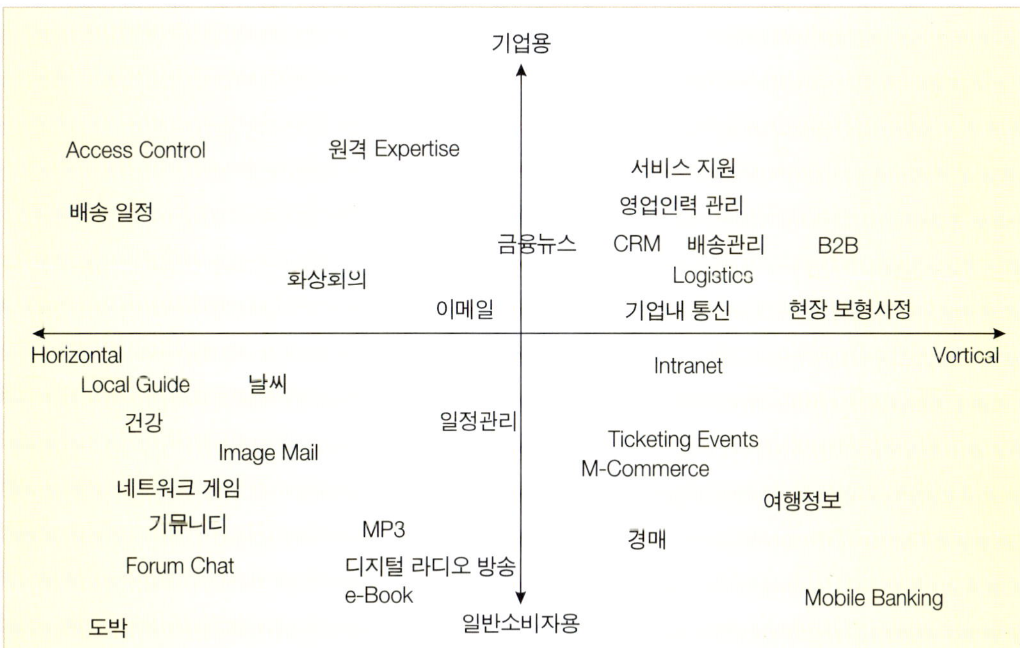

자료 : Morgan Stanley Dean Witter, 한국전자통신연구원, Durlacher, 아이비젠 이영곤

향을 보더라도 2001년 이후, 해마다 급속한 성장세를 보이고 있으며, 게임인구의 저변이 확대되고 있다. 모바일 게임이 활성화되는 이유는 첫째, 휴대폰 이용 인구가 많아지면서 폭 넓고 보편적인 사용자 기반을 확보할 수 있기 때문이다. 둘째, 다운로드 서비스가 크게 확대되고 있기 때문이다. 셋째, 통신업자들이 비음성 매출에 박차를 가하면서 MMS와 게임은 비음성 분야의 유력 수익원이 되기 때문에 모바일 사업자의 적극적인 지원이 투입되고 있다. 넷째, 아시아 지역의 사회문화적 호응도가 높기 때문이다.

모바일 게임의 이용방식은 단말기 내장형, 스트리밍 방식, 그리고 다운로드 방식으로 분류해볼 수 있는데 무선망의 한계로 인해 다운로드 중심으로 성장할 것으로 예측된다. 모바일 게임 컨텐츠의 성공요소로는 짧은 길이, 조작 용이, 다양성, 유인 요인, 신선함, 지역, 위치 및 일상생활과의 연관성을 갖추는 것이다. 현재, 모바일 게임시장은 3D, 위치기반 기술 등을 이용하기 위하여 엔진 및 컨텐츠 업체들이 개발을 가속화하고 있으며, 고 난이도의 RPG(Role Playing Game)의 요구가 커지면서 기존 온라인 게임시장과 경쟁할 것으로 예측된다.

m-비지니스 서비스 가운데 큰 시장 가능성을 가진 모바일 상거래는 아직 예상보다 저조한 형편이나 모바일 디바이스 기기의 화면 확장, 데이타 입력의 불편함, 비싼 서비스 이용료의 문제점들이 해소되면 사용량이 크게 증가할 것으로 예상된다. 모바일 상거래란 이동전화 단말기, 혹은 그 발전된 형태의 기기를 이용하여 디지털 컨텐츠나 상품, 서비스를 판매하는 활동을 의미한다. 오늘날 전 세계에서 사용되는 모바일 장치의 수는 2004년 현재, 15억 개를 넘어섰으며, 사용자는 어느 장소에서도 거래가 가능한 인터넷에 연결될 수 있다. 향후 무선 인터넷 비지니스 및 서비스에서 모바일 상거래가 가장 중요한 영역이 될 것으로 예상되고 있어 모바일 상거래 기반 인프라 구축작업이 한창 진행 중이며, 모바일 상거래를 위한 다양한 지불수단을 개발 중에 있다.

모바일 상거래의 경제적 이점은 다음과 같다.

첫째, 이동성이다. 모바일 상거래는 고객에서 언제, 어느 장소에서든 무선으로 정보를 제공할 수 있기 때문에 경쟁력이 있다. 이는 고객의 구매 충동을 높일 수 있는 Pull, Push 기능을 모두 제공하고 신속한 행위를 가능하게 한다. 이동성은 고객 뿐만 아니라 공급자에게도 매력적인 이점이 된다.

둘째, 도달가능성이다. 이는 사용자들이 언제라도 접속할 수 있는 환경을 제공하는 것으로서, 시간과 공간의 경계를 허물고 부가가치 속성을 탄생시켰다.

셋째, 편재성이다. 사용자는 실시간 정보와 의사소통 욕구를 언제 어디서나 충족할 수 있는 도구를 갖게 되었다. 이는 보다 쉬운 정보접근을 창출하고 실시간 환경을 제공한다.

넷째, 편리성이다. 이동 터미널은 데이타를 저장하고 항상 소지할 수 있음으로써 사용의 용이성을 증가시킨다.

다섯째, 제품과 서비스의 지역화이다. 서비스와 응용의 지역화는 이동 장치에 상당한 가치를 부여한다. 사용자가 물리적으로 어느 특정 순간에 위치한 곳을 안다는 것은 적절한 서비스를 제공하기 위한 열쇠이다.

다음은 대표적인 모바일 상거래의 유형들이다.

- 온라인 뱅킹, 온라인 증권거래 : 온라인 뱅킹 서비스는 안정성과 보안성을 확보하며 빠르게 확산되고 도약하고 있다. 또한 증권에 관심을 가지고 투자행위를 하거나 정보를 수집하려는 사용자는 실시간으로 재무 데이타를 전송 받고 매수, 매도 행위를 할 수 있기 때문에 즉시성이 요구되는 증권거래의 경우 매우 높은 사용자 만족감을 제공할 수 있다는 점에서 중요하다.
- Micropayment : 사용자는 자신의 이동전화를 자판기, 대중교통, 주차장, 세차장 등에서 상품과 서비스를 구매하고 지불하는데 사용할 수 있다.
- 온라인 도박 : 영국이나 홍콩에서는 이동전화로 온라인 도박이나 경매에서 사용할 수 있다.
- 주문과 서비스 : 음악, 영화 등과 같은 소리, 동영상 서비스를 주문하고 지불하는데 사용할 수 있다.
- 메시지 서비스 : 개인화된 메시지를 주고 받는 서비스는 매우 일반적인 모바일 비지니스다.
- B2B 응용 : 제품과 서비스에 관한 기업정보의 저장소로 활용함으로써 B2B 상거래의 효율성과 성과를 증진시킬 수 있다.

그 밖의 모바일 컨텐츠 및 어플리케이션으로는 벨소리, 스크린 세이버 등을 다운로드 하는 서비스가 제공되는 키오스크, 일상생활과 유사한 환경설정에서 동료

집단 간 다양한 유형의 게임을 할 수 있는 서비스 등이 소개되고 있다.

3.4 m-비지니스 전략

2002년 현재 국내 초고속 인터넷 서비스의 보급률이 가구 당 60% 수준이며, 무선 가입자도 이동전화 가입자의 80% 수준이어서 포화 상태에 접근했다. 무선망 사업자들이 저렴한 통신비용으로 고속의 전송 속도를 보장하는 무선랜 구축에 새롭게 나서고 있는 것은 바로 이런 상황에서 무선 인터넷 서비스를 상용화했을 경우 새로운 시장이 있다고 판단했기 때문이다. 이처럼 경쟁적인 무선 시장이 전개된다면 기업은 추가적인 통신 인프라에 투자하지 않고도 손쉽게 무선 비지니스를 전개할 수 있는 이득을 얻게 된다.이와 같이 외형적인 인프라는 구현이 가능해 졌으나 향후 해결해야 할 과제는 비지니스 내용을 어떻게 구현하느냐 하는 것이다. 지금 국내 m-비지니스 시장은 검증되지 않은 방법론으로 시장의 초기 단계에 진입하고 있는 상황으로 과거 미들웨어 등장 이전의 시기와 비슷한 형국이다. 어떤

그림 7-12 모바일 비지니스 전략수립

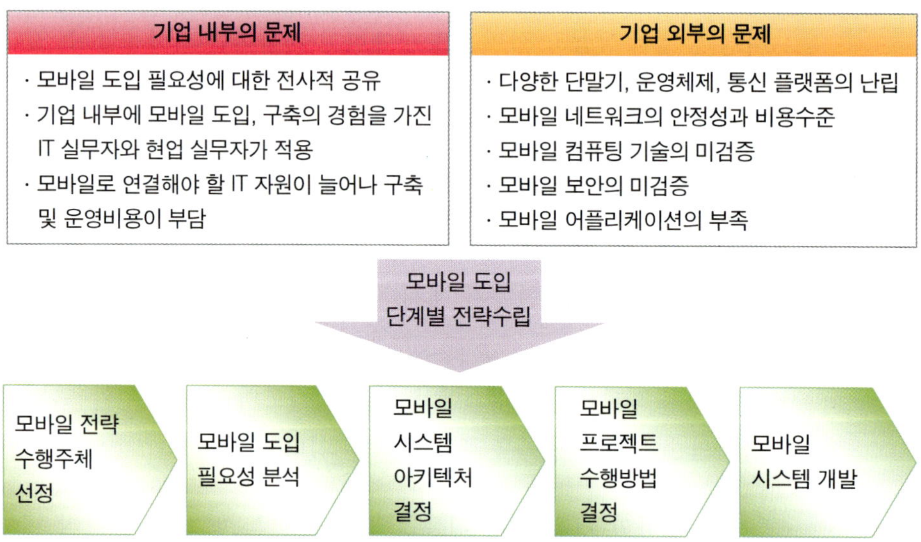

자료 : 정득진, 모바일 비즈니스(하), 2003

개발 방법론과 전략이 최선인가를 평가하려면 시장에서 그것을 받아들이는 최종 고객이 얼마나 서비스에 만족을 하는지, 투자대비 효과는 얼마나 있는지를 따져봐야 하겠지만 이것은 시간을 필요로 한다. 아직 비지니스의 경제적인 효과나 투자 효율을 평가하기는 이른 시점이고, 표본으로 삼을만한 사례도 부족하다. 그러나 최첨단의 기술을 완성하고, 한발 앞서 서비스를 제공하는 것이 경쟁력의 원천이기 때문에 기업은 신중하게 m-비지니스 실행계획과 전략을 수립하는 것이 필요하다.

기업의 m-비지니스 도입전략 수립을 위해서는 기업 내·외부의 환경을 고려한 단계적 절차의 방법이 필요하다.

첫 단계에서는 기획 전문가 및 IT 전문가 등, 모바일 전략 수행 주체를 선정한다.

둘째, 모바일 추진 전략팀의 업무범위와 권한의무를 명확하게 설정한다.

셋째, 모바일 도입에는 비용이 소요되며, 모바일 도입의 결과가 비용을 투입할 가치가 있는지에 대한 명확한 분석이 수행되어야 한다.

넷째, 모바일 도입이 결정되면 기존의 IT 인프라를 확장하는 방식을 택할 것인지, 새롭게 구축할 것인지를 결정한다. 모바일 도입을 자체 프로젝트 수행으로 진행할 것인지, 패키지 솔루션 구매 혹은 모바일 ASP를 통해 구축할 것인지를 결정한다.

다섯째, 면밀한 비지니스 프로세스 분석을 통해 모바일 어플리케이션 로직을 설계한다.

여섯째, 이용 네트워크 및 단말기의 유형, 연동한 Back-end 시스템을 고려하여 시스템을 개발한다.

기업에 m-비지니스를 도입하고 전략을 수립하기 위해서는 몇 가지 고려하여야 할 사항들이 있다. 먼저 환경적인 측면에서 살펴보면 다음과 같다.

첫째, 모바일 도입을 위한 기업문화 조성이다. 모바일 시스템을 도입하여 전략과 업무에 적용한다는 것은 기술적, 관리적 기업혁신에 해당된다. 따라서 새로운 시스템 적응의 거부감 해소를 위해 단계별 적용이 바람직하다. 우선 모바일을 통한 정보조회 단계에서 업무처리 단계로 발전시키도록 한다. 모바일 도입을 통한 이점에 대하여 면밀하게 검토하여 조직원들에게 명확하게 전달하여 공유되도록 한다. 모바일 시스템의 도입이 기업 경쟁력 향상에 도움이 되는 정도와 반면, 조직원들에게 주어지는 노동강도의 심화 정도에 따른 저항의 정도, 수용의 정도 등을 고려하여야 한다.

둘째, 사용자가 친숙하게 사용할 수 있는 사용환경을 제공하여야 한다. 기존의 시스템과 유사한 인터페이스를 무선에서도 제공함으로써 불편함을 초래하지 않도록 한다. 또한 모바일 시스템을 목적과 용도에 따라 사용자들이 필요한 정보와 업무처리를 효과적으로 수행할 수 있도록 하는 개인화 메커니즘을 제공하여야 한다.

셋째, 원격 관리환경을 구비한다. 업무처리 중 발생하는 문제를 신속히 해결할 수 있는 커뮤니케이션 창구를 마련할 필요가 있는데, 이는 모바일 시스템의 이점을 최대한 발휘하도록 하기 위함이다. 단말기에 저장된 데이타와 소프트웨어의 복구, 백업, 삭제, 자동 업그레이드 기능 등이 구비되어 사용자의 편의를 제공하여야 한다. 도한 단말기의 메모리, 배터리 모니터링을 통해 데이타 손실과 업무중단 사태에 대비하고, 사용자의 단말기 사용정보에 대한 분석 등을 통해 개인의 성과 평가와 직무관리를 연계하도록 한다.

시스템적인 측면에서의 고려사항은 다음과 같다.

첫째, 모바일 단말기의 지원 여부에 관한 사항이다. 간단한 정보는 휴대폰 환경에서도 이용가능 하지만 상이한 유형의 휴대폰 사용 시는 단말기별로 상이한 프로토콜과 마크업 언어를 지원하는지에 대해 고려하여야 한다. 필요시에는 기업에서 일괄적으로 표준화된 PDA 등 모바일 단말기의 제공을 고려하여야 한다.

- 마크업(Mark-Up) 언어

마크업 언어는 태그 등을 이용하여 데이타의 구조를 명기하는 언어의 한 가지이다. 페이지 기술 언어라고도 부른다. 프로그래밍 언어와 구별하여 일반적으로 데이타 언어라고 하지만, TeX 처럼 프로그래밍이 가능한 것도 있기 때문에 명확하게 구분되지는 않는다. 마크업이라는 표현은 출판가들이 원고에 교정기호를 써넣는 것을 mark up이라 부른 것에서 나온 말이라고 한다.

둘째, 단말기 제어와 관련한 사항이다. 지나치게 다양한 종류의 단말기의 사용은 비용 및 운영에 부담을 주기 때문에 승인된 단말기의 목록을 작성하고 적절한 수준에서 제한하며 신규직원에게는 표준화된 모바일 단말기를 제공하는 등의 기준이 필요하다.

셋째, 보안 및 사용자 인증에 관한 사항이다. 주요 정보를 담은 트랜잭션을 처리해야 할 경우 무선 PIK 등의 도입이 바람직하다. 단말기에 모바일 DB에 중요한 정보가 저장되어 있는 경우, 단말기 분실시 대비책 마련이 필요하며 모바일 기기 사용시는 반드시 인증절차를 두어야 한다. 사용자 등급에 따라서 기업정보에 차등적으로 접근할 수 있어야 하며 데이타 동기화 방법의 사내 표준을 제정해 정보의

● 리거시(Legacy) 시스템

웹서비스를 지원하지 않는 기존의 모든 기업 어플리케이션 시스템을 지칭한다. 즉, 코벌 언어와 같은 텍스트 기반의 시스템 , Power Builder, Visual Basic과 같은 클라이언트 서버 환경의 시스템을 포함하여 계층형 DB, 그물형 DB, 턱시도, 탑엔드와 같은 메인 프레임이나 클라이언트 서버 환경에서 운영되는 모든 소프트웨어이다.

외부유출을 방지한다.

넷째, 통신비용의 절감을 도모하여야 하는데, 고밀도의 데이타 압축기술을 통해 통신비용을 절감한다. 상시적인 무선 인터넷 연결없이도 업무처리가 가능한 환경을 구축하기 위하여 비 실시간 동기화 기술의 적절한 활용이 가능한 온라인 및 오프라인 방식을 조화시킬 수 있도록 한다.

다섯째, 다양한 통신 네트워크의 지원이 가능하도록 준비하여 새로운 통신 서비스가 가능한 경우 신속하게 전환할 수 있도록 한다.

여섯째, 리거시 시스템과의 용이한 연동이 가능하여야 하는데, 모바일 도입의 핵심은 기존 시스템과 모바일 단말기를 통해 신속하고 자유롭게 정보를 송수신하는 것이므로 개방형 모바일 미들웨어 및 플랫폼의 도입이 바람직하다.

일곱째, 사용현황 분석시스템을 구축하여 이용하는 조직원의 수, 이용이 빈번한 정보, 주로 접근하는 Back-End 시스템 등을 분석할 수 있어야 한다. 개별 단말기에 대한 중앙관제장치를 마련함으로써 이를 지원한다.

3.5 m-비지니스의 발전 방향

국내 모바일 시장 변화의 주요 동인은 통신시장, 통신기술, 솔류션 시장, 비지니스 모델 등의 영역에서 비롯된다. 망 개방으로 유무선 통합 사업자와 독립 포탈이 등장하였고, 이동통신사업자 위주의 시장 구조는 이제 한계가 있기 때문에 비지니스 시장의 구조는 서서히 변화되고 있다. 컨텐츠 제공업자의 수익구조 개선으로 다양한 CP 어플리케이션 시장 형성, 무선랜 등 대체 기술의 이동통신 시장의 위협, 모바일 상거래, Multimedia 등 킬러 어플리케이션의 본격화가 시작되었다. 전자정부, m-Enterprise 등, 모바일 S/W 시장 확대에 대한 기대가 증가되고, 유비쿼터스 시대의 토양이 마련되고 있는 것이다.

기업 측면에서의 발전방향은 업무성격에 따라 모바일 디바이스와 PC 인터넷 상의 데이타 서버 등이 서로 정보를 교환하고 정보를 업데이트하는 방식인 온라인 동기화와 모든 어플리케이션의 수행을 서버 컴퓨터에서 수행하여 결과 화면만을 모바일 단말기로 전송하는 온라인 브라우징을 적절하게 사용할 수 있는 구현모델을 수립하여야 한다.

m-비지니스에 요구되는 구성 요소 별로 고려하여야 할 내용들을 살펴보면 다음과 같다.

첫째, 디바이스 부문에서는 모바일 전화, PDA, 노트북 등 업무성격에 맞는 선택이 필요하며, 이동성 및 휴대성 확보라는 모바일의 장점을 활용할 수 있는 방안이 필요하다. 또한 초기 투자비용이 대부분을 차지하므로 A/S 및 부가장비 장착비용 등 총비용에 대한 계획이 요구된다. 어플리케이션 수용정도 및 OS의 발전 가능성도 고려하여야 한다.

둘째, 네트워크 부분에서는 안정성, 속도, 비용, 적용 범위 등에 대한 고려와 업무와 사용량에 맞는 데이타 요금제의 설계가 고려되어야 한다.

셋째, 플랫폼에서는 모든 필요 업무를 모바일로 전환할 수 있는가에 관한 문제와 중장기적으로 어떠한 디바이스, 컨텐츠, 어플리케이션이라도 지원 가능한 미들

그림 7-13 **모바일 활성화 모멘텀**

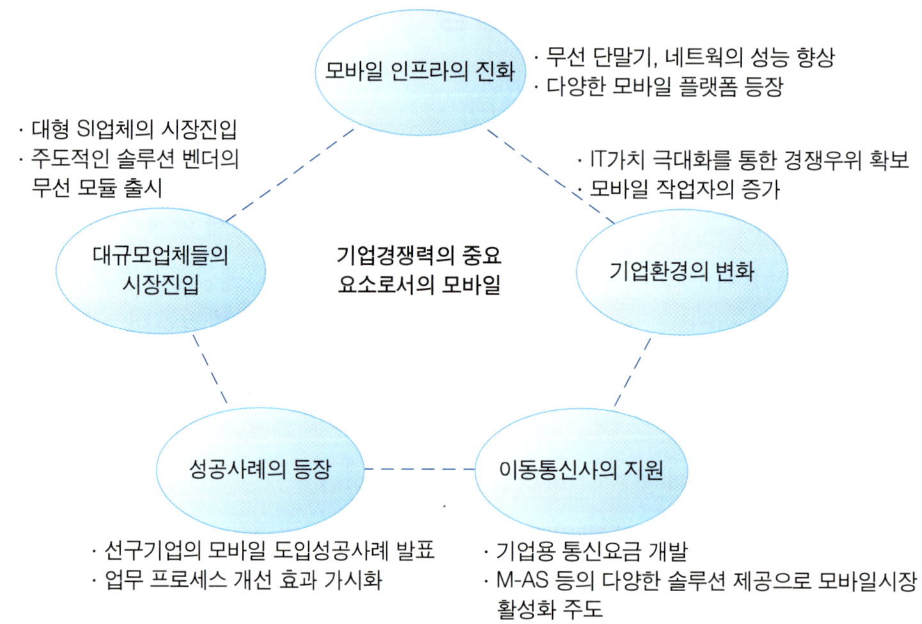

자료 : 정득진, 모바일 비즈니스(상), 2003

웨어 성격의 플랫폼 활용이 필요하다는 점을 고려하여야 한다.

넷째, 컨텐츠와 어플리케이션 측면에서는 모바일 개념에 부합하는 현장성, 신속성 등을 감안하여 리거시나 웹 기반의 시스템과는 차별화된 내용을 마련하고 활용하는 전략이 요구된다.

다섯째, 아웃소싱의 필요성도 인식하여야 한다. 기업은 e-비지니스와 m-비지니스를 수행함에 있어 고객관리, 브랜드 자산관리 등 핵심역량에만 집중하고, 생산 · 유통 등 대부분의 활동은 아웃소싱하여 본연의 비지니스에만 집중함으로써 가치창출을 하는 것이 효과적이다. 따라서 간접, 지원기능 등의 비 핵심역량과 IT 등 특화 전문영역에 대하여는 아웃소싱의 추진이 가속화하게 될 것으로 전망된다.

[그림 7-13]은 향후 m-비지니스의 활성화 모멘텀을 보여주고 있다.

이는 모바일 인프라의 진화, 기업환경의 변화, 이동통신사의 지원, 성공사례의 등장, 대규모 업체들의 시장 진입의 요소들을 함께 보여주는 것이며, 이와 같은 다양한 요소들이 함께 작용할 때 m-비지니스는 활성화될 것이다.

Case in Point

m-비지니스 기업 사례 : 게임회사 이쓰리넷

2000년 설립된 이쓰리넷은 모바일 게임 개발 전문업체로 다운로드 수 100만회를 넘어서는 '동전쌓기' 게임으로 국내의 대표적인 모바일 게임 업체로 성장하였음

- 2000년 설립과 함께 SI(System Integration), 유통 사업을 진행해 오던 이쓰리넷은 컬러폰의 출시와 함께 모바일 분야의 성상 가능성을 내다보고 게임분야로 사업분야를 전환하였음
- 주력 사업을 게임분야로 선회한지 불과 몇 달 만에 내어놓은 '동전쌓기' 게임은 이쓰리넷의 미래를 바꿔 놓았다고 할 만큼 국내 유저들 사이에서 큰 반향을 불러 일으켰음
- 현재 이쓰리넷은 모바일 게임 콘텐츠를 중심으로 IP-TV용 게임 콘텐츠, Cross Platform(Middleware), 모바일 게임에서의 사업을 진행하고 있음

이쓰리넷의 핵심기술 현황

- 이기종 간의 자유로운 컨버팅을 지원하는 차세대 플랫폼인 Cross Platform(Middleware) 개발 중 (모바일 3D미들웨어 플랫폼엔진, 게임 개발용 SDK, 3D게임 엔진)
- 자체 3D / 2D 게임엔진 및 개발 툴

이쓰리넷의 사업영역

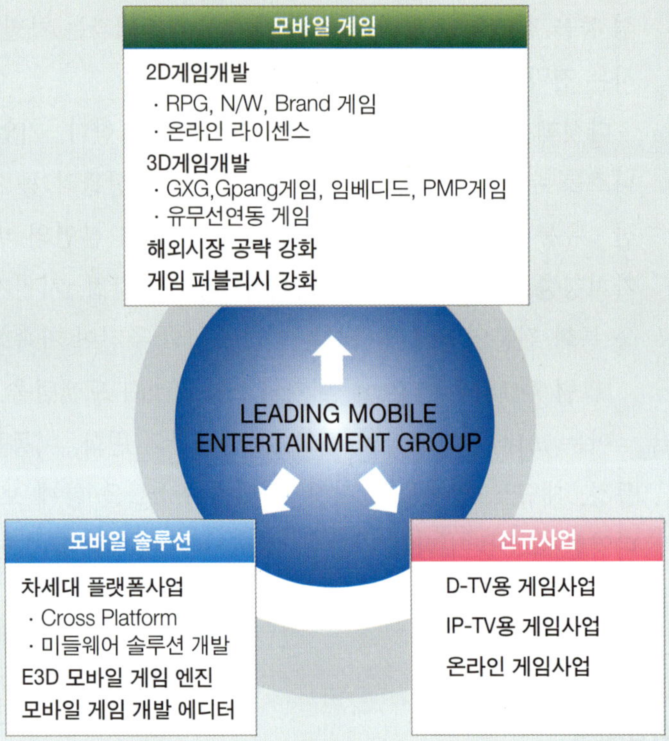

- SK-VM, GVM, Gnex, Brew, Java, WIPI 플랫폼 모바일 게임개발
- 모바일게임 개발용 에디터 (모바일게임 개발용 데이타(이미지, 텍스트, 맵..) Manager 툴)
- DTV용 게임 개발 기술

이쓰리넷의 비전 및 성장 전략

- 이쓰리넷은 2008년 종합 모바일 엔터테인먼트 1위 기업을 목표로 하고 있음
- 마케팅: SK텔레컴, KTF, LG텔레컴을 비롯한 미국, 일본, 중국, 유럽권 등 안정적인 해외 마케팅 채널 확보
- OSMU : MBC 방송국 콘텐츠 사업권 획득을 통한 다양한 비지니스 기회창출
- 기술력: 차세대 플랫폼인 Cross Platform (Middleware) 기술력 보유
- 신규사업 : 국내 D-TV용 게임사업진출, 신규 DTV용 게임 동전쌓기 개발
- Trust : 국내 게임업계 최초 대통령 표창장, 국무총리상, 장관상 수상
- 기업활동 : 모바일 e-Sports 종목의 선두기업

사업방향

모바일 게임 (2D, 3D)	• 2D 게임개발 · RPG, N/W, Brand 게임 · 3사 연동 게임등 · 온라인 라이센스 • 3D 게임개발 · GXG, Gpang 게임 · 임베디드, PMP 게임 · 유무선연동 게임 • 해외시장 공략 강화 • 게임 퍼블리시 강화
모바일솔루션	• 차세대 플랫폼사업 · Cross Platform · 미들웨어 솔루션 개발 • E3D 모바일 게임엔진 • 모바일게임 에디터
신규사업	• D-TV용 게임사업 • 온라인 게임사업

IPO2008 단계별 성장전략

초기단계 (2002)	· 매력적인 사업계획 · 창업인적자원 구성 · 사업 계획서 작성 · 초기투자유치 · 지원의 선택과 집중	· 사업아이디어 발견 · 창업 · 초기투자 · 요구수익률 50% 이상
성장단계 (2004)	· 열정의 게임개발 · 조직, 관리의 체계화 · 투자유치 및 M&A 전략 · IPO PLAN 구상	· 개발완료, 서비스 · 매출발생 · 2단계 후속투자 · 요구수익률 30~40%
IPO 준비단계 (2006)	· 해외투자유치 · 체계적 IPO 준비 · 사업계획 점검, 보완 · 해외수출 역량 강화	· 매출 본격화 · 기업공개 준비 · 후기단계 투자 · 요구수익률 25~30%

Pre-IPO 단계 (2008)	· 지속적인 성장전략 · 사업확장M&A검토 · 시장선도자 고수 · 체계적 경영도입	· 신규사업, 제품개발 · 지속적 기업성장 · 내외부 증자
IPO 단계 (2009)	· 한국, 싱가폴 IPO · 사업확장검토 · 시장 선도기업 · 글로벌 경영시스템 · 해외 지사화 전략	· 신규사업개발 · 지속적 기업성장 · 초기투자자 자금회수

- 국내에서 세 번째로 밀리언 셀러 클럽에 가입한 게임 '동전쌓기'를 개발한 이쓰리넷은 동전쌓기를 통해 얻은 네임밸류를 바탕으로 라이센싱(Licensing)을 통해 동전쌓기, 삼국지, 촉한전, 러쉬러쉬, 푸타X6 게임을 대만, 중국, 일본, 미국 등 해외 시장에 수출하고 있음

이쓰리넷의 주요 해외수출 계약 현황

시 기	주요 내용
2003년 7월	[동전쌓기] 중국 (차이나모바일) 서비스 관련 일본 NEC 및 M.NET사와 정식수출계약 체결
2004년 5월	[동전쌓기] 일본 KDDI 서비스 관련 MCP Media Ring사와 수출계약 체결
2004년 8월	[러쉬러쉬] 일본 KDDI 서비스 관련 MCP Media Ring사와 수출계약 체결
2004년 10월	[동전쌓기] 말레이시아 제1 이동통신사 Maxis사 수출계약 및 MCP 계약 체결
2005년 1월	[동전쌓기2][푸타X6] 중국 차이나유니콤 서비스 관련 UNISK사와 수출계약 체결
2005년 12월	[동전쌓기2] 일본 블로딘엔터테인먼트사와 수출계약 체결
2006년 9월	[푸타X6] 중국 차이나모바일 서비스 관련, UNISK와 계약 체결
2006년 10월	[동전쌓기2, 동전쌓기 2006] 미국 SkyZone Entertainment사와 수출계약 체결
2006년 12월	[메르헨전기] 일본 KDDI 서비스 관련 Cisben과 계약 체결

북미시장 진출 현황

- 이쓰리넷은 2007년부터 자사의 밀리언셀러 게임 '동전쌓기'를 미국의 버라이존 커뮤니케이션즈을 통해 서비스하고 있음. 국민게임으로 자리 잡은 이쓰리넷의 동전쌓기 시리즈는 이미 2004년부터 일본, 중국, 동남아시아에 서비스되며 국내 모바일 게임의 해외 진출에 선봉장 역할을 해왔음
- 이쓰리넷은 이번 북미시장 진출을 위해 2006년말 현지 퍼블리셔인 스카이존 엔터테인먼트와 수출 계약을

체결하고, 8개월에 걸쳐 미국시장에 최적화한 현지화 개발을 진행하였음

일본시장 진출 현황

- 이쓰리넷은 액션 롤플레잉 모바일 게임 메르헨전기를 일본의 이동통신사 KDDI를 통해 서비스하고 있음
- 메르헨전기는 일본 현지의 퍼블리셔인 시스벤 재팬의 모바일 게임 서비스 채널 코코이지(KoCoEZ)를 통해 서비스함
- 메르헨전기는 2006년 9월 출시 이래 이동통신 3사에 서비스되며 유저들에게 많은 사랑을 받은 인기 타이틀로, 서울대 언론정보학과의 산학연구 실습교재로 채택되며 주목 받은 바 있음
- 이 게임은 이쓰리넷이 자체 개발한 그래픽 엔진을 활용해 모바일 환경에서 구현하기 어려운 다양한 색감을 표현했으며, 60여 개의 방대한 메인퀘스트와 길드 시스템, 다양한 지형 등이 특징이라고 할 수 있음

이쓰리넷의 성공요인

- 직원이 현지에 직접 투입돼 시장조사를 하는 것은 인적 자원과 자금력에서 너무 큰 부탐이 따른다는 판단하에 해외 진출을 위해 필요한 시장조사는 외부기관 정보를 철저히 활용했음
- 원 버튼 게임인 동전쌓기는 국내 유저들 사이에서 100만 다운로드를 기록할 정도로 열화와 같은 호응을 얻은 게임으로 이쓰리넷이 모바일 게임사로 성장하기 위한 토대를 마련해 준 콘테츠임
- 그러나 동전쌓기 게임의 성공에도 불구하고 국내 모바일 게임 시장은 한정된 파이를 두고 너무 많은 업체들이 경쟁에 뛰어들며 날이 갈수록 시장상황은 어려워졌음. 이쓰리넷은 이러한 상황을 타파할 만한 해결책을 찾기 시작했다. 바로 해외 시장 진출을 추진 하였음
- 해외 시장 진출에 앞서 시장조사 과정은 모바일 게임 업체에게 필수불가결한 요소로 PS2와 같은 콘솔 게임은 수출 단계에서도 내부 언어(Language)만 변경해 주면 되지만 모바일 게임은 각 국가별 · 이통사 별로 제공하는 플랫폼과 단말기가 매우 다른 만큼 시장조사를 통해 지역 환경에 대한 이해와 준비가 선행되어야 함
- 해외 진출을 위해 필요한 시장조사는 기관 정보를 철저히 활용했음. 따라서 이쓰리넷은 일차적으로는 수출을 돕는 국내 기관들의 정보를 활용하고, 두 번째로 인터넷을 통한 시장조사를 실시했음
- 이 결과 이쓰리넷은 2003년 중반부터 해외 시장을 조사하기 시작했으며 2003년 말 경에는 '동전쌓기' 게임으로 차이나유니컴의 MCP인 광주금붕집단유한공사와 수출 계약을 맺는 등 해외 시장에서 첫 실적을 올릴 수 있었음

수출 상담회의 적극 활용을 통한 파트너 발굴

- 현재 이쓰리넷이 제품 수출에 성공한 국가는 중국, 일본, 대만, 미국, 말레이시아, 태국 등 총 6개국임. 이쓰리넷은 해외 진출을 위해 맺은 파트너십의 대다수를 수출 상담회를 통해 구축했음. 이는 단순히 수출 상담회가 바이어 구축을 위한 최적의 장이라는 이야기가 아니라 수출 상담회에서 성과를 끌어내는 이쓰리넷 만의 노하우가 숨겨져 있기 때문임
- 이쓰리넷은 수출상담회의 성과를 높이기 위해 사전에 바이어를 선별해 내는 전략을 펼치고 있음. 즉, 비지

니스 상담회를 가기 한 달전부터 업체들을 조사해서 같이 일할 만한 바이어들의 리스트를 기관에 미리 보내는 것임. 그 외에는 미팅을 하지 않겠다고 미리 알리고 남는 시간에 계약 가는성이 있는 업체 진행했던 미팅을 정리하는 시간을 갖음

- 현지 시장을 직접 공략하는 방법도 좋지만 수출 지원기관이 개최하는 상담회에 참여하는 것은 수출 과정에서 여러 가지 메리트를 얻을 수 있으며 상담회를 통해 확실한 계약을 체결하지 못한다 할지라도 현지 업체를 대상으로 자사를 홍보할 기회를 갖게 되며 현지 시장에 직접 진출하지 않고 인맥을 구축할 수 있는 유용한 기회가 될 수 있음

해외 시장에 제품을 수출하며 이쓰리넷은 철저히 라이센싱(Licencing)을 통한 계약을 선호함. 이는 게임의 마케팅과 영업권을 파트너에게 일임하는 퍼블리싱과 달리 제품의 라이센스만을 판매하는 형태를 말함. 한 마디로 제품을 개발했지만 현지화 단계는 손을 대지 않는 것임. 이처럼 이쓰리넷이 라이센싱 형태를 선호하는 이유는 아직 해외사업에 전력을 기울일 만큼 역량을 키우지 못했다고 판단했기 때문임

- 또한 라이센싱 계약을 맺는 과정에서 발생할 수 있는 실수도 최소화하기위해 노력하고 있음. 예를 들어 계약 과정에서 지나치게 자사의 수익에 욕심을 내다보니 오히려 전체 수익이 떨어질 수 있다는 것임. 즉 계약 조건은 시소게임과 같아 러닝 개런티의 확보에 지나치게 욕심을 내면 파트너사는 해당 게임의 유통, 판매에 관심을 두게 되지 않을 수도 있다는 것임. 오히려 70% 정도로 큰 수익분을 주게 되면 거기에 비례해 시장 파이가 커질 수 있다는 것임
- 일례로 지난 2004년 미국 시장 진출을 계획하고 있던 이쓰리넷은 미국의 한 퍼블리싱 업체로부터 게임 퍼블리싱에 관련 제안을 받았음. 계약 조건도 미니멈 개런티와 라이센스 비용을 매우 높게 제공하는 등 유리한 조건이었음
- 그러나 해당 업체의 이력을 살펴보니 타 분야에서 활동하던 기업이 새롭게 퍼블리싱 법인을 내고 신규로 사업을 시작한 것이었음. 고민도 없진 않았으나 이쓰리넷은 결국 그 회사의 제안을 거절하고 미국의 라이센스 전문업체와 계약을 체결했음. 2000년도 초기 시장이라면 몰라도 2004년이라면 이미 해당 지역에서 모바일 게임 시장이 충분이 형성된 만큼 신규업체로서 안정된 비지니스를 하기에는 불안감이 있었기 때문임

신중한 탐색 과정을 거쳐 파트너를 선정한 뒤에는 계약 단계에서 신경써야 할 것이 많음. 특히 중국계 파트너와 계약을 체결할 경우에는 다운로드 리포트에 대한 투명성을 확보해야 함

- 국내 중소기업들도 많은 피해를 본 것으로 알려져 있는 만큼 계약 조건에 많은 주의를 기울여야 함. 예를 들어 흔히 계약 과정에서 계약서를 중국어로 하거나 한글/중국어 버전 등 두 개로 하자고 요구하는 경우도 있는 데 이 때도 물러서지 말고 오직 영문으로 계약서를 작성하는 것이 좋다는 것임
- 실제로 소규 모 기업의 경우 계약서를 똑바로 볼 수 있는 여력이 있는 회사가 별로 없음. 계약서상의 콤마(,)나 엔드(And) 등의 단어 하나에 금액 차이가 엄청 벌어지기도 하므로 계약과정에서는 전문가로부터 법률적 자문을 받는 것도 좋음

▸ 박흥록, www.seri.org, 2008.8

SUMMARY 요 약

디지털 시대의 가장 큰 패러다임의 변화는 디지털 기업의 탄생이다. 이제 기업 경영은 전자적으로 처리되고 관리된다. e-비지니스는 인터넷 정보기술, 즉, 조직 내적으로는 인트라넷, 조직 외적으로는 엑스트라넷에 기반하여 등장한 기업 운영 방식이다. e-비지니스기업은 조직 내부는 물론이고 협력업체, 공급업체, 정부 및 금융기관 등 기업의 이해관계자 및 고객들과 신속하고 정확하게 정보를 공유함으로써 협력을 촉진하고, 비지니스 프로세스를 리엔지니어링 함으로써 경영의 효율성과 경쟁력을 성취하였다. 기업 간 및 고객과 전자상거래가 활성화되었으며, 지속적으로 새로운 비지니스 모델을 창출하고 실현할 수 있는 기술, 조직구조, 프로세스, 문화 등의 체제를 마련하였다.

e-비지니스의 실행은 조직 내적으로는 ERP, MIS, KMS 등의 시스템을 통하여 지원되며, 고객과는 CRM을 통해, 공급사슬과는 SCM의 구성을 통해 지원된다. e-비지니스는 현재 상거래, 정보 중개자, 컨텐츠 제공자, 온라인 서비스 제공자, 가상 커뮤니티, 포털, 인프라스트락쳐 제공자, 어플리케이션 제공자 등의 다양한 유형의 비지니스 모델들을 제시하고 있으며, 각 비지니스 모델들은 끊임없이 결합과 새로운 변화를 모색하고 있다.

e-비지니스는 기업에 다음과 같은 이점과 성과를 제공한다.

첫째, 글로벌 시장을 대상으로 고객을 유인하고, 유지하며, 더 큰 만족감을 제공할 수 있게 되었다.

둘째, 기업 내부의 프로세스를 최적화함으로써 원가를 절감하고 효율성을 증가시킬 수 있게 되었다.

셋째, 고객에게 제품과 서비스를 제공하기 위한 가치사슬 전반의 프로세스에서 이해관계자들과 긴밀히 네트워크화하고 협력관계를 공고히 할 수 있게 되었다.

넷째, 관리자와 경영자가 정확한 의사결정을 할 수 있도록 데이타를 보다 신속하고 용이하게 수집하고 분석하여, 가치 있는 비지니스 정보를 창출하고 공유시킬 수 있게 되었다.

나섯째, 산입계의 구조와 관행을 획기적으로 변화시켰다.

어섯째, 인터넷 기반의 새로운 정보기술을 이용하여 혁신적인 비지니스 모델을 창출할 수 있게 되었다.

한편, e-비지니스의 한 영역으로서 전자상거래는 국내시장과 글로벌 시장에서 모두 급속한 규모의 성장과 함께, 다양한 유형의 새로운 상거래방식을 제시하고 있다. 전자상거래의 전형적인 분류방식은 거래 주체에 따라 구분하는 것인데, 전자상거래의 가장 큰 비중을 차지하고 있는 기업 간 거래(B2B), 판매자와 소비자 간의 거래(B2C), 그리고 G2B, G2C 등을 포함하는 전자정부의 형태가 대표적이다.

전자상거래를 통하여 기존 상거래의 관행과 처리방식은 혁신적으로 변화하고 있으며, 사회전반으로 디지털 패러다임의 변화를 확산시키고 있다. 소비자 측면에서는 소비패턴의 변화, 쌍방향 커뮤니케이션의 가능, 협상력의 증진, 매수 가격의 효율성, 프로슈머(Prosumer)로의 등장과 같은 현상을 보이며 소비력이 크게 증진되었다. 기업 측면에서는 국지적인 시장을 글로벌 시장으로 확대하고, 고객을 보다 쉽게 유인하고, 유지하고, 또한 고객들과의 긴밀한 관계를 통하여 새로운 사업 방향성과 수익모델을 창출할 수 있게 되었다. 또한 공급자와 긴밀한 네트워크를 유지하여 고객들이 요구하는 니즈에 보다 신속하고 정확하게 부응할 수 있는 기술환경을 마련하였다.

한편, 이제는 휴대폰 및 기타 휴대용 무선기기들을 이용하여 인터넷 기술을 기반으로 메시지와 컨텐츠들을 전송하고, 웹 사이트에 접속하며 다양한 상거래행위를 이동하면서 실행할 수 있게 되었다. 이와 같이 장소에 구애 받지 않고 휴대용 무선 장비들을 이용하여 제품 및 서비스들을 판매하고, 경영업무들을 처리하는 활동과, 그와 같은 활동들을 가능하도록 하기 위한 플랫폼, 네트워크, 기타 장비 및 소프트웨어들을 제공하는 비지니스 전반을 m-비지니스라고 한다. 기업들은 무선장비들을 통해 접근할 수 있는 새로운 유형의 웹 기반 제품 및 서비스들을 제공하기 위한 새로운 비지니스 모델을 수립하는데 역량을 집중하고 있다. 최근 금융, 보험, 물류, 교육, 건설 등의 다양한 산업에서 m-비지니스의 활용 사례들이 제시되고는 있으나 아직 활성화될 수 있는 벤치마킹 모델들은 부족한 상황이다. 그러나 모바일 컨텐츠 서비스 산업에서는 벨소리, MMS, 게임, 텔레매틱스 등의 다양한 킬러 어플리케이션들이 모바일폰의 보급 확산에 힘입어 매출이 급격히 증가하고 있다. 향후에는 다양한 전자상거래 활동들과 전자적 기반의 디지털 경영활동들이 모바일 인터넷 기술들을 이용하여 실행될 수 있을 것이다. 그와 같은 모바일 경영환경의 변화에 대응하기 위하여 기업은 미래를 예측하고 m-비지니스 전략을 수립하여 체계적으로 준비하는 자세가 요구된다.

본 장에서는 e-비지니스와 전자상거래, 그리고 m-비지니스에 대한 학습자들의 개괄적인 이해를 돕고, 각 주제와 관련한 핵심 내용들을 간략히 제시함으로써 향후 관련 활동들을 수행하는데 도움을 주고자 하였다.

연 습 문 제

01. e-비지니스와 eCommerce의 관계에 대하여 설명하여 보시오.

02. e-비지니스 모델의 구성 부문에 대하여 기술하시오.

03. e-비지니스의 주요 유형들과 그에 해당하는 온라인 기업들의 웹사이트를 찾아보시오.

04. 전자상거래의 거래 주체에 따른 유형들을 분류하여 보고, 각 유형들의 주요 웹사이트들을 찾아보시오.

05. m-비지니스의 주된 서비스 영역에는 어떤 유형들이 있는지 확인하시오.

06. m-비지니스가 e-비지니스와 차별화될 수 있는 이유는 무엇이며, m-비지니스를 통해 얻을 수 있는 경영의 이점은 무엇인지 설명하시오.

07. 최근, 모바일폰을 통해 확산되고 있는 모바일 컨텐츠 서비스들은 무엇이며, 관련된 주요 업체들은 어디인지 조사하시오.

참고문헌 Refereces

- 박홍록, www.seri.org, 2008.8
- 이영곤, 모바일 B2B의 비지니스 전망, 무선 인터넷 백서, 2001, 소프트뱅크미디어, 2000, 10
- 이영곤, 이것이 모바일 비지니스다, 도서출판 비비컴, 2002, 1
- 정득진, eBusiness 전문과정, 모바일 비지니스(상), (하), 한국전자거래진흥원, 2003
- SERI 경제 포커스 제 24호, 삼성경제 연구소, 2005, 1.17
- Hills, Mellanie, *Internet Business Strategies*, New York: Wiley, 1997
- James A. O' Brien, *Management Information Systems*, International Edition, McGraw Hill, 2004
- Kenneth C. Laudon, Jane P. Laudon, *Management Information Systems, Managing the Digital Firm*, Ninth Edition, Pearson Education, Inc., Prentice Hall, 2006
- Patrick McKeown, *Information Technology & The Networked Economy*, Second Edition, Thomson, 2003
- Turban, E., E. McLean and J. Wetherbe, *Information Technology for Management*, John Wiley,& Sons, 1996

제8장 비지니스프로세스와 전사적 자원관리

01 비지니스프로세스
02 전사적 자원관리
03 공급사슬관리
04 고객관계관리

학습 개요 및 목표

치열한 경쟁에서 살아남기 위한 지금까지의 기업 경영이론들을 요약하면, 제품을 최초로 출시하거나(더 빠르게), 최상의 품질을 제공하거나(더 좋게), 비용우위를 확보해야(더 싸게) 한다는 것이다. 경쟁사보다 먼저 제품을 출시함으로써 시장에서의 입지를 확보할 수 있으며, 경쟁사의 동일한 혹은 유사한 제품보다 더 나은 품질의 제품을 더 낮은 가격으로 공급함으로써 고객의 요구를 충족시킬 수 있음을 의미하며, 이를 통해서 결국 기업의 시장적 우위 차지할 수 있다는 것을 의미한다. 이러한 법칙들은 여전히 시장적 우위를 차지하기 위한 유효한 기준임에는 변함이 없으나, 기업경영의 오랜 경험을 통해서 볼 때, 모든 기업들이 '더 빠르게', '더 좋게', '더 싸게'라는 시장우위 전략을 추구하기 때문에, 이제는 단순한 시장 우위가 아닌 기업 전체의 경쟁적 우위를 차지하기 위한 또 다른 전략이 필요한 것이 현실이다. 경쟁에서 우위를 차지하기 위해서는 단순히 경쟁자와 동일한 기준과 동일한 방법으로는 부족하며, 이는 기업이 추구하는 목표(더 빠르게, 더 좋게, 더 싸게)를 달성하기 위해서 더 좋은 제품을 더 싸게 더 빨리 공급하는 일과, 이와 관련된 기업의 모든 일들을 보다 더 효율적으로 처리해야 한다는 것을 의미한다.

본 장에서는 기업의 경영환경과 업무처리 환경이 변화하고 있는 상황에서 보다 효율적으로 업무를 처리할 수 있는 방법에 대해서 고찰하고자 한다. 먼저 기업의 업무를 분류하는 다양한 기준과 기준 영역별 업무에 대해서 살펴보고, 기업의 목표를 달성하기 위해서 이들 업무들이 어떻게 연계되어 처리되는지에 대해서 전사적 자원관리를 중심으로 살펴보기로 하겠다. 이어서 기업 내부 영역에서 업무처리 영역을 외부 영역으로 확대하여 최근 이슈가 되고 있는 공급사슬관리와 고객관계관리에 대해서 살펴보고자 한다. 기업의 거의 모든 업무들이 시스템이라는 도구를 통해서 수행되기 때문에, 전사적 자원관리, 공급사슬관리 및 고객관계관리를 위해서 사용되고 있는 도구들에 대해서도 살펴보기로 하겠다. 본 장의 학습목표는 다음과 같다.

- 개별 업무처리를 분류하는 기준과 기준별 업무처리에 대해서 이해한다.
- 개별 업무처리영역의 통합의 필요성에 대해서 이해한다.
- 전사적 자원관리의 목표와 역사적인 출현 배경 그리고 기술적, 영역확대 관점의 진화과정을 이해한다.
- 경영혁신 도구로서의 전사적 자원관리의 개념을 이해한다.
- 공급사슬관리의 개념과 목표를 이해한다.
- 고객관계관리의 개념과 중요성에 대해서 이해한다.

ERP시장 2009년 7% 성장 (SW진흥원, 1,125억 시장 전망)

한국소프트웨어진흥원은 최근 '주요 애플리케이션 시장 결산 및 전망' 보고서를 통해 2009년 국내 ERP 시장은 올해보다 7% 이상 성장한 1125억 원 가량이 될 것으로 전망했다. 진흥원은 올해 국내 ERP 시장 규모가 지난해보다 10% 성장한 1,136억 원에 달하는데 이어 내년에도 성장세가 지속될 것이라고 강조했다. 이는 대기업들이 꾸준하게 ERP를 재구축하고 업그레이드하고 있는데다 대기업과의 협업 환경을 구축하기 위한 중소기업들의 수요도 확대될 것으로 예상되기 때문이다.

ERP는 삼성, 교보생명, 대한생명 등의 보험사가 구축을 완료하면서 미래에셋, 동양, 신한 등 생명보험사의 도입으로 이어져 성장세가 두드려지고 있다. 회계관리의 투명성이 중요한 금융권에서 우선 도입되고 있으며, 이 밖에도 건설업, 부품소재 및 중견기업들도 속속 ERP를 구축하기 시작한 것으로 나타났다. 진흥원은 또 그 동안 SAP코리아와 한국 오라클 등 글로벌 업체가 ERP 시장을 주도해왔다면 올해는 티맥스소프트, 삼성SDS, 영림원소프트랩, 더존다스, 인버스 등의 국내 기업들의 점유율도 높아져 내년에는 경쟁구도가 더욱 복잡해질 것으로 전망했다.

ERP 제품 비교 검토

업체명	솔루션	주요특징
SAP코리아	SAP R/3, mySAP ERP	· 기업용 ERP솔루션 부문 시장 점유 1위 · 지난 31년간 전세계 120개국 2만여 기업에서 현장 사용 · 마이크로소프트 닷넷(.NET), IBM 웹스피어와 연동
한국오라클 ㈜	Oracle e-Business Suite	· 어플리케이션, DB, 개발툴, Implementation 모두 제공 · 중소기업 ERP구축방법론 보유 : FastForward · Order Management, MFG모듈의 코드 불안정성 · 높은 비용(라이센스, 컨설팅 비용, 유지 · 보수) · 대기업 계열사 등 중견 기업에 Focus

업체명	솔루션	주요특징
SSA GT	BPCS	· 한국 시장에서의 점유율은 5% 미만 · 매출은 전부 제조업 분야에서 발생
QAD	MFG/PRO, eQ 3.5, eQ Supply Visua lization	· 대규모 제조업(자동차, 전자, 화학, 제약)에서 주로사용 · 세계 25대 자동차 회사 중 13개 업체에서 사용 · 중간 규모 및 대규모 제조업 시장에 Positioning
J.D Edwards	J.D. Edwards ERP /SCM, Ariba e-Procurement	· 중간 규모 제조업 Target (매출 규모 2천억 ~4천억) · 타 외산 ERP에 비해 소규모 · 국내는 ㈜윌러스에서 공급 · 전세계적으로 6300여 고객 보유
삼성 SDS	UniERP II , UniERP Lite	· 국내 ERP 업체 중 선두 (시장 점유율 : 8.26%) · 해외 사업 전개 (중국 · 일본 · 구주 · 미국 · 동남아) · 3-Tier 구성 · 웹지원 · 뉴소프트기술과 공동으로 중소기업 대상 uniLITE 출시 · 다국어 · 다통화 지원
뉴소프트 기술	B2B ERP, uniLITE	· B2Bi 및 PKI 인증 보안 시스템 내장 · 10억~500억 미만의 전기 · 전자 조립업과 유통업 Target · 자동차 업종 및 섬유 업종 버전은 Channel 영업
더존 디지털웨어	Neo-M, NEOplus, Neo-Q, Neo-X	· 세무 회계 솔루션의 80%이상의 시장 점유율 · 개인 및 기업을 위한 ASP 사업 진행 · 싱가포르 정부의 ASP 시범 사업에 참여 · 중국 진출
소프트파워	TopEnterprise, TopERP	· '3만개 중소기업 IT화 지원 사업' 참여 솔루션 업체 중 최다 계약 실적 (25% 점유) · 중견기업 · 대기업용 ERP 솔루션으로 서울대, KAIST와 공동 개발 (topEnterprise) · 국내 ERP 업체 매출 2위 (6.87%)
영림원	K.System Grand, K.System Standard(ERM)	· 3-Tier Architecture · 객체 지향형 컴포넌트 · No Customization · 올 11월 전 모듈 웹버전 출시
지엔텍	Vision21, @Vision21	· 100% Java로 개발된 객체 지향형 컴포넌트 구조 · 3-Tier Architecture (BEA의 WebLogic 사용) · ASP 사업적용을 위한 Multi DB, App. Server 구조 · 영어, 중국어, 일본어 지원
한국 하이네트	Infra ERP, Infra PRO 2000, Medi ERP,윈파워	· 11년간의 업무 전산화 경험 보유 · 소규모 사업자 Target · 제약 · 제조업 분야 업무 Process에 특화된 솔루션 · 대규모 사이트 시스템 구축 경험 및 지원인력 부족

업체명	솔루션	주요특징
코인텍	Eagle ERP	· 마이크로소프트사의 .Net을 기반으로 국내 기술로 개발된 세계 최초의 100% 웹 ERP 솔루션 · 중견 기업용 ERP
대한상공회의소	SMERP, SMERPpop	· 중소규모 대상 기업용 ERP · 제조업종과 유통업종으로 세분 · 100% 웹기반 ERP 솔루션

중소기업 ERP '최대격전지' 부상

그 동안 국산 솔루션을 주도했던 중소 · 중견기업(SMB)의 전사적 자원관리(ERP) 시장에 외산 솔루션 업체들이 잇달아 진출하면서 이 시장이 기업용 애플리케이션 업계의 최대 격전지로 부상했다.

관련업계에 따르면, SAP코리아와 한국오라클이 최근 SMB용 ERP 제품과 사업전략을 발표한 데 이어 한국마이크로소프트도 본사의 글로벌 파트너인 홍콩계 ESG코리아와 함께 내달 'ERP 솔루션 세미나'를 개최하는 것을 시작으로 ERP 사업에 간접적으로 진출할 계획이다. 또 중견기업 ERP 시장을 주도해온 SSA GT코리아도 최근 바안코리아 합병작업을 완료하고, 매출액 1,000억~3,000억 원대 중견기업 시장은 물론 중공업, 철강 분야 등으로 사업을 다각화할 계획이다. 여기에다 JD에드워드의 국내 총판인 윌러스는 피플소프트 제품을 추가로 공급하기 위해 현재 협상을 벌이는 등 외산 업체들의 인수합병에 따른 후 폭풍이 중견기업 시장에 큰 영향을 미치고 있다.

이와 함께 다국적 기업을 대상으로 CA의 '액팩' ERP 제품을 공급해온 온라인패스도 최근 홍콩의 외산 ERP 업체와 손잡고 중견기업용 제품을 추가로 선보일 계획이다. 이에 따라 국내 중견 및 중소기업 ERP 시장은 SAP 오라클 등 대형 ERP 업체와 그 동안 이 시장을 주도해온 국내 ERP 업체, SSA GT 코리아 등의 경쟁구도가 심해질 것으로 예상된다.

▸ ERP시장시장동향분석(2008)

http://www.hankyung.com/news/app/newsview.php?aid=2008122862561&sid=0104&nid=900

http://blog.daum.net/techleader/13691156

01 비지니스프로세스

1.1 비지니스프로세스의 이해

(1) 업무와 비지니스프로세스의 정의

① 업무(Transaction)

기업을 포함하여 모든 조직은 추구하는 목표를 달성하기 위해서 구체적인 일련의 작업들을 정의하고 이를 체계적으로 수행한다. 이처럼 목표를 달성하기 위해서 수행되는 체계적이고 구체적인 작업들을 개별업무(Tasks, Activities)라고 한다. 예를 들어, 기업이 추구하는 목표를 달성하기 위해서 정의된 구매업무, 생산업무, 영업 및 판매업무 등은 가장 상위의 기업업무에 해당된다. 이들 개별업무 내에 또 다른 하위업무가 있을 수 있으며, 업무의 복잡도에 따라서 하위업무를 구성하는 또 다른 하위업무들이 존재할 것이다. 예를 들어, 발주업무, 구매품 검사 및 구매품 입고처리 등은 구매업무의 하위업무에 해당될 것이며, 업체지정, 발주등록, 발

• 개별업무
기업의 목표들 달성하기 위해서 정의된 체계적이고 구체적인 작업

그림 8-1 업무와 비지니스프로세스

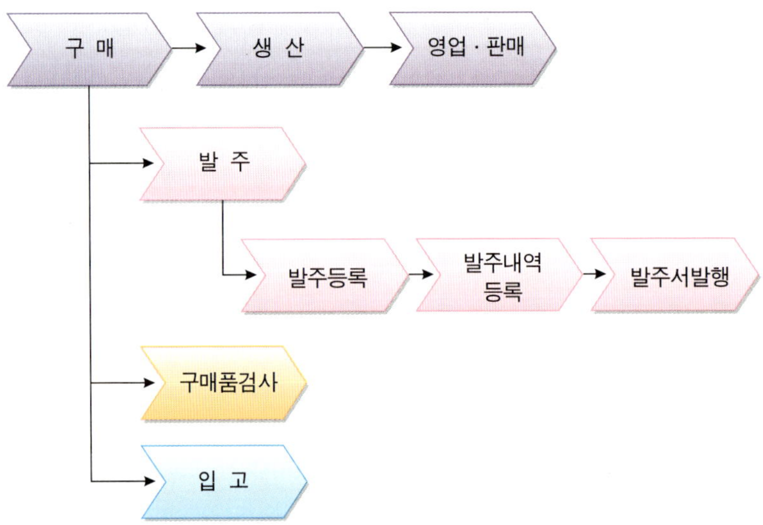

주내역등록, 발주서 발행 등의 업무들은 발주업무의 하위업무에 해당될 것이다.

② 비지니스프로세스

● 비지니스프로세스
기업의 목표를 달성하기 위해서 정의된 업무들의 연속된 흐름

기업이 추구하는 목표는 이러한 업무들이 연속해서 수행됨으로써 달성되는데, 이들 업무들의 연속된 흐름을 비지니스프로세스(Business Process)라고 한다. 기업이 수행하는 모든 업무들은 더 많은 부가가치를 창출하기 위한 것이기 때문에, 기업이 수행하는 업무의 흐름은 결국 부가가치흐름을 나타내며, 따라서 비지니스프로세스는 기업의 부가가치흐름을 나타내는 또 다른 방법이며, 기업의 부가가치를 창출하는 가장 기본적인 단위는 결국 업무인 셈이다.

(2) 업무와 비지니스프로세스의 분류

① 업무주체에 따른 분류

기업이 수행하는 업무들을 분류하는 가장 기본적인 기준은 업무처리 주체 즉, 누가 업무를 처리하느냐에 따라 분류하는 것이다. 기업에서의 업무처리 주체는 물론 기업 구성원이 될 것이며, 이들 기업 구성원들에게는 고유의 역할분담이 있기 때문에, 주체에 따른 업무의 분류는 결국 기업 구성원의 역할에 따른 분류이기도 하다. 기업 구성원은 자신들에게 분담된 역할에 따라서 기업의 나아갈 방향을 설정하거나 목표를 설정하는 등의 전략적인 의사결정을 주로 하는 최고경영층과, 확정된 목표를 효율적으로 달성하기 위해서 실제 작업자들을 관리하고 통제하는 등

그림 8-2 업무주체의 역할에 따른 업무분류

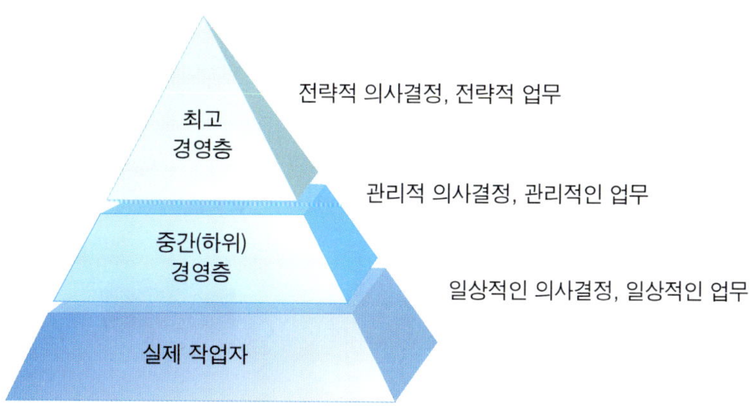

의 관리적 역할을 담당하는 중간관리층(하위관리층 포함) 그리고 실제 작업을 수행하는 일상적인 작업자들로 구분된다. 이처럼 업무주체 별 역할분담에 따라서 전략적인 업무, 관리적인 업무 그리고 일상적인 업무로 구분된다. 특히, 실제 작업자들이 수행하는 일상적인 업무를 거래처리(Transaction)라 하며, 급여계산, 주문처리 등이 대표적인 예에 해당된다.

• 거래처리
기업의 실무자들이 수행하는 일상적인 업무

② 기능에 따른 업무의 분류

기능에 따른 업무의 분류는 기업의 업무를 목표를 달성하기 위해서 정의된 업무 영역별로 분류하는 방법으로 기업이 추구하는 목표를 달성하기 위해서 정의된 핵심기능별로 세분화하여 이를 분류기준으로 하는 것이다. 기업의 목표를 달성하기 위해서 정의된 핵심업무들은 구매, 생산, 영업 및 판매, 회계, 재무, 인사 등으로 구별할 수 있으며, 이들 핵심영역에 따라 구매업무, 생산업무, 영업 및 판매업무, 회계업무, 재무업무, 인사업무 등으로 구분된다.

(3) 업무처리방식

기업이 수행하는 모든 업무들은 업무의 복잡도와 성격에 따라서 수동으로 수행되거나 혹은 자동으로 수행된다. 경우에 따라서는 수동처리와 자동처리 방법을 병행하여 처리되기도 한다. 예를 들어, 종업원의 수가 적은 소기업의 경우에는 급여를 수작업으로 계산할 수도 있지만, 대부분의 경우에는 급여계산 프로그램을 이용하여 급여를 계산하게 된다. 예를 들어, 투자 분석가의 경우 주가의 흐름을 나타내는 차트를 수작업으로 작성할 수도 있지만, 수시로 변하는 주가의 흐름을 파악하여 신속한 의사결정을 내리기 위해서 자동화된 도구를 이용하여 주가의 흐름을 파악하여 주식의 매도 및 매수 시점을 계산하기도 한다. 기업의 업무를 자동으로

그림 8-3 업무의 일괄처리방식

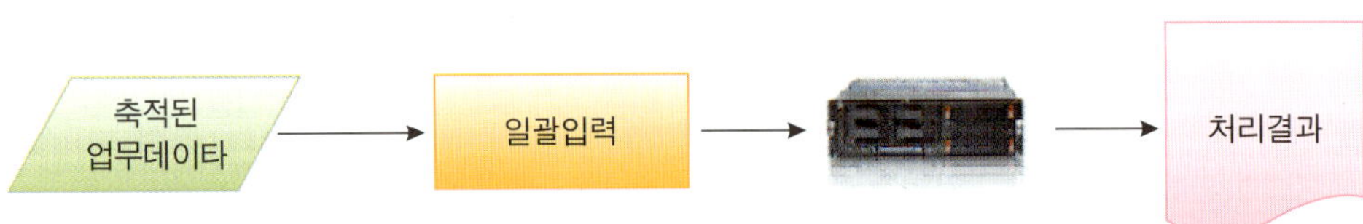

처리한다는 것은 업무처리시스템을 이용한다는 것을 의미하며, 업무처리시스템을 이용하는 경우에도 처리방식에 따라서 일괄처리방식과 온라인 처리방식으로 구분된다.

① 일괄처리방식

● 일괄처리방식
업무처리내용을 일정기간 축적하였다가 일괄적으로 처리하는 업무처리방식

일괄처리방식(Batch Processing)을 기업에서 발생하는 업무처리 내용이 발생할 때마다 즉시 처리하는 것이 아니라, 업무의 성격에 따라서 일정기간 동안 축적하여 두었다가 처리하는 방식이다. 예를 들어, 일상적으로 발생하는 고객의 주문에 대해서 송장발송 혹은 지불요청은 이에 대한 업무가 발생할 때마다 즉시 처리하는 것이 중요하지만, 종업원의 급여계산의 경우에는 근태기록카드를 비롯하여 급여계산에 필요한 자료를 일정기간 입력하였다가 일괄적으로 처리하는 것이 업무처리비용 절감을 위해서도 효율적일 것이다.

② 온라인처리방식

종업원 급여계산의 경우 급여계산을 위해서 필요한 자료를 수집하고 급여기록을 갱신하는데 시간이 필요할 뿐만 아니라, 급여계산이라는 업무의 성격 상 일정기간 후에 처리하여도 아무런 문제가 되지 않는다. 그러나 항공사의 좌석예약업무 혹은 증권거래업무와 같이 처리내용이 발생할 때마다 즉시 처리해야 하는 경우에는 처리내용을 축적하지 않고 즉시 처리하여 처리된 내용이 즉시 반영되도록 하여야 한다. 이와 같이 업무내용을 즉시 처리하여 언제나 최신의 데이타 상태를 유지하도록 하는 업무처리방식을 온라인처리방식(OLTP: Online Transaction Processing)이라 한다. 예를 들면, 위에서 설명한 항공사의 좌석예약현황, 증권회사의 증권거래시황, 외상매출금 수금현황, 송장처리, 주문발송 등이 이에 해당된다. 온라인처리방식은 일괄처리방식에 비해서 더 신속하며, 더 효율적인 대 고객서비스를 제공할 수 있다는 측면에서 유리하지만, 온라인처리를 위해서 인터넷과 같은 기본 인프라는 물론 개별 거래처리 응용시스템과의 연계되어야 하기 때문에, 별도의 비용이 수반된다.

● 온라인처리방식
업무처리내용이 발생할 때마다 즉시 처리하는 업무처리방식

(4) 업무처리내용

기업에서 수행되는 모든 업무는 특히, 거래처리업무는 필요한 데이타를 오류없

그림 8-4 **업무의 온라인처리방식**

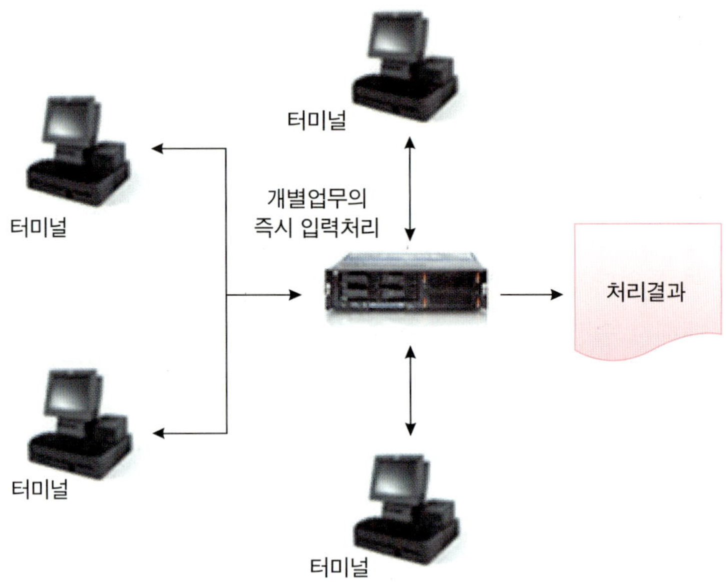

이 입력 받아 정해진 내용에 따라 입력 받은 데이타를 가공 처리하여 그 결과를 출력하는 것을 말한다. 예를 들어, 급여계산의 경우, 급여계산을 위한 입력 데이타는 종업원의 근무시간과 시간당 임금(시간급이라 가정한다면)이 될 것이며, 내부적인 급여계산 방식에 따라서 급여가 계산되고 그 결과는 급여명세서로 출력된다.

[그림 8-5]의 급여계산 트랜잭션에서 보는 바와 같이 모든 거래처리업무는 필요한 데이타를 수집하고, 이를 가공처리하며, 그 결과를 보고서 혹은 필요한 다른 형태로 출력하고 저장하는 것이 가장 기본적인 업무처리 내용이며, 필요한 데이타를 오류없이 입력하기 위해서 데이타의 편집 및 데이타수정과 같은 작업이 요구되기도 한다. 이와 같은 데이타 수집, 데이타 편집 및 교정, 데이타 조작, 데이타 저장 및 보고서 출력으로 이어지는 순환프로세스를 업무처리 사이클(Transaction Processing Cycle)이라 한다.

● 업무처리 사이클
데이타의 수집에서 데이타의 편집 및 교정, 데이타 조작, 데이타의 저장 및 출력으로 이어지는 순환프로세스

① 데이타 수집(Data Collection)

● 데이타 수집
업무처리를 위해서 필요한 데이타를 모으는 작업

업무처리를 위해서 필요한 모든 데이타를 수집하는 것을 의미하며, 필요한 데이타를 수집하는 방법은 수작업으로 데이타를 수집하는 경우도 있지만, 터미널이나

그림 8-5 급여계산 트랜잭션

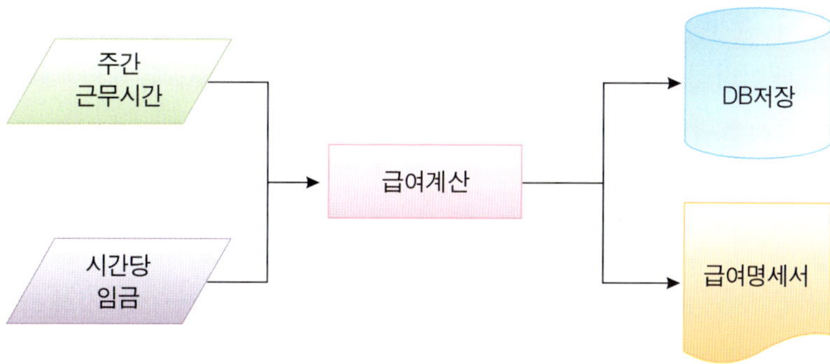

POS장치, 스캐너와 같은 입력장치를 이용하여 자동으로 데이타를 수집하는 경우도 있다. 업무처리의 정확성은 일차적으로 입력 받은 데이타의 정확성에 의해서 좌우되기 때문에, 데이타의 정확성을 검증하는 것이 중요하다. 이런 관점에서 수동으로 데이타를 수집하는 것보다 특수한 입력장치를 이용하여 데이타를 자동으로 입력 받는 것이 업무처리의 정확성을 높이는 방법이 될 수 있다. 예를 들어, 편의점 계산대에서 스캐닝 장비를 이용하여 상품코드를 자동으로 스캐닝하여 가격을 검색하여 계산하고, 상세 구매정보 등을 읽어 들여서 재고 데이타베이스를 자동으로 갱신함으로써 상품에 대한 주문시점을 계산하는 업무를 동시에 처리하는 것은 바로 이 때문이다.

- 데이타 편집 및 수정
데이타의 완전성과 유효성을 보장하기 위해서 데이타를 가공하고 수정하는 작업

② 데이타 편집 및 수정(Data Editing and Correction)

업무처리에서 가장 중요한 것은 입력 데이타의 정확성 즉, 유효성과 완전성을 보장하는 것이다. 예를 들어, 종업원의 급여를 계산하기 위해서 필요한 데이타를 입력하는데 주당 근무시간을 40시간으로 입력해야 할 것은 잘못하여 400시간으로 입력했다고 가정해 보자. 주당 근무시간이 400시간이라는 것은 물리적으로 불가능한 시간임에도 불구하고 이를 근거로 계산된 급여를 지급했다면 큰 낭패가 아닐 수 없다. 또는 시간당 임금이 숫자로 표시되지 않고 문자로 표시되었다면 급여계산 자체가 되지 않을 것이다. 이처럼 데이타의 오류는 유효하지 않는 데이타를 바로 잡는 것뿐만 아니라, 부정확한 데이타를 바로 잡을 수 있는 기능은 매우 중요하다. 데이타 편집과정에서 발생한 부정확한 데이타 혹은 유효하지 않는 데이타

를 다시 입력 받는 것을 데이타 수정이라 한다.

• 데이타 조작
정확하고 유효한 데이타를 분류, 정렬하고, 계산하는 일련의 작업

③ 데이타 조작(Data Manipulation)

데이타를 수집하고 편집하는 과정에서 정확하고 유효한 데이타를 입력 받았다면, 이를 근거로 정의된 업무내용을 처리하는 것은 업무처리의 본질이다. 데이타 조작이란, 이처럼 정확하고 유효한 데이타를 분류, 정렬하고, 계산하는 일련 작업을 말한다. 예를 들어, 종업원의 급여계산에서 주당 근무시간과 시간당 임금을 곱하여 기본 임금을 계산하고 경우에 따라서 내부적으로 정해진 수당을 부가하고, 원천징수 및 기타 공제액을 계산하여 종업원에게 지급할 급여를 계산하는 작업을 말한다.

• 데이타 저장 및 보고서 출력
데이타 조작결과를 데이타베이스에 저장하고 원하는 양식으로 출력하는 작업

④ 데이타 저장 및 보고서 생성(Data Storage and Reporting)

데이타 조작결과는 업무처리 데이타베이스에 저장되어 기존의 업무처리 결과가 갱신된다. 데이타베이스가 갱신되기 전에는 데이타의 정확성과 신뢰성 그리고 적시성이 보장되지 못하며, 데이타베이스가 갱신된 후에야 최신의 상태를 유지하게 되며, 의사결정이 필요한 모든 구성원들에게 최신의 정확한 정보를 제공할 수가

그림 8-6 업무처리 순환사이클(R.Stair and G.Reynolds, 2008)

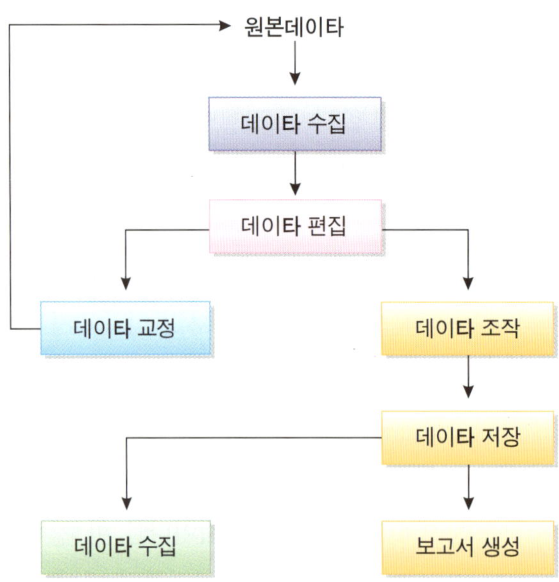

있다. 데이타 조작 후 최종 결과는 업무내용에 따라서 미리 정의된 형태의 보고서로 출력된다. 예를 들어, 급여계산의 경우 급여명세서로 혹은 외상매출금 처리업무의 경우 미결제금액 보고서와 같은 문서가 출력된다.

(5) 핵심업무처리시스템

• 구매처리
생산계획에 따라 제품을 생산하는데 필요한 원자재나 부분품 중에서 부족한 부분을 충당하기 위한 일련의 작업과정

① 구매처리(Purchasing Process)

구매처리업무는 생산계획에 따라 제품을 생산하는데 필요한 원자재나 부분품 중에서 부족한 부분을 충당하기 위한 일련의 작업과정이다. 구매처리는 구매요청 건에 대해서 구매 거래처를 등록하고 발주내역을 등록하고 발주서를 발행하는 작업에서 구매품이 도착하여 입고처리하기까지의 구매처리 전 과정을 계획하고 관리하는 업무 등이 이에 해당되며, 구매처리에 포함된 업무들은 다음과 같다.

- 발주처리 : 자재소요계획(MRP: Material Requirements Planning) 결과 생성된 구매요청 건에 대해서 업체를 지정하여 등록하고, 발주내역을 등록한 후 발주서를 발행하는 업무
- 입고처리 : 발주 건에 대해서 납품일 이후 미 입고된 건에 대한 내역을 조회하거나, 발주 원자재가 입고된 경우, 입고검사를 해야 하는 경우인지를 확인하여 검사대상인 경우에는 검사등록을 하고, 그렇지 않는 경우에 입고처리 하는 업무
- 검사 및 검사결과 처리 : 입고검사를 실시하고, 그 결과를 등록하고 처리하는 업무

• 주문처리
고객의 주문을 입력하는 순간부터 주문제품이 고객에게 배송되고 사후 관리되는 주문관련 모든 업무

② 주무처리(Order Process)

주문처리는 고객의 주문을 입력하는 순간부터 주문제품이 고객에게 배송되고 사후 관리되는 주문관련 모든 업무를 포함하고 있으며, 전체 주문처리업무 흐름은 [그림 8-7]과 같다.

[그림 8-7]에서 보는 바와 같이 전화, 팩스 혹은 온라인으로 고객주문이 도착되면 주문내역을 입력하고 주문한 제품 재고가 충분하면 배송계획을 수립하여 송장과 함께 배송하게 된다. 그러나 주문제품에 대한 재고가 충분한지를 확인하기 위해서 재고관리부서와 연계되어야 하며, 재고가 충분하지 않은 경우 생산계획을 수

그림 8-7 주문처리 프로세스(R.Stair and G.Reynolds, 2008)

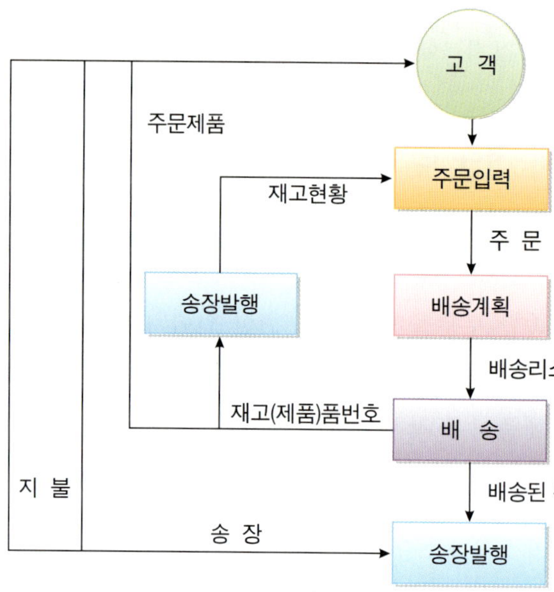

립하여 생산한 후 제품을 발송할 수 있기 때문에, [그림 8-7]에는 표시되지 않았으나, 주문처리업무는 재고관리업무 혹은 생산관리업무와도 연계되어 있는 핵심업무 중에서 매우 중요한 업무에 해당된다.

● 회계처리
기업에서 발생하는 모든 거래내역과 내부의 자금 흐름을 기록하여 대차대조표와 손익계산서를 작성하는 업무

● 재무처리
기업의 자금을 조달하거나, 기업 내부의 자원을 배분하고 관리하는 업무

③ 회계 및 재무처리(Accounting and Financing Process)

회계처리업무는 기업의 모든 활동이 회계영역과 연결되어 있기 때문에, 기업에서 가장 기본적인 업무영역에 해당된다. 회계처리업무의 내용은 기업에서 발생하는 모든 거래와 내용을 기록하는 것부터 출발하여 기업 내부의 자금흐름을 기록하고 보고하며, 대차대조표와 손익계산서와 같은 재무제표를 작성하는 것을 핵심으로 하고 있다. 이 뿐만 아니라, 추정되는 재무제표 및 재무예산과 같은 미래상황을 예측하기도 하며, 이러한 예측자료를 근거로 기업의 재무성과를 측정하는 일도 중요한 회계처리 내용에 속한다. 재무처리업무는 기업의 자금을 조달하거나, 기업 내부의 재원의 배분 및 관리와 관련된 업무들로 주요 업무내용은 다음과 같다.

- 현금과 유가증권 관리

- 자본예산수립
- 재무예측 및 재무계획 수립

1.2 비지니스프로세스의 통합

(1) 업무 및 데이타의 연계

기업에서 수행되는 모든 업무는 [그림 8-8]에서 보는 바와 같이 서로 유기적으로 연계되어 있다. 따라서 어느 한 업무를 처리하기 위해서 다른 영역의 업무처리 결과가 필요하며, 그 처리결과는 또 다른 업무를 처리하기 위한 중요한 데이타가 된다.

예를 들어, 영업 및 판매관리 영역에서 판매계획을 수립하여 예상되는 판매량을 결정되면, 생산관리 담당자는 이를 근거로 생산계획을 수립하고 필요한 부품 소요량을 계산하여 구매관리 담당자에게 구매를 요청한다. 구매관리 담당자는 구매요청에 근거하여 발주관련 업무를 처리하고 원자재 구매관련 발주 및 외주가공관리,

그림 8-8 업무처리의 통합

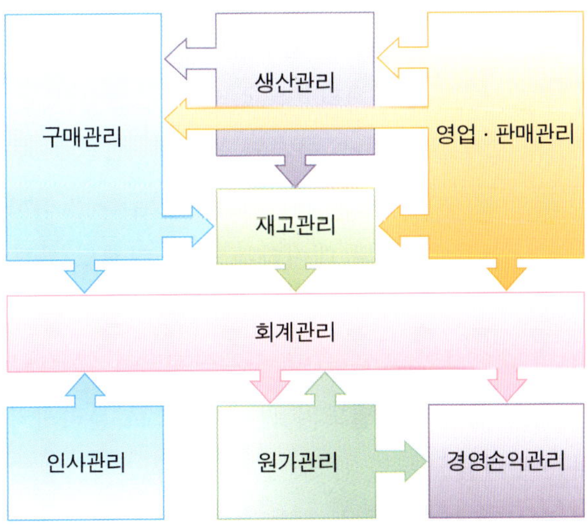

구매자재 검사 등의 업무를 처리하게 된다. 재고관리 부서의 핵심 업무는 자재 및 완제품의 입출고를 관리하는 것으로 생산계획에 의해서 제품생산과정이 완료되면 이에 대한 완제품 재고를 처리하며, 구매부서로부터 발주된 원자재가 도착되어 검사가 완료되면 원자재 입고업무를 처리하게 된다. 또한 영업 및 판매관리 영역으로부터 고객 주문에 대한 발송요청 건에 대해서 발송이 완료되면, 완제품 재고의 업데이트하는 일도 재고관리 부서에서 처리하는 주요 업무에 해당된다.

영업 및 판매관리 영역에서의 고객주문에 대해서 주문제품이 발송되거나, 구매관리 영역에서의 자재발주 결과 구매 원자재가 입고되면 이에 대한 결제가 이루어져야 하기 때문에, 구매관리 영역과 영업 및 판매관리 영역의 업무는 회계관리 영역과 연계되어 있으며, 재고관리 영역에서의 현재 재고 상황에 대한 재고자산을 파악하여 회계처리를 해야 하기 때문에, 재고관리 영역과 회계관리 영역의 업무도 서로 연계되어 있다. 이 이외에도 인사관리, 자산관리, 경영손익관리 영역의 업무들 또한 회계관리 영역의 업무 혹은 상호 간에 연계되어 자체 영역의 업무를 처리하기 위해서 다른 영역의 데이타를 활용하게 된다.

(2) 전사적 업무처리 : 비지니스프로세스의 통합

● **비지니스프로세스의 통합**
기업의 목표를 달성하기 위해서 정의된 모든 업무들이 유기적인 사슬모양으로 연결된 형태

[그림 8-8]에서 기업의 모든 업무들이 서로 유기적으로 연계되어 있음을 확인하였다. 이처럼 기업의 업무들이 서로 연계되어 있음은 기업이 추구하는 목표를 달성하기 위해서 정의된 모든 업무들이 사슬처럼 연결되어 있음을 의미하며, 이와 같은 사슬모양의 업무처리흐름은 앞에서 설명한 것처럼 비지니스프로세스라 한다. 기업의 업무들이 서로 연계된 것처럼, 업무를 처리하기 위한 데이타 역시 서로 연결되어 있기 때문에, 하나의 단위 업무를 처리하기 위해서 데이타가 필요하며, 업무처리결과 생성된 데이타는 서로 연계된 다른 업무를 처리하는데 필요하다.

이와 같이 데이타와 업무들이 서로 연계되어 있음에도 불구하고 지난 수십 년 동안 기업들은 데이타를 별도의 관리대상으로 분리시키고, 처리할 업무기능만을 자동화하는데 역점을 두었다. 그 결과 주문처리시스템, 재고관리시스템 등과 같은 기능 중심의 응용시스템들을 개발되어 업무처리의 효율성은 향상되었으나, 업무기능과 데이타가 분리되는 문제가 발생하게 되었다.

① 기능의 연통(Stovepipe)

• 기능의 연통
기업의 어느 한 업무영역이나 영역 내의 한 업무기능이 다른 영역 혹은 다른 기능과 소통 없이 연통과 같이 분리되어 있는 상태

개별 응용시스템은 한 업무영역이나 영역 내의 한 업무기능을 수행하기 위해서 만들어지는 것이 보통이다. 그 결과 같은 영역 내부의 다른 업무나 혹은 다른 업무영역과는 사일로(Silo)처럼 분리되는 문제가 발생하게 된다. 이러한 문제의 원인은 응용시스템을 개발할 때, 그 것을 통해서 구현하려는 모든 기능들이 포함될 수 있도록 전사적인 비지니스프로세스를 고려하지 않고 단지 개별업무만을 자동화하기 위해서 목적에서 개발되기 때문이다.

실제로 기업의 업무 담당자들은 자신이 처리할 업무 전체가 프로세스화되어 구현된 것이 아니기 때문에, 하나의 비지니스프로세스 중에서도 일부만을 수행할 의무가 있으며, 자신의 다른 업무는 다른 비지니스프로세스의 일부에 속해 있게 된다. 따라서 그들은 불완전한 프로세스를 연결시키기 위해서 나름대로 스스로 만든 방법 예를 들면, 수작업에 의한 업무전달, 전화통화, 메일과 같은 방법으로 단절된 업무기능을 연결시키는 작업을 하게 된다. 따라서 응용시스템이 개발되었다 하더라도 어떤 시스템은 전혀 사용하지 않거나, 혹은 사용하더라도 가끔 사용함으로써 시스템 내부에 저장된 데이타들은 불완전하고 부정확하게 되어 오히려 혼란만을 야기시키게 된다.

② 데이타의 연통

• 데이타의 연통
자신에게 속한 업무데이타만을 보유하고 있어 다른 업무처리 담당자가 생성한 데이타와 소통이 없고 분리되어 있는 상태

개별업무를 처리하기 위한 응용시스템은 정적이며, 그 내부에는 각각의 응용시스템이 업무를 처리하는데 필요한 데이타만을 저장하게 된다. 이는 존재하는 응용시스댐의 수민큼 벌도로 저장된 데이타그룹이 존재한다는 것을 의미한다. 따라서 기능의 연통에서와 마찬가지로 업무 담당자들은 자신의 업무를 처리하는데 필요하지만, 자신이 보유하지 못한 데이타가 필요한 경우 다량의 데이타를 복제하거나, 보고서를 작성하거나 추가 기록을 보관하는 등과 같은 임시방편을 고안해 내게 된다. 필요한 데이타를 복제함으로써 자신의 업무를 처리할 수는 없으나, 기업 전제의 데이나 관리측먼에서 데이타의 중복, 데이디의 불일치, 논리적인 모순 등과 같은 심각한 문제를 초래하게 된다.

(3) 통합업무 처리시스템에 대한 요구

기능의 연통과 데이타의 연통문제를 효과적으로 해결하는 방법은 기업이 처리할 전체 업무를 포괄하는 전사적 비지니스프로세스를 구축하고 이를 통합 처리하며, 전사적 비지니스프로세스를 수행하는데 필요한, 생성된 모든 데이타를 통합하여 관리하는 것이다. 통합업무 처리시스템을 구축하는 기본전제는 기업이 수행한 모든 업무를 포함하는 전사적 비지니스프로세스를 구현하는 것이다. 전사적 비지니스프로세스를 구현하는 방법은 기능중심으로 구현하느냐, 혹은 프로세스 중심으로 구현하느냐에 따라서 프로세스 수행의 효율성과 기능별 자원활용도가 달라지며, 전사적 비지니스프로세스를 구현하는 방법은 기능 중심으로 업무흐름을 구현하는 방법과, 프로세스 중심으로 업무흐름을 구현한 두 가지 방법이 있다.

어떤 방법이 더 효율적이냐는 업무의 성격에 따라서 달라질 수 있다. 또한 비지니스프로세스에 대한 평가는 자체 기업의 업무 효율성과 같은 기준에 의해서 평가되기도 하지만, 기업자체의 평가보다는 외부의 고객에 의해서 평가되는 것이 보통이다. 외부 고객들은 대부분 다양한 요구를 가지고 있으며, 이를 충족시켜 주기를 원하기 때문에, 고객의 다양한 요구를 충족시키기 위해서는 신속하고 유연한 업무처리가 가능한 방식으로 구현하는 것이 유리할 것이다.

● 기능중심의 업무흐름
기능 즉, 업무영역별로 구성된 조직단위에 따라 구현된 업무흐름

① 기능 중심의 업무흐름 구현

기능 즉, 업무영역별로 구성된 조직단위에 따라서 업무처리 흐름을 구현하는 방식으로 업무 영역 내에서의 인적자원 그리고 물적자원 그리고 기타 자원의 활용도가 매우 높게 나타나지만, 업무를 처리하기 위해서는 다른 기능들과의 조화와 상호 연계가 필요하기 때문에, 프로세스 간의 효율성은 떨어지게 된다. 또한 이와 같은 기능 중심의 업무흐름을 통해서는 고객의 요구에 신속하고 유연하게 대처하는 것이 어렵다.

● 프로세스 중심의 업무흐름
업무영역과 상관없이 실제 업무가 처리되는 흐름에 따라 구현된 업무흐름

② 프로세스 중심의 업무흐름 구현

프로세스 중심의 업무흐름은 프로세스의 종단을 동일한 업무영역에 두지 않고 실제로 업무가 처리되는 흐름에 맞추어 신속하고 유연하게 프로세스가 처리되도록 하는 구현한 방식이다. 이러한 프로세스 중심의 업무흐름은 내부 자원활용도 면에서는 비효율적이라는 단점이 있지만, 프로세스 자체의 효율성과 특히, 외부

그림 8-9 기능 중심의 업무흐름

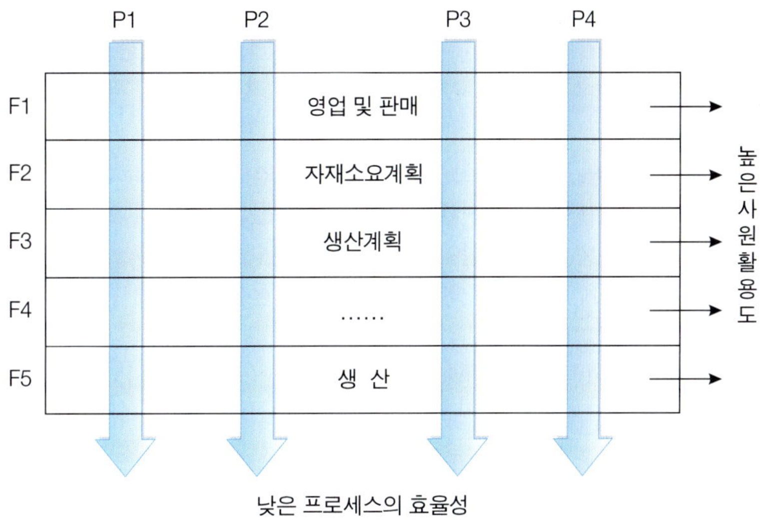

그림 8-10 프로세스 중심의 업무흐름

고객의 다양한 요구에 대해서 신속하고 유연하게 대처할 수 있다는 장점이 있기 때문에, 프로세스 중심의 업무흐름 구현 방식이 더 많이 활용된다.

Case in Point

ERP구축 성공사례: 삼양사 - 혁신을 거듭하는 젊은 기업으로

국내 의약 · 바이오, 화학, 식품, 환경 관련분야의 선두 기업인 삼양사는 식품, 배합사료, 특수 화학, 엔지니어링 플라스틱, 의약, 산업자재용 섬유, 무역, 환경사업에 근간한 기초 소재 및 서비스를 생산, 제공하는 복합 기업체이다. 삼양사는 1924년 서울에 본사를 두고 창업하여 현재 미화 7억 4천 2백만 달러의 연간 매출액과 국내에서는 17개 사무소에 1,200명의 직원을 두고 있으며, 일본(Tokyo), 미국(New York), 중국(Shanghai) 등지에서 사무소를 운영하고 있다. 또한, 2002년 4월에는 연구개발 분야에서의 역량을 인정받아 한국 특허청으로부터 100대 우수기업으로도 선정된 바 있는 삼양사는 의약 · 바이오, 화학, 식품, 환경 등의 사업영역을 주축으로 사업구조를 재편하고, 향후 세계 최고의 경쟁력을 지닌 기업으로 거듭나고자 끝없는 혁신을 추구하는 젊은 기업으로 다시 태어나고 있다. 이러한 노력의 일환으로 삼양사는 1999년 4월부터 1999년 9월까지 ERP 구축을 위한 Master Plan을 수행하였으며, 1999년 10월부터 JD Edwards OneWorldXE를 최초로 도입하여 2001년 7월에 삼양사 ERP 시스템 구축 완료하였다. 또한, 그룹 차원의 e-Transformation 구축을 위한 기반을 마련하고자 2002년 1월부터 약 6개월에 걸쳐 그룹 계열사 중 삼양밀맥스에 대해 JD EdwardsOneWorld XE로 ERP 시스템을 자체 인력만으로 구축을 완료하였다.

삼양사, 중견기업을 위한 Best Practice ERP Solution Oracle JD Edwards 선택

삼양사는 초기 ERP 시스템 구축 당시 Oracle JD Edwards 솔루션을 선택했다. Oracle JD Edwards 솔루션은 미래의 비지니스 프로세스 구현 및 개발 용이성, 비지니스 프로세스 및 조직 변화에 대한 수용성, 사용자의 편의성, 시스템 안정화 및 기간 단축, 그리고 MS 오피스와의 인터페이스 용이성 등을 고려했을 때 어떤 타 솔루션보다 우수했다. 그리고 구축 완료 후 삼양사 ERP 시스템은 의사결정지원, 업무의 효율성 및 부가가치 제고, 정보의 정확성 및 신뢰도 향상 그리고 고객 만족도의 향상이라는 두드러지는 성과를 보여주었다. 그러나, 2005년 2월에 유지 보수 계약이 만료될 예정이었고 추후 4~5년 내에 100% 웹 기반 비지니스 프로세스 구축 및 사용자 편의성을 보다 향상하고자Oracle JD Edwards EnterpriseOne 으로 삼양사 ERP 시스템 업그레이드를 결정하게 되었다.

Oracle JD Edwards Enterprise One 810 업그레이드로 편리하고 빠른 업무처리를 통한 업무 효율성의 향상

삼양사는 이번 Oracle JD Edwards EnterpriseOne 810 으로 ERP 업그레이드를 결정하면서 시스템 처리속도 향상, 프로세스 개선, 사용자 편의성 향상 및 향상된 최신 기능 적용으로 안정적 운영환경 확립을 목표로 삼았다. 우선 처리속도는 기존 버전에 대비하여 약 50% 빨라져 처리 건 당 약 85초에서 44초로 그 소요시간이 크게 단축되었다. 특히, 장시간 소요되는 일괄배치 처리의 속도가 크게 개선되었는데, 담당 별 Sales update처리의 경우 기존에 45분이 걸리던 처리시간이 업그레이드 후 9분으로 줄어들어 약 1/5로 단축되었다는 것을 알 수 있다. 이러한 성과로 신속한 업무처리 지원뿐만 아니라 처리 지연에 따른 정보 불일치 위험을 감소시켰다.

프로세스 개선으로 이번 업그레이드 ERP 시스템은 회계 계정과목 단위에서의 고정자산 등 필수 관리항목

위주로 파악되던 설비비용 투입내역을 설비 자체의 BOM (Bill of Materials, 원가회계) 중심으로 체계적인 설비비용 분석시스템을 제공하게 했다. 이로 인해 설비에 투입된 제반비용의 종합적 관리가 가능해졌고, 분석된 자료는 설비의 증설 또는 교체 시 주요 의사결정 정보로도 활용이 가능했다. 그리고 유사 반복되는 주문행위를 기존 주문패턴에서 확인 후 수정 입력할 수 있게 하여 반복주문업무의 간소화를 실현했다. 이를 통해 신속하게 주문 입력처리를 지원할 수 있게 되었을 뿐만 아니라 오류주문 발생가능성 또한 크게 감소했다. 또, 관계번호를 이용한 품목변환 처리를 적용해 처리의 사후 추적성을 강화했으며, 정보관리의 범위를 확장하여 업무효율성을 향상 하였다. 예를 들어, 선수금 반환처리나 마이너스 입금처리와 같은 분리된 예외 처리를 기본 프로세스에 포함하고 전사 공정코드의 단일화를 유도 함으로써 통합화에 성공했으며, 업무처리의 유연성은 다양해진 폐기 및 실사 증감 등의 재고처리와 다량 일괄 처리의 사전 자가검증 기능을 통해서 이루었다.

Oracle JD Edwards EnterpriseOne 810 업그레이드로 기존 기능 개선, 웹 서비스 확대, 사용자 편의 향상
최근 업그레이드를 통해 삼양사는 코드 암기없이 유효한 코드 선택 입력 방식 지원, 동시 지불전표 취소 처리 시 필수 체크항목의 자동체크 처리기능, 그리고 별도의 분리작업 없이도 승인대상 전표를 직접 확인할 수 있는 기능 등 새로운 기능을 추가 하였다. 또한 전표승인, 구매품의 승인, 지급 승인 등의 처리까지 Web service의 적용 범위를 확대하여 보다 편리하고 빠른 업무처리 효과를 얻을 수 있게 하였다. 나아가서 이번 Oracle JD Edwards EnterpriseOne 810 업그레이드를 통해 자주 사용하는 프로그램의 즐겨찾기 기능, 온라인 매뉴얼 기능 등 다양한 기능들을 적용하여 사용자 편의성을 향상 하였다.

삼양사, 대한민국을 넘어 세계로

세계적 경쟁력을 갖춘 기초 소재 기업으로 재탄생 하기 위해, 삼양사는 지속적이고 전사적인 기업 정보화를 통해 미래를 준비하고 있다. 2006년 2월 20일부터 새로운 버전으로 운영을 시작한 삼양사의 ERP 시스템은 조기 안정화를 위하여 Help Desk를 운영하였으며, 성공적인 시스템 안정화가 진행됨에 따라 4월부터는 Help Desk의 운영을 중지하고 기존의 유지보수 체제로 전환하였다. 삼양사는 업그레이드된 ERP 시스템의 지속적 안정화를 위해 프로세스 별 정기교육 및 현업 방문 교육 등의 사용자 교육을 활성화하고, 업무 개선 의견을 적극 수렴 및 반영해 나갈 계획이다.

▸ http://www.oracle.com/global/kr/customers/profiles/samyang-erp.html

02 전사적 자원관리

컴퓨터가 기업에 활용되기 시작한 1970년대에는 급여계산이나 고객주문처리와 같이 주로 기업에서 일상적으로 반복되는 업무를 효율적으로 처리하기 위한 목적이었다. 그러나 앞 절에서 살펴본 바와 같이 기업에 처리되는 모든 업무들은 유기적으로 연계되어 있기 때문에, 기업의 전사적인 업무를 통합하여 처리할 필요성이 대두되었다. 또한 기업의 외적인 환경과 내적인 업무처리 환경이 변함에 따라서 기업의 부가가치 창출과정(Value Chain)이 복잡해지면서 부가가치 창출에 관련된 자원을 효율적으로 관리하기 위한 통합시스템이 요구되었다. 이러한 시대적인 흐름에 맞추어 기업전체의 자원 즉, 전사적 자원을 효율적으로 관리하고, 전사적인 업무를 통합하여 처리할 수 있는 전사적 자원관리(ERP: Enterprise Resources Planning)의 개념이 등장하고, 전사적 자원관리시스템으로 구현되었다. 본 절에서는 전사적 자원관리의 개념과 구성요소, 역사적인 진화과정 그리고 경영혁신도구로서의 전사적 자원관리 등 다양한 역할에 대해서 살펴보기로 하겠다.

● 전사적 자원관리
기업의 전사적 업무를 통합하여 처리하고 전사적 자원을 효율적으로 관리하기 위한 관리방식

2.1 전사적 자원관리의 이해

(1) 전사적 자원관리의 개념과 정의

① 전사적 자원관리의 개념

전사적 자원관리는 기업의 전사적 자원을 효율적으로 관리하기 위한 방법이며, 관리대상에 어떤 영역까지를 포함하느냐가 중요한 문제이기 때문에, 다른 개념처럼 정확한 정의를 내리기가 쉽지 않다. 또한 전사적 자원관리는 업무의 효율적인 통합처리라는 시대적 요구에 의해서 탄생된 것이기 때문에, 환경이 변화고 시대적 요구가 변화하면 그 개념도 바뀌게 될 것이기 때문에, 본 절에서는 일률적인 정의보다는 전사적 자원관리가 갖는 개념적 의미에 대해서 살펴보기로 하겠다.

일반적으로 알려진 것처럼, 전사적 자원관리라는 개념을 기업의 전사적 업무를

통합처리하고 전사적 자원을 효율적으로 관리하는 것이라고 볼 때, 컴퓨터 시스템이 기업에 활용되기 시작한 1970년에는 전사적 자원관리라는 개념이 출현하기 이전이기 때문에, ERP시스템을 설명하는 것이 불가능하다. 그러나 1980~1990년 사이에 활발하게 활용되었던 자재소요계획(MRP: Material Requirement Planning) 혹은 MRPII(Manufacturing Resource Planning)의 개념을 초기의 원시적인 전사적 자원관리의 개념으로 이해할 수가 있다. 2000년대 이후부터 현재에 이르기까지는 ERP시스템의 범위가 기업 내부의 영역을 넘어서 고객 혹은 공급업체에까지 이르고 있기 때문에, ERP시스템이라는 명칭 자체도 다양하게 나타나고 있다.

- **전사적 자원관리시스템(ERP시스템)**
  기업의 핵심 업무를 통합처리하기 위한 정보시스템

② 전사적 자원관리의 정의

가장 일반적인 시스템적 관점에서 정의할 때, ERP시스템은 기업의 전사적인 핵심업무를 통합처리하기 위한 정보시스템이라고 정의된다. 이와 같은 정의는 ERP시스템도 기업에서 활용되는 많은 시스템 중의 하나이기 때문에, 시스템 본질적인 관점에서 정의한 것이다. 이 이외에도 ERP시스템 개발업체 혹은 전사적 자원관리 분야의 전문가들은 다양하게 정의하고 있다.

- 정의1 : 기업의 모든 비지니스프로세스를 통합 처리할 수 있는 전사적 정보시스템이며, 통합 데이타베이스와 통합 애플리케이션 그리고 통일된 인터페이스를 통해서 모든 비지니스프로세스를 연결할 수 있는 시스템
- 정의2 : 인사, 재무, 생산, 공급 및 유통과 기업의 핵심 비지니스 프로세스를

그림 8-11 ERP 시스템의 시대별 정의

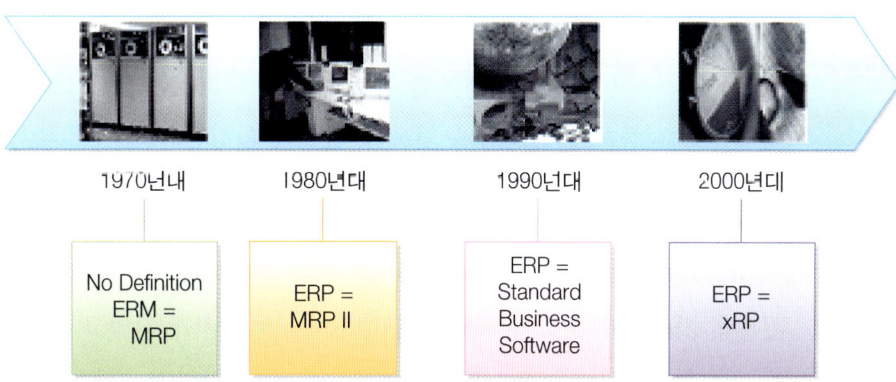

자동으로 처리하기 위한 고도의 통합정보시스템

- 정의 3 : 기업 내부의 업무를 보다 강력하게 통제하고 비용을 절감할 수 있을 뿐만 아니라, 인프라구조를 개선하고 재구성하는데 중요한 역할을 담당하는 시스템

서술한 정의와 같이 개발업체 혹은 전문가마다 다른 방식으로 정의하고 있지만, 본질적으로 다음과 같은 중요한 내용을 포함하고 있다.

- 기업 내부의 모든 핵심적인 비지니스프로세스를 내포하고 있으며, 이를 통합하여 처리할 수 있는 소프트웨어 패키지이다.
- 업무처리결과 생성된 데이타를 저장하고 관리하기 위해서 하나의 통합 데이타베이스를 사용하며, 권한을 가진 모든 구성원은 장소에 관계없이 언제 어디서든 실시간으로 통합 데이타베이스에 접근이 가능하다.
- 기업의 핵심적인 비지니스프로세스를 처리하는 담당자가 다르기 때문에, 권한을 가진 모든 구성원이 실시간으로 접속하여 작업할 수 있도록 클라이언트-서버(Client/Server)환경에서 작동하도록 구축된 소프트웨어 패키지이다.

(2) ERP시스템의 등장배경

무한 경쟁시대를 맞이하고 있는 현대 기업들에 있어서 가장 큰 고민은 어떻게 하면 빠르게 변화하고 있는 기업의 내적인 환경과 외적인 환경변화에 유연하게 대처할 수 있느냐 하는 것이다. 세계적으로 성공한 기업이라 하더라도 평균수명이 40~50년에 지나지 않기 때문에, 어떻게 하면 지속적으로 수익을 창출하며 생존하느냐가 최대의 관건인 셈이다. 즉, 현대 사회는 환경변화에 효과적으로 대응할 수 잇는 능력을 가진 기업만이 생존할 수 있는 시대이며, 따라서 기업이 생존을 넘어 지속적으로 성장하기 위해서 무엇보다 외부의 환경변화 추이에 주목해야 한다는 것이다. 기업의 환경변화 요인은 다음과 같이 요약할 수가 있다.

① 기업의 세계화

무역의 자유화를 통해서 세계시장의 벽이 허물어지게 되었고, 또 첨단 정보기술의 도입으로 인해서 공간에 대한 개념이 파괴되어 기업의 경쟁상대는 이제 전세계

로 확대되어 가는 시대가 되었다. 즉, 무한 시장경쟁의 원리에 입각해서 전세계를 대상으로 경쟁력을 확보해야 하는 국제화 · 세계화 시대가 도래한 것이다. 이러한 시대적 상황을 반영하여 국외로 진출할 경우 자국의 본사와 원활한 정보교환을 위해서 다국적 기업에서 사용이 가능한 정보시스템이 필요하게 되었다.

② 정보의 다량화 및 분산화

첨단 정보기술의 발달로 인해서 현대 사회는 이미 정보의 홍수시대를 맞고 있다. 현대 기업이 생존하기 위해서는 정보의 홍수 속에서 기업의 내 · 외부에 존재하는 다량의 정보를 확보하여 기업에 유용한 형태로 가공하여 활용하는 것이 매우 중요하게 되었다. 따라서 기업들은 산재되어 있는 다량의 정보를 효율적으로 수집하고 이를 체계적으로 통합 관리할 수 있는 시스템에 대한 요구가 대두되었다.

③ 제품생명주기의 단축

현대 사회의 가장 큰 특징 중에 하나는 고객요구의 다양화에 있다. 고객의 제품이나 서비스에 대한 요구는 점점 다양화되고 그 요구의 수준이 심화되어 판매 제품의 수명이 점점 짧아지고 있는 상황이다. 이로 인해서 제품의 전체 생명주기가 짧아지게 되고 그 결과 제품개발에 투자한 단위 비용이 증가하여 수익률이 감소하고 있다. 제품생명주기의 단축은 수익률 감소뿐만 아니라, 고객의 다양한 요구를 충족시키기 위해서 제품개발과 판매는 물론 업무처리 방식 자체도 고객의 요구에 신속하게 대응할 수 있는 유연한 구조가 되어야 한다는 것이 더 큰 문제이다. 이처럼 기업의 핵심적인 업무변화에 유연하고 신속하게 대응할 수 있는 시스템의 지원이 없다면 고객의 요구에 신속하게 대응할 수 없기 때문에 생존경쟁에서 살아남을 수 없을 것이다.

④ 제품 및 경영품질의 고급화

고객의 요구는 제품 자체에 대한 높은 품질을 요구하지만, 기업 입장에서는 제품과 서비스의 품질을 높이기 위해서 제품을 생산고 서비스를 창출하는데 관련된 모든 경영활동의 품질이 개선되어야 한다는 것을 인식하고 있다. 특히, 경영활동의 품질은 경영활동 즉, 기업 내부에서 수행되는 모든 개별업무처리의 효율성에 의해서 결정되기 때문에, 효율적인 업무처리시스템에 대한 요구는 어느 때보다 높다 할 수 있다.

⑤ 외부 경쟁자의 도전

세계화 · 국제화의 시대적 흐름 속에서 기업의 경쟁자는 전세계에 산재해 있으며, 모든 경쟁자들이 생존을 넘어 우량기업으로 성장하기 위해서 총체적인 비용우위의 전략, 차별화, 집중화 전략을 수립하고 있다. 모든 경쟁자들이 동일한 전략을 추진하고 있기 때문에, 누가 더 효과적으로 더 효율적으로 전략을 실천하느냐가 중요하게 되었다. 기업의 전략을 효율적으로 수행한 도구가 필요하며, 대부분의 경쟁자들이 기업의 전사적 자원관리를 위해서 ERP시스템의 도입은 바로 이런 이유에서 일 것이다.

⑥ 고객확보 및 고객지원체계 구축

현대 정보화 사회에서 경쟁력의 원천은 시간과 정보이다. 그러나 중요한 사실은 누가 더 많은 정보를 가지고 있는가 아니라, 원하는 시간과 장소에서 활용할 수 있는 필요한 정보를 누가 더 많이 가지고 있느냐이다. 특히, 고객의 기호와 감성에 맞는 제품과 서비스를 제공하는 것이 중요하기 때문에, 고객에 대한 최신의 정보를 확보하는 것은 매우 중요하다. 뿐만 아니라 고객에 대한 서비스 지원체계가 부족한 기업은 생존과 성장에 가장 큰 걸림돌이 된다. 따라서 모든 기업들은 고객정보에 대한 효율적인 관리, 고객요구에 대한 신속한 대응, 정기적인 고객만족도 조사 등 대 고객 지원체계 구축을 위해서 노력하고 있는 것이다. 대 고객서비스의 질적 수준을 향상시키기 위해서 ERP시스템과 같은 시스템적 지원이 절대적으로 필요하다.

2.2 ERP시스템의 구성요소

ERP시스템의 구성요소는 ERP시스템 개발업체, 대상 기업의 규모에 따라 약간의 차이가 있는 것이 사실이지만, 본질적인 큰 차이는 거의 없다. 따라서 세계 ERP시스템 시장을 주도하고 있는 SAP사와 Oracle사 그리고 BAAN 등 대기업 중심의 ERP시스템 그리고 중소기업 중심의 국내 개발업체인 삼성의 uniERP 등을 중심으로 ERP시스템의 구성요소에 대해서 살펴보기로 하겠다.

(1) SAP사의 R/3시스템 모듈 구성

세계 최대의 ERP시스템 개발업체인 SAP사는 약 10조 원(2006년 기준)에 달하는 매출을 기록하는 업체로 전 세계 96,000여 개의 사업장에 SAP사의 대표적인 ERP 시스템인 R/3시스템이 설치되어 있으며, R/3 시스템에 내장되어 있는 산업별 레퍼런스모델 종류만도 25개에 달하고 있어서 설치 운영되고 있는 산업영역은 거의 모든 산업에 걸쳐 있다고 해도 과언이 아닐 정도로 확산되어 있다. 전 세계 시장점유율 59%를 차지하고 있으며, 우리 나라에서의 시장점유율은 약 40% 정도에 이르고 있다. [그림 8-12]는 SAP사의 R/3시스템 모듈구성도를 나타낸 것이다.

- 산업별 레퍼런스모델
산업별로 업무처리과정을 정리하여 표준화한 업무프로세스

정보기술 환경의 변화와 업무처리환경 등이 변화함에 따라서 특정 모듈의 추가

그림 8-12 SAP사 ERP시스템 모듈구성

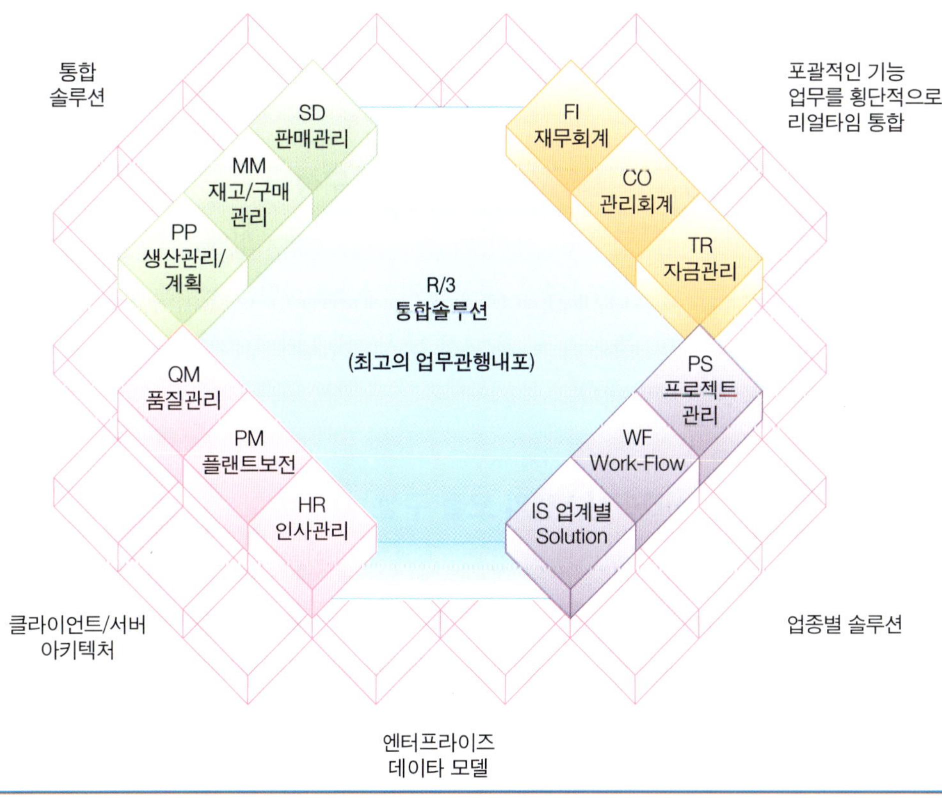

및 삭제 혹은 일부 모듈의 기능이 향상되는 ERP시스템의 모듈 구성도 변화하고 있지만 SAP사가 제공하는 R/3시스템의 모듈구성은 다음과 같다.

- 영업판매모듈(SD) : 판매관리, 납품 및 선적관리, 대금청구
- 자재관리(MM) : 재고관리, 구매관리, 지불요청 및 검사
- 생산계획(PP) : 재고생산방식 및 반복생산방식의 생산관리
- 재무회계(FI) : 총계정원장, 보조장부, 특수장부처리
- 관리회계(CO) : 간접비용, 제조비용, 이익
- 자산관리(TR) : 유동성관리
- 인력관리(HR) : 인력관리일반, 급여명세, 채용
- 품질관리(QM) : 품질계획 및 검사
- 설비관리(PM) : 작업계획 및 유지보수 계획
- 프로젝트관리(PS) : 프로젝트관리 및 비용관리
- 워크플로(WF) : 워크플로 관리
- 산업별 솔루션(IS) : 전자산업, 화학, 금융, 자동차산업, 보험업, 우주항공분야 등

(2) BAAN/SSA사의 ERP시스템 모듈 구성

BAAN/SSA사의 ERP 역시 마찬가지로 모듈구성에는 큰 차이는 없다. SAP사의 R/3 시스템과 비교하여 모듈구성이 단조롭지만, 다양한 산업별 레퍼런스모델을 제공하는 것이 특징이다. BAAN/SSA사의 ERP시스템의 모듈구성과 산업별 레퍼런스모델을 나타낸다.

(3) 삼성 uniERP시스템의 모듈 구성

삼성 uniERPII시스템의 경우, 전사적 자원 및 프로세스의 최적화에서 더 나아가 기업 외부의 파트너와의 긴밀한 협업관계를 유지하고, 단순한 기능 확장이 아니라 지역이나 업종 혹은 사업부 단위 별로 특화된 전문 애플리케이션을 제공하며, 제공된 애플리케이션을 고객의 요구에 맞추어 적절한 모듈을 제공할 수 있는 uniERPII 시리즈(uniERP → uniERPII Premier 2.0 → uniERPII 3.0 → uniLITE 4.0)

그림 8-13 BAAN/SSA ERP시스템의 구성요소와 산업별 레퍼런스

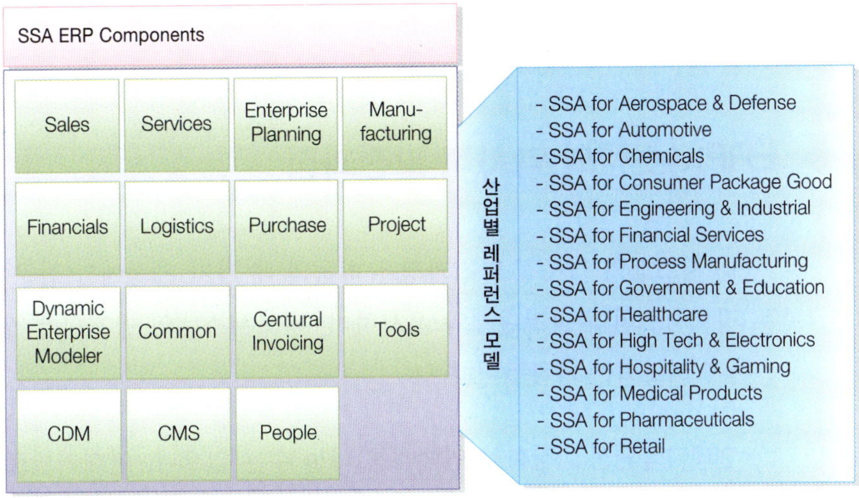

그림 8-14 special uniERPII 모듈구성과 주요기능

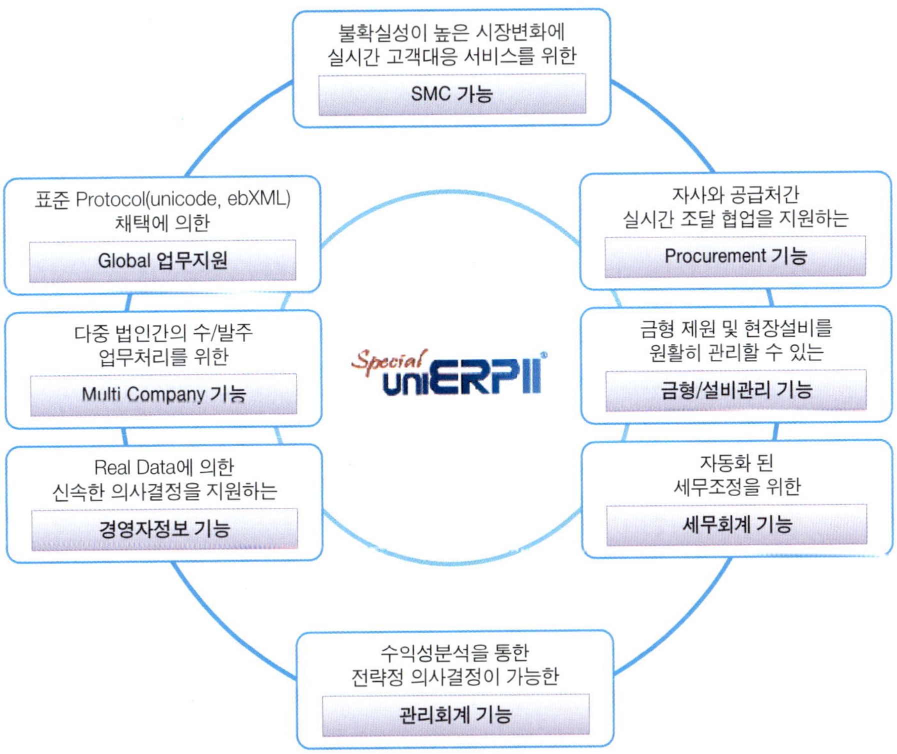

를 개발하여 제공하고 있다. 다음 [그림 8-14]는 삼성의 special uniERPII 모듈구성과 주요기능을 도식화한 것이다.

2.3 ERP시스템의 역사적 발전과정

ERP시스템의 역사적 발전과정은 다음의 네 가지 관점에서 접근이 가능하다. 이는 정보시스템의 발전단계와 유사하며, 정보시스템의 발전단계 모형을 판단하는 근거에 해당되는 항목들이다.

- 연대기적 관점 : 정확한 연대기를 나눌 수는 없으나, 연대기별로 기업 내 · 외부 환경에 기인한 변화과정에 따라서 구분하는 방법으로 연대기의 구분은 전사적 자원관리의 개념이 도입되기 이전과 이후로 나누는 것이 일반적이다.
- ERP시스템을 통한 관리 · 통제 대상 영역의 확대 관점 : ERP시스템을 활용함으로써 관리 통제하고자 하는 영역이 확대되는 방향과 관리대상 영역의 포함 정도의 변화에 따라 분류하는 방법이다.
- 정보기술(컴퓨팅 환경)의 변화 관점 : 모든 시스템들은 특정 컴퓨팅 환경에서 작동한다. ERP시스템도 일종의 시스템이기 때문에, ERP시스템도 정보기술(컴퓨팅 환경)의 변화에 따라 구분할 수가 있다. 정보기술(컴퓨팅 환경)의 변화 과정에 따른 분류는 시대별로 특징지을 수 있는 정보기술(컴퓨팅 환경)의 발전 및 응용 정도에 따라 ERP시스템을 분류하는 방법이다.
- 핵심 업무프로세스의 통합 요구 : 기업 내 · 외부의 환경변화와 ERP시스템을 통한 관리 대상 영역의 확대에 따라서 기업 내부의 혹은 기업 외부로의 프로세스 통합이 어느 정도 요구되느냐에 따라 분류하는 방법이다.

(1) 연대기적 관점에서의 진화과정

① ERP시스템 등장 이전의 발전과정(1970년~1980년)

ERP시스템의 역사적 태동은 1960년대의 재고관리시스템(IMCS: Inventory Management and Control Software)으로 거슬러 올라간다. 그러나 ERP시스템의 직접

● 자재소요량계획시스템
재고를 최소화하고 자재수급을 원활하게 하기 위해서 메인프레임 컴퓨팅 환경에서 작동되도록 개발된 시스템

적인 모태는 1970년대의 자재소요량계획시스템(MRP)에서 시작되었다 할 수 있다. 자재소요량계획이라 불리는 MRP의 목적은 당시 기업의 고질적인 문제였던 재고를 최소화하고 자재수급을 원활하게 하기 위해서 메인프레임 컴퓨팅 환경에서 작동되도록 개발된 시스템으로 경제적 주문량(EOQ: Economic Order Quantity)을 산정하기 위한 것이 주요 목적이었다. 1980년대로 넘어오면서 생산방식이 소품종 대량생산 체제에서 다품종 소량생산 방식으로 바뀌게 되고, 컴퓨팅 기술과 네트워크 기술이 발달하면서 1970년대의 MRP시스템의 문제점을 보완하고, 모든 생산자원을 관리함으로써 생산비용을 절감할 수 있는 새로운 MRPII시스템으로 진화하게 된다.

1970년대의 재고관리시스템(IMCS)은 전형적인 기능(업무)중심의 시스템 모형으로 업무영역 간의 통합 혹은 전체 업무프로세스의 효율성을 전혀 고려하지 않고 단순히 업무의 자동화 수준에 머물렀다면, 1980년대의 MRP시스템은 업무영역 내의 부분업무의 단순 통합을 고려한 시스템 모형이라 할 수 있다. 또한 1970년대에 활용된 정보기술은 아직 메인프레임 컴퓨팅 환경인 반면, 1980년대에 들어서 미

그림 8-15 ERP시스템 등장 이전의 진화과정

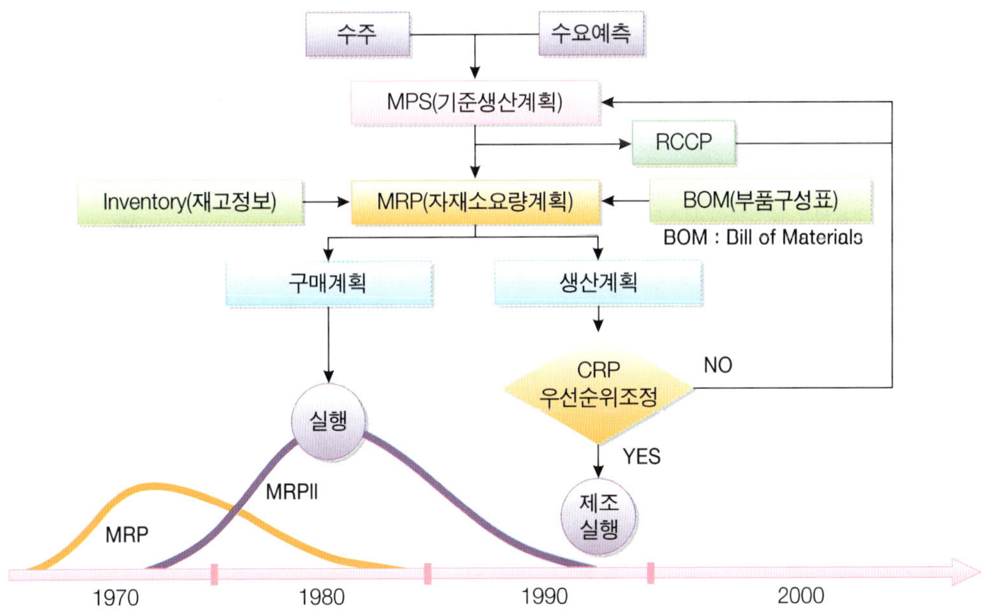

니 컴퓨팅 환경에서 구동되도록 설계된 시스템 모형이다. 다음은 ERP시스템의 모태가 된 1970년대~1980년대의 MRP시스템과 MRPII시스템 모형의 발전과정을 설명한 것이다.

② ERP시스템 등장 이후의 발전과정(1990년~2000년대 중반)

1990년대에 들어서 분산처리 컴퓨팅 기술이 보편화되기 시작하면서 기존의 MRP II시스템의 문제를 해결하고자 하는 시도가 일기 시작하였다. 또한 기업의 내·외부 환경이 복잡해지면서 더 많은 기업의 부가가치 창출을 위해서는 기업 내부의 생산부문의 효율적인 의사결정을 통해서는 한계가 있음을 인식하고 효율적인 의사결정의 범위를 인적자원관리 부문, 엔지니어링 부문, 재무관리 부문, 원가회계 부문, 프로젝트관리 부문 등 기업전반의 모든 핵심 영역으로 확대할 필요가 있음을 절감하면서 MRP II시스템이 ERP시스템으로 진화하게 된다. ERP시스템은 기존의 MRP시스템 혹은 MRP II시스템과 달리 기업 내부의 모든 영역 들이 유기적으로 통합되어 모든 업무프로세스가 하나의 단일 플랫폼과 단일 애플리케이션에서 처리되며, 컴퓨팅 환경은 클라이언트/서버 환경에서 운영되는 것이 특징이다.

그림 8-16 ERP시스템 등장 이후의 진화과정

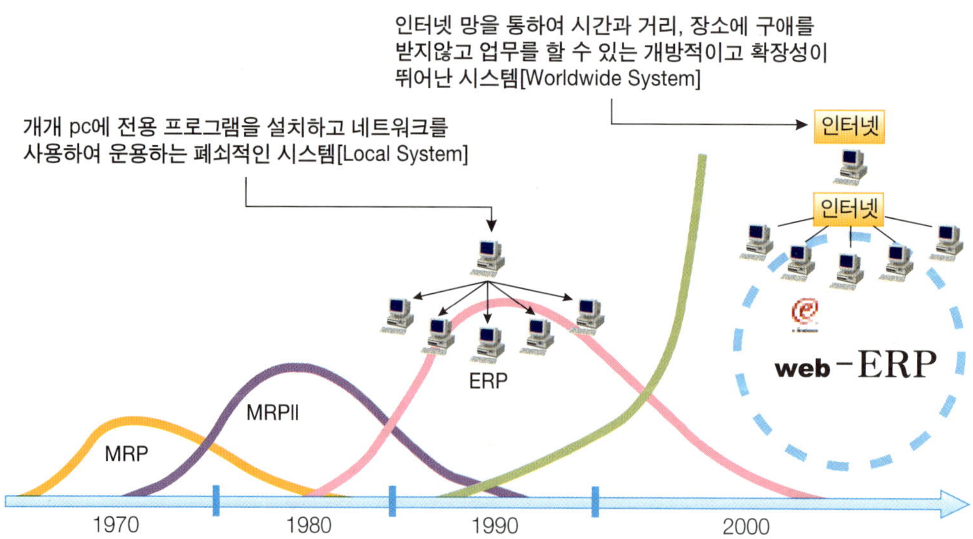

2000년대 들어서 기업환경은 더욱 복잡하게 변화하였다. 생산방식이 재고생산(Make to Stock)에서 주문생산(Make to Order) 방식으로 바뀜으로써 업무프로세스가 보다 복잡해졌을 뿐만 아니라, 비용절감이 더 이상 최고의 목적이 아닌 최소한의 요구사항이 되었다. 보다 많은 부가가치 창출을 위해서 공급자와 고객과의 관계를 보다 유기적으로 유지해야 하는 등의 요구가 대두되면서 영역을 확대하거나 정보기술의 응용 정도, 조직에의 활용도를 높이는 방향으로 진화되었다. 예를 들어, 기업의 성격에 따라서 공급자 측면이 강조되어 공급자 측면의 관리를 ERP시스템에 포함시키기도 하고, 수요자 측면이 강조되어 수요자 측면의 관리를 ERP시스템에 포함시키기도 한다. 또한 2000년 이후 본격화되고 있는 웹 기반 기술들이 ERP시스템의 진화에 견인차 역할을 하면서 다양한 모습으로 진화하고 있다. 다음은 1990년부터 2000년대 중반까지의 ERP시스템 발전과정을 도식화한 것이다.

(2) ERP시스템의 영역 확대 측면에서의 진화과정

ERP시스템도 일종의 정보시스템이기 때문에, ERP시스템을 활용함으로써 관리 · 통제하고자 하는 영역이 존재한다. MRP시스템의 경우 재고관리영역이 관리 · 통제하고자 하는 핵심 영역이며, MRPII 시스템의 경우에는 영역이 확대되어 생산제조 영역을 관리 · 통제 대상영역으로 한다. 전형적인 ERP시스템이 기업 내부의 모든 자원을 관리 · 통제하는 것이라면, 부가가치 창출에 직접 혹은 간접적으로 영향을 미치는 기업 외부의 주체까지도 관리 · 통제 영역으로 포함시키고자 하는 것이 ERP시스템의 영역이 확대된 모습일 것이다.

[그림 8-17]에서 보는 바와 같이, ERP시스템을 관리 · 통제하고자 하는 영역 측면을 기준으로 가장 일반적인 모습은 확상 방향 즉, 포함시키고자 하는 대상이 기업의 입장에서 공급자 혹은 수요자냐에 따라서 구분할 수가 있다. 신규 고객의 유치, 고객유지, 우수고객의 발굴, 휴면고객의 활성화, 잠재고객의 발굴 작업 등을 정보기술을 이용하여 어떻게 효율적으로 할 것인가 하는 문제가 크게 대두되고 있으며, 현재에는 인터넷 매체를 이용한 고객관계관리(eCRM: e-Customer Relationship Management)가 주요 이슈로 부각되고 있다. 반대로 공급자 측면을 관리 · 통제 대상 영역으로 확대하는 경우 공급사슬관리(SCM)로 영역이 확대되어 진다. 공급사슬관리의 경우 좁은 의미에서 공급자 측면이 강조되기는 하지만, 넓은 의미로 볼

그림 8-17 ERP시스템의 영역확대에 따른 진화

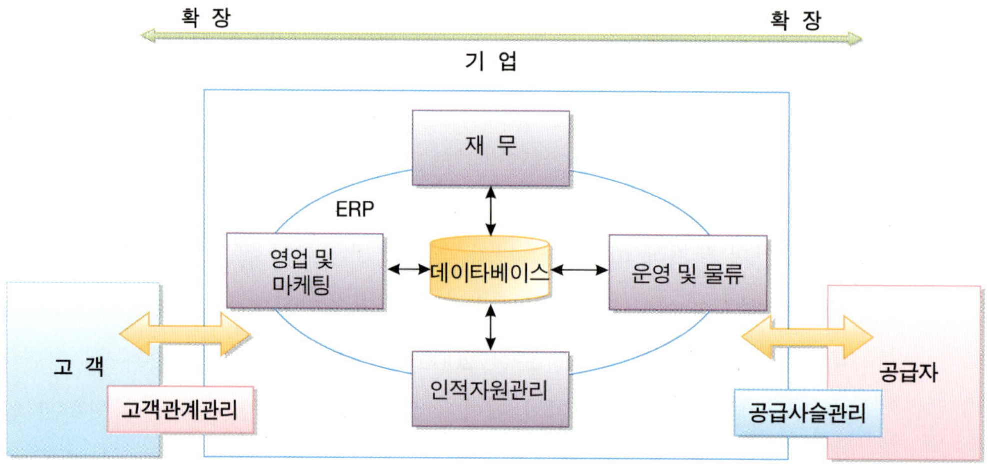

때에는 공급자로부터 고객에게 이르는 전체 물류흐름 상의 모든 주체를 관리대상으로 하고 있기 때문에, 보다 포괄적인 개념으로 이해할 수가 있다. 공급사슬관리와 같은 포괄적인 개념의 관리 · 통제시스템이 필요한 이유는 기업의 부가가치의 상당부분이 제조과정 이외의 공급사슬 상에서 창출되기 때문이며, 또한 부품 및 자재공급의 납기나 품질, 주문 등에 대한 불확실성을 기업 내부에서 수정하고 대응하는데 한계가 있음도 이유 중의 하나이다. 그러나 본질적인 이유는 물류의 반대 흐름인 고객으로부터 기업에 그리고 기업에서 공급자에게로 이어지는 정보전달의 지연문제나 왜곡 현상 등이 고객으로부터 멀어져 공급사슬을 거슬러 올라갈수록 더 커지는 채찍효과 때문이라 할 수 있다.

(3) 컴퓨팅 환경변화에 기인한 진화과정

ERP시스템의 진화과정을 순수 연대기적으로 분석하는 것은 사실 큰 의미는 없다. 연대기적 진화과정이 의미를 갖는 것은 연대기적으로 ERP시스템을 운영하는 컴퓨팅 환경이 시간적 흐름 속에 진화(발전)되어 가고 있기 때문이다. 예를 들어, 초기의 재고관리시스템에서 MRP시스템 더 나아가 MRP II 시스템으로의 진화는 통신네트워크나 데이타베이스 관련기술의 발달로 가능했으며, MRP II시스템에서 ERP시스템으로 그리고 다양한 확장형 ERP시스템으로의 진화 역시 클라이언트/

서버컴퓨팅 기술이나 웹 기반 기술의 발달배경 없이는 불가능 했을 것이기 때문에, ERP시스템의 진화과정과 컴퓨팅 기술 사이에 깊은 연관성을 찾을 수 있다. 다음은 컴퓨팅 기술 환경 변화의 흐름과 ERP시스템의 진화과정과의 연관성을 설명하고 있다.

향후 예상되는 컴퓨팅 환경을 통해서 ERP시스템의 진화가능성에 대해서 상상해 볼 수 있을 것이다. 예를 들어, 웹 기반 기술이 처음 등장하여 본격적으로 사용되기 시작한 1990년대 중반 사람들은 '인터넷이 우리의 생활 모두를 바꿀 것이다'. '인터넷으로 인해서 기업의 비지니스모델이 완전히 바뀔 것이다' 등의 기대를 했으며, 이러한 예측은 적중했다. 그러나 2000년대 중반 웹 2.0이라는 새로운 개념의 웹 환경이 조성되어 빠르게 확산되고 있다. 웹 2.0은 사실은 전혀 다른 개념의 웹 환경도 아니고, 새로운 기술로 구현한 것이 아니지만, 이전의 웹 환경과는 전혀 다른 특징들은 보이고 있다. 이 또한 결국에는 웹 2.0 기반에서 운용되는 즉, 웹 2.0의 특징을 반영하는 새로운 ERP시스템으로의 진화를 예고하는 것으로 인식할 수가 있다.

그림 8-18 **컴퓨팅 환경의 변화**

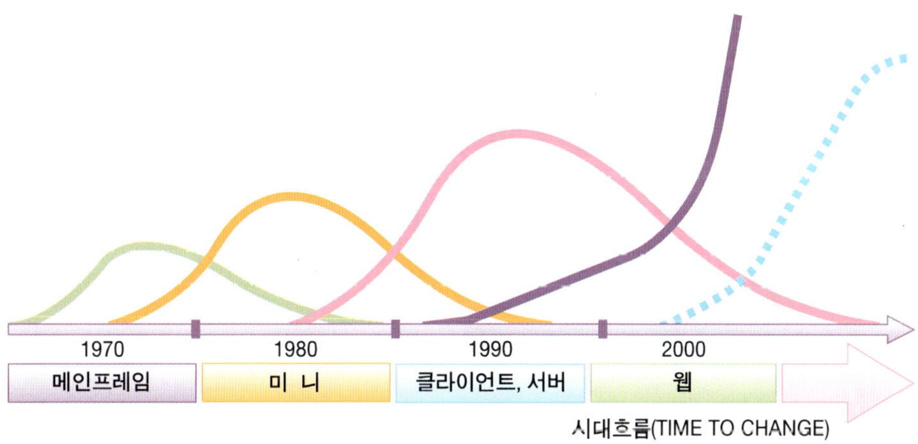

2.4 미래 지향적 ERP시스템

● ERP시스템 진화
ERP시스템의 발전과정을 연대기별로 정리한 것으로 재고관리→자재소요계획→전사적자원관리→고객관계관리 및 공급사슬관리로 발전한 과정

현재까지 진행된 ERP시스템의 발전과정은 정보기술과 기업의 비지니스를 통합한 결과의 산물로 이해할 수 있으며, 다음과 같이 진화의 물결을 네 단계로 구분된다.

- 제1의 물결 : 재고관리(ICMS) → 자재소요계획(MRP)
- 제2의 물결 : 자재소요계획 → 생산계획(MRPII) 및 전사적 자원관리
- 제3의 물결 : 전사적 자원관리(ERP) →고객중심의 프로세스통합(CRM)
- 제4의 물결 : 고객중심의 프로세스통합 → 기업 간 프로세스통합(Extended ERP)

제1의 물결에서 제4의 물결에 이르는 이 같은 ERP시스템의 진화과정은 앞에서 살펴본 연대기적 관점에서의 진화과정이나, 영역 확대 측면에서의 진화과정 그리고 컴퓨팅 환경변화에 기인한 진화과정과 연관되어 있다. 그럼 향후 예상되는

그림 8-19 ERP시스템 진화의 물결

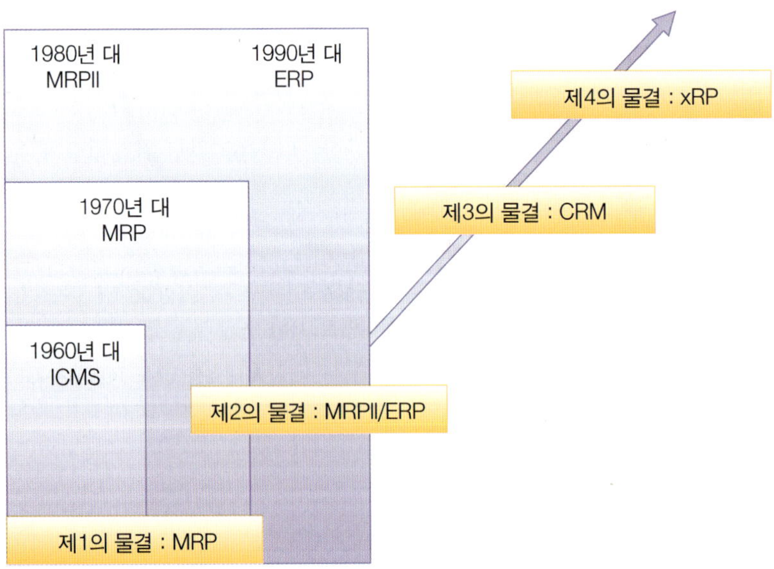

ERP시스템의 모습도 기존의 기본 틀을 유지하면서 점진적으로 발전하는 진화(Evolution)의 모습일까? 그러나 급변하는 정보통신기술과 업무환경, 기업환경 그리고 지금까지 ERP시스템의 위상과 역할을 고려하여 볼 때, ERP시스템의 발전적인 형태가 아닌, 기존의 모습과는 상이하게 다른 형태의 시스템에 의한 대체 혹은 변화(Substitution or Change)된 모습일 수도 있을 것이다. 따라서 향후 예상되는 ERP시스템은 진화의 모습과 다른 시스템으로 대체의 모습이 공존할 것이다.

진화 관점에서 향후 예상되는 ERP시스템은 향후에도 여전히 기업환경과 비지니스 환경, 정보기술의 환경변화와 기존시스템과의 통합, 적용대상 및 확장된 솔루션의 도입 등의 요인에 결정적으로 영향을 받을 것이기 때문에, 기업환경 및 업무환경의 변화와 정보기술 환경의 변화는 향후에도 여전히 주요한 진화방향을 결정짓는 중요한 요인이 될 것이다. 중요한 사실은 기업환경 및 업무환경의 변화와 정보기술의 환경변화의 내용이 무엇이고, ERP시스템의 어떻게 변화할 것이냐는 것이다. 주요한 변화의 내용은 다음과 같다.

- 기업환경과 업무환경의 변화
- 관리 · 통제 대상영역의 변화
- 정보기술의 변화

(1) 기업환경 및 업무환경의 변화에 기인한 진화

가장 근본적이고 본질적인 변화는 정보화 사회가 진전되면서 직면하게 되는 기업의 환경변화에 기인할 것이다. 컴퓨터시스템이 기업에 도입되기 시작했던 초창기의 기업환경과 정보통신혁명을 거치면서 변화된 기업환경 그리고 현대 기업들이 새롭게 직면하고 있는 현재의 환경은 너무나도 큰 차이를 보이고 있으며, 특히 산업 간의 정보의 장벽이 무너지고 산업 간의 환경적 특성은 큰 차이를 보이고 있다. 그러나 한 가지 공통된 사실은 기업의 모든 업무가 공급자 중심에서 고객중심, 서비스 중심으로 변화되고 있는 것이기 때문에, 미래의 ERP시스템은 고객서비스 중심, 기능 및 대상영역 확대 그리고 통합을 최대 이슈로 발전하게 될 것이다.

① 고객서비스 중심의 ERP시스템

최상의 고객 가치를 창출하고 최상의 서비스를 제공하기 위해서 고객에 대한 대응력을 향상시켜야 함은 물론 서비스의 질적 수준을 개선하는 방향이 되어야 할 것이다. 이런 관점에서 서비스 중심의 아키텍처(SOA: Service-Oriented Architecture)에 근간으로 하여 유동적인 메뉴를 제공하고 비지니스 솔루션과 시스템을 융합하는 문제, 포털 형식의 ERP패키지로 통합되어 연계시스템과의 통합성을 제공하고 효율적인 기업경영을 위한 다양한 정보분석 기능 또한 고려해야 할 사항일 것이다.

- **서비스 중심의 아키텍처**
  최상의 고객 가치를 창출하고 최상의 서비스를 제공하기 위해서 고객에 대한 대응력을 향상시킨 시스템구조

② 통합 플랫폼 형태의 ERP시스템

기업의 모든 업무가 고객중심, 서비스 중심으로 옮아가고 있는 이외에도 기업의 중요한 환경변화 요인 중에 하나는 기업의 영역 및 관리 · 통제 영역의 통합일 것이다. ERP시스템의 역사적 진화과정에서 살펴본 바와 같이 초기의 재고관리 영역에서 생산제조 분야로, 생산제조 분야에서 인적자원관리, 엔지니어링, 재무 · 회계분야로 영역이 확대되고 기업 외부의 주체(공급업체, 고객)까지도 관리 · 통제 영역으로 확대되었음은 설명한 바와 같다. 그러나 이러한 영역의 확대는 기능적 영역을 중심으로 확대되었으나, 이제는 기능중심이 아닌 정보기술이나 조직 외부 영역의 비지니스 프로세스, 다양한 정보, 인적 자원까지를 통합 지원하는 통합 플랫폼을 개발하여 제공하는 추세에 있다. 예를 들어, SAP사의 경우 기업 내부와 외부의 모든 주체를 통합하고 단일 애플리케이션 플랫폼(SAP 넷위버: Net Weaver)을 개발하여 제공하고 있다

- **애플리케이션 플랫폼**
  다양한 시스템이 작동될 수 있는 구현된 시스템의 하드웨어 및 소프트웨어 기본 환경

뿐만 아니라 향후의 기업환경 및 업무환경은 ERP시스템의 개별 모듈과 기업 외부의 주체(고객 및 공급업체)의 통합은 물론, 기존의 업무환경에서 개발된 부분시스템들(KM: Knowledge Management, DW: Data Warehouse, SEM: Strategic Enterprise Management)이 이제는 하나의 플랫폼으로 통합되는 모습이 ERP시스템의 일반적인 모습이 될 것이다.

③ 관리 · 통제 대상이 무제한적인 ERP시스템

향후 예상되는 기업환경은 어떤 모습으로 변화할 것인가? 사실 그 모습을 예측하기는 쉽지 않다. 그러나 한 가지 분명한 사실은 웹 이후(Post-Web)시대라 불리

는 제2의 지식정보화 사회에서의 기업의 모습은 산업간의 장벽이 무너지고 개별 영역이 붕괴될 것이라는 것이다. 사실 지금까지 ERP시스템이 고객서비스 중심, 기능 확대, 영역통합을 이루면서 진화해 왔지만, 좁게는 기업 내부 그리고 넓게는 관련 업계의 범위를 넘어서지 못했던 것이 사실이다. 향후에는 산업영역이 더욱더 붕괴되어 자사의 부가가치사슬이 모든 산업영역에 걸쳐서 뻗어나갈 것이 자명하기 때문에, 향후 진화될 ERP시스템의 모습은 기업 내부의 모든 경영활동을 연계한 플랫폼 → 동일 산업 내에서의 단일 플랫폼 → 산업전체의 가치사슬을 연계한 통합패키지의 모습으로 진화할 것이다.

④ 경영혁신 도구로서의 ERP시스템

과거 ERP시스템의 목적은 기업의 전사적 자원을 효율적으로 관리 · 통제하고자 함이었다. 그러나 최근 들어, ERP시스템을 새로이 도입하고자 하는 많은 기업들은 기업의 전사적 자원을 효율적으로 관리하고자 하는 단순한 목적이 이외에 ERP 시스템을 도입하면서 자체의 업무프로세스를 개선하려는 경영혁신의 도구로 활용하고자 하는 경향이 짙은 것으로 나타나고 있다. 이러한 취지에 부합하여 SAP

그림 8-20 SAP사의 넷위버(Net Weaver) (조혁진, 2006)

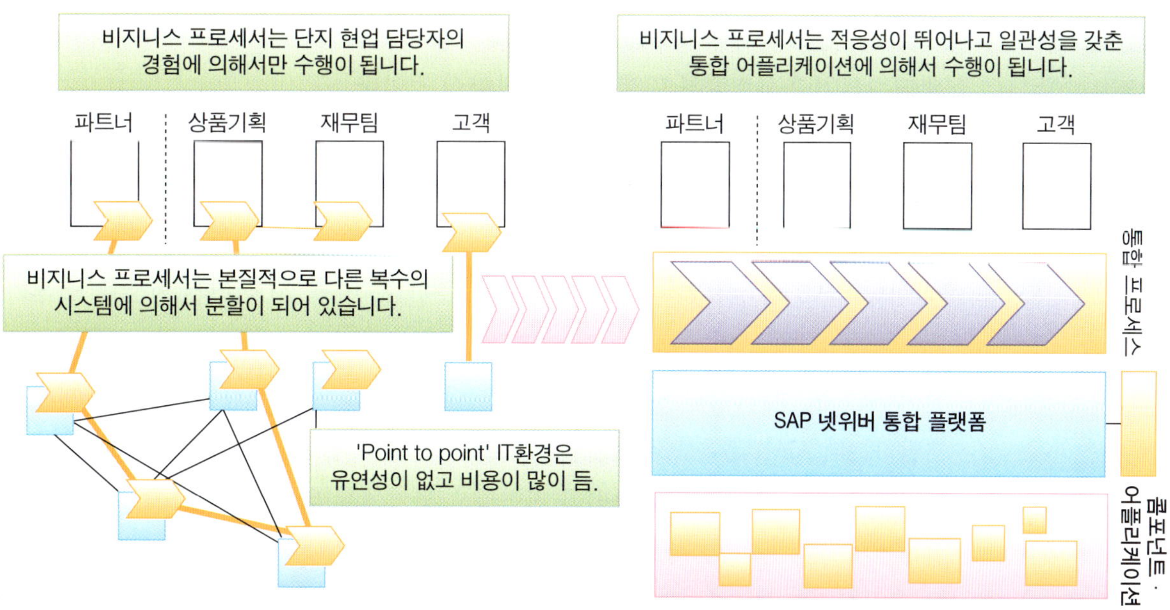

R/3시스템의 경우 거의 전 산업 군에 걸쳐 방대한 양의 레퍼런스모델을 제공하고 있으며, BAAN/SSA ERP시스템도 마찬가지로 산업별 표준 프로세스를 제공하고 있다. 산업별 표준 프로세스를 제공하는 것은 국내에서 개발된 ERP시스템들도 마찬가지이다. 향후 예상되는 ERP시스템의 도입 동기는 급변하는 글로벌 기업환경과 무한 경쟁 속에서 살아남기 위해서 기업의 낭비적 요소를 제거하고 업무효율성을 높이기 위한 전략적 도구로서 활용이 강하게 부각될 것으로 예상되기 때문에, 미래의 ERP시스템은 기업의 전사적 비지니스프로세스를 효율화, 표준화하기 위한 도구로서의 역할을 할 수 있어야 할 것이다.

(2) 정보기술의 환경변화에 기인한 진화

지금까지의 ERP시스템과 관련된 기술적 특징들을 요약하면 다음과 같다.

- 클라이언트, 서버 컴퓨팅 환경 혹은 웹기반 컴퓨팅 환경
- 제4세대 언어(4GL) 및 CASE(Computer Aided Software Engineering) Tool
- 관계형 데이타베이스(Relational DBMS)
- 객체지향기술(OOT: Object-Oriented Technology)

ERP시스템의 위와 같은 컴퓨팅환경, 네트워크, 데이타베이스 등과 같은 정보기술들을 기반으로 하고 있기 때문에, 이들 정보기술들이 어떤 모습으로 발전하느냐에 따라서 ERP시스템의 미래 모습도 달라질 것이다.

시간을 거슬러 웹이 처음 등장하여 본격적으로 사용되기 시작한 1990년대 중반에는 인터넷으로 인해 기업의 모든 비지니스모델이 변할 것이며, 이에 적응하지 못한 기업은 시장에서 완전히 퇴출될 것이라는 생각이 지배적이었다. 이러한 견해는 어느 정도 적중하였다. 그러나 2000년 중반 들어 웹 2.0이라는 새로운 화두가 등장하였다. 웹 2.0은 기존의 웹을 조금 다른 각도에서 재구성한 것이기 때문에, 전혀 새로운 것이 아니며, 잠시 지속될 유행으로 보이기도 한다. 사실 사이트를 개발하는데 AJAX 혹은 RSS 기술을 이용했다고 해서 웹 2.0이라 부를 수 있는 것이 아니기 때문에, 웹 2.0은 기술적인 진화라고 보기에는 무리가 있다. 그렇기 때문에 웹 2.0은 특정 정보기술과는 무관한 것이며, 기존의 웹의 사용과 구별되는 새로운 형태의 사용환경이라고 보는 것이 더 옳을지도 모른다. 그렇다 하더라도 새롭게

등장한 웹 2.0의 사용환경은 기존의 웹 환경과 상이하게 다르기 때문에, ERP시스템에 영향을 미칠 수밖에 없을 것이다. 웹 2.0의 특징 중에서 ERP시스템의 진화에 영향을 미칠 수 있는 요인과, 진화 방향성을 정리하면 〈표 8-1〉과 같다.

ERP시스템의 진화에 영향을 미칠 수 있는 기타 정보기술 환경은 네트워킹 관련 기술, 데이타베이스 관련 기술, 데이타웨어하우징, 유저 인터페이스 등의 정보기술 환경요인이 있으며, 컴퓨터 칩과 같은 수없이 많은 요소기술들도 진화에 영향을 미칠 것이다. 따라서 새로운 개념의 웹 2.0 환경이 도래하였다고 해서 또는 정보기술 환경이 변했다고 해서 ERP시스템의 컨셉트가 곧바로 변하는 것은 아닐 것이다. 이들 정보기술 환경요인들이 영향을 미치고 새로운 ERP시스템 컨셉트가 개발되고 실제 활용되는 데까지는 일반적인 기술 기대주기(Technology Hype-Cycle)에 따라 기술의 출현 → 과장된 기대수준의 정점 → 거품 붕괴 → 기술의 잠재력 실현 → 안정기 → 실제 활용단계를 거치는 동안 상당한 시간이 필요할 것이다.

● 기술 기대주기
정보기술이 출현하여 실제 활용단계까지 이어지는 전 과정을 나타낸 시간적 주기

표 8-1

웹 2.0의 특징	진화 가능성 (방향성)
사용자의 적극적인 참여	현재까지 ERP시스템 사용자의 역할은 업무처리과정에서 필요한 데이타를 입력하고 입력·저장된 데이타를 출력하여 업무에 활용하는 정도로 수동적이었다. 즉, 업무효율화를 위한 아이디어가 있어도 기존의 ERP시스템에 이를 반영할 방법이 존재하지 않았다. 그러나 향후에는 ERP시스템의 구조를 변경하지 않는 범위 내에서 자신의 정보를 제공할 수 있는 형태로의 진화가 예상된다.
통합 플랫폼	웹 2.0의 통합 플랫폼은 그 자체가 중요한 것이 아니라, 이를 통해서 제공되는 서비스가 중요한 것처럼, ERP시스템 역시 일종의 플랫폼으로서의 역할을 담당하고 이를 통해서 제공되는 서비스 중심으로 변환될 가능성이 짙다. 예를 들어, 기업의 원하는 외부 주체의 정보를 획득하는 방법은 기존에는 다른 시스템을 통해서만 가능했지만, 웹 2.0의 통합 플랫폼 환경에서는 외부 주체와의 정보교환이 ERP시스템을 통해서도 가능하기 때문이다.
트랜잭션에서 관계로	ERP시스템의 본래 목적인 비지니스프로세스의 통합 처리 이외의 관련 주체와의 관계 및 타 시스템과의 연계를 중시하는 웹 2.0의 환경에 따라 외부 주체 및 타 시스템과의 연계의 폭이 대폭 강화된 형태로의 진화가 예상된다.
통제보다 자치	기존의 틀(ERP시스템의 구조와 제공되는 서비스)이 중앙 집중적으로 정해진 반면, 개별 사용자들이 자치적으로 정보를 창출하고 선택, 배열하여 업무에 활용할 수 있는 형태로의 진화도 예상해 볼 수 있을 것이다.

● 레거시시스템
새로운 시스템이 개발되기 이전에 사용되고 있는 기존의 시스템

웹 2.0이 처음 소개된 후, 신기원처럼 여겨졌던 웹 2.0에 대한 문제점이 이어지고 있는 요즘 상황으로 볼 때, 기술 기대주기의 거품붕괴 단계를 거치고 있는 것으로 판단되기 때문에, 이후 웹 2.0의 본질적인 면이 부각되어 안정기에 접어드는 단계로 진입할 것으로 판단된다. 그 시간은 요즘의 변화의 속도로 볼 때, 그리 오래 소요되지 않을 것이다.

2.5 ERP시스템의 장 · 단점

ERP시스템 도입은 각각의 기업마다 조직의 재정비, 생산성 향상, 재고감축, 리드타임 감축, 결산시간 단축, 정확한 원가관리 등 서로 다른 기대치를 가지고 이루어진다. 그러나 한가지 공통적인 것은 무한 경쟁시대를 맞이하여 경영진이 기업의 총비용 절감이나 자금의 흐름을 통제하기 위해서 기업의 모든 정보를 실시간으로 통제하고 모든 가용 자원을 효율적으로 관리해야 할 필요성을 느끼고 있다는 것이다. 이런 관점에서 ERP시스템은 비효율성을 제거하고 개선된 업무프로세스를 도입함으로써 기업의 전사적 업무를 통합적으로 처리할 수 있는 통합패키지로서 기업의 다양한 요구사항들을 충족시킬 수 있도록 지원하는 도구로서의 역할을 수행하고 있다.

그러나 ERP시스템을 새로 구축하고 정상적으로 운영하기까지 비용과 시간 그리고 기존 시스템과의 호환성 문제 등의 위험요소가 내재하고 있는 것도 사실이다. ERP시스템 도입과 관련하여 장 · 단점을 정리하면 다음과 같다.

(1) ERP시스템의 장점

① 고 비용 저 효율의 기존시스템(Legacy System) 제거

ERP시스템의 도입은 기업 내의 서로 분리되어 있는 부분적인 비지니스프로세스들이 통합된 전사적 비지니스프로세스의 구현과 이를 통합적으로 수행할 시스템 구현을 전제로 하기 때문에, 서로 산재된 부분 시스템들이 통합된 형태의 응용시스템으로 대체할 수 있다는 장점이 있다. 지금까지 부분적으로 개발되어 사용되고 있는 부분 시스템들은 대부분 업무의 연계처리 측면이나 혹은 통합 정보의 제

공 측면에서 비효율성과 고비용의 문제가 발생되며, 새로운 비지니스 요구사항들을 충족시킬 수 없기 때문에, 기업이 발전하고 경쟁력을 갖추기 위해서는 기존의 부분 시스템 활용으로 발생하는 고 비용과 저 효율의 문제를 해결해야만 한다.

② 비지니스프로세스의 향상

ERP시스템의 도입은 ERP시스템이 갖는 표준프로세스의 도입을 의미하기 때문에, 기존의 비효율적인 업무프로세스를 개선하는 효과를 제공한다. 기업의 경쟁력은 기업의 비지니스프로세스를 가능한 한 효율적이고 고객중심적인 구조를 통해서 얻을 수 있는데, 대부분의 ERP개발업체는 수많은 동종 업체의 구현사례를 통해서 최적의 비지니스프로세스(Best Practice)를 정의하고 지원되도록 모듈로 구성하였기 때문에, 최적의 전사적 업무처리활동이 가능하도록 보장하고 있다. 물론 ERP개발업체에서 제공하는 최적의 비지니스프로세스가 자사의 업무활동과 맞지 않을 수 있으나, 이 또한 커스터마이징 과정을 통해서 자사의 상황에 맞는 효율적이고 효과적인 형태의 프로세스로 구현될 수 있다.

- **최적의 비지니스프로세스**
수많은 동종 업체의 구현사례를 종합 정리하여 최적의 상태로 구현한 비지니스프로세스

③ 고객중심의 시스템 구축 가능

동일제품이나 서비스를 제공하는 경쟁사와의 차별화는 시장점유율과 매출증대를 통한 경쟁력 확보를 위한 핵심적인 요소이다. 특히, 경쟁기업과 차별화된 고개만족도 향상은 기업의 생존과 직결되기 때문에 매우 중요하며, 이는 제품이나 서비스를 제공하는데 관련된 프로세스의 효율성과 밀접한 관계가 있다. ERP시스템은 제품이나 서비스를 제공하는 것뿐만 아니라, 이와 관련된 모든 지원활동까지를 포함하는 전사적 비지니스프로세스를 지원하기 때문에, 고객대응시간 단축과 고객만족도 향상 등의 장점을 제공할 수가 있다.

④ 글로벌 경영 대응

무역자유화, 자유로운 기업의 인수 합병 등 기업 경영활동이 점점 국제화 되어가고 있기 때문에, 각 기업마다 국제화 대응은 필수적이 되었다. 이와 같은 글로벌 경영은 언어뿐만 아니라, 세무회계, 인사, 생산방식 등 국제화된 운영체제를 요구하고 있다. 대부분의 ERP시스템들은 다국적 언어, 다국적 통화시스템을 지원할 뿐만 아니라, 국제적인 회계 및 국가별 회계체계에 동시에 대응할 수 있도록 개

발되었기 때문에, 국제화 시대의 글로벌 경영환경에 유연하게 대처할 수가 있다.

⑤ 실시간 데이타접근을 통한 전략적인 의사결정 지원

경영자나 관리자의 합리적이고 효과적인 의사결정을 내리기 위해서는 기업에서 생성되는 모든 데이타는 체계적으로 관리되고 저장되어야 하며, 각 부서나 팀 단위로 생성된 데이타는 전사적 차원에서 필요한 정보로 재 분류되고 가공되어야 전략적 의사결정을 위한 정보로 활용될 수가 있다. ERP시스템은 모든 업무처리 기능이 실시간으로 가능하도록 하나의 통합데이타베이스를 활용하기 때문에, 경영활동을 위해서 필요한 모든 의사결정을 지원하고 대 고객 지원서비스의 질적 수준을 향상시킬 수가 있다.

⑥ 정보기술 기반구조의 업그레이드

지금까지 기업들은 전산시스템을 부분적인 이기종 시스템 형태로 운영해 왔기 때문에, 새로운 시스템을 도입하는데 이기종 시스템 간의 통합과 같은 문제들이 자주 발생하였다. 그러나 ERP시스템을 구현할 때 기업에서는 어떤 하드웨어, 운영시스템 그리고 어떤 데이타베이스를 사용할 것인지를 먼저 결정하기 때문에 조직 내부의 다양한 형태의 하드웨어 플랫폼이나 운영시스템 그리고 현재 사용하고 있는 데이타베이스를 제거하고 표준화된 기반구조로 개선하고 단순하게 할 수 있는 기회를 제공할 수 있다는 장점이 있다.

⑦ 실시간 정보관리

ERP시스템 도입으로 인한 또 다른 장점으로는 주문, 조달, 생산, 판매 그리고 판매 이후의 서비스에 이르기까지 모든 업무가 실시간으로 관리될 수 있다는 것이다. 이는 경영자의 입장에는 최하위업무 담당자의 업무까지도 파악할 수 있기 때문에 실시간으로 실질적인 업무관리가 가능하며, 기업 운영에 필요한 자금이나 인적자원에 대한 정보도 실시간으로 파악할 수 있기 때문에, 필요한 경우에는 언제라도 관련 의사결정을 내릴 수 있다는 장점이 있다.

(2) ERP시스템의 단점

ERP시스템 도입은 위와 같은 장점들이 있기 때문에, 많은 기업들에서 도입을 서둘러 왔으며, 이제는 대기업뿐만 아니라, 중소기업에 이르기까지 확산되고 있다. 특히, 지금까지 대기업 위주의 ERP시스템 보급에 앞장섰던 개발업체들이 중소기업용 ERP시스템 개발을 개발하여 보급하고 있는 것도 이 때문이다. 그러나 ERP시스템을 도입함에 있어서 비용과 시간 그리고 현재 사용하고 있는 시스템과의 연계에 대한 어려움 등 상당한 문제점들이 존재하는 것도 사실이다.

① ERP시스템 구현 비용과 시간

전사적인 비지니스프로세스의 통합처리, 실시간 정보관리 등과 같은 ERP시스템의 주요 장점들은 기업의 수 많은 부분 프로세스들을 통합하고 개선하여 표준화된 선진프로세스화 할 때만이 가능하다. 그러나 이러한 작업은 간단하지도 않을뿐더러, 표준 ERP패키지들이 제공하는 선진사례(Best Practice)를 도입한다고 해서 자동으로 달성되는 것이 아니라 오랜 시간과 비용이 소요된다. 업무의 복잡도와 규모에 따라서 몇 년간의 작업을 요하기도 하고 수억 원 이상의 비용이 들기도 한다. 뿐만 아니라 ERP시스템 구현 이후에도 많은 유지보수 비용이 소요되기 때문에, 비용부담은 더 가중된다. 따라서 ERP시스템 도입에 앞서 기업들은 ERP시스템 도입으로 인한 효과와 구현비용을 검토하여 경제적 타당성 여부를 검증하여야 할 것이다.

② ERP시스템 유지보수의 어려움

ERP시스템 구현 작업은 자체적인 현황분석, 분야별 업무분석, 제품분석, 평가 및 선정 등의 복잡한 단계를 거치기 때문에, 구현 자체에 많은 어려움이 따른다. 그러나 이러한 구현 자체의 어려움도 있지만, ERP시스템 구현 이후에도 기업의 외부환경과 내부의 업무처리환경이 변할 경우에 이에 대처하기 위해서 지속적으로 ERP시스템을 수정 보완해야 하기 때문에 많은 어려움이 따른다. 특히, 환경변화와 업무처리방식 변화의 내용을 고려하여 ERP시스템을 수정하기 위해서는 많은 인력이 두입되어야 하며, 별도의 비용과 시간이 소요되기 때문에, 자금 사정이 열악한 중소기업의 경우 ERP시스템 도입을 주저하는 이유이기도 하다.

③ 이 기종 시스템 간의 통합의 어려움

ERP시스템이 도입된다고 하더라도 기존의 많은 시스템들을 모두 폐기하고 ERP

시스템만을 활용하는 것은 아니다. ERP시스템이 도입되더라도 기존의 시스템을 활용하는 경우, 서로 다른 운영체제와 플랫폼 등을 사용하고 있다면 이를 연계하여 통합하는 작업은 쉽지 않다. 특히, 기업의 인수 합병이 일반화되고 있는 상황에서 인수 합병한 기업의 운영체제와 플랫폼은 물론 이 기종 시스템을 사용하고 있다면 이를 인수하여 자사의 시스템과 연계 통합하는 것은 더욱 쉽지 않은 일이다.

④ 한 업체와 지속적인 관계 유지의 어려움

ERP시스템을 자체적으로 개발하는 경우가 아니라면 기존의 개발업체에서 제공하는 표준패키지를 이용하는 것이 일반적이다. 이처럼 어느 한 업체의 표준패키지를 이용하는 경우, 운영체제는 물론 솔루션 자체가 다를 수 있기 때문에, 다른 개발업체로 전환하는 것은 쉽지 않은 일이다. 다른 패키지 제공업체로 전환하기 위해서는 초기의 작업과 거의 동일한 수준의 비용이 소요되며, 높은 수준의 위험을 감수해야 하는 단점이 있다.

03 공급사슬관리

3.1 공급사슬관리의 등장 배경

앞 절에서 설명한 바와 같이 자재소요계획은 거의 모든 기업이 안고 있는 가장 심각한 문제 중의 하나였다. 이러한 이유 때문에, 자재소요계획을 자동화하기 위한 시스템이 기업에 도입되기 시작하였으며, 이는 자재소요계획에 영향을 주는 자원계획(MRP)과 전사적 자원관리(ERP) 시스템으로 확대되었다.

전사적 자원관리는 기업 내부의 모든 영역의 비지니스프로세스를 통합 처리하기 위한 시스템으로 대상영역의 범위는 여전히 기업 내부로 한정되어 있다. 그러나 현대 기업의 부가가치 창출과정을 살펴보면, 상당 부분의 부가가치는 기업 내부 활용을 통해서 창출되지만 고객이나 공급업체 등과 같은 기업 외부 주체의 활동을 통해서 창출되는 경우가 대부분이다. 예를 들어, 일본의 도요타 자동차의 경우 자체 생산비율은 25%~30% 수준이며, 나머지는 외주 가공업체에 의존하고 있기 때문에, 자체의 노력으로 창출될 수 있는 부가가치는 30% 정도이며, 나머지 70%에 가까운 부가가치는 기업 외부의 외주 가공업체에 의해서 이루어진다고 할 수 있다. 따라서 제품의 경쟁력은 기업과 거래처의 고객, 공급업체의 활동에 의해서 결정되기 때문에, 기업 내부의 전사적 자원과 외부의 고객 및 공급업체까지를 관리대상에 포함시켜야 한다는 공급사슬관리(SCM: Supply Chain Management) 개념이 등장하였다. 기업의 주요 활동에 필요한 원자재 및 부품을 납품하는 공급업체에서 유통업체 그리고 고객을 포함한 기업네트워크를 형성하여 유기적인 관계를 유지할 때 경쟁업체와의 경쟁에서 우위를 차지할 수가 있을 것이다.

3.2 공급사슬관리의 정의와 필요성

● 공급사슬
원자재 및 부품의 공급업체에서 기업에 납품되어 생산과정을 거쳐 고객에 이르기까지의 모든 원자재, 부품, 정보, 서비스를 제공하는데 관련 업무흐름과 활동

공급사슬이란, 원자재 및 부품의 공급업체에서 기업에 납품되어 생산과정을 거친 후 고객에 이르기까지의 모든 원자재, 부품, 정보, 서비스를 제공하는데 관련된 모든 흐름과 활동을 의미한다. 공급사슬은 제품과 정보 그리고 서비스가 최종 고객에게까지 전달되는 모든 단계를 포함하기 때문에, 생산자와 공급업체, 고객은 물론, 중간 과정 중의 모든 운송, 보관, 유통업체까지를 포함한다. 예를 들어, [그림 8-21]과 같은 제조기업의 경우 제품을 생산하기 위해서 필요한 원자재를 공급하는 납품업자에게서 원자재는 운송업체를 통해서 기업의 원자재 보관창고에 보관된다. 보관된 원자재는 생산계획에 따라서 완제품이 완성되면, 완제품 보관창고

그림 8-21 제조기업의 공급사슬

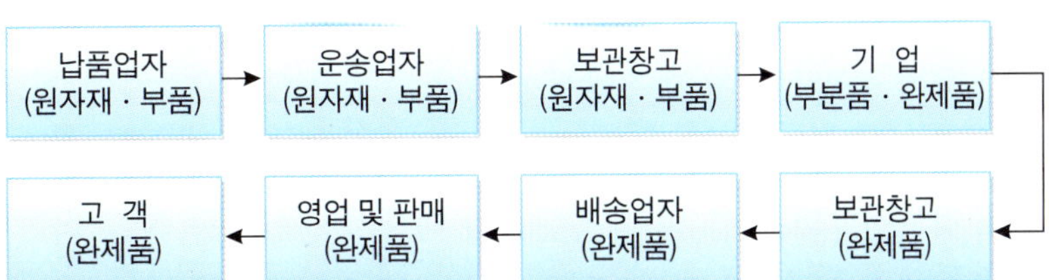

에 보관되었다가 운송업체에 의해서 각 지역의 물류센터로 운송된다. 영업 및 판매활동에 의해서 제품이 판매되면 다시 배송업체에 의해서 고객에게 전달된다. 이처럼 납품업자로부터 고객에 이르는 전 과정이 공급사슬이며, 이러한 공급사슬은 기업의 부가가치가 창출되는 과정과 일치하기 때문에 공급사슬은 부가가치흐름(Value Chain)과 동일하게 이해할 수가 있다.

• 공급사슬관리
공급사슬 상의 모든 활동을 계획하고 조직화하며 조정하는 관리활동

공급사슬관리는 공급사슬상의 모든 활동을 계획하고 조직화하며 조정하는 것이며, 이는 자체 기업을 포함하여 납품업자, 고객을 모두 통합하여 하나의 거대한 파이프라인으로 연결하여 관리활동을 의미한다.

공급사슬관리의 주된 목표는 공급사슬 내에 존재하는 불확실성과 낭비요소를 제거하는데 있으며, 이를 통해서 비용절감은 물론, 최저의 비용을 투입하여 고객이 요구하는 양질의 서비스를 제공함으로써 기업의 가치를 극대화하는 것이다. 그러나 보다 궁극적인 목표는 원자재 공급으로부터 생산, 판매에 이르는 제품 및 서비스의 흐름을 최적화하는데 있으며, 이를 통해서 제품 공급시간의 단축, 생산제품의 품질향상, 물류비용 절감, 고객의 요구와 요구변화에 대한 신속한 대응이 가능하도록 하는데 있다. 이처럼 공급사슬관리는 총체적으로 비용절감, 고객서비스 수준 향상, 내부 프로세스의 효율적 운영 등 기업 경쟁력 향상에 결정적인 영향을 미치며, 종래의 제조기업들이 공장 또는 기업 내의 생산성 향상, 리드타임 단축, 원가절감, 품질향상을 위한 합리화 및 리엔지니어링, 정보화 등에 노력해왔지만 그러한 노력만으로는 더 많은 부가가치를 창출하는데 문제가 있기 때문에, 이제는 제조단계에서부터 외부와의 가치사슬 또는 공급사슬관리를 더욱 중요시해야 할 시기이다. 공급사슬관리를 도입해야 할 필요성은 구체적으로 다음과 같은 이유에서도 찾을 수가 있다.

- 기업에서 창출되는 부가가치의 상당부분이 외부 주체의 활동에 의해서 발생하기 때문이다.
- 부품 및 원자재 공급의 납기나 품질의 불확실성, 수요 및 주문의 납기, 수량 등의 불확실성을 제조업체 내에서 수동적으로 흡수하여 생산계획을 수정하고 재고를 관리하기에는 한계가 있기 때문이다.
- 정보전달의 지연 및 왜곡현상에 의해서 공급사슬 상의 마지막 단계에 위치한 고객으로부터의 주문 및 수요의 변동에 관한 정보가 공급사슬을 거슬러 올라

갈수록 전달이 지연되거나 정보의 왜곡이 누적되어 전체적인 납기지연, 과잉 재고발생, 품질결함 등의 문제가 발생할 수 있기 때문이다.

- 모든 기업활동들이 글로벌화됨에 따라 공급사슬 상의 리드타임이 점점 길어지고 불확실해지고 있기 때문이다.
- 과거 공급사슬 상의 모든 주체를 통합 관리하기에는 정보기술 인프라가 부족하였지만, 최근 들어 ERP시스템 등 기업 내의 프로세스들이 통합되면서 공급사슬 간의 정보공유 및 전달과정이 효율적으로 혁신될 수 있는 기반이 마련되었기 때문이다.

3.3 공급사슬관리와 정보기술

공급사슬관리의 성공과 실패는 경영자가 어떻게 정보를 빠르고 쉽게 획득하며 분석할 수 있느냐에 달려 있다고 할 수 있다. 과거에는 물류의 흐름을 파악하고 이를 관리하는데 필요한 데이타를 수집하고 분석하는 작업은 거의 수작업을 통해서 이루어졌기 때문에, 공급사슬 상의 주체를 관리하는 것은 거의 불가능했다. 그러나 최근의 정보기술들은 정보를 수집하고 가공처리하며 분석하는데 전혀 문제가 없을 정도로 발전하였다. 특히, 바코드시스템과 전자인식장치(POS), 전자데이타교환(EDI 혹은 XML: Extended Markup Language) 등과 같은 물류의 흐름을 파악하고 분석하며, 전달하기 위한 도구들이 개발되어 사용되고 있다.

(1)기술적 배경

공급사슬 상의 정보를 수집하고 분석하며 공유하기 위해서 사용되는 대표적인 지원도구들은 다음과 같다.

- 바코드시스템
- 적시판매시스템(POS시스템)
- 전자데이타교환(EDI 혹은 XML)
- 네트워크 혹은 인터넷

• 전사적 자원관리시스템(ERP시스템)

이러한 도구들은 공급사슬관리시스템을 구현하고자 하는 기업들에게 효율적인 물류망을 구축하는데 결정적인 역할을 담당하는 요소기술들이다. 제품의 종류와 형태, 수량 등의 데이타를 인식할 수 있도록 식별코드 또는 바코드를 부착하면 스캐너와 같은 전자인식장치를 통해서 인식하고, 전자인식장치를 통해서 수집한 데이타를 전자문서교환시스템 등을 이용하여 전송하고, 이를 기업에서 필요한 형태로 가공하여 활용할 수가 있기 때문이다.

네트워크는 공급사슬 상에 정보가 교환되고 공유되기 위한 기본 인프라에 해당된다. 예를 들어, EDI 혹은 XML을 통해서 문서데이타가 구조적으로 생성되면 공급사슬 사이에 VAN(Value Added Network) 혹은 인터넷을 이용하여 문서를 교환하고 공유할 수 있다. ERP시스템 또한 기업의 경영활동 결과 생성된 정보를 교환하고 공유하기 위한 도구로 활용될 수 있으며, 공급사슬의 운영에 있어서 의사결정이 필요한 경우, 통합데이타베이스에 저장된 데이타를 이용하여 합리적인 의사결정을 신속하게 내릴 수가 있다.

(2) 공급사슬관리시스템의 기능

공급사슬관리의 중요성이 인식되면서 지난 10년 동안 많은 분야에서 산업별 특성을 고려한 다양한 형태의 응용시스템으로 구현되었다. 예를 들어, 자동차산업 분야의 JIT시스템(Just In Time System), 의류산업 분야의 QR시스템(Quick Response System), 식품 및 잡화산업 분야의 ECR(Efficient Consumer Response) 등이 대표적이며, 이들 시스템들은 서로 다른 명칭으로 불리기는 하지만 공급사슬 상의 모든 주체를 효율적으로 통합 관리함으로써 공급사슬관리가 추구하는 목표를 달성하고자 하는 시스템들이다.

공급사슬관리시스템은 기업 내부의 많은 응용시스템들의 조합과 통합으로 이루어져 있으며, 필요한 정보를 수집하기 위해서 기존시스템 혹은 ERP시스템과도 유기적으로 연계되어 있다. 응용분야에 따라서 차이는 있지만 기본적인 공급사슬관리시스템이 제공하는 기능들을 요약하면 다음과 같다.

- 생산일정 계획 및 스케줄링 기능
- 수송계획 기능
- 수요예측 기능
- 자금관리 기능
- 고객관계관리 및 판매자동화 기능
- 재고관리 기능
- 창고관리 기능
- 주문관리 기능
- 공급업체와의 정보공유를 위한 협업 기능
- 공급사슬 네트워크 설계 기능

04 고객관계관리

4.1 고객관계관리의 이해

(1) 고객관계관리의 개념과 목표

① 고객관계관리의 개념과 정의

신규고객을 확보하기 위해서 필요한 비용과, 기존 고객과의 관계를 유지함으로써 지속적으로 제품을 구매하도록 하는데 소요되는 비용을 비교할 때, 기존 고객이 이탈하지 않도록 유지하는데 소요되는 비용이 훨씬 적다는 사실은 이미 알려진 사실이다. 이와 같은 사실은 기업으로 하여금 기존 고객과의 관계를 극대화하는데 더 많은 노력을 기울여야 한다는 것을 의미한다. 예전에는 고객에 대한 정보나 고객의 요구사항을 파악하는 것이 용이하지 않았지만, 요즘은 첨단 정보기술 도구들을 이용하여 고객정보나 고객의 요구사항, 요구의 변화 혹은 행동의 변화를 파악하는 것이 용이해 졌을 뿐만 아니라, 인터넷과 같은 도구를 이용하여 고객의 의사소통도 원활하게 이루어질 수 있으며, 데이타마이닝 기법을 이용하여 광범위한 데이타를 분석하는 것도 어렵지 않게 되었다.

이러한 기술적인 배경하에 고객에 대한 광범위하고 구체적인 데이타를 바탕으로 고객 개개인에 적합한 차별적인 서비스를 제공함으로써 고객과의 관계를 지속적으로 강화하기 위한 고객관계관리(CRM: Customer Relationship Management) 개념이 등장하게 되었다. 고객관계관리는 첨단 정보기술들을 활용하여 수집한 고객에 대한 정보를 효과적으로 활용하여 고객과의 관계를 유지하고 확대 개선함으로써 고객만족도와 고객의 충성심을 향상시키기 위한 일련의 경영활동으로 정의할 수가 있다. 즉, 고객의 요구사항들을 수시로 파악하여 충족시킴으로써 장기적인 매출로 이어질 수 있도록 하는 제반 활동을 의미한다.

• 고객관계관리
첨단 정보기술을 활용하여 수집한 고객에 대한 정보를 효과적으로 활용하여 고객과의 관계를 유지하고 확대 개선함으로써 고객만족도와 고객의 충성심을 향상시키기 위한 일련의 경영활동

② 고객관계관리의 목표와 이슈

고객관계관리의 주요 목표는 현재 수익을 발생시키고 있는 고객들을 정확하게 이해하고 이를 바탕으로 미래의 수익으로 연결시키기 위해서 어떤 서비스를 제공해야 하는가, 또 어떻게 서비스를 제공할 것인가? 이다. 이러한 목표를 달성하기 위해서는 다음과 같은 주요 이슈들이 해결되어야 할 것이다.

- 기존 고객이 이탈하지 않도록 어떤 차별화된 서비스를 제공할 것인가
- 고객이 추구하는 최고 가치는 무엇이며, 고객의 가치를 어떻게 극대화할 수 있는가
- 고객이 이탈하였다면 고객 이탈의 원인이 무엇이며, 고객 이탈을 방지할 수 있는 방안은 무엇인가

새로운 신규고객을 확보하고 기존 고객을 유지하기 위한 다양한 방법이 존재하지만, 모든 고객들이 추구하는 가치와 행동 성향이 다르기 때문에, 모든 고객의 요구사항들을 만족시킬 수는 없다. 따라서 기업은 어떤 고객들과의 관계를 유지 강화해야 할 것인지, 불필요한 비용을 절감하기 위해서 어떤 고객을 포기해야 하는지를 고민해야 하며, 그 해답은 고객관계유지와 수익성과의 관계에서 찾을 수 있을 것이다.

4.2 고객관계관리시스템의 기능

• 고객관계관리시스템
고객의 제안요청이나 정보요청 등의 직접적인 행위와 고객에게 제품과 서비스를 제공하는 것과 같은 간접적인 활동을 지원하고 관리하기 위한 일종의 정보시스템

고객관계관리시스템은 고객의 제안요청이나 정보요청 등 직접적인 행위에서 비롯된 것은 물론, 고객에게 제품과 서비스를 제공하는 것과 같은 직접적인 활동을 지원하고 관리하기 위한 일종의 정보시스템이며, 이러한 활동을 지원하기 위해서 [그림 8-22]에서와 같은 다양한 기능을 수행한다.

인터넷 매체가 기업과 고객과의 주요 접점이 된 지 오래된 상황에서 최근 들어, 체계적인 고객관계관리를 위해서 인터넷을 중심으로 고객정보의 획득 및 마케팅 활동이 이루어지고 있기 때문에, 기존의 오프라인 방식의 CRM 보다는 인터넷을 이용한 고객과의 관계를 설정하고 eCRM이 주요 이슈로 등장하고 있다. eCRM은 고객과의 장기적인 관계를 구축하여 고객이 추구하는 생애가치를 극대화하는데 통합 데이타베이스 혹은 데이타웨어하우스를 구축하여 고객과 관련된 모든 정보를 통합 관리함으로써 고객과의 관계를 강화하고 있다.

그림 8-22 고객관계관리시스템의 기능

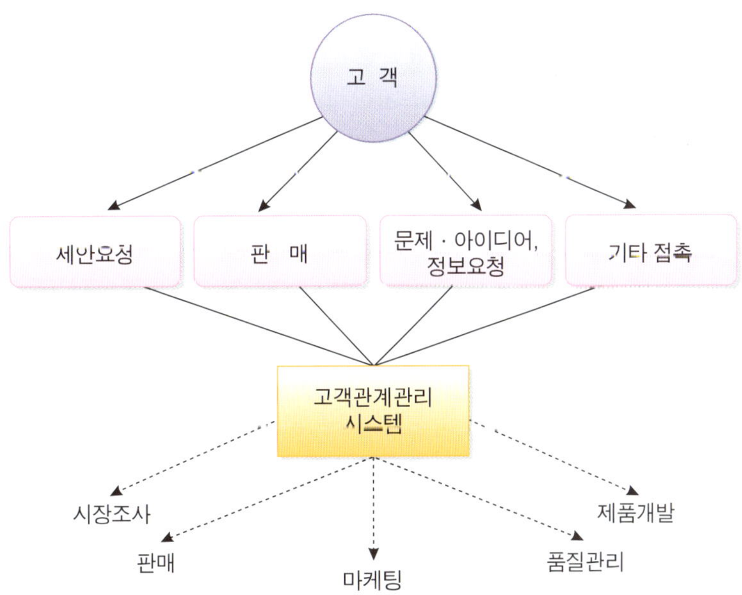

4.3 고객관계관리의 실천방안

(1) 고객접점관리

● 고객접점관리
고객관계관리를 위해서 인터넷이나 전화, 팩스와 같은 고객과의 각종 채널을 관리하는 활동

고객관계를 관리하기 위한 대표적인 방법은 기업과 고객이 만나는 접점을 관리하는 것이다. 인터넷이나 전화 혹은 전통적인 팩스와 같은 각종 채널은 고객과 기업을 연결하는 통로이며, 이를 관리하는 것을 고객접점관리(Customer Contact Management)라 하며, 고객접점관리시스템은 고객관계관리시스템의 일부분으로써 각종 채널을 통해서 수집된 외부 고객의 다양한 요청을 수집하고 내부의 부분시스템들과 연계하여 이를 충족시킬 수 있도록 하기 위한 일종의 정보시스템으로 볼 수 있다.

고객접점관리의 전형적인 서비스는 콜센타 혹은 고객지원센타이다. 콜센타(Call Center)는 고객에게 발생한 문제와 해결까지를 추적할 수 있는 기능을 제공하고 있으며, 특히 고객서비스 상담원 즉, CRS(Customer Service Representative) 서비스는 반복되는 과정을 거치지 않고서도 고객의 문제를 접수하고 동시에 유사한 문제티켓을 검색해 빠른 시간 내에 해결방안을 제시할 수 있다. 고객지원센타는 영업시간 동안 고객의 전화에 응대하는 직원들로 구성된 팀으로 다양한 경로를 통해서 다양한 고객지원과 동시에 영업활동까지를 병행함으로써 현대 기업들의 고객접점관리와 영업활동을 위한 필수적인 요소가 되고 있다. 특히, 컴퓨터와 전화통신을 통합한 CTI(Computer Telephony Integration) 기능을 보유하며 고도의 자동화된 서비스를 제공하고 있다.

(2) 영업자동화시스템(SFA)

● 영업자동화시스템
기업의 영업활동을 자동화하여 수행하고 고객관계관리를 통한 고객의 충성도를 높이기 위한 영업촉진 자동화시스템

영업자동화(SFA: Sales Force Automation)란, 기업의 영업활동을 자동화하여 수행하고, 고객관계관리를 통한 고객의 충성도를 높이기 위한 각종 활동을 지원하기 위한 영업촉진 자동화시스템의 일종으로 이해할 수가 있다. 즉, 영업자동화시스템은 영업활동의 자동화뿐만 아니라, 영업과 관련된 마케팅, 영업, 서비스제공 등 모든 영업활동을 지원하며 특히 고객과의 상호작용을 통해서 고객관계를 촉진하는 역할을 수행하는 시스템이다.

SUMMARY 요 약

기업이 추구하는 목표는 구체적으로 정의된 일련의 업무들이 연속해서 수행됨으로써 달성되는데, 이들 업무들의 연속된 흐름을 비지니스프로세스(Business Process)라 한다. 기업이 수행하는 모든 업무들은 더 많은 부가가치를 창출하기 위한 활동들이기 때문에, 업무의 흐름은 결국 부가가치흐름을 나타내며, 비지니스프로세스는 기업의 부가가치흐름을 나타내는 또 다른 방법이다.

기업의 업무는 처리하는 주체에 따라서 전략적인 업무, 관리적인 업무 그리고 일상적인 업무로 구분되며, 업무 기능에 따라서 업무영역별로 구매, 생산, 영업 및 판매, 회계, 재무, 인사 업무 등으로 구분된다. 또한 업무처리방식은 업무처리결과 발생한 데이타를 일정기간 동안 축적해 두었다가 처리하는 일괄처리방식(Batch Processing)과 데이타가 발생할 때마다 즉시 처리하는 온라인처리방식(Online Processing)으로 나누어진다.

기업에서 수행되는 모든 업무는 데이타를 입력 받아 정해진 내용에 따라 데이타를 가공 처리하며 그 결과를 출력하는 것이기 때문에, 데이타의 수집, 편집 및 수정, 조작, 저장 및 보고서 생성 등과 같은 기본적인 기능들이 수행된다. 기업에서 수행되는 핵심업무는 구매처리, 주문처리, 회계 및 재무처리 등이 있는데, 이들 업무들은 처리방식과 처리주체가 다르기는 하지만 서로 연계되어 있으며, 업무처리에 관련된 입력 및 출력데이타 또한 서로 연계되어 있다.

업무기능과 업무처리에 관련된 데이타가 서로 연계되어 있기 때문에, 기업의 전사적 측면에서 업무의 효율성 및 통합 정보에 대한 요구를 감안할 때, 모든 업무들이 통합적으로 처리되는 것이 효율적이다. 이러한 배경에서 기업의 모든 업무를 통합처리하고, 그 결과 생성된 모든 데이타를 통합하여 관리하며, 이에 관련된 모든 자원을 통합관리하고자 하는 전사적 자원관리 개념이 등장하였다.

전사적 자원관리시스템은 1960년대 재고관리시스템으로부터 출발하였으며, 1970년대 자재소요계획(MRP), 1980년대 생산자원계획(MRPII)로 발전하면서 1990년에 전사적 자원관리시스템(ERP)로 발전하였다. ERP시스템의 등장배경은 무한 경쟁시대의 세계화 · 국제화, 정보의 다량화 분산화, 제품생명주기의 단축, 제품 및 경영품질의 고급화, 외부 경쟁자의 도전 등과 같은 기업환경에 부응하기 위한 목적이었으며, 현재 SAP사의 R/3시스템이 전세계 ERP시스템 시장의 59%를 점유하고 있으며, 우리 나라의 경우 49%의 시장점유율에 이르고 있다.

ERP시스템은 연대기적인 관점에서 재고관리 → 자재소요계획 → 생산제조계획 → 전사적 자원관리시스템으로 발전하고 있으며, 컴퓨팅 환경과 관련해서는 정보기술이 초기의 메인 프레임 환경에서 미니컴퓨팅 환경으로 그리고 클라이언트/서버 환경으로 다시 웹 환경으로 진화함에 따라 현재에는 웹 기반의 ERP시스템이 활용되고 있다. 관리영역의 확대 측면에서는 재고관리영역 → 생산영역 → 핵심영역 → 기업 전체의 전사적 영역으로 확대되어 가고 있다.

기업환경과 업무환경의 변화추이를 볼 때, 미래의 ERP시스템은 고객서비스 중심의 ERP시스템으로 발전할 것이며, 통합 플랫폼 형태의 ERP시스템으로 발전할 것이다. 관리 대상 영역은 더욱 넓어질 것이며, 더 나아가서는 업무활동을 지원하고 이에 필요한 자원을 효율적으로 관리한다는 본질적인 목적을 넘어서 ERP시스템에 내장되어 있는 선진사례(Best Practice)를 참조하여 내부의 프로세스를 혁신함으로써 경영혁신을 이루려는 경영혁신 도구로서의 활용가치도 증대될 것이다.

ERP시스템의 영역은 기업 내부로 한정되어 있으나, 기업이 추구하는 부가가치가 내부의 활동을 통해서만 창출되는 것이 아니라, 상당 부분 외부 주체의 활동에 의해서 창출되기 때문에, 기업 외부 주체의 활동까지를 관리해야 한다는 필요성이 제기됨에 따라서 대상 영역이 넓어지고 있다. 특히, 물류 흐름의 전체 과정을 관리대상으로 하여 공급업체와 자체 기업 그리고 고객까지를 연결하여 통합적으로 관리하는 공급사슬관리가 한 예이며, 또 다른 예는 고객 측면으로 확대하여 기존의 고객이 이탈하지 않고 지속적으로 수익창출에 기여하도록 지속적으로 관리하는 고객관계관리이다.

연 습 문 제

01. 기업의 부가가치흐름과 비지니스프로세스의 관계에 대해서 설명하시오.

02. 업무처리방식 중 일괄처리방식과 온라인처리방식을 설명하고 각각의 장점과 단점에 대해서 설명하시오.

03. 업무와 데이타의 통합 관점에서 기업의 전사적 비지니스프로세스의 통합의 필요성에 대해서 설명하시오.

04. ERP시스템의 등장배경에 대해서 기업환경변화에 컴퓨팅 기술의 변화 측면에서 설명하시오.

05. ERP시스템의 역사적 진화과정을 연대기적 관점에서 설명하시오.

06. ERP시스템의 역사적 진화과정을 정보기술(컴퓨팅 기술)의 변화 관점에서 설명하시오.

07. 급변하는 기업환경과 컴퓨팅 기술의 변화에 기초하여 미래의 ERP시스템에 대한 진화방향성에 대해서 설명하시오.

08. ERP시스템 도입의 장점과 단점을 비교 설명하시오.

09. ERP시스템 개발업체의 사이트를 방문하여 ERP시스템의 모듈구성에 대해서 살펴보시오.

10. 공급사슬관리(SCM)의 등장배경과 현대 기업에서 왜 필요한지 이유를 설명하시오.

11. 공급사슬관리시스템을 구현하는데 활용되는 지원도구들에 대해서 설명하시오.

12. 고객관계관리(CRM)의 목표와 고객관계관리시스템의 주요 기능에 대해서 설명하시오.

13. 고객접점관리 및 영업자동화시스템 이외의 고객관계관리 실천방안에 대해서 설명하시오.

참고문헌 Refereces

- 강재정 외 공역, 정보시스템의 이해, 한경사 2005.
- 류명재 외 공저, BPM-프로세스 경영과 정보기술의 미래, Sigma Insight 2003.
- 박광호, uniERPII를 이용한 ERP DNSDUD, 명경사 2005.
- 손승희, 시스템분석 및 설계, 도서출판 그린 2004.
- 이동길, ERP 전략과 실천, 대청 2002.
- 이동훈, 전자상거래와 e-비지니스의 이해, 한빛미디어 2006.
- 임규건 외, 디지털 경제시대의 e-비지니스 경영, 2판, 이프레스 2007.
- J.Jeston and J.Neilis, *Business Process Management*, Elsevier 2006.
- R.Stair and G.Reynolds, *Fundamentals of information systems*, 4th Ed., Tomson 2008.

제9장 경영지원시스템

01 의사결정과 정보기술

02 의사결정지원시스템

03 의사결정지원시스템의 연장:
그룹의사결정지원시스템과 중역정보시스템

04 비지니스 인텔리전스

학습 개요 및 목표

기업의 의사결정 과정은 기업의 사활을 결정할 정도로 중요하며 기업활동의 중추적인 역할을 담당한다. 과거에는 기업의 중간 관리층 이상의 관리자들만이 의사결정 과정에 참여하였으나, 조직 구조의 개편과 편제의 변화로 인하여 오늘날에는 조직 전반의 구성원 모두가 의사결정 과정에 참여하는 의사결정자의 역할을 수행한다. 모든 구성원이 신속하고 정확한 의사결정을 수행하기 위해서는 지원을 받을 수 있는 일종의 도구가 필수적인데, 조직 전반에 존재하는 정보와 지식을 참고하고 의사소통을 원활히 하기 위하여 정보기술의 응용은 필수적이다.

의사결정 과정을 지원하기 위한 정보기술의 응용은 1970년대부터 본격적으로 연구되어왔다. 의사결정지원시스템은 이러한 의사결정 문제를 해결하기 위한 정보기술 활용의 대표적인 사례인데, 의사결정지원시스템을 통해 의사결정에 참여하는 의사결정자들은 문제에 대한 파악과 이해, 그리고 대안에 대한 설계와 선택을 과학적이고 논리적으로 수행할 수 있게 되었다. 이른바 경영지원시스템이라 부르는 정보시스템들은 이러한 의사결정지원시스템의 기능을 기초로 하며, 오늘날의 비지니스 인텔리전스 시스템에까지 이르렀다.

본 장은 의사결정 과정과 문제의 기초적인 내용을 바탕으로, 의사결정지원시스템의 개념과 구성, 그리고 기업에 적용되는 양상을 소개한다. 의사결정지원시스템을 기초로 하여 확장된 기능을 갖춘 그룹의사결정지원시스템과 중역정보시스템에 대해 학습한다. 또한 최근 많은 관심을 받고 있는 비지니스 인텔리전스의 개념과 특징, 그리고 실제로 적용된 사례를 학습한다. 본 장의 학습 목표는 다음과 같다.

- 전통적인 의사결정 이론에 대해 학습한다.
- 의사결정 과정을 구성하는 단계들에 대해 이해한다.
- 의사결정 문제의 유형을 학습한다.
- 의사결정지원시스템의 개념과 특징, 구성을 학습한다.
- 그룹의사결정지원시스템의 개념과 구성을 알아본다.
- 중역정보시스템의 개념과 구성을 알아본다.
- 비지니스 인텔리전스의 개념과 기능을 알아본다.
- 비지니스 인텔리전스를 도입한 사례를 학습한다.

그룹의사결정 지원을 위한 한국도로공사의 HD 화상회의 시스템

첨단 IT 기술로 고속도로의 안전과 효율성 높인다

한국도로공사(www.ex.co.kr)는 2007년 9월 폴리콤의 솔루션을 이용해 HD급 화상회의 시스템을 구축했다. 한국도로공사가 관리하는 고속도로는 3000km를 넘어서고 있다. 3000km가 넘는 기나긴 고속도로를 관리하기 위해 한국도로공사는 6개 지역본부를 갖추고 있으며, 각 지역본부마다 도로관리 정보센터를 설립해 국토의 대동맥인 고속도로의 안전과 원활한 소통에 만전을 기하고 있다.

HD급 기반, 상호 소통 업그레이드

한국도로공사의 HD급 화상회의 시스템 도입은 산업은 물론 생활과 밀접한 연관을 갖게 된 고속도로를 보다 효과적으로 관리하고, 기관의 경영효율과 업무효율을 향상시키기 위해 이뤄졌다. 전국에 펴져있는 한국도로공사의 환경에서 각 지역별 고속도로의 상황을 공유하면서 원활한 커뮤니케이션을 통해 최상의 결론을 이끌어내기 위해서는 HD급 화상회의가 최선의 대안이 되었기 때문이다.

한국도로공사는 기존 SD급 화상회의 솔루션을 사용하고 있었지만, 화상과 음성의 끊김 현상 등이 발생하는 한계를 노출했다. 이러한 한계로 인해 한국도로공사의 기존 화상

회의는 쌍방향 회의라기보다는 한쪽의 메시지가 일방적으로 전달되는 연설에 가까웠다. 원거리 사무소간 원활한 커뮤니케이션 실현이란 본래의 목적을 달성하기에는 다소 무리가 있었던 것이다.

이러한 문제를 해결하기 위해 한국도로공사는 삼양데이타시스템즈를 주사업자로 폴리콤의 HD급 화상회의 솔루션을 이용하는 업그레이드를 단행했다. 기존 SD급에서 폴리콤의 솔루션을 이용하고 있었지만, 끊김 현상 등이 솔루션의 문제라기보다는 SD급 대역폭의 한계로 인한 것으로 판단됐기 때문에 기존 장비의 활용도 측면에서 이점을 줄 수 있는 폴리콤 솔루션이 HD급 화상회의 솔루션으로 다시 선정된 것이다.

HD급으로의 업그레이드는 지난해 7월부터 시작돼 9월 말 업그레이드를 완료하고, 공식 오픈되었다. 현재 한국도로공사는 본사 회의실과 6개 지역본부를 HD급 화상회의 솔루션으로 연결해 매월 간부회의와 각종 긴급회의를 진행해 경영과 고속도로 관리 효율화를 이뤄내고 있다.

한국도로공사의 화상회의 시스템 업그레이드는 단지 HD급으로의 전환에만 그친 것은 아니다. 본사와 지역본부를 HD급으로 연결한 것 외에도 소형 LCD가 포함된 영상전화기나 PC상의 메신저를 이용한 화상회의도 가능하도록 화상회의의 범위를 확대시키는 작업도 동시에 진행됐다. 이는 각 지역본부에 국한된 것이 아닌 고속도로 건설 공구와 같은 일선 현장까지 커뮤니케이션을 확대하기 위함이다. PC나 영상전화기에는 고화질이 필요치 않을 뿐 아니라 산간 오지 등 네트워크 환경이 열악한 곳에서 진행되는 건설현장을 고려해 지역본부 외에는 SD급으로 전송된다.

민 팀장은 "HD급과 SD급을 모두 이용하는 화상회의나 복수의 화상회의를 이용할 때 업그레이드된 시스템은 단 한 번도 문제를 일으키지 않았다"면서 "특히 지난 국정감사 때에는 4000명에 달하는 한국도로공사 직원 대부분 화상회의에 참여했음에도 문제를 일으키지 않았다"면서 성능과 안정성에 높은 평가를 내렸다.

공구현장 연결도 OK

화상회의의 효과는 적지 않다. 우선 지적할 수 있는 것은 커뮤니케이션을 통한 통합과 효율화의 효과다. 화상회의 구축 이전에는 전사적 커뮤니케이션이 어려웠다. 임원회의만 해도 전국 각지의 임원들이 전부 서울로 올라와야 했기에 모두 한 자리에 모여 중요

안건을 처리하기가 여간 어려운 일이 아니었다. 하지만 화상회의 시스템이 도입된 이후로는 본사 임원은 본사 회의실에, 각 지역본부의 임원들은 각 지역본부에 위치하는 것만으로도 회의진행이 가능하게 됐다. 즉 화상회의 시스템을 통해 보다 효과적인 의사결정이 가능하게 된 것이다.

임원회의 뿐만 아니다. 각 지역본부 간에도 화상회의 시스템을 이용해 원활한 커뮤니케이션이 가능하게 됐으며, 메신저와 연동된 PC 간 화상회의 연결을 통해 일선 담당자 간의 커뮤니케이션도 가능하게 돼 전사적으로 커뮤니케이션이 증진되는 효과를 거둘 수 있었던 것이다.

또 나아가 건설 공구 현장은 물론 고속도로 현장을 영상과 함께 살펴볼 수 있는 환경이 구현됨으로써 보다 효과적인 고속도로 관리가 가능하게 된 것도 화상회의 시스템 구축의 이점이다. 사무실에서는 체감하기 어려운 일선 건설 현장의 애로사항을 화상회의 시스템을 통해 눈으로 확인, 보다 효과적으로 전달받아 조치함으로써 현장의 괴리를 줄이게 됐다.

안전사고가 많이 발생할 수 있는 건설 현장의 안전점검을 원거리에서 실시할 수 있게 된 것과 마찬가지로 폭설과 같은 천재지변이나 교통사고 등 재난사고에도 본사와 현장이 화상회의를 통해 실시간으로 연결됨으로써 보다 능동적으로 대응할 수 있게 된 것도 효과다. 현장 연결의 경우, 네트워크 환경이 열악할 뿐 아니라 공사구간의 변경 등에 따라 지속적으로 위치가 변화해야 한다. 폴리콤 화상회의 솔루션은 잦은 위치변경에도 큰 제약 사항없이 사용하는 유연성까지 갖추고 있어 활용도를 더욱 높이고 있다고 한국도로공사 측은 분석했다.

민경숙 팀장은 "기존에는 회의를 위한 이동에 많은 시간과 비용이 소요됐지만 화상회의 도입 이후에는 각자가 위치한 자리에서 회의와 각종 업무를 보다 효과적으로 수행할 수 있게 됨으로써 상당한 시간과 비용절감 효과를 거두고 있나며 화상회의는 이제 일상적으로 사용될 정도로 실제 업무와 밀접하게 연관된 툴로 적극 활용되고 있다"고 전했다.

화상회의 활용, 직원복지 향상

한국도로공사는 화상회의 솔루션을 보다 더 적극적으로 활용해 쓰임새를 한층 넓히고 있다. 초청강연 등에 활용하는 것이 대표적이다. 최근에는 사내복지 차원에서 정기적으로 유명인사를 초청, 재테크 방법·건강관리 방법 등의 강연이나 교육을 진행하는 기업이 많다. 그렇지만 일괄적으로 진행되다보니 꼭 참석하고 싶지만, 업무 일정상 강연에 참석하지 못해 아쉬움을 표시하는 직원들도 종종 발생한다. 또 지역 사무소에서 근무하는 경우에는 이러한 교육기회가 본사 직원에 비해 제한적인 것도 사실이다. 복지차원에서 진행되는 프로그램이지만 전 직원들에게 혜택이 돌아가지 못해 100%의 효과를 보지 못하는 것이다.

한국도로공사는 화상회의 시스템을 초청강연 시 사내 방송 용도로도 활용해 보다 많은 직원들이 혜택을 받을 수 있게 하고 있다. 출장으로 참여하지 못하는 직원의 경우에도 자신의 노트북 PC에 설치된 메신저와 연동되는 화상회의 솔루션을 통해 원격으로 유용한 초청강연을 들을 수 있는 것. 이는 소외되는 직원의 수를 줄임으로써 초청강연과 같은 복지 프로그램의 기대효과를 끌어올리는 결과로 나타나게 된다. 화상회의 시스템을 운용하거나 도입을 고려하고 있는 기업들이 참조할 만한 아이디어다.

한국도로공사는 언뜻 생각하기에 IT와 거리가 멀어 보이지만, 내부를 들여다보면 IT와 매우 밀접한 관계를 맺고 있다. 이미 전산화된 요금정산은 물론 교통정보, 시설물 관리 등에서도 IT 기술이 적극적으로 활용되고 있다. 나아가 오늘날 고속도로는 단순한 도로의 역할을 넘어 최첨단 IT 기술과 결합한 'u하이웨이(Ubiquitous Highway)로 진화하고 있다.

한국도로공사는 이러한 흐름에 발맞춰 첨단 IT 도입을 통해 새로운 고속도로의 패러다임 창출을 선도하고 있다. 판교-오산 간 30km 구간에 시범 적용된 u하이웨이는 세계 최고의 고속도로를 지향하는 한국도로공사의 의지를 보여주는 대표적인 사례라고 할 수 있다. 판교-오산 간 구간은 무선랜 기술과 첨단 IT 기술을 결합, 설치된 센서를 통한 노면결빙, 안개 등을 이 구간을 운행하는 차량에 실시간으로 전달할 수 있는 u하이웨이가 구현돼 있다.

한국도로공사는 더욱 더 많은 첨단 IT 기술을 활용해 고속도로의 안전과 편의를 지켜나갈 계획이다. 이번에 구축된 화상회의 시스템 역시 새로운 기업 커뮤니케이션으로 각광받는 UC(Ubiquitous Communication)의 구현과정으로도 볼 수 있으며, IP텔레포니와의 교체가 수행되면 UC 도입도 적극 고려하겠다는 것이 한국도로공사 측의 방침이다.

민경숙 정보계획팀장과의 인터뷰

HD급 화상회의 시스템을 구축하게 된 배경은?

한국도로공사는 기존에도 SD급 화상회의 시스템을 통해 원격지에서의 원활한 커뮤니케이션을 꾀했다. 고속도로 건설 · 관리라는 기관의 목적상 전국 고속도로 관리를 위해 광범위한 지역에서 업무가 진행되고 있었기에 원격지 커뮤니케이션 확보는 필수적인 부분이라고 말할 수 있다. 하지만 기존 SD급 화상회의는 시스템 한계로 인한 화상 끊김 현상 등이 발생, 원만한 회의진행에 다소 어려움이 존재했다. 따라서 HD급으로의 업그레이드를 통해 기존 SD급 시스템이 지닌 한계의 개선을 추진했다. 이와 동시에 인스턴트 메신저, 영상전화기 등을 활용해 적용폭을 넓히는 확장작업도 함께 진행해 화상회의가 전사적 커뮤니케이션 수단으로 자리매김하도록 했다.

폴리콤 화상회의 시스템을 선정한 이유는?

HD급으로 업그레이드할 때 면밀한 검토와 BMT로 성능을 검증했는데, 이 과정에서 폴리콤 솔루션이 가장 높은 점수를 받았다. 또 기존에 SD급 솔루션으로 폴리콤을 활용했다는 점도 중요한 요소로 작용했다. 고속도로 건설공구 현장의 경우, 네트워크 환경이 열악한 경우가 많아 SD급 화상회의를 구현했다. 고화질이 필요없는 영상전화기와 메신저를 통한 화상회의 또한 SD급으로 구현된다. 다시 말해 한국도로공사 전체적으로 보면 HD와 SD가 공유하는 형태의 화상회의 시스템이 구축된 것이다. 화상회의 시스템의 전면 교체보다 동일한 폴리콤으로의 업그레이드가 비용절감 효과를 얻을 수 있어 폴리콤 화상회의 시스템이 보다 더 매력적이었다.

폴리콤 HD급 화상회의에 대한 만족도는?

본사와 지역본부별 고화질 회의, 일선 현장과의 화상회의 등에서도 별다른 문제없이 운영되고 있어 만족스럽다. 무엇보다 이제 화상회의를 통한 회의 문화가 완전히 정착되고 있다는 점이 반갑다. 업무 속에 화상회의 문화가 녹아 들어 시간과 비용을 절감하고,

내부 커뮤니케이션의 활성화와 효율화를 이뤄냈기에 매우 만족스럽게 생각한다.

향후 계획은?

화상회의와 관련해서는 UC로 진화가 가능할 것으로 보고 있다. IP텔레포니아 전환 등의 제약으로 UC를 구현하지 못했지만, 화상회의를 PC, 영상전화기 등으로 이미 확대한 상황이기에 UC 환경에서도 화상회의 시스템이 중요하게 활용될 수 있을 것으로 본다. 오늘날 고속도로는 단순한 길의 개념을 넘어 'u하이웨이'로 진화하고 있다. u하이웨이 구현에는 첨단 IT 기술과의 접목이 반드시 요청된다. 세계 최고의 고속도로를 위해 도움이 되는 기술이라면 적극 도입해 나갈 것이다.

▸ 네트워크타임즈, 2008년 12월

01 의사결정과 정보기술

의사결정 지원과 관련된 기존의 연구는 크게 1950년대 후반과 1960년대 초반의 조직적 의사결정 과정에 관한 이론적 접근과 1960년대의 상호 의사소통 컴퓨터 시스템을 기반으로 하는 기술적인 접근으로 구분된다. 정보기술을 이용하여 의사결정을 지원하고자 고안된 의사결정지원시스템은 1970년대 중반부터 연구분야로 부각되었으며, 1980년대에 이르러 많은 종류의 연구결과들이 발표되었다. 1980년대 중반의 중역정보시스템, 그룹의사결정지원시스템, 조직적 의사결정지원시스템 등은 사용자 및 모델 기반의 의사결정지원시스템으로부터 진화된 시스템들이다. 1990년대에 이르러 데이타웨어하우스와 OLAP의 등장으로 인하여 의사결정지원시스템의 기능성이 분석적으로 확장되었으며, 2000년대에 이르러 웹 기반 분석툴이 개발되어 그 기능이 한층 강화되었다. 의사결정지원시스템은 데이타베이스, 인공지능, 인간-컴퓨터 상호작용, 시뮬레이션 기법, 소프트웨어 공학 및 정보통신 등을 포함하는 포괄적인 학제간 연구주제이다.

1.1 의사결정의 유형

의사결정의 유형은 의사결정자의 수준 및 의사결정 내용과 밀접한 관계를 갖고 있다. 의사결정자의 수준이란 의사결정을 수행하는 주체의 직책, 즉 조직 내에서 맡은 책임을 의미한다. 따라서 자신이 맡은 책임에 따라 관심을 갖는 정보 또한 다르며, 그러한 정보를 바탕으로 내려지는 의사결정 내용 또한 다르다.

● **구조적 의사결정**
의사결정이 필요한 문제의 성격이 매우 전형적이고 복잡하거나 예상하기 어려운 변수가 없는 경우의 의사결정

의사결정은 구조적, 비구조적, 그리고 반구조적 의사결정으로 분류된다. 구조적(Structured) 의사결정은 반복 및 일상적이며, 의사결정자는 사전에 정의된 절차에 따라 효율적으로 의사결정을 내릴 수 있다. 즉, 의사결정이 필요한 문제의 성격이 매우 전형적이고 복잡하거나 예상하기 어려운 변수가 없는 경우이다. 따라서 의사결정자는 기존의 유사문제에 대해 내려졌던 의사결정 사항을 참고하거나, 또는 사

●비구조적 의사결정
기존에는 없었던 새로운 문제 상황에 대한 의사결정이므로 의사결정을 수행하는 기존의 절차 또는 사전에 정의된 양식들이 적용될 수 없는 상황의 의사결정

●반구조적 의사결정
문제의 원인 또는 상황에 대한 해법을 파악하고 있어 의사결정을 내릴 수 있으나, 내려진 의사결정 사항에 의한 결과를 전혀 예상할 수 없는 경우의 의사결정

전 정의된 의사결정 양식에 맞추어 의사결정을 수행하면 된다. 비구조적(Non-structured) 의사결정은 의사결정자가 문제 정의에 대해 자의대로 판단 및 평가하고 의사결정을 내리는 방식이다. 즉, 기존에는 없었던 새로운 문제 상황에 대한 의사결정이므로 의사결정을 수행하는 기존의 절차 또는 사전에 정의된 양식들이 적용될 수 없는 상황의 의사결정이다. 비구조적 의사결정을 수행하기 위해서는 과학적인 분석이나 통계적인 예측을 활용하기 보다는 경험적인 직관을 활용하는 경우가 많다. 따라서 내려진 의사결정 사항을 실행하는 데에 다소 위험이 따를 수도 있다. 반구조적(Semi-structured) 의사결정은 구조적 그리고 비구조적 의사결정의 성격을 모두 갖고 있으며, 대부분의 의사결정 상황이 반구조적 의사결정에 속한다. 문제의 원인 또는 상황에 대한 해법을 파악하고 있어 의사결정을 내릴 수는 있으나, 내려진 의사결정 사항에 의한 결과를 전혀 예상할 수 없는 경우를 의미한다. 대부분의 의사결정 상황은 과거의 유사한 상황에 대한 해법이 존재하므로 기존의 의사결정 사항과 절차를 활용할 수는 있으나, 그에 따른 결과는 과거와는 전혀 다른 양상을 보일 수 있기 때문이다.

이와 같은 의사결정 내용을 의사결정자의 수준과 연관시키면 [그림 9-1]과 같다. 일반적으로 구조적 의사결정은 조직의 하위 수준에서 많이 이루어지고, 비구조적 의사결정은 조직의 상위 수준에서 많이 이루어진다.

그림 9-1 의사결정 내용 및 의사결정자 수준에 따른 의사결정 유형

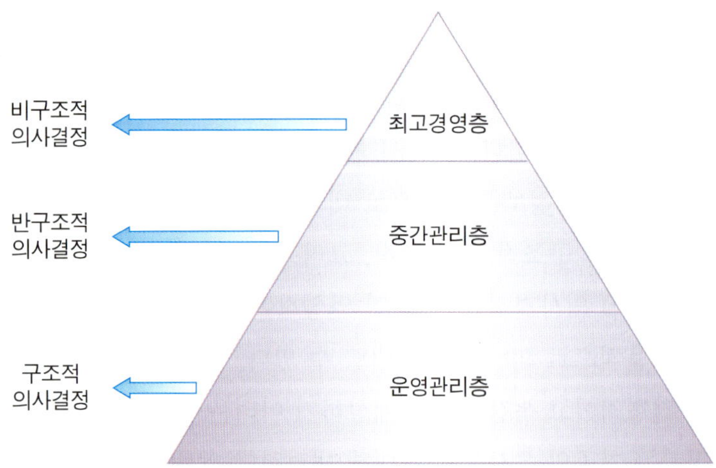

최고경영층은 정답이 없고 평가적이며, 많은 정보와 개인의 경험을 바탕으로 하는, 직관적인 비구조적 의사결정을 하는 경우가 많다. 예를 들어, 부품 공급업체를 선정하는 의사결정의 경우, 각각의 부품업체에 관한 상세 자료 및 뉴스 정보 등을 필요로 하는 반면, 한편으로는 부품업체에 대한 최고경영층의 느낌 또는 다른 관리자들의 의견 등을 참고하여 결정하는 경우도 많다.

중간관리층과 운영관리층은 구조적인 의사결정을 내리는 경우가 많으나, 때로는 비구조적 의사결정의 요소들이 포함될 수도 있다. '우리 팀의 OOO는 다른 팀원에 비해 왜 실적이 저조한가?'라는 질문에 대해 중간관리층은 해당 팀원의 실적지표와 전체 팀원의 실적지표를 조회하여 비교할 수도 있다. 그러나 많은 경우 해당 팀원을 직접 관찰한 결과 또는 다른 팀원들에게 들은 해당 팀원의 생산성 및 문제점 등의 비구조적 정보를 활용하기도 한다.

요컨대 의사결정 유형 중 반구조적 의사결정은 구조적 및 비구조적 의사결정의 성격을 모두 갖고 있으며 많은 의사결정 문제가 이 유형에 속한다. 즉, 객관적이고 정형화된 정보를 활용하여 의사결정을 수행하는 것이 가장 이상적인 의사결정 과정이지만, 현실적으로는 주관적이고 비정형적인 정보를 바탕으로 의사결정을 수행하는 경우가 많다. 따라서 보다 객관적이고 비휘발적인 의사결정을 수행하기 위해서는 보다 정확하고 일관적인 의사결정 도구를 활용할 필요가 있다.

1.2 의사결정 과정

● 합리적인 의사결정
문제점에 대한 정확한 파악을 통해 모든 판단 기준을 정립하고, 이를 바탕으로 모든 대안에 대한 비교 평가를 통해 도출된 대안을 검도한 후 최상의 대안을 선택하는 이상적인 의사결정

합리적인 의사결정 과정, 즉 가장 이상적인 의사결정 과정은, 문제점에 대한 정확한 파악을 통해 모든 판단 기준을 정립하고, 이를 바탕으로 모든 대안에 대한 비교 평가를 통해 도출된 대안을 검토한 후 최상의 대안을 선택하는 것으로 볼 수 있다. 그러나 실제 상황에서 일상적으로 이루어지는 의사결정은 이러한 과정을 거치지 않고, 상황에 따른 타협에 의해 의사결정이 이루어진다. 즉, 문제점에 대한 대략적인 파악을 통해 몇몇의 판단 기준을 정립하고, 적용 가능한 대안을 산출하여 판단 기준에 가장 적합한 대안을 선택한다. 이른바 합리적인 의사결정(Rational Decision Making)은 현실적으로는 존재하지 않는데, 이는 다음과 같은 이유에 기

인한다.

(1) 제한적 합리성

인간은 컴퓨터처럼 관련되는 모든 정보를 다 모으고 필요한 정보를 추출해서 가장 합리적으로 사고하지 않는다. 경제학을 비롯한 많은 학문이 인간을 철저한 이성적 존재로 가정하고 이론을 전개하고 있으나, 인간의 인지적 능력은 제한적이며 인지적 능력을 사용하는 데는 많은 비용이 소요되므로, 의사결정 역시 모든 부분을 빈틈없이 고려해서 이루어지는 것은 아니다. 일반적으로 항상 해 오던 익숙한 방식을 거쳐 '이 정도면 됐다(Good Enough)'는 수준에서 마무리되는 것이 대부분인데, 이를 가리켜 제한적 합리성(Bounded Rationality)이라 한다. 그만하면 됐다는 것을 만족하는 최초의 대안이 해결책으로 채택되는 경향이 많다. 매우 많은 대안의 개수에 비하여 인간의 인지적 자원은 크게 제한적이기 때문이다.

(2) 직관에 의한 의사결정

논리적으로는 명확하게 설명되지 않지만 과거의 경험이 무의식적으로 작용하여 나타나는 것을 직관이라 한다. 보통의 경우, 직관에 의한 의사결정이 논리적인 분석에 의한 의사결정보다 많은데, 이른바 경험적인 '느낌'에 의해 결정되는 사항이 과학적인 고찰에 의한 결정보다 앞서는 경우가 많다는 것이다. 사회 통념적으로는 직관적 의사결정보다 논리적이고 이성적인 의사결정 과정을 더 높게 평가하기 때문에 의사결정자는 직관에 의해 결정을 했다 하더라도 이를 합리화할 논리적 근거로 포장한다. 직관에 의한 의사결정이 빈번하다는 사실 역시 합리적 의사결정이 이뤄지지 않는 중요한 이유이다.

(3) 문제점 확인의 한계

문제점이 무엇인가를 인식하는 단계에서부터 발생하는 한계는, 보통 대개 눈에 잘 보이는 문제점에 주목하는 경향이 빈번하므로 발생된다. 이는 가시적인 문제점을 다루는 경우 누구든지 이를 인정할 수 있고, 따라서 조직 내에서 객관적인 인정을 득할 수 있기 때문이다. 그러나 이러한 경우, 의사결정자 자신의 개인적 관심에 따라 중요한 문제 대신 관심이 가는 문제를 우선시하는 오류를 범할 수 있다.

문제점이 무엇인가를 판단하는 단계에서 이미 의사결정이 합리적으로 이뤄지지 않을 수 있는 것이다.

(4) 대안 모색의 한계

문제점 인식 후 그에 관한 대안을 고려할 때 충분한 검토를 거치기보다, 누구든지 쉽게 생각해 볼 수 있어 인정이 용이한 대안들만 간단하게 비교하는 경우가 발생된다. 이러한 경우 도출된 대안을 실행하는 단계에서 선택된 대안의 오류를 확인하게 되며, 결과적으로 의사결정 과정이 잘못되었음을 발견하게 된다.

(5) 대안 선택의 왜곡

일반적으로 대안을 선택하는 데에 있어 많이 사용하는 방법은 휴리스틱(Heuristic) 방법이다. 즉, 경험적으로 볼 때 그 중 이것이 가장 좋다는 이른바 '엄지손가락 법칙(Rule of Thumb)'에 의해 대안을 선택하는 것을 말한다. 가장 최적화된 조건의 조합을 찾기 위하여 휴리스틱 방법은 매우 효과적일 수 있으나, 이는 최고(Best)의 대안이 아닌 최선의 대안을 선택하는 방법이므로, 상황에 따라서는 예상하지 못한 매우 치명적인 결과를 초래할 수도 있다. 많은 경우 개인적으로 깊은 인상을 받았던 경험 또는 가장 최근에 경험했던 사건들을 바탕으로 선택을 하는 경우가 있으며, 또한 몰입 상승 효과(Escalation of Commitment), 즉 잘못 선택했다는 것을 인식하면서도 '이미 소요된 비용이 크다'는 이유로 잘못된 선택을 지속하는 경우가 발생된다.

(6) 조직 내의 한계

과학적 근거에 의한 합리적 의사결정 사항일지라도 조직 내에서 높게 평가하는 기준에 해당되는 것이 아닐 경우 또는 조직 내 관례에 의해 차선책을 선택하게 되는 경우를 밀한다.

이상의 이유들로 인하여 현실적으로는 합리적인 의사결정이 불가능하다. 이러한 의사결정의 현실적 한계로 인한 문제를 해결하기 위하여 현실성을 고려한 다양한 일반적인 의사결정 과정이 제시되었으며, 이 중 사이몬(H.A.Simon)이 제시한 4단계 의사결정 과정이 가장 보편적으로 받아들여지고 있다.

1.3 의사결정의 단계

- **사이몬의 의사결정 단계 중 지능 단계**
  문제가 어디에서 왜 발생되고, 조직에 어떠한 영향을 미치는가를 알아가는 과정

- **사이몬의 의사결정 단계 중 설계 단계**
  다양한 문제해결 방법들을 확인하고 탐색하는 과정

- **사이몬의 의사결정 단계 중 선택 단계**
  도출된 해결방안들 중 가장 적합한 대안을 선택하는 과정

- **사이몬의 의사결정 단계 중 구현 단계**
  선택된 대안이 문제없이 실행되도록 만들고, 또한 대안이 잘 적용되고 있는가를 지속적으로 관찰 및 감독하는 과정

사이몬(1960)은 의사결정의 단계를 지능, 설계, 선택, 그리고 구현 등의 네 가지로 설명하였다.

지능(Intelligence)은 조직에서 발생하는 문제의 발견, 확인, 이해의 과정으로 구성되어 있다. 즉, 문제가 어디에서 왜 발생되고, 조직에 어떠한 영향을 미치는가를 알아가는 과정이다. 시스템이 예외적인 문제를 보고하면, 다양한 세부정보를 제공하는 전통적인 경영정보시스템은 문제를 확인하는 부분에 도움을 줄 수 있다.

설계(Design)는 다양한 문제해결 방법들을 확인하고 탐색하는 과정이다. 의사결정지원시스템은 대안을 탐색하는 데에 있어 매우 효과적인 도구이다. 이는 의사결정지원시스템의 프로세스는 데이타 모델링을 위한 분석적 도구를 포함하고 있기 때문인데, 사용자들이 문제 상황에 따른 다양한 옵션을 빠르게 탐색할 수 있도록 한다.

선택(Choice)은 도출된 해결방안들 중 가장 적합한 대안을 선택하는 과정이다. 방대한 기업 데이타에 접근이 가능한 의사결정지원시스템은 관리자들이 최적의 해결안을 선택할 수 있도록 도와준다. 또한 그룹의사결정지원시스템은 온라인 환경에서 각기 다른 해결책을 논의하고 선택하도록 서로 떨어져 있는 관리자 그룹들을 가상적으로 하나로 묶는 역할을 수행할 수 있다.

구현(Implementation)은 선택된 대안이 문제없이 실행되도록 만들고, 또한 대안이 잘 적용되고 있는가를 지속적으로 관찰 및 감독하는 과정이다. 선택된 대안이 잘 적용되고 있는가에 관한 보고서를 제공할 수 있는 전통적인 경영정보시스템이 활용될 수 있다.

보통의 경우 이러한 의사결정의 단계가 반드시 순차적으로 적용되는 것은 아니다. 즉, 의사결정 단계가 진행되고 있는 중 선택된 대안이 문제를 해결하는 데에 도움을 주지 못한다는 새로운 문제를 발견할 수도 있다. 이러한 경우, 지능 단계부터 다시 재적용될 수도 있으며, 많은 경우 설계와 선택의 단계들을 반복하며 주어진 문제에 가장 적합한 대안을 도출해 나간다. [그림 9-2]는 의사결정의 단계별

문제 유형과 지원하는 정보시스템을 보여준다.

02 의사결정지원시스템

● 의사결정지원시스템
비지니스와 조직에서 발생하는 의사결정 활동을 지원하는 정보시스템

의사결정지원시스템(DSS: Decision Support System)은 비지니스와 조직에서 발생하는 의사결정 활동을 지원하는 정보시스템이다. 의사결정지원시스템은 문제상황을 파악 및 풀이하고, 의사결정을 내리기 위한 원시데이타, 문서, 개인적 지식, 그리고 비지니스 모델로부터 유용한 정보를 추출하여 의사결정자에게 제공한다. 의사결정 지원이 가능한 애플리케이션들이 수집하고 표현하는 전형적인 정보들은 다음과 같다.

그림 9-2 의사결정의 단계

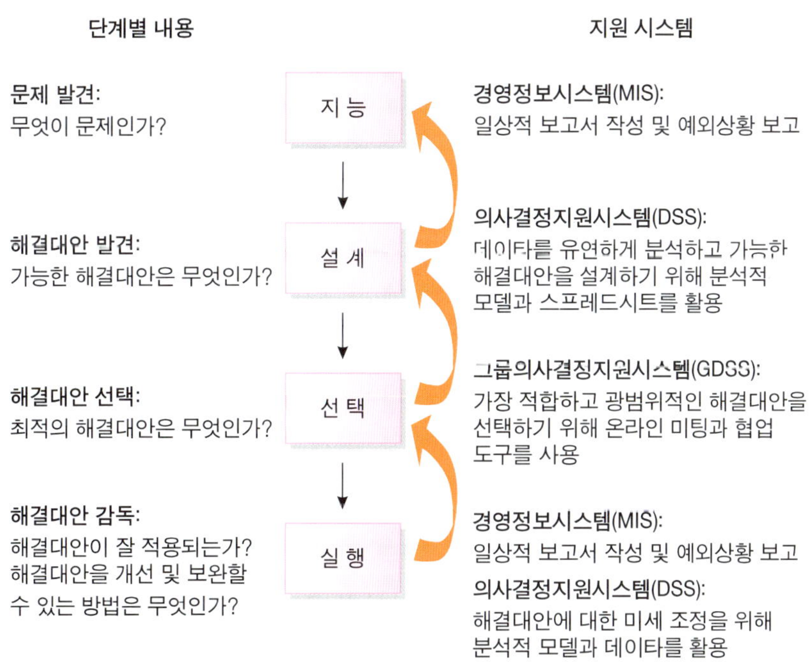

자료 : K.C.Laudon & J.P.Laudon (김우주 외 역), 경영정보시스템: 디지털 기업경영, 9th ed., 사이텍미디어, 2006

- 기존에 보유 중인 정보자산의 저장소(데이타베이스, 데이타웨어하우스, 데이타마트 등)
- 한 주와 또 다른 주의 판매량 비교 수치
- 신제품 판매에 따른 예상 수익
- 기존의 유사한 상황 하에서 만들어진 의사결정 사항 실행 결과

의사결정지원시스템은 여타 정보시스템과는 다르게 정보의 수집 및 처리를 자동화하거나 신속화하는 기능보다는, 의사결정에 필요한 분석적 정보를 제공하여 의사결정자의 업무를 지원하는 기능이 더욱 부각되어있다. 새로운 사업분야로의 진출 시점을 결정하는 의사결정자의 업무를 예로 들면, 의사결정지원시스템은 각 시점별로 기업의 예상 이익 및 손실, 그리고 그에 따른 투자액 등을 시뮬레이션을 통하여 제공한다. 의사결정지원시스템이 저장하고 있는 과거의 유사 상황별 이익 및 손실, 그리고 상황에 따른 투자액 규모 등의 정보를 참고하여 의사결정자에게 각 상황별 대안 및 최적의 의사결정안을 조언하는 역할을 수행한다.

2.1 의사결정지원시스템과 경영정보시스템의 차이

경영정보시스템은 관리자들이 사업을 감독하고 통제하는 데에 도움을 주기 위해 조직 활동에 대한 정보를 제공한다. 경영정보시스템은 거래처리시스템(TPS)으로부터 요약 및 추출된 데이타를 기반으로 일반적인 보고서를 작성한다. 이러한 보고서들의 형식은 비지니스 관례와 규칙에 의거하여 사전에 정의된다. 즉, 경영정보시스템은 비지니스 활동에 의해 발생된 각종 정보들을 요약 및 편집하여 보고서 형태로 제공함으로써 의사결정자들이 의사결정을 수행하는 데에 기초적인 도움을 제공한다.

반면 의사결정지원시스템은 단순히 요약 및 편집된 정보를 제공하는 것이 아닌, 보고서에 수록된 정보를 분석하고 파급효과를 예측하여 의사결정자에게 제공한다. 또한 상황에 따라 의사결정자들의 추가적인 질의(Query)를 받아들여 이에 상응하는 또 다른 분석적 수치를 제공한다. 따라서 의사결정지원시스템은 경영정보시스템보다 통계적이고 수학적인 분석도구를 모델화하여 저장하고 있으며, 이를

바탕으로 어느 정도 해석이 부가된 지능적 정보를 제공한다. 의사결정지원시스템이 수행하는 분석기능은 다음과 같다.

● What-If 분석
조건의 변화에 따른 결과의 변화를 분석하는 방법으로, 조건이 변화할 때에 결과가 어떻게 달라지는지를 검증하는 시뮬레이션 방법

(1) What-If 분석

일반적인 의사결정 문제들은 변수들 간의 관계가 매우 유기적이므로 하나의 변수에 변화가 있을 경우 그로 인해 관련된 다른 변수들의 변화가 불가피하다. 즉, 하나의 변수값이 상승되었을 경우 또 다른 변수의 값은 상승 또는 하강되는 경향이 있으므로, 의사결정 과정에서는 이러한 변수들 간의 상호관계를 반드시 고려해야만 한다. What-If 분석은 이러한 조건의 변화에 따른 결과의 변화를 분석하는 방법으로, 조건이 변화할 때에 결과가 어떻게 달라지는지를 검증하는 시뮬레이션 방법을 총칭한다. 어떤 한 가지 변수를 가지고 결과를 분석하는 방식으로 변수 또는 변수들 간의 관계를 변화시키며 그로 인한 다른 변수들의 값의 변화를 관찰한다.

● 민감도 분석
조건에서의 일정량의 변화가 결과에 어느 정도의 효과를 가져오는가를 분석하는 데에 사용하는 방법

(2) 민감도 분석

의사결정시 고려하는 변수들은 '조건-결과'의 관계를 갖는 것이 대부분이다. 따라서 조건에서의 일정량의 변화가 결과에 어느 정도의 효과를 가져오는가를 분석하는 데에 사용하는 방법이 민감도 분석(Sensitivity Analysis)이다. 예를 들면, 미래의 상황이 불확실한 상황이라면 이용되는 모든 변수가 확실한 상황임을 가정하고 분석하는 자본예산은 오류를 발생시킨다. 이러한 오류를 감소시키기 위하여 다른 조건이 일정한 경우에 어느 한 투입 요소가 변동할 때 그 투자안의 순현재가치가 어느 정도 변동하는가를 분석하는 것을 민감도 분석이라고 한다. 민감도가 큰 투자안일수록 순현재가치의 변동이 심하고 더 위험한 투자안으로 평가된다. 이러한 민감도 분석은 서로 다른 투자안의 상대적인 위험을 측정하는 수단이 된다.

● 목표추구 분석
결과값 또는 목표변수값을 먼저 정해 두고 정해진 값이 얻어 질 때까지 다른 변수값을 지속적으로 변화시켜, 설정된 목표값을 달성하기 위한 세부적인 조건들을 타진해 보는 방법

(3) 목표추구 분석

기업의 활동 상 목표의 설정은 다른 경영활동보다 우선시 되는 경향이 있다. 즉, 기업의 비전과 미션을 달성하기 위하여 일정량의 목표값을 우선 설정하고 이를 달성하기 위한 대안들을 개발해내는 경우가 많은데, 이러한 경우 활용할 수 있는 방

법이 목표추구 분석(Goal-Seeking Analysis)이다. 결과값 또는 목표변수값을 먼저 정해 두고 정해진 값이 얻어 질 때까지 다른 변수값을 지속적으로 변화시켜, 설정된 목표값을 달성하기 위한 세부적인 조건들을 타진해보는 방법이다.

●최적화 분석
조건들 간의 상충관계를 고려하여 가장 좋은 결과값을 산출하는 조합을 찾는 방법

(4) 최적화 분석

의사결정 문제에서 발견되는 조건 또는 변수들은 서로 영향을 주는 관계를 갖고 있는 경우가 많다. 즉, 하나의 조건을 강화시키는 경우 이로 인하여 또 다른 조건은 악화되는 부정적 영향 관계를 가질 수도 있고, 또한 하나의 조건이 상승되었을 경우 또 다른 조건이 함께 상승되는 긍정적 영향 관계를 가질 수도 있다. 따라서 조건들 간의 상충관계(Tradeoff)를 고려하여 가장 좋은 결과값을 산출하는 조합을 찾는 방법이 최적화 분석(Optimization Analysis)이다. 최적화 분석은 결과값을 사전에 정해두지 않는 반면, 결과값을 최대화 또는 최소화시키는 범위 내에서 여러 가지 제약조건의 최적의 조합을 찾는 탐색적 분석 방법이다.

2.2 의사결정지원시스템의 구성

의사결정지원시스템은 질의와 분석을 위한 데이타를 저장하는 데이타베이스, 분석용 모델을 저장하는 모델베이스, 분석용 도구를 모아놓은 분석도구시스템, 그리고 의사결정자의 질의를 받아들이고 답변하는 사용자 인터페이스로 구성된다 (그림 9-3 참조).

(1) 데이타베이스

거래처리시스템 및 경영정보시스템 등의 여타 정보시스템과 함께 연동되어 각종 데이타를 저장한다. 작게는 일반 PC에 존재하는 소규모 데이타베이스가 될 수도 있으며, 크게는 거래처리시스템을 이용하여 다른 정보시스템으로부터 다운로드 및 업데이트되는 데이타를 보관하는 데이타웨어하우스가 될 수도 있다.

그림 9-3 의사결정지원시스템의 구성

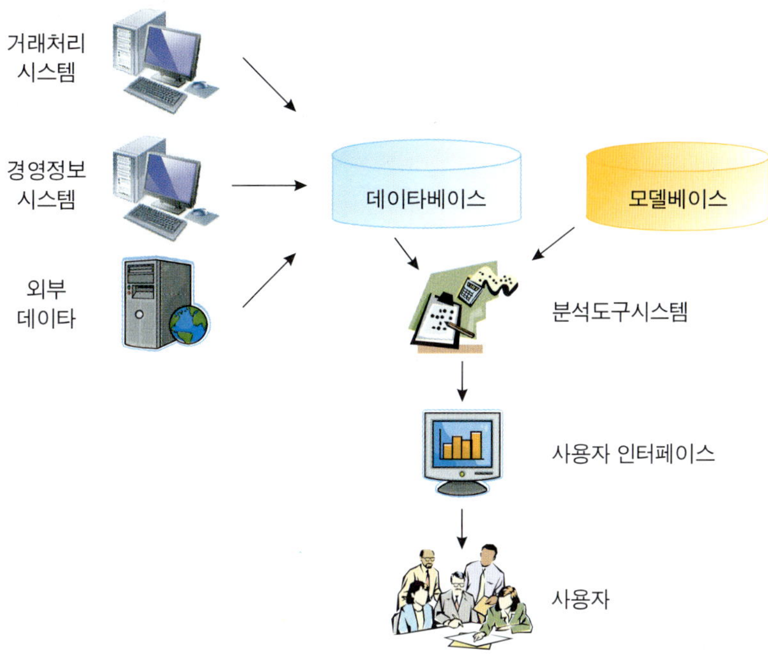

●모델베이스
데이타를 계산 및 분석하고 이를 해석하는 수식 및 통계적 모델들의 저장소

(2) 모델베이스

의사결정지원시스템에서 의미하는 모델(Model)은 데이타를 분석하고 해석하는 통계적 모델들을 의미한다. 일반적으로 통계적 모델에 포함되는 요소들은 평균 및 표준편차, 중간값, 분포함수 등을 들 수 있는데, 통계적 분석에 활용되는 모든 지표 및 함수, 그리고 수식 등이 포함된다. 모델베이스에 저장된 모델들을 이용하여 의사결정지원시스템은, 기본적인 데이타베이스만을 갖고 있는 일반적인 경영정보시스템이 수행하지 못하는 고난도 계산 및 통계적 분석을 수행할 수 있다. 이를 바탕으로 의사결정자들에게 의사결정 대안들의 통계적 가능성과 유의성을 제공할 수 있다.

(3) 분석도구시스템

의사결정지원시스템의 분석도구시스템은 데이타 분석에 사용되는 OLAP도구, 데이타마이닝 도구, 스프레드시트 등을 포함한다. 모델베이스와 데이타베이스에 저장된 모델과 데이타를 읽어 들여 실제적인 계산과 분석을 수행하는 부분으로, 의사결정 사항의 중요성과 신속함을 위하여 될 수 있으면 많은 애플리케이션이 포함되는 것이 바람직하지만, 지나치게 많은 애플리케이션을 포함하는 경우 사용 상의 혼돈을 초래할 수도 있으므로 적절한 정도의 기능 포함이 중요하다.

(4) 사용자 인터페이스

의사결정지원시스템은 일반적인 경영정보시스템과는 다르게 사용자의 정보 및 결과 분석에 대한 요구를 받아들여 상황에 맞는 정보를 제공하여야 한다. 즉, 다른 정보시스템들은 주어진 기능에 의해 보고서 및 요약 정보를 일방적으로 제공하지만, 의사결정지원시스템은 사용자와 대화를 기반으로 하여 정보요구를 받아들이고 결과를 보여준다. 따라서 의사결정자에게 적합하도록 사용자 인터페이스를 대화기반(Dialog-Based)으로 구성하여야 하며, 분석도구시스템에 포함된 각종 애플리케이션들의 일관적이고 편의적인 사용을 위한 사용자 인터페이스가 구성되어야 한다.

03 의사결정지원시스템의 연장: 그룹의사결정지원시스템과 중역정보시스템

의사결정지원시스템의 가능성과 효과가 매우 탁월함이 입증되자 이를 바탕으로 기능성이 확장되어 많은 부분에 응용되었다. 그 중 다수의 의사결정자들이 지리적으로 분산되어 있는 상태에서 함께 회의를 통해 의사결정을 내릴 수 있도록 고안된 그룹의사결정지원시스템(GDSS: Group Decision Support System)과 최고경영자의 의사결정 및 업무지원을 위한 중역정보시스템(EIS: Executive Information System)이 대표적이다.

3.1 그룹의사결정지원시스템

● 그룹의사결정지원시스템
지리적으로 분산되어 있는 다수의 의사결정자들이 함께 의사결정 과정에 참여할 수 있도록 고안된 의사결정지원시스템의 한 종류

그룹의사결정지원시스템은 전자회의시스템(Electronic Meeting System) 또는 화상회의시스템(Video Conference System)의 한 부류로 볼 수 있으며, 지리적으로 분산되어 있는 다수의 의사결정자들이 함께 의사결정 과정에 참여할 수 있도록 고안된 의사결정지원시스템의 한 종류이다. 이른바 컴퓨터지원협력(CSCW: Computer Supported Cooperative Work)시스템이라 부르는 전자회의시스템이나 화상회의시스템은 단순히 다수의 의사소통을 위한 도구를 제공하는 반면, 그룹의사결정지원시스템은 실제 의사결정 업무에 초점을 맞추어 의사결정 과정이 시스템에 이식되어 있는 점에서 구분된다. 요컨대 그룹의사결정지원시스템은 전자회의시스템을 기반으로 하여 다수의 의사결정자들이 참여하는 의사결정 과정을 지원하는 시스템이다.

그룹의사결정지원시스템은 아이디어를 생성, 조직, 평가하고 회의의 진행과정을 문서화하여 추후 다른 회의 및 의사결정자에게 도움이 되도록 한다. 그룹의사결정지원시스템은 시청각 도구, 컴퓨터, 네트워크 및 전자 스크린 등의 하드웨어와 그룹 회의를 위한 통신 프로그램, 협업 기능을 갖춘 전자식 화이트보드, 회의의 진행상황과 안건을 게시하는 게시판 등의 소프트웨어로 구성된다.

그룹의사결정지원시스템의 장점과 단점은 다음과 같다.

(1) 장 점

- 원거리에 있는 의사결정자들의 정확한 의사소통을 지원할 수 있다.
- 다수의 의사결정자들의 아이디어를 수합하여 시너지 효과를 기대할 수 있다.
- 아이디어에 대한 다수의 평가를 통해 보다 객관적인 결과를 산출할 수 있다.
- 개인의 의사결정 과정에 참여를 촉진시킬 수 있다.
- 성공적인 의사결정 과정에 참여한 의사결정자의 의견 및 태도를 학습할 수 있다.

(2) 단 점

- 직접 대면을 통한 회의보다 적극적이지 않은 참여가 발생할 수 있다.
- 회의에 사용되는 정보가 많은 경우 복잡성이 증가될 수 있다.
- 통신회선을 통한 의사전달의 오해로 인해 회의가 다소 격한 분위기로 진행될 수 있다.
- 개진된 의견에 대한 피드백 과정이 지연될 수 있다.
- 회의 진행에 사용되는 정보 또는 회의 결과를 기록한 정보가 잘못 사용될 수 있다.

그룹의사결정지원시스템을 이용한 전자회의에서 각 참석자들은 PC 또는 PDA 등과 같은 개인용 워크스테이션을 이용한다. 각 워크스테이션은 진행자의 워크스

그림 9-4 그룹의사결정지원시스템을 이용한 전자회의 방식

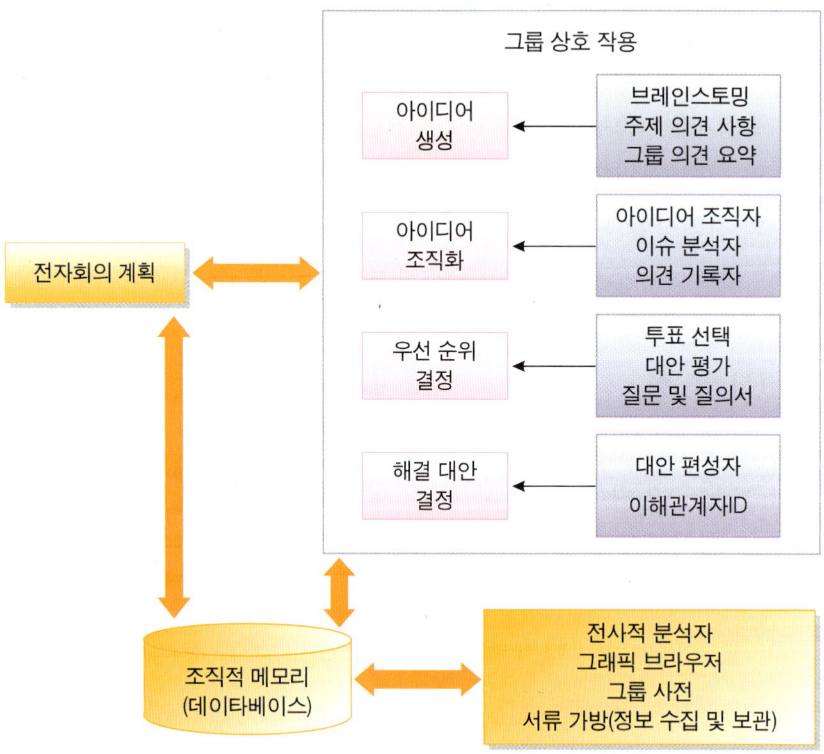

자료 : James A. O' Brien, Management Information Systems, Sixth Edition, p 204, 2004, McGraw-Hill

테이션과 연결되어 회의의 진행 통제를 받는다. 또한 회의에 사용되는 데이타를 저장한 데이타베이스와도 연결되어 실시간으로 데이타를 검색하고 제공받기도 하며, 또한 전송하는 모든 자료와 파일이 저장된다. 전자회의의 진행은 일반적인 회의의 진행과 동일한 방식으로 진행되는데, 단지 회의와 관련된 모든 시설 및 도구가 시스템 내에 저장되어 각 워크스테이션에 가상으로 구현된다. 따라서 진행자가 사용하는 회의 진행용 프로그램의 통제에 따라 각 참석자의 워크스테이션에 회의의 내용이 게시되는데, 실제 회의 방식과 동일하도록 중앙 스크린에 참석자들의 화면 또는 주요 안건이 통합적으로 게시된다. 회의에서 제안된 의견과 합의된 결정사항들은 데이타베이스에 저장되어 추후 검색 및 재사용이 가능하도록 구성된다. [그림 9-4]는 그룹의사결정시스템을 이용한 전자 회의 방식을 보여준다.

3.2 중역정보시스템

● 중역정보시스템
최고경영자들에게 조직의 전략적 목표에 맞는 조직 내외부적 정보에 대한 쉽고 편리한 접근 방법을 제공하여 이들의 정보 및 의사결정 요구사항을 충족시켜주는 정보시스템

중역정보시스템은 최고경영자들에게 조직의 전략적 목표에 맞는 조직 내외부적 정보에 대한 쉽고 편리한 접근방법을 제공하여 이들의 정보 및 의사결정 요구사항을 충족시켜주는 정보시스템이다. 다시 말하면, 의사결정지원시스템이 의사결정에 필요한 정보요구를 충족시켜주는 정보시스템이라면, 중역정보시스템은 이러한 의사결정지원시스템의 역할과 더불어 사용상의 편의성을 보장하고 경영에 필요한 각종 정보를 요약적으로 제공하여 최고경영자의 업무를 전반적으로 지원해주는 정보시스템이다.

따라서 중역정보시스템의 가장 큰 특징은 이해가 빠르고 쉬운 그래픽을 이용한 정보의 게시와 사용이 쉽도록 구성된 사용자 인터페이스이다. 그래픽을 이용한 정보의 게시는 정보의 내용을 빠르고 정확하게 전달할 수 있으므로, 업무 특성상 다양하고 복잡한 정보를 해석할 시간적 여유가 적은 최고경영자에게 정보의 내용을 전달하기 위한 매우 효과적인 방법이다. 또한 복잡하지 않고 사용이 쉽도록 구성된 사용자 인터페이스를 통해 최고경영자는 자신이 원하는 정보에 최대한 빠르게 접근할 수 있으며, 제한된 시간 내에 가능한 많은 정보를 볼 수 있다.

중역정보시스템은 최고경영자들이 고려하여야 하는 조직 전반에 관한 지표 및

성능과 관련된 중요 정보와 업계 내외의 트랜드 및 이슈를 분석 및 비교하고 부각시켜 보여줌으로써 최고경영자가 기회와 문제를 빠르고 정확하게 파악할 수 있도록 돕는다. 따라서 데이타웨어하우스와 같은 분석적 도구와 맞물려 구성되기도 하며, 이로 인해 최근들어 비지니스 인텔리전스(BI)라는 경영지원시스템에 흡수 및 통합되고 있는 추세이기도 하다. 중역정보시스템이 제공하는 대표적인 정보는 다음과 같다.

- 중역정보시스템이 제공하는 정보의 종류

요약정보, 경고정보, 주요지표, 상황정보, 가십, 외부정보 등

① 요약 정보

사업이나 조직의 일반적인 상태를 요약해주는 정보이다. 여기에 속하는 정보에는 가장 최근의 판매성과나 생산성, 또는 주요 계정이나 고객의 상태 등이 포함될 수 있다. 경영자들은 전형적으로 이러한 종류의 정보확인과 분석에 많은 시간을 할애하지는 않지만, 이러한 정보는 현재 기업의 현황을 파악하는데 가장 기본적인 정보이므로 항상 경영자에게 제공되어야 한다.

② 경고 정보

계획된 기업활동의 변경이나 관리적 관심을 요하는 상황의 발생가능성을 미리 예시하는 정보를 말한다. 경영자는 기업활동에 있어서 심각한 문제가 발생하기 전에 그러한 상황의 발생을 예방하거나 상황발생에 따른 대처방안을 수립할 수 있도록 가능하면 미리 적절한 사전적 정보를 제공받아야 한다.

③ 주요 지표

생산성, 불량률, 클레임 발생률, 재가공 비율, 원가구성비 등과 같이 조직성과를 측정하여 평가할 수 있는 주요 정보를 말한다. 이러한 지표는 가능한 경우 계량화되어 정보시스템에 의해 관리된다.

④ 상황 정보

경영자의 관심을 요구하는 문제 또는 이슈에 관한 현황정보이다. 상황은 하급자의 개인적인 문제에서부터 주요 광고계획에 이르기까지 다양할 수 있다. 경영자들은 종종 이러한 상황정보를 지속적으로 감시해야 하는 경우가 많다.

⑤ 가 십

때로는 정확하기도 하지만 때로는 요점에서 아주 벗어난 사무실이나 산업 내에

떠돌아 다니는 비공식적인 정보를 말한다. 경영자들은 가십을 통하여 사람들이 어떠한 생각을 하고 있는지 알 수 있게 되기도 하고, 때로는 근거없는 소문이라 할지라도 의사결정에 결정적인 단서를 제공할 수도 있기 때문에 지속적으로 가십(Gossip)을 파악할 수 있어야 한다.

⑥ 외부 정보

기업의 외부로부터 제공되는 정보를 말한다. 경쟁자들에 대한 정보, 산업현황과 발전방향에 대한 정보, 정부정책에 대한 정보, 그리고 국제관계의 변화에 대한 정보 등이 이에 해당된다.

중역정보시스템은 의사결정지원시스템의 한 부류이므로, 기본적인 구성은 의사결정지원시스템과 유사하게 하드웨어, 소프트웨어, 사용자 인터페이스, 통신으로 구성된다.

하드웨어는 최고경영자들의 컴퓨팅 습관에 맞추어 구성되어야 하는데, 즉각적인 데이타의 입출력이 가능하도록 데이타 입출력 기기가 필요하고, 중요한 이력정보를 쉽고 빠르게 검색 및 추출할 수 있도록 저장장치가 구성되어야 한다. 또한 이동 중에도 필요한 정보에 접근할 수 있도록 유무선 네트워크가 장착되어야 하는데 다루는 정보의 중요도를 고려할 때 정보의 보안이 특별히 고려된 장치를 사용하여야 한다.

소프트웨어는 다양한 정보를 통합하여 운용할 수 있어야 하는데, 최고경영자의 업무 특성을 반영하여 문서를 편집할 수 있는 문서 편집기, 이종 데이타베이스에 저장된 정보를 통합적으로 보여줄 수 있는 미들웨어(Middleware) 프로그램, 그래프 및 이미지, 그리고 각종 차트를 보여줄 수 있는 그래픽 처리기, 그리고 재무적, 통계적, 정량적 분석이 가능한 수식 분석기가 포함되어야 한다.

사용자 인터페이스는, 기본적으로 최고경영자의 편리하고 쉬운 사용을 보장하여야 하므로, 중역정보시스템에서 가장 중요한 요소라고 할 수 있다. 또한 보고서, 결재서류, 질의 및 답변 등의 정보를 한눈에 볼 수 있도록 구성되어야 하며, 특히 다양한 언어와 시차, 도량형 등을 변환할 수 있는 기능이 추가되어야 한다. 보통의 경우 최고경영자들은 일반적인 정보시스템 사용자들에 비해 컴퓨팅 능력이 떨어지므로 이를 위해 쉽게 시스템을 사용할 수 있도록 배려하는 것 또한 매우 중요한 요소라 할 수 있다. 또한 최고경영자가 휴대하고 있는 정보단말기를 통해 정보 서비스를 이용할 수 있도록 화면과 메뉴의 구성이 추가적으로 필요하다.

통신은 최고경영자가 접근하고자 하는 모든 정보 저장소에 대한 연결을 보장함과 동시에, 언제 어디서든 정보에 대한 접근이 가능하도록 유무선 네트워크를 기반으로 구현되어야 한다. 또한 해외에서도 정보 원천지(Source)에 대한 접근을 보장할 수 있도록 국가별 통신 및 네트워크 표준망을 고려하여 구성하여야 한다.

중역정보시스템의 장 · 단점은 다음과 같다.

① 장 점

- 시스템의 활용에 부가적으로 필요한 컴퓨팅 능력이 없어도 쉽게 사용할 수 있다.
- 조직 및 기업의 요약정보를 적시적으로 제공한다.
- 쉽게 이해할 수 있는 형태로 가공된 정보를 제공한다.
- 관리에 필요한 정보만을 선택하여 제공한다.
- 정보의 검색 및 추적이 용이하다.
- 의사결정 과정의 효율성을 극대화시켰다.

② 단 점

- 중요 정보의 제공을 위한 기능에 제한되어 복잡한 계산과 같은 기능은 수행할 수 없다.
- 중역정보시스템의 구현 및 활용 성과를 측정하기 어렵다.
- 때로는 최고경영자들에게 너무 많은 정보를 제공하여 정보의 복잡성을 가중시킬 수 있다.
- 시스템이 과도하게 확장 및 거대화되어 기능성 보장이 어려울 수도 있다.
- 현재의 데이타를 보관하기 어려울 수도 있다.
- 정보 보안 문제를 야기시킬 수도 있다.
- 상대적으로 작은 규모의 회사에서는 구현을 위한 비용 부담이 발생될 수 있다.

04 비지니스 인텔리전스

과거에는 비지니스가 정보시스템으로 업무를 처리하면서 거래 데이타의 양은 증가하였음에도 그 데이타를 수집하여 분석하는 것은 데이타의 통합이 없었으므로 쉽지 않았다. 그러므로 데이타 분석을 통한 의사결정은 원활하지 않았거나 장기적 의사결정에 한정되었다. 단기적 의사결정은 데이타 분석을 통한 정보에 의한 것이 아니라 의사결정자의 직감이나 전문지식에 의존하였다. 그런데 정보기술의 발전으로 점차 비지니스가 표준화, 자동화, 전문화된 소프트웨어를 사용하면서 대용량 데이타를 추출, 전환, 적재를 거쳐 데이타웨어하우스를 만들어 분석할 수 있게 되었다. 최근에는 비지니스 인텔리전스라는 사실(또는 데이타) 기반의 넓은 의미의 의사결정지원시스템의 등장을 가져 왔다.

- 비지니스 인텔리전스
조직 내에 산재한 모든 데이타를 유용한 정보로 전환하여 궁극적으로 지식으로 만들려는 목표를 추구하도록 설계된 개념, 방법 및 기술의 집합

비지니스 인텔리전스(Business Intelligence)는 비지니스가 시장 행태와 비지니스 맥락에 대한 이해를 돕는데 사용하는 능력, 지식, 기술, 애플리케이션, 그리고 실무를 말한다. 비지니스 인텔리전스는 정보의 수집, 통합, 분석, 해석, 그리고 프리젠테이션의 활동을 포함한다. 따라서 비지니스 인텔리전스는 조직 내에 산재한 모든 데이타를 유용한 정보로 전환하여 궁극적으로 지식으로 만들려는 목표를 추구하도록 설계된 개념, 방법 및 기술의 집합이라고 할 수 있다. 실무적으로는 비지니스 인텔리전스는 쿼리와 보고 도구, 온라인 분석처리(OLAP), 통계분석, 예측, 데이타 마이닝, 의사결정시스템, 그리고 중역정보시스템의 결합이다.

비지니스 인텔리전스의 목적은 판매, 생산, 재무, 그리고 다른 분야에서 의사결정을 돕는데 있다. 과거에는 이러한 정보가 보고 및 분석 도구를 통하여 조직의 분석 전문가 및 경영자에게 전달되었으나, 점차 비지니스 인텔리전스는 일반 직원들이 일상업무를 수행하는데 사용할 수 있는 지능적 기능, 애플리케이션, 그리고 도구를 통합하여 조직의 모든 부분에 제공되고 있다. 성공적인 비지니스 인텔리전스는 수익을 증대시키거나 운영 프로세스와 실무를 향상시킬 수 있는 전향적 기회를 찾아 내는 것과 같은 조직에게 특별히 가치 있는 능력을 창조할 수 있다.

4.1 비지니스 인텔리전스 프레임워크

비지니스 인텔리전스는 주로 데이타 웨어하우스나 데이타 마트 때로는 운영 데이타베이스로부터 수집된 데이타를 사용하여 비지니스 운용에 대한 역사적, 현재 예측적 정보 또는 관점을 제공한다. 비지니스 인텔리전스는 기업의 사용자가 더 좋은 의사결정을 하도록 데이타를 수집, 저장, 분석, 접근을 돕는 애플리케이션과 기술을 말한다. 이러한 개념을 실행하기 위한 일반적 비지니스 인텔리전스 프레임워크는 [그림 9-5]와 같이 데이타 웨어하우스 환경과 분석 환경의 두 요소로 되어 있다.

4.2 데이타 웨어하우스 환경

데이타 웨어하우스 환경에서는 정보기술 팀이 하나 이상의 운영 시스템으로부터 거래 데이타를 추출, 정제, 전환, 그리고 적재하는 활동이 이루어 진다. 데이타 웨어하우스 업무는 간단하지 않다. 그것은 소스 데이타인 운영 시스템의 데이타가 일반적으로 쉽게 통합될 수 없을 정도로 데이타의 일치성과 품질에 문제가 많기

그림 9-5 비지니스 인텔리전스 프레임워크

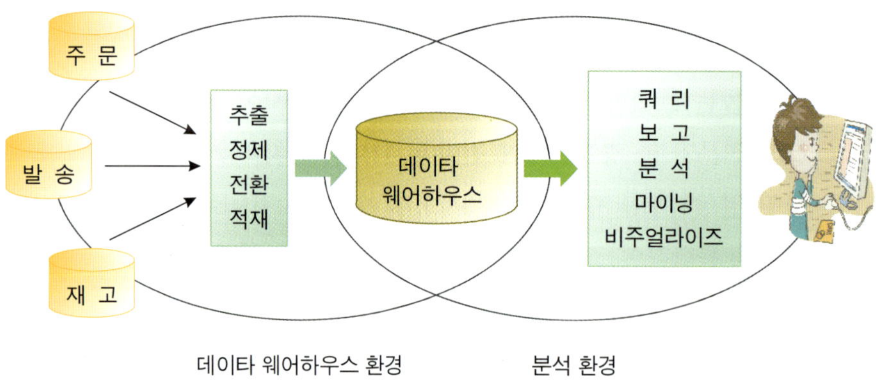

때문이다. 정보기술 팀은 여러 소스의 데이타의 의미와 유효성을 검토하여야 한다. 이 업무는 정보기술 팀의 비지니스에 대한 완전한 이해와 엄청난 시간을 요구한다.

데이타 추출, 정제, 그리고 전환 과정이 끝나면 정보기술 팀은 통합된 데이타를 데이타 웨어하우스에 적재한다. 이러한 세밀한 과정을 거쳐 데이타를 통합하여 하나의 일치된 데이타 웨어하우스가 만들어 진다. 일반적으로 데이타 웨어하우스는 쿼리 처리와 보고서 생성에 적합하도록 만들어진 관계형 데이타베이스이다. 때로는 단일 부서의 분석 업무를 위해 데이타 웨어하우스의 일부분으로 데이타 바트를 개발할 때도 있다.

- **데이타마트**
데이타의 한 부분으로서 특정 사용자가 관심을 갖는 데이타들을 담은 비교적 작은 규모의 데이타 웨어하우스

4.3 분석 환경

분석 환경은 비지니스 인텔리전스 사용자들이 분석 도구를 사용하여 데이타 웨어하우스 데이타를 가지고 쿼리, 보고서 개발, 분석, 비주얼라이즈, 그리고 데이타 마이닝을 하는 영역이다. 대부분의 사용자는 표준화된 보고서 정도만 사용하므로 정보기술 팀은 다양한 분석 템플릿이나 보고서를 개발하여 제공하여야 한다. 사용자는 그러한 도구를 정적인 문서로 사용하거나, 관련된 주제로 보고서를 필터링하거나, 관점 또는 상세 수준을 변경하여 보고서를 수정하여 사용할 수 있다. 또 많은 기업은 성과를 계획과 비교하는 대시보드(Dashboard)나 스코어카드(Scorecard)와 같은 예외 관련 보고서를 중역들에게 제공하고 있다.

데이타 웨어하우스의 데이타를 좀 더 즉흥적으로 분석하고자 하는 사용자는 정보기술 팀이 쿼리와 보고서 개발을 위해 사용자가 선택할 수 있는 데이타 항목에 대한 카탈로그를 사용한다. 카탈로그 또는 메타 데이타는 사용자로부터 데이타 웨어하우스 시스템의 복잡함을 감추기 위한 것이며 사용자가 쿼리를 정확하게 만들도록 해준다.

- **대시보드**
여러 종류의 데이타를 한 눈에 볼 수 있도록 계기판 형식으로 모아놓은 사용자 인터페이스

- **스코어카드**
각종 지표의 값들을 한 눈에 볼 수 있도록 모아 놓은 사용자 인터페이스

4.4 온라인거래처리 시스템과 비지니스 인텔리전스 시스템의 차이

● 온라인거래처리
네트워크상의 여러 이용자가 실시간으로 데이타베이스의 데이타를 갱신하거나 조회하는 등의 단위 작업을 처리하는 방식

비지니스 인텔리전스 시스템의 데이타인 데이타 웨어하우스가 온라인거래처리(OLTP) 시스템의 데이타와 다르다는 것은 5장의 [표 5-4]에 나타나 있다. 시스템 디자인에서도 비지니스 인텔리전스 시스템은 온라인거래처리 시스템과 차이가 있다. 온라인거래처리 시스템은 데이타 구조를 비지니스에 따르도록 강요하는 데 비해 비지니스 인텔리전스 시스템은 비지니스에 맞추어 준다. 비지니스 인텔리전스 시스템은 하나의 학습 시스템이므로 비지니스의 변화하는 요구에 지속적으로 따라간다. 반면에 거래처리 시스템은 정형화된 비지니스에 데이타 구조를 강제하며 변화하지 않는다. 한번 거래처리 시스템이 만들어 지면 업무가 바뀌지 않는 한 거의 바꾸지 않는다. 그러나 비지니스 인텔리전스 시스템 사용자에게는 시간이 변화하면 질문도 달라 진다.

4.5 분석 도구

비지니스 인텔리전스 시스템 사용자들은 비지니스 질문에 대한 답을 얻기 위해 데이타에 접근하여 조작하는데 데스크탑이나 웹을 통해 분석 도구를 사용한다. 대부분의 비지니스 인텔리전스 벤더들은 조직에서 필요로 하는 거의 모든 유형의 분석을 지원하는 패키지를 제공하고 있다. 또 많은 벤더들은 조달 또는 공급 성과와

표 9-1 온라인거래처리 시스템과 비지니스 인텔리전스 시스템 디자인 비교

온라인거래처리 시스템	비지니스 인텔리전스 시스템
프로세스 자동화	의사결정 지원
효율성을 위한 디자인	효과성을 위한 디자인
비지니스의 구조화	비지니스에 적응
이벤트에 반응	이벤트를 예상
거래처리에 최적화	쿼리에 최적화

같은 구체적 비지니스 분석 요구 사항에 맞춘 솔루션 즉 패키지된 분석 애플리케이션(Packaged Analytic Applications)을 시장에 내놓고 있다.

비지니스 인텔리전스 시스템을 통한 주된 분석은 보고, 분석, 예측의 영역으로 전략적 및 전술적 의사결정을 위해 사용된다. 전략적 의사결정은 장기계획 목적의 데이타 분석이나 전략적 목표나 목적 달성을 향한 조직의 진도 관리와 관련된다. 균형성과표(Balanced Scorecard), 계획, 예산 등은 전략적 분석을 필요로 한다. 전술적 의사결정은 단기적으로 일어나는 행동과 관련된다. 전술적 의사결정은 전략적 의사결정보다 더 프로세스에 연관된다. 예를 들면 소매업자가 여러 점포에 어떤 상품을 얼마 정도 구매할 것인가를 정하는 것은 전술적 의사결정이다.

• 균형성과표
조직의 비전과 경영목표를 각 사업 부문과 개인의 성과측정지표로 전환해 전략적 실행을 최적화하는 경영관리기법

운영적 의사결정은 즉시 이루어질 필요가 있다. 사용자는 보통 온라인거래처리 시스템에 일련의 쿼리를 하여 결과를 종합한다. 능동적 데이타 웨어하우스와 실시간 분석 도구의 등장은 사용자들이 비지니스 인텔리전트 시스템의 역사적, 통합된 데이타의 맥락 내에서 준실시간 분석을 가능하게 한다. 이것은 사용자에게 세부적인 운영적 의사결정에 더 폭넓고 정확한 관점을 제공한다.

대부분의 사용자는 보고 도구를 사용한다. 보고 도구는 정적이거나, 매개변수적(선택된 변수만 보이는)이거나, 대화형(서치, 드릴 다운, 드릴 어크로스가 가능한)이다. 보고서가 주요 성과지표의 상태를 나타내는 역동적 대시보드나 스코어카드일 수도 있다. 비지니스 분석가들은 예측하거나 여러 가지 문제의 원인이나 산업추세를 조사하기 위하여 많은 시간을 보낸다. 예측을 위해 분석가들은 통계적 방법에 대한 훈련을 받는다. 기업은 신용카드 사기, 어셈블리 라인에서 어떤 기계가 실패할 것인가, 어떤 고객이 프로모션에 반응할지를 예측하는 모델 또는 다른 모델을 개발하기 위하여 데이타 마이닝 도구를 사용하기도 한다.

분석적 환경의 효과를 최대화하기 위하여서 기업은 분석적 도구를 전사적으로 쓰도록 하여야 한다. 즉 모든 지식노동자는 물론 고객과 공급자도 분석 도구를 사용하게 하는 것이 효과를 높인다. 비지니스 인텔리전스의 효과는 시스템의 사용자 수와 비례한다. 비지니스 인텔리전스 시스템을 더 많이 사용하면 할수록 더 큰 효과를 얻게 된다. 그러나 바른 도구를 바른 유형의 사용자에게 제공하여야 한다. 일주에 몇 번 표준화된 보고 기능을 사용하는 사용자에게 복잡한 온라인분석처리(OLAP)나 데이타 마이닝 도구를 제공하는 것은 혼란만 가중시킨다. 역사적으로

• 온라인분석처리
사용자가 다양한 각도에서 직접 대화식으로 정보를 분석하는 과정

대부분의 분석적 도구는 전문가들을 위한 것이다. 바로 이것이 최근까지 많은 조직이 사용자들에게 비지니스 인텔리전스 시스템을 사용하게 하는데 실패한 이유이다. 그러나 최근 들어 사용자가 쉽고 편리하게 사용할 수 있는 분석 도구가 공급되고 있어 일반 사용자도 비지니스 인텔리전스 시스템을 자주 사용할 수 있게 하고 있다.

4.6 데이타 마이닝

• 데이타 마이닝
원시 데이타로부터 패턴과 관계를 발견하는데 필요한 데이타 분석 도구를 사용하는 프로세스

오늘날 기업의 데이타베이스는 테라바이트(Terabyte) 단위의 크기를 가진다. 이러한 대용량의 데이타베이스 속에 전략적 정보가 숨어 있다. 그 중요한 정보를 찾아 내는 기술로 데이타 마이닝(Data Mining)이 사용되고 있다. 즉 데이타 마이닝은 데이타에서 주요한 예측에 사용될 패턴과 관계를 발견하는데 사용하는 데이타 분석 도구를 사용하는 프로세스이다. 데이타 마이닝은 비지니스 분석가가 데이타에 존재하는 패턴과 관계를 발견하는 것을 돕는 도구일 뿐이다. 데이타 마이닝은 비지니스를 알거나, 데이타를 이해하거나, 분석 방법을 이해하는 것이 아니다.

데이타 마이닝의 목표는 사용자가 사용할 수 있는 새로운 지식을 생산하는 것이다. 그것은 기업의 거래 데이타, 고객 역사 및 신분 정보, 프로세스 콘트롤 데이타, 신용정보기관의 외부 정부와 같은 다양한 소스로부터의 데이타에 기초하여 현실 세계 모델을 만드는 것으로 이루어 진다. 모델은 예측에 사용될 수 있는 패턴이나 관계를 기술한 것이다. 모델은 예측 유형이 분류(Classification)인지 회귀분석(Regression)인지에 따라 다른 것을 선택할 수 있다. 분류는 특정 사례가 어떤 분류 또는 부류에 속하는지를 예측하는 것이고, 회귀분석은 어떤 변수가 어떤 값을 갖는지를 예측하는 것이다. 주로 사용하는 모델에는 분류 예측에 의사결정나무(Decision Tree) 그리고 회귀분석 예측에 신경망(Neural Net) 등이 있다. 한 모델을 구축하는 알고리즘(Algorithm)은 여럿이 있을 수 있다.

이러한 데이타 마이닝과 관련된 개념을 이해하고 사용할 상업용 데이타 마이닝 도구를 선택하면 주어진 문제를 해결할 수 있다. 대부분의 데이타 마이닝 도구는 컴퓨터 과학이나 통계학에서 발표된 알고리즘의 변형을 사용하고 있다. 실제에서

중요한 것은 어떤 한 모델이나 알고리즘만 사용할 것이 아니라 데이타의 성격에 따라 적합한 모델과 알고리즘을 선택해야 한다는 것이다. 따라서 가장 좋은 모델을 찾기 위해서는 다양한 도구와 기술이 동원되어야 한다.

데이타 마이닝(Data Mining)은 원가 통제나 수익 증대를 비롯한 여러 가지 목적의 분석에 사용될 수 있다. 예를 들면 기업은 고객 라이프 사이클의 각 단계를 관리하는데 데이타 마이닝을 사용하고 있다. 즉 신규 고객의 확보, 기존 고객으로부터의 수익 증대, 수익성이 높은 고객의 유지 등 고객분석에 활용된다. 데이타 마이닝은 신용카드 회사와 통신회사들이 사기를 찾아 내는데 사용되고 있는 등 다양한 영역에서 사용되고 있다.

Case in Point

델 고객지원센터

리포팅 및 모니터링 솔루션, 서비스 요청의 신속한 처리와 비용절감 한꺼번에 해결
'IBM Cognos Now' 도입, 반복적인 전화 · 통화시간 · 방문서비스 수 줄여

델 고객지원센터는 고객의 요청사항을 처음 접했을 때 해결한다는 목표를 세우고, 그 방안으로 실시간 리포팅과 지속적인 모니터링 솔루션을 도입했다. 델이 선택한 솔루션은 'IBM Cognos Now'로 이를 통해 고객 서비스 요청을 신속하게 처리하고, 반복적인 전화 등의 축소로 비용을 절감하는 효과를 누리고 있다.

델 고객지원센터의 전략은 고객의 요청을 처리하는 것뿐만 아니라, 다른 요소와의 상호관계까지도 파악하고 관리하는 것이다. 고객만족을 위해 좋은 제품을 제공하는 것도 중요하지만, 신속하고 신뢰성 있으며, 효과적으로 응대하는 서비스도 매우 중요하다. 최상의 고객서비스를 위해 고객이 처음 전화했을 때 만족시키는 것과 같이 실시간으로 서비스의 흐름을 파악할 수 있는 체계가 필요했다. 컴퓨터와 스토리지 등의 첨단 제품을 생산하는 글로벌 기업인 델은 온라인으로 다이렉트 비지니스를 하기 때문에 고객서비스레벨 관리(SLA: Service Level Agreement)가 아주 중요하다. 델의 고객지원센터는 전 세계 기업고객의 서비스레벨 관리(SLA)에 대한 가시성을 높이기 위해서 고객서비스 요청에 대한 처리시간을 2시간에서 4시간까지 차별화하고 플래티넘, 골드, 실버로 서비스 레벨을 분류한다.

고객의 첫 서비스 요청 시 문제해결 목표

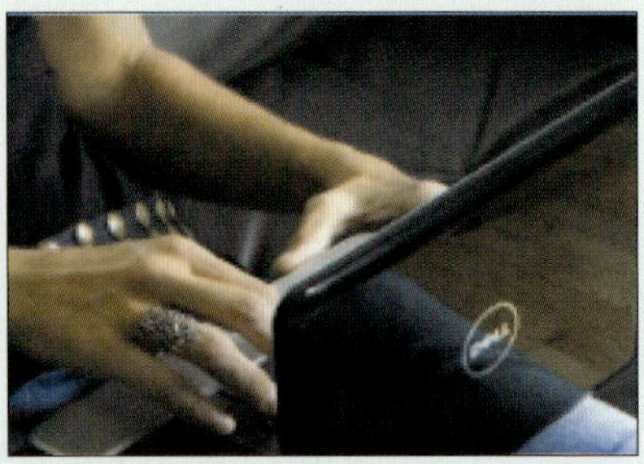

최상의 고객지원 서비스를 위해 델의 고객관리 본부에서는 전체적인 관리를 철저히 실행하고, 기업고객 전담 문제 해결팀은 서비스 처리시간을 최대한 단축할 수 있도록 신기술을 적용하고 신뢰성과 가치평가를 높이는 등의 노력이 필요했다.

실제로, 고객경험은 일년 중 특별히 실시하는 조사결과뿐만 아니라, 모든 상담전화 후에 자동적으로 생성되는 e-메일 조사결과를 통해 실시간으로 평가가 가능하므로 델의 비지니스를 이끄는 결정적인 요소가 될 수 있다.

북아메리카, 유럽, 아시아 등 전세계에 걸쳐 근무하는 델 고객지원센터의 서비스 담당자들은 수천 개의 고객서비스 요구(CSRs)를 해결해야 한다. 델 고객지원센터는 최상의 고객경험을 제공하는 목표를 달성하기 위해 모든 기업 거래처를 정확히 파악할 수 있는 세계적인 안목이 필요했다. 이것은 단순히 고객의 요청만을 관리하는 것이 아니라, 다른 요소와의 상호관계까지도 파악하고 관리할 필요가 있다는 것을 의미했다.

실시간 리포팅과 지속적인 모니터링 필요

지원센터에 대한 주요 전략 목표는 고객이 처음 전화(혹은 e-메일)로 서비스 요청을 했을 때, 바로 고객의 문제를 해결하는 것이다. 고객이 처음 전화했을 때 신속하고 성공적으로 문제를 해결한다면 지원센터로 걸려오는 전화의 횟수를 줄일 수 있고, 이에 따라 운영비용 절감과 함께 더 나은 고객서비스를 제공할 수 있는 효과를 얻을 수 있기 때문이다.

반복된 서비스 요청과 하나의 요청사항에 대한 반복된 방문서비스는 고객만족도를 떨어뜨릴 뿐만 아니라 비용증가를 초래한다. 기업은 방문서비스의 비용을 전화로 고객의 요청을 해결한 비용의 3~4배로 측정하여 계산한다.

컨택 센터의 주요 성공요인은 고객의 서비스 요청을 바로 해결하는 것 이외에도, 적절한 서비스 인원 파견 및 적절한 지식과 자원의 사용 등을 포함한다. 이러한 성공요인들을 갖추기 위해서는 실시간 리포팅 툴을 갖추어야 하며 서비스레벨관리를 위한 지속적인 모니터링 솔루션이 필요했다.

델의 중앙관리본부 매니저는 콜 센터가 최고의 서비스를 제공하기 위해서는 반드시 실시간 리포팅 시스템이 필요함을 절실히 깨닫고 있었다. 몇 년 전, 델은 전체 고객지원 케이스의 중요한 점을 한 번에 정리하여 보여주는 실시간 리포팅의 개념에 접했던 적이 있었지만, 그 실시간 리포팅 시스템은 고객과 거래처들이 각기 다른 서비스레벨관리(SLA)를 가지고 있었기 때문에 실제로 적용하기 힘들다는 단점이 있었으며, 일부분의 데이타 밖에 볼 수 없어 광범위하게 다시 개발하고 코딩하는 작업이 필요했다.

또한 델이 서비스레벨관리(SLA)에 의해 일관되고 신속한 서비스를 달성하기 위해서 단지 매시간마다 데이타를 업데이트 하는 것으로는 충분하지 않았으며, 최신 정보를 모니터링하고 보고하는 것이 필요했다.

모니터링 솔루션 'IBM Cognos Now' 선택

델 고객지원센터에서는 고객이 전화로 서비스 요청했을 때 바로 해결하는 횟수와 반복된 고객의 서비스 요청 및 방문 서비스 건수가 얼마나 되는지를 정확히 측정할 수 있고, 전체적인 흐름의 파악과 지속적인 모니터링이 가능한 차세대 리포팅 시스템이 필요했다. 델 고객지원센터의 입장에서 지속적으로 서비스레벨관리(SLA)를 모니터링하는 솔루션을 도입한다는 것은 일종의 도전이었다.

델 고객지원센터는 인사담당 시스템, 파견 시스템, 컨택 센터 스위치 정보 등을 포함해 최소한 네 개의 데이타베이스와 애플리케이션을 바탕으로 한 데이타를 신뢰할 수 있다고 판단하고, 여러 종류의 데이타를 모두 다 처리 할 수 있는 강력한 시스템을 추구했다. 추가적인 비용이나 IT개발 인력없이도 그 시스템을 가지고 쉽게 업데이트하고 변형할 수 있어야 하는 것 또한 매우 중요했다. 이미 존재하는 대부분의 시스템들은 업데이트가 어려웠기 때문에, IT개발에 필요한 추가적인 비용이 들고 일정이 지연되는 문제가 있었다.

확실한 SLA로 고객서비스 강화

델 중앙관리본부는 수 많은 BI와 리포팅 솔루션을 평가한 후에, 프리패키지 된 하드웨어와 소프트웨어 또는 가상기기와 같이 지속적인 모니터링 솔루션이 이용 가능한 IBM Cognos Now를 선택하였다. 델이 IBM Cognos Now를 주목할 수 밖에 없었던 이유 중의 하나는 이미 존재하는 다른 시스템과는 달리 설치공간이 작다는 이점 때문이었다.

델 고객지원센터는 최소한의 IT직원과 시스템 자원 그리고 최소한의 유지보수로 낮은 소유비용(TCO)이 들며, 6개 이상의 데이타 소스 전반에 걸쳐 실시간으로 데이타 접근이 가능한 솔루션이 필요했다.

IBM Cognos Now는 20개 이상의 데이타와 12개 이상의 주요 측정법으로 매 분마다 수백 명의 사용자를 지원할 수 있고, 수천 수만의 기록들을 처리할 수 있다. 또한 단 4주 이내에 가동이 가능하고, 아래와 같은 주요 실행 측정법으로 지속적인 모니터링이 가능하다.

- 고객이 처음 전화했을 때 바로 해결
- 반복된 고객의 서비스 요청건수
- 반복된 고객 방문서비스
- 현재 진행되는 서비스의 세부사항
- 전화량
- 전화 확대

이제 델 고객지원센터는 실시간 모니터링으로 인해, 서비스레벨관리(SLA)를 확실히 보증할 수 있으며, 지원센터를 좀 더 능률적으로 운영할 수 있게 되었다. IBM Cognos Now의 도입 전에는 고객의 서비스 요청(CSRs)이 있을 경우 어떻게 처리되는지 잘 파악할 수 없었지만, 지금은 1,000개 이상의 고객 서비스 요청(CSRs)을 빠르게 처리할 수 있으며 더욱 잘 응대할 수 있게 되었다.

여러 개의 출처로부터 실행 데이타를 모아야 하는 업무로부터 자유로워지면서, 컨택 센터의 매니저와 직원들은 더 많은 시간을 생산성을 증가 시키는 등의 업무에 투자할 수 있게 되었다.

IBM Cognos Now 운영 대시보드

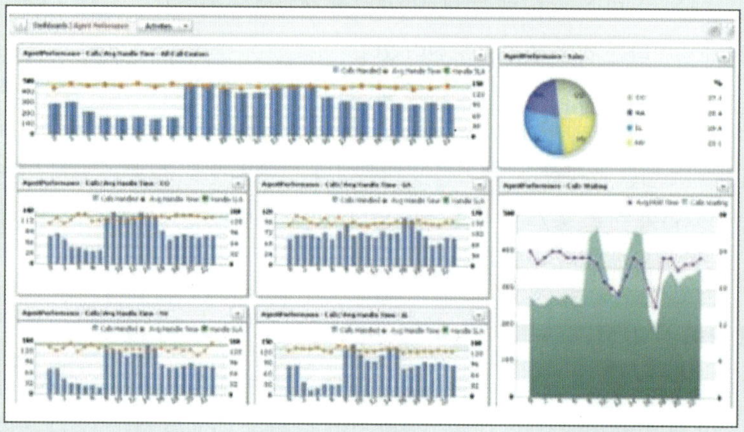

빠른 투자수익률(ROI)

델 고객지원센터는 가장 크게 비용을 절감할 수 있는 요인으로 꼽히는 반복적인 전화와 통화시간, 방문서비스의 수를 효과적으로 줄임으로써, IBM Cognos Now의 도입에 투자한 비용을 6주에서 8주 내에 다시 돌려받는 효과를 얻었다.

또한 최적의 해결책을 보증하는 서비스레벨관리(SLA) 모니터링 솔루션을 갖춰 고객 경험의 질을 높이고, 서비스 처리시간을 단축했다.

델의 고객지원을 관리하는 중앙관리본부는 현재 100%의 기업고객 서비스레벨관리, 90% 이상의 고객만족도와 지원계약 갱신률 100%라는 목표를 달성해 나가는 과정에 있다.

▸ 컴퓨터월드 2008년 11월호(http://www.cognos.com/kr/성공사례)

SUMMARY 요 약

의사결정 문제는 기업뿐만 아니라 우리의 일상적인 생활에서도 발생되는 기본적이고 중요한 문제이다. 의사결정 과정은 복잡한 상황에 대한 정확한 파악과 인지를 시작으로, 문제 해결을 위한 대안의 설계와 선택, 그리고 선택된 대안의 구현으로 구성된다.

의사결정의 유형은 의사결정자의 수준과 의사결정 내용에 의해 구분된다. 의사결정은 구조적, 비구조적, 반구조적인 의사결정으로 분류되는데, 의사결정 지원이 필요한 대부분의 의사결정 문제는 반구조적 의사결정의 경우에 해당된다. 반구조적(Semi-Structured) 의사결정은 구조적 그리고 비구조적 의사결정의 성격을 모두 갖고 있으며, 대부분의 의사결정 상황이 반구조적 의사결정에 속한다. 문제의 원인 또는 상황에 대한 해법을 파악하고 있어 의사결정을 내릴 수는 있으나, 내려진 의사결정 사항에 의한 결과를 전혀 예상할 수 없는 경우를 의미한다.

모든 과정이 완전한, 합리적인 의사결정 과정을 현실적으로 불가능하며, 이는 인간 사고의 제한적 합리성, 직관에 의한 의사결정, 문제점 확인의 한계, 대안 모색 및 선택의 한계, 그리고 조직 내의 한계로 인해 발생된다. 따라서 가장 보편적으로 적용되는 의사결정 단계는 사이몬이 제시한, 지능 · 설계 · 선택 · 구현의 네 가지 단계이다. 각 단계의 실행을 위해 적절한 정보시스템의 지원을 받을 수 있으며, 이 중 가장 대표적인 것이 의사결정지원시스템이다.

의사결정지원시스템은 비지니스와 조직에서 발생하는 의사결정 활동을 지원하는 정보시스템이다. 의사결정지원시스템은 문제상황을 파악 및 풀이하고, 의사결정을 내리기 위한 원시데이타, 문서, 개인적 지식, 그리고 비지니스 모델로부터 유용한 정보를 추출하여 의사결정자에게 제공한다. 의사결정지원시스템은 데이타베이스, 모델베이스, 분석도구시스템, 그리고 사용자 인터페이스로 구성된다. 의사결정지원시스템을 기반으로 하여 기능이 확장되어 개발된 것인 그룹의사결정지원시스템과 중역정보시스템이다. 그룹의사결정지원시스템은 지리적으로 분산된 다수의 의사결정자들이 함께 의사결정 과정에 참여할 수 있도록 고안된 정보시스템이다. 중역정보시스템은 최고경영자의 정보에 대한 요구에 부응하여 각종 요약 정보 및 성능과 지표에 관한 정보를 제공한다.

비지니스 인텔리전스는 비지니스가 시장 행태와 비지니스 맥락에 대한 이해를 돕는데 사용하는 능력, 지식, 기술, 애플리케이션, 그리고 실무를 말한다. 비지니스 인텔리전스는 정보의 수집, 통합, 분석, 해석, 그리고 프리젠테이션의 활동을 포함한다. 따라서 비지니스 인텔리전스는 조직 내에 산재한 모든 데이타를 유용한 정보로 전환하여 궁극적으로 지식으로 만들려는 목표를 추구하도록 설계된 개념, 방법 및 기술의 집합이라고 할 수 있다. 실무적으로는 비지니스 인텔리전스는 쿼리와 보고 도구, 온라인분석처리(OLAP), 통계분석, 예측, 데이타 마이닝, 의사결정시스템, 그리고 중역정보시스템의 결합이다.

연 습 문 제

01. 합리적 의사결정 과정이 현실적으로는 불가능한 이유를 설명하시오.

02. 의사결정 문제의 유형 세 가지를 지적하고 각 유형의 개념을 예를 들어 설명하시오.

03. 반구조적 의사결정 문제가 구조적 의사결정 문제로 전환될 수 있는 방법을 설명하시오.

04. 비구조적 의사결정 문제가 구조적 의사결정 문제로 전환될 수 있는 방법을 설명하시오.

05. 경영정보시스템과 의사결정지원시스템의 공통점과 차이점을 설명하시오.

06. 의사결정지원시스템이 수행하는 분석기능을 설명하고 각 분석기능이 어떻게 적용되는가 예를 들어 설명하시오.

07. 의사결정지원시스템의 모델베이스와 일반적 데이타베이스의 차이를 설명하시오.

08. 그룹의사결정지원시스템이 의사결정지원시스템과 다른 점을 설명하시오.

09. 중역정보시스템이 의사결정지원시스템과 다른 점을 설명하시오.

10. 비지니스 인텔리전스 시스템의 구성요소를 설명하고, 각 구성요소의 기능을 설명하시오.

11. 비지니스 인텔리전스를 구현한 사례를 찾아 어떠한 방식으로 경영 활동을 지원하는지 설명하시오.

참고문헌
Refereces

- 이명헌의 경영스쿨, http://www.emh.co.kr/xhtml/decision_making_theory.html, 1999
- Effy Oz, *Management Information Systems*(3rd ed.), Course Technology, 2002
- James A. O' Brien, *Introduction to Information Systems: Essentials for the e-Business Enterprise*(11th ed.), McGraw-Hill/Irwin, 2003
- Kenneth C. Laudon and Jane P. Laudon, 경영정보시스템: 디지털 기업의 경영(9th ed.), 김우주 외 역, 사이텍미디어, 2006

제10장 지식경영

학습 개요 및 목표

지식이 부의 원천이 되는 지식경제 시대가 도래하였다. 지식과 다른 지적 자본이 기업의 드러나지 않은 자산이라는 인식이 확산되었다. 지식은 재무제표에는 나타나지 않지만 가치 창출과 미래 수익 가능성의 기초가 된다. 지식에 대한 이해와 관리를 잘 한 기업은 수익을 높일 수 있었다는 사례가 증가하였다. 지속 가능한 경쟁우위를 위한 노력에서 기업은 기술만으로 그것을 성취할 수 없음을 깨닫게 되었다. 지속되는 것은 지식이다. 기업내의 개인, 프로세스, 경험에 들어 있는 지식을 끌어 내어 공유하여 새로운 가치를 창조하는 것으로부터 기업의 경쟁 우위가 만들어 진다. 이제 지식경영이 조직의 새로운 업무가 되었다.

지식경영에 대한 중요성을 이해한 세계의 기업들이 여러 가지 다른 접근방법과 전략을 채택하였다. 시간이 지남에 따라 접근방법과 전략의 융합이 일어났다. 지식경영을 지원하는 정보기술의 발전은 새로운 지식경영 모델과 전략을 요구하고 있다. 이렇게 지식경영에 대한 접근방법과 전략이 변화하더라도 지식경영의 프레임워크는 달라질 수 없다. 지식경영의 핵심은 비지니스 전략과 지식경영 전략의 정렬 그리고 지식경영 인프라스트럭처를 기반으로 사람, 프로세스, 기술이 지식공유를 통한 가치를 창조하는 것이다.

이 장에서는 기업이나 다른 조직이 비지니스 프로세스 향상과 혁신을 위해 추진하는 지식경영의 근본 개념, 이론, 그리고 기술을 살펴본다. 이 장의 구체적인 학습 목표는 다음과 같다.

- 지식과 지식경영에 관한 정의를 이해한다.
- 지식경영의 필요성과 동인을 파악한다.
- 지식경영의 프레임워크의 필요성을 이해하고 개발한다.
- 지식경영 접근방법과 전략에 대하여 조사한다.
- 지식경영 프로세스에 대하여 이해한다.
- 지식전환 개념에 대하여 이해한다.
- 지식공유에 관한 접근방법을 이해한다.
- 실무공동체에 대한 이해를 한다.
- 지식경영시스템과 도구에 대하여 조사한다.

지식경영 2.0

지식경영이 본격적으로 시작된 지는 오래되지 않았다. 그러나 지식경영이 상대적으로 신선한 아이디어라고 말하기는 어렵다. 1990년대 비전을 가진 기업들은 너나 할 것 없이 지식경영에 많은 투자를 하였다. 인터넷 거품이 사라지면서 지식경영도 그 열기가 약간 식어 들었다. 그런데 최근 들어 지식경영이 다시 스포트라이트를 받게 된다. 그것은 웹 2.0 기술이 확산되면서 사용자에게 편리한 지식경영 2.0 도구들과 함께 새로운 지식경영 모델과 아키텍처가 등장하였기 때문이다.

지식경영시스템은 프로세스 향상과 혁신의 효과를 제공하고 기업의 집합적 지능을 통합하고 전파하는 것을 돕는다. 미국 기업은 2007년에 지식경영 소프트웨어에 730억 달러를 소비할 것으로 미국 AMR Research는 예측하였다. 주요 IT산업 시장조사 기관들은 기업들이 지식경영에 대한 투자를 늘리기 시작하였다고 한다. 기업들은 지식경영시스템을 일반적 비지니스 애플리케이션뿐만 아니라 고객서비스 분야로 확장하고, 사용자들은 정보와 지식의 공유와 커뮤니케이션 방법으로 전자우편, 텍스트 메시징, 블로그, 위키를 일상적으로 사용하고 있다.

이러한 환경에서 기업은 새로운 지식경영 전략과 해법을 찾아야 한다. 새로운 지식경영 모델과 접근방법으로 지식경영이 가치를 창조할 수 있는 분야를 파악하고, 사용자가 지식경영 도구를 사용하면서 참여하게 하고, 다양한 지식경영 도구를 개발하고 통합하는 노력이 필요하다. 지식경영 1.0의 핵심인 지식 공유와 재사용을 위해 새로운 시대의 상호작용 채널을 활용하는 것이 중요하다. 자신이 올린 글과 동료로부터 받은 답변에 가치를 주는 개인 사용자 중심의 공동체나 포럼 같은 협력적 접근방법을 효과적으로 개발할 필요가 있다.

물론 지식경영 2.0 도구는 궁극적 해답의 일부에 불과할 뿐이며, 지식경영이 1.0에서 2.0으로 전환하는 것은 쉬운 일이 아니다. 최고 지식경영 책임자는 글로벌하게 생각하고 로컬하게 행동할 때이다.

01 지식경제

1.1 지식경제 시대

오늘날의 글로벌 경제는 정보사회가 확장되어 지식경제(또는 지식기반경제)로 전환하고 있다. 지식경제는 지식이 경제적 효과를 생산한다는 의미를 지닌다. 전통적 경제학자들은 경제사를 부의 주요 원천이 토지에서 노동 그리고 자본으로 이동하는 것에 맞추어 몇 개의 특징 있는 시대로 구분해왔다. 그러나 20세기 후반에 들어 지식이 생산의 주요 요소로 등장하고 토지는 더 이상 주요 생산 요소로 간주되지 않는다. [그림 10-1]은 이러한 부의 주요 원천의 변화에 따른 경제사를 지식경제 시대까지 연장하여 보여 준다.

정보통신기술의 출현은 지식경제의 기술적 기반을 구비하였다. 정보통신기술은 지식경제의 기본 영역을 이루는 정보의 처리, 저장, 교환을 촉진시켰다. 정보통신기술은 정보통신기술 활용 방식을 중앙집중식, 분산형, 그리고 네트워크형 정보시스템으로 이행하게 하면서 기업의 조직 방식의 근본적 변화를 가져 왔다. 정보통

그림 10-1 부의 주요 원천 변화에 기초한 경제 시대 변화

	후기 농업시대	전기 산업시대	후기 산업시대	전기 지식시대
부의 원천	토지	노동	자본	지식
조직 형태	봉건영주	식민지배	계층구조	지식네트워크
개념적 원칙		노동 분할 자기 이익 작업 수당	경영 분리 소유자, 관리자 분리 분리된 사고, 행동 1인, 1상사 자동화	동료 네트워킹 통합적 프로세스 대화 업무 인간시간 가상업무초점팀

신기술의 발전은 소프트웨어, 멀티미디어, 전자상거래와 같은 새로운 산업의 출현과 성장을 조장하였고, 지식 네트워크에 기반한 새로운 산업조직과 경제를 만들어 내고 있다. 지식집약적 활동의 증대와 새로운 정보통신기술의 전파는 상호 강화 작용을 나타내게 되었다.

• 지식경제

지식경제는 지식의 경제 또는 지식기반경제를 말한다. 지식의 경제는 경제적 제약의 관점에서 지식의 생산과 관리에 초점을 맞춘다. 지식기반경제는 경제적 효과를 얻기 위하여 지식 기술을 사용하는 것을 말한다. 이 책에서는 지식기반경제의 의미로 지식경제 용어를 사용한다.

지식경제는 지식집약적 고용의 비중이 상당히 증대되고, 정보 부문의 경제적 비중이 결정적인 수준에 달하고, 실질 자본 스톡(Stock)에서 '무형 자본'의 비중이 '유형 자본'의 비중을 추월한 경제를 말한다(Dominique Foray, 2000). 지식경제는 '지식'과 관련 투자 및 활동의 확장으로 해석되는 하나의 장기 경향과 지식, 정보의 재생산 및 유통의 조건에 급격한 변화를 초래한 기술혁명이 만나 생겨났다. 지식경제의 발전은 실질 자본 스톡에서 크게 세 가지 변화를 통해서 나타난다.

- 교육, 훈련, R&D, 보건 등과 같은 무형 자본이 차지하는 비중 증가
- 첨단 기술(항공 우주, 의약, 바이오 등), 정보통신기술 및 관련 서비스, 금융 및 보험 서비스, 그리고 기업 서비스 부문과 같은 지식 집약 산업 팽창
- 고숙련 노동자의 비중 상승

1.2 시대별 지식의 역할

• 지식혁명

드러커는 경제 발전에서 지식의 역할을 크게 산업혁명, 생산성혁명, 관리혁명의 세 시대로 나누어 본다.

드러커(Drucker, 1998)는 지식이 핵심 경제자원이며 가장 중요한 경쟁우위 요소라고 한다. 드러커는 지식은 가속적인 사회생활의 전환과 기업 및 사회기관이 운영되는 방법을 설명하는 열쇠라고 말한다(Drucker, 1994). 드러커(Drucker, 1993)는 경제발전에서 지식의 역할을 크게 세 시대로 구분했다. 그는 서구 세계의 경제적 전환이 다양한 형태의 지식을 독특하게 활용하였으며, 이것을 다음과 같이 세 번의 혁명으로 구분한다.

- 산업혁명(Industrial Revolution)은 지식을 전통과 숙련기술에 응용하였다. 기술의 개발 및 실행(예를 들어 도구, 프로세스, 제품)은 숙련기술과 암묵적 지식의 신비를 벗겼다. 산업혁명은 경험을 지식으로, 도제방식을 교과서로, 비밀을 방법으로, 실행하는 것을 응용 지식으로 전환하면서 지식의 의미를 바꾸었다.

- 생산성혁명(Productivity Revolution)은 과학적 관리의 시작을 알리는 것으로, 지식을 인간의 작업에 활용하는 것으로 특징지을 수 있다. 프레드릭 테일러(Fredrick Taylor)의 시간 및 동작 연구가 이 전환의 기점이다. 최고의 노동은 더 이상 오랜 도제 기간을 거쳐 습득하는 숙련 기술의 획득에 의존하지 않게 되었다. 오랜 시간이 걸리는 도제 방식은 훈련 즉 코드화된 지식의 전이로 대체되었다.
- 관리혁명(Management Revolution)은 지식을 지식 그 자체에 적용하는 것이다. 즉 지식은 지식 노동을 향상하는데 사용된다. 지식은 혁신을 유도하고, 어떤 새로운 지식이 필요한지를 정의하고, 기존 지식을 더 생산적이도록 하는 방법을 찾는데 활용된다. 지식은 주요한 개인적 그리고 경제적 자산으로 간주된다. 경제적 자원으로서 지식은 사회적 및 경제적 결과를 성취하는 수단으로서 사용되는 하나의 상품이 되고 효용으로 되었다.

이렇게 시대에 따라 지식과 지식 노동의 의미가 달라졌다. 철학자들에 의해 물건에 관한 것으로 생각되던 지식이 물건으로서 경제적 존재를 갖게 된다. 시간이 지남에 따라 지식 기반 기업 이론의 주장과 같이 지식이 교환되고, 축적되고, 사고 팔 수 있는 제품으로 되었다. 특정 산업의 노동 프로세스에 담겨 있던 지식이 상대적으로 자유롭게 이동하는 상품으로 되었다. 이제 지식은 세상에 관한 것에서 세상 안에 존재하는 것이 되었다.

1.3 지식경제 시대의 조직

지식경제로의 전환에는 큰 변화가 있게 마련이다. 그것은 역사상 처음으로 부의 원천이 소모되는 유한 자원이 아니라는 것 때문이다. 오히려 지식은 무한하여 경제는 더 이상 희소성에 제약을 받지 않게 되고, 기업과 시장에 대한 현재의 가정을 흔들어버린다. 조직이 더 한층 지식 지향적으로 될 것이라는 것에 대하여는 이의가 없다. 이제 조직의 지속 가능한 발전은 조직이 집합적으로 알고 있는 것, 알고 있는 것을 얼마나 효율적으로 사용하는가, 그리고 얼마나 빠르게 새로운 지식을 획득하고 사용하는가로부터 온다.

● 지식시대 조직
조직은 관료적 조직에서 지식 조직으로 변화하고 있고, 기업은 지식 기반 비지니스로 전환하고 있다.

비지니스는 이제 산업 관점이 아니라 지식 관점에서 접근되고 있다. 비지니스는 점차 더 복잡한 문제 해결 서비스 제공자로 전환되고, 직원의 대다수가 높은 교육을 받고 창의적이며 자기 동기 유발된 노동자이다. 지식 노동자가 산업 노동자 보다 더 큰 비중을 차지하면서 노동자와 조직에 대한 관계도 급속하게 변화하고 있다. 지식 사회로의 전환은 지식의 가치를 새롭게 인식하게 만들었다. 이제 자연적 자원이 아니라 지식이 돈을 벌게 하는 시대가 되었다. Savage(1990)는 지식경제 시대의 조직의 문화, 인프라스트럭처, 형태, 전략이 어떻게 변화할 것인지를 제시하고 있다. 그는 산업시대와 지식시대를 특징짓는 차이점을 조직의 여러 차원에서 제시하고 있으며 〈표 10-1〉과 같다.

조직은 관료적 조직에서 지식 조직으로 변화하고 있고, 기업은 지식 기반 비지

표 10-1 산업시대와 지식시대 조직의 특징 비교

산업 시대	지식 시대
질서 및 안정	혼돈, 유동성, 지속적 변화
관료적, 계층적	지식 네트워크, 지식 공동체
조직 경계	상호연결
일상적 프로세스	복잡한 상호작용 프로세스
직열적 활동	병열적 또는 동시적 활동
사전 규정된 구조	자발적 조직
명령과 통제	초점, 조장, 조정
수식적 커뮤니케이션	다방면 커뮤니케이션
지도, 토론	지식 창출 대화
가치 부가	가치 공동상조
알려진 것	알 수 없는 것
선 형	비선형
산업 기술	지식 역량
업무와 업무 정의	팀, 협력 능력
순 종	혁 신
문 제	기 회
만 족	의 미

자료 : Savage, Charles, M.(1990)

니스로 전환되고 있다. 조직은 네트워크된 개인, 지능적 에이전트, 지식 노동자들이 조직 내·외의 문제를 해결하여 환경 변화에 융통성 있게 대처하고 높은 기업 가치를 창출하도록 언제 어디서나 빠르게 지식을 결합하는 능력을 갖춘 지능적이고, 복합적이며 가변성 있는 시스템이 되어야 한다. 조직의 성공은 점점 더 지식 생성과 활용을 위한 효과적 환경을 만드는 능력과 가치 혁신을 가능하게 하는 지식과 재능을 확보, 개발, 그리고 유지하는 능력에 달려 있다. 따라서 조직은 그러한 환경을 제공하며 지식을 관리하는 능력을 향상시키는 것을 돕는 개념과 도구가 필요하다. 지식경영이 바로 이러한 개념과 도구이며, 최근 많은 관심을 끌고 있다.

02 지식경영 중요성

2.1 지식경영의 필요성

●지식경영의 필요성
기업이나 조직에서 업무의 복잡화 증대, 시장 변동성 가속화, 반응 속도의 단축, 개인 경험의 체감 등의 요인으로 지식경영이 필요하게 된다.

앞에서 본 것처럼 조직 환경은 급속하게 변화하고 있다. 이러한 환경에서 성공적인 기업은 현재의 기업 능력을 재점검하여 새로운 환경에 적합하도록 하여야 한다. 1980년대 후반과 1990년대 초반에 들어서 스베이(Sveiby), 노나카(Nonaka), 스타타(Stata), 그리고 실리 브라운(Seely Brown)같은 지식경영 선도자들이 전략적 우위를 위한 지식의 역할에 대하여 주창하였다. 그 당시에는 최고경영자들이 다운사이징에 집중하여 결정적 지식이 회사를 떠나는 데에도 지식경영에는 별로 관심을 두지 않았다. 그러나 전사적 품질관리, 업무재구축(BPR: Business Process Reengineering), 조직 학습, 벤치마킹(Benchmarking) 등과 같은 경영혁신이 가져오는 한계를 이해하게 되었다. 이와 같은 경영기법의 효과가 제한적이자 지식경영이 예측을 불허하는 기업 환경에서 경쟁우위를 위한 수단으로 떠오르게 된다. 성공적인 경영을 위한 경영기법을 찾고자 하는 노력이 계속되고 적극적인 컨설팅 회사들이 지식경영을 장려하였다.

〈표 10-2〉에서 보는 것과 같이 지식경영은 정보관리의 논리적 발전이다. 정보기술의 발전이 정보관리를 넘어 지식경영을 가능하게 하여 조직의 성과에 큰 영향을 미칠 수 있음을 발견하였다. 한 예로 개인 간 커뮤니케이션을 촉발시키는 협업기술의 향상이 조직 간 및 지역 간의 경계를 뛰어 넘어 지식을 개발하는 것을 돕는 것이다. 구체적으로 로터스 노트(Lotus Notes)와 같은 그룹웨어와 인트라넷의 광범위한 사용이 지식경영을 촉진시켰다.

지식경영은 과거의 조직 개발(Organizational Devleopment) 아이디어를 더 크게 종합적 관점을 통합하여 효과적 지식 창조와 활용에 초점을 맞추었다. 1990년대 중반에 들어 기업들의 지식경영에 대한 관심이 높아졌는데 그것은 다음과 같은 이유에서 근거한다고 할 수 있다.

- 업무의 복잡화 증대 : 내 · 외부 업무 프로세스의 복잡성, 경쟁의 확대, 그리고 급속한 기술발전이 업무영역을 복잡하게 만든다. 지식 노동자는 더 많이 더 빨리 더 현명하게 일을 해야 되므로 끊임없는 학습이 필요하다.
- 시장 변동성 가속화 : 조직은 다중 언어와 문화 환경의 글로벌 시장에서 경쟁하고 있으며, 각 시장 내에서 변화의 속도 또는 변동성이 급격하게 증가하고 있다.
- 반응 속도의 단축 : 조직은 영역 내와 영역 간의 미묘한 변화에 대한 행동을 취할 시간이 단축되고 있다. 조직은 언제 어디서나 빠르게 반응할 수 있어야 한다.
- 개인 경험의 체감 : 높은 이직율은 전보다 조직 내의 경험이 적은 사람이 의사결정 책임을 지게 만든다. 지식 노동자의 이동성이 증가하여 조직 지식의 연속성이 중요하다.

표 10-2 정보기술의 발전과 지식경영의 등장

	1960년대	1970년대	1980년대	1990~1995	1995~2000+
기술 초점	중앙집중적 파일 처리	분산 컴퓨팅	개인 컴퓨팅	로컬 네트워킹	로컬 및 글로벌 네트워킹
비지니스 초점	데이타 관리	데이타 관리	정보 관리	정보 관리	지식경영
노동자 지식	낮 음	낮 음	중 간	중 간	높 음

2.2 지식경영 동인

• 지식경영 동인
사회, 제품, 서비스, 일, 노동자의 동시 변화, 비지니스의 글로벌화, 지식의 누출 및 단편화, 조직 변화 및 성장의 필요성, 정보기술 발전 등이 지식경영을 촉진한다.

지식경영은 거의 모든 산업에서 실행되고 있다. 조직에서 지식경영이 중요한 경영 기법으로 자리 잡게 되는 배경으로는 여러 가지가 있으나 다음과 같이 요약할 수 있다.

① 사회, 제품, 서비스, 일, 노동자의 동시 진화

오늘날 거의 모든 제품, 서비스, 그리고 일은 지식을 기반으로 한다. 지식노동자는 더 많은 일을 더 빨리 할 수 있어야 한다. 또 지식노동자는 급증하는 일과 속도에 맞추어야 하며 더욱 더 현명하게 일해야 한다. 그러나 지식을 경험하고 획득하는 시간은 줄어들고 있다. 평생학습은 피할 수 없는 현실이 되었다.

② 비지니스의 글로벌화

오늘날 글로벌 무역의 복잡성과 양은 과거와 비교할 수 없다. 글로벌 기업, 제품, 그리고 분배 채널의 수는 크게 늘어났다. 시장은 더욱 경쟁적으로 되었다. 정보기술은 글로벌 무역의 모든 요소의 속도를 높이고, 중앙집중적 경제의 축소는 기업 내에 새로운 제품과 서비스를 전 세계에 누구보다 빨리 내놓는가의 상황을 가져왔다.

③ 지식의 누출 및 단편화

지식노동자는 더욱 이동성이 높은 일자리에 있다. 이것은 조직에게는 지식의 지속성의 문제를 제기하고 지식노동자에게는 지속적 학습을 요구한다. 이제 지식노동자는 더 이상 한 조직에서 커리어를 마치는 것을 기대하기 어렵다. 이것은 최근의 리엔지니어링과 경제 사이클로 직원의 감소와 그에 따른 지식의 누출로 나타났다. 직원의 감축은 비공식적 지식을 공식적 방법으로 대체할 필요를 낳는다. 따라서 조직은 지식보고에 접속할 수 있게 하여 좀 더 효율적으로 사용할 수 있도록 하는 노력을 하게 하였다.

④ 조직 변화 및 성장의 필요성

시장은 경쟁적이고, 변화 및 혁신의 사이클이 단축되고 그 속도가 급속하게 빨라졌다. 시장 변화의 속도가 너무 빨라 조직이 경험을 쌓고 지식을 확보할 시간이 짧아지고 있다. 조직은 가장 빠른 시간 내에 가장 적은 비용으로 제품을 차별화하고 시장에 내놓아야 한다. 기업은 경쟁에서 앞서기 위해 혁신에 박차를 가하고 있다. 조직은 지식을 기반으로 경쟁하고, 혁신은 지식에서 출발한다. 효율성과 효과성을 향상하기 위해 기초로 지식의 중요성이 더욱 커졌다. 많은 기업은 과거의 경험으로부터 얻은 지식을 사용하는 방법을 찾게 되었고, 조직은 지식을 기반으로 경쟁하도록 강요 받고 있다.

⑤ 정보기술 발전

정보통신기술의 원가가 하락하고 인터넷이 급속하게 성장함에 따라 기업은 지식을 더 싼 비용으로 더 넓게 공유할 수 있게 되었다. 오늘날 사회와 조직은 모두 연결되어 있다. 네트워킹과 데이타 커뮤니케이션이 지식공유를 더욱 쉽게 만들었다. 지식공유는 기업으로 하여금 정보기술을 통해 전문가를 기업 내 · 외부에 분산하는 방법이 되었다. 정보통신기술의 발전은 어느 곳에서나 네트워크에 연결할 수 있어야 하도록 만들었다. 이제 기업은 정보통신기술을 활용하여 직원의 지식을 창의적으로 생산 및 공유하도록 하여 경쟁우위를 확보하는 발판을 마련할 수 있게 되었다.

03 지식경영 정의와 범위

3.1 지식경영 정의

● 지식경영

실제에서 지식경영은 조직내의 지식을 파악하고 매핑하며, 경쟁우위를 위한 지식을 창출하고, 조직의 방대한 정보를 접근할 수 있도록 하고, 조직내의 지식을 공유하는 것과 이것을 위한 기술을 포함한다.

지식경영에 대한 문헌을 보면 참으로 그 정의가 많다는 사실을 발견하게 된다. 이것은 지식 자체가 여러 다른 방법으로 정의되고, 많은 다른 분석의 각도와 차원에서 지식경영에 접근할 수 있기 때문일 것이다. 지식경영의 학제적 성격을 감안할 때 학자들이 공통된 정의를 사용한다는 것은 어렵다 하더라도 실무자들 사이에서도 지식경영의 정의에 대한 합의를 볼 수 없다. 지식경영이라는 용어는 조직의 업무와 관련된 노우하우(Know-How)와 다른 컨텐츠에 대한 생산, 포착, 전파와 관련된 조직업무와 접근방법으로 사용되고 있다. 실제에서 지식경영은 조직 내의 지식을 파악하고 매핑하며, 경쟁우위를 위한 지식을 창출하고, 조직의 방대한 정보를 접근할 수 있도록 하고, 우수 사례를 공유하는 것과 이것을 위한 기술을 포함한다. 이것은 많은 것을 망라하는 것인데 그 이유는 지식을 업무에 활용하는 것이 모든 기업활동의 중심이기 때문이다. 따라서 지식경영을 간단하면서도 정확하게 정의하는 것은 쉬운 일이 아니다. 지식경영에 대한 접근이 여러 학문 분야에서 지식경영에 대한 정의와 초점이 어디에 있는가에 따라 차이가 있다.

- 조직 기억 관점의 정의 : 이 관점은 조직을 사회시스템으로 간주하며 지식경영의 주 대상으로 본다. 지식경영 이니셔티브 또는 전략의 목표는 조직의 집합적 지능 또는 지식을 향상시키는 것이다. 이것은 조직에 산재해 있는 개인 네트워크의 지식과 지능을 체계적으로 조정하여 고객 니즈(Needs)에 답하는 방법이다.
- 프로세스 관점의 지식경영 정의 : 이 관점은 지식경영을 하나의 라이프 사이클 또는 복잡한 조직 기능, 업무, 또는 프로세스로 보며, 이 라이프 사이클을 하부 업무, 하부 기능, 하부 프로세스 또는 활동으로 나눈다. 지식경영의 목적은 체계적인 관여, 도구, 또는 측정 수단을 통하여 하부 업무를 향상시키는 데에 있다. 하부 업무로 지식의 창출 또는 창조, 획득, 파악 또는 포착, 유효화와 평가, 전환, 조직화 및 링크, 형식화 또는 저장, 정제 또는 개발, 분배, 확산, 전이 또는 공유, 프리젠테이션 또는 포매팅, 응용 및 진화 등을 포함한다.
- 전략 관점의 정의 : 이 관점은 지식경영의 경영 측면을 부각시키며 지식경영 이니셔티브 또는 프로그램의 전략적 관련성에 초점을 맞춘다. 정보와 지식은 기업의 자산이며 기업은 이러한 자산을 관리하는 전략, 정책, 그리고 도구가 필요하다.
- 기술 관점의 정의 : 경영정보 분야에서는 지식경영과 관련하여 정보관리의 대상을 지식으로 확장할 수 있다고 본다. 정보통신기술을 활용하여 저장하고 분배할 수 있는 단순한 정보보다는 더 가치 있는 정보나 상황에 맞도록 준비된 정보, 또는 사람의 두뇌에 있는 지식을 포함하는 것으로 보는 것이다. 따라서 지식경영은 전통적으로 인사관리의 기능도 충족시켜야 한다고 본다. 일부 기술

그림 10-2 지식경영 프레임워크

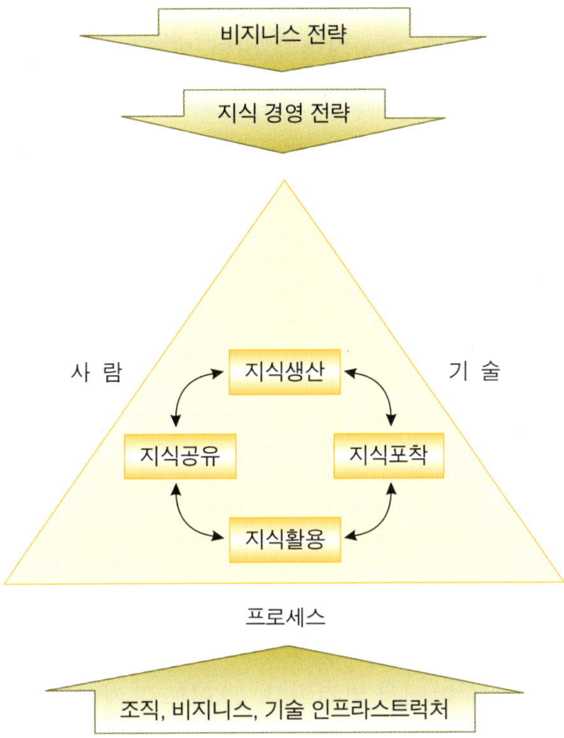

● 지식경영의 학제적 성격

지식경영에 많은 영향을 미친 분야는 조직학습, 인적자원관리, 전략경영, 심리학과 사회학, 컴퓨터 과학과 경영정보시스템 등이다.

지향의 지식경영 관점은 지식 업무, 기능, 또는 프로세스의 라이프 사이클을 기술지향으로 접근하기도 한다.

이상의 지식경영에 대한 정의를 종합하면 다음과 같이 요약할 수 있다. 첫째, 지식경영은 이론과 실제 보두와 관련이 있다. 앞에서 본 것처럼 지식경영을 여러 학문분야에서 접근하고 있기 때문에 지식경영에 대한 정의가 매우 다양하다. 그러나 크게 보면 대부분의 지식경영에 대한 사려깊은 문헌들은 이론과 실제 모두를 결합한다. 둘째, 지식경영은 넓은 범위의 여러 가지 활동으로 구성된다. 지식 자산과 관련된 활동으로 지식의 파악, 창조, 개발, 공유, 전환, 보유, 확산, 활용 등을 포함한다. 셋째, 지식경영 정의는 정보기술에 제한되지 않는다. 정보기술이 지식경영에 필요하지만 지식 창조와 전이 프로세스를 지원하는 도구에 머무른다. 넷째, 사람과 학습이 지식경영의 중심 이슈이다. 이러한 지식경영에 관한 정의를 모두 종합하면 [그림 10-2]와 같은 지식경영 프레임워크를 사용하여 지식경영을 살펴볼 수 있다.

전반적으로 볼 때, 지식경영이 어떤 의미를 가지든 지식경영은 최신 경영유행이 아니라 업무를 관리하고 수행하는 과정에서 지식의 역할을 이해하고 활용하는 조직적 및 종합적 방법의 개발을 의미한다. 지식경영은 현대 경제에서 점차 복잡해지고 급변하는 환경에 대처하는 개인 및 조직의 권위 있는 가이드임에 틀림이 없다.

3.2 지식경영의 학제적 성격

지식경영은 여러 학문분야에서 다른 관점으로 접근한 연유로 그것에 대한 정의도 많다고 하였다. 즉 지식경영은 학제적 성격을 가지고 있다. 조직의 지식, 지능, 혁신, 변화 또는 학습과 같이 지식경영에서 사용되거나 활용되는 개념들은 기존의 여러 다른 학문분야에서 발견된다. 그러므로 지식경영에 유용한 개념들을 제공하는 이러한 학문분야에 대하여 살펴보는 일은 중요하다. 많은 학문 분야가 지식경영 이론 개발에 영향을 미쳤다. 가장 많은 영향을 미친 연구분야는 조직학습, 인적자원관리, 전략경영, 심리학과 사회학, 컴퓨터 과학과 경영정보시스템이다.

① 조직학습

조직학습(Organizational Learning)은 1970년대와 1980년대에 들어 조직의 변화 프로세스를 연구하는 방법으로 등장한다. 조직학습 프로세스는 개인 지식을 조직 지식에 연결하는 것을 목적으로 한다. 조직학습 접근방법은 조직화된 집합 학습을 지원하는 개념, 방법 및 도구를 제공한다. 조직기억(Organizational Memory)은 조직학습의 전제가 된다. 그것은 개인이나 조직의 학습은 기억이 없으면 불가능하다고 보기 때문이다. 학습조직(Learning Organization)이라는 용어는 조직학습을 실행하는 조직의 능력을 좀 더 구체적으로 강조하기 위해 등장하였다. 그 능력으로는 지식의 창출, 획득, 그리고 전파 능력과 새로운 지식과 통찰력을 반영하도록 행동을 수정하는 능력을 포함한다. 이 정의는 조직학습 또는 학습조직 접근방법이 지식경영의 정의와 유사함을 보여 준다.

② 인적자원관리

사회시스템의 행동을 설명하는 조직학습의 이론과 접근방법 이외에 인간 지향적 접근방법도 지식경영의 중심적 요소이다. 직원들은 지식을 창출하고, 보유하고, 응용한다. 신입 직원은 자신의 지식과 아이디어를 조직에 가져온다. 기존 직원은 팀 및 네트워크뿐만 아니라 개별적으로 학습을 하고 조직의 훈련과 개발 프로그램에 참여한다. 이직하는 직원은 자신의 지식도 가지고 회사를 떠난다. 이것들은 인사관리가 지식경영과 밀접하게 관련되어 있고, 전략적 지식 또는 역량관리 개념을 제공하고, 지식 또는 역량, 지향적 인사관리로 전환되고 있음을 보여주는 예이다.

③ 전략경영

조직에 대한 자원 기반관점에 기초하여 여러 학자들이 지식경영의 전략적 연관성을 개념화하였다. 이 관점에서 지식은 전략적 자산이거나 기업의 주된 생산자원이다. 또 조직 능력이라고 불리는 지식베이스의 확장 및 지식 통합에서의 조직의 스피드와 효율성은 경쟁우위를 창출하는데 결정적이다. 자원 기반조직의 관점에서 지식 또는 역량은 지속적 경쟁우위를 제공하기 위하여서는 가치가 있고, 희귀하고, 모방할 수 없고, 적정하게 내구성을 가지고 있어야 한다. 그러므로 지식경영은 지식자원을 창출하고 유지하는 조직의 능력이다. 지식경영 전략은 비지니스 전략의 일부로 여겨져 왔거나 아니면 조직을 역량의 네트워크로 간주하는 관점으로 여겨져 왔다. 이것을 조직에 대한 지식 기반 관점이라고 한다.

④ 심리학 및 사회학

조직은 심리학과 사회학의 활발한 연구의 중심적 내용이었으며, 각각은 조직 심리학과 조직 사회학이라고 불린다. 이 분야는 개인 및 집단적 관점에서 조직의 인간행동을 다룬다. 조직 심리학과 조직 사회학이 많은 개념과 아이디어는 지식경영 분야에 응용되었다. 조직 심리학과 조직 사회학에서 개발된 개념은 사회적으로 구축된 지식의 설명에 활용된다. 조직 사회학은 지식경영이 사회현상을 조직 전체 차원에서 분석하므로 지식경영에 영향을 준다고 할 수 있다.

⑤ 경영정보학, 컴퓨터 과학

정보통신기술은 지식경영이 가능하게 하는 주요한 수단이므로 컴퓨터 과학자나 경영정보학자들이 지식경영에 뛰어들게 된다. 특히 전문가 시스템과 지식기반 시스템에 관여한 학자나 실무자들이 중심이 된다. 사회기술시스템(Socio-Technical System)의 기초로 사용되는 가장 보편적 이론은 일반적으로 시스템이론이다. 시스템 이론은 시스템의 상태와 행동에 대한 일반적 법칙을 구축하려는 목적을 가진 과학분야 모두를 말한다.

시스템 이론과 달리 조직을 지식처리시스템으로 보는 관점 또한 지식경영의 유용한 통찰력을 제공한다. 이 접근방법은 조직을 지식 · 정보처리시스템으로 보고 단기 및 장기 메모리뿐만 아니라 태도, 개성 및 상황의 정의 등의 개념을 사용하는 인지심리학의 이론에 기초하여 개인의 행동을 설명하는 모델을 개발한다. 즉 개인을 정보처리시스템으로 간주한다. 이러한 개념을 조직지식, 정보처리에 적용하는 것은 어려운 일이지만 일부 아이디어는 조직학습 또는 지식경영 이니셔티브에 참여하는 개인에게 적용할 수 있다.

지식경영의 발전에 영향을 준 학문분야는 이 밖에도 많이 있다. 이들 분야는 독립적으로 발전하기 보다는 서로 영향을 주며 발전하고 있다. 이들 학문분야는 다른 분야의 이론과 방법론을 들여 오고 순수이론과 방법론 보다는 현실 문제중심의 연구를 하는 방향으로 융합되고 있다. 지식경영은 여러 학문분야의 방법론과 관점을 활용하는 문제중심의 한 분야로 볼 수 있다.

04 지식경영 접근방법

4.1 지역별 지식경영 접근방법

지식경영이 처음 등장하였을 때 지식경영의 중요성에 대한 일치는 있었으나 그 접근방법은 달랐다. 유럽은 지식의 측정에 더 초점을 맞추었고, 일본은 개인과 그

●초기 지식경영 접근 방법

유럽은 지식의 측정에 더 초점을 맞추었고, 일본은 개인과 그룹으로부터 조직 지식을 창조하는데 관심을 가졌고, 미국은 지식의 관리(경영)에 더 초점을 두었다.

룹으로부터 조직지식을 창조하는데 관심을 가졌고, 미국은 지식의 관리에 더 초점을 두었다.

유럽 기업들은 무형자산에 대한 측정시스템을 개발하여 그 결과를 일반과 공유하는데 앞서 있다. 특히 스칸디나비아의 기업들은 지적 자산에 대한 완전한 정보를 제공하기 위해 여러 가지 인덱스와 비율을 개발하였으며 이것들을 재무제표에 포함하여 발표하였다. 예를 들어 스칸디아(Scandia)는 인적 자본의 전환 프로세스를 재무제표에 표시한다.

미국 기업들은 정보기술을 활용하여 지식을 효과적으로 관리하는데 초점을 맞추고 있다. 지식경영 매니저는 필요없는 지식의 제거와 새로운 지식의 코드화와 저장에 책임이 있다. 지식경영은 이 지식베이스에 더 많은 직원이 접근할 수 있고 쉽게 사용할 수 있게 하는 것이라 본다. 지식경영의 보급이 확대되면서 미국 기업들은 직원들 간의 지식공유를 지원하는 인간 지향적 접근방법에도 초점을 맞추게 된다.

유럽 및 미국과는 달리 일본 기업들은 지식 그 자체에 초점을 맞추고 있다. Nonaka와 다른 일본 학자들은 지식은 컴퓨터에 저장되는 데이타와 정보와 달리 감정, 가치, 직감이라는 인식으로 기업은 지식을 관리하는 것보다는 조직 내 모든 사람이 지식 창조에 참여하도록 노력을 하여야 한다고 본다. 지식경영은 기존 지식을 관리하는 것이 아니라 암묵적 지식과 형식적 지식의 전환이 나선(Spiral) 형태로 일어나는 지식 창조라는 것이다.

이러한 지역 간의 접근방법 차이는 각각 자신의 단점을 제거하고 다른 접근방법

표 10-3 미국과 일본의 지식경영 접근방법

서 양	동 양
· 형식적 지식에 초점	· 암묵적 지식에 초점
· 재사용	· 창 조
· 지식 프로젝트	· 지식 문화
· 지식 시장	· 지식 공동체
· 관리와 측정	· 배양과 사랑
· 단기적 성과	· 장기적 성과

자료 : Cohen(1988)

의 장점을 도입하여 통합됨으로써 점차 구분이 없어졌다. 유럽 기업들은 지식 측정을 넘어 지식 활용을 추구하고, 미국 기업들은 정보기술 중심의 접근방법에서 인적 요소를 도입하는 지식경영을 하게 되었다. 반면에 일본 기업은 지식의 암묵적 차원을 넘어 지식 베이스를 추가한다.

4.2 이론적 지식경영 접근방법

지난 20여 년 동안 지식경영은 학자와 실무자들의 많은 관심을 받아 왔다. 지식을 관리해야 하는 조직의 체계적 관여를 지원하기 위한 개념과 이론에 대한 요구로 여러 관련 분야에서 접근하여 각각의 접근방법을 제시하였다. 앞에서 본 것처럼 지식경영 분야는 이질적인 분야로부터의 접근되는 복합적 분야이다. 따라서 아직까지 이론적 차원에서 지식경영 접근 방법에 대한 일치가 이루어 지지 않고 있다. 그러나 지금까지의 지식경영 접근방법은 크게 세 가지로 나눌 수 있다.

지식경영 접근방법은 크게 인간지향적(People-Oriented) 지식경영과 기술지향적(Technology-Oriented) 지식경영으로 나눌 수 있다. 이 두 접근방법은 지식경영에 접근하는 학문적 배경에 근거한다고 볼 수 있는데, 인간지향적 지식경영은 인간 프로세스 지향적 조직학습 및 조직과학에 그리고 기술지향적 지식경영은 기

표 10-4 지식경영 접근방법 분류

지식 측정(유럽)	지식경영(미국)		지식 창출(일본)
	인간 요소 강조	정보기술 강조	
지적자본 모델	사회적 구축 모델		지식분류 모델
	기업문화 초점	정보기술 초점	
	공동체로서 지식경영, 규범적 통제로서 지식경영	확장된 도서관으로서 지식경영, 실행된 청사진으로서 지식경영	
		정보기술을 통한 지식 포착 및 코드화	사회적 미디어를 통한 지식 창출 및 공유

자료 : Lloria, M. Begona(2006)

술, 구조적 조직과학 및 경영정보학 또는 컴퓨터 과학에 배경을 두고 있다.

점차 이 두 접근방법을 배타적으로 선택하는 것이 아니라 통합하는 종합적 접근방법(Holistic Approach)이 채택된다. 즉 대부분의 종합적 지식경영 접근방법은 이전의 두 접근방법을 통합한다기 보다는 인간지향적 접근방법에 기술을 촉진 도구로 간주하거나 아니면 기술지향적 지식경영 접근방법에 지식프로세스, 비지니스 프로세스, 그리고 패키지 도구의 통합을 통하여 인간 요소를 반영하는 것을 제시하고 있다.

(1) 기술 지향(Technology Oriented)의 지식경영 접근방법

● 기술지향적 지식경영

기술 지향적 지식경영은 지식을 문서화, 분류, 저장, 추출, 분석, 유용한 활용을 위한 조작 등이 가능한 객체로 본다. 이 접근방법은 지식의 인지적 요소를 강조하며 주된 전략은 코드화이다.

기술 지향적 지식경영은 지식을 문서화, 분류, 저장, 추출, 분석, 유용한 활용을 위한 조작 등이 가능한 객체(Objects)로 본다. 이 접근방법은 컴퓨터 또는 정보시스템, 엔지니어링, 통계학 등의 분야 배경을 가진 전문가들이 취하는 자세이다. 이들은 정보시스템 발전에 힘입어 인트라넷을 통한 그룹웨어, 컴퓨터 지원 협업(Computer-Assisted Collaborative Work), 지식의 코드화 및 데이타베이스 저장, 지능형 검색 엔진(Intelligent Search Engine) 등을 구현한다.

기술 지향의 지식경영 주창자들은 지식경영이 단지 컴퓨터 시스템을 개발하는 것이 아니라고 하지만 여전히 초점이 지식을 포착, 코드화, 저장하는데 정보기술 기반시스템과 방법론을 사용하는데로 좁혀진다. 또 이 접근방법은 지식의 인지적 요소를 강조한다. 즉 조직의 정보처리 능력을 향상시키기 위하여 지식을 추출, 코드화, 저장, 전이할 수 있는 (사람들의 머리 속에 있는) 어떤 것으로 본다. 정보 프로세서에 대해 말하자면 지식경영과 연관된 주요 문제는 지식경영 도구를 사용하는 제한된 인간의 능력을 포함하여 관련 도구와 시스템의 능력과 발견적 역량과 관련된 것이다. 이러한 관점의 주요 가정은 다음과 같다.

- 지식은 코드화, 저장, 분배할 수 있다
- 지식경영은 지적 자산의 조각을 관리하고 맞추는 것이다
- 지식은 자체의 특성을 가진 객관적 개체 또는 저장품이다
- 지식경영의 목적은 지식의 해설 즉 암묵적과 형식적 사이의 전환이다
- 지식은 정보시스템을 통하여 포착 및 전이가 가능하다
- 지식경영의 산출물은 재사용이다

이러한 가정에 대한 결론은 지식은 맥락으로부터의 추상화와 한 장소에서 다른 장소로의 전이가 가능하다는 것이다. 따라서 지식경영에는 정보기술이 필수적이다. 지식경영의 주된 전략은 코드화이다. 코드화(Codification)는 조직의 지식 창출과 분배의 품질과 속도를 높이려는 노력으로 지식경영시스템을 개발하여 실행하는 기술 기반에 초점을 맞추고 있다. 코드화를 목적으로 하는 시스템은 인트라넷, 데이타 웨어하우스, 지식 저장고, 의사지원도구, 그룹웨어와 같은 기술을 포함한다.

(2) 인간 지향(Human Oriented)의 지식경영 접근방법

- 인간지향적 지식경영

인간 지향적 지식경영은 지식을 주로 전문가의 기술에 내재되어 있고, 사람들 사이에 밀접하게 연결된 프로세스에 묻혀 있고, 코드화하기 어려운 암묵적 지식으로 본다. 이 접근방법은 지식의 사회적 및 관계적 성격뿐만이 아니라 인지적 성격도 강조하며 지식은 사회적 관계 와 학습공동체 혹은 실무공동체를 통하여 또 그 안에서 개발되는 것으로 본다.

인간 지향적 지식경영은 지식을 주로 전문가의 기술에 내재되어 있고, 사람들 사이에 밀접하게 연결된 프로세스에 묻혀 있고, 코드화하기 어려운 암묵적 지식으로 본다. 경영, 인적자원관리, 조직개발, 심리학, 교육 등의 분야 배경을 가진 전문가들이 취하는 자세이다. 이들은 인간의 지식에 초점을 맞추어 동료 지원 프로그램, 교훈 나누기 모임, 팀 학습, 우수 사례 전달 등의 방법을 전개한다.

이 관점은 공동체 관점 또는 개인화(Personalization) 전략으로 불리기도 하며 조직이론(특히 조직학습)과 전략경영 분야에서 주로 논의되었다. 이 관점은 지식경영시스템의 실패와 조직 지식의 코드화의 기술적 한계점에 대한 반작용으로 등장하였다. 이 접근방법은 지식의 사회적 및 관계적 성격뿐만 아니라 인지적 성격도 강조한다. 지식은 사회적 관계와 학습공동체 혹은 실무공동체를 통하여 또 그 안에서 개발되는 것으로 본다. 지적 자본의 이용은 사회적 자본과 네트워크의 개발을 통하여 이루어진다고 본다. 이 관점은 기술을 그러한 공동체 개발을 가능하게는 하지만 지식경영의 필수적 요소로 보지 않는다. 이 접근방법의 주요 과정은 다음과 같다.

- 지식개발은 사회적 관계, 네트워크, 실무공동체 개발과 밀접하게 연관된다.
- 암묵적 지식의 공유는 결정적이지만 코드화의 한계가 있고, 가치 있는 지식의 많은 부분은 암묵적으로 남는다.
- 지식은 사람의 머리에 있으면서 동시에 사회 공동체에 상황화되어 있다. 지식경영의 목적은 암묵적 지식의 공유에 있다.
- 지식은 사람들을 연결하는 네트워크나 공동체를 통하여 흐른다. '강한 유대 관

계(Strong Tie)'는 암묵적 지식공유에 중요하다

- 지식경영의 산출물은 새로운 지식을 이용하거나 창출하는 것이다

이러한 가정의 결론은 지식은 본질적으로 사회적이라는 것이므로 그것을 창출하는 공동체로부터 뗄 수 없다. 그러므로 정보기술은 사람들을 연결함으로써 지식경영이 가능하게 한다. 지식경영의 전략은 개인화라고 말할 수 있다.

(3) 종합적(Holistic) 지식경영 접근방법

● 종합적 지식경영

종합적 지식경영 접근방법은 이전의 두 접근방법을 통합한다기 보다는 인간지향적 접근방법에 기술을 촉진 도구로 간주하거나 아니면 기술지향적 지식경영 접근방법에 지식 프로세스, 비지니스 프로세스, 그리고 패키지 도구의 통합을 통하여 인간 요소를 반영하는 것을 제시하고 있다.

인간지향 지식경영 접근방법은 지식이 본질적으로 사회적이고 사회적 관계는 맥락에 의존하므로 지식을 실무와 행동에 맥락적으로 내장되고 상황화된 것으로 이해할 필요가 있다고 본다. 이러한 관점은 기술지향의 지식경영 접근방법과 다른 점을 부각하기 위해 의도적으로 유형화한 것이다. 두 접근방법의 차이가 선명하게 나누어 지는 것은 아니다. 두 관점의 차이는 유형이라기 보다 강조점의 차이라 할 수 있다.

지식경영에 대한 접근방법이 지금까지 지식의 개인적 관점에 초점을 맞추어 앞에서 말한 의미(Meaning)에 초점을 맞추어 실제(Praxis)를 등한시 하였다. 즉, 암묵적 지식을 형식적 지식으로 전환하는 것을 강조하였다. 이것은 지식이 사회적 맥락과 행동으로부터 격리되는 위험을 가지고 있다. 따라서 지식의 인지적 성격을 유지하면서 지식경영의 본질적인 사회적 성격을 강조하여 균형된 접근이 필요하다.

4.3 실무적 지식경영 접근방법

지난 20여 년 동안 지식경영의 이론은 진화하면서 여러 단계를 거쳤다. 처음에는 철학적 단계로서 학자들이 지식이라는 개체에 초점을 맞추어 이 개념에 대한 전략적 차원을 부여하였다. 이 단계를 지나면서 지식경영에 대한 본격적 논의와 실행이 시작된다. 첫 번째 단계는 기술적 단계로서 정보기술 차원이 지식의 경영에 주도 역할을 하였다. 두 번째 단계는 개인들을 신뢰와 대화로 연결할 필요를

그림 10-4 **지식경영 진화**

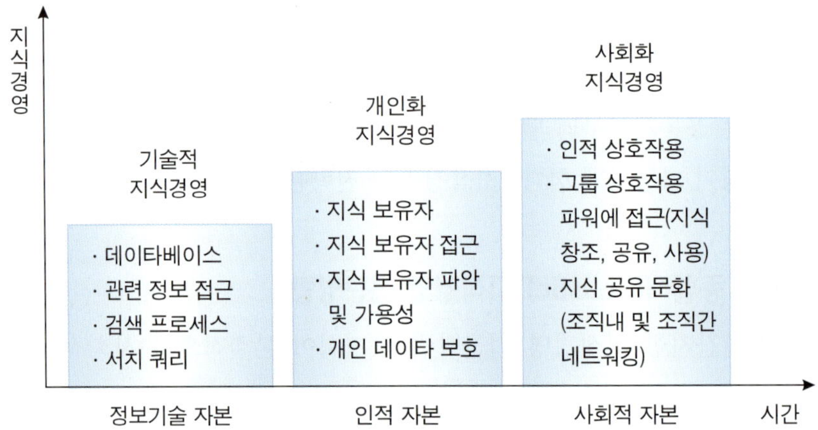

자료 : www.cck.uni-kl.de/wmk

강조한 네트워크 단계이다. 세 번째 단계인 최신의 움직임은 전략적 학습 단계로 학습 우선 순위를 비지니스 전략에 정렬하고 지식경영이 의사결정에 영향을 미쳐야 한다고 강조한다. 이러한 진화는 [그림 10-4]와 같이 표현될 수 있으며, 이것은 다시 기업들의 지식경영 진화를 세 가지 다른 지식네트워크 개발로 표현하기도 한다. 즉 기술네트워크, 개인네트워크, 그리고 사회네트워크가 그것이며 이것을 코드화 전략, 개인화 전략, 그리고 사회화 전략이라고 부르기도 한다.

● **기술적 지식경영 또는 코드화 전략**
기술적 지식경영 또는 코드화 전략은 정보와 형식적 지식에 초점을 맞추며 정보 기술, 시스템 그리고 데이타베이스에 의해 지원된다.

기술적 지식경영 또는 코드화 전략은 조직 지식의 구조와 맵(Cartography) 디자인에 초점을 맞춘다. 기술적 지식경영은 정보와 형식적 지식에 초점을 맞추며 정보기술 시스템 그리고 데이타베이스에 의해 지원된다. 개인은 데이타베이스를 통하여 전이될 수 있도록 자신의 지식을 형식화 한다.

● **개인화 지식경영 또는 개인화 전략**
개인화 지식경영 또는 개인화 전략은 지식 공유를 위한 대화와 면대면 기술에 중점을 두며 그 목적은 공유된 경험을 통한 학습 촉진에 있다.

개인화 지식경영 또는 개인화 전략은 지식의 출현 디자인에 초점을 맞춘다. 이 전략에서 지식은 그것을 개발한 개인과 밀접하게 연결되어 있다. 기업은 지식공유를 위한 대화와 면대면 기술에 중점을 둔다. 이 전략의 목적은 공유된 경험을 통한 학습 촉진에 있다.

● **사회화 지식경영 또는 사회화 전략**
사회화 지식경영 또는 사회화 전략은 기술적 지식경영과 개인화 지식경영을 결합하며 지식을 교환하고 공동화하도록 디자인한다.

사회화 지식경영 또는 사회화 전략은 기술적 지식경영과 개인화 지식경영을 결합한다. 같은 지식공간에 있으면서 다른 사람과의 관계를 통하여 상호작용을 하는 사람들의 그룹 즉 지식 공동체가 사회화이다. 사회화 지식경영은 지식을 교환하고

그림 10-5 지식경영 요소

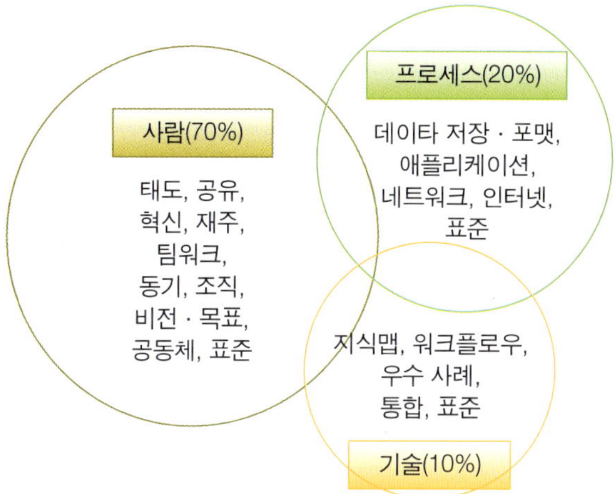

공동화하도록 디자인 한다.

기업은 개인화 전략과 사회화 전략을 사용하여 지식경영에서 관계의 중요성을 강조한다. 이러한 전략으로 기업은 사회적 지식창조의 상향식 접근방법과 자발적(Self-Organized) 지식 네트워크를 통하여 지식을 극대화하고자 한다. 기업 경영자는 이러한 활동을 지원하고 관여하여야 한다. 지식 매니저는 사람들 네트워크 특히 관련없는 지식네트워크 사이의 협력 문화를 조장하여야 한다.

Rolland(2004)의 연구는 실무적 입장에서 기업들이 정보기술 전략에 실망하고 있다고 지적한다. 기업들은 지식네트워크나 학습 공동체를 개발하여 유지하려고 노력하고 있다. 조사 기업의 3분의 2가 지식창조와 공유에서 관계의 중요성을 강조하였다. 이 노력은 실무공동체나 지식네트워크 형태를 지녔다. 기업들은 기술적 전략에서 사회화 전략으로 중심을 이동하고 있다. 기업들은 정보기술에 투자하는 것보다 지식네트워크나 학습 공동체를 개발하여 유지하는 것에 많은 노력을 하고 있다. 이것이 지식경영의 기술적 차원을 소홀히 해서가 아니라 오늘날 기술은 큰 문제가 되지 않으므로 기술차원에 많은 비중을 주지 않음으로써 지식경영의 문제가 다른 차원에서 더 효과적으로 접근할 수 있다는 의미이다.

지식경영은 [그림 10-5]에서 보는 것처럼 사람, 프로세스, 그리고 기술의 융합이다. 지식경영 개념의 핵심은 사람, 프로세스, 기술 이슈 중 어느 하나에 초점을 맞추는 것이 아니라 셋을 동등하게 다룰 것을 요구한다. 즉 지식경영이 성공하기 위해서는 세 요소와 이들 사이의 관계가 종합적으로 고려되어야 한다. 지식경영 그룹들은 지식경영 노력의 10%가 기술에, 20%가 프로세스에, 나머지 70%가 사람과 문화적 이슈에 투입된다고 한다. 기술은 가장 빨리 또 쉽게 실행할 수 있지만 사람과 문화 이슈의 해결은 시간이 많이 걸리고 비용도 많이 들 수 있다. 지식경영의 진정한 효과는 사람과 관련된 이슈가 해결되어야 나타난다.

05 지식경영 프로세스

5.1 지식경영 프로세스 개념

● 지식경영 프로세스
지식경영 프로세스는 지식의 체계적 수집, 수정, 저장 및 분배와 같은 지식 활동 내에서 또는 그들 사이에서 일어나는 지식의 흐름을 지원하는 서비스와 지원 프로세스를 말한다.

지식경영을 일련의 지식활동 또는 지식경영 업무를 디자인, 실행, 평가하는 복잡한 조직 기능의 프로세스로 보는 접근방법은 많다. 프로세스 관리(Process Management) 접근방법은 비지니스 프로세스의 명시적 디자인과 관리를 말하며, 해머와 챔피(Hammer & Champy, 1993)의 업무재구축(BPR) 개념과 기법의 등장 이후 각광을 받은 접근방법이다. 지식경영의 목표는 조직의 효과성과 성과 측면에서 지식경영 업무를 향상시키는데 있다. 이러한 목적을 달성하기 위해 지식경영에 프로세스 관리 접근방법이 접목되었다. 지식경영과 관련하여 프로세스 개념은 지식프로세스(Knowledge Process)와 지식경영 프로세스(Knowledge Management Process)가 혼용되고 있다. 본서에서는 지식경영의 프로세스에 초점을 맞춘 지식경영 프로세스를 사용하기로 한다.

지식경영 프로세스는 지식의 체계적 수집, 수정, 저장 및 분배와 같은 지식활동 내에서 또는 그들 사이에서 일어 나는 지식의 흐름을 지원하는 서비스와 지원프로세스를 말한다. 전형적인 지식경영 프로세스는 지식의 창조로 시작된다. 창조된 지식은 전문가, 지식 브로커, 또는 공동체의 평가를 받는다. 평가된 지식은 분류, 구조화, 포맷, 다른 지식 요소에의 링크, 또는 맥락화를 통해 부가가치를 더한다.

이렇게 된 지식은 그것이 문헌이나 다른 전문가에의 링크의 형태로 저장된다. 이제 이 지식은 같은 업무 또는 다른 업무에 사용되도록 잠재적 지식 수요자에게 분배되거나 서치를 하는 구성원에 의해 검색된다. 이 지식을 사용하면서 얻는 경험은 피드백으로 다시 수집되어 지식이 향상되도록 하여 최근 이 지식을 사용한 구성원의 링크가 업데이트 되게 하고 이 지식의 활용에 의한 성공수준이 평가되도록 한다. 이와 같은 서치, 활용, 피드백, 향상 사이클은 반복된다.

지식경영 활동은 여러 다른 학문 분야 및 접근방법과 관련하여 기술 될 수 있다. 지식경영을 지식활동의 라이프 사이클로 보거나 설계, 실행, 그리고 평가의 지식경영 활동을 수행하는 복잡한 조직 기능으로 보고 접근하는 것이 일반적이다. 지식경영 문헌은 지식경영 프로세스와 관련한 활동에 대한 많은 용어를 사용하고 있다. 이러한 지식활동과 지식경영 프로세스와 관련한 용어를 정리하면 〈표 10-5〉와 같다. 이 활동들은 지식경영시스템에 의해 지원되거나 관련이 있고 지식경영의 실제에서 개인이나 그룹에 의해 수행되고 있다.

조직은 지식경영과 관련한 여러 가지 업무(Task 또는 Activity)를 하게 되는데, 이를 크게 몇 단계(Phase)로 나누어 지식경영 프로세스로 설명한다. 즉 지식경영

표 10-5 지식경영활동

단 계	활 동
지식 생산	creation, building, anticipation, generation
지식 포착	acquisition, appropriation, adoption identification, capture, articulation, extraction collection, gathering, accumulation securing organization, linking, embedding formalization storage refinement, development presentation, formatting Publication
지식공유	Distribution, diffusion, transfer, sharing, conversion, collaboration
지식 활용	application, deploying, exploiting, evaluation, validation, review, revision, evolution, deletion & archiving

프로세스를 몇 가지 기본 활동에 초점을 맞추고 있다. 일반적으로 사용하는 지식 경영 활동에 대한 용어에 대한 일치를 찾기 어려운 것처럼 지식경영 활동을 프로세스의 주요 단계로 나누는 용어에도 합의가 이루어지기 어렵다. 그 차이는 보통 활동의 명칭과 수 그리고 각 활동과 관련한 중요성과 정도에서 온다.

5.2 지식경영 프로세스

지식경영 활동은 분류 기준에 따라 몇 단계로 다르게 나누어 지고 있다. 그러나 자세히 살펴보면 그 차이가 큰 것은 아니다. 용어는 다르다 하더라도 지식경영 프로세스에서 일어나는 활동을 묶은 범위가 다르거나 유사한 이름의 단계가 사용되고 있음을 볼 수 있다. [그림 10-6]은 〈표 10-5〉에서 보는 것처럼 지식경영 활동을 크게 지식생산, 지식포착, 지식공유, 지식활용의 네 단계로 나눈 것이다. 즉 조직의 지식경영을 위한 이와 같이 많은 업무 또는 활동을 일반적으로 네 단계로 나누어진 지식경영 프로세스로 설명할 수 있다.

그림 10-6 지식경영 프로세스

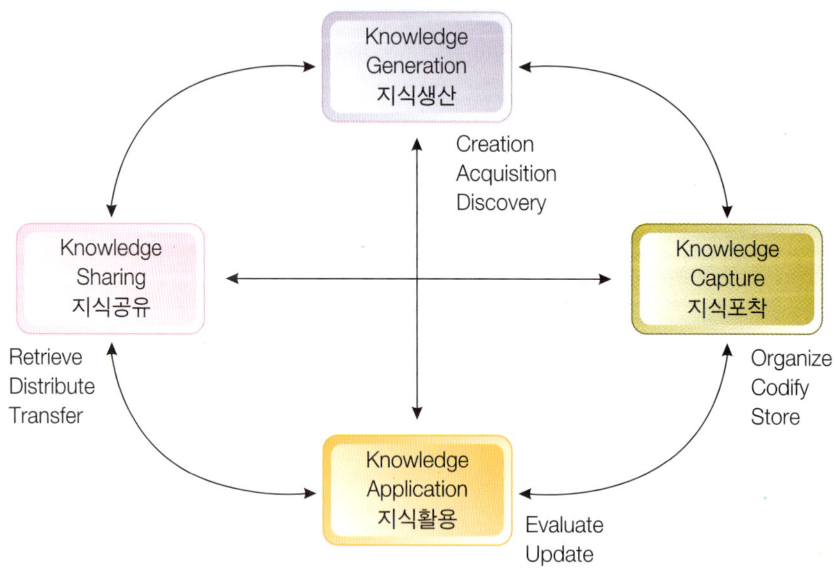

• 지식생산

지식을 생산은 지식의 창조, 획득, 발견을 말한다. 지식은 주로 개인과 집합적 학습 프로세스를 통하여 창조된다. 지식 획득은 유능한 인재나 전문가의 채용, 전문적 서비스 기업과의 계약, 조인트 벤처나 전략적 제휴 등의 방법으로 일어난다. 지식 발견은 데이타 마이닝 또는 지식 기반 시스템을 통하여 새로운 정보를 발견하는 것이다.

• 지식포착

지식 포착은 먼저 지식의 조직화를 통하여 이루어진다. 개인이나 공동체와 같은 집합체는 지식에 가치를 부여하여 문서화와 저장을 하게 된다. 이러한 활동의 결과는 조직 지식 구조, 온톨로지, 지식 맵 등이다.

• 지식공유

지식 공유 또는 지식 분배, 지식 전파, 지식 확산, 또는 지식 전이라고도 불리는 이 단계는 지식을 찾는 사람에게 공급하는 것과 지식을 서치하거나 추출하는 사람에게 제공하는 체계적 프로세스이다.

① 지식생산

지식을 생산하는 방법은 여러 가지가 있다. 첫 번째는 지식을 창조하는 것이다. 지식은 주로 개인과 집합적 학습 프로세스를 통하여 창조된다. 이 지식창조 프로세스는 관리될 수 없고 연구 개발부서와 프로젝트의 도움, 창의성을 지원하는 도구, 그리고 창의성을 지원하는 조직문화를 통해 지원될 수 있다. 개인 및 팀 수준에서 보면, 주로 사회적 상호작용의 결과이다. 부서 및 조직 차원에서는 향상 활동이 내부 프로세스와 절차에 초점을 맞추는 반면 혁신 프로세스가 주로 제품과 서비스를 위한 새로운 지식창출을 목표로 한다. 지식생산의 두 번째 방법인 지식획득은 조직 외부의 지식을 확보하는 것이다. 지식획득은 유능한 인재나 전문가의 채용, 전문적 서비스 기업과의 계약, 조인트 벤처나 전략적 제휴 등의 방법으로 일어난다. 지식획득은 또 외부의 문서화된 지식에의 접근과 지식관련 이벤트나 프로세스에 참여하면서도 가능하다. 지식생산의 세 번째 방법은 지식발견이다. 지식발견은 데이타 마이닝 또는 지식기반 시스템을 통하여 새로운 정보를 발견하는 것이다.

② 지식포착

지식포착은 먼저 지식의 조직화를 통하여 이루어진다. 지식요소가 생산되면 다른 지식요소와 연결될 수 있다. 개인이나 공동체와 같은 집합체는 지식에 가치를 부여하여 문서화와 저장을 하게 된다. 이러한 활동의 결과는 조직 지식구조, 온톨로지(Ontology), 지식 맵(Knowledge map) 등이다.

③ 지식공유

지식공유 또는 지식분배, 지식선파, 지식확산, 또는 지식 전이라고도 불리는 이 단계는 지식을 찾는 사람에게 공급(Knowledge Push)하는 것과 지식을 서치하거나 추출하는 사람에게 제공(Knowledge Pull)하는 체계적 프로세스이다. 이 지식활동은 지식의 내재화를 지원하다. 이 단계의 목표는 바른 장소에, 바른 시간에, 바른 품질의 지식을 전이하는 것이다. 이것은 지식이 바른 맥락으로 즉 가치가 창조되는 곳에 전달되는 것을 말한다.

공유는 여러 방법으로 일어날 수 있다. 지식은 데이타베이스에 추가되거나 문서로 분배될 수 있다. 이것은 소위 '저장 접근방법(Stock Approach)'이다. 즉 지식을 다른 사람이 찾을 수 있도록 해두는 것이다. 그러나 대부분의 지식은 협력, 워크샵, 코칭, 도제관계 등의 직접적 상호작용으로 한 사람에서 다른 사람으로 전달된다. 이렇게 사람들 사이에 직접적으로 전달되는 것을 '흐름 접근방법(Flow Approach)'이라 한다. 지식을 공유하는 방법과 도구로는 인트라넷, 포탈, 데이타베이스, 협력, 실무 공동체, 순환 근무, 코칭, 세미나, 훈련 등이 있다.

● 지식활용
창조, 획득되고 조직화되어 저장된 지식은 공유되거나 분배되어 비지니스 프로젝트나 프로세스에 활용된다. 지식경영을 통해 조직의 지식은 평가를 통해 계속 향상되고 진화하게 된다.

④ 지식활용

지식은 조직에서 사용될 때만 가치를 보탠다. 창조, 획득되고 조직화되어 저장된 지식은 공유되거나 분배되어 비지니스 프로젝트나 프로세스에 활용된다. 참여자의 집합적 협력을 통해 지식이 전이되고 합동으로 활용되기도 한다. 이것이 지식의 사회화이다. 지식경영을 통해 조직의 지식은 평가를 통해 계속 향상되고 진화하게 된다.

실제에서 많은 지식이 제대로 활용되지 않고 있다. 그러므로 지식활용 활동이 앞 단계에서 공들인 노력이 헛되지 않도록 하는 것이다. 이 활동이 지식이 필요한 것인지를 결정지으며 지식이 창출, 저장, 공유되어야 하는지를 결정한다. 지식을 활용하면서 우리는 지식 갭(Knowledge Gap)을 발견할 수 있고 조직의 새로운 지식이 될 경험을 얻을 수 있다. 그러므로 지식 프로세스는 통합된 지식경영 프로세스가 되기 위해서 지식 창출, 포착 활동으로 계속되어야 한다.

● 지식 전환 모델
지식 전환 모델의 핵심은 암묵적 지식과 형식적 지식의 구분에 기초한 SECI 지식 전환 프로세스, 개인이 가지고 있는 암묵적 지식은 지식의 연쇄적 변동에 의해 전환되어 확대되고, 조직의 지식 자산은 '바'에서 동원되고 공유된다는 것이다.

06 지식 전환 모델

지식 전환 모델 또는 SECI(사회화, Socialization; 외재화, Externalization; 결합, Combination; 내재화, Internalization) 모델은 1990년대에 Ikujurio Nonaka가 다른 학자들과 함께 일련의 논문과 저서를 통해 지식창조의 역동적 본질을 이해하고 그 프로세스를 효과적으로 관리하기 위해 제안하였으며, 조직에서 지식이 창조, 전이, 재창조되는 방법을 설명하는 유용하며 정확한 접근방법으로 인식되었다.

Nonaka의 지식 전환 모델의 핵심은 Polanyi(1996)의 암묵적 지식과 형식적 지식의 구분에 기초한 SECI 지식 전환 프로세스, 개인이 가지고 있는 암묵적 지식은 지식의 연쇄적 변동(Spiral of Knowledge)에 의해 전환되고 확대되고, 조직의 지식자산은 '바(Ba)'에서 동원되고 공유된다는 것이다.

6.1 SECI

Nonaka의 지식 전환 모델은 지식 창조 기업(Knowledge-Creating Company)은 의식적으로 암묵적 지식과 형식적 지식의 상호작용을 촉진한다고 주장한다. 이것은 시스템, 구조, 그리고 조직문화를 통하여 이루어지고, 아래와 같은 네 가지의 지식 창조 프로세스의 상호작용을 촉진한다.

- 사회화(Socialiazation) : 사회화는 공동활동과 물리적 근접성을 통하여 개인 사이에서 암묵적 지식을 공유하는 것이다. 즉 면대면 커뮤니케이션 또는 공유된 경험을 통한 암묵적 지식의 공유이며 대표적 예는 도제관계이다.
- 외재화(Externalization) : 외재화는 암묵적 지식을 이해할 수 있는 형식으로 표현하는 것이다. 즉 결합된 암묵적 지식에 간직되는 개념을 개발하여 커뮤니케이션 할 수 있게 한다.
- 결합(Combination) : 결합은 형식적 지식을 좀 더 복합적, 형식적 지식으로 전환하는 것이다. 형식적 지식의 커뮤니케이션, 보급, 시스템회이며 대표적 예는 프로토타입(Prototype)의 구축이다.
- 내재화(Internalization) : 내재화는 개인 또는 조직 차원에서 외재화된 지식의 암묵적 지식으로의 전환이며, 형식적 지식을 행동, 실무, 프로세스, 전략적 이니셔티브로 구체화하는 것이다. 실무를 통한 학습(Learning by Doing)과 밀접하게 관련된다.

• 사회화

사회화는 공동 활동과 물리적 근접성을 통하여 개인 사이에서 암묵적 지식을 공유하는 것이다.

• 외재화

외재화는 암묵적 지식을 이해할 수 있는 형식으로 표현하는 것이다.

• 결합

결합은 형식적 지식을 좀 더 복합적 형식적 지식으로 전환하는 것이다.

• 내재화

내재화는 개인 또는 조직 차원에서 외재화된 지식의 암묵적 지식으로의 전환이며, 형식적 지식을 행동, 실무, 프로세스, 전략적 이니셔티브로 구체화하는 것이다.

그림 10-7 **지식 전환 모델**

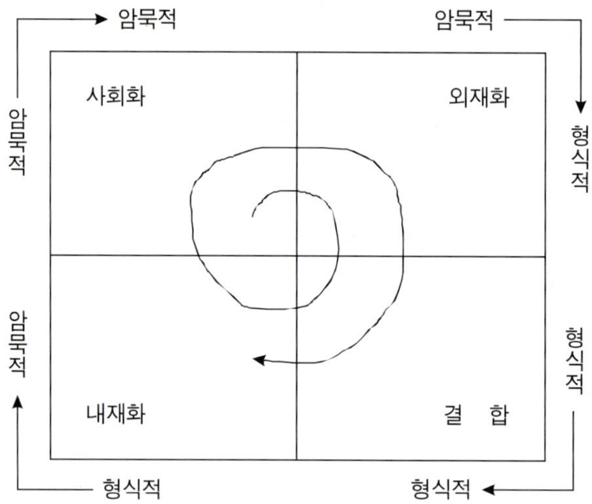

6.2 지식의 연쇄적 변동

● **지식의 연쇄적 변동**
Nonaka는 조직의 개인, 그룹, 조직, 조직간 차원에서 암묵적 지식과 형식적 지식의 전환으로부터 생기는 연쇄적 변동이 지식 창조와 재창조의 열쇠라고 한다.

● **바**
바는 역동적 지식 전환과 그 속에서 발생하는 관계를 위한 공간 개념으로, 상호작용을 통하여 지식이 공유, 창조, 활용되는 공유된 맥락이라고 정의할 수 있다.

Nonaka의 지식 전환 모델에서 중요한 것은 지식의 형태와 조직의 차원 사이에서의 역동적상호작용 역학의 지속적 프로세스이다. [그림 10-7]에서 보는 것처럼 개인이 가지고 있는 암묵적 지식은 전환되고 SECI를 통한 지식의 연쇄적 변동(Spiral of Knowledge)을 통해 확대된다. Nonaka는 조직의 개인, 그룹, 조직, 조직 간 차원에서 암묵적 지식과 형식적 지식의 전환으로부터 생기는 연쇄적 변동이 지식창조와 재창조의 열쇠라고 한다. Nonaka는 기업은 상호작용 역학의 중요성을 인식하여야 하고 이것이 가능하도록 하는 메커니즘을 보유하고 있어야 한다고 주장한다.

6.3 바

Nonaka와 Konno(1988)는 역동적 지식전환과 그 속에서 발생하는 관계를 위한 공간 개념으로 바(Ba)의 개념을 소개한다. 바는 상호작용을 통하여 지식이 공유,

그림 10-8 바

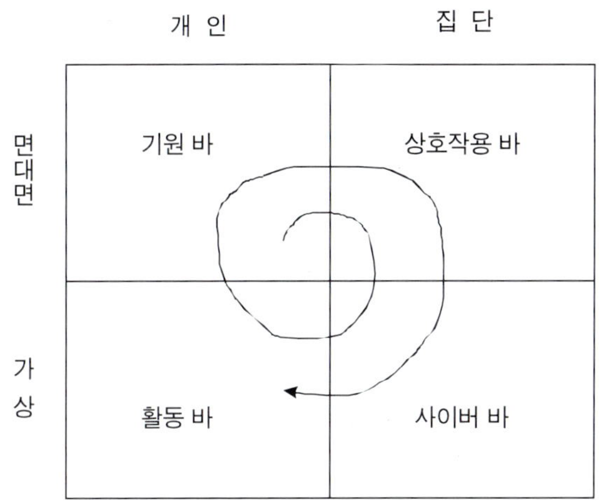

창조, 활용되는 공유된 맥락이라고 정의할 수 있다. 조직의 지식자산은 동원되어 바에서 공유된다.

- 기원 바(Originating Ba) : 개인들이 느낌, 감정, 경험, 정신적 모델을 공유하는 장소이다.
- 상호작용 바(Interacting Ba) : 암묵적 지식이 형식적 지식으로 전환되는 장소로 대화와 은유(Metaphor)가 주요 요소이다.
- 사이버 바(Cyber Ba) : 가상 세계의 상호작용 장소로 조직 전체의 새로운 형식적 지식을 창조하기 위한 새로운 형식적 지식과 기존의 형식적 시식의 결합을 함축한다.
- 활동 바(Exercising Ba) : 형식적 지식이 암묵적 지식으로 진화되는 것을 촉진하는 공간이다.

바는 지식이 맥락 의존적이라는 사실에 기초한다. 지식은 어떤 의미에서든 장소로부터 분리할 수 없다. 그러므로 지식창조 프로세스는 바를 필요로 하고 조직은 이 현상적 공간의 중요성을 인식하여야 한다. 지식창조 프로세스에 들이는 노력보다 지식창조 프로세스와 관련한 환경을 개발함으로써 더 많은 것을 얻을 수 있으므로 조직은 바를 개발하는데 깊은 관심을 가져야 한다. [그림 10-8]는 네 유형의 바가 지식창조 프로세스에서의 개인 또는 집단의 상호작용 방법에 따라 다른 구체적 단계의 맥락을 나타내 보여 준다.

07 지식 공유

7.1 코드화 지식공유 접근방법

● 코드화 접근방법
코드화 접근방법은 조직의 지식을 창조, 수집, 저장, 추출, 재사용이 가능한 객체로 보고 조직의 지식은 효과적으로 관리하기 위해 코드화될 필요가 있다고 강조한다.

조직에서의 지식공유에 대한 관점은 크게 둘로 나누어 볼 수 있다. 첫 번째 접근방법은 코드화 접근방법(Codification Approach)이다. 이 접근방법은 조직의 지식을 창조, 수집, 저장, 추출, 재사용이 가능한 객체로 본다. 코드화 접근방법은 조직의 지식은 효과적으로 관리하기 위해 코드화될 필요가 있다고 강조한다. 따라서 이 접근방법은 [그림 10-9]의 오른쪽에서 보는 것처럼 중앙 지식 저장고를 통하여 지식을 패키지화하여 전달하는 지식공유를 실현한다. 이 접근방법은 전달자, 수령

그림 10-9 코드화 지식공유

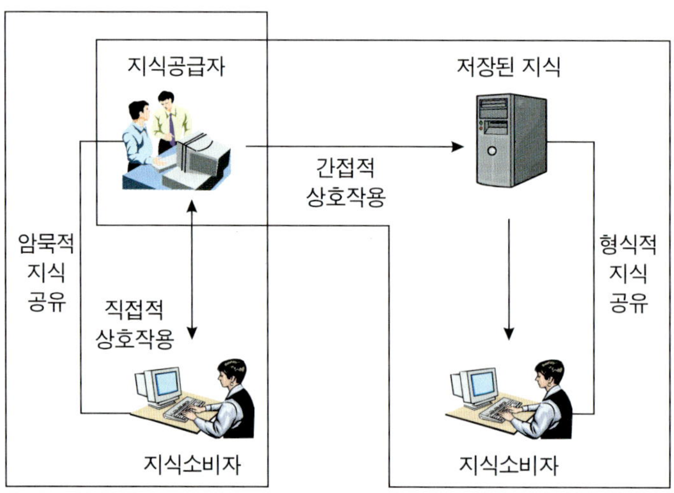

인, 도관, 지식, 환경요소로 되어 있는 커뮤니케이션의 도관 모델(Conduit Model)을 사용하여 지식공유를 이해한다. 코드화 지식공유는 생산자 푸쉬나 사용자 풀의 형태로 지식전이가 일어날 수 있다.

- 생산자 푸쉬(Producer Push) : 지식 생산자가 알아야 할 대상에게 지식을 내 보낼 전략을 명시적으로 계획하고 실행한다.
- 사용자 풀(User Pull) : 지식의 사용자가 자신의 의사결정에 유용한 지식 소스를 파악하여 지식을 가져올 전략을 명시적으로 계획하고 실행한다.

7.2 개인화 지식공유 접근방법

● 개인화 접근방법

개인화 접근방법은 지식은 가단할 수 있고, 불확실성을 가지고, 업무와 사회 관계에 내재되어 있다고 보고, 지식 공유의 실제를 조직의 집합적 지식의 생산과 보존을 가능하게 하는 실무공동체에 초점을 맞춘다.

지식공유의 두 번째 접근방법은 개인화 접근방법이다. 이 접근방법은 지식의 사회학에 근거하여 조직의 지식은 사회적으로 개발되고 집합적으로 보유된다고 본다. 또 지식은 가단할 수 있고(Malleable), 불확실성을 가지고, 업무와 사회관계에 내재되어 있다고 본다. 이 관점은 지식공유의 실제를 조직의 집합적 지식의 생산과 보존을 가능하게 하는 실무공동체에 초점을 맞춘다. 따라서 개인의 공동체에서의 정체성이 지식공유의 중요 요소이다. 또 스토리, 이야기(Narrative), 은유를 지식공유의 중요한 도구로 간주한다.

개인화 지식공유는 지식 교환 모델이 가장 이상적인 것으로 보고 그 모델로 이동하고 있다. 지식 교환 모델은 [그림 10-9]의 왼쪽에서 보는 것처럼 지식 생산자와 사용자 사이에 정기적 정보, 아이디어, 경험의 교환 관계가 존재할 것을 요구한다. 교환에서 중요한 두 당사자는 사용자가 지식을 사용할 능력을 개발하는 것을 돕는 생산자와 생산자가 좀 더 관련성 있는 지식창조를 하는 것을 돕는 사용자이다. 조직은 지식을 생산하는 자와 그 지식을 사용할 자 사이에 정보, 아이디어, 그리고 경험을 교환할 수 있도록 관계를 만들고 발전시킨다. 조직은 의사결정자들 사이에서 지식을 지속적으로 사용하는 것을 장려하는 문화적 변화를 일으키고 또한 생산자들이 더욱 의사결정과 관련된 일을 하도록 하는 문화를 만든다.

08 실무공동체

8.1 실무공동체 개념

●실무공동체

실무공동체는 공통의 목표를 가진 사람들이 그 목표를 향하여 나아가면서 상호작용할 때 나타나는 공유된 사회문화적 실무와 사회적 학습 프로세스를 말한다. 실무공동체는 공동체에서 신입자가 기존 회원에 접근하여 상호작용하면서 점차 실무, 언어, 관습을 배우면서 합법적 회원이 되는 사회화의 한 형태이다.

실무공동체 개념은 학습을 지원하기 위해 의도적으로 디자인한 환경에 초점을 맞추기 보다 일상의 사회적 실무를 통하여 사람들이 어떻게 학습을 하는지를 조사하는 인류학의 관점에 근거를 두고 있다. Lave & Wenger(1991)는 실무공동체를 공동체에서 신입자가 기존 회원에 접근하여 상호작용하면서 점차 실무, 언어, 관습을 배우면서 합법적 회원이 되는 사회화의 한 형태로 본다. 이러한 주장의 핵심은 정보나 지식이 아니라 사회에 강조를 한다는 것이다. 신입자가 경험하는 학습은 상황에 속해 있으며 공동체의 실무와 분리될 수 없다. 이것을 설명하면서 Lave & Wenger(1991)는 학습과 지식에 대하여 일반법칙이 알려져 있다 하더라도 그것을 구체적 관련 상황에 반드시 적용하는 것이 아니라는 예를 들어 공동체의 맥락을 강조한다. 즉 '추상의 힘(Power of Abstraction)'은 공동체 문화의 상황하에 있

그림 10-10 실무공동체 특징

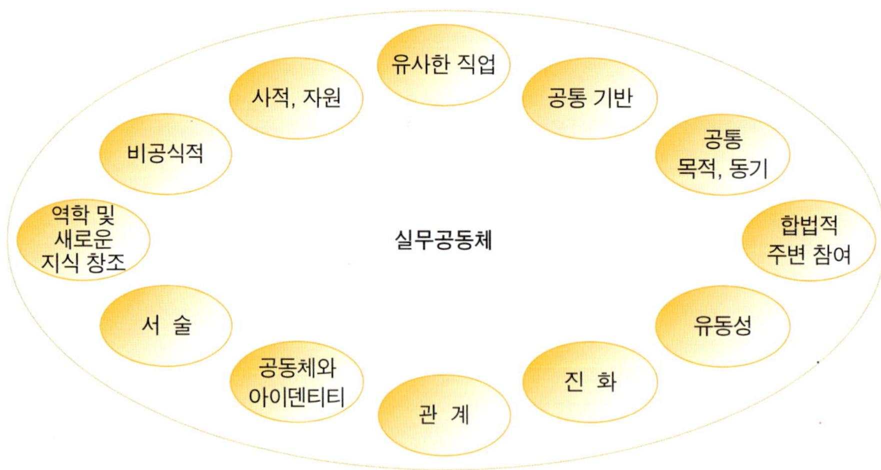

자료 : Hildreth, Paul M.(2004)

다는 것이다. [그림 10-10]은 대부분의 실무공동체가 가지고 있는 특성을 보여 주는 것이다.

Lave & Wenger는 합법적 주변 참여(LLP: Legitimate Peripheral Participation)를 학습의 형태로 도제 관계를 설명하는 특성으로 설명한다. 신입자는 기존 회원에 접근하고 실무의 상황하에 놓여져 공동체의 실무를 학습한다. 합법적 주변 참여는 신입자가 실무공동체의 기존 회원이 되는 프로세스의 일부이다. 합법적 주변 참여는 합법(Legitimation), 주변(Peripherality), 참여(Particiaption)의 세 가지 요소를 가지고 있다. 이 세 요소는 서로를 정의하는데 불가결하며 독립적으로 고려할 수 없다. 합법과 참여는 공동체에 속하는 방법을 말하며 주변과 참여는 사회에서의 위치와 아이덴티티와 관련된다.

합법은 그룹 내에서의 힘과 권위 관계와 관련한 실무공동체의 차원이다. 합법이 반드시 공식적으로 이루어져야 하는 것은 아니다. 주변은 중앙과 주변이라는 물리적 개념이 아닐 뿐 아니라 획득된 지식의 양에 대한 단순한 측정치가 아니다. 주변적 참여와 전면적 참여는 공동체에 대한 관여와 참여 정도를 말하며 주변은 사회적 조직의 합법성과 자원의 통제 이슈에 연결되어야만 한다. Lave & Wenger (1991)에게는 참여가 실무공동체 이해의 핵심 사항이다. 실무공동체는 반드시 같은 위치에 있어야 하거나, 잘 정의된 또는 파악할 수 있는 그룹이거나, 사회적으로 분별할 수 있는 경계가 있어야 함을 의미하지 않는다. 실무공동체는 모든 참여자가 참여가 무엇인지와 참여가 자신의 생활과 공동체에게 어떤 의미인지에 대한 공통된 이해를 가지고 활동에 참여하는 것을 의미한다. 공동체와 그 안에서의 참여의 정도는 어떤 의미에서 실무로부터 분리할 수 없다.

● 실무공동체 속성

실무공동제의 속성으로의 실무를 상호 관여, 합동 활동, 공유 저장고의 세 차원으로 나누어 볼 수 있다:

Wenger(1998)는 공동체의 속성으로의 실무를 상호관여, 합동사업, 공유저장고의 세 차원으로 나누어 본다:

- 상호관여(Mutual Engagement) : 상호성은 관여의 핵심 요소이다. 사람들이 행동에 관여하고 이러한 행동의 의미를 서로 협상해야 하므로 실무는 존재한다. 그러므로 실무는 책 또는 도구에서 발견되지 않고, 실무는 공동체와 상호 관여의 관계에서 발견된다.
- 합동사업(Joint Enterprise) : 합동사업은 공동체를 하나로 묶는 열쇠이다. 합동사업은 제시된 목표가 아니다. 공동체 회원들 사이에서 상호 책임의 관계가

창출되고 이것은 실무의 일부가 된다. 합동사업은 공동체 회원들이 수행하는 과정에서 회원들에 의해 정의된다.

- 공유 저장고(Shared Repertoire) : 시간이 지남에 따라 실무공동체는 참여자가 공동사업을 추구하면서 의미를 협상하기 위한 자원을 만든다. 이러한 자원은 공동체가 만들어 내고 실무의 일부가 되어 있는 절차, 관행, 도구, 스토리, 개념, 산출물을 포함한다.

8.2 실무공동체 특징

오늘날 실무공동체는 여러 형태와 규모로 존재한다. 이것은 기업들이 아직 이것에 대한 실험을 하고 있기 때문이다. 실무공동체의 특징으로는 다음과 같은 것을 들 수 있다.

- 실무공동체가 오랜 시간에 걸쳐 형성되므로 실무공동체는 학습의 역사를 가지고 있다.
- 실무공동체는 가치를 보태는 우리 모두가 하고 있는 어떤 것을 중심으로 형성되는 어떤 조직(Enterprise)이 있다. 그러나 실무공동체는 팀처럼 행동 어젠다(Agenda)를 가지고 있지 않다.
- 학습이 이 조직의 핵심 요소이다. 그 결과 실무공동체는 자신만의 세계에 대처하는 법을 개발한다.
- 실무공동체는 자신들에게만 책임이 있고 스스로 통제한다. 상사가 없고 이슈에 따라 지도자가 등장한다. 실무공동체 안에서의 관계는 계속 진행형이며 불확정적이어서 상호 신뢰로 특징지어 진다.
- 실무공동체는 형식 보다 컨텐츠에 관심을 가진다. 그 결과 실무공동체는 파악할 수 있는 단위가 뚜렷하지 않다.

실무공동체는 빈번히 팀과 혼돈된다. 그러나 팀과 달리 실무공동체는 전형적으로 조직 내 · 외부 경계를 넘어서는 회원들의 자발적이며 비구조적 그룹이다. 실무공동체를 다른 조직의 그룹(예, 팀, 네트워크)과 구별하여 특징을 찾으려는 시도

표 10-5 실무공동체, 그룹, 팀, 비공식적 네트워크 비교

	목 적	회 원	유대관계	기 간
실무공동체	회원 능력 개발, 지식 구축 및 교환	자발적 선택	열정, 헌신, 그룹 전문 지식과 동일화	그룹을 유지하는 관심사가 지속되는 기간
공식 업무 그룹	제품 및 서비스 개발	그룹 매니저에게 보고하는 모든 사람	업무 요구 및 공통 목표	다음 재조직 때까지
팀	과제 수행	중역에 의해 구성된 직원	프로젝트 일정과 목표	프로젝트 완성일까지
비공식적 네트워크	비지니스 정보 수집 및 전달	친구 및 비지니스로 아는 사람	상호 필요성	접촉할 이유가 있는 동안

자료 : Etienne C. Wenger and William M. Snyder(2000)

가 있었다. 실무자들은 많은 점이 팀과 실무공동체에 중복된다고 보지만 학자들은 〈표 10-5〉와 같은 차이점을 이해하는 것이 중요하다고 본다.

09 지식경영시스템

9.1 지식경영시스템과 지식경영 도구

앞에서 본 것처럼 지식경영에 대한 정의는 관섬에 따라 차이를 보였다. 그러나 지식경영이 다양한 정보통신 기술의 사용을 포함한다는 것에는 일치한다. 또 확실한 정보기술의 지원없이 강력하고 효과적인 지식경영이 이루어 질 수 없다는 점에도 모두 동의한다. 지식경영처럼 지식경영을 지원하는 정보기술 또는 시스템에 대한 용어가 다양하게 사용되었다. 최근 학자들이나 실무자들이 지식경영을 지원하는 정보기술 또는 시스템을 말하는 용어를 주로 지식경영시스템과 지식경영 도구라고 사용하므로 앞으로는 이 용어를 사용하기로 한다.

지식경영시스템은 두 가지 다른 유형의 시스템을 기술하는데 사용되어 왔다. 하

●지식경영시스템
지식경영시스템은 두 가지 다른 유형의 시스템을 기술하는데 사용되어 왔다. 하나는 애플리케이션 시스템으로서의 지식경영시스템이다. 다른 하나는 플랫폼으로서의 지식경영시스템이다.

나는 애플리케이션 시스템으로서의 지식경영시스템이다. 이러한 지식경영시스템은 데이타 및 문서관리, 오피스관리, 커뮤니케이션과 같은 기본적 기능을 제공하는 기존의 정보기술 플랫폼의 기초 위에 만들어 진다. 예를 들면 인트라넷 솔루션 또는 로터스 노트(Lotus Notes)와 같은 그룹웨어 플랫폼이 있다. 다른 하나는 플랫폼으로서의 지식경영시스템이다. 이러한 지식경영시스템은 고급 기능의 제공뿐만 아니라 정보기술 플랫폼의 기본 기능을 통합한다.

시장에서 제공되는 지식경영시스템은 이미 대부분의 조직이 정보기술 플랫폼을 가지고 있으므로 첫 번째 부류이다. 이러한 지식경영시스템은 정보기술 플랫폼 기능을 사용하는 기능 및 서비스와 지능적 도구의 통합된 세트를 제공한다. 지식경영시스템은 체계적으로 조직 전체의 지식 포착, 저장, 전파를 가능하게 하기 위하여 기본적으로 다음 기술의 결합을 사용한다: 인터넷, 인트라넷, 엑스트라넷, 데이타 웨어하우스, 데이타 마이닝, 데이타 필터, 멀티미디어, 그룹웨어, 소프트웨어 에이전트. 복합적인 지식경영시스템은 이러한 기존 정보기술을 전부는 아니라 하더라도 여럿을 결합하고 통합한다. 지식경영시스템의 뿌리가 되는 주요 정보기술은 다음과 같은 것이 있다.

- 문서, 컨텐츠관리(Document and content management)
- 워크플로우 관리(Workflow management)
- 인트라넷(Intranet)
- 그룹웨어(Groupware)
- 데이타 웨어하우스(Data warehousing)
- 비지니스 인텔리전스(Business Intelligence)
- 그룹지원시스템(Group support systems)
- 비주얼라이제이션(Visualization of structure)
- 서치 엔진(Search engine)
- 컴퓨터 기반 훈련, 학습 도구(Computer based training tools and learning environment)
- 커뮤니케이션 시스템(Communication systems)
- 인공지능(AI technologies)

위의 리스트가 완전한 것은 아니다. 이 리스트는 지식경영을 기술적으로 지원하는 분야나 시장을 나타내는 것들의 집합이다. 즉 기술적으로 지식경영시스템의 뿌리가 된다고 보는 것을 모은 것이다. 많은 기업이나 조직은 이미 지식경영의 기능을 제공하는 대부분의 정보기술 플랫폼이나 애플리케이션을 설치하였다. 특히 인트라넷 플랫폼은 지식경영의 기본적 기능을 제공한다. 지식경영 이니셔티브를 지원하기 위한 지식경영시스템은 점점 많아진다. 많은 개발업자들이 지식경영 기능을 제품에 통합하거나 전문화된 지식경영시스템을 제공하고 있다.

9.2 지식경영시스템 아키텍처

다른 전형적 정보시스템과 달리 지식경영시스템은 조직마다 크게 차이가 난다. 조직의 지적 자산, 무형자산, 지식이 다르므로 이것들을 관리하는 시스템도 다른

그림 10-11 지식경영시스템 아키텍처

● 지식경영시스템 아키텍처

지식경영시스템 아키텍처는 개인화 서비스, 지식경영 프로세스 서비스, 지식 서비스, 그리고 지식경영 인프라스트럭처로 구성되어 있다고 할 수 있다.

점을 지원하여야 하므로 지식경영시스템이 조직마다 다른 것은 당연하다. [그림 10-11]은 일반적인 지식경영시스템 아키텍처이다.

[그림 10-11]의 지식경영시스템 아키텍처에서 개인화 서비스, 지식경영 프로세스 서비스, 지식 서비스가 좁은 의미의 지식경영시스템이라고 할 수 있다. 이 계층은 지식경영 인프라스트럭처를 기반으로 한다. 보통 조직은 다른 정보시스템을 위한 정보기술 인프라스트럭처로 이 요소들을 이미 가지고 있다. 지식경영 인프라스트럭처는 전자적 자산과 웹 컨텐츠의 관리뿐만이 아니라 데이타와 문서의 공유 및 동기 및 비동기 커뮤니케이션을 위한 기본적 기능을 제공한다. 지식경영 인프라스트럭처는 지식경영시스템에 접근 또는 통합되어야 하는 다양한 데이타와 지식의 전자적 소스를 포함한다.

지식경영시스템 개발은 지식경영 인프라스트럭처 위에 원활한 지식경영을 지원하도록 다른 세 계층을 개발하는 것이다. 개인화 서비스는 대용량의 지식 요소에 대한 효과적 접근을 제공한다. 이것을 위한 첫 번째 방법은 전문가나 지식경영 매니저가 지식경영시스템의 컨텐츠와 구체적 역할을 위한 서비스의 일부를 조직화하거나 역할 중심의 푸시 서비스(Push Service)를 개발하는 것이다. 이것은 지식경영 프로세스 서비스를 조직 전체, 그룹, 또는 프로젝트의 지식노동자가 접근할 수 있게 하고 또 세부업무 지식포탈을 통하여도 접근할 수 있게 한다. 두 번째 방법은 개인의 관심 프로파일, 개인 분류 넷, 그리고 개인화할 수 있는 포탈과 같은 것을 이용하여 포탈과 서비스를 개인화하는 것이다. 자동 프로파일 생성기능은 기능, 컨텐츠, 서비스의 개인화를 돕는다.

지식경영 프로세스 서비스는 지식경영시스템 아키텍처의 핵심 요소이며, 지식경영 프로세스의 각 활동에 필요한 지능적 기능을 제공한다. 지식경영 프로세스 서비스는 앞에서 본 프로세스에 따라 관련 기술을 구분할 수 있다. 지식 창조, 통합 단계에서는 지식 창조 기능과 지식 기여 장려하는 인센티브 메커니즘 설치가 사용된다. 지식조직, 저장 단계에서는 멀티미디어 사용, 컨텐츠 관리 기능, 중앙 지식 저장고, 쉽고 빠른 지식 접근, 정교한 서치와 추출 메커니즘이 주요한 요소이다. 지식공유, 활용 단계에서는 멀티미디어, 보고서 생성 및 프레젠테이션 기능, 협력 및 지식공유 가능, 맞춤 인터페이스, 지식 푸시 전략 기능이 포함된다.

지식 서비스는 컨텐츠(Content), 협력(Collaboration), 컴퓨팅(Computing)의 3C

서비스로 나누어 진다.

- **컨텐츠** : 지식 서비스의 컨텐츠 서비스는 지식 저장고를 비롯한 메타 데이타, 택서노미, 온톨로지, 디렉토리, 그리고 동기화 서비스 등으로 되어 있다. 지식 저장고는 사람, 시간, 토픽, 위치, 프로세스, 유형 같은 여러 차원에 대한 메타 데이타의 도움으로 다양한 소스로부터 오는 지식요소를 기술하는 조직의 메타지식을 다룬다. 택서노미, 지식구조, 또는 온톨로지는 지식요소를 의미 있게 조직화하고 연결하는 것을 돕고 또 조직 지식 베이스의 의미를 분석하는데 사용된다. 지식경영 통합 서비스는 디렉토리 서비스와 같이 지식경영 시스템을 사용하는 지식노동자에 대한 메타 데이타 관리에도 필요하다. 그리고 지식작업 공간의 일부를 오프라인으로 보내고 오프라인에서 끝난 지식 요소 작업을 재통합하는 것을 돕는 동기화 서비스도 지식경영 통합 서비스의 일부이다.
- **협력** : 조직의 커뮤니케이션과 협력 지원은 전자우편과 토론 그룹 리스트와 같은 기본적 서비스를 포함하는 인트라넷과 그룹웨어 플랫폼 위에서 이루어진다. 동기 또는 비동기 커뮤니케이션과 협력 서비스가 여러 가지 형태의 기술로 존재한다. 메시징과 워크플로우 조정 기능이 핵심적이다.
- **컴퓨팅** : 지식활동 지원에 필요한 컴퓨팅 도구와 알고리듬이 핵심이 되는 도구의 역할이 점점 중요해지고 있다. 지식 서치에 사용되는 서치 도구와 에이전트 서비스가 있고, 새로운 지식을 발견하는데 사용되는 비지니스 인텔리전스와 데이타 마이닝 도구가 발전하고 있다.

위에서 본 지식경영시스템 아키텍처를 구성하는 서비스 이외에도 일반적 정보시스템이 가져야 하는 적응성(통합), 보안, 사용 편이성, 그리고 비용 측면의 효율성도 요구된다. 또 사용 측정 수단과 추적이 가능하도록 하고 지식의 품질과 무결성을 보장하는 메커니즘은 지식경영시스템의 필수 요소이다.

9.3 지식경영시스템 및 도구 분류

● 지식경영시스템 또는 도구 분류
지식경영시스템의 기술적 뿌리에 해당하는 전통적 정보기술과 인프라스트럭처로 된 지식경영시스템 인프라, 전문화된 지식경영 도구, 그리고 좁은 의미의 지식경영시스템 즉 지식경영 스위트로 크게 세 그룹으로 나눌 수 있다.

많은 학자와 실무자들이 지식경영시스템 또는 도구에 대한 분류를 제시하고 있다. 지식경영시스템 또는 도구에 대한 분류는 이론적 관점과 시장적 관점으로 나눌 수 있다. 이론적 관점의 분류에서 가장 많이 사용되는 분류방법은 지식경영, 조직학습, 또는 조직기억의 프로세스 혹은 업무를 기술하는 모델에 기초한다. 이밖에도 여러 가지 분류의 기준이 있을 수 있다. 예를 들면, 지식의 유형 즉 컨텐츠, 지식 스파이럴의 네 활동, 참여자, 지식 중개자, 매니저 등의 사용자의 역할, 개인, 그룹, 공동체 등의 조직 차원, 사용 기술에 따른 분류기준이다.

표 10-6 지식경영 도구분류

	창조/획득	포착/저장	공유/활용	공 통
인프라스트럭처	BI/ Data Mining Search GSS Groupware e-Learning	DMS/CMS DW CBR Experience DB	Workflow mgmt Visualization Search CBT/Learning Recommender Groupware	Intranet Groupware Communication
컨텐츠	Storytelling	Taxonomy Abstracting Categorization Best Practice Repository, Knowledge map, Semantic web	Syndicated Feed, Valuation	
협 력	CoP Cooperative Doc Creation, Whiteboarding, Conference P2P messaging		Collaboration Yellow Page/Help Desk Expertise Locator Conference CoP	
컴퓨팅		k-Portal	k-Portal Agent SNA	

시장적 관점의 분류는 잠재적으로 지식경영을 지원하는 기술, 도구, 시스템을 분류하거나 지식경영시스템의 기능으로 나누어 분류한다. 하나의 시장적 관점의 분류는 지식경영시스템의 기술적 뿌리에 해당하는 전통적 정보기술과 인프라스트럭처로 된 지식경영시스템 인프라, 전문화된 지식경영 도구, 그리고 좁은 의미의 지식경영시스템 즉 지식경영 스위트(Knowledge Management Suite)로 크게 세 그룹으로 나눌 수 있다. 전문화된 지식경영 도구는 지식경영에 필요한 구체적 기능을 수행한다. 이들은 보통 다른 전문화된 지식경영 도구나 전통적 정보기술에 통합되어 지식경영시스템를 만든다. 지식경영 스위트는 인트라넷이나 로터스 노트와 같은 공통의 플랫폼에 다양한 지식공유 기술을 통합한다. 통합되는 기능으로는 커뮤니케이션, 문서관리, 서치와 접근, 비주얼라이제이션과 같은 것들이다.

이러한 다양한 분류를 종합하여 앞의 지식경영시스템 아키텍처(그림 10-11)에 기초하여 분류할 수 있다. 이러한 분류에 따라 시장의 지식경영시스템과 도구를 나누면 〈표 10-6〉과 같다. 이 분류는 완전한 것은 아니며 시장 변화와 관점에 따라서도 다르게 볼 수도 있다.

Case in Point

기업인트라넷, 소통 도구에서 성과 지레대로

아이템발굴 · 신시장개척에 도움... '지식경영'의 장으로도 활용

무역회사에 근무하는 권오상 부장(42)은 지난해 중국 주재원으로 발령받아 현재 중국 청도에서 일하고 있다. 그래서 아직까지 중국 생활이 낯설고 일이 익숙지 않다.

그런 권 부장은 요즘 회사 '인트라넷'(사내게시판)을 자주 이용하면서 업무 효율성이 높아졌다며 입가에 미소가 가득하다. 사내게시판에 들어가면 한국 기업들의 상황이나 특히 선 세계에 흩어져 있는 주재원들의 영입 성공사례가 올라와 있어 그 노하우를 공유할 수 있기 때문.

최근 기업들이 직원 간 커뮤니티를 활성화에 나서면서 이를 통해 영업활동에 도움을 주고받는 사례가 늘고 있다. 특히 인트라넷의 직원 간 의사소통의 수단을 넘어 지식경영의 장으로까지 활용되고 있다.

인트라넷 통해 성공사례 게시해 노하우 공유

현대종합상사는 지난해 4월부터 사내게시판을 통해 각 아이템별 주요 영업 성공사례를 게시해 국내외 전 임직원들과 그 노하우를 공유하고 있다.

주 내용은 신규 아이템 발굴이나 신시장 개척, 대규모 프로젝트 계획에서부터 회사의 미담 사례에 이르기까지 다양하다.

특히 게시판에 올라온 아이템과 노하우를 벤치마킹해 신규 시장 진입에 성공하는 등 실제 영업에 큰 도움이 되고 있다는 평가다.

현대종합상사 관계자는 "사내게시판을 활용해 경험 많은 고참 직원들의 영업노하우를 공유하고 신입직원들의 영업 기술을 높이는 한편 직원 사기 진작에도 큰 도움을 얻고 있다"며 "사내게시판을 적극 활성화할 것"이라고 밝혔다.

SK네트웍스는 사내게시판에 'Our Voice'라는 익명게시판을 운영해 직원들의 의견을 공유한다. 회사 업무 관련 사항뿐 아니라 선후배 직원과의 갈등, 이성교제 상담, 금연구역에서의 흡연자 고발 등 올라오는 글의 종류도 다양하다.

특히 사회 초년병의 회사 적응기나 기러기 아빠 이야기 등 감성을 자극하는 글들도 부지기수다.

SK네트웍스 관계자는 "악성 댓글이나 특정인 폄하 등 폐단도 일부 있지만 회사와 개인의 발전을 위해 창의적이고 건설적인 의견이 이어진다는 긍정적 작용이 더 크다"고 말했다.

LG파워콤은 사내 블로그 열풍이 한창이라고 한다. 특히 블로그 메뉴 가운데 '행복한 글 한마디'에는 CEO부터 사원까지 릴레이식으로 댓글이 달리면서 조직에 활력을 불어넣고 있다.

사내 블로그는 LG파워콤이 인트라넷을 개편하면서 원활한 커뮤니케이션과 신바람 나는 조직문화 형성을 위해 개설한 것이다.

LG파워콤 관계자는 "사내 블로그는 다양하게 흩어진 사내 지식의 개인적 통합 창구로도 활용되어 사내 전문가들이 블로그를 활용해 다양한 경험과 지식을 보다 효과적으로 공유할 수 있다는 장점이 있다"고 전했다.

한편 최근에는 인트라넷을 회사의 지식경영의 장으로 활용하고 있어 주목을 끈다.

삼성SDS, '오픈플레이스 2.0' 개발 의사소통 효율화

삼성SDS의 경우는 지난 96년부터 인트라넷 내에 '오픈플레이스 2.0' 디렉토리를 통해 업무 일원화와 의사소통을 효율화하고 있다.

특히 '오픈플레이스 2.0' 내에 지식경영시스템 '아리샘'을 구축해 임직원 간 지식교류, 학습조직 활동, 지식공유문화 정착, 부서 핵심지식 및 부서지식 관리 등을 통해 업무 프로세스를 지속적으로 정비해 업무 효율을 극대화하고 있다.

또 삼성SDS 임직원들이 '아리샘'에 올린 지식에 대해서는 사이버 머니 '아르'가 지급된다. 지식은 동료들의 만족도 평가에 따라 등급이 매겨지고 등급에 따라 아르가 산정돼 개개인의 사이버 통장에 적립돼 분기별로 현금 지급된다.

LG CNS 역시 지난 98년 인트라넷에 'Knowledge'라는 코너를 만들어 지식경영 활동을 펼치고 있다.

'Knowledge'는 지난 2005년부터 정보통신부, SK, 포스데이타 등에서 벤치마킹할 정도로 호응이 컸으며 이후 마일리지 포상이나 인사 평가 등을 폐지했는데도 임직원들의 참여가 계속됐다고 회사 측은 전했다.

대한생명, 인트라넷에 사이버 도서관 열어

대한생명은 글로벌 금융위기를 지식경영으로 맞서고 있다. 사내 인트라넷망에 사이버 도서관을 열어 지식이 필요한 직원이 언제든지 접속해 원하는 정보를 다운받는 서비스를 제공하고 있기 때문.

전자도서관 홈페이지는 정보자료실이 보유한 2만여 권의 장서에 대한 소장정보와 전자저널, 매거진, 비지니스 자료의 원문을 제공하며 국내외 E-Book 제공 사이트와 더불어 신간서적의 핵심 내용이 담긴 '신간도서 요약서비스'를 이용할 수 있다.

대한생명 신은철 부회장은 "활발하게 지식정보를 공유하고 이를 재창출하는 혁신적 지식활동이야 말로 급변하는 경제 상황을 극복하는 경쟁력"이라며 "지식경영시스템을 끊임없이 업그레이드해 직원들이 가진 지식과 사례를 빠르게 공유하는 것이 고객에게 양질의 서비스를 제공하는 원천"이라고 강조했다.

재계 한 관계자는 이같은 인트라넷 활성화에 대해 "기업 구성원 간의 소통과 참여 없이는 경영성과를 극대화하는 데 한계가 있다는 것을 기업 스스로 깨달은 결과"라며 "경영환경이 복잡다변화 할수록 기업에게 인트라넷 같은 도구의 역할은 점차 커질 것"이라고 말했다.

▸ 이투데이(2008년 11월 27일)

http://www.e-today.co.kr/200707/news/newsview.php?TM=news&SM=0499&idxno=197042

SUMMARY 요 약

지식경영은 조직의 업무와 관련된 노우하우와 다른 컨텐츠에 대한 생산, 포착, 전파와 관련된 조직 업무와 접근방법으로 사용되고 있다. 실제에서 지식경영은 조직 내의 지식을 파악하고 매핑하며, 경쟁우위를 위한 지식을 창출하고, 조직의 방대한 정보를 접근할 수 있도록 하고, 우수 사례를 공유하는 것과 이것을 위한 기술을 포함한다. 지식경영은 사람, 프로세스, 그리고 기술의 융합이다. 지식경영이 성공하기 위해서는 세 요소와 이들 사이의 관계가 종합적으로 고려되어야 한다.

지식경영 프로세스는 지식의 체계적 수집, 수정, 저장 및 분배와 같은 지식 활동 내에서 또는 그들 사이에서 일어나는 지식의 흐름을 지원하는 서비스와 지원 프로세스를 말한다. 전형적인 지식경영 프로세스는 지식의 창조로 시작된다. 창조된 지식은 전문가, 지식 브로커, 또는 공동체의 평가를 받는다. 평가된 지식은 분류, 구조화, 포맷, 다른 지식 요소에의 링크, 또는 맥락화를 통해 부가가치를 더

한다. 이렇게 된 지식은 그것이 문헌이나 다른 전문가로의 링크 형태로 저장된다. 이제 이 지식은 같은 업무 또는 다른 업무에 사용되도록 잠재적 지식 수요자에게 분배되거나 서치를 하는 구성원에 의해 검색된다. 이 지식을 사용하면서 얻는 경험은 피드백으로 다시 수집되어 지식이 향상되도록 하여 최근 이 지식을 사용한 구성원의 링크가 업데이트 되게 하고 이 지식의 활용에 의한 성공 수준이 평가되도록 한다. 이와 같은 서치, 활용, 피드백, 향상 사이클은 반복된다. 이와 같은 지식경영 활동을 크게 지식생산, 지식포착, 지식공유, 지식활용의 네 단계로 나눌 수 있다.

Nonaka의 지식 전환 모델의 핵심은 암묵적 지식과 형식적 지식의 구분에 기초한 SECI 지식 전환 프로세스, 개인이 가지고 있는 암묵적 지식은 지식의 연쇄적 변동에 의해 전환되고 확대되고, 조직의 지식 자산은 '바(Ba)'에서 동원되고 공유된다는 것이다. 조직에서의 지식공유에 대한 관점은 크게 둘로 나누어 볼 수 있다. 첫 번째 접근방법은 코드화 접근방법이다. 이 접근방법은 조직의 지식을 창조, 수집, 저장, 추출, 재사용이 가능한 객체로 본다. 코드화 접근방법은 조직의 지식은 효과적으로 관리하기 위해 코드화될 필요가 있다고 강조한다. 지식공유의 두 번째 접근방법은 개인화 접근방법이다. 이 접근방법은 지식의 사회학에 근거하여 조직의 지식은 사회적으로 개발되고 집합적으로 보유된다고 본다. 또 지식은 가단할 수 있고, 불확실성을 가지고, 업무와 사회 관계에 내재되어 있다고 본다. 이 관점은 지식공유의 실제를 조직의 집합적 지식의 생산과 보존을 가능하게 하는 실무공동체에 초점을 맞춘다.

실무공동체는 공동체에서 신입자가 기존 회원에 접근하여 상호작용하면서 점차 실무, 언어, 관습을 배우면서 합법적 회원이 되는 사회화의 한 형태이다. 실무공동체는 가치를 보태는 우리 모두가 하고 있는 어떤 것을 중심으로 형성되는 어떤 조직이 있다. 그러나 실무공동체는 팀처럼 행동 어젠다를 가지고 있지 않다. 학습이 이 조직의 핵심 요소이다. 그 결과 실무공동체는 자신만의 세계에 대처하는 법을 개발한다. 실무공동체는 자신들에게만 책임이 있고 스스로 통제한다. 상사가 없고 이슈에 따라 지도자가 등장한다. 실무공동체 안에서의 관계는 계속 진행형이며 불확정적이어서 상호 신뢰로 특징지어 진다. 실무공동체는 형식 보다 컨텐츠에 관심을 가진다.

지식경영시스템은 두 가지 다른 유형의 시스템을 기술하는데 사용되어 왔다. 하나는 애플리케이션 시스템으로서의 지식경영시스템이다. 이러한 지식경영시스템은 데이타 및 문서관리, 오피스관리, 커뮤니케이션과 같은 기본적 기능을 제공하는 기존의 정보기술 플랫폼의 기초 위에 만들어 진다. 예를 들면 인트라넷 솔루션 또는 로터스 노트와 같은 그룹웨어 플랫폼이 있다. 다른 하나는 플랫폼으로서의 지식경영시스템이다. 이러한 지식경영시스템은 고급 기능의 제공뿐만 아니라 정보기술 플랫폼의 기본 기능을 통합한다. 시장적 관점의 지식경영 도구의 분류는 지식경영시스템의 기술적 뿌리에 해당하는 전통적 정보기술과 인프라스트럭처로 된 지식경영시스템 인프라, 전문화된 지식경영 도구, 그리고 좁은 의미의 지식경영시스템 즉 지식경영 스위트로 크게 세 그룹으로 나눌 수 있다.

연 습 문 제

01. 피터 드러커는 지식이 시대별로 어떻게 다르게 활용되었다고 설명하는지 간략히 기술하라.

02. 지식경제 시대에서 조직은 어떤 특징을 갖는지 설명하라.

03. 기업이나 다른 조직이 지식경영을 하도록 하는 요인을 기술하라.

04. 문헌에서 지식경영 정의를 세 개를 찾아 각각 어느 학문적 배경을 가지고 있는지 설명하라.

05. [그림 10-2] 지식경영 프레임워크의 의미를 설명하라.

06. 유럽, 미국, 일본의 초기 지식경영 접근방법이 서로 어떻게 다른지 설명하라.

07. 지식경영 프로세스를 크게 네 단계로 나누어 간략히 설명하라.

08. Nonaka의 지식 전환 모델을 간략히 설명하라.

09. 지식공유 접근방법은 어떤 것이 있는지 설명하라.

10. 실무공동체 실제 사례를 찾아 간략히 기술하라.

11. 실제 기업에서 사용하고 있는 지식경영시스템 또는 지식경영 도구를 찾아 기술하라.

12. 다른 종류의 지식경영 도구 5개의 벤더(Vendor) 사이트를 찾아 주요 기능을 간략히 기술하라.

13. 지식경영 실제 사례를 하나 찾아 발표하라.

참고문헌

Refereces

- Bardaracco, Joseph L. Jr., *The Knowledge Link: How Firms Compete Through Strategic Alliances*, Harvard Business School Press, 1991
- Cohen, D., "*Towards a Knowledge Context: Report on the First Annual University of California Berkeley forum on Knowledge and the Firm*," California Management Review, 40(3), 1998
- Davenport, T. H. & Prusak, L., *Working Knowledge*, Harvard Business School Press, 1998
- Drucker, P., *Managing in a time of great change*, Plume, 1998
- Drucker, P., *Post-Capitalist Society*, New York: Harper Collins, 1993
- Drucker, P. F., "*The Age of Social Transformation*," The Atlantic Monthly, Vol.274, No.5, 1994
- Edvinsson, L. & Malone, M. S., *Intellectual Capital, HarperBusiness*, 1997
- Foray, Dominique, 2000, *Economics of Knowledge*, MIT Press
- Figallo, C. & Rhine, N., 2002, *Building the Knowledge Management Network*, John Wiley & Sons
- Leonard-Barton, D., 1995, *Wellsprings of Knowledge*, Harvard Business School Press
- Lloria, M. Begona, "*A Review of the Main Approaches to Knowledge Management*," Knowledge Management Research & Practice, Vol.6, 2006
- Nonaka, Ikujiro & Takeuchi, Hirotaka, 1995, *The Knowledge-Creating Company*, Oxford University press
- Rolland Nicolas, *Knowledge Management Impacts on Decision Making Process*, Journal of Knowledge Management, Vol.8, No.1, 2004
- Savage, Charles, M., 1990, *Fifth Generation Management: Integrating Enterprise through Human Networking*, Digital Press
- von Krogh, G., Ichijo, K., & Nonaka, I., *Enabling Knowledge Creation,* Oxford University Press, 2000
- Wenger, Etienne C. & Snyder, William M., *Communities of Practice: The Organizational Frontier*" in the Harvard Business Review, January–February 2000

제4부 정보시스템 기획과 개발

제11장 정보시스템 계획과 MIS 조직

학습 개요 및 목표

정보자원이란 좁은 의미의 정보뿐 아니라 정보를 제공하는데 필요한 하드웨어, 소프트웨어, 통신기술, 사무자동화 전반, 정보시스템 아키텍처, 정보기술 인력, 정보시스템 기능의 구조, 그리고 조직에서 정보시스템을 활용하는 조직원들의 마인드와 문화 등을 모두 포함한다. 한 기업의 정보자원의 중요성은 디지털 시대의 경영활동에서 매우 중요하기 때문에 전사적인 관점에서 경영전략과 연계된 정보시스템 계획을 수립하여 체계적으로 실행하는 것이 요구된다. 최근 기업의 가장 큰 고민 중의 하나가 Web 2.0, SOA(Service Oriented Architecture), Enterprise 2.0, WOA(Web Oriented Architecture), IPv6, X-Internet 등, 끊임없이 새롭게 등장하는 정보기술에 대한 변화를 감지하고 습득해 이를 기업전략에 적용하고자 하는 것이다. 지금까지 아무런 기준없이 경쟁적으로 도입된 정보시스템 혹은 정보기술이 기업들에게 막대한 투자를 요구하고 실망과 고통을 안겨주었던 경험이 많았기 때문에 다양한 새로운 정보기술 가운데 기업에 반드시 필요하고 도움이 될 수 있는 것들을 선택하고 구현하는 것이 요구된다. 이에 그러한 기준과 실행은 경영전략과 정보시스템 전략과의 상호작용에서 찾아야 한다.

본 장에서는 오랜 기간 기업에서 수행되고 있는 정보전략계획(ISP: Information Strategy Planning) 에 대하여 살펴보고, 최근 ISP와 더불어 전사적 관점에서 정보자원을 체계화하려는 정보전략 프로젝트로 전사 아키텍처(EA: Enterprise Architecture)를 소개하고자 한다. 정보전략을 기업이 성공적으로 계획하고 수행하여 나가기 위해서는 조직 차원의 정보기술 지배구조가 갖추어져 있어야 한다. 오늘날과 같이 기업이 생존, 발전해 나가는데 정보기술이 중요한 시대가 없었으며, 정보기술에 대한 투자는 막대하기 때문이다. 이에 최근 이슈로 떠오르고 있는 IT 거버넌스가 무엇인지 함께 이해할 수 있는 기회를 제공하고자 한다.

한편, 조직의 정보자원은 조직 전반에서 관리되어야 하지만 보다 전략적으로 관리해 나가기 위해서는 MIS 조직의 역할이 요구된다. MIS 조직은 기업의 정보화를 기획, 운영, 조정하는 등 정보화 업무를 실질적으로 추진하는 주무부서로서, 기업의 정보자원을 구성하는 핵심 부분이면서 동시에 정보자원 관리(IRM: Information Resource Management)의 주된 책임을 가지고 있다. 이와 같은 관점에서 기업은 조직의 규모, 산업특성 및 정보시스템의 활용 정도 등에 따라 특성에 맞는 정보자원 관리구조를 지향함으로써 IS조직을 구성하고 운영하는 형태, 기업 내 위치 및 기능과 역할, IS 전문가들의 업무유형이나 직책, 경력경로 등에 관심을 가져야 한다. 이는 유능한 정보시스템 인력을 확보하고 그들의 임무를 효과적으로 수행할 수 있는 조직을 만드는 일은 기업의 중요한 의사결정 사항이기 때문이다. 즉, 오늘날 IS인력은 기업에서 가장 대표적인 지식 근로자로서 조직의 경영비전을 현실적으로 지원하는 IS전반의 관리업무, 즉 기획 및 구축, 운영 등의 업무를 실행하는 핵심 정보자원이기 때문에 IS전문인력의 관리는 무엇보다 중요하다.

본 장에서는 정보시스템 계획과 관련한 최근 이슈 및 동향에 대하여 살펴보고, MIS 조직과 조직원들에 대해 기업이 핵심적으로 고려하여야 할 사항에 대하여 다양한 측면에서 다루고자 한다.

- 정보시스템 전략계획(ISP)의 개념 및 필요성에 대하여 학습한다.
- 정보시스템 전략계획(ISP)의 추진단계와 성과에 대하여 살펴본다.
- 전사 아키텍처(EA)의 개념과 발전단계, 구성영역에 대하여 살펴본다.
- IT 거버넌스의 개념과 필요성에 대하여 이해한다.
- 기업에서 MIS 조직이 어떤 형태로 구성되어 있으며, 어떤 위치를 차지하고 있는지에 대하여 살펴본다.
- MIS 조직의 활동을 지원하기 위한 기업의 다양한 제도 및 방안들에 대하여 학습한다.
- MIS 인력의 직무유형 및 경력경로에 대하여 학습한다.
- 기업의 핵심 정보자원이며 지식근로자로서의 중요성을 가진 MIS 인력의 역량개발을 위한 다양한 학습 영역 및 프로그램에 대하여 살펴본다.

IT 아웃소싱의 지평이 바뀌고 있다

2008년, IT 서비스 시장의 헤드라인은 이런 것이 될지 모른다. "더 많은 것이 변할수록, 더 많은 것이 그대로이다."

올해 이 시장에 대한 전망을 물어봤을 때 IT 아웃소싱 전문가들은 이렇게 말했다. 하지만 미래를 더 잘 이해하기 위해 과거를 한 번 되돌아보자. 지난해는 아웃소싱 업계에 역동적인 한 해였다. 인도의 루피화는 기록적인 수준으로 오른 반면 미국 달러화는 대부분의 주요 통화에 대해 하락함으로써 글로벌 IT 서비스 공급업체와 고객 양쪽에 모두 큰 영향을 미쳤다. 또 인수합병이 활발하게 시작되었는데, 가장 눈에 띄는 것은 인도 공급업체들의 미국 시장 침식이었다. 그리고 IT 서비스 구매자들은 해외 아웃소싱 포트폴리오의 균형을 잡기 이해 상하이로부터 상파울로까지 공급처를 다변화하기 시작했다.

전문가들은 그런 흐름이 2008년에도 계속될 것이라고 예상한다. 루피는 그 가치를 계속 높여갈 것이며, 그로 인해 글로벌 IT 서비스 공급업체들과 고객들은 초조해 지고 있다고 전문가들은 말한다. 그리고 업계 통합 속도도 가속화될 것이다. 또한 해외 아웃소싱 시장은 인도 내부와 기타 국가에서 성장할 것이다.

그러나 몇 가지 변화 또한 일어날 것이다. 올해는 콜센터들이 발전하고, IT 서비스 공급업체들은 고객의 수요를 만족시키기 위해 더 많은 혁신을 할 수 있는 방법을 모색하며, 고객은 공급업체들에게 친환경에 대해 더 진지하게 대처하라고 요청하는 그런 해가 될지 모른다.

앞으로 수개월 후의 아웃소싱 지평을 형성할 것으로 예상되는 흐름들(글로벌 경제, 벤더 확장과 인수합병, IT 거래를 위한 새 표준들, 지배구조와 성과 등)은 경제적으로 불확실한 환경 속에서 더 적은 자원으로 더 많은 일을 해야만 하는 CIO들에게 새로운 기회(또는 새로운 문제)를 가져다줄 것이다. "만약 CIO가 그 관리 방법을 안기만 한다면, 저 밖에는 아주 많은 기회가 있다"고 114억 달러 매출의 글로벌 통신회사인 노텔의 CIO 스티브 반드로우착은 말한다. "내가 보기에 바로 여기에 사람들은 문제에 부딪히는 것 같다. 아웃소싱 파트너들을 관리하기 위해서는 적절한 기술이 필요하기 때문이다."

아웃소싱의 경제학

인도의 루피는 2007년 미국 달러에 대해 그 가치가 11% 이상 높아졌다. 그리고 지난 1월 그 추세가 주춤하기는 했지만, 인도 정부의 개입이 없다면 올해도 계속 상승할 것이라고 전문가들은 말한다. 일부 서비스 공급업체는 달러의 지속적인 가치 하락을 감내하기 힘들 수 있다. 인포시스는 환차손으로 2007년 3분기 수익이 2.8% 하락했다고 발표했고, 위프로는 주 6일 근무제를 심사숙고했으며, EDS와 엠파시스는 고객들에게 루피로 청구하는 것을 고려했다.

한편 고객들은 환율 변동에 따른 또 다른 증상들에 대해 예의주시하고 있다. 만약 환율 격차가 계속 커질 경우, 인도 아웃소싱 공급업체들(그리고 인도에 크게 투자하고 있는 미국 다국적 회사들)은 현지의 급여에 맞춰 그 가격을 높이고, 중국이나 중남미 등 다른 해외 공급처를 더 만이 활용하며, 신규 채용을 연기하고, 계약서에 환율 변동에 따른 손해를 줄이는 특이사항을 추가할 것이라고 해외 아웃소싱 컨설팅 회사인 네오아이티는 말한다.(그리고 캐나다가 미국의 주요 아웃소싱 공급처가될 날은 그리 멀지 않은 것 같다.)

그러나 달러가 다른 통화에 대해 약세를 보인다고 해도, 일부 아웃소싱 공급처들은 포화상태에 이르렀다. 따라서 많은 공급업체와 고객들이 다른 공급처를 찾고 있다. 사람들은 이것을 2선 도시로의 대탈출이라고 부르는데, 이 물결은 올해 더욱 거세질 것으로 보인다.

인도를 보자. 인도의 경제는 연 9%씩 성장하고 있다. 그리고 경제가 성장하면서, 주요 도시에서는 인력 부족 현상이 시작되고 있다. 지역 대학교는 더 이상 고품질 인력을 충분히 제공할 수 없으며, 최근의 졸업생들은 밑바닥에서 시작하지 않으려 한다. 다른 선택권을 갖고 있기 때문이라고 네오아이티는 말한다. 이 때문에 일부 공급업체는 방갈로르(인도 IT 서비스의 발생지)를 떠나 코치나 아흐메다바드 등 더 작고 덜 붐비는 도시로 이동하고 있다.

인도만이 그런 것이 아니다. 예를 들면, 멕시코 몬트레이는 2008년 소프트웨어 엔지니어들이 부족할 것으로 예상된다. 그리고 전세계의 수십여 다른 아웃소싱 공급처에서도 동일한 상황이 벌어지고 있다.

그 결과, 일부 IT 서비스 공급업체는 대도시에 자회사를 세우는데 따른 문제를 피하기 위해 처음부디 2선 도시로 가고 있다. "인도에서 활용할 수 있는 베스트 프래티스가 몇 가지 있는데, 그 가운데 하나는 2선 도시에서 대형 센터를 세우는 것이다"라고 인도 기반의 IT 서비스 공급업체인 젠팩의 미국 COO 후안 페리라는 말한다. "이미 브라질과 아르헨티나에서는 그런 일이 벌어지고 있다. 그곳의 기업들은 이미 2선 및 3선 도시로 가고 있다."

벤더 분열, 합병, 확장

그들은 현금이 풍부하다. 그들은 높은 시장가치를 갖고 있다. 그리고 그들은 고객에

굶주려 있다. 그들은 이 업계의 앞서가는 공급업체들이며, 따라서 그들은 2008년 더 작은 경쟁자들을 집어삼킬 것으로 예상된다.

ACS, 페로 시스템 등 2선의 공급업체들은 살아남기 위해 애쓰고 있지만, 글로벌 공급업체처럼 두 자리 수의 성장을 할 수는 없는 반면, 아이비엠이나 EDS같은 규모의 경제는 제공할 수 없다. 그로 인해 그들은 더 큰 공급업체나 사모펀드의 인수 대상이 될 것이라고 네오아이티는 말한다.

미국 기반의 공급업체들은 중형 공급업체를 인수하는데 있어 다른 해외 공급업체보다 유리한 위치에 있는지 모른다. 위 프로는 지난해 미국 기반의 인프라스트럭처 서비스 공급업체인 인포크로싱을 인수하면서 주목을 받았지만, 인도 업체들은 2008년에 조심스런 행보를 보일 것이다. 그들은 연매출 10억 달러가 넘는 벤더를 구매할 것 같지 않다고 네오아이티는 단정한다.

그러나 인고 IT 서비스 공급업체는 미국, 유럽, 중남미에서 지역 서비스 센터는 계속 구축할 것이라고 아웃소싱 자문회사인 이큐아테라는 말한다. 이와 비슷하게 미국과 유럽 서비스 공급업체들은 경쟁력을 유지하기 위해 해외 서비스 센터를 계속 확대할 것이다. PA 컨설팅 그룹은 2008년 서구와 인도 업체들 사이에 동맹 관계가 맺어지기 시작할 것이라고 예측한다.

인도는 앞으로도 상당 기간 해외 IT 서비스 시장의 리더 자리를 지킬 것이다. 하지만 고객들은 임금 상승, 인력 부족, 인프라 제약 등의 문제로 씨름하고 있는 인도를 벗어나 다른 지역에도 눈을 돌리고 있다. 방갈로르에 개발 및 서비스 센터를 갖고 있는 일부 기업은 그곳의 임금이 향후 5년 안에 자국의 임금에 버금가는 상황이 펼쳐질 것이란 점을 걱정하고 있다고 네오아이티는 말한다. "인도 경제가 갈수록 성장해 지면서, 기업들은 아웃소싱과 관련해 다른 곳을 살펴봐야만 한다"고 유럽, 중국, 베트남에 관심이 있는 노텔의 반드로우착은 말한다.

사실 2008년 IT 서비스 공급처가 인도 이외의 지역으로 가장 크게 확대되는 한 해가 될 수 있다. 중남미, 중동부 유럽, 중국 그리고 비중은 적겠지만 중동과 아프리카까지 그 공급처가 확대될 것이다.

지난 5년간 인도가 아웃소싱 공급의 중심이기는 했지만 전 세계의 다른 대안 공급처들도 IT와 비지니스 프로세스 서비스를 유치하기 위해 관련 인프라(도로, 공항, 통신, 교육)에 조용히 투자해 왔다고 네오아이티는 말한다. 대안처들이 이런 이슈들에 있어 인도를 뛰어넘을 수 있다면 인도의 늘어나는 문제점들로 인해 고통받고 있는 고객들에게는 아주 좋은 소식이 될 것이다. 물론 새로운 공급처들 가운데 어느 곳도 인도의 잠재적 역량을 능가할 곳은 없다.(중국 제외) 하지만 현 시점에서 그들의 인도를 대처하는 것이 아니라 보완하는 것이다.

새롭고도 새로운 계약

비요절감 효과와 효율성 증대는 잊어라. 아웃소싱 공급업체들은 비지니스 변신의 파트너로서 자신들을 재포장하고 있다. 이것은 새로운 일은 아니다.(본지 1월호 '혁신의 가격은 얼마인가' 기사 참조. 또는 www.ciokorea.com의 왼쪽 '주제별 보기-아웃소싱' 섹션 참조) 하지만 이번엔 그들은 진심이라고 분석가들은 말한다.

그리고 현실적으로도 공급업체들은 그렇게 하는 것이 더 좋을 것이다. CIO들은 비용을 절감하는 것 이상의 것을 원하기 때문이다. 그들은 더 많은 인재, 특정 업계 전문지식, 성숙한 프로세스, 유연성을 원한다. 다시 말해 훨씬 더 많은 '부가가치'를 원한다. IT 구매자들은 자신만의 매출이 아닌 고객의 매출도 실질적으로 강화해 주는 공급업체를 원한다고 PA 컨설팅은 말한다.

"기업들은 IT 아웃소싱 계약이란 것이 계약서에 서명을 한 순간 그 계약 문구만이 유효하다는 것을 깨닫고 있다"고 옵티머스 솔루션의 솔루션 아웃소싱 부사장 숀 필즈는 말한다. "이 점을 이해하는 벤더들은 고객이 서비스를 변경할 수 있게 허용하는 유연성을 계약서에 추가하면 경쟁자와 차별화할 수 있다는 것을 알게 될 것이다. 그리고 혁신은 아웃소싱 공급 경쟁업체들 사이에서 결정하는 요인이 될 것이다."

해외 애플리케이션 개발이나 유지보수 같은 일반적으로 비용에 민감한 영역에서도 그 강조점은 순수한 임금 격차를 이용하는 프로젝트에서 프로세스 개선과 애플리케이션 포트폴리오 합리화 같은 더 가치가 큰 프로젝트로 이동할 것이라고 에베레스트 리서치 인스티튜트는 말한다.

물론 그 대가로 기업은 더 많은 돈을 지불해야 할 것이다. 포레스터 리서치는 컨설팅 서비스 가격이 이미 상승중이라고 지적하면서, IT 서비스 구매자들은 아웃소싱 서비스에 대해 더 많은 돈을 쓰면서도 시장 변화들 가운데 어떤 것이 그 추가 지불액에 해당하는 가치를 보장해 줄 것인지를 분석할 수 있는 능력을 갖춰야만 할 것이라고 경고한다.

혁신을 기대할 정도로 충분히 성숙한 영역 가운데 하나는 콜센터이다. 콜센터는 해외 아웃소싱 업계에서 가장 성숙한 서비스 영역이다. 그럼에도 아직은 부족한 부분이 있는 곳이기도 하다. 고객들은 이직률이 연간 60~150%에 이르는 이 서비스 공급업체들의 노동착취형 사고방식이 불만이라고 네오아이티는 말한다.

CIO 외 다른 IT 결정권자들은 개선을 요구하고 있다. 그리고 공급업체들은 독특한 상담 대본, 고객사의 기업문화에 맞는 콜센터 직원 배정 등 '고객 중심적' 조치를 취하기 시작했다. 네오아이티는 콜센터 서비스 공급업체들이 새로운 공급처를 제공하고, 복수의 고객사를 위해 대규모의 콜센터 서비스 직원을 채용하는 대신 고객에 특화된 솔루션을 맞춰 직원들을 배치함으로써 2008년에 서비스 가격을 올릴 것이라고 예상한다.

그리고 아직 '친환경' IT 서비스가 그리 각광받고 있지는 않지만, 그 흐름은 2008년에 확실하게 자리를 잡을 것이라고 네오아이티는 말한다. 이것은 논란의 여지는 있지만, 한가지는 확실하다. 다시 말해 올해 아웃소싱 고객들 사이에서는 친환경 서비스에 대한 관심이 크게 높아질 것이다. 미국의 경우, 주식을 공개한 기업 가운데 21% 이상이 지난해 '친환경 방침과 성과'에 대한 요구를 벤더 계약서에 추가했으며, 94%는 재협상 과정에서 그런 조항을 추가할 계획이라고 브라운 윌슨 그룹의 보고서는 밝힌다.

아웃소싱 공급업체들이 친환경적인 데이타 센터를 만들도록 하기 위해서는 그들에게 아주 큰 압력을 가해야 할지 모른다. 그들이 그렇게 하려면 환경친화적인 건물과 캠퍼스에 투자하고 생태친화적인 프로세스와 방침을 개발해야 하기 때문이다.

이런 이유로 바로 이것이 중소형 IT 서비스 공급업체들이 경쟁력을 가질 수 있는 영역이다. "중소 공급업체는 더 쉽게 감사를 받고, 이산화탄소 배출 감소 조치를 더 쉽게 수용하며, 전통적인 관행들을 더 유연하게 바꿀 수 있다"고 영국 소재의 아웃소싱 연구원인 마크 코바야시-힐러리는 말한다. "이것은 아주 중요한 마케팅 차별화 요인이 될 수 있다."

그리고 원격 인프라 관리 아웃소싱 분야도 많은 혁신을 이룰 것이다. 서버, 데이타베이스, 네트워크, 보안, 애플리케이션의 원격 관리는 새로운 것이 아니다. 하지만 올해는 고객들이 전통적인 빅뱅 인프라 아웃소싱 계약 대신 이 대안을 선택하기 시작하는 해가 될지 모른다.

자산-경량화(Asset-Light, 공급업체가 계약의 일환으로 고객의 데이타 센터나 데스크탑 등 자산을 가져가지 않기 때문에 붙인 용어) 계약은, 고객들이 실제의 데이타 센터에서 '명령과 통제' 부분(대부분의 해외 아웃소싱 계약에서는 사라지는 경우가 거의 없는 부분)이 실질적으로 제거된다는 아이디어에 익숙해지면서, 계속 늘어날 것이다.

현재까지 이 아웃소싱 시장 영역은 매년 20% 정도 성장해 왔다고 네오아이티는 말한다. 에베레스트 리서치는 이 영역이 2008년 60~70% 성장할 것이라고 예상한다. 또한 미국의 불경기로 인해 더 저렴한 인프라 아웃소싱 옵션에 대한 수요가 증가할 수 있다. 그리고 일부 컨설턴트에 따르면, 그런 이전은 순식간에 일어날 수도 있다고 한다. 현재 대부분의 데이타 센터와 네트워크 운영센터들은 공통의 도구 세트들에 의해 관리되고 있으며, 서비스 공급업체들은 그와 관련된 운영 전문지식을 갖고 있기 때문에 고객의 특정 수요에 비교적 신속하게 대응할 수 있기 때문이라고 네오아이티는 설명한다.

자산-경량화 계약은 IT 서비스 공급업체에 기회가 될 수 있는데, 수익률이 전통적인 인프라 아웃소싱 모델보다 더 높기 때문이다. 하지만 벤더에게 불리한 점도 있다. 자산-경량화 계약은 전통적인 자산 포함 계약보다 총계약액이 최고 70%까지 줄어들 수 있다고 에베레스트 리서치는 말한다. 요약하자면, 수익률은 높아지지만, 성장률은 낮아질 수 있다는 것이다. 하지만 전문가들은 이것이 미래의 물결이라고 말한다. 그 결과,

전통적인 인프라 아웃소싱은 줄어들 것이지만, 그래도 그것은 2010년 이후의 일이 될 것이라고 에베레스트 리서치는 말한다.

그리고 지난 3년 동안 아웃소싱과 관련해 대형 계약(언론매체에서 가장 큰 관심을 받은 10억 달러 이상의 계약)은 이제 더 이상 없을 것이란 예측이 계속 있었다. 하지만 올해는 실제로 그런 일이 일어나는 해가 될지 모른다.

그 이유는 간단하다. "포춘 100대 기업 가운데 새로 대형 계약을 맺을 수 있는 곳이 남아 있지 않기 때문이다"라고 에베레스트 리서치의 IT 아웃소싱 조사 부사장 로스 티스노브스키는 말한다.

물론 대형 아웃소싱 계약이 사라지지 않을 것이다. 대신 초점은 계약서 재작성과 재협상에 놓이게 될 것이며, 아웃소싱 고급업체들은 기존 고객을 붙잡기 위해 가격을 대폭 할인해 주어야 할 것이다.

"IT 구매자들은 매출을 높이고 재계약건을 따내려는 업체들의 경쟁을 통해 가격상의 이득을 볼 것이다"라고 티스노브스키는 예상한다. "또한 신규 공급업체의 유입으로 경쟁이 더 치열해져 대기업 인프라 아웃소싱 시장의 가격은 장기적으로 더욱 하락할 것이다."

아웃소싱 구매자들은 더 똑똑해지고 있다.

2008년 많은 아웃소싱 고객들이 기한연장이나 재입찰, 재계약을 통해 3세대 및 4세대 아웃소싱 계약을 맺을 것이다. 그리고 PA 컨설팅에 따르면, 그 IT 조직 가운데 많은 곳이 지난 수년간 벤더관리와 지배구조에 대한 내부 역량을 연마했다고 한다. 이것은 고객들이 더 똑똑한 결정을 내리고, 계약 문구를 더 잘 협상하며, 더 비지니스 중심적인 평가방법을 요구하고, 아웃소싱을 그 일생 동안 더 잘 관리할 것이란 의미이다. 또한 그들은 더 많은 위험을 IT 서비스 벤더에 부담시키는 계약 조항을 만들기 시작할지 모른다고 네오아이티는 말한다.

물론 2008년에는 처음으로 아웃소싱 서비스를 구매하면서 아주 어렵게 여러 가지 교훈을 배우는 곳들도 많이 있을 것이다. 그리고 이 역동적인 시장에는 베테랑들이 힘들게 배운 기술들 역시 여러 가지로 시험해 보는 수많은 도전과제도 속속 나올 것이다.

▸ 스테파니 오버비, CIO Magazine, 2008. 6

01 정보시스템 기획

과거의 경영환경은 국지적이며, 변동성이 크지 않은 안정적인 시장, 사회변화의 흐름이 빠르지 않은 상황에서 기업의 경쟁력은 자본, 원가, 생산성, 경쟁사보다 앞선 기술의 개발과 보유 등에 있었다. 그러나, IT의 급속한 발전으로 세계가 단일 글로벌 시장권으로 통합되고, 고객의 니즈 변화, 자본과 기술력의 개방성, 융통성이 확대되면서 기업경영에서의 최대 무기는 정확하고 신속하게 정보를 수집하고 이를 효과적으로 활용하는데 의존하게 되었다. 이에 기업들은 정보기술과 정보시스템의 전략적 중요성을 인식하게 되었고 이에 대한 막대한 투자를 통해 전략적 무기로서의 새로운 경영자원을 확보하고, 경영성과 창출의 기회를 갖고자 힘쓰게 되었다. 그러나 계획적이고 체계적인 IT전략과 정책없이 경쟁적으로 IT에 투자하였던 기업들은 시간이 지나고, 복잡하고 다양한 정보시스템을 조직에 구현하고자 할수록 투자 대비 성과에 대한 실망을 하게 되었다.

이에, 경영목표와 전략을 보다 성공적으로 지원할 수 있는 정보시스템의 구현을 계획하는 정보기술 전략 및 정책에 대한 인식이 증가하고 있다. 기본적으로 정보시스템은 기업의 목표와 전략을 실행하는 도구로서의 역할을 수행하는 것이기 때문에, 해당 기업의 경영환경, 목표, 그리고 전략과 연계하여 정보기술 자원을 마련하고, 정보체계를 구성하며, 각종 어플리케이션시스템을 계획적으로 구축하여야 한다. 따라서 체계적인 계획없이 무분별하게 IT에 대한 막대한 투자가 이루어지지 않도록 기업은 정보기술 계획활동을 수행하여야 한다.

지금까지 정보시스템 계획, 전략을 수립하기 위한 방법으로는 대부분 정보전략계획(ISP: Information Strategy Planning)이 수행되었다. 최근에는 EA(Enterprise Architecture) 프로젝트가 IT 전략활동으로 확산되고 있으며, 전사적인 관점에서 정보기술 자원을 이해하고 관리하기 위하여 IT 거버넌스 개념이 등장하고 있다. 본 장에서는 각각의 정보기술, 정보시스템 계획 방안에 대하여 간략하게 학습하도록 한다.

1.1 정보전략 계획

(1) ISP의 필요성

기업이 거친 풍파가 쉬지 않고 몰아치는 망망대해를 향해 경영활동이라는 항해를 해나가는데 있어 잘 만들어진 항해도와 나침반, 기상 정보 등을 가지지 않고서는 목적지에 도달할 때까지 수 많은 리스크와 시행착오를 겪어야 할 것이며, 실질적으로 항해 자체가 불가능할 수 있다. 따라서 기업은 다가올 수 있는 망망대해의 불확실한 위험요소들을 예측하고 빈틈없는 항해 계획을 세워야 할 것이다. 기업의 계획활동과 전략활동도 마찬가지이다.

본래, 정보전략계획(ISP: Information Strategy Planning)은 기능과 계층에 따른 기업구성원들의 다양한 정보화 요구를 충족시키기 위하여 정보전략과 체계를 구축하는 종합계획이다. 이는 정보기술을 통해 기업의 경영전략을 실현할 수 있도록 하는 체계이기 때문에 경영전략과 연계되어 구축되어야 한다. 최근처럼 경영환경의 변화와 IT기술의 진보가 빨라지고 있는 상황에서 경영전략을 최적의 상태로 지원하고, 미래 IT모델을 마련하며 그에 따른 추진과제의 도출, 실행계획을 수립하

그림 11-1 정보화 전략 방향

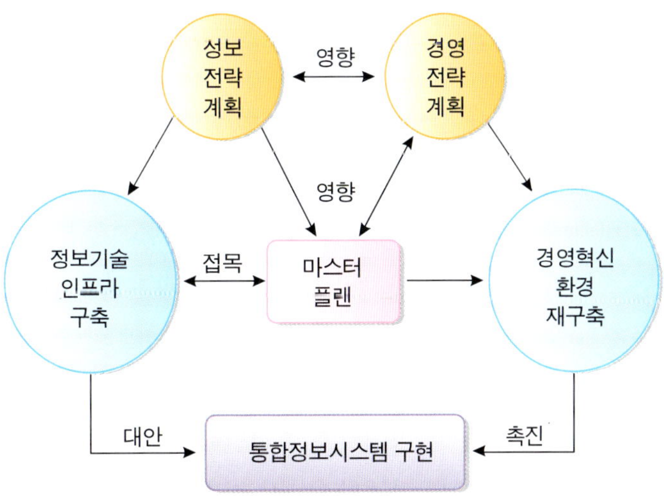

기 위한 방안이 필요한 것이다. 심지어 ISP는 오늘날과 같이 IT의 변화속도가 가속화되고 있는 상황에서는 경영전략을 IT의 방향에 따라 리딩할 수 있어야 한다. 또한 ISP는 기업의 정보시스템 프레임웍을 제시하여 줌으로써 새로운 시스템의 필요와 구축에 대한 전사적 차원의 가이드라인을 제공하고 분석과 설계에서 통합 관점의 시스템이 구축되도록 하여 중복을 방지하고 시스템을 최적화하도록 한다.

더불어 오늘날과 같이 기업의 시스템이 기업 내외로 연결되고 통합되어, 갈수록 복잡하고 대규모 되는 상황에서 최적의 시스템을 구축하기 위해서는 중장기 목표 및 추진계획을 구체화하여야 한다. 따라서 효과적이고 실질적인 중장기 정보기술 계획을 수립하고 이를 반영하여 실행해 나가기 위해서는 ISP가 필수적인 것이다. ISP의 필요성을 정리하면 다음과 같다.

- 전사적인 관점에서 임직원들의 정보기술, 정보시스템에 대한 관심과 이해를 독려한다.
- 경영전략과 연계한 정보시스템 전략을 동반적으로 수립함으로써 타당성 있는 전략의 실행도구, 로드맵을 마련한다.
- 불필요하고 중복되는 막대한 정보기술 투자에 대한 실패를 막고 체계적인 정보시스템 개발에 대한 청사진을 마련한다.
- 새로운 전략 방향에 부응하는 미래지향적 정보기술 아키텍처를 작성한다.
- 사용자 지향의 시스템을 설계한다.
- 개발기간 단축 등 효과적인 시스템 구축 계획을 수립한다.
- 기업 내의 정보자원 전반에 대한 구체적이고 명확한 구도를 마련한다.

과거에는 IT전략이 대부분 비용절감이나 비지니스 편의성을 제공하는 등, 기업의 운용효율성 측면에서 IT를 어떻게 활용할 것인가에 초점이 맞추어져 있었다. 따라서 비지니스 수행의 문제들을 해결하기 위해 적합한 시스템 및 솔루션들을 제공하는 소극적 활동이었다. 그러나 21세기의 정보전략은 기업의 비지니스를 변화시키는데 IT를 어떻게 활용할 것인가를 도출하여야 한다. 오늘날은 IT의 활용도에 따라 기업의 경쟁력이 좌우된다는 말이 생소하지 않을 정도로 IT의 중요성은 날로 커지고 있다. 장기적인 관점에서 지속적인 정보기술, 정보시스템 경쟁력을 확보하기 위해서는 IT가 현재의 경쟁환경에서 비지니스 방식을 어떻게 바꿀 수 있는지에 대한 보다 큰 그림을 그릴 수 있어야 한다. 따라서 전사적인 차원에서 경영전략과의 우선 순위가 일치할 수 있도록 최고경영자 이하, 임직원들의 관심과 협력을 통하여 이루어져야 하며, IT와 관련한 기업 내부의 역량, 즉 미래에 대한 통찰력과 창의성, 차별성이 마련되어야 한다. 주문생산 방식을 택한 델 컴퓨터가 거대기업 IBM PC 사업부문을 무너뜨렸듯이 비지니스 모델, 비지니스 방식을 변화시켜 경쟁 구도를 바꾸고 블루오션으로 가기 위해 IT전략이 새롭게 모색되어야 할 시점이다.

(2) ISP 추진단계

그렇다면 ISP를 조직에서 실행하기 위해서는 어떤 절차와 과정을 거치게 되는지 살펴보기로 하자. ISP의 추진단계는 크게 세 개의 단계로 나누어 볼 수 있다.

첫 번째 단계인 현상분석 활동은 조직의 현재 상태를 진단하고 개선기회와 개선할 점들을 도출하는 것으로서 As-Is 분석이라고 한다. 자사의 정보기술 및 정보시스템이 조직의 경영활동에 어떤 역할을 하고 있는지, 또한 정보자원으로서의 가치와 수준에 대한 명확한 인식과 이해를 하고, IT 및 산업동향 등을 통해 그 차이를 분석하여 개선 기회를 정의한다. 이와 같은 갭(gap) 분석을 효과적으로 수행하기

그림 11-2 정보전략계획의 필요성

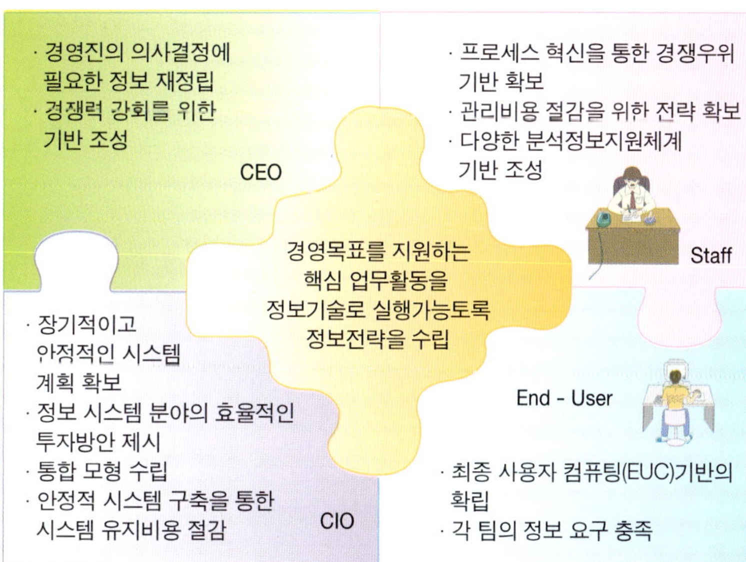

위해 활용하는 방법이 선진사례 벤치마킹, 즉 베스트 프랙티스 조사이다.

두 번째 단계는 1단계 현상분석을 마치고 갭 분석과 함께 개선기회 요소 및 주요 개선사항이 도출된 후 To-Be 모델, 즉 조직이 추구하여야 할 이상적인 방향과 모습을 구체적으로 정의하는 To-Be 모델링 활동이다. 이때 모든 유관부서가 공감대를 형성하고, 다양한 의견수렴이 있어야 한다. 또한 정보전략을 수립하고 이에 대한 지속적인 관리 및 평가를 수행하기 위해서는 정의된 표준과 함께 정보전략 수립에 대한 문서, 즉 전체적인 청사진 및 설계도가 요구된다. 청사진에는 정보자원 및 정보시스템 각 영역간의 연관관계 및 흐름과, 해당 영역에 대한 책임과 역할 소재에 관한 명확한 정의가 수반되어야 한다.

세 번째 단계로, To-Be 모델이 정의되어 이에 대한 상세 과제가 도출되면, 연차별, 우선 순위별 프로젝트 수행과제를 정의하고, 이에 대한 실행계획과 로드맵을 작성한다. 이와 같은 단계에서는 구체적인 이행계획을 마련하는 활동을 실행하는 것이다. 실행계획과 로드맵은 실제 각 프로젝트의 오너십을 갖는 현업과의 협의를 통해 현실적이고 실제적으로 작성되어야 실현될 수 있다.

그림 11-3 ISP의 실행과정

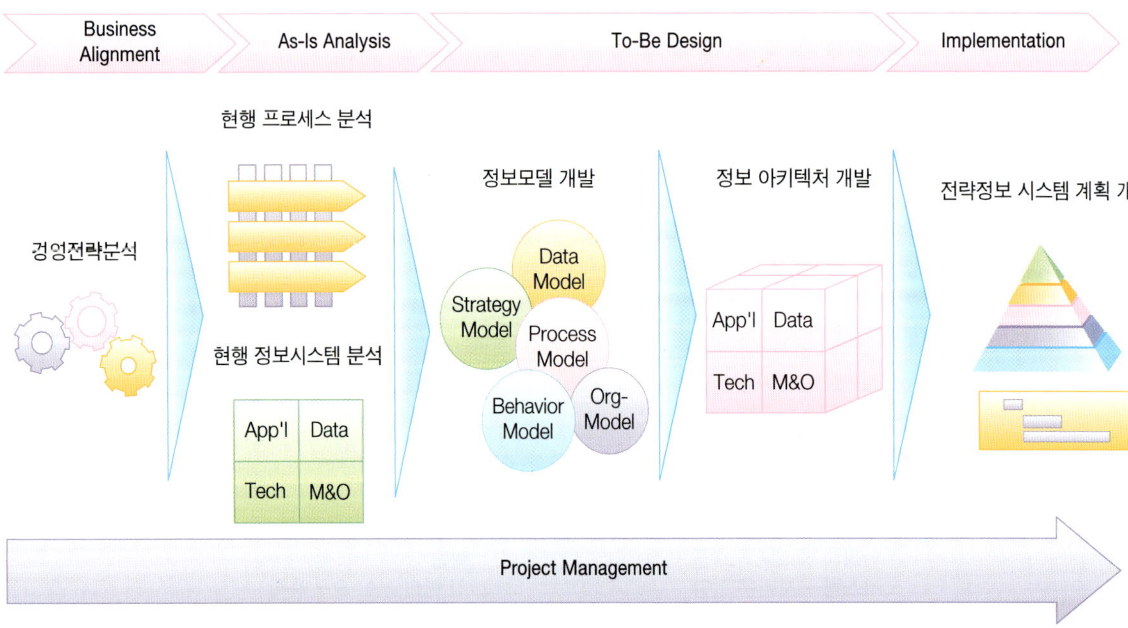

기업은 약 3년 정도의 사이클을 가지고 기업의 전략과 정보화 방향을 재 수립할 필요가 있다. 따라서 ISP 또한 약 3년의 주기로 계획을 수정, 보완하여야 하는데, 이는 지난 번에 수립되었던 ISP의 실행 정도를 점검하고 개선효과를 파악하는 한편, 지난 ISP 작업 시 예상하지 못했던 급격한 시장의 변화, 고객요구사항의 변화, IT 신기술에 대한 변화에 즉각적으로 대응함으로써 미래에 대비하는 ISP의 궁극적 목표를 실현하기 위함이다.

기업은 디지털 시대에 대응하기 위한 혁신적인 경영전략과 그를 지원하기 위한 정보전략을 수행하는데 있어 조직기능을 재편성하고 비지니스 프로세스를 획기적으로 재설계하며 새로운 직무의 역할모델을 제시하는 경우가 발생한다. 이때 조직원들은 지속적으로 수행하여 왔던 업무와 기능, 역할을 고수하려는 강한 경향으로 저항하게 된다. 따라서 시대와 환경, 시장은 급속도로 변화하는데 조직은 새로운 비지니스 모델을 마련하지 못하고, 디지털 경영으로의 민첩한 전환을 하지 못해 도태되는 경우가 발생한다. 따라서 ISP의 실행이 성공적으로 이루어지기 위해서는 CEO의 적극적인 관심과 지원, CIO의 리더십이 반드시 요구된다.

- **데이타 아키텍처**
  EA를 구성하는 아키텍처 모델 가운데 데이타 아키텍처는 비지니스 프로세스와 업무 기능을 수행하는데 필요한 데이타 모델 및 정보의 흐름을 정의하고, 모든 정보와 데이타 구조, 데이타 간의 상호 관계 등을 파악할 수 있도록 하는 모델이다.

- **어플리케이션 아키텍처**
  EA를 구성하는 아키텍처 모델 가운데 어플리케이션 아키텍처란 서비스를 위한 어플리케이션을 정의하고 어플리케이션 상호간의 연계성을 정의하며, 어플리케이션과 핵심 비지니스 프로세스와의 관계를 정의하는 모델이다.

- **비지니스 아키텍처**
  EA를 구성하는 아키텍처 모델 가운데 비지니스 아키텍처란 경영전략 및 비시니스 환경 분석을 기반으로 조직 내에서 수행되는 모든 활동을 분석하고 비지니스, 조직, 전략 프로세스의 정의 및 기능 요구사항을 분석하는 모델이다. 또한 비지니스 요구와 기술 아키텍처의 일관성 있는 연결을 가능하게 하는 가이드의 역할을 한다.

(3) ISP의 성과

경영전략과의 통합과 연계를 위한 정보기술전략, 정보 및 정보자원 관리전략, 정보시스템전략을 수립하게 되면 요구정보를 쉽게 적기에 제공하고, 고객 서비스, 지원을 강화하며, 내 · 외부 정보공유의 극대화를 도모할 수 있게 된다. 보다 구체적으로 살펴보면 다음과 같다.

① 비지니스 아키댁처 상의 변화기 어플리케이션, 데이타, 기술 아키텍처 상의 변화에 얼마나 영향을 미치는지 거시적 시각을 고려한 종합 청사진을 마련할 수 있다. 이에 따라 각 비지니스 변화에 대응하고, 경영전략과 IT와의 갭을 분석해 중장기적으로 IT에서 추진해나가야 하는 타당성 있는 로드맵을 수립하고 미래의 IT모델을 구현할 수 있다.

② MIS 조직과 시스템에 대한 분석을 통해 핵심 이슈들에 대한 개선안을 만들고, 경영전략을 효과적으로 지원할 수 있는 조직 및 시스템의 표준과 권장안을 만들어 IT의 역량을 개선할 수 있는 구체적인 방안을 마련하게 한다.

③ 기업 임직원들의 면담, 워크샵을 통해 새로운 비지니스 모델과 그에 따른 정보화 요구를 도출, 공유하여 향후 정보시스템 개발의 공감대와 역량을 마련하고 협력의 바탕을 형성하게 한다.

④ 새로운 경영 비전 및 전략에 대한 현업의 이해와 참여를 통해 목표 비지니스 모델을 정의하고 현행업무의 개선점, 새로운 사업분야, 기존업무의 시너지 창출 요소 등 비지니스 관점의 IT 동인(Driver)을 확보할 수 있다.

⑤ 목표 시스템에 대한 전사차원의 IT 아키텍처 청사진을 마련할 수 있다. 비지니스 아키텍처에 기반을 둔 목표 데이타와 애플리케이션 아키텍처를 정의하고, 새로운 정보기술 동향에 대한 검토를 통해 최적의 하드웨어 및 소프트웨어 아키텍처를 정의하게 된다.

⑥ 현업 및 IT 직원들의 역량을 강화할 수 있다. 따라서 새로운 정보기술 및 솔루션에 대한 역량 강화 교육 및 훈련, 변화관리가 요구된다.

⑦ 정보화 비전을 달성하기 위한 로드맵을 정의하고 단계별로 추진해나갈 수 있어 현실성이 강화된다.

⑧ ISP를 통해 계획하는 새로운 시스템 프로젝트에 대한 정확한 견적 및 규모를 예측할 수 있다. 현행 및 목표 아키텍처 간의 갭 분석을 통해 수행해야 할 과제가 무엇인지, 과제 간 우선순위 및 상호 연관관계를 파악해 단계적인 이행계획을 수립할 수 있게 해준다. 이에 따라 계획되는 정보시스템 프로젝트 과제를 구조적으로 정의하여 프로젝트의 특성 및 규모, 소요 노력 등을 파악해 정보화 추진계획에 대한 일정과 소요 예산 등을 정확히 산출하여 조직의 자원을 할당하게 된다.

[그림 11-4]는 ISP가 기업에서 궁극적으로 지향하는 목표이며, ISP를 통해 기업이 성취하게 되는 이점을 전체적인 구도로 제시하고 있다.

한편 ISP를 추진할 때는 다음과 같은 사항에 유의하여야 한다.

① ISP가 전사차원의 프로젝트가 되어야 한다는 것이다. ISP가 IT 부문에 한정된 이슈와 프로젝트가 된다면 그 계획은 실패하기 쉽다. 무엇보다 ISP가 전사차원에서 공감대가 형성될 때, 기업의 경영전략과 IT 사이의 갭을 줄일 수 있으며, 이를 통해 도출된 결과물에 대하여 조직 임직원 모두가 긍정적인 자

세로 실행할 수 있다. 특히 현업의 참여와 협력이 매우 중요한데, 이는 결국 현업을 위한 정보시스템 결과물이 도출되어야 하기 때문이다.

② 부문단위의 국지적 시각보다는 전사차원의 최적화를 통해 확장성과 유연성을 갖춘 미래지향적인 시스템 계획을 마련하여야 한다. 따라서 IT와 비지니스의 균형있는 시각과 양립된 전략이 수립되는 기조를 유지하여야 한다. 또한 IT 신기술 도입으로 인한 위험요소에 대해 충분한 조사와 사례연구를 통해 실행 시 리스크를 줄일 수 있도록 하여야 한다.

그림 11-4 ISP의 목표 및 이점

Case in Point

ISP 실패 사례들

- IT인프라의 전면 재교체(오픈 환경으로)를 추진했지만 IT부서장들의 동의를 얻지 못해 컨설팅 최종보고서 상의 아키텍처를 결국 추진하지 못함. IT 변화관리 실패
- 현업 관리자들이 차세대 시스템의 필요성을 인식하지 못해 승인을 얻지 못함. 차세대 프로젝트의 예산은 결국 현업 부서에서 부담해야 하는데, 임원과 현업의 무관심으로 설득하지 못함
- 맹목적인 해외 베스트 프랙티스의 추구-현실화하기 어려운 아키텍처의 정의, 컨설턴트들이 기업의 당면과제를 직시하지 못하고 해외 사례만 강조함. 우리의 문제해결 방안이 아닌 어느 기업에도 적용할 수 없는 컨설팅
- 차세대 개발 프로젝트의 추진 범위 및 예산에 대한 정확한 근거를 확보하지 못함 - ISP를 수행하지 않고 개발 업체를 선정하게 됨에 따라 개발업체의 논리대로 프로젝트를 진행하게 됨. 추진하는 개발 프로젝트의 규모, 전략, 예산, 방법 등이 적정한지를 파악하지 못하고 끌려감. 계획없는 사업 추진

교보생명 Steering Community

교보생명은 3년을 주기로 정보화 추진 전략을 세우고 있다. '스티어링 커뮤니티'로 불리는 이 전산조정위원회는 분기별로 주기적인 회의를 통해 향후 정보화 전략에 대한 구체적인 로드맵과 투자우선 순위를 정하고 있으며 내년에 시작될 차세대 프로젝트 준비 작업도 여기서 나온 의견들이 근간이 된다.

16명 정도의 구성원으로 이루어져 있는데 위원장은 현업이 담당하고 있다. 김준호 교보생명 정보시스템 실장은 "우리는 이 위원회를 통해서 나오는 전략들을 실용적인 ISP라고 한다"며 "현업과 IT를 어우르는 실질적이고 핵심적인 정보화 전략을 세울 수 있게 된다"고 설명했다.

그는 전산조정위원회를 통해 최신화, 업데이트 요구 등 환경 변화에 효과적으로 대처 할 수 있으며 회사의 비지니스 전략, 상품정책, 채널정책, 제도, 규제 변화 등에도 유연하게 대응 할 수 있다고 강조했다.

미래에셋생명 EAP

백성식 CIO는 미래에셋생명이 EAP 프로젝트를 추진함으로써 얻었던 성과를 구체적으로 말하고 있다. 그는 "프로젝트의 범위, 기간, 우선순위 및 개발순서 등 체계적인 정보시스템 구축계획 수립을 통해 프로젝트 간 중복투자비용을 절감할 수 있었다"고 밝혔다.

구체적으로 보면 차세대 프로젝트 진행 당시 기간계와 ERP, 기간계와 정보계, ERP와 정보계 간의 중복투자를 방지하고 효율적인 구축을 통해 최소 110억 원의 투자비용을 절감할 수 있었다. 이는 최근 비슷한 프로젝트를 진행한 타사와 비교했을 때 결과이다.

백성식 CIO는 "전사 표준 아키텍처의 큰 틀 안에서 중복개발을 제거함으로써 최상의 합리적인 모델로 시스템 간의 이슈를 해결할 수 있다. 그렇지 않을 경우, 한쪽 시스템의 일방적인 신규 개발로 인해 비효율적인 모델로 구축되는 사례가 많았다"고 충고했다.

그는 해당 프로젝트구축 이전에 향후 자체 운영 핵심인력을 전략적 개발인력으로 투입함으로써 운영인력의 인건비를 절감하고, 인수인계의 리스크를 방지할 수 있었다고 전했다. 즉, 미래에셋생명의 향후 IT운영 인력이 개발기간 중 업체의 개발인력으로 참여하고 시스템 오픈 시 이 인력들을 인수하는 전략으로 약 40억 원의 인건

비를 절감했다고 그는 말했다.

백성식 CIO는 "이뿐만 아니라 IT와 비지니스 분석서와 정의서 등 EAP 산출물 재활용을 통해 다음 단계로 이행하는 시간(Transition Time)을 최소화시켜 프로젝트 기간 단축 및 프로젝트 수행 안정화에 기여해 할 수 있었다"고 설명했다.

그는 "기간계, ERP, 번역중계, 자산운용, EAI, EP/SSO, Selective O/S 등 추진 범위가 컸지만 최근 금융권에서 자바를 전면 도입한 프로젝트 중 목표기간도 17개월로 짧았고, 실제 시스템 오픈은 16개월 만에 완료해 1개월의 단축성과를 거뒀다."고 밝혔다.

▸ 안호천, 비즈니스를 리딩하는 전략이 필요하다, CIO Magazine, 2008.8

1.2 EAP

(1) EAP 이해하기

아키텍처란 '복잡한 실체를 특정 목적에 따라 이를 구성하는 요소의 식별과 이들 간의 관계를 정의한 실체'로 정의할 수 있다. IT분야에 이런 개념을 적용한다면 분석, 설계, 요구사항 파악 등, 다양한 목적을 성취하기 위해 분석대상에 대한 구성요소의 파악과, 파악된 구성요소들 간의 관계를 정의한 실체이며 이를 체계적으로 정리한 산출물로 볼 수 있다.

EAP(Enterprise Architecture Planning), 혹은 EA는 '기업의 전사적인 정보자원을 업무관점에서 구조화 및 지식화하는 과학적 활동 또는 방법'으로 정의한다. EA는 1980년대 후반, 정보기술 영역에 초점을 맞춰 제기된 정보시스템 아키텍처 개념에서 시작되어 몇 단계의 발전 과정을 거치면서 그 개념과 범위가 확대되어 왔다.

EA는 마스터 성격의 ISP를 지양하고, 아키텍처 개념을 조직에 도입하는 방법 중의 하나로 정보시스템의 전사적 계획수립뿐만 아니라 정보기술 아키텍처의 계획수립까지도 포함하는 개념으로서, EAP를 통해 기존 ISP 활동에서 소홀히 취급되었던 정보기술 기반구조를 보다 중점적으로 반영할 수 있게 되었다. 이제는 IT 영역에 속한 자원인 데이타, 응용시스템, 하드웨어 등을 개별적으로 구축하고 관리했던 시각에서 벗어나, 각 개별 자원들과 그들 간의 관계를 전체적인 통합과 조화를 고려해 정의한 아키텍처 관점의 적용이 중요하게 인식되기 시작하였다.

EA는 범위 측면에서는 IT 뿐만 아니라 데이타, 응용시스템, 비지니스 프로세스 영역까지를, 정보의 깊이 측면에서는 전략적 수준에서 물리적 수준까지 다양한 관점 및 수준의 정보를 포괄할 수 있도록 구성하며, EA 수립을 통해 정보를 관리할 수 있는 프레임웍을 만들고 그에 따라 정보와 시스템을 구축하게 하는 체계이다. 수립된 EA는 기업의 변화를 위해 실무 및 IT 분야의 다양한 이해관계자들 간의 의사소통 및 협업을 지원하는 도구의 역할을 수행한다.

EA는 미 국방성에서 주창하면서 많은 기업들에게 전파되었다. HP의 경우, Compacq 사(社)를 인수하면서 양사가 보유하고 있던 다양한 하드웨어 플랫폼과 서비스 구조로 인한 중복 투자 및 관리비용으로 많은 부담을 갖게 되었다. HP는 이러한 양사의 정보기술 자원 및 구조의 효과적인 통합을 위해 2002년부터 EA 프로젝트를 수행하였으며, 괄목할만한 효과를 통해 벤치마크 사례로 회자되고 있다.

● 기술 아키텍처(TA)
EA를 구성하는 아키텍처 모델 가운데, 기술 아키텍처는 Enterprise를 위한 기술 표준 및 기반 구조를 정의하는 모델이다.

(2) EA 발전단계와 구성영역

[그림 11-5]에서 볼 수 있듯이 EA는 TA(Technical Architecture)에서 시작하여 IT에 대한 가치나 비지니스에 대한 IT의 역할 범위가 확대되면서 점차 필요한 개

그림 11-5 EA 개념의 발전단계

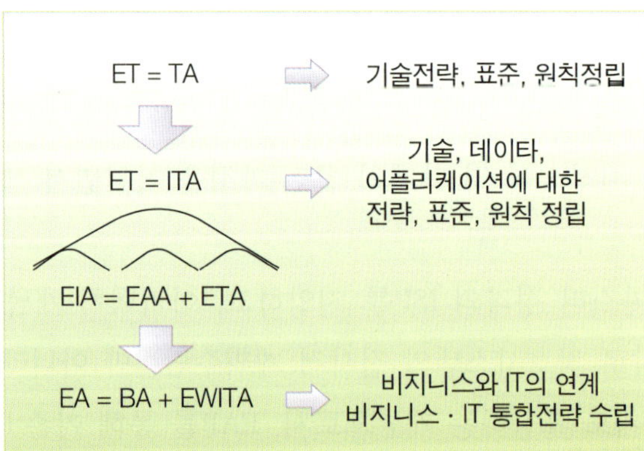

자료 : 맹지현, IT 제대로 바라보기, CIO Magazine, 2007.8

념을 흡수하고 관련된 기술이 정리되는 과정을 거치면서 현재의 모습으로 자리잡게 되었다. 최초에 TA는 조직의 정보기술 아키텍처를 지칭하는 것이었으며, 이는 조직의 기술전략, 표준, 원칙을 정립하고 이를 기반으로 정보화를 추진해 나가는 것이었다. 그 다음 단계에서는 IT 전체 영역으로 개념이 확대되어 기술 아케텍처, 데이타 아키첵처, 애플리케이션 아키텍처에 대한 전략, 표준, 원칙을 정립해 이를 기반으로 정보화를 추진해 나가는 ITA(Information Technology Architecture) 개념으로 발전하였다. 이후 비지니스 아키텍처를 포함하여 현재의 EA 모습으로 정립되었다. EA 프레임웍은 업무 및 정보기술의 모습을 일목요연하게 표현하고 정보시스템의 통합 및 연계를 위한 개념적 틀의 필요성을 제기한 Zachman에 의해 1990년대 초반에 정립되었으며, 이 외에도 Spewak의 EAP, 미 연방의 EA 프레임워크, 오픈그룹의 EA 프레임워크(TOGAF) 등의 다양한 프레임워크가 제시되었다.

그림 11-6 EA의 포괄적인 구성요소

구성요소		내용설명
EA 방향성	EA 비전	· EA 도입 목적과 목표를 정의 할 것
	EA 전략	· EA를 체계적으로 도입하기 위한 로드맵
	EA 프레임워크	· EA를 체계화 시키기 위한 룰
EA 정보	한정 아키텍처	· 현재 수행(운영) 중인 정부업무기능, 관련 데이타, 응용시스템, 정보기술을 정리한 내용
	목표 아키텍처	· 정부업무기능, 관련데이타, 응용시스템, 정보기술을 개선방향에 따라 재정의 한 것
	전환계획	· 한정 아키텍처를 목표 아키텍처로 전환하기 위한 일정, 자원투입 계획
	참조모델	· 성과관리기준, 표준업무기능, 데이타 표준, 표준정보서비스, 기술표준을 정의 한 것
EA 관리 기반	EA 관리체계	· EA 정보를 관리하기 위한 조직, 인력, 프로세스를 정립한 것
	EA 관리시스템	· EA정보를 관리하기 위한 자동화된 시스템

자료 : 맹지헌, IT 제대로 바라보기, CIO Magazine, 2007.8

이와 같은 EA의 발전과 개념의 정립은 정보화의 임무가 조직의 업무 효율성과 효과성을 극대화하는 것이며, 나아가 새로운 경영환경에 대한 신속한 대응을 위해 비지니스와 IT를 연계하고 상호 통합된 전략을 수립하기 위한 방법으로서 인식하게 되었기 때문이다. 그러나 EA 범위가 확대되고 EA가 추구하는 가치가 넓어짐에 따라 EA의 구현과 관리는 그 만큼 더 어려워지고 있다. EA 프로젝트를 실행하는 많은 기업들이 EA 체계를 만들어 놓고, 지속적으로 운영 및 관리하지 못하여 초기의 체계와 청사진에서 머물게 되는 상황이다.

따라서 최근 EA는 네 가지 영역을 포함하는 프레임워크뿐 아니라 EA의 수립에서 관리, 활용에 이르는 모든 요소를 포함하는 형태로 정의되고 있다. [그림 11-6]에서 볼 수 있듯이 방향성, 정보, 관리기반의 세 가지 요소로 구성체계가 이루어져 있는데, 이러한 구성체계는 EA가 프레임워크를 통해 확보되는 정보뿐만 아니라 EA 수립에 대한 목표의 중요성과 관리체계 및 시스템이라는 운영기반을 통해 지속적으로 보완되고 발전되어 나가는 역동적인 체계를 갖추어야 한다는 것이다. 이와 같이 EA가 계획을 수립하는 활동뿐 아니라 비지니스의 변화 필요성에 따라 끊임없이 수정되고 운영, 관리되어야 그 의미가 있다는 것을 인식하는 기업들은 항상 EA 운영조직을 마련하고 있다.

(3) EA 성과

EA는 정보기술의 유지 및 전환을 고려한다는 정보기술 측면과, 정보기술을 기업의 목표와 전략과 연계하여 미래에 추진해야 할 방향을 제시하는 전략적 측면을 모두 포함하는 것이다. 이에 기술자원의 표준화 및 혁신을 통해 효율적인 IT 자원관리를 가능하게 함과 동시에 기업의 장기적인 전략수립 및 실행을 위한 도구로서 EA가 있는 것이다.

따라서 EA성과 또한 비지니스 측면과 IT 측면으로 나누어 볼 수 있다. 비지니스 측면의 성과는 IT와 전략과의 일치, 변화관리 능력 향상, 의사결정 능력 향상, 파악되지 못했던 숨겨진 자산의 확인과 사용, 업무 프로세스 개선, 프로세스 수행 인력 감소, 의사소통 개선, 각종 활동의 주기단축, 고객관련 정책지원 용이성 등이다. IT 측면의 성과로는 비지니스를 리드하는 IT 전략의 수립, 정보화 추진 지원 용이성, 불필요한 IT 자원 파악, 제거, 중복투자 지양으로 비용절감, IT 자원 투자 효과 극대화, 시스템 개발 주기단축, IT 품질향상, 시스템 유지비용 감소, 참조 정보의 개선, 재 작업 감소 등이 제시되고 있다.

과거에는 IT 영역에 대한 아키텍처적인 접근이 ISP, 혹은 다양한 표준화 작업을 통해 접근되어 왔다. 실제로 EA 수립 작업과 ISP 작업은 추진 방법론에 있어서 많은 점이 유사하다. ISP 또한 비지니스, 데이타, 애플리케이션, 기술영역의 현재와 미래에 대한 구조를 정립하는 작업을 해왔고, 데이타 영역과 기술영역에 있어서는 전체 관점의 청사진 정의와 표준화에 대한 중요성을 강조하였다. 그러나 이러한 유사성에도 불구하고 EA와 ISP가 구분되는 이유는 기존의 노력들이 특정 역량을 강화하기 위하여 일회성으로 이루어지는 마스터플랜 수립이나 표준화인데 반해, EA는 전사 차원의 변화관리를 목적으로 하는 프로그램이라는 점이다. 즉, 현황분석과 시스템 구축 전략수립과 함께 신속히 변화의 영향도를 분석하고 반영할 수 있는 기반체계를 아키텍처적인 접근을 통해 확보하고자 하는 것이 EA의 중요한 특징이기 때문이다. 디지털 시대의 정보기술 환경은 매우 빠르게 발전하고 있으며, 기업은 수 없이 등장하고 사라지는 수 많은 복잡한 기술 및 시스템들에 대한 선택과 구현에 어려움을 겪고 있다. 기업은 현재와 미래의 아키텍처 정보와 목표 달성을 위한 계획을 지속적으로 관리하여 비지니스 환경의 변화에 대해 기민하게 대응할 수 있는 능력을 갖추는 것이 필요한데, 이것이 EA의 도입 목적이 된다.

1.3 IT 거버넌스

기업이 디지털 시대에 살아남기 위해서는 디지털 기업으로 변화하고, 디지털 경영활동을 수행하여야 한다. 따라서 수 많은 IT 프로젝트를 수행함으로써 디지털 기업으로서의 생존과 발전을 위한 수단과 도구를 마련하여야 한다. 기업의 입장에서 마대한 투자와 시간, 노력이 요구되는 전사 차원의 IT 프로젝트, 지원시스템들을 성공적으로 수행하고 마련하기 위해서는 조직 전체의 관리기반을 마련하는 것이 필요하다. 최근 이와 같은 필요에 의해 조직 전반적인 IT 거버넌스(IT Governance) 체계를 마련하고 효과적으로 정비하는 것에 큰 관심이 주어지고 있다.

그렇다면 IT 거버넌스란 무엇인가? IT 거버넌스, 혹은 지배구조란 전반적인 IT

투자 및 운영을 규정하는 대 원칙이며, 큰 틀을 가리킨다. IT 지배구조의 정의는 아직 막연하고 다양하지만, 대체적으로 'IT를 사용해 원하는 행동을 촉진하기 위한 의사결정과 책임소재에 관한 기본 틀', 혹은 'IT를 사용해 원하는 행동을 낳기 위한 의사결정 및 책임소재에 관한 기본 틀'로 정의된다. 법률로 비유하자면, 헌법에 해당되며, 한 집안의 가풍에 해당되어 IT가 기업에서 어떻게 운영될 것인가를 규정하는 최상위 원칙인 것이다. IT 거버넌스는 이사회와 경영진의 책임 아래, 수행되는 기업 지배구조의 일부로써 IT가 조직의 전략과 목표를 유지하고 보장할 수 있게 하는 리더십, 조직구조, 프로세스를 의미하는 것이다.

구체적으로는 IT 투자 의사결정, IT 전략, IT 투자 우선순위 조정, IT 아키텍처, IT 프로세스, 기술, IT 조직 구조 등에 대한 원칙과 관리 메커니즘이 IT 지배구조를 구성하는 주요 요소이다. 따라서 기업 내의 IT 지배구조가 제대로 확립되어 있지 않다면 올바른 IT 투자도, IT 투자를 통한 성과와 가치의 창출도 가능하지 않다.

기업은 IT와 관련하여 몇 가지 핵심적인 의사결정을 내린다.

- 전사적으로 IT의 역할을 규정하는 IT 원칙 결정
- 기술 선정과 방향에 대한 IT 아키텍처 결정
- 공유되고 있는 IT 서비스 이용과 관련된 IT 인프라 결정
- 각각의 프로젝트를 위한 비지니스 애플리케이션 요구조건 결정
- IT 투자와 우선순위 결정

이와 같은 의사결정을 수행하기 위해서는 IT가 조직의 전략과 목표에 부합하고 비지니스와 IT 간의 연계 강화 및 가치증대를 꾀하기 위한 틀을 전사 차원에서 마련해야 한다는 것이다. 따라서 IT 운영위원회와 같은 힘이 있는 전사 차원의 의사결정그룹이 항시적인 활동을 수행하여야 한다.

기업은 IT 지배구조 메커니즘을 구성하고 IT 이슈와 관련된 의사결정을 수행하고 구현할 수 있다. 주요한 메커니즘으로는 다음과 같은 것들이 있다.

첫째, 의사결정을 촉진하는 메커니즘이다. 전사적인 차원에서 의사결정 사안들을 선택하고 결정한 후, 이것을 실행할 수 있는 자원과 계획을 할당할 수 있는 권위와 책임이 있는 조정위원회 등을 마련하는 것이다.

둘째, 정보기술과 현업의 목표들을 확실하게 연계시켜 주는 프로세스이다. 따라서 기업은 IT 거버넌스의 체계 하에서 ISP, EA와 같은 계획활동을 수행함으로써 지속적으로 비지니스 목표와 전략을 최신의 기술 동향과 조직의 적합한 역량에 맞추어 지원할 수 있는 청사진을 마련하고 융통성 있게 대응한다.

셋째, 지배구조 원칙들과 결정사항들을 의사소통하기 위한 수단이다. 조정위원회 등에서 결정한 중요 사항들과 계획들은 일관성 있게 전사적으로 전달되어 공감대가 형성되고 실행될 수 있어야 한다. 따라서 IT와 현업의 임직원들이 참여할 수 있는 소위원회와 의견개진을 위한 커뮤니케이션 통로와 문화가 형성되어야 한다.

IT 거버넌스와 EA의 구조 체계가 유사해 보이지만 대상의 범위와 목표에서 차이가 있다. IT 거버넌스는 이사회와 경영진을 포함한 전사적인 관점에서 IT 자원의 효율적인 관리 및 의사결정 활동을 포함하고 있다. 또한 IT 거버넌스의 목표는 IT 조직의 역할과 책임을 명확하게 관리하고 IT 활동상황을 관리 및 통제하고 모니터링하는 것이다. 반면, EA 지배구조는 EA 구축 범위나 IT 부서와 현업이 연계가 되어 있는 부분에 한정되어 있다. EA의 목표는 구축된 아키텍처의 활용 및 관

그림 11-7 EA와 IT 거버넌스의 관계

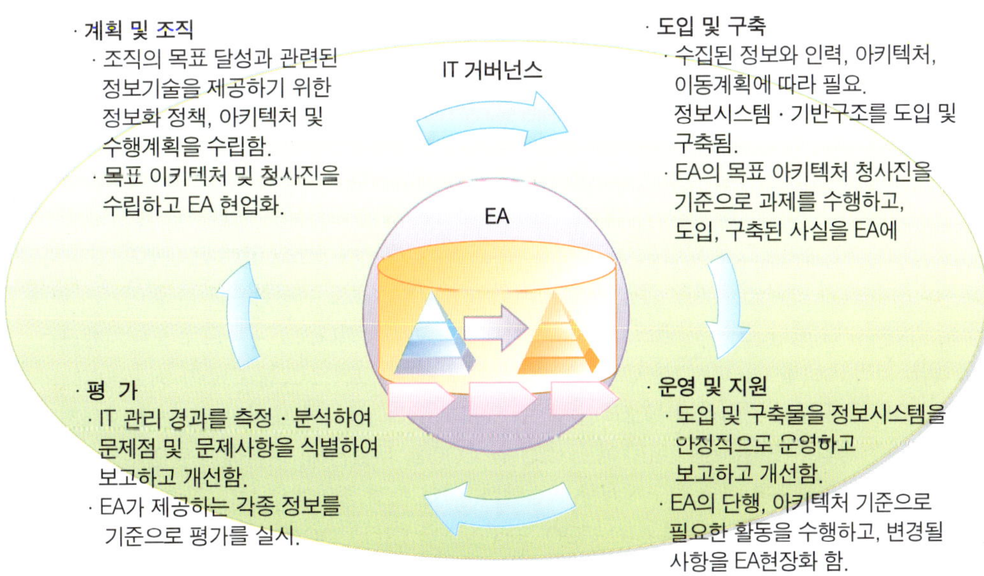

자료 : 맹지현, IT 제대로 바라보기, CIO Magazine, 2007.8

Case in Point

IT 거버넌스 기업사례

JP모건체이스

JP모건체이스는 지난 2000년 JP모건과 체이스맨하튼이 합병하여 탄생한 자산 8,000억 달러 규모의 미국에서 두 번째로 큰 은행이다. JP모건체이스는 합병으로 인해 2001년부터 2004년까지 매우 커다란 변화를 겪었다. 그리고 물론 IT도 여기서 예외가 아니었다. 특히 JP모건체이스는 합병을 하면서 IT와 운영부문에서 30%의 비용을 절감하겠다고 공언했다.

이러한 발표는 CIO에게 도전사항으로 다가왔다. 여기에 대해 JP모건체이스의 CIO는 이전보다 더욱 강력한 IT 지배구조와 의사결정 프로세스를 갖춰나갔다. 이를 토대로 JP모건체이스는 매우 성공적으로 구조조정을 마무리 지었고, IT 및 운영부문에서의 30%비용절감을 달성한 것은 물론, 추가적으로 15 ~ 30%의 비용을 줄였기 때문이다. JP모건체이스는 이를 달성하기 위해 IT 및 운영의 효율성을 제고할 수 있는 요소가 무엇인지 확인했다. 이 과정에서 JP모건체이스는 특히 두 가지에 주목했다. 첫째는 은행차원에서 서로 공유될 때 효과를 발휘할 수 있는 프로세스 및 IT 발굴이었다. 대출 프로세스는 좋은 예가 된다. 대출 프로세스의 경우 은행 내 여러 사업부에서 제각각 존재했다. JP모건체이스는 이를 하나의 단일한 표준 프로세스를 만들어 전 세계적으로 통일시켰다. 이러한 노력을 전시적으로 기울인 끝에 JP모건체이스는 많은 비용절감과 효율성 증대를 맛볼 수 있었다. 둘째는 아웃소싱이었다. JP모건은 아웃소싱을 적극적으로 추진했다. IBM에 IT 인프라에 대한 관리를 아웃소싱 했고,(최근 JP모건체이스는 IBM과의 아웃소싱 계약을 취소하고 인소싱으로 전략을 선회했다.) 애플리케이션 개발을 위해서는 인도기업과 손을 잡기도 했다. 이를 통해 JP모건체이스는 수 억 달러의 비용절감효과를 창출했다. 이제 IT는 어떤 금융 회사에게나 필수 전략요소이다. 그러나 IT는 그 특성상 매우 복잡한 성격을 갖고 있다. 따라서 CIO의 높은 관리역량과 강력한 지배구조 확립이 필수적이다. 그리고 '비지니스를 항상 중심에 놓고 IT를 생각 하는것이' IT 지배구조를 제대로 작동시키는 중요한 원칙이라는 것을 잊지 말아야 할 것이다.

도이치뱅크

도이치뱅크도 2002년부터 2004년까지 IT운영과 관련해 많은 변화를 겪었다. 당시 도이치뱅크의 CIO는 IT예산이 40억 유로에서 30억 유로로 대폭 삭감되는 가운데 사업은 계속 확장되는 딜레마에 빠져있었다. 돈은 줄어드는데 할 일은 계속 늘어나고 있었던 것이다. 도이치뱅크도 JP모건체이스와 같이 IT운영의 효율성 및 효과 증대성을 꾀하지 않으면 안되는 시급한 상황이었다. 따라서 도이치뱅크도 이러한 문제를 풀어가기 위해 효과적인 IT구조를 확립해야만 했다. 도이치 뱅크는 먼저 조직체계를 변화시켰다. 그 일환으로 도이치뱅크는 그룹 CIO를 임명했다. 그리고 그룹 CIO가 그룹 COO를 겸직하도록 했다. 그리고 그룹 CIO가 최고경영회의 및 이사회에 참석해 IT에 대해 보다 강력하게 목소리를 낼 수 있도록 했다. 동시에 도이치뱅크는 보고체계도 조정했다. 도이치뱅크는 각 사업부(Business Unit)에도 CIO 겸 COO를 두었는데, 이들에게 사업부장 뿐 아니라, 그룹 CIO에게 동시에 보고하도록 이중 보고체계를 확립했다. 이를 통해 중앙에서 보다 강력하게 IT를 통제해 나갔다. 도이치뱅크는 이 과정에서 사업부 CIO/COO 그리고 그룹 CIO/COO에게 많은 힘을 실어 주었다. 조직 내에서 CIO의 역할이 크게 강화된 것이다. 그리고 이러한 노력을 통해 기대 이상의 효과를 맛볼 수 있었다.

▸ 박호경, 어떻게 효과적인 IT 지배구조를 확립할 것인가? CIO Magazine, 2005.4

리진행 상황을 현업부서와 연계해 통제 및 모니터링하여 EA 활동성을 높이는 것이다.

02 정보시스템 조직

정보자원이란 좁은 의미의 정보뿐 아니라 정보를 제공하는데 필요한 하드웨어, 소프트웨어, 통신기술, 사무자동화 전반, 정보시스템 아키텍처, 정보기술 인력, 정보시스템 기능의 구조, 그리고 조직에서 정보시스템을 활용하는 조직원들의 마인드와 문화 등을 모두 포함한다.

조직의 정보자원은 조직 전반에서 관리되어야 하지만 보다 전략적으로 관리해 나가기 위해서는 IS조직의 역할이 요구된다. IS조직은 기업의 정보화를 기획, 운영, 조정하는 등 정보화 업무를 실질적으로 추진하는 주무부서로서, 기업의 정보자원을 구성하는 핵심부분이면서 동시에 정보자원관리(IRM: Information Resource Management)의 주된 책임을 가지고 있다.

조직의 정보자원 범주 가운데 IS 전문인력의 관리는 무엇보다 중요하다. 오늘날 IS인력은 기업에서 가장 대표적인 지식 근로자로서 조직의 경영비전을 현실적으로 지원하는 IS전반의 관리업무, 즉 기획 및 구축, 운영 등의 업무를 실행하는 핵심정보자원이다. 이제 IS인력은 더 이상 기술자로서의 역할에 머무르지 않고 경영지식, 관리기술, 인간관계기술 등을 고루 갖추고 다양화된 활동 영역에서 조직의 변화 대리인, 경영문제 해결자, 정보기술을 통한 경쟁기회 탐색자 등의 역할을 요구받고 있다.

본 절에서는 기업의 정보자원을 보다 효율적으로 관리하기 위한 IS조직의 구조 및 형태에 대하여 알아본다. 또한 IS 인력자원의 직무유형과 경력방향, 그리고 그들의 역량 개발방안 등에 대해 간략하게 살펴본다.

2.1 MIS 조직의 구조

정보시스템이 기업에서 활용되기 시작한 1950년대, 그리고 1060년대까지는 그 기능이 회계 혹은 재무의 하위기능으로 인식되어 전통적인 회계업무에 적용되는 자료처리 역할에 한정되었다. 그러나 정보기술이 발전하고 경영의 모든 기능이 속도와 생산성, 품질의 향상을 요구 받게 됨으로써 정보시스템은 경영의 주 활동과 지원활동을 모두 지원하는 전사적인 도구가 되었다. 정보시스템은 정보보고시스템, 의사결정지원시스템, 전략정보시스템의 역할을 거쳐 1990년대 이후에는 e-비지니스 시대가 도래함으로써 기업의 사업방향을 새롭게 제시하고 다양한 가능성을 제공하는 역할을 수행하고 있다. 이와 같이 정보시스템이 기업운영을 효율화하는 기능에 머물지 않고 기업의 성과를 획기적으로 향상시키고 경영혁신을 실현 가능하게 하는 전략적 무기로서의 역할을 수행하게 됨에 따라 정보시스템의 기능과 규모는 확장되었고, IS조직의 위치 및 구조 형태 또한 계속적으로 변화되고 있다.

이에, IS관리자들이 조직 및 인력문제를 다룰 때 반드시 고려하여야 할 중요한 문제는 다음과 같다.

첫째, 전체 조직 내에서 IS 조직의 위치와 보고 구조를 어떻게 구성해야 하는가에 관한 문제이다.

둘째, IS내부의 자체구조를 어떻게 설계하느냐 하는 것이다. IS조직의 위치와 구조형태는 정보기술의 발전, 경영조직의 비지니스 프로세스의 변화, 정보자원의 집중화와 분산화 정도, 기업조직의 규모나 특성, 정보화 활용 요구 정도, 정보시스템 기능과 역할의 변화 등에 따라 달라지게 된다.

(1) MIS 조직의 위치

IS부서가 기업조직 내의 어느 위치에 자리하느냐 하는 것은 정보시스템을 성공적으로 구축하고 정보자원을 효율적으로 관리하는데 매우 중요하다. IS조직의 위치는 MIS기능과 역할에 대한 보고 수준을 결정해 주고 전 조직원들의 IS에 대한 이해와 지원정도에 영향을 미친다. 먼저 IS조직이 업무의 진행 상황을 어디에 보고해야 하는가를 결정하는 것이 중요하다. 최고 정보담당 임원(CIO: Chief Information Officer)의 지위와 CIO의 보고를 받는 사람들의 지위는 IS기능에 대한 경영진의 이해를 반영하는 것이다.

IS기능의 보고관계는 IS가 어떤 기능에 초점을 맞추느냐에 따라서도 변화될 수 있다. 만약 IS가 재무회계 라인에 보고한다면 마케팅, 생산, 또는 물류 부문보다는 재무나 회계 분야의 응용프로그램이 더 강조되는 경향이 있음을 의미한다. CEO가 MIS의 역할이 기업 각 부문의 기능을 종합적으로 지원하고 나아가 기업전략을 리드하는 것으로 인식하고 MIS에 관한 업무보고를 직접 받을 때 MIS의 성공 가능성은 매우 높다. [그림 11-8]은 IS조직이 기업에서 차지할 수 있는 위치에 대한 대안을 보여주고 있다. IS조직은 하나의 독립부서, 사용자 부서 내에, 또는 별도의 서비스 기능 부서로서 위치할 수 있다. IS조직의 위치는 기업에서 IS기능이 가장 효과적으로 발휘될 수 있도록 IS부서의 위치가 결정되어야 한다.

(2) MIS 조직의 형태

IS조직의 형태는 정보기술 환경 및 경영 프로세스의 변화에 따라 중앙 집중형 조직형태에서 분산형 조직형태로, 또 절충형으로 변화하였다. 1980년대 이후 정보기술 환경이 메인 프레임 환경에서 PC나 미니컴퓨터, 그리고 통신기술의 발전에 따라 다운사이징 되어 중앙에서 사용자 부서에 있는 정보자원들을 관리할 수 있게 되고 사용자에게 보다 나은 서비스를 제공하여야 하는 필요성에 따라 중앙

그림 11-8 MIS 조직의 위치

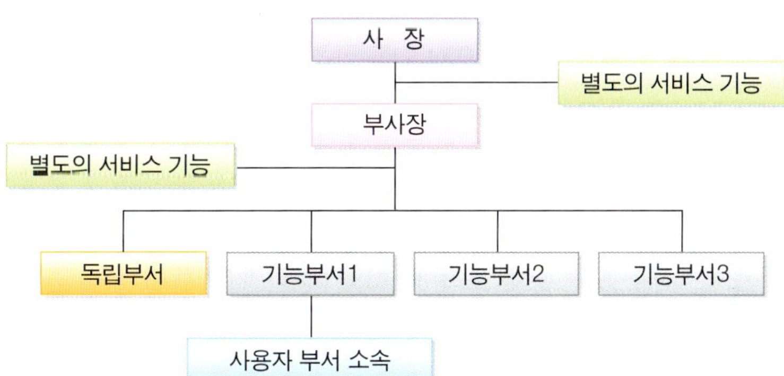

집중형에서 분산형으로 변모되었다. 컴퓨터 장비나 데이타베이스를 조직전역에 걸쳐 분산하는 것 뿐만 아니라 개발기능과 개발절차의 관리통제 또한 전 조직에 분산시키는 것이 가능하게 되었다.

그러나 1990년대 이후에 조직 내의 수많은 PC와 사용자 부서 단위의 응용 프로그램들은 전사적인 관점에서 정보자원의 비효율적 관리와 다양한 리스크를 안게 되었다. 이에 따라 분산형과 집중형의 관리형태를 절충하는 혼합형태가 제시되어 보다 효율적인 정보자원 관리구조를 탐색하게 되었다. 이는 운영은 분산처리 형태를 띄지만 정보기획이나 데이타베이스 통제는 중앙처리 형태를 갖게 되는 형식이다. IS조직의 중앙집중화와 분산화를 구분하는 주요 요소는 하드웨어가 설치된 위치, 데이타베이스가 설치된 위치, 하드웨어와 소프트웨어의 선택 권한, 소유권과 통제, 그리고 정보시스템 요원의 소속 등이다. IS조직의 중앙 집중형과 분산형에는 장 · 단점이 있다. 각 조직형태의 특징과 장 · 단점을 〈표 11-1〉에 정리하였다.

오늘날 CIO를 포함한 경영진들은 IS조직이 개발 및 운영 중심의 기능에서 벗어나 IS의 핵심 기능을 재정의하고 다양한 조직상황을 융통성 있게 지원하도록 혼합형, 절충형의 형태로 정보자원 관리를 수행하려는 경향을 추구한다. 그러나 다음과 같은 IT 관리기능에 대해서는 중앙 IS부서에서 관리하는 것이 바람직하다.

- 사용자들에 대한 통합적 지원과, 컨설팅 훈련
- IT의 방향 지시와 표준화, 아키텍처의 개발
- 조직전체를 지원하는 공통의 시스템 개발이나 구입
- 기업 데이타센터의 운영과 광범위한 데이타통신 네트워크 및 네트워크 백본의 구축
- 조직 내의 다양한 시스템과 기술들의 통합
- 경쟁우위를 위한 최신의 정보기술에 대한 조사와 개발
- IS전문가 인력관리

(3) MIS 조직의 내부 구조

IS 조직구조는 전체 조직에서 IS기능이 원활하게 실행될 수 있는 방향으로 고려되어 효율적인 사용자 요구를 충족시켜줄 수 있도록 조직되어야 한다. IS 조직구조에 영향을 미치는 주요 요인들을 나열하면 다음과 같다.

표 11-1 IS 조직 형태의 중앙집중화와 분산화

구 분	특 징	장 점	단 점
중앙 집중화	· IS본부에서 전사적으로 현업에 IT 서비스를 제공함 · 일반회계, 급여, 인사 등 조직 전반의 공통적인 기능 업무, 중앙집중식일때 경제적인 업무, 작은 규모의 조직기능, 항공예약 업무와 같이 정보의 통합을 위해 기술적으로 중앙집중식 정보처리가 요구되는 업무 등에 적합함	· 전사적 정보요구에 즉각적 대응 가능 · IS통제가 용이하고 전사적 통합화 가능 · 자원과 노력의 중복 제거로 규모의 경제 실현, 효율적임 · 보안이 용이함 · IS 인력의 전문화, 기술축적이 용이함 · 보고나 평가 목적을 위한 재무 및 운영 자료를 종합하기 용이함 · 전체적인 구도 하에 IS 인력을 채용하고 관리하여 효율적임	· 어플리케이션 개발 우선 순위에 있어 부서 간의 의견 조정에 어려움 · 사용자에 대한 이해 부족으로 상호 간 커뮤니케이션의 어려움, 시스템 산출물에 대한 만족도 저하 발생 · 사용자의 긴급한 요구와 필요에 신속히 부응하기 어려움
분산화	· IS 조직을 각 사업부 혹은 기능 부서로 분산시키는 형태로 각 사업부, 기능부서의 사업추진 방향이나 전략에 빠르고 탄력적으로 대응하는 것을 목적으로 함. · 신속하고 융통성있는 응답시간이 요구되는 상황이나 업무의 성격 상 분산된 운영이 필요한 경우에 융통성있게 관리 가능 · IS 조직의 예산이나 인사권을 해당 사업부의 임원이 결정함	· 조직 단위의 요구에 신속하고 적합한 결정 가능 · 사용자 요구에 부응하는 정보요구 및 서비스 제공 · 응용 프로그램의 관리 용이(유지보수 신속) · 현업 업무를 잘 파악하여 사용자들의 요구사항을 효과적으로 반영함 · 커뮤니케이션 원활함 · PC, 미니컴퓨터 등 적은 비용으로 운영 가능 · 작업의 복잡성이 줄어들어 빠르고 정확한 정보처리로 신뢰성 향상 · 사용자의 적극적인 참여와 IS 인력의 책임감 증진 · 자원분배에 있어 타 부서와 경쟁할 필요없이 효율적으로 처리함	· 전사적 관점의 계획 통제 어려움 · 정보자원의 중복 · 상이한 시스템 구성 및 설계, 사용되는 데이타 양식, 보고 양식 등에서 비호환성, 비일관성으로 인한 장애 발생 가능 · 어플리케이션의 중복 개발로 예산 낭비, 비표준화로 인한 재개발 등의 문제 발생 가능
연방형	· 중앙 집중형과 분산형의 문제를 보강하기 위한 형태로 중앙 IS 조직은 IT 표준화 및 공동 인프라 등을 관리하는 전사 차원의 서비스를 제공하고, 개별 어플리케이션 개발 기능은 각 사업부 및 기능부서로 분산시키는 이원적 구조형태임 · IS 본부의 정보기술 지원실은 시스템관리, 네트워크관리, IT 기획, 지원 기능 등을 수행하며 개발팀은 전사적인 IS 개발 요구를 지원하거나 IS 고유의 내부 업무를 수행하여 분산된 IS 조직을 지원	· 각 사업본부에 IS 개발 인력들이 전담 배치되기 때문에 현업의 요구사항을 근거리에서 신속하고 정확하게 지원하여 사용자들의 만족도 증진 · 분산화 형태에서 발생할 수 있는 사업부, 기능 부서 간의 서로 다른 IT 기술 구조로 인한 표준화 문제를 전산 조정 위원회나 중앙 IS 조직에서 방안을 제시하고 통제관리 할 수 있는 융통성 증가	· 기업의 규모가 작을 때는 비용의 비효율성 초래 · IT 기본방침과 예산 등에 있어 이원화된 IS 조식이 유기적으로 움직이도록 관리하는 것의 어려움 · 현업과 IS 중앙의 의견에 합의가 어려운 경우 발생

그림 11-9 전통적인 IS과업 조직 구조

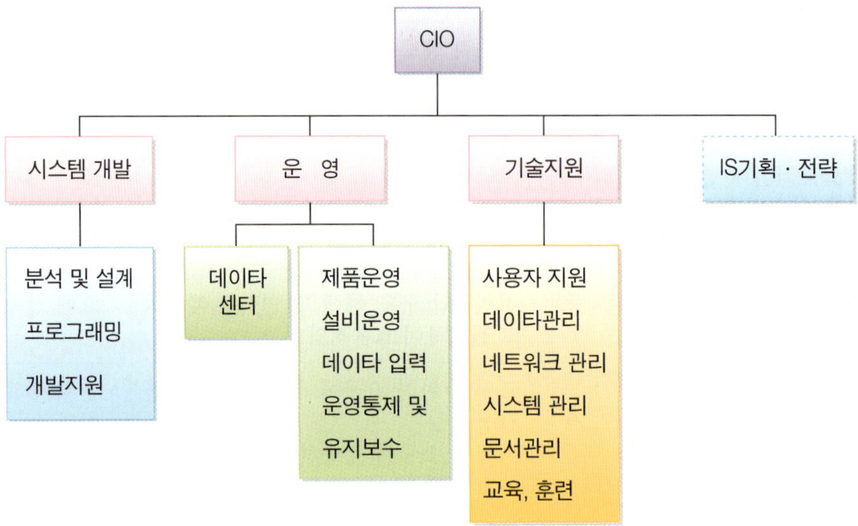

- 조직의 경영 특징, 즉 조직의 규모, 사업범위, 활동영역, 상품 및 서비스의 수와 범위, 사업본부 및 경영기능 부서의 구조와 그들의 위치
- CIO의 조직 내의 위치 및 영향력
- 정보시스템에 의해 관리되는 기술 및 상품의 유형들
- 조직 내의 IS의 역할
- IT에 대한 경영 관리자들의 조직적 이해 및 책임의식 등

작은 규모의 기업이라면 단순히 새로운 어플리케이션을 개발하고 현재의 어플리케이션을 유지보수 하는 작은 IS조직을 구성할 수 있다. 여기에 IS계획 및 관리를 담당하는 팀이 추가될 수 있다. 전통적인 IS조직의 핵심 기능은 IS개발과 운영으로서 매우 집중화되고 과업지향적 구조이다. [그림 11-9]와 같이 분석가와 프로그래머들은 새로운 프로젝트가 시작될 때 마다 변동 배치된다. 운영부분은 IS구조 형태가 집중화되어 있거나 분산화되어 있던 간에 중앙 IS부서에 의해 관리 통제된다. 전통적인 IS조직의 초점은 시스템 개발과 운영, 그리고 전문화와 관련한 비용 효율성에 있다. 일반적으로 IS전문가들은 IS부서 내 · 외의 업무 변동이 거의없어 경력이 일관된다.

[그림 11-10]은 오늘날 많은 기업에서 수용하고 있는 분산화된 IS조직구조이다. 경영기능에 분산된 IS조직구조는 사업본부, 혹은 핵심 기능부서에 응용시스템을 개발하고 유지하는 IS인력을 분산 배치하는 것이다. IS전문가들은 크게 서로 다른 현업기능 업무를 지원하는 개발 그룹과, 전반적인 IT 지원 서비스를 담당하는 스텝 그룹으로 분류된다. 경영기능 영역으로 분류된 IS조직의 초점은 특정한 고객 집단의 요구에 대한 최선의 지원이다. 따라서 IS인력은 중앙 IS그룹에 소속되어 있거나 사용자 그룹에 속해 있던 간에 현업 인력 혹은 IS인력과 협력하여 중

그림 11-10 경영기능 영역에 속한 IS조직구조

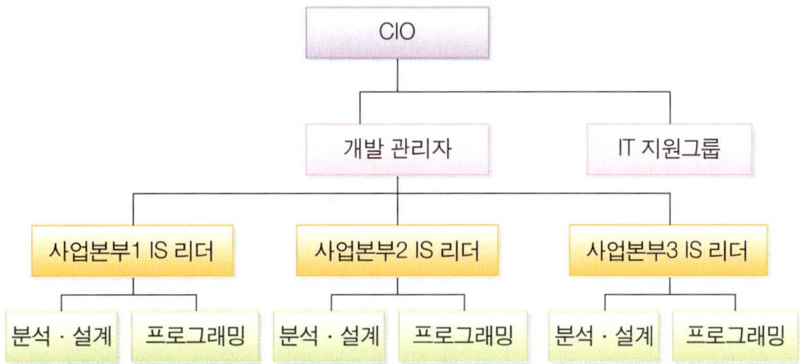

그림 11-11 매트릭스 IS조직 구조

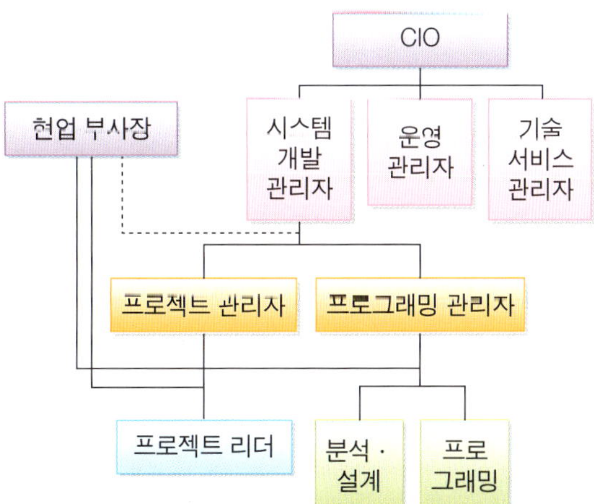

재자의 역할을 원활히 수행하여야 한다. 시간이 지날수록 시스템개발 요원과 사용자 간에는 인간관계가 강하게 형성되어 의사소통이 원활해지고 시스템 구현도 용이해진다. 그러나 부서 간 자원분배에 있어 불균형이 발생할 수 있다.

[그림 11-11]은 사용자 부서에 대한 서비스의 질과 IS관리 효율 간의 균형을 유지하는 매트릭스 조직구조이다. 중앙의 시스템개발 부서는 기능 분야별 관리자에게 기술적 지도, 조정, 표준화 등의 지원을 제공한다. 이 조직에서는 프로그래밍 관리자에게 보고하는 프로그래머 팀과 분석가 팀, 그리고 프로젝트 관리자에게 보고하는 프로젝트 리더로 구성되는 하부조직으로 나뉜다. 새로운 프로젝트는 프로젝트 리더에게 할당되고 그는 분석 및 프로그래밍 팀과 협력하여 프로젝트 팀을 구성한다. 프로젝트 리더와 분석 및 프로그래밍 리더, 혹은 프로젝트 관리자와 프로그래밍 관리자들은 어플리케이션의 개발 진행상황을 현업 부서장에게 보고하면서 동시에 정보시스템 부서의 담당 관리자에게도 보고한다. 매트릭스 조직의 장점은 기능적 조직의 장점을 그대로 살리면서 사용자의 요구를 반영할 수 있는 체계를 갖출 수 있다는 점에서 매우 효율적이다. 그러나 프로젝트를 진행하는 개발 인력들은 각각 두개의 라인에 있는 관리자들에게 보고해야 하는 어려움이 있으며, 이해 관계자들 간의 책임과 권한 관계에 갈등이 존재할 가능성이 있는 경우 적합하지 않다. 프로젝트의 평가 또한 상이한 시각을 가진 상위 관리자들에게 평가될 수 있으므로 일관성을 가지고 진행하기 어려운 경우가 발생하기도 한다.

그 밖에 [그림 11-12]와 같이 최종 사용자를 보다 신속하고 적극적으로 지원하

그림 11-12 가상IS조직구조

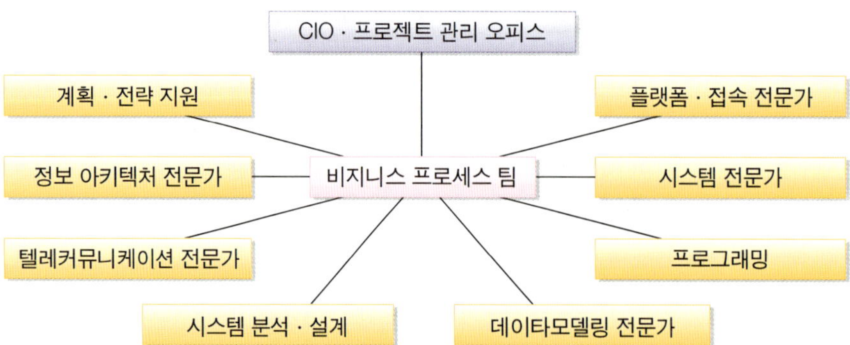

는 IS조직구조로서 가상 정보시스템 조직형태가 등장하고 있다. 이는 기업 내외의 IS전문가들로 구성된 하나의 팀이 특정한 비지니스 프로세스를 지원하는 프로젝트 기반의 형태로 서비스를 제공한다. 가상 정보시스템 팀은 프로젝트를 수행하는데 요구되는 시스템 분석가, 프로그래머, 프로젝트에 필요한 다양한 IT 전문기술을 보유한 인력들, 그리고 사용자 부서의 업무전문가 및 고객, 벤더, 컨설턴트 등으로 구성될 수 있다. 가상 정보시스템 팀은 항시적으로 존재하면서 지원할 수도 있지만 프로젝트가 종료되면 해체되었다가 새로운 프로젝트에서 여건이 되는 새로운 여유 인력으로 팀이 구성될 수도 있다. 가상 정보시스템 조직은 조직의 경계를 넘어 외부 전문가들이 포함된다는 특징과, 개방적이고 상호작용적인 팀 중심의 조직으로 사용자 부서의 요구를 적극적으로 수용하고 신속하고 융통성 있게 문제를 해결할 수 있다는 장점을 갖는다.

최근에는 기업 내에 존재했던 IS조직이 다양한 형태로 분사하는 경향을 보인다. 완전 독립회사로 분사하여 IS아웃소싱 업무를 전담하는 형태와, 자회사적 분사 등의 형태를 띄는 방안 등으로 다각화 되고 있다. 그와 같은 변화는 기업의 규모와 IS조직의 규모, 독자적인 비지니스 모델의 수립 가능성, 모기업 및 계열 기업사, 각 사업본부 등과의 안정적인 관계 등의 여하에 따라 방향을 결정할 수 있다.

2.2 MIS 조직에 대한 경영 지원

IS조직의 기능이 성공적으로 활성화되기 위해서는 몇 가지 요소가 고려되어야 한다. IS최고 책임사의 사무실을 CEO사무실 가까이에 두고 보고 체게를 용이하게 하여 IS에 대한 지원과 전사적 이미지 제고를 향상시키도록 하는 것, 중역들의 IS 교육활동을 지원하고 프로젝트에 적극적으로 참여하도록 하는 것, 경영환경의 변화에 따라 융통성있고 신속하게 IS에 관한 의사결정을 수행하기 위한 조직 및 기구 등의 제도적 장치를 마련하는 것 등이다.

(1) CEO(Chief Executive Officer)의 역할

IS기능에 대한 최고 경영자의 태도와 행동은 IS의 성공적인 활용에 매우 중요하며, 최고경영자의 바람직한 역할은 다음과 같이 정리할 수 있다.

- IS기능의 최고 책임자를 최고 의사결정권자에게 밀접하게 위치시켜 IS기능의 활동보고를 직접 받고 IS 관련한 정보가 전체 조직으로 원활하게 공급되도록 한다.
- IS기능을 위한 자원 공급을 적절히 한다.
- IS계획 수립 및 실행 업무에 관여하여 리더십을 발휘한다.
- IS구축과 사용을 촉진시킬 수 있는 보상제도를 실시한다.
- IS최고 책임자를 경영 임원급의 일원으로 선정한다.

(2) CIO(Chief Information Officer)

IS기능의 성공적인 운영과 IT성과를 결정짓는 가장 중요한 요인 가운데 하나는 IS리더의 존재이다. 1980년대 중반이후 많은 기업들은 정보시스템의 기능과 역할을 경쟁전략의 핵심 수단으로 인정하기 시작하면서 IS의 실행 현황을 최고경영층에게 보고하고 IS조직을 전략부서로 이끌 수 있는 관리자가 필요함을 인식하게 되었다. CIO는 기술관리자가 아닌 경영관리자로서 임원급에 해당되며, 기업 전반의 정보시스템과 정보기술을 관장하고 기업의 전략 계획과 주요 의사결정에 직접 참여하며 IS조직의 활동이 경영목표 및 전략과 연계해서 원활히 수행되도록 하는 책

그림 11-13 CIO의 활동 영역

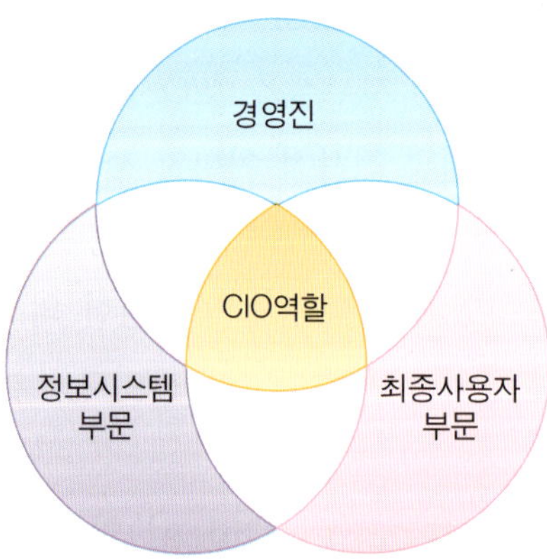

임을 갖는다. 기업에서 CIO의 직위에 대해 정의된 역할은 그 기업이 IS조직으로부터 기대하는 것이 무엇인지에 대한 정도와 수준을 가늠하게 한다. CIO는 [그림 11-13]과 같이 크게 세 가지 영역에서 다양한 역할자가 되어야 한다.

첫째, 경영진 영역에서는 다음과 같은 역할을 수행한다.

- 조직의 경영전략과 정책수립에 참여하며 경영전략과 연계한 정보시스템 전략을 수립한다.
- IS조직의 역할과 기능을 파악하여 조직에서 정보시스템의 이용 가능성을 인식하고 실현시킬 수 있도록 추진한다.
- CEO나 다른 부문의 경영진들에게 정보시스템의 가능성을 이해시키고 필요한 교육 기회를 제공하여 정보자원에의 예산을 확보할 수 있도록 한다.
- 조직 내 · 외부의 주체들을 연결시킬 방안을 마련하여 조직 전반을 성공적으로 정보화하는데 기여한다.
- IS를 통해 경영 프로세스 개선을 지원할 책임을 가지며 변화 대리인의 역할을 수행한다.
- IS와 관련한 정부 규제나 법적 규약에 대해 인식하고 대응 방안을 마련한다.

둘째, 정보시스템 부문 관리자로서의 역할을 수행한다.

- 정보시스템 비전을 수립하고 IS전문가들의 리더로서 역할 모델이 되도록 하며, IS전문가들의 과업성과를 향상시킬 수 있도록 동기부여 한다.
- IS조직 내부의 예산안을 수립하고 최신 정보기술에 대한 인식과 평가를 통해 IT 구입이나 아웃소싱, 개발 의사결정을 수행한다.
- 조직의 문제를 해결할 최선의 솔루션을 제시한다.
- 기업에서 필요로 하는 정보자원을 배분, 조정, 통제한다.
- IS인력을 채용 및 관리하며 조직원들에게 적절한 권한을 부여한다.
- IS인력 및 사용자들에 대한 고육, 훈련 방안을 마련하고 결정한다.
- 응용 시스템의 개발 우선 순위를 결정한다.

셋째, CIO는 현업과 정보시스템 부서 간의 갈등을 관리하면서 이해를 도모하고 전사적으로 시스템 활용도가 높아지도록 최종 사용자 부문과의 원활한 의사 소통자로서의 역할도 수행하여야 한다.

- 경영 각 부분에 정보시스템의 전략적 의의와 활용 방법 등을 전달한다.
- 어플리케이션과 정보자원의 우선순위 및 배분과 관련한 부서 간 업무 및 갈등을 조정한다.
- 사용자의 관점에서 정보에 대한 접근성을 개선시키고 고객 서비스를 증진시킬 수 있는 IS방안을 마련한다.

이상의 역할을 성공적으로 수행할 수 있는 CIO가 되기 위해서는 다양한 측면의 자격 요건을 갖추어야 한다. 아래의 역량들은 IS연구분야에서 파악된 IS관리자들의 핵심 역량들로서 CIO가 먼저 역할 모델이 되어야 한다.

첫째, 인간관계 능력이다.

- 리더십
- 다양한 이해 관계자들 및 IS조직원들과의 원활한 관계 유지를 위한 커뮤니케이션 능력
- 객관적이고 융통성있는 의사결정능력
- 포용력과 협력적인 자세

둘째, 경영 지식 및 업무경험과 관련한 능력이다.

- 조직의 목표와 전략을 이해하고 정보시스템을 활용하여 사업기회를 포착할 수 있는 경영마인드
- 경영환경 및 자사 사업분야에 대한 이해와 경험
- 전략수립 능력과 혁신능력
- 변화관리능력
- 손익 마인드와 자원배분능력
- 다양한 정보시스템 프로젝트가 성공적으로 수행되도록 관리하는 능력

셋째, 정보기술과 관련한 능력이다.

- 최신 정보기술을 이해하고 조직에의 도입 적합성을 파악할 수 있는 능력
- 정보자원 관리에 대한 능력
- 정보자원을 전사적으로 배분하여 최선의 정보기술 인프라를 구축하도록 하는 능력

미래의 IT리더, 혹은 CIO들은 조직이 처해있는 상황에 따라 그들에게 기대하는 적합한 역할자가 되어야 한다. 리더십을 갖춘 IT 전략가로서 IT와 비지니스에 대한 전문성을 갖추고 IT에 대한 비전을 제시할 수 있어야 한다. IT를 통해 프로세스 혁신과 비지니스 혁신을 리드할 수 있는 혁신가로서의 면모도 필요하다. 더불어 IS조직과 정보자원을 원활하게 관리해 나갈 수 있는 관리적 능력과 경험이 필요하다. 향후 기업이 필요로 하는 CIO의 역량은 기술 관리자로서의 면모보다는 비지니스와 IT에 대한 지식과 경험을 기반으로 하여 혁신성과 리더십, 그리고 커뮤니케이션 능력을 고루 갖추고 기업전체와 IS조직을 조화롭게 리드할 수 있는 경영자로서의 자질이다.

(3) IT조정위원회

IT조정위원회(IT Steering Committee)는 주요 IT이슈에 대해 최고 경영진들의 이해, 합의, 동의를 이루는 의사결정 기구이다. IT 투자규모가 나날이 증가하고 IT와 관련한 의사결정이 기업의 모든 조직, 부서에 영향을 미치기 때문에 경영진들이 주요 IT이슈에 대해 파악하고 이를 경영전략과 연계시키기 위하여 그 필요성이 요구된다. 즉 최고경영자, 재무담당 최고 임원, 정보담당 최고 임원, 그리고 현업의 주요 임원진이 참여하여 시스템 개발의 우선순위를 정하고 정보시스템 기능을 기업 전체의 요구와 일치시키도록 한다. IT 조정위원회의 가장 중요한 일 중의 하나는 정보기술에 대한 장기 계획과 IS조직의 장단기 계획을 설정하고 이를 기반으로 기업의 자원을 배분하는 역할이다. 기업은 IT 조정위원회의 운영을 통해 IS기능의 중요성을 조직원들에게 강조함으로써 IS의 성공 가능성을 높일 수 있다. 조정위원회의 책임자는 대부분 기업의 최고 경영자이며 IS조직원들은 준비된 IT 평가자료들을 위원회에 보고하고 정보기술 전문가가 기술적 조언을 맡는다. 위원회의 모임은 정기적이고 지속력이 있도록 하여야 하는데 기업의 상황에 맞게 결정하는 것이 바람직하다.

조정위원회의 역할을 나열하면 다음과 같다.

- IS전략이 기업의 전략과 연계되도록 시스템 개발의 우선 순위와 방향을 결정한다.
- IS에 대한 자원 할당을 승인한다.

- 기업 조직에서 IS기능의 구조 문제를 결정한다. IS자원의 중앙 집중화 또는 분산화 문제가 이에 해당된다.
- IS에 대한 공유된 책임의식의 형성과 진행중인 IS활동에 대한 정보가 자유롭게 전달되도록 한다.
- IS핵심요원에 대한 인사관련 면담 및 승인을 한다.
- IS기능의 성과를 측정하고 평가하여 IS부서와 자원에 대한 감사활동을 수행한다.

(4) 정보센터

정보센터(Information Center)라는 용어는 1976년 IBM이 공식적으로 쓰기 시작하였다. 정보센터는 최종사용자의 정보처리 문제점을 보다 신속히 지원하기 위한 정보서비스 그룹으로서 다음과 같은 서비스를 제공한다.

첫째, 사용자들에게 컴퓨팅과 관련한 문제의 해결을 지원한다. 구체적으로 훈련과 교육, 응용시스템 개발지원, 프로토타입 프로그램 개발, 디버깅 지원, EUC 시스템 식별, 네트워크 요구사항 식별, 어플리케이션의 유용성에 대한 컨설팅, 데이타 접근 지원, 인터넷, 인트라넷 응용 지원, IS전문가들과 공식적인 커뮤니케이션 수단 제공, 시스템 매뉴얼과 라이브러리의 생성 지원 등이다.

둘째, 일반적인 기술적 지원을 제공한다. 이에는 보안과 통제 지원, 하드웨어와 소프트웨어 선택 및 설치 지원, 응용 시스템 패키지와 개발도구의 선정 지원, 소프트웨어 설치와 갱신 지원, 질의어와 보고서 생성 패키지 지원, 정보통신 장치의 설치 및 이용 지원, 데이타베이스 백업, 복구 및 보관에 대한 가이드라인의 수립이 포함된다.

셋째, 일반적인 행정적, 관리적 지원 서비스를 제공한다. 문서화 지원과, 현재 조직의 컴퓨팅 이슈에 관한 정보를 분배할 수 있는 체계를 제공한다. 소프트웨어, 하드웨어, 어플리케이션 시스템에 대한 사용자들의 즉각적인 요구를 위한 핫라인의 설치와 운영, 정기적이고 비정기적인 사용자 그룹 미팅을 주관한다.

정보센터는 다음과 같은 전문역량을 갖춘 인력에 의해 운영되도록 하여야 한다.

- 경영지식, 업무 프로세스 분석 기술, 소프트웨어 패키지에 대한 지식

- 현재 조직에서 운영중인 기본적인 하드웨어 지식
- 요구되는 정보의 원천을 찾아낼 수 있는 지식
- 인내력과 적극성
- 커뮤니케이션을 포함하는 인간관계 기술
- 프로그래밍 기술, IS관리자의 직접적인 관리없이도 프로그램을 완성할 수 있는 마인드, 적극성, 그리고 최종사용자에 대한 서비스 정신

오늘날 정보센터는 기업들 상황에 맞는 다양한 IS조직의 구조형태를 지향하면서 중앙집중형태를 보완하고자 할 때 사용자 부서의 교량역할을 하는 팀으로서 활용하기도 한다.

(5) 외부 컨설턴트

많은 기업들은 대규모의 IS프로젝트를 성공적으로 수행하는데 객관적인 평가와 정보지식을 통해 내부 조직원을 지원해 줄 외부 전문가의 자문을 받고 있다. 이들은 컨설턴트, 교수 또는 비 경쟁업체의 전문가로 구성될 수 있다. 이들은 IS의 책임자, 기업의 IT 조정위원회 또는 대규모 프로젝트의 팀장 등과 상담하고 자문을 한다. 또한 외부 자문위원은 정기적으로 회사에 상주하여 프로젝트팀이나 IS관리자들이 작성한 보고서를 검토하여 IS에 관한 기능과 프로젝트 상황을 평가한다. 외부 컨설턴트는 기술에 관한 지식이 부족한 관리자들과 경영개념이 부족한 기술인력 간의 관계를 중재하고 상호 간의 이해를 증진시키는 역할을 함으로써 조직 내부의 갈등과 커뮤니케이션의 문제를 지원한다.

2.3 MIS 인력 관리

정보시스템 인력은 전형적인 전문지식 근로자로서 독자적인 업무수행과 책임, 권한에 있어 자율성을 최대한 보장 받기 원하는 독립적인 성격이 강하여 조직 내의 다른 부문과는 이질적인 문화를 갖는다. 그들은 조직에 대한 몰입도가 낮고 자신의 직업에 대한 몰입으로 대체하는 경향이 있다. 이들의 성장 욕구는 평균 이상

이고 사회적 욕구는 평균 이하이며, 이직률이 매우 높다. 최근에는 IS인력의 직무와 관련하여 다음과 같은 변화가 등장하였다.

- 전사적 차원의 IT 기획 업무의 비중이 높아졌다.
- 작업의 성격이 신규 개발에 비해 유지보수의 비중이 높아져 가고 있다.
- 자체 개발보다 패키지의 이용과 아웃소싱의 가능성이 커지고 있다.
- 분산화된 환경과 EUC의 등장으로 사용자에 의한 시스템 개발을 지원하고 컨설팅 하는 역할이 증가하는 추세이다.
- 웹 기술과 고급개발 툴의 이용이 많아져 응용 프로그램 개발에 필요한 기술수준이 감소되고 작업에 대한 도전의욕이 감퇴되고 있다.

전통적으로 IS전문가들은 최신 장비와 응용이 요구되는 기술적으로 복잡한 프로젝트에 동기부여가 되었으나, 새로운 기술환경에서도 IT 업무를 성공적으로 수행하여 조직성과에 기여하도록 IS관리자들은 다양한 방법들을 통하여 IS 전문인력들의 사기를 진작시키고 업무성과를 독려하여야 한다. 미 CIO지(Best Practice Exchange) 맴버들에 의하면 다음과 같은 관리방법이 IS전문가들의 사기를 크게 높일 수 있다고 한다.

- 다른 기능 부서의 조직원들보다 IS인력들에게 가장 중요한 사항이라 할 수 있는 훈련, 기술개발의 제공이다. 과중한 업무에 의한 시간적 제약과 예산의 문제가 존재할지라도 IS인력들에게 일정한 교육기회를 제공함으로써 전략부서 일원으로서의 자긍심과 능력을 갖출 수 있도록 한다.
- 금전적 보상과는 다른 인정의 욕구를 충족시켜준다. IS인력들이 기업의 핵심 비지니스와 관련된 일을 수행하고 있다는 것을 인식시킴으로써 사기가 진작되어 기여능력이 커질 수 있도록 한다.
- 일반 부서원들과는 다른 금전적 보상체계를 갖춘다. 과중한 업무와 전문지식을 통해 조직에 공헌하고 있음에 대해 기업이 충분히 인식하고 있음을 보여주어야 한다.
- CIO 및 스텝들 간 계속적으로 의사소통 할 수 있는 방안을 마련하여 정보를 공유하고 명확하게 프로젝트 상황을 인식할 수 있도록 한다. 또한 여러 팀들이 상호 신뢰하고 개방적인 관계를 구축하여 협력하는 환경에서 아이디어를

공유할 수 있도록 학습 조직의 문화를 구축한다.

- IS관리자의 리더십과 관심은 IS인력들을 동기화 시킬 수 있는 가장 큰 힘이다.

기업이 IS인력들에게 최신 기술과 지식을 요구하면서도 다른 조직 부문과 동일한 인사관리 체계를 동일하게 적용하게 되면 업무에 대한 동기부여와 조직에 대한 충성도를 기대하기 어렵다. 따라서 IS인력들이 최선의 전략적 업무를 수행할 수 있도록 IS조직구조, 합리적인 경력체계, 보상체계를 갖추고 동기를 유발시켜야 IT를 통해 기업의 전략을 리드하고 사용자 부서를 지원하는 역할을 성공적으로 수행할 수 있다.

(1) MIS 인력의 직무 유형

전통적으로 IS인력의 업무 유형은 기획, 개발, 운영 업무로 구분하여 왔다. 그러나 최근 정보기술 분야가 복잡하고 다양하게 확산되면서 IS직무분야는 시스템 분석, 개발 및 유지보수 업무에서 기획, 컨설팅, 전략, 전사적 아키텍처, 혁신 등으로 다변화되고 있다. 이에 따라 IS인력은 크게 세 가지 유형의 직무 그룹으로 구분될 수 있다.

첫째, 순수 기술인력들로 구성된 기술지향적 업무 그룹이다. 전형적인 IS전문가들의 업무인 시스템 개발 및 유지보수 업무와 데이타베이스 및 네트워크 관리, 운영체제 관리 등을 담당한다.

둘째, 업무 프로세스를 분석하여 시스템에 반영하고 프로세스 혁신을 도모하며, 조직의 IT전략이나 아키텍처를 계획하고 수립하는 업무 영역이다.

셋째, 개발된 시스템을 유지하고 정보사원을 관리하는 유형의 직무 영역이다. 아직은 IS부문에서 전통적인 조직구조와 체계가 대부분이나 다양한 IS직무를 보다 효과적으로 수행할 수 있도록 조직을 재구성할 필요가 있다. 〈표 11-2〉는 IS영역의 다양한 직무 유형을 분류하여 설명하고 있다. 각 영역으로 엄격하게 구분하기 어려운 통합적 성격의 업무들이 존재하므로 각 기업의 업무 특성과 조직 현황에 따라 달라질 수 있다.

표 11-2 IS직무 유형

대분류	직무 유형	직 무	직무 활동 내용
시스템 지향적 업무 조직이 필요로 하는 정보의 요구사항을 분석하여 조직의 정보흐름과 체계를 이해하고, 경영의 각 부문을 체계적인 정보시스템 아키텍처로 구축하는 업무의 카테고리이다.	· 정보전략 수립 · 시스템 타당성 분석 · 전사적 아키텍처 기획 · 설계 · 경영분석 · 업무혁신 · e-biz 기획, 관리 · 지식 관리 · 시스템 분석 및 설계 · 데이타베이스 기획, 구축 및 운영통제	· 정보전략 · 기획자 · EA 기획가 · 업무 분석가 · BPR 전문가 · e-biz 전문가 · 지식관리전문가 · 시스템 분석가 · 설계가 · DBA	· 조직의 정보화 필요를 파악하고 타당성 분석, 우선순위 선정, 정보화 전략 수립 · IT에 기반하여 조직의 업무, 시스템, 정보 등에 관한 청사진을 기획 · 설계 · 업무 프로세스 분석하여 개선방안 마련, IT를 활용하여 업무 프로세스를 혁신함, e-biz 모델을 개발하고 사업화를 위한 시스템 기획, 구축 및 관리, 조직이 필요로 하는 지식을 분석 · 관리, 기능업무를 시스템화 할 수 있도록 사용자 요구분석, 기본 · 상세 설계 · 전사적 정보요구를 파악하여 데이타베이스를 기획 구축 지휘하며 운영을 통제
기술 지향적 업무: 시스템의 개발 및 유지보수 업무와 정보통신망의 설계 및 구축,관리, 데이타베이스 관리, IT 연구개발, 기술지원, 품질보증 등의 업무 카테고리이다.	· 응용 프로그램의 개발 · 유지, 보수 프로그래밍 · Web/e-Commerce · 정보기술 연구 · 데이타베이스 관리 · 프로젝트 감수, 품질 보증 · 네트워크의 설계, 구축, 관리 · 기술 아키텍처 구축, 관리	· 시스템 프로그래머 · Web 전문가 · 정보기술 연구가 · 데이타 관리자 · 품질관리 전문가 · 네트워크 관리자 · TA · 기획 · 관리자	· 어플리케이션의 개발과 관련한 모든 활동 · 각종 오류를 발견하고 제거하거나 업무내용 및 환경의 변화에 따르는 사용자 요구의 변화에 부응하여 프로그램이나 제반 절차를 개선시키는 등의 활동 · 웹 어플리케이션의 디자인, 개발, 유지보수 활동 · 소프트웨어 패키지, 개발방법론 · 기법, 프로그램 언어 등 최신의 정보기술을 학습 및 연구하고 도입 타당성을 분석 · 데이타베이스를 관리하고 수정, 보완함 · 어플리케이션 개발 프로세스 각 단계를 검증하고 관리하는 품질관리 활동 · 조직 내외를 연결하는 네트워크의 설계, 구축, 관리 활동 수행 · 어플리케이션과 데이타의 실행을 위해 요구되는 정보기술의 구성을 구축, 표준설정 및 관리활동

대분류	직무 유형	직 무	직무 활동 내용
운영 지향적 업무: 시스템이 정상적으로 운영되도록 하고, 업무의 변동에 따른 시스템 보완을 지원하는 업무	· 프로젝트 관리 · IT의 도입으로 비롯된 경영 전반의 변화 관리 · 형상 관리활동 · 보안 관리 · 시스템 운영 · 행정 지원 · 정보센타 업무	· 프로젝트 관리자 · 변화관리자 · 문서관리자 · 보안담당자 · 시스템 운영자 · 오퍼레이터 · 데이타 통제요원 · IS 행정담당자 · 정보센타 담당자	· 정보기술에 기반한 다양한 프로젝트가 성공적으로 진행되도록 방법론에 기초하여 프로젝트 관리를 수행함 · IT의 도입으로 인한 업무, 제도, 프로세스, 구조 상의 변동 사항들을 지원하고 설득함 · 시스템 개발 과정상이나 운영상에서 산출물의 형상관리, 문서화 작업 · 시스템 보안절차의 수립 및 점검 · 안전 위반 사항에 대한 지속적인 모니터링 · 기존 시스템의 계속적 운영을 통해 사용자가 필요로 하는 정보를 산출해 내는 기능으로 자료의 획득과 입력, 컴퓨터 시스템의 기계적 운영, 출력정보의 배분 등의 활동 · IS 주기능이 효율적으로 이루어질 수 있도록 인력관리, 설비 및 비품의 관리, 문서수발 등과 같은 제반 지원 활동 · 정보센타의 제 활동들을 계획하고 진행
기 타	· IT 관련 컨설팅	· IT 컨설턴트	· 조직 내의 IT 관련한 문제(하드웨어, 소프트웨어, 데이타베이스, 네트워크)들에 관한 해결방안을 다양한 제품 및 서비스를 통해 제시하는 활동

(2) MIS 인력의 경력경로

IS인력들에게 장기적인 비전을 제시할 수 있는 경력경로를 설계하는 일은 모든 CIO들의 책임인 동시에 고민이다. 최근 약 10여년에 걸쳐 IS 전문인력은 정보시스템 활용분야의 확대와 사용자 정보요구의 전문화 및 고급화, 정보기술의 역동적인 발전에 따라 그들의 역할과 직무에 있어 변화를 요구 받고 있다. IS인력의 직무가 다양해지고 요구되는 역할이 증가함에 따라 구태의연한 IS경력경로를 보다 다변화시킬 필요가 대두되었다.

지금까지 IS 전문인력들은 대부분 기능 분야의 직무에서 출발하여 그 기능의 관리직으로 올라가고 최종적으로 일반 관리자가 된다. 따라서 많은 IS조직의 경우, 시간이 지날수록 IS인력을 일반 관리자로 만드는 경향이 있다. 그러나 관리자로서의 관심과 자질이 부족한 기술 지향인에게 승진에 따라 자동적으로 관리자 역할을 부여하는 것은 바람직 하지 않다. 기술적으로는 고도의 전문가이지만 팀원들에게 동기를 부여하는 리더가 되기에는 부족한 경우가 많기 때문이다. 미 CIO지가 539명의 IT 중역을 대상으로 한 '2003년 CIO 현황조사' 결과에서 보면 CIO의 82%가 그들의 주된 경력이 IT라고 응답하였다. 그러나 미 CIO지가 역시 같은 해 5월에 수행한 조사에 의하면 많은 IS전문가들이 자사의 CIO에 대한 주된 불만으로 CIO가 IT 내부의 변화를 제대로 인식하고 커뮤니케이션 하지 못하고 있으며, 협력적인 팀 환경을 조성하는 능력이 부족하고, 미래의 IT 리더를 양육하는데 시간과 노력을 기울이지 않는다고 하였다. 즉 관리자로서 해야 할 일과 조직원들의 사기 진작과 능력개발을 위한 노력에 부족함이 많다는 것이다. 이는 대부분의 CIO들이 기술보직에서 성장함으로써 CIO가 갖추어야 할 전사적인 차원에서의 관리자 역량을 충분히 갖추지 못하고 있다는 것이다.

따라서 관리적 경력경로로 성장하려는 IS인력들은 현업과 IS조직, IS조직 내에서의 어플리케이션 팀간의 순환보직 제도 등을 통하여 다양한 경험을 쌓게 하고 직급에 따라 관리 책임을 부가시킨다. 반면, 상위 기술 전문가로 진급하는 기술경로의 IS인력에게는 기술적 책임은 증가하나 관리는 하지 않도록 배려하고 각각의 기술영역에서 지속적으로 업무경험을 쌓을 수 있게 하여 전문성을 높이고 해당 분야에서 최고의 기술 전문가로 성장하도록 한다.

향후 IS전문가들의 활동의 재구조화는 앞으로의 경력방향에 기본적인 변화를 가져올 것으로 예측되는데, 프로그래머, 시스템 분석가, 프로젝트 관리자, IS조직 관리자를 거치는 단일한 경로에서 벗어나 기술자 경로와 관리자 경로로 발전하는 이중 경력경로, 혹은 다양한 영역에 위치하여 전문화된 업무를 수행할 수 있는 경력경로들이 요구될 것이다. 조직에서는 IS인력들이 다기능 경력경로로 발전할 수 있도록 기술전문가, 관리자, 전략가 등의 경력경로로 다양하게 설계하고 성과 평가방법을 직무 특성에 맞게 개발하는 것이 필요하다. 예를 들어, 분석가는 프로젝트를 위해 사용자 부서의 조정인력으로 배치되어, 이 부서에서 능력을 발휘하고 친숙해진 후에 그 부서의 라인 조직에 있는 직위를 수락하고 경력경로를 발전시킬 수 있다. IS기획 및 업무혁신 부서에서 업무를 수행하는 경우 기업전략, 조정기획과 같은 업무 방향으로 성장할 수도 있다. 한편, 전문기술 경로를 지향하는 IS 전문인력들에게는 관리자 경로와는 차별화된 동기부여 수단과 평가방안, 승진방안 등이 합리적으로 마련되어 자신의 직무역량을 충분히 발휘하고 장기적인 경력목표를 향해 안정되게 나아갈 수 있도록 해주어야 조직에 공헌할 수 있다.

[그림 11-15]는 전통적인 피라미드 계층구조를 벗어나 융통성이 증가된 다면화된 경력경로의 한 예를 보여주고 있다. IS조직으로의 배치 초기에는 프로그래밍을 중심으로 하는 기술업무를 수행하게 되나 자신의 성격적 특성, 기술적 관심도, 숙련도, 경력지향 목표 등에 따라 기술군, 운영군, 경영관리군, 기획 및 전략관리군 등으로 발전할 수 있다. 현업 관리자로 나아갈 수 있는 개방성과 융통성이 있으나 자신의 역량 및 관심 직무에 따라 지속적인 기술전문가로 성장할 수도 있다. 최고 기술책임자나 IT자원 관리자는 IS부문의 최고 관리 임원인 CIO로 승진할 수 있으나 기술전문가로 남아 관리적인 책임에 얽매이지 않고 기술적 성취도를 높일 수 있다. 다양한 IS전문가들의 경력방향을 위해서는 복합적이고 다면적인 지식과 기술에 있어 각각 상이한 중요도와 초점을 맞추어야 한다. 미래의 IS경력개발에 있

그림 11-15 IS인력의 경력경로

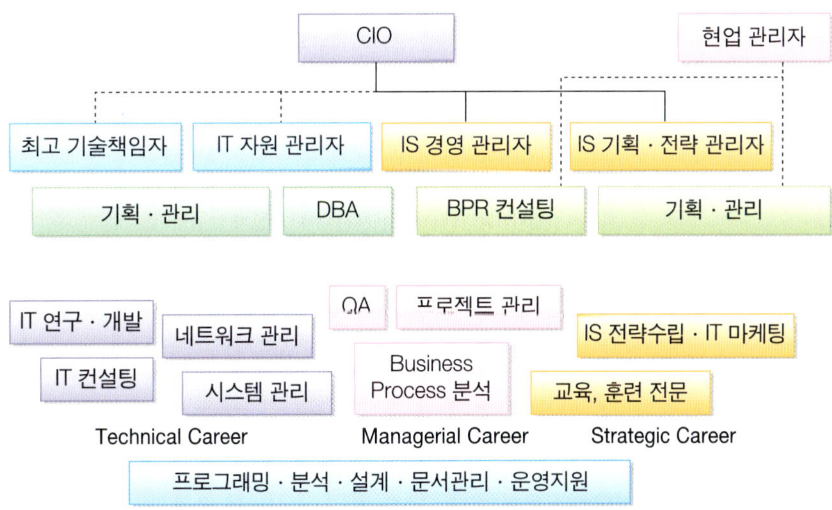

어 요구되는 역량은 전반적으로 기업환경 및 경영업무, 프로세스 지식, 조직행위, 그리고 대인관계 기술 등, 비기술적 요인들의 중요성이 커질 것으로 전망되고 있다.

(3) MIS 전문가의 역량 개발

전통적인 인적자원관리가 현재 지향적 지식이용 중심이었다면 역량 중심의 인적자원관리는 미래 지향적 지식창조 중심에 기초하고 있다. 역량 중심의 인적자원관리의 핵심은 인적자원의 개발이다. 환경변화가 빠르게 진전되면 정형화된 직무분장과 업무 절차만으로는 조직을 운영할 수 없게 되어 끊임없이 변화하는 업무프로세스와 작업 여건에 조직구성원이 융통성 있게 적응하면서 수월성을 보여주어야 한다. 결국 조직원의 역량에 의해 기업의 경쟁력이 좌우되는데 IS 전문인력이 갖추어야 할 역량에 대한 요구는 빠르게 변화하는 기술 속도만큼 낙후속도가 빨라지고 새로워지고 있다. 직무역량이란 실무자가 과업을 성공적으로 수행하는데 필요로 하는 지식(Knowledge), 기술(Skill), 그리고 태도 및 조직 대응능력

표 11-3 IS 인력에 대한 교육, 훈련 프레임워크 제안

교육, 훈련 내용	초 급	중 급	고 급
경영지식 · 관리 기술	고객 만족 경영 경영기능 업무 프로세스 이해 (생산, 회계, 영업, 물류 등) 산업환경 이해	경영에의 IT 기술 적용 능력 전략경영과 SIS IT 관련 법률 정보시스템 조직관리 업무 프로세스 분석 · 개선	경영전략 수립 · ISP BPR IT 아웃소싱 손익분석 · 투자분석 IT 마케팅
인간관계 기술	리더십 개발 커뮤니케이션 동기부여 협력 창출	코칭과 권한위임 효과적인 의사결정 갈등 및 변화관리 성과공유 전략적 사고	고객 관리 문제 해결력 개발 효과적인 협상
S/W 공학 관련 기술	RDB 아키텍처 설계 소프트웨어 프로세스 개선 ISP/EA/TA 개발방법론	요구사항 관리 프로젝트 관리 IT 감사/감리	형상관리 품질관리
IT 지식 및 기술	e-biz 관련 기술 IT 핵심 요소기술 구조적 분석 및 설계 기술	e-biz 구축 기획 Web · 복합 플랫폼에서 시스템 구현	최신 정보기술 동향 파악 · 적용

(Attitude 혹은 Ability)으로서 KSA로 약칭되며 핵심 직무역량으로 간주된다.

IS인력은 국가의 정보 인프라스트럭쳐 개발의 필요성, 수 많은 전자상거래 프로젝트, 양질의 금융 서비스, 다국적 기업경영을 위한 수요 등의 요구에 따라 국가 및 기업의 경쟁력 차원에서 중요 변수로 작용하게 되어 IS인력을 충원하고 능력을 개발하는 일은 현실적으로 가장 중요한 기업관리 이슈의 하나이다. IS전문가들은 불과 15~20년 전에 하드웨어 및 소프트웨어에 대한 단편적인 지식과 개발 기술에 대한 능력을 요구 받던 것과 달리, 현재는 산업 및 경영업무에 대한 이해와 지식 뿐 아니라 커뮤니케이션 기술, 팀워크 기술, 리더십 기술 및 업무 프로세스를 혁신적으로 리드할 수 있는 전략적인 안목에 대한 역량까지를 요구받고 있다.

2001년부터 2003년까지 수행된 정보기술 프로세스 능력 성숙도 수준 조사에 의하면(2e 컨설팅과 한국 소프트웨어 진흥원 소프트웨어 공학 센터) 조사대상 국내기업들 중 상당수가 능력 성숙도에 있어 초기 1단계인 것으로 나타났고, 핵심 프로세스 영역의 목표를 충족하기 위해 이행하여야 하는 공통 수행 항목(CF: Common Festures)의 평균 준수율에서는 능력부문(AP: Ability to Perform)에 해당하는 자원 및 교육, 훈련 부분이 국내 기업들에게 계속적으로 가장 부족한 소프트웨어 프로세스 개선(SPI: Software Process Improvement) 여건인 것으로 조사되었다. 빠른 기술 및 지식의 발전 속도와 내용에 맞추어 조직원의 역량을 지속적으로 보완하고 개선하기 위해서는 체계적인 교육이 필요하다.

[표 11-3]은 IS전문가 역량 개발을 위한 교육, 훈련 프레임워크의 한 예시이다. [표 11-3]에서 제시된 바와 같이 향후 IS전문가들이 갖추어야 할 지식 및 기술영역은 직무에 상관없이 의사소통기술과 팀웍기술, 설득기술, 리더십 등을 포함하는 인간관계 기술 영역이 중요한 것으로 여러 연구에서 나타나고 있다. 다음으로 경영 프로세스 및 IT와 관련한 문제에 대한 이해, 계획과 통제, IT기술 적용능력, 투자분석 등을 포함하는 경영지식 영역이 중요하게 나타났으며, 타당성 분석, 사용자 요구분석 및 설계 기술영역, 그리고 문서화, 구조적 프로그램 설계, 데이타 구조 설계 등의 기술적 요인들이 요구된다. 이것은 IS전문가들이 조직에서 기술과 비지니스를 연계하는 역할의 중요성이 커지고 있기 때문이다.

IS부문의 관리자는 물론이고 기술자 경로로 발전하는 전문가들의 경우에도 경영목표 및 전략과 연계한 IT 전략, 기획, 평가 등과 관련한 업무 비중이 높아지는 가운데 다양한 시스템 사용자들과의 협업 기회가 많아지고 있다. 기업의 인력 개발 담당자들이나 IS관리자들은 IS영역의 변화 동향을 인식하고 장기적인 관점의 미래 지향적 교육, 훈련 프로그램을 마련하여 다양한 영역으로 직무가 확산되고 있는 IS전문가들의 역량 개발욕구를 지원하여야 한다.

그림 11-16 현업 TIP: 역할과 책임 어떻게 나눌 것인가

JP모건체이스와 도이치 뱅크는 IT와 관련된 현업과 IT부서의 역할과 책임을 아주 명확하게 정의했다.

JP모건체이스

	사업부에게 책임소재가...	IT조직에게 책임소재가...
요구사항 및 서비스 수준정의	요구사항 및 서비스 수준제안	우선순위조정
예산결정	사업부 예산수립 및 승인	전체 예산 대비조율 및 조정
프로젝트	사업부 프로젝트	인프라 공유 서비스
구현방법 결정		모든 책임 소유
벤더협상		모든 책임 소유
IT운영		모든 책임 소유
아웃소싱관리	서비스 수준관여	일차적 책임
ㅇㅇ선발	일차적 책임	의견개진 및 검토
ㅇㅇ평가 및 보상	일차적 책임	의견개진 및 검토

도이치 뱅크

	사업부에게 책임소재가...	IT조직에게 책임소재가...
요구사항 및 서비스 수준정의	요구사항 및 서비스 수준제안	우선순위조정, 요구사항확정
예산결정	사업부 예산 수립	전체 예산 대비 조율 및 조정
프로젝트	사업부 프로젝트	인프라 공유 서비스
구현방법 결정		모든 책임 소유
벤더협상		모든 책임 소유
IT운영		모든 책임 소유
아웃소싱관리	서비스 수준관여	일차적 책임
ㅇㅇ선발	사업부장과 그룹ㅇㅇ공동책임	
ㅇㅇ평가 및 보상	사업부장과 그룹ㅇㅇ공동책임	

자료 : 박호경, 어떻게 효과적인 IT 지배구조를 확립할 것인가? CIO Magazine, 2005.4

Case in Point

미래 비지니스 계획은 지금

프랑스의 그룹 다농(Groupe Danone, 영어명 Dannon) 북미 사업부는 회사의 미래에 핵심적인 역할을 하게 될 혁신적인 기술들을 탐구하기 위해 별도의 팀을 만들었다

우리는 모두 지금 하고 있는 것들에 대해서만 살펴보는 경향이 있다. 다시 말해 한 걸음 뒤로 물러서 "미래를 위해 우리가 초점을 맞춰야 할 것은 무엇인가?"라는 질문을 잘 하지 않는다. 하지만 사실 한 걸음은 뒤로 물러선다는 것은 혁신을 위해 한 걸음 나아가는 길이며, 정체에서 벗어나는 길이기도 하다. 아마도 당신은 최첨단을 갈 필요는 없을지 모르며, 또한 여러 방향에 투자할 자원이 없을 수도 있다. 그럼에도 당신은 다음과 같은 질문을 할 필요가 있다: "우리의 IS/IT 조직이 미래를 대비하도록 하기 위해, 그리고 우리가 지원하고 있는 회사/현업이 앞으로 나아갈 수 있도록 하기 위해, 우리는 지금 어디에 초점을 맞출 필요가 있는가?"

그룹 다농의 북미 IS 팀인 다니스 노스 아메리카(DAN'IS North America)의 경우, 우리는 솔루션을 유지보수하고, 강화하며, 운영하는데 초점을 맞추고 있는 비지니스 솔루션 팀과 기술 인프라 팀이란 2개의 팀을 갖고 있다. 그들은 일상의 문제를 다루고, IS 조직과 현업을 성공적으로 만드는 일을 처리한다. 그리고 우리가 투자의 균형을 잡을 수 있도록 도와준다. 하지만 리더의 위치에 있는 우리는 또한 미래를 위해 비지니스 자원을 어떻게 사용할 것인가에 대해서도 고민해야 하는 책임을 지고 있다.

나는 인터넷 이전 시대의 삶을 기억하고 있지만, 이메일에서 일반편지로 돌아가고는 싶어하지 않는 그런 세대에 속해 있다. 그럼에도 지금 학교를 졸업해 노동집단에 들어오고 있는 현재의 세대는 온라인 기술(인스턴트 메시징, 문자 메시징, 대화방, 위키 등)에 익숙해 이메일도 뛰어넘고 있다. 그들은 이메일에 사로잡히는 그런 상황을 원하지 않는다. 대신 그들은 사회적 네트워킹 도구들을 활용해 모든 일을 처리하려 한다. 결국 이런 신세대 노동집단으로 인해 해 우리는 비지니스를 수행하는 기존의 방식을 바꾸게 될 것이며, 따라서 우리는 미리 그에 내비해야만 한다. 이를 위해 우리는 우리가 혁신할 수 있게 도와주며, 글로벌 커뮤니티에서 소외되지 않도록 해 주는 새로운 기술과 도구를 필요로 하게 될 것이다.

미래를 위해 오늘 계획

이런 변화를 준비하기 위해, 다니스 노스 아메리카는 I&I(Information & Innovation)란 별도의 작은 팀을 만들었다. 이 팀은 최신 도구와 기술들을 알아보고, 그것들을 비지니스 운영방식의 주류로 만들어주는 방법을 찾는다. I&I는 학계와 연구소에서 진행중인 아이디어들만을 알아보는 것이 아니라, 비지니스 현장에 들어오기 시작하는 기술과, 페이스북 및 세컨드 라이프처럼 비지니스 도구로 전혀 생각되지 않는 기술까지 탐구한다. 그들은 시장점유율을 높여주고, 새로운 매출원을 창출해 주며, 내부 운영과 직원 효율성을 개선해 줄 수 있는 선도적인 기술들을 조사한다. 이것은 최첨단 로켓 과학이 필요한 그런 일은 아니다. 모든 기업의 목표는 각 영역을 개선하는 것이지만, 실제로 그렇게 하는 곳은 그리 많지 않다. 그들의 솔루션은 현재에 초점이 맞춰져 있기 때문이다. 하지만 우리는 그것을 타파하기 위해 I&I를 만들었다. I&I가 큰 영향을 끼친 것 가운데 하나는 북미 사업부의 화상회의 솔루션으로, 그 팀은 그것을 사용자들이 사용하기를 원하는 수준으로 개선했다.

대부분의 사람은 전통적인 화상회의 솔루션을 좋아하지 않는데, 외부 통신선을 이용하기 때문에 설치가 어렵고 비용도 많이 들기 때문이다. 하지만 올초 북미 사업부의 현업 책임자들은 우리를 찾아와 국내 및 국제 출장비용을 줄일 수 있는 방법을 물어왔다. 그래서 우리는 "화상회의 솔루션을 다시 활용할 수 있을까?"란 질문을 가지고 그 일에 착수했다. 그 결과로 알게 된 것은 우리가 이미 갖고 있는 전용선을 이용하는 솔루션이었는데, 그 비용은 수십만 달러가 아니라 수천 달러에 불과했다. 그것은 4명의 직원이 두 번만 출장을 가지 않으면 해결되는 그런 비용이었다. 여기에 그것은 우리의 지속가능 경영 및 사회적 책임에 대한 목표도 지원한다.

또한 우리는 회사 내의 데스크탑들을 이용해 화상회의를 할 수 있도록 웹캠을 사용하는 방안에 대해서도 조사했다. 이런 솔루션들이 성공하자 사용자들은 호텔이나 현장 등 회사 밖에 있을 때에도 화상회의를 할 수 있기를 바랬다. 그때 우리가 발견한 최신 기술은 모바일 웹 아이디어와 모바일 비전이었다. 현재 아시아에서 판매되는 차세대의 휴대형 기기와 전화들은 이미 이런 기능을 지원한다. 통합 커뮤니케이션 또한 미래에 나올 것이다. 그로 인해 전화회의와 화상회의는 회사 전화와 휴대폰 또는 집 전화 사이에서 부드럽게 처리될 것이다.

얼마나 멀리 봐야 하는가?

I&I의 책임은, 우리의 인프라 기술팀의 도움을 받아, 미래를 계속 살펴보는 것이다. 또한 그들은 비지니스 솔루션 팀의 파트너가 되어야 하는데, 그 팀은 현업의 요구사항을 가장 잘 이해하고 있으며, I&I가 현재의 투자와 다농의 북미 사업부(그리고 글로벌) 프로젝트들 양쪽을 확실하게 지원할 수 있도록 도와줄 수 있기 때문이다.

한편 당신이 시도하는 모든 것이 성공하지는 않을 것이란 점을 이해하는 것도 중요한 일이다. 물론 이것은 받아들이기 힘든 일이다. 사람들은 돈을 투자하면 모든 것이 작동할 것이라고 가정한다. 그래서 내가 다농에서 일을 시작했을 때, 우리는 리더들에게 우리가 거쳐야 할 변화를 이해시키기 위해 많은 시간을 쏟았다. 현재 I&I의 모든 것은 소규모의 시험 프로젝트를 거쳐 점진적으로 확대되고 있으며, 우리는 더 민첩한 접근법을 취하기 위해 노력하고 있다.

우리는 몇 가지 빠른 성공적인 모습을 보여 사용자들의 마음을 사로잡으려 노력한다. 우리는 신기술을 살펴보면서도 최종 상태를 염두에 두고 사용자의 요구사항 및 문제 가운데 비교적 손쉽게 해결할 수 있는 것을 먼저 다룬다. 하지만 우리는 그 일을 완료할 때까지 최종 상태가 어떻게 될 것인지는 알지 못한다.

초점을 잃지 않기

그러나 회사의 중역들과 IT 스탭들에게 반드시 전해야만 하는 메시지는 신기술에 투자하는 것만으로는 부족하다는 점이다. 혁신의 열쇠는 비지니스 수요를 해결하는 것이다. 우리는 모두 기술을 좋아하며, 최신 비디오 카메라를 만져볼 수 있다면 정말 멋진 일일 것이다. 하지만 당신의 목표는 현업을 더 효율적으로 만드는 것이다. 따라서 작게 시작해라. 회사의 중역들에게 어딘가에서 혁신을 시작하면 모든 곳에서 그 이익을 볼 수 있다는 점을 납득시켜라. 한 사업부를 위한 특별한 프로젝트가 다른 사업부로 확대될 수 있다.

일단 우리가 실용적인 솔루션들을 전달해 주자, 현업은 우리에게 자금을 더 많이 할당해 주었는데, 그 효과를 직접 보고 맛봤기 때문이다. 그들은 우리의 혁신에 대한 초점으로 인해 무언가가 자신들에게 전달될 것이며, 그들의 성장을 지속적으로 도울 것이란 점을 이해하고 있다.

▸ 제프리허치슨, CIO Magazine, 2008.7

SUMMARY 요 약

기업에서 차지하는 IT 역할의 범위와 중요성은 엄청나게 커졌으며, IT 투자비용은 기하급수적으로 증가하고 있다. IT는 디지털 시대의 경영활동을 수행하는 원동력, 엔진이라고 할 수 있으며, 경영전략의 실행을 지원하는 도구이며, 때로는 경영전략을 리드하는 선도적인 책임을 가지고 있다. 따라서 경영전략과 동반하는 IT 전략계획 활동의 중요성은 최근보다 전사적이고 진보된 IT 계획 개념 및 프로젝트들을 제시하고 있다.

과거 IT 전략을 수립하기 위한 방법은 ISP (Information Strategy Planning)가 많이 활용되어 왔지만, 최근에는 EA(Enterprise Architecture)가 이를 대신하고 있다. 그러나 IT전략을 수립하는 방법은 기존의 전략수립 방법과 크게 다르지 않다. 첫 번째 단계는 현재 우리가 어디에 위치하고 있는지 파악하는 것이다. 두 번째 단계는 앞으로 우리가 가고자 하는 곳이 어디인지를 정하는 것이다. 이는 첫 번째 단계에서 분석된 결과를 바탕으로 전략적인 대안들을 정의하고 검토하는 단계이다. 전략적 기술에 대한 신규 투자는 얼마나 할 것인가, 아웃소싱을 할 것인가, 전문 인력을 육성할 것인가 등 IT와 관련해 전사차원의 발전 방향성을 명확히 제시해야 한다. 세 번째 단계는 현재 위치에서 가고자 하는 곳으로 어떻게 갈 것인가에 대한 방법을 정의하는 것이다. 이렇게 마련된 방안들은 전략의 실행과 더불어 주기적인 피드백이나 환경의 변화 시 검토되어 전사차원에서 조정되고 관리되어야 한다.

한편 전사적 차원의 IT 중요성과 의사결정 사안의 범위와 내용이 복잡해지고 확대되면서 IT 지배구조에 대한 인식이 커지고 있다. IT 지배구조에 대한 정의는 다양하지만 일반적으로 'IT를 사용해 원하는 행동을 낳기 위한 의사결정 및 책임소재에 관한 기본 틀'로 알려져 있다. 다시 말해 IT가 어떻게 운영될 것인가를 규정하는 최상위 원칙인 셈이다. 좀더 구체적으로는 IT 투자 의사결정, IT 투자 우선 순위조정, IT 아키텍처, IT 조직 구조 등에 대한 원칙이 IT 지배구조를 구성하는 주요 요소라고 할 수 있다.

한편, IS인력은 더 이상 기술자로서의 역할에 머무르지 않고 경영지식, 관리기술, 인간관계기술 등을 고루 갖추고 다양화된 활동 영역에서 조직의 변화 대리인, 경영문제 해결자, 정보기술을 통한 경쟁기회 탐색자 등의 역할을 요구받고 있다. 정보시스템 기능 가운데 전통적으로 핵심 기능이었던 개발 및 운영 업무의 상당 부분이 갈수록 아웃소싱 되고 있는 상황에서 향후 IS인력의 핵심 직무는 경영목표를 실현할 수 있는 기업 전반의 정보기술 아키텍처를 설계하고 경영업무 프로세스를 분석하여 개선하고 혁신을 주도하는 프로젝트 관리자로서의 전략적 방향으로 변화되어야 한다. 이에 따라 기업은 IS인력의 경력방향을 다양하게 마련하고 그들의 업무 역량 개발을 위한 체계적인 교육, 훈련 프로그램을 제공하여 IS조직의 업무성과를 향상시켜야 한다.

연 습 문 제

01. 정보전략계획이란 어떤 활동이며, 어떤 중요성을 갖는가?

02. ISP를 통해 도출될 수 있는 성과들은 무엇인가?

03. 최근에 표준화된 프레임워크로 정립된 EA의 구성영역에 대하여 설명하시오

04. IT 거버넌스의 개념과 IT 운영위원회에서 다루는 주요 의사결정 사항들에 대하여 설명하시오.

05. 기업 내에서 IS 조직의 위치와 형태, 그리고 내부 구조는 어떠한 요인에 의하여 결정되어 지는가? 최근의 IS 조직구조의 경향은 어떠한가?

06. 기업에서 CIO의 주된 역할은 무엇이며, 특히 IS 조직 내에서는 어떠한 의미를 갖는가?

07. 오늘날 IS 전문가들의 직무 유형에는 어떠한 것들이 있으며, 바람직한 경력경로의 설계를 어떻게 하여야 하는가?

08. 오늘날 IS 전문가들에게 요구되는 핵심 직무역량들은 무엇인가? 왜 그와 같이 다양한 역량들이 요구되는가?

09. MIS 전문인력들을 위한 IT 교육기관들에 대하여 인터넷에서 조사하여 보시오.

참고문헌 Refereces

- 강길수, ISP 실패에서 배우기, CIO Magazine, 2005.7
- 고영호, IT 관리의 역사와 방향(2), CIO Magazine, 2007.6
- 김효석, 홍일유, 디지털 경제 시대의 경영정보시스템, 법문사, 2000
- 맹지현, IT 제대로 바라보기, CIO Magazine, 2007.8
- 박호경, IT 조직혁신, CIO Journal, Jan. 15, 2002
- 박호경, 연방형 IT 조직으로의 전환, CIO Journal, Dec. 01, 2002
- 박호경, 어떻게 효과적인 IT 지배구조를 확립할 것인가, CIO Magazine, 2005.4
- 안호천, 비즈니스를 리딩하는 전략이 필요하다, CIO Magazine, 2008.8
- 이재규, 권순범, 경영정보시스템 원론, 법영사, 2002
- 장석은, IT 거버넌스 5-IT 전략 제대로 수립하기, CIO Magazine, 2007.9
- 조남재, 노규성, 경영정보시스템-전략적 비전 실현을 위한 접근법-, 세영사, 1998
- 천명주, 이인화, 남기찬, 경영정보시스템, 대명사, 2000
- ㈜ 투이 컨설팅, 한국 소프트웨어 진흥원, 국내 소프트웨어 산업계의 IT 프로세스 능력 성숙도 조사 결과 보고서, 2001. 8, 2002. 7, 2003. 6.
- Martha Heller, 사기 진작을 위한 6가지 방법, CIO Journal, Jan. 01, 2004
- CIO Observer, 스텝은 CIO에 대해 어떻게 말하고 있는가, CIO Journal, Nov. 01, 2003
- Sprague, Jr.저, 신경철 역, 경영정보시스템 관리, 이한 출판사, 1997
- E. W. Martin, Carol V. Brown, Daniel W. Dehayes, Jeffrey A. Hoffer, William C. Perkins, *Managing Information Technology-What Managers Need to Know*-3rd Edition, -Prentice -Hall, N.J. 1999
- E. Turban, E. McLean, J. Wetherbe, *Information Technology for Management-Improving Quality and Productivity*, John Wiley & Sons Inc., 1996
- Uma G. Gupra, *Information Systems-Success in the 21st Century*, Prentice-Hall, 2000

제12장 정보시스템 개발

학습 개요 및 목표

21세기 지식정보화 사회를 맞이하여 시간과 공간과 속도에 대한 개념들이 파괴되어 기업 환경들이 급변하고 있는 상황에서 기업들은 전략적인 목표달성을 위해서 고정관념에서 탈피한 새로운 아이디어와 양질의 정보를 확보하여 이를 전략적으로 활용하고 있다. 따라서 정보는 현대 기업의 경쟁력의 원천이며, 정보시스템은 시간과 공간의 제약을 뛰어넘는 의사소통 및 정보공유의 수단으로서 업무처리의 효율성을 향상시킬 뿐만 아니라, 경영 환경변화에 신속하게 대응할 수 있는 기반을 제공하기 때문에 기업의 전략적 목표를 달성하는 중요한 수단으로 활용되고 있다.

본 장에서는 업무를 수행하는 도구로서 그리고 기업의 전략적 목표를 달성하기 위해서 절대적으로 필요한 경쟁도구로서의 정보시스템을 개발하는 과정에 대해서 살펴보고자 한다. 먼저, 기업에서의 정보시스템의 역할과 정보시스템이 갖추어야 할 요구조건 그리고 정보시스템 개발에 참여하는 이해관계자에 대해서 살펴보기로 한다. 이어서 정보시스템 개발방법론과 각 개발단계들(개발계획, 요구분석, 설계 및 구현, 유지보수)에 대해서 살펴보기로 한다. 본 장의 학습목표는 다음과 같다.

- 기업에서의 정보시스템의 역할과 정보시스템이 갖추어야 할 요구조건을 이해한다.
- 정보시스템 개발방법론을 이해하고, 개발에 참여하는 이해관계자의 역할에 대해서 이해한다.
- 개발하려는 정보시스템의 정의 및 개발계획 수립과정을 이해한다.
- 사용자 요구분석가의 역할과 요구분석의 원리와 방법을 이해한다.
- 정보시스템 설계의 개념과 기본원리, 설계방법을 이해한다.
- 정보시스템 구현의 의미와 절차 그리고 구현도구의 활용방법을 익힌다.
- 정보시스템의 유지보수의 의미와 유지보수 방법을 이해한다.

국내외 S/W시장의 핵심 트렌드와 전망

지난해부터 S/W시장은 SOA를 비롯한 신기술의 성숙과 오픈소스 S/W, SaaS, 컨버전스와 같은 대형 트렌드가 출현해 큰 폭의 시장 변화가 진행되고 있다. 이로 인해 S/W의 기존 라이프사이클, 즉 개발, 공급, 유지보수 모델 등이 큰 변화를 맞이하고 있다. 최근 S/W시장의 변화를 주도하고 있는 트렌드들은 상호 연계 및 융합되면서 변화의 폭을 더욱 크게 하고 있으며, 기존과 다른 새로운 S/W 공급망을 형성해 S/W시장의 새로운 패러다임을 만들어가고 있다.

S/W시장의 과거와 미래

1970년대에는 메인프레임시스템, 배치 형태의 애플리케이션 트랜잭션 등에 관심이 있었으나, 1980년대 들어서는 분산 형태의 프로세싱을 지원하는 PC와 미니컴퓨터가 확산되어 데이타베이스시스템, e-메일, 재무 애플리케이션 등이 S/W시장의 주요 이슈로 부각되었다. 그러나 1990년대 들어서 인터넷이 S/W환경을 크게 변화시켰으며, 2000년 이후 보다 향상된 비지니스 정보와 협업환경에 대한 요구가 특징적으로 대두되고 있다. 2006년 전 세계 S/W시장은 전년 대비 6.6% 성장하여 7,153억 달러로 평가되었으며, 2010년까지 6.4%의 성장세가 지속될 것으로 전망되고 있다.

현 S/W시장의 변화동인

현 S/W시장은 기술의 진화와 새로운 비지니스 모델의 출현으로 S/W라이프사이클과 공급망 구조가 근본적으로 변화하고 있으며, 그 저변에는 IT컨버전스화가 강하게 작용하고 있다. 각종 기술이 융합되는 추세는 점차 제품과 제품, 제품과 기술을 넘어서 이제는 제품과 서비스가 통합되는 모습으로 확대되고 있으며, S/W부분에서 컨버전스는 시스템의 복잡성을 줄이고 S/W설치 위험과 비용을 줄이기 위한 통합으로 나타나고 있다. OS, 보안, 네트워크 영역 등이 상호 통합되고 있고, 인프라스트럭처 영역과 애플리케이션 영역이 결합된 플랫폼 형태의 제품이 증가하고 있는 것이 그 예일 것이다. 이러한 통합은 점차 기술과 서비스의 융합으로 영역이 확대되어 S/W 온-디멘드(On Demand)로 나타나고 있으며, 최근 부각되고 있는 '서비스로서의 S/W(SaaS)'가 대표적인 예이다. 현 S/W 시장의 변화를 주도하고 있는 요인들을 정리하면 다음과 같다.

- 컨버전스: S/W-IT기술-서비스의 융합
- SOA(Service-Oriented Architecture): 표준화를 통한 S/W 재사용성
- OSS(Open Source Software): S/W 라이프사이클의 혁신
- 소수 S/W기업에 의한 시장 집중화

2010년까지의 S/W시장 전망

전 세계 S/W시장은 2010년까지 연평균 6.4% 성장세를 유지하며 9,172억 달러 규모로 성장할 것으로 예측하고 있다. 국내 S/W시장은 2010년까지 평균 8% 내외(IDC: 8.1%, Gartner: 7.7%)의 성장이 전망되어 같은 시기 세계 S/W시장의 성장률보다 높은 것으로 나타나고 있다. 이에 따르면 2010년 국내 S/W시장은 98억 5,900만 달러 수준이 될 것으로 예측된다.

2010년까지 S/W시장의 변화는 새로운 이슈의 출현보다는 현재의 변화요소들(컨버전스, SOA, SaaS, OSS, BPM, 웹2.0 등)의 융합에 의해 주도될 것으로 예상된다. 대다수의 전문가들은 기술적인 이슈의 경우 현 기술 요소들의 지향점이 거의 극에 다다른 상태에 있어 신기술의 출현보다는 기존 기술의 성숙과 통합이 주요할 것으로 관망하고 있다(Forrester에 의하면, 2007년 미국에서의 IT투자 우선순위는 애플리케이션 통합(27%), 보안 업그레이드(21%), SOA도입(12%)로 조사되었다).

또한 향후 S/W시장은 통합과 업그레이드 수요가 시장을 견인할 것으로 예측된다. 현재 대부분의 기업들은 SOA의 도입과 관련하여 주요 외부 통합이나 전략적 비지니스 변경보다는 내부 통합에 역점을 두고 있기 때문에, 그 초점이 점차 내부 중심에서 외부로 이동하여 통합을 주도할 것이기 때문이다. 또한 ERP시스템 등 다양한 정보시스템의 확대 보급이 정점에 다다르면서 이에 대한 업그레이드 수요가 본격화될 전망이기 때문이다.

▸ 국내 · 외 S/W시장의 핵심 트렌드와 전망, 한국소프트웨어진흥원 2007

01 정보시스템 개발의 이해

1.1 기업과 정보시스템, 비지니스프로세스

기업은 일반적으로 특정 목적을 가지고 그 목적을 달성하기 위해 정의된 직무를 수행함에 있어서 상호 작용하는 구성원들의 집단이라 정의된다. 이 같은 정의에 의하면, 기업의 주요 구성요소는 사람과 직무(업무)이며, 사람은 업무를 수행하는 주체로서의 역할을 하게 된다. 그러나 거의 모든 업무들이 시스템을 통해서 처리되는 현대 기업에서는 업무를 수행하는 주체는 사람뿐만 아니라 시스템도 포함되기 때문에, 기업을 시스템적 관점에서 이해하여야 한다. 기업을 시스템적 관점에서 이해할 때 기업의 구성요소는 다음과 같다.

(1) 기업의 구성요소

① 비지니스프로세스

• 비지니스프로세스
기업이 추구하는 목표를 달성하기 위해서 정의된 업무처리과정

비지니스프로세스(Business Process)는 기업이 추구하는 목표를 달성하기 위해서 정의되는 업무처리과정을 의미하며, 정보시스템의 처리대상이 된다. 비지니스프로세스는 단순히 정보처리 기능만을 의미하는 것이 아니라, 정보처리 과정에서 투입되고 산출되는 모든 데이타는 물론, 정보처리 주체까지를 포함하며, 이를 통해서 정보흐름이 결정된다.

② 컴퓨터시스템

• 컴퓨터시스템
정보처리 기술 상의 기본구조를 이루는 응용시스템과 이에 수반되는 시스템

컴퓨터시스템(Computer System)은 정보처리 기술상의 기본구조를 이루는 응용시스템들과 이에 수반되는 시스템을 말하는데, 기업에서 활용되는 모든 정보시스템들이 이에속하며, 구체적으로 하드웨어, 소프트웨어, 데이타베이스, 하드웨이를 연결하는 매개체 및 주변장치들이 이에 포함된다.

③ 구성조직(Structure)

정보처리 기능 자체는 기업의 조직부서 혹은 조직구성원을 통해서 수행되기 때

문에, 조직부서는 최소한의 조직단위를 이루며, 이들 부서들은 또 다시 상급부서에 소속되어 있다. 이러한 조직구성은 상급부서와 하급부서 사이의 정보처리 자체에 대한 책임과 지휘 감독이라는 관계로 서로 연결되어 있다. 정보처리기능을 담당하는 부서와 이 부서가 어느 상급부서의 통제를 받느냐에 따라서 비지니스프로세스에서 나타나는 정보흐름이 조직단위들 사이의 커뮤니케이션 흐름으로 전환되게 된다.

• 기업의 구성요소
기업을 개별 정보시스템의 집합으로 볼 때, 기업은 개별 정보시스템의 구성요소인 비지니스프로세스, 컴퓨터시스템, 구성조직으로 구성된다.

개별 정보시스템의 구성요소를 비지니스프로세스, 컴퓨터시스템, 구성조직으로 보고, 기업을 개별 정보시스템의 집합으로 본다면, 결국 기업의 구성요소는 정보시스템의 구성요소와 마찬가지로 비지니스프로세스, 컴퓨터시스템 그리고 구성조직으로 볼 수 있다.

(2) 기업과 비지니스프로세스

일반적으로 기업은 업무 영역별로 생성된 기능중심의 조직단위 혹은 프로세스별로 그룹화된 프로세스 중심의 조직단위로 설명된다. 기업을 설명하는 방법은 달라도 결국 기업을 설명하기 위한 핵심 키워드는 기능과 프로세스라 할 수 있다. 어떤 방법이 더 효율적인지에 대해서는 의견이 다르지만, 기업의 비지니스프로세스는 자체적으로 평가되는 것이 아니라, 외부의 고객들에 의해서 평가된다. 외부고객들은 대부분 다양한 요구를 가지고 있으며, 이를 충족시켜 주기를 원하기 때문에, 고객의 다양한 요구를 충족시키기 위해서는 신속하고 유연한 업무처리가 요구된다. 그러나 기능중심의 업무처리 구조를 통해서는 고객의 요구에 신속하고 유연하게 대처하는 것이 어렵기 때문에, 현대 기업에서는 주로 비지니스프로세스 지향적인 관점에서 기업의 업무처리 흐름을 이해한다. 본 장에서도 기능중심이 아니라, 비지니스프로세스 지향적인 관점에서 업무처리 흐름을 이해하고, 이를 수행할 정보시스템을 구축하는 과정을 설명하고자 하기 때문에, 비지니스프로세스를 먼저 이해하여야 한다.

비지니스프로세스는 기업의 목표를 달성하기 위해서 필요한 업무처리과정이며, 업무는 기업 내부의 조직단위 또는 외부개체로부터 야기된 이벤트(사건)에 의해서 시작된다. 예를 들어, 외부개체인 고객의 주문이 접수되면(이벤트), 고객주문처리 업무가 시작된다. 이처럼 이벤트는 기업 외부개체에 의해서 시작될 수도 있지만,

기업 내부의 조직부서에 의해서 시작될 수도 있다. 고객주문 처리업무가 완료되면, 주문 제품을 발송하거나, 주문 제품을 생산하는 업무가 이어진다. 이처럼 하나의 업무는 또 다른 업무를 시작하기 위한 이벤트를 야기시키기 때문에, 비지니스프로세스는 이벤트와 업무의 연속으로 이해할 수 있다. 비지니스프로세스를 수행하기 위해서는 이벤트와 개별 업무만이 필요한 것이 아니며, 이를 수행할 사람이 필요하고, 또 업무를 처리하는데 필요한 시스템자원이 필요하다. 예를 들어, 주문처리 업무를 담당하는 사람이 있어야 하며, 주문처리 업무를 수작업으로 하지 않고 시스템으로 처리한다면, 주문처리시스템을 활용해야 한다. 또한 업무를 처리하기 위해서 다양한 데이타나 정보가 필요하다. 예를 들어, 고객이 주문한 제품을 발송하기 위해서 고객정보가 필요하며, 또한 주문제품에 대한 재고는 충분한지에 대한 데이타도 필요하다. 이처럼 기업의 비지니스프로세스를 이해하기 위해서는 업무는 물론, 이벤트, 조직단위 및 조직구성원, 자원, 데이타의 유기적인 관계를 파악해야 하며, 이를 통해서 비로소 기업을 이해할 수가 있다. 예를 들어, 다음과 같은 고객주문처리 프로세스를 가정해 보자.

- 고객주문처리 프로세스: 고객의 주문이 접수되면, 재고를 파악하여 재고가 있으며 고객이 주문한 제품을 인도하고 재고가 충분하지 못하면 고객정보와 제품정보에 근거하여 제조 가능한지를 검사한다. 만일 제조 가능한 제품이라면, 공급업체로부터 필요한 자재를 구매한다. 자재가 입고되면 생산계획을 수립하고 작업스케줄에 따라 해당 제품을 생산하고 그 결과를 문서에 기록하며, 생산이 완료된 제품을 고객에게 인도한다

비지니스프로세스를 업무를 처리하기 위해서 필요한 단위 프로세스(기능) 자체는 물론 투입되고 산출되는 데이타 그리고 프로세스를 수행하는 구성원(혹은 조직단위)이 포함되는 넓은 의미로 이해할 때, 고객주문 처리프로세스는 다음과 같은 방법으로 표현된다(둥근 네모는 단위프로세스를 나타내며, 이에 연결된 노란 타원은 조직부서를 그리고 빨간 네모는 투입되고 산출되는 데이타를 나타낸다).

(3) 정보시스템과 비지니스프로세스

정보기술에 기반을 두고 있는 기업의 전략적 목표(Strategic Company Goals)를

그림 12-1 고객주문처리 프로세스 (프로세스의 일부만을 표현함)

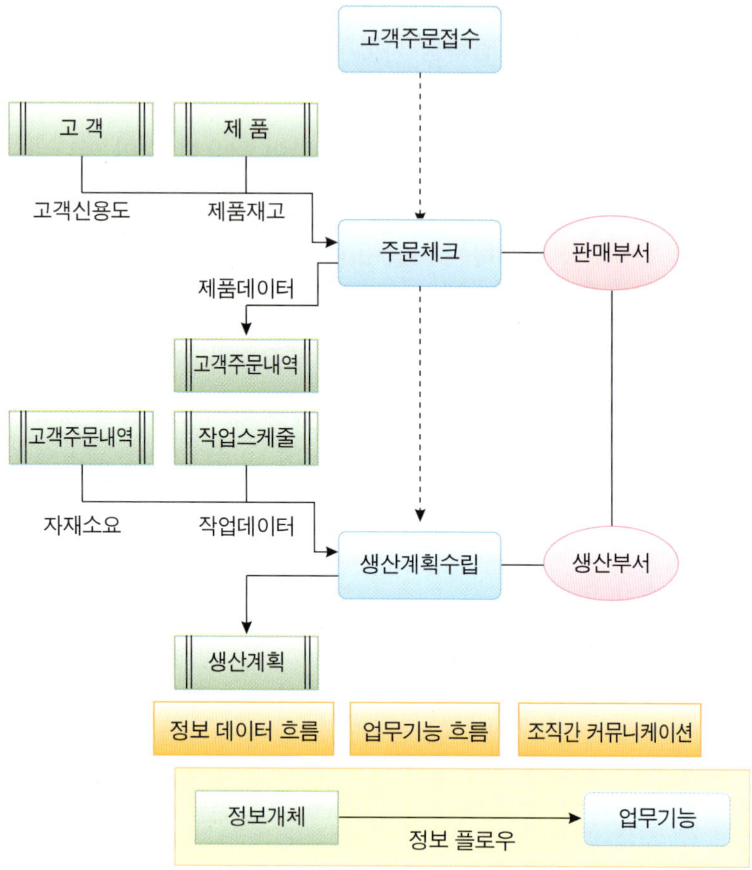

달성하기 위해서 필요한 비지니스프로세스(Business Process)는 정보기술(Information Technology)에 의해서 결정되고, 정보기술에 의해서 지원된다. 즉, 비지니스프로세스는 전략적 목표를 달성하기 위해서 정의되고 실행되며, 정보기술은 기업의 업무처리 자체를 지원하는 도구로서의 역할을 하게 된다. 동시에 정보기술의 지원 가능성에 따라서 설정된 목표의 달성 여부가 좌우되기 때문에, 전략적 목표 달성을 위한 결정요인과 제약조건으로서의 역할을 하게 된다.

[그림 12-2]의 정보기술은 전략적 목표를 달성하기 위해서 정의된 비지니스프로세스를 수행하는 도구로서의 역할을 하며, 가장 기본적인 정보기술은 정보시스템이 될 것이다. 기업에서 일상적으로 사용되는 거래처리시스템(Transaction Pro-

그림 12-2 정보기술과 비지니스프로세스

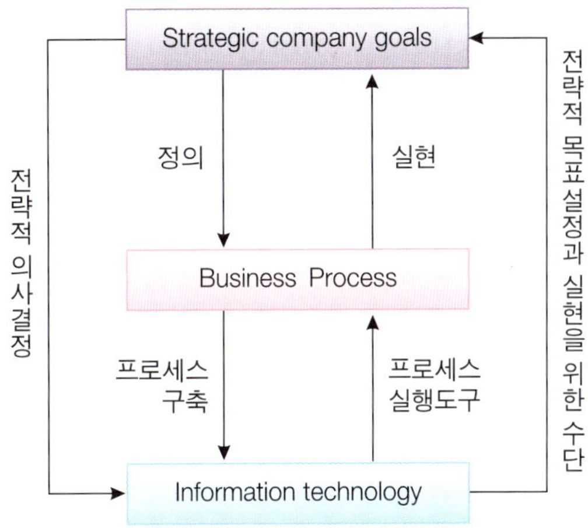

cessing System)에서부터 전사적 자원관리시스템(ERP: Enterprise Resources Planning System)에 이르기까지 기업에서 사용되는 모든 정보시스템들이 이에 속한다.

1.2 정보시스템의 품질과 참여인력

● 정보시스템 이해관계자
정보시스템 개발 프로젝트에 관여하는 모든 참여자로 시스템오너, 시스템분석가, 시스템설계자, 개발자, 시스템사용자, 프로젝트관리자가 포함된다.

개발하려는 정보시스템의 규모와 복잡도 그리고 신뢰성 정도에 따라 다르지만, 시스템 개발작업은 여러 전문가들이 팀을 구성하여 장기간의 공동의 노력으로 완료되는 것이 보통이다. 일반적으로 시스템 개발에 직접 혹은 간접적으로 참여하는 인력은 개발을 의뢰하고 개발비용을 지불하는 시스템오너, 시스템에 대한 요구사항을 분석하는 시스템분석가, 요구사항을 충족하는 시스템으로 구현하기 위한 시스템설계자, 물리적인 시스템을 구현하는 개발자 이외에 시스템을 직접 사용하게 될 시스템사용자와 다양한 이해관계자이다. 그리고 시스템 개발의 전체 과정이 원활하게 진행될 수 있도록 시스템 개발 프로젝트팀을 관리하고 통제하는 프로젝트관리자도 포함된다. 시스템 개발에 참여하는 전문가들은 한정된 예산 범위 내에서(예, 개발비용: 5억) 정해진 기간 내에(예, 2009년 1월 1일부터 10월 31일까지) 원하는 수준의 시스템을 개발한다는 목표를 달성하기 위해서 정보를 공유하며 협력해야만 한다.

(1) 시스템 개발에 참여하는 인력과 역할

① 시스템오너

• 시스템오너
시스템개발에 필요한 경비를 지원하는 주체로 시스템 개발 의뢰인

시스템오너(System Owner)는 넓은 의미로 시스템 개발을 의뢰하는 기업을 의미한다. 그러나 시스템 개발에 필요한 경비를 지원하며, 시스템 개발작업의 지속여부를 결정하는 의사결정권자를 의미하는 것이 보통이다. 따라서 시스템오너는 대부분 개발작업의 초기 단계에 참여하게 되며, 이들은 주로 개발비용과 개발효과에 관심을 가지게 된다.

② 시스템사용자

• 시스템사용자
내부 사용자뿐만 아니라, 외부 사용자를 포함하여 개발될 시스템을 실제로 이용하여 업무를 수행하는 사람

시스템사용자(System User)는 개발될 시스템을 직접 이용하여 업무를 처리하는 실무자를 의미한다. 시스템사용자는 대부분 기업 내부의 구성원들이지만, 경우에 따라서는 외부의 주체가 될 수도 있다. 예를 들어, 고객이나 공급업자 혹은 외부의 업무파트너들도 내부의 시스템을 이용하여 자신의 업무를 처리해야 하는 경우가 있다면, 이들도 시스템사용자에 포함된다. 대부분의 시스템 개발작업의 경우 이들 시스템사용자들이 겪는 문제점들을 해결함으로써 업무의 효율성을 높이기 위한 목적에서 시작되는 경우가 많기 때문에 시스템 개발 프로젝트의 성공과 실패는 이들 시스템사용자의 요구를 어느 정도 충족시킬 수 있는 효율적인 시스템이 개발되느냐에 달려있다고 해도 과언이 아니다. 따라서 이들 시스템사용자들은 개발작업 자체에 대한 지속여부를 결정하는 단계 이외의 거의 모든 작업에 직접 혹은 간접적으로 참여하게 된다. 그리고 시스템사용자들은 시스템오너와는 달리 개발비용이나 전체적인 개발효과 보다는 시스템이 개발되어 자신의 업무가 얼마나 효율적으로 처리될 수 있는지에 관심을 갖는다.

③ 시스템분석가

• 시스템분석가
사용자의 요구를 찾아내고 이를 정리하며 체계적으로 문서화하는 시스템 설계자와 개발자가 원하는 형태로 전달, 역할을 하는 사람

시스템분석가(System Analyst)는 시스템 개발 대상 영역의 문제가 무엇인지? 문제의 원인이 무엇인지? 어떻게 해결할 수 있는지? 사용자의 요구는 무엇인지를 파악하여 설계자 및 개발자가 원하는 형태로 전달해 주는 역할을 담당하는 사람을 말한다. 시스템분석가는 주로 사용자의 요구를 찾아내고 이를 정리하며 체계적으

로 문서화하는 역할과, 개발에 참여하는 이해관계자마다 다른 시각을 가지고 있기 때문에, 시스템 개발에 참여하는 이해관계자들의 견해를 중재하는 역할을 수행한다. 그러나 이러한 역할은 수행하는 것은 쉽지 않기 때문에, 다른 참여인력에 비해서 업무영역에 대한 전문적인 지식은 물론, 논리적이고 조직적인 사고능력, 문제해결을 위한 독창적인 아이디어, 풍부한 경험과 기술 그리고 원만한 인간관계까지를 겸비하는 능력들이 요구된다. 시스템분석가는 프로젝트관리자와 마찬가지로 시스템 개발의 전체 과정에 참여하며, 일반적으로 프로젝트관리자로서의 역할을 병행하는 것이 보통이다.

④ 시스템설계자

● 시스템설계자
시스템분석가로부터 받은 분석결과를 토대로 사용자의 요구와 이해관계자들의 요구를 충족시킬 수 있는 효율적인 시스템을 논리적으로 디자인하는 사람

시스템설계자(System Designer)는 시스템분석가로부터의 분석결과를 토대로 사용자의 요구와 이해관계자들의 요구를 충족시킬 수 있는 효율적인 시스템을 논리적으로 디자인하는 사람을 말한다. 시스템분석가는 기술적인 구현가능성이나 방법과 무관하게 논리적인 해결방법이 무엇인가를 찾아내는 것이 목적이었다면, 시스템설계자는 이를 기술적으로 구현가능하며 효율적인 구조의 시스템으로 구현될 수 있도록 시스템 개발에 대한 청사진(개괄적인 설계)과 설계도면(상세설계)을 작성하는 역할을 한다. 따라서 시스템설계자는 업무영역에 대한 지식과 함께 기술적인 전문지식도 함께 갖추어야 하는 것이 보통이다. 시스템설계자는 사용자의 요구를 분석하는 시스템분석단계와 시스템의 물리적인 구현단계인 시스템 개발단계 사이에 참여하게 된다.

⑤ 시스템 개발자

● 시스템개발자
시스템설계 결과를 물리적인 시스템으로 구현하는 사람

● 프로젝트 관리자
시스템개발 프로젝트를 정해진 기간 내에 한정된 비용 내에서 완료시키기 위해서 모든 참여인력을 관리하고, 작업을 통제하는 사람

시스템 개발자(System Builder)는 시스템설계자와 마찬가지로 해박한 기술적인 전문지식을 갖추고 시스템설계 결과를 물리적인 시스템으로 구현하는 사람을 말하며, 보통의 경우 프로그래머가 시스템 개발자로서의 역할을 하게 된다. 시스템 개발자는 물리적인 구현과 각종 테스트과정을 거쳐 시스템사용자들이 자신의 업무에 직접 활용할 수 있는 상태로의 구현까지를 포함한다.

⑥ 프로젝트관리자

프로젝트관리자(Project Manager)는 시스템 개발프로젝트를 정해진 기간 내에

한정된 개발비용을 초과하지 않는 범위 내에서 완료시키기 위해서 참여한 모든 인력과 투입된 모든 자원을 관리하고 통제하는 역할을 하는 사람을 말한다. 뿐만 아니라 개발과정의 세부단가를 효율적으로 진행될 수 있도록 작업일정과 작업내용 등을 관리하고 조정하는 역할을 한다. 프로젝트관리자는 개발프로젝트에 참여하는 팀원일 수도 있으며, 프로젝트의 규모와 복잡도에 따라서 외부에서 영입된 전문 컨설턴트가 역할을 대신할 수도 있다. 프로젝트관리자는 개발작업 전체를 주도하고 이끌어가는 역할을 하기 때문에, 개발프로젝트의 성공을 위해서 프로젝트관리자의 역량(업무지식, 단계별 작업능력, 추진력, 지도력과 의사소통능력, 개발경험 등)은 매우 중요하며, 개발프로젝트의 전체과정에 참여하는 것은 당연하다.

● 시스템품질
시스템품질은 이해관계자의 시각에 따라 다르다.

(2) 정보시스템의 품질(갖추어야 할 요구조건)

공장에서 생산되는 제품과 달리 시스템의 품질은 시스템 개발에 참여하는 모든 사람들에 의해서 평가된다. 그러나 시스템 개발에 관여하는 사람들은 각자의 이해관계에 따라 서로 다른 시각을 가지고 있기 때문에, 일률적으로 시스템품질을 평

그림 12-3 시스템 품질에 대한 이해관계자의 시각

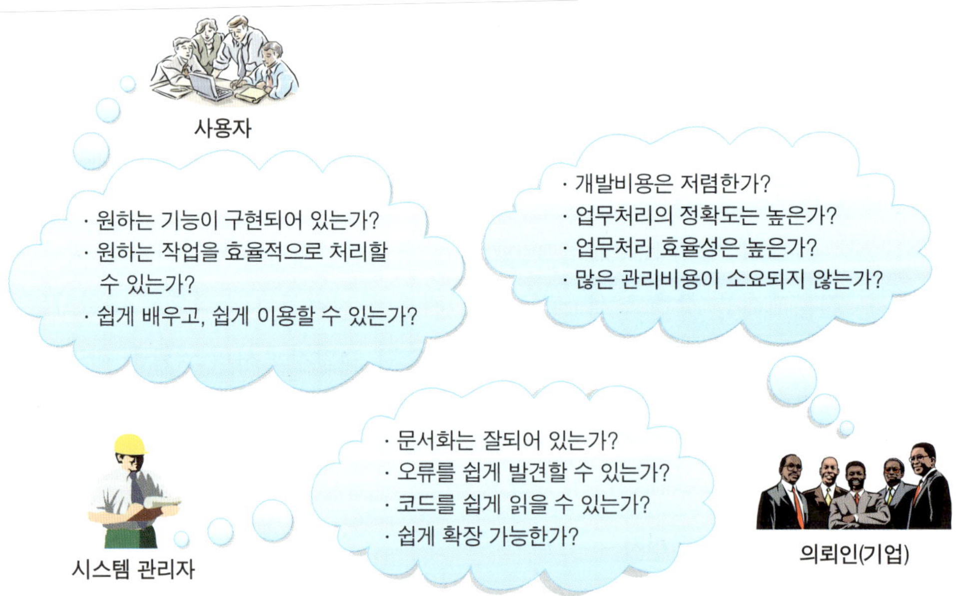

가하기는 쉽지 않다. 따라서 시스템 개발에 참여하는 주요 이해관계자들인 시스템 사용자, 시스템관리자, 기업의 입장에서 시스템품질을 평가하는 요인들을 정리하는 것은 매우 중요하다.

개발된 시스템을 실제로 사용하는 최종 사용자들은 개발비용이나 시스템 관리적인 측면보다는 자신의 업무를 처리할 수 있는 기능이 내장되어 있는지? 시스템을 이용하여 자신의 업무를 처리할 때 보다쉽고 효율적으로 처리할 수 있는지? 그리고 쉽게 배울 수 있는지? 등을 중심으로 시스템의 품질을 평가할 것이다. 그러나 시스템관리자는 실제 활용적인 측면보다는 쉽게 관리할 수 있도록 잘 문서화되어 있는지? 시스템 오류를 쉽게 발견할 수 있는지? 시스템을 쉽게 수정하고 확장할 수 있는지? 등 시스템 아키텍처와 구현방법에 더 많은 관심을 가지게 되며, 자신의 시각에서 시스템의 품질을 평가하게 된다. 또한 시스템 개발을 의뢰한 기업의 경우에는 시스템 개발을 통해서 얻어지는 이익과 개발에 소요되는 비용적인 측면을 최우선으로 시스템을 평가한다. 즉, 시스템 개발비용은 적정한가? 최소의 비용으로 시스템을 관리하고 유지 보수할 수 있는가? 시스템 개발을 통해서 생산성 향상과 업무처리 효율성 증대에 어느 정도 기여할 수 있는가? 등의 기준으로 시스템 품질을 평가한다. 다음은 이들의 시스템 품질에 대한 서로 다른 시각을 정리한 것이다.

그림 12-4 시스템 품질의 결정요인

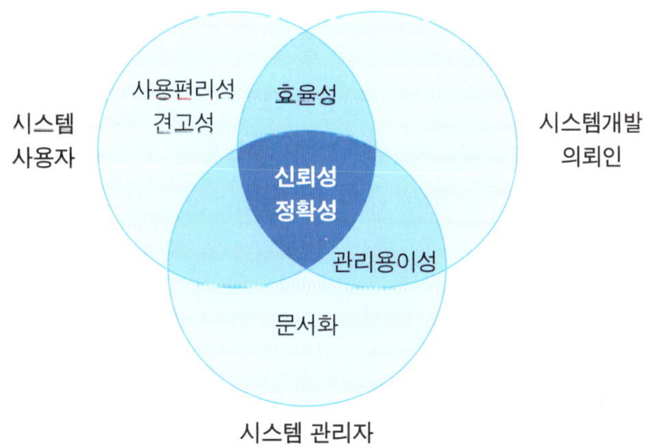

위와 같이 시스템사용자, 시스템관리자, 시스템 개발 의뢰인의 시각이 다르기 때문에, 시스템 품질을 평가하기 위한 평가요인도 서로 다르게 나타날 것이다. 그러나 이들의 관심사는 업무처리 효율성 증대와 생산성 향상 그리고 기업의 최종목표에 부합되기 때문에, 이들의 시각이 언제나 다른 것만은 아니며, 공통적인 관심사도 존재하는 것을 알 수 있다. 다음은 시스템사용자, 시스템관리자, 시스템 개발 의뢰인의 시스템품질에 대한 공통적인 요인을 추출하여 재정리한 것이다.

시스템품질을 결정하는 요인은 외적 요인과 내적 요인으로 나눌 수 있는데, 외적 요인은 시스템활용에 관련된 요인으로 사용 편리성, 견고성, 신뢰성, 정확성, 효율성을 들 수 있으며, 내적 요인으로는 관리용이성과 문서화를 들 수 있다.

① 신뢰성과 견고성 그리고 정확성

시스템의 견고성과 신뢰성 그리고 정확성은 시스템실행 중 발생하는 다양한 형태의 오류에 관련된 요인으로 이는 업무처리의 효율성과 시스템관리에 치명적인 영향을 미치기 때문에, 개발될 시스템은 신뢰성과 견고성 그리고 정확성을 보장할 수 있어야 한다.

- 신뢰성 : 완벽하게 구현된 시스템이라 하더라도 시스템을 운영하는 과정에서 크고 작은 오류들이 발생할 수 있기 때문에, 시스템 오류가 발생하였다고 해서 시스템에 대한 신뢰가 없다고 할 수는 없다. 시스템의 신뢰성은 발생한 오류의 심각성과 발생빈도, 종류 그리고 오류의 여파를 분석하여 판단되어야 할 것이다.
- 견고성 : 시스템을 실행하는 중에 외부와의 어떤 형태의 커뮤니케이션에 대해서도 제대로 작동할 때, 일반적으로 '시스템이 견고하다'고 말한다. 시스템의 견고성이 유지되는 시스템은 정확성을 유지할 수 있으며, 시스템의 작동중지로 이어지는 치명적인 오류를 미연에 방지할 수 있기 때문에, 시스템의 품질을 보장할 수 있다.
- 정확성 : 시스템의 정확성은 신뢰성이나 견고성과 마찬가지로 시스템의 오류와 관련된 요인이지만, 신뢰성이나 견고성과는 달리 구현된 세부적인 프로그램에 관련된 요인이다. 해결하려는 문제를 모순없이 정확하게 해결할 수 있을 때, 일반적으로 '프로그램이 정확하다'고 말하는데, 이는 문제해결의 효율성의

●신뢰성

시스템이 논리적 모순 없이 언제나 정상적으로 작동하여 처리 결과에 대해서 신뢰할 수 있는 정도

●견고성

시스템 오작동 혹은 시스템 오류 등이 발생하지 않고 정상적으로 작동하는 정도

●정확성

해결하고자 하는 문제를 정확하게 해결할 수 있는 정도

문제가 아니라 정확성 즉, 해결하고자 하는 문제를 원하는 형태로 해결하기 위해서 얼마나 완벽하게 그리고 논리적인 모순없이 프로그램으로 구현했느냐를 의미한다.

● 사용편리성
시스템을 얼마나 쉽게 배우고 편리하게 사용할 수 있느냐를 나타내는 정도

② 사용편리성

사용편리성은 숙련되지 못한 시스템사용자라 하더라도 얼마나 쉽게 배울 수 있으며, 편리하게 사용할 수 있는지에 따라서 결정된다. 따라서 시스템사용자들이 쉽고 편리하게 사용할 수 있도록 시스템과 사용자를 연결하는 편리한 인터페이스가 형성되어야 하며, 어떠한 상황에서도 특히, 문제가 발생하는 경우 원하는 형태의 도움을 받을 수 있는 기능이 내장되는 등 사용자에게 친밀감을 제공해야 한다.

● 효율성
자신이 처리하려는 업무를 얼마나 쉽고 빠르게 처리할 수 있느냐를 나타내는 정도

③ 효율성

시스템사용자는 자신의 업무를 보다 쉽고 효율적으로 처리하기 위한 수단으로 시스템을 이용하며, 시스템 개발 의뢰인(기업)은 기업의 목표를 달성하기 위해서 필요한 전체 업무 프로세스를 수행하는 도구로 활용하기 위해서 시스템 개발을 의뢰하는 것이기 때문에, 효율성은 시스템사용자와 시스템 개발 의뢰인 모두에게 매우 중요한 요인이며, 업무처리 효율성과 시스템 효율성 그리고 시스템의 성능을 내포하는 넓은 의미의 개념이다. 그러나 시스템사용자의 입장에서 시스템 자체의 효율성과 시스템의 성능이 자신의 업무처리 속도에 영향을 미치는 것이 사실이지만, 이보다는 자신이 처리하려는 업무를 효율적으로 처리할 수 있도록 처리절차가 적절하게 구성되어 있는지? 자신의 업무처리 내용을 잘 구현하고 있는지? 등의 업무처리 효율성이 더욱 중요하며, 시스템의 성능과 시스템의 효율성은 하드웨어의 발전과 맥락을 같이하기 때문에, 개발될 시스템에 대한 요구조건으로서의 효율성을 좁은 의미로 이해함이 타당할 것이다.

● 관리용이성
시스템 사용 중에 발행하는 오류수정이나 설계변경, 파일이나 데이타베이스의 구조변경이 얼마나 쉬우냐를 나타내는 정도

④ 관리용이성

시스템이 개발되어 사용자에게 인도된 후 정상적인 시스템 사용 중에 발생하는 오류수정, 효율적인 문제해결을 위한 설계변경, 파일이나 데이타베이스 구조변경 또는 새로운 성능을 추가하기 위한 일련의 과정을 시스템의 유지보수라 한다. 모든 시스템은 어느 한 시점에 아무리 완벽하게 설계되어 사용자의 요구를 완벽하게 충족시켰다 하더라도 업무처리 환경이 변하기 때문에, 사용자의 요구는 변할 수밖

에 없으며, 또한 처리할 자료, 파일 및 데이타베이스 구조 등이 변하기 때문에, 시스템의 수명연장을 위해서 필요한 경우마다 변경되고 수정되는 과정을 거쳐야만 한다. 이 같은 시스템의 수정 및 변경에 관련된 모든 관리작업은 시스템관리자의 임무이며, 이들의 관심은 오류를 쉽게 발견할 수 있는가? 프로그램 코드를 쉽게 해독할 수 있는가? 시스템구조를 쉽게 변경하고 확장할 수 있는가? 등이다.

⑤ 문서화

일반적인 시스템 환경에서는 사용자와의 의사소통을 위한 시스템-사용자 인터페이스는 물론 다른 시스템과의 상호작용을 위해서 시스템-시스템 간의 다양한 인터페이스가 형성되어 있으며, 어떤 형식으로 인터페이스가 형성되어 있는지 문서로 작성되어 있는 것이 보통이다. 시스템에 관련된 문서는 다음과 같이 시스템 자체에 관한 문서와 사용자를 위한 문서로 구별된다.

1.3 정보시스템 개발방법론

● 시스템개발 방법론
시스템개발 계획을 수립하고 시스템사용자의 요구를 분석하여 이를 충족시킬 수 있도록 설계하여 프로그램으로 구현하기 위한 프레임워크

시스템 개발방법론이란 새로운 시스템이 투입될 대상영역과 개발될 시스템을 이해하고 새로운 시스템에 대한 개발계획을 수립하며 시스템사용자의 요구를 분석하여 이를 충족할 수 있도록 설계하여 프로그램으로 구현하는 일련의 체계적인 작업과정을 말한다. 이는 시스템의 탄생과 다른 시스템으로 대체되기까지의 생명주기를 나타내기 때문에, 시스템 개발방법론은 결국 시스템 개발 생명주기모형(SDLC: System Development Life Cycle)을 의미한다. 앞에서 설명한 것처럼, 시스템사용자와 시스템관리자 그리고 기업의 요구에 부합한 효율적인 시스템을 개발하기 위해서 시스템 개발의 전체 과정의 작업을 체계적으로 수행할 절차와 세부절차에 사용될 방법 그리고 지원도구가 필요하며 어떤 방법론을 택하느냐에 따라서 시스템 개발의 성공과 실패가 좌우되기 때문에, 시스템 개발방법론의 선택을 매우 신중하게 하여야 한다.

정보시스템 개발은 여러 작업단계를 거치면서 진행된다. 몇 단계의 작업과정을 거치느냐? 즉, 시스템 개발의 세부단계는 개발방법론마다 다르지만, 일반적인 시스템 개발과정은 초기 시스템조사, 시스템분석 및 설계, 구현 및 유지보수 단계로

나누어진다. 본 절에서는 일반적인 시스템 개발방법론에 대해서 살펴보기로 한다.

(1) 전통적인 폭포수모형

● 폭포수형모형
시스템개발의 전 과정이 순차적으로 이루어지는 개발 방법론

폭포수형모형(Waterfall Model)은 가장 오래된 시스템 개발방법론으로 시스템 개발의 전 과정이 순차적으로 이루어지는 모형이다. [그림 12-5]는 전통적인 폭포수모형을 나타내며, 폭포수모형이라는 표현은 한번 떨어진 폭포수는 위로 다시 거슬러 올라갈 수 없다는 의미에서 붙여진 것이다. 전통적인 폭포수모형에 의하면, 시스템 개발의 전 과정은 계획 → 분석 → 설계 → 구현 → 유지보수 단계로 나뉘며, 이들 단계의 작업이 순차적으로 이루어지기 때문에, 순차적 모델(Sequential Model)이라고 불리기도 한다.

그림 12-5 전통적인 폭포수모형

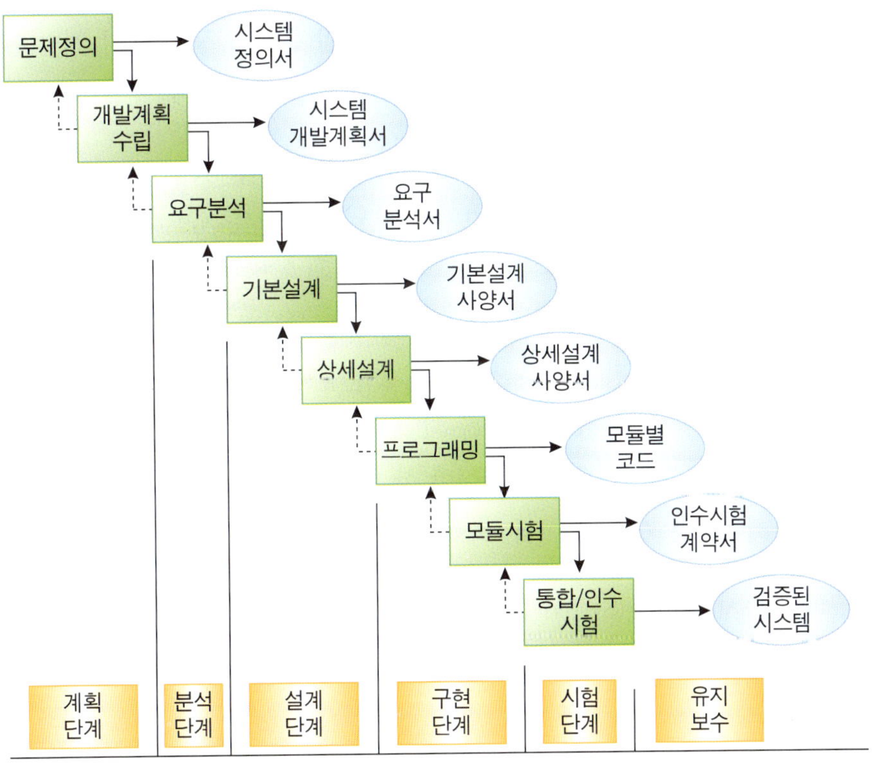

① 시스템계획(System Planning) : 시스템정의 및 개발계획

● 시스템계획

기존 시스템의 문제가 무엇이고, 새로운 시스템이 갖추어야 할 기능과 성능 조건을 정의하고, 이를 충족할 수 있는 시스템을 개발하는데 필요한 비용, 기간, 참여인력, 개발과정 등에 대한 계획을 수립하는 단계이며, 시스템정의서 및 시스템개발 계획서라는 문서로 작성된다.

시스템정의서(System Definition)를 작성하는 목적은, 기존의 업무처리 방식 또는 기존 시스템의 문제가 무엇이고, 새로운 시스템을 개발해야 한다는 시스템 개발의 당위성과 개발목적 그리고 시스템 개발의 효과를 명확히 하려는데 있으며, 또한 문제 해결을 위해서 새로이 개발할 시스템이 갖추어야 할 기능과 성능요건 등 개발할 시스템을 개괄적으로 정의하는 것이다. 시스템정의서를 통해서 개발하려는 시스템이 정의되면, 시스템 개발계획을 수립하게 되며, 그 결과는 시스템 개발계획서(Project Plan)라는 문서로 작성된다. 시스템 개발계획서를 작성하는 목적은 시스템정의서를 통해서 정의한 시스템 기능과 성능요건을 현재의 기술적 수준으로 구현할 수 있는지? 막대한 개발비용을 감수하면서 시스템을 개발할 필요가 있는지? 등을 분석하여 기술적으로 구현 가능하고 경제적 타당성이 있음을 입증하려는 것이다. 뿐만 아니라, 시스템 개발작업을 전담할 프로젝트팀을 구성 및 개발에 참여할 인적자원, 개발일정과 개발비용, 개발방법론과 지원도구, 개발과정을 통해서 생성될 중간 산출물, 전체적인 문서화 등에 대한 개발계획을 구체화하는 것도 시스템 개발계획서를 작성하는 주요 목적이다.

② 시스템분석(System Analysis) : 사용자 요구분석

● 시스템분석

새로운 시스템을 개발하기 위해서 기존 시스템의 문제를 분석하고, 사용자의 요구를 추출하는 단계로 시스템분석 결과는 요구분석서라는 문서로 작성된다.

시스템분석 단계는 사용자가 원하는 시스템을 개발하기 위해서 기존의 업무처리방식 또는 기존의 시스템을 이해하고 문제점을 찾아 개선된 모습의 업무처리방식으로 전환하고, 새로운 시스템에 대해 사용자들의 기능과 성능에 대한 요구를 파악하여 개발될 새로운 시스템의 모습을 구상하는 단계이며, 시스템분석 결과는 요구분석서(Requirements Specification)라는 문서로 요약된다. 시스템 정의서에서는 새로운 시스템이 갖추어야 할 기능들이 개괄적으로 정의되었지만, 요구분석 단계에서는 기능, 데이타, 조직구조 등 보다 구체적인 내용들이 파악된다.

③ 시스템설계(System Design)

● 시스템설계

시스템분석 결과를 토대로 새로운 시스템을 논리적으로 디자인하는 단계이며, 그 결과는 설계사양서라는 문서로 작성된다.

시스템계획 및 분석 단계에서는 어떤(WHAT) 시스템을 개발할 것인가에 초점을 맞추어 사용자들이 요구하는 것을 파악하는 과정이라면, 이어지는 시스템설계 단계에서는 사용자 요구분석 결과를 토대로 어떤 정보기술을 이용하여 어떤부분을 어떻게(HOW) 구현할 것인가를 구상하는 단계이다. 시스템설계는 개괄적인 설계와 상세설계로 나뉘어 지는데, 개괄적인 설계(기본설계)에서는 파일구조나 데이타베이스구조를 결정하고, 업무처리방법 및 절차 등 기본적인 사항들을 결정하는 것을 주요 내용으로 하며, 상세설계에서는 사용자 인터페이스, 입출력방식, 파일 및 데이타베이스의 물리적 설계 등을 골자로 한다. 기본설계와 상세설계의 내용은 설계사양서(Design Specifications)라는 문서로 요약된다.

● 시스템 구현
설계단계에서 설계된 내용을 모듈 별로 코딩하고 디버깅하는 과정을 거쳐 시스템을 완성하고 검증해 가는 단계

④ 시스템 구현(System Implementation) 및 시험

시스템 구현단계는 설계단계에서 설계된 내용을 모듈 별로 코딩하고 디버깅하는 과정을 반복하고 시스템을 완성하고 검증해 가는 과정이며, 검증과정을 거쳐 비로소 완성된 시스템의 모습을 갖추게 된다. 완성된 시스템은 사용자가 직접 사용해 보는 방법으로 최종 인수시험(Acceptance Test)을 통해서 검증된 시스템으로 개발의뢰인에게 인수 인계된다. 단위 모듈 별 검증과 시스템 테스트는 사용자의 요구를 충족시킬 수 있는 시스템의 모습을 갖추고 있는지 보다는 주로 설계단계에서 작성된 설계사양서의 내용을 구현했는지의 여부를 검증하게 된다. 구현단계에는 또한 구현한 시스템을 사용자들이 쉽고 편리하게 이용할 수 있도록 매뉴얼을 제공하고 교육하는 것도 포함된다.

● 운용 및 유지보수
개발된 시스템을 실제 운영하고 시스템 오류와 같은 문제점이 발생하는 경우 이를 수정하며, 새로운 기능의 추가 및 불필요한 기능의 삭제 등의 작업을 하는 단계

⑤ 시스템 운용(Operation) 및 유지보수(Maintenance)

시스템 운용 및 유지보수 단계는 최종 인수시험을 통과한 시스템이 설치되어 사용자들이 직접 이용하고, 이용 중에 작동오류나 시스템오류 등과 같은 문제점이 발견되면 이를 수정하고, 필요한 경우 새로운 기능을 추가하거나 불필요한 기능을 삭제하는 등 시스템을 발전시키고 또 생명을 연장시켜 나가는 과정이다. 시스템 개발에 소요되는 노력과 비용에 비해 시스템 유지보수를 위한 노력과 비용이 갈수록 증가하고 있는 상황에서 시스템 유지보수를 위한 노력과 비용을 줄이기 위해서는 즉, 시스템의 생명주기를 더 연장시키기 위해서는 사용자의 요구를 보다 철저하고 정확하게 파악하여 시스템설계에 반영해야 하며, 설계된 내용을 완벽하게 그리고 유지보수하기에 적절하게 구현되어야 한다는 것이 전제되어야 한다. 그러나 기업조직과 기업환경이 변함으로 인해 업무처리 방식이 달라지거나 또는 새로운 환경에 적응하려는 사용자의 다양한 요구가 지속적으로 발생하는 등 시스템 유지보수의 횟수가 많아지고, 과다한 유지보수 비용이 지출되며, 사용자의 불만이 늘

어나면, 새로운 시스템 개발에 대한 필요성이 제기될 것이다. 새로운 시스템 개발에 대한 당위성이 인정되면 새로운 시스템을 개발하기 위한 순환과정이 다시 반복된다.

(2) 프로토타이핑과 진화적 프로토타이핑모형

● 프로토타이핑
최초의 사용자 요구분석을 통해 그 일부를 대상으로 실제 시스템을 개발하고 이를 사용자에게 검증받고, 검증받는 과정에서 추가로 발생하는 요구사항을 반영하여 수정해 감으로써 시스템을 완성해 가는 시스템개발 방법론

① 프로토타이핑모형(Prototyping Model)

폭포수모형의 단점인 사용자 요구분석의 어려움을 해결하기 위해서 개발된 방법이 프로토타이핑모형이다. 최초의 사용자 요구분석을 통해서 개발하려는 시스템의 일부를 실제로 개발하여 사용자에게 검증받고, 검증받는 과정에서 추가로 발생하는 요구사항을 실제 개발작업에 반영하여 사용자의 요구에 맞는 시스템을 개발한다는 것이 프로토타이핑모형의 목적이다. 프로토타입을 개발하는 또 다른 목적은 개발하려는 시스템의 기술적 구현가능성과 개발타당성을 평가하기 위한 목적으로 개발되기도 하며, 이 경우 개발된 프로토타입을 통해서 개발의 타당성이 입증되면, 본격적으로 개발작업에 착수한다. 대부분의 경우 프로토타입 개발 후 이어지는 개발단계는 대부분 전통적 폭포수모형이나 반복적 폭포수모형을 이용하여 개발작업이 이루어지기 때문에, 프로토타이핑모형을 전통적 폭포수모형에서

그림 12-6 프로토타이핑모형

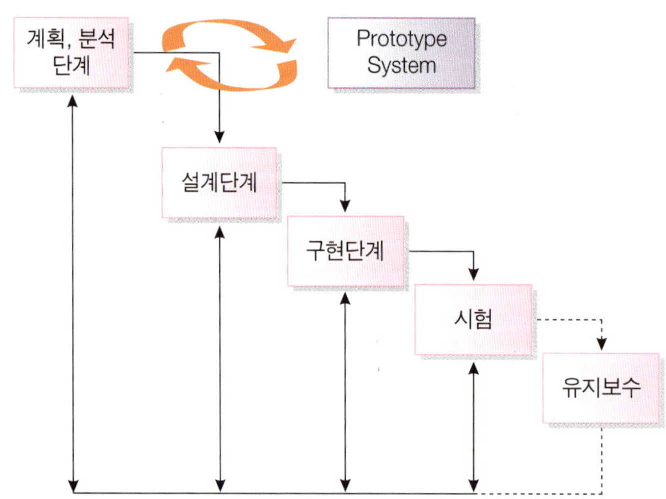

발전된 형태로 보기도 한다. [그림 12-6]은 전통적 폭포수모형의 발전 형태인 반복적 폭포수모형에 프로토타이핑모형을 접목하여 나타낸 것이다.

프로토타이핑모형은 전통적인 폭포수모형을 대체하기 보다는 상호 보완하면서 병행되는 것이 일반적이다. 프로토타이핑모형은 계속적인 사용자의 요구를 수용할 수 있으며, 간이시스템을 미리 개발하여 사용자의 요구와 신뢰성을 검증 받을 수 있다는 특징은 전통적인 폭포수모형의 단점을 보완할 수 있기 때문이다. 프로토타이핑모형이 전통적 폭포수모형에서 갖는 의미는 요구분석 도구로서의 역할을 하며, 본격적인 시스템 개발작업으로 연결되지는 않는다. 즉, 프로토타이핑모형은 독자적인 개발방법론이 아니라, 프로토타입 개발 후 개발이 승인되면, 기존의 전통적인 개발방법론을 이용하여 작업하는 것이 보통이다.

● 진화적 프로토타이핑모형

개발된 프로토타입을 사용자의 평가를 통해서 지속적으로 수정하고 보완하여 최종 시스템으로 발전시켜 나갈 수 있도록 고안된 시스템개발 방법론

② 진화적 프로토타이핑모형(Evolutionary Prototyping Model)

프로토타이핑모형은 다양하고 끊임없이 변화하는 사용자의 요구를 분석하기에는 유용하게 활용될 수 있으나, 본격적인 시스템 개발작업으로 연결되지는 않는다. 그러나 진화적 프로토타이핑모형은 프로토타이핑모형의 한계점을 극복하고 개발된 프로토타입을 사용자의 평가를 통해서 지속적으로 수정하고 보완하여 최종 시스템으로 발전시켜 나갈 수 있도록 고안된 개발방법론이다. [그림 12-7]은

그림 12-7 진화적 프로토타이핑모형

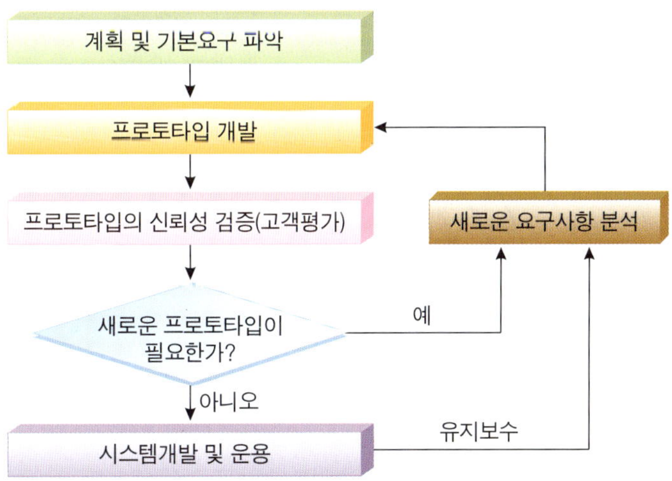

진화적 프로토타이핑모형에 따른 시스템 개발 단계를 나타낸다.

전통적 폭포수모형이나 프로토타이핑모형은 모든 개발단계가 선형적 프로세스로 진행되는 반면, 진화적 프로토타이핑모형은 순환적인 개발 사이클의 연속과정을 통해 진화적 프로토타입 그리고 최종 시스템이 개발된다. 진화적 프로토타이핑모형의 개발 과정은 다음의 순환과정을 거친다.

- 점진적 순환과정 : 최초로 개발된 프로토타입은 사용자의 모든 요구사항을 반영하지 못한 상태에서 개발된 것이기 때문에, 불완전한 프로토타입이라 할 수 있는데, 점진적 순환과정은 이러한 불완전한 프로토타입 개발의 반복과정을 거치면서 완전한 상태로 만들어 가는 과정이다.
- 진화적 순환과정 : 진화적 순환과정은 반대로 한 번의 순환과정을 거친 후 개발된 프로토타입의 완전성이 아니라, 프로토타입의 논리적 일관성이나 적정성에 초점을 맞추어 프로토타입을 발전시켜 나가는 과정이다.

(3) 나선형모형

나선형모형(Spiral Model)은 진화적 프로토타이핑모형의 대표적인 형태로 전통적 폭포수모형과 프로토타이핑모형의 장점을 수용하고 단점을 보완하기 위해서

그림 12-8 나선형모형

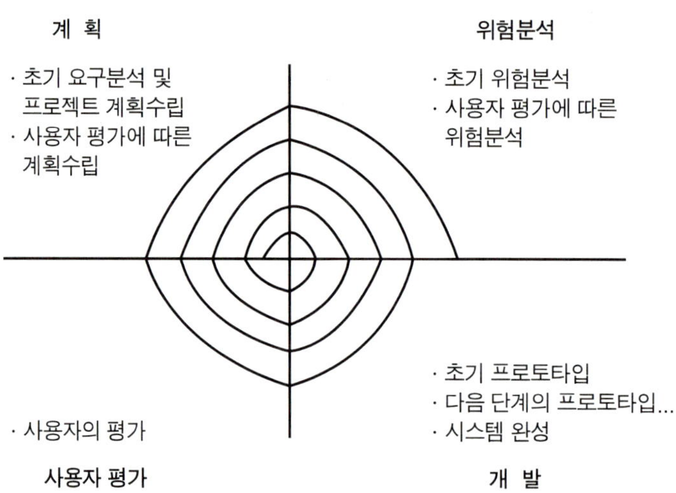

Boehm에 의해서 개발된 개발방법론이다. Boehm의 나선형모형에 의하면 시스템 개발은 다음과 같이 네 단계의 진화적 반복과정에 의해서 이루어진다.

- 계획(Planning) : 시스템 개발 계획을 수립하고 제약조건을 정리하며, 초기의 사용자 요구를 분석한다.
- 위험분석(Risk Analysis) : 초기에 분석한 사용자 요구에 대해서 사용자의 위험을 분석하고 시스템계획과 제약조건에 대한 위험을 분석하여 위험요소를 제거한다.
- 개발(Development) : 프로토타입을 개발한다.
- 사용자 평가(Customer Evaluation) : 개발된 프로토타입에 대한 사용자의 평가 후, 다음 단계의 반복과정을 위한 계획을 수립한다.

대규모의 복잡한 시스템을 개발하는데 막대한 비용이 소요되며, 계획한 개발기간을 지키는 것도 어려운 것이 현실이다. 이는 시스템 개발에 영향을 미치는 요인들이 다양하고 복잡하며, 모든 요인들을 충족시키기 힘들다는 것을 의미한다. 즉, 사용자의 요구를 만족하는 효율적인 시스템을 개발하는데 많은 위험요소들이 존재한다. 나선형모형은 이와 같은 대규모의 복잡한 시스템을 개발하는데 시스템 개발에 걸림돌이 되는 위험요소를 찾아 이를 단계적으로 제거해 감으로써 시스템 개발 프로젝트를 성공적으로 수행할 수 있기 때문에, 대규모의 복잡한 시스템 개발에 유리하다. 또한 나선형모형의 개별단계는 전통적인 개발방법론처럼 이전 단계의 결과에 종속되어 수행되는 것이아니라, 현 상태를 근거로 독립적으로 수행되기 때문에, 시스템품질 향상에 기여할 수 있는 것도 나선형모형의 큰 장점이다.

(4) 기타 개발방법론

전통적인 폭포수모형으로부터 프로토타이핑모형과 진화적 프로토타이핑모형 그리고 나선형모형에 이르기까지 다양한 시스템 개발방법론에 대해서 살펴보았다. 현재까지 가장 보편적으로 사용되고 있는 전통적 폭포수모형은 모형이 간단하며, 세부작업이 단계별로 이루어지기 때문에, 작업내용과 개발일정 등 프로젝트 관리에 용이 하지만, 일회적인 작업으로 사용자의 다양한 요구를 분석하기 어려우며, 단계마다의 피드백이 쉽지 않기때문에, 단계가 거듭될수록 오류수정에 어려움이 있다는 점이 부각되었다. 반복적인 사용자 요구분석 작업을 통해서 사용자의 요구를 보다 충족시킬 수 있는 시스템을 개발하기 위한 방법으로 프로토타이핑모형과 진화적 프로토타이핑모형이 개발되었으나, 이 방법 또한 프로토타입을 개발하기에 많은 시간이 낭비될 수 있으며, 현실적으로 지원도구에 한계가 있기 때문에, 현실적인 적용 가능성이 제한되고 있음을 살펴보았다. 나선형모형 또한 시스템 개발 프로젝트의 규모에 따라서 적용이 제한되며, 위험분석을 위한 기술이 아직은 부족한 상황이기 때문에, 위험분석을 제대로 하지 못한 경우 사용자 요구를 제대로 파악하지 못하면서 많은 개발비용이 소요된다는 점이 지적되었다. 이러한 문제들로 인해서 새로운 개발방법론이 필요하다는 시각이 대두되었으며, 실제로 다음과 같은 다양한 개발방법론들이 사용되고 있다.

- 구조적 개발방법론
- 객체지향 개발방법론
- 정보공학 방법론

●구조적 개발방법
시스템개발 단계가 독립적이고 순차적으로 진행되지만, 전통적인 개발방법론과는 달리, 개발단계 사이의 연계성을 중시하며, 상향식보다는 하향식 방식으로 진행되는 개발방법론

(5) 구조적 개발방법론

전통적인 폭포수모형이나 반복적 폭포수모형 또는 프로토타이핑모형의 가장 큰 특징은 개발단계가 서로 독립적이며, 순차적으로 진행된다는 것이다. 이는 개발단계가 작업내용에 따라 명확하게 구별되며, 한 단계의 작업이 완료되어야 그 다음 단계로 이어짐을 의미한다. 시스템 개발 단계 사이의 관계가 일방적이지 않고 서로 피드백이 가능하다면, 시스템 개발 단계가 독립적이며, 순차적으로 진행된다는 것 자체가 문제가 되지는 않는다. 그러나 전통적인 개발방법론에서는 개발단계 간의 연계성이 부족하다는 것이다. 즉, 전통적 개발방법론에서는 이전 단계의 산출물이 다음 단계에서 제대로 활용되지 못하건, 반대로 현재 단계의 작업결과가 이전 단계의 작업결과를 수정하는데 거의 영향을 미치는 못한다는 것이다. 전통적 개발방법론이 추구하는 상향식 구현방식은 단위 모듈들을 개별적으로 설계하고 개발하여 이들을 테스트 한 후, 최종적으로 전체 시스템에 대해서 통합시험을 거침으로 시스템을 완성하는 방식으로 이러한 상향식 구현방식은 최종 통합시험이 종료될 때까지 시스템에 대한 윤곽이 들어 나지 않으며, 개별 모듈 사이의 인터페이스에 대한 문제가 발생할 수 있다. 이러한 문제를 해결하기 위해서 구조적 개발

방법론은 전통적인 개발방법론을 개선하여 시스템 개발 단계가 독립적이고 순차적으로 진행되지만, 개별 단계 사이의 연계성을 중시하며, 상향식 구현방식보다는 하향식(Top-Down) 방식으로 구현하는데 초점을 맞추고 있다.

① 구조적 시스템 분석

구조적 시스템 분석기법은 기존의 방법론들이 가지고 있는 사용자 요구분석의 문제점들을 해결하고 사용자의 요구를 보다 쉽고 정확하게 파악하기 위해서 제안된 분석기법으로 다음과 같은 분석원리를 이용하고 있다.

- 추상화(Principle of Abstraction) : 하향식 구현방식에 부합된 분석원리로서 먼저 최상위 단계에서 가장 추상적인 기능, 데이타, 프로세스, 조직개체 등을 추출하고, 하위 단계로 내려갈수록 구체적으로 세부적이고 상세화해 나가는 기법이다.
- 정형화의 원칙(Principle of Formality) : 시스템 개발 프로젝트를 쉽게 관리하고 통제할 수 있도록 시스템 개발 단계마다 정형화된 형식에 근거하여 작업하도록 하는 원칙이다.
- 계층적 구조의 원칙(Principle of Hierarchical Structure) : 복잡하고 규모가 큰 시스템을 쉽게 이해할 수 있도록 분할의 개념(Divide Concept)을 이용하여 시스템을 작은 단위의 독립적인 서브시스템으로 나누는데, 문제는 여러 개의 작은 단위로 나누어진 모듈들을 어떻게 배열하는 것이 좋을 것인가 하는 문제가 발생한다. 이러한 문제를 해결하기 위해서 계층적 구조의 원칙을 적용하는데, 계층적 구소는 서로 독립직인 모듈들의 상호 연관관계 및 구조를 이해하기 위해서 필요하다.

• 추상화의 원칙
먼저 상위 계층의 기능, 데이타, 프로세스를 추출한 후 하위 단계로 내려가면 구체적으로 상세화해 나가는 분석원리

• 정형화의 원칙
시스템개발 프로젝트 통제를 위해서 개발 단계마다 정형화된 형식에 근거하여 분석하도록 하는 원칙

• 계층적 구조의 원칙
복잡하고 규모가 큰 시스템을 쉽게 이해할 수 있도록 분할의 개념을 이용하여 시스템을 작은 단위의 독립적인 서브시스템으로 나누어가면서 분석하는 원칙

② 구조적 시스템설계

구조적 시스템설계는 요구분석 결과에 부합한 시스템을 물리적으로 구현하기 위한 준비과정으로, 시스템분석이 기존의 사실을 있는 그대로의 모습으로 파악하는 것이라면, 시스템설계는 이를 바탕으로 새로운 실체를 만들기 위해서 구상하는 단계라 할 수 있다. 요구분석 결과에 부합한다는 것은 현재의 물리적 모델과 논리적 모델에 근거하고 사용자의 요구를 반영한 미래의 논리적 모델을 의미하며, 이는 주로 사용자들이 요구하는 중요한 기능적 요구들이다. 기능적 요구 이외의 기

타 요구사항들은 물리적으로 구현되는 것이 아니라, 물리적으로 구현할 때, 고려해야 할 제약조건 또는 요구조건으로 이해할 수 있다.

(6) 객체지향 개발방법론

구조적 개발방법론의 핵심은 모든 시스템은 기능적으로 분할된 하부 시스템들로 구성되어 있다고 보고 기능적 요구사항을 수행할 하부 모듈들을 구성하고 이를 통합하여 전체 시스템을 개발하는 반면, 객체지향 개발방법론(Object-Oriented Methodology)은 시스템을 기능적 패러다임으로 보는 것이 아니라, 객체 지향적 패러다임으로 본다는데 있다. 즉, 객체지향 개발방법론의 핵심은 모든 시스템은 상호 연결된 객체들로 구성되어 있으며, 데이타와 프로세스는 서로 분리되거나, 어느 한쪽이 소외되는 것이 아니라, 모두 객체 내에 포함되어 있다고 보는 것이다.

① 객체지향의 기본개념

객체지향 개발방법의 핵심 개념인 객체(Object)는 모델링 대상 영역을 설명하기 위해서 필요한 그 어떤 것이라 할 수 있다. 예를 들어, 개념이나 실제로 존재하거나 또는 추상적인 것이라도 객체가 될 수 있다. 이러한 개념 정의로 볼 때, 객체는 전통적인 방법론에서의 개체(Entity)에 해당되는 개념이라 할 수 있다. 그러나 개체는 단순히 자료에 국한되는 반면, 객체는 자료는 물론, 자료가 조작되는 방법까지를 내포하고 있다. 객체지향 방법론에서 동일한 자료와 자료조작 방법을 가진 객체들의 집합은 클래스(Class)라고 하며, 이는 전통적인 방법론에서 유사한 구조를 가진 개체들을 개체타입(Entity Type)으로 정의하는 것과 같다. 따라서 객체지향 방법론의 객체-클래스의 개념은 전통적 방법론에서의 개체-개체타입과 유사하다. 물론 객체도 전통적인 개체와 마찬가지로 속성(Attributes)을 통해서 설명되며, 특정 시점에 특정 속성값을 가진다. 또한 전통적인 개발방법론에서 개체 사이에 존재하는 논리적 연관관계(Relationship)를 통해서 표시하듯이, 객체 사이에 존재하는 논리적 관계는 메시지(Message)를 전달하는 방식으로 표시한다. 객체들 사이에 존재하는 메시지는 객체의 상태를 변화시키거나 처리결과를 얻기 위해 특정 객체에게 보내는 요구사항이며, 메시지를 받는 객체에서 구체적으로 어떤 행동을 해야 하는지 지시하게 된다. 어떤 방법으로 행동하는지는 메시지를 받는 객체 내에서 정의되며, 객체 내에서 메시지의 요구사항을 어떻게 수행할 것인지를 결정하게 된다.

② 객체지향의 원리

객체지향 개발방법론의 핵심은 지금까지 설명한 객체, 클래스, 속성, 속성값, 객체 사이의 메시지 전달 등의 기본 개념을 통해서 설명되며, 이를 위해서 다음과 같은 원리를 이용한다.

- 캡슐화(Encapsulation) : 자료와 행동방법이 패키지처럼 만들어져 정의된 객체(캡슐)내에 들어 있음을 의미한다. 자료가 캡슐화 되어 객체 내에 들어 있기 때문에, 자료에 대한 무단 접근이나 다른 객체들로부터 보호될 수 있으며, 필요하다면 캡슐화된 자료를 언제든지 재사용할 수 있다는 장점이 있다.
- 상속성(Inheritance) : 상위 클래스와 하위 클래스 간의 자료와 행동방법을 공유하기 위해서 필요한 원리이다. 예를 들어, 상위 클래스의 자료와 하위 클래스의 자료가 거의 동일하다면, 하위 클래스의 자료를 새로 작성하기 보다는 미리 정의된 하위 클래스의 자료 중의 일부를 공유할 수 있도록 하는 것이다. 상속성의 원리는 자료의 중복성을 배제할 수 있으며, 자료 및 행동방법을 공유할 수 있다는 장점이 있다.
- 다형성(Polymorphism) : 다형성의 원리는 메시지를 전달 받은 객체에 따라서 같은 메시지라 하더라도 다르게 해석할 수 있다는 것을 의미한다.

02 정보시스템 개발계획

2.1 정보시스템 개발계획 수립

(1) 문제의 이해와 시스템 정의

시스템 개발작업은 시스템 개발에 대한 요구 즉, 새로운 시스템에 대한 필요성으로부터 시작된다. 새로운 시스템에 대한 필요성이 제기되면, 시스템 개발을 위한 개발계획 수립 단계에 들어가게 되는데, 시스템 개발계획 수립의 첫 단계의 핵심은 문제를 정확하게 이해하고(Problem Analysis), 개발하려는 시스템을 정의하는 일이다(System Definition). 즉, 시스템 개발 프로젝트의 시작은 대상 영역에서 제기되는 문제를 바로 이해하고, 어떤 시스템을 통해서 이 문제를 해결할 수 있는지, 즉 제기되는 문제를 분석하고 문제해결 방안으로서 개발될 시스템의 윤곽을 파악하는 것이다. 따라서 시스템 개발 프로젝트 계획수립의 첫 단계인 문제의 이해와 시스템 정의 단계에서는 시스템을 구체적으로 어떻게 설계하고 구현할 것인가 보다는 문제를 해결하기 위해서 어떤 시스템을 개발할 것인가에 초점을 맞추게 된다.

① 문제의 이해

시스템 개발 대상영역은 어디인지, 현재의 시스템 상황은 어떤지, 현재의 상황에서 제기되는 문제점은 무엇인지, 새로이 개발된 시스템은 어떤 형태(기능)를 갖추어야 하는지를 바로 이해하지 못한 상태에서 아무리 훌륭한 시스템을 설계하고 구현한다 하더라도 그 시스템은 문제해결에 큰 도움이 되지 못할 것은 당연할 것이다. 따라서 현재의 문제를 올바로 이해하는 것이야 말로 시스템 개발에 있어서 가장 기본적이라 할 것이다. 시스템 개발 대상영역의 문제의 이해는 단순히 문제점만을 나열하고 지적하는 것을 의미하는 것이 아니라, 문제의 영역과 문제의 원인 그리고 문제해결의 범위 그리고 문제해결의 목표를 파악하는 것을 의미하기 때문에, 시스템 개발 영역의 문제를 정확하게 이해하기 위해서는 새로운 시스템에 대한 요구를 중심으로 철저한 사전연구가 필요하다.

사전연구의 첫 단계는 시스템오너, 시스템분석가 그리고 해당 영역의 실무자들의 협의를 통해서 이루어지는데, 사전연구에 참여하는 시스템분석가는 시스템 개발 의뢰인 측면에서 상황을 이해하고 평가할 수 있을 뿐만 아니라, 해당 영역의 문제점과 경우에 따라서는 어느 정도의 문제해결 방안을 제시할 수 있는 능력과 경험을 갖춘 사람이어야 한다.

문제를 이해하는 단계의 핵심은 문제를 해결할 수 있는 해결방안을 도출하기 위해서 정확한 문제점을 파악하는 것이 목적이기 때문에, 다양한 관점의 다양한 항목들을 확인하여야 하며, 일반적으로 PIECES 프레임워크가 사용된다. PIECES 프레임워크가 제안하는 체크리스트는 일반적으로 다음과 같다.

- 성 능
- 데이타와 정보
- 제 성
- 관 리
- 효율성
- 서비스

일반적인 시스템 개발 프로젝트의 경우 위에서 제시한 카테고리의 일부 혹은 카테고리의 조합에서 문제점들이 도출되며, 도출된 문제점들은 시스템오너와 IT전문가로 구성된 조정위원회의 심의를 거쳐 최종적으로 결정된다.

② 시스템정의

사전연구를 통해서 파악된 해당 영역에 대한 문제와 시스템분석가와 시스템오너와의 협의 결과는 시스템정의서라는 문서로 구체화되며, 이에 포함될 내용들은 다음과 같다.

- 문제의 배경과 문제의 내용
- 시스템 개발의 필요성과 개발목표
- 개발될 시스템이 갖추어야 할 기능과 기능의 우선순위
- 요구되는 성능수준과 사용자의 특성
- 추진전략

시스템정의서를 작성하는 것은 시스템 개발의 필요성을 정당화하고, 개발될 시스템이 어떤 기능을 갖추어야 하는지, 어느 정도 수준의 사용자들이 사용하는지, 갖추어야 할 기능이 우선순위와 성능은 어느 정도인지를 개괄적으로 파악하여 문제를 해결하는데 시스템 개발이 최선의 대안이 되는지를 타진해 보려는 것이 목적이기 때문에, 구체적이고 상세한 수준까지 기술하거나, 기능들 사이의 연관관계 등과, 시스템정의서를 통해서 정의된 시스템을 실지로 구현할 수 있는지, 만일 구현 가능하다면 이를 위해서 어느 정도의 시간이 소요되며, 얼마의 비용이 소요되는지 등과 같은 내용들은 기술할 필요가 없으며, 문제를 해결하기 위해서 어떤 시스템이 필요한지에 대한 내용을 중심으로 작성하면 된다. 그러나 시스템정의서를

작성함에 있어서 주의할 점은 시스템정의서는 타당성이 입증되는 경우 시스템 개발 프로젝트 계획수립을 위해서 필요하며, 또한 이 과정에서 개발의뢰인과 또는 기업 내부의 타 조직부서 또는 경우에 따라서는 외부의 사용자와의 의사소통을 위한 도구로 사용될 것이기 때문에, 가능하면 개발자나 분석가의 입장에서 기술적이고 전문적인 용어를 사용하기 보다는 일반적인 수준에서 이해할 수 있는 문장으로 작성하는 것이 필요하다.

•타당성 분석
시스템정의서를 근거로 정의된 시스템의 구현가능성과 경제적인 효과 그리고 법적인 문제가 발생할 여지에 대해서 검토하는 작업

(2) 타당성 분석(Feasibility Analysis)

시스템정의서가 작성되면, 이를 근거로 정의된 시스템의 구현가능성과 경제적인 효과 그리고 법적인 문제가 발생할 여지가 있는지를 검토하고, 시스템 개발 이외의 다른 대안들과의 비교 분석을 통해서 시스템 개발을 계속할 것인지를 검토하는 작업이 진행된다.

•경제적 타당성 분석
시스템개발에 소요되는 비용과 시스템개발을 통해서 얻게 될 효과를 비교 분석하는 작업

① 경제적 타당성 분석(Economic Feasibility Analysis)

시스템 개발에 소요되는 비용과 시스템 개발을 통해서 얻게 될 효과를 비교 분석하는 경제적 타당성 분석작업은 시스템 개발 프로젝트의 지속여부를 결정할 의사결정의 중요한 판단근거가 된다. 또한 경제적 타당성 분석을 위해서 정의한 필요자원과 산정한 소요비용은 시스템 개발계획서로 작성되기 때문에, 시스템 개발 계획수립을 위해서도 필요하다. 우선 시스템 개발에 소요되는 비용을 산정하기 위해서 고려해야 할 요인들은 다음과 같다.

- 문제의 유형과 복잡도
- 개발기간
- 개발시스템의 규모
- 개발시스템의 신뢰도
- 개발에 참여할 인원
- 개발자의 전문성
- 필요한 하드웨어 및 소프트웨어
- 개발방법론과 개발도구

위의 항목들에서 보는 바와 같이 비용산정을 위해서 수치화할 수 없는 요인들이 많기 때문에, 정확한 비용을 산정하는 것은 현실적으로 어려운 일이지만, 일반적으로 사용되는 비용산정 방법은 하향식 비용산정 방법과 상향식 비용산정 방법이 이용된다.

- **하향식 비용산정 방법** : 개발비용 항목들은 수치화하지 않고 항목 전체에 대해서 주관적인 판단에 의해서 경험적으로 비용을 산정하는 방식
- **상향식 비용산정 방법** : 개발비용에 영향을 미치는 모든 요인들을 묶음으로 보지 않고 개별 요인 또는 항목별로 개별비용을 산정하고 이를 합산하여 전체 개발비용을 산정하는 방식

● **기술적 구현가능성 분석**
시스템정의서에서 정의한 갖추어야 할 기능과 성능 조건들이 현재의 기술수준으로 구현 가능한지 검토하는 작업

② 기술적 구현가능성 분석(Fechnical Feasibility)

시스템정의서를 통해서 파악된 개발될 시스템이 갖추어야 할 기능과 성능조건들은 기술적인 구현가능성과 관계없이 문제를 해결하기 위해서 갖추어야 할 기능과 성능조건만을 열거한 것이기 때문에, 갖추어야 할 기능과 성능수준이 현재의 기술수준이나 경영층으로부터 제공받을 수 있는 자원을 통해서 실지로 구현될 수 있는지는 불확실하다. 따라서 시스템정의서의 내용대로 시스템을 구현할 수 있는지를 분석하는 기술적 구현가능성 검토과정이 필요하며, 분석 내용은 다음과 같다.

- **개발위험 분석** : 개발위험 분석은 시스템을 개발하는데 장애가 되는 제약요소들을 감안하여 시스템정의서에 포함된 기능들이 기술적으로 구현가능한지, 구현되지 못했을 때의 위험이 어느 정도인지를 분석하려는 것이다. 이러한 개발위험을 분석하는 방법으로는 과거의 유사한 사례를 통한 사례연구나, 과거의 유사한 사례 중에서 실패한 사례를 비교함으로써 개발위험을 분석하는 최악의 사례연구 혹은 시뮬레이션이나 프로토타이핑을 통한 분석방법들이 있다
- **자원가용성 분석** : 시스템정의서의 내용대로 시스템을 실제로 구현하기 위해서는 필요한 자원이 지원되어야 하기 때문에, 시스템을 개발하는데 필요한 자원을 지원받을 수 있는지의 여부 또한 주요 분석대상이다. 분석 대상자원은 시스템을 개발하는데 필요한 모든 인적자원, 기술적 자원, 물적자원 등이 포함되어야 한다

• 개발기술 분석 : 개발기술 분석의 핵심은 시스템 개발에 사용될 방법론과 기술들이 시스템정의서의 내용들을 현실적으로 구현할 정도로 발전되어 있는지를 검토하는 것으로 개발기술의 존재여부와 효율성 검증이 검토 대상이다. 만일 원하는 기능을 구현할 기술이 지원될 수 없다면, 문제해결의 도구로 사용될 수 없기 때문에, 개발기술의 분석결과도 개발작업을 계속 진행하느냐를 결정하는 중요한 근거가 된다.

2.2 시스템 개발계획

타당성 분석을 통해서 시스템 개발에 대한 설득력과 경제적인 타당성과 기술적인 구현가능성이 검증되면, 시스템 개발작업을 언제, 어떤 일을, 누가, 어떻게, 어떤 절차로 진행할 것이며, 개발기간은 얼마나 소요되고, 개발비용은 얼마나 소요되는지에 대한 구체적인 계획을 수립해야 한다. 이와 같이 시스템 개발 프로젝트의 세부계획들을 종합하여 시스템 개발 계획서라는 문서로 작성하는데, 시스템 개발 계획서를 작성하는 목적은, 시스템을 개발하는데 필요한 자원과 비용, 일정을 합리적으로 예측하여 시스템 개발의 전 과정이 효율적으로 이루어질 수 있도록 하기 위함이다. [그림 12-9]는 시스템 개발 프로젝트 계획서에 포함될 중요한 계획요소들과 세부사항들을 정리하여 나타낸 것이다.

•시스템 개발계획 요소
프로젝트팀 구성, 인적자원 계획, 개발절차 계획, 일정계획, 개발비용 계획, 문서화 계획이 포함된다.

(1) 시스템 개발계획 요소

① 프로젝트팀 구성 및 인적자원 계획

시스템 개발 계획수립의 첫 단계는 개발작업을 수행할 팀을 구성하는 일이다. 시스템 개발 프로젝트팀은 단지 시스템 개발에 참여하게 될 사람들의 모임이 아니라, 시스템 개발이라는 목적을 가지고 각자에게 할당된 임무를 수행하며, 다른 작업자들과의 긴밀한 협조와 의사소통이 필요하기 때문에, 체계적인 형태를 가진 조직구조의 의미를 갖는다.

② 개발절차 계획

시스템 개발 프로젝트팀이 구성되면, 시스템 개발작업을 어떠한 방법과 절차에 따라서 수행할 것인가, 그리고 세부적인 단계에서는 어떠한 작업이 수행되어야 하며, 작업결과 어떤 산출물이 생성되어야 하는지에 대한 내용들이 결정되어야 한다. 절차에 따른 단계별 작업내용과 작업결과 생성되어야 할 산출물은 가능한 한 구체적으로 정의되어야 한다.

③ 프로젝트 일정계획

시스템 개발작업은 영역별, 세부 단계별 구체적인 작업을 통해서 이루어지는데, 이러한 단계별 작업은 어떠한 절차모형을 이용하느냐에 따라서 약간의 차이는 있으나, 일반적으로 어느 한 단계의 작업이 이루어지기 위해서는 전 단계의 작업 종료를 전제로 하고 있다. 이는 어느 한 단계의 작업이 지연되면, 이어지는 다음 단계의 작업 또한 지연될 수밖에 없으며, 이는 결국 전체적인 개발 일정이 지연됨을 의미한다. 따라서 시스템 개발을 위한 모든 세부 작업은 가능한 한 구체적으로 정의하며, 세부작업들이 언제까지 완료되어야 하는지 계획해야 한다.

그림 12-9 시스템 개발계획 요소 및 세부사항

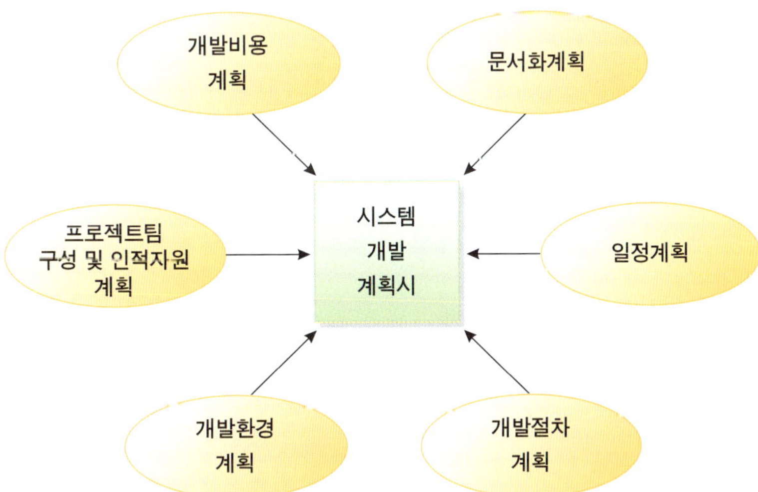

④ 개발비용 계획

개발비용 계획은 개발될 시스템의 생산성에 절대적인 영향을 미치기 때문에, 시스템 개발에 필요한 직접경비와 간접경비를 분석하여 철저한 계획이 수립되어야 한다. 시스템 개발에 필요한 직접경비의 주 항목인 인건비는 시스템 개발에 참여하는 인원계획에 따라서 결정되며, 인건비 이외에 개발에 필요한 소프트웨어 및 하드웨어 장비구입 및 사용료, 교육훈련비, 교통비, 통신비 등 각종 간접경비가 고려되어야 한다.

⑤ 문서화 계획

시스템 개발과정에서는 각 영역별로 그리고 각 단계별로 다양한 산출물들이 생성된다. 또한 시스템 개발 단계마다 사용되는 도구가 다르며, 작업내용을 표기하는 방법이 다르기 때문에, 작업자에 따라서 다른 방식으로 산출물이 생성된다. 그러나 시스템 개발의 전 과정에서 생성되는 산출물은 시스템 개발에 참여하는 사람들 사이의 의사소통도구로서의 역할을 하기 때문에, 문서작성의 일관성이 있어야 하며, 특히 작성된 산출물을 이용하여 작업해야 하는 다음 단계의 작업자가 이해할 수 있도록 체계적이고 일관성 있는 형식으로 작성되어야 하며, 체계적으로 관리되어야 한다.

• 일정계획 및 프로젝트 관리
시스템개발 일정계획을 수립하고 계획된 기간 내에 프로젝트가 종료될 수 있도록 개별 작업을 관리하고 통제하는 활동

(2) 일정계획과 프로젝트 관리

시스템 개발 프로젝트에서 개발일정 계획을 수립하고 계획된 일정에 따라 세부작업들이 진행되지 않을 경우에는 전체 시스템 개발 기간이 연장되어 개발비용이 초과되는 문제가 발행하게 된다. 따라서 일정계획을 수립하고 프로젝트를 관리하는 작업을 초기 계획단계에서 가장 중요한 작업 중에 하나이다.

① 프로젝트 일정 산정방법

시스템 개발 프로젝트의 추진일정은 일반적으로 다음과 같은 방법으로 결정된다.

• 후방위 스케줄링
개발 완료시점을 기준으로 세부 작업단계의 일정을 역으로 계산하는 방법으로 최초 작업시점을 알 수 있다.

- 후방위 스케줄링 방법(Backward Scheduling) : 이는 개발이 완료되는 시점을 기준으로 세부단계의 작업일정을 역으로 계산하는 방법으로 후방위 스케줄링 방법을 이용하여 추진 일정을 계획하는 경우 원하는 날짜에 작업이 완료되기 위해서 현재로부터 가질 수 있는 최대의 여유시간을 산정할 수 있기 때문에, 최

초의 작업을 언제 시작해야 하는지 알 수 있다는 장점이 있다. 그러나 추진일정을 역방향으로 계산한 결과 최초의 작업이 이미 시작되었어야 하는 경우도 발생할 수 있는데, 이 경우에는 정해진 시간 내에 작업을 완료하기 위해서 요구분석이나 설계 작업 등을 소홀히 할 수가 있기 때문에, 사용자들의 요구에 맞지 않는 시스템이 개발될 수도 있다는 단점이 있다.

● 전방위 스케줄링
현 시점을 기준으로 세부단계마다 필요한 시간을 고려하여 계산하는 방법으로 개발 종료 시점을 알 수 있다.

- 전방위 스케줄링 방법(Forward Scheduling) : 이는 후방위 스케줄링 방법과는 반대로 시스템 개발 프로젝트팀이 구성되고 개발절차와 참여인력 등이 결정되면 세부단계마다에 필요한 시간을 고려하여 시스템 개발 종료시한을 결정하는 방법으로 시스템 개발기간이 유동적일 수밖에 없는 단점이 있다.

② 프로젝트 일정의 표현방법

프로젝트 추진 일정이 확정되면, 개발작업의 진행상황을 정확하게 파악하고 측정할 수 있도록 체계적인 형태로 표현하는 것이 필요하다. 프로젝트 일정계획을 표현하는 가장 일반적인 방법은 간트차트(Gantt-Chart)를 이용하는 방법이다. 간트차트는 전체 작업을 세부작업으로 나누고 정해진 단위(월, 주, 일)별로 세부작업을 가로 막대로 표시하는 방법이며, 세부작업에 소요되는 기간을 막대의 길이로 표현한다. 이와 같은 간트차트는 특정 작업과 중복된 업무를 쉽게 파악할 수 있으며, 또한 전체 작업의 종료시점을 정확하게 알 수 있다. 간트차트를 이용하여 프로젝트 추진 일정을 나타내는 방법은 특정 업무를 위해서 소요되는 시간은 알 수 있으나, 간트차트 자체를 통해서 가장 빠른 완료시간이나, 가장 늦은 완료시간 혹은 여유시간을 알 수가 없기 때문에, 전체 프로젝트 추진 과정을 통제하기 위한 수단으로서는 부적절하다. 특히, 일정을 변경해야 하는 경우에는 간트차트를 재작성해야 하는 문제가 있다. 따라서 추진 일정이 빈번하게 변화하는 대규모 프로젝트와 유동적인 프로젝트의 경우 추진 일정의 변경에 따른 간트차트 재 작성의 어려움을 해결하기 위해서 자동화된 도구를 이용하여 프로젝트 일정계획을 작성하게 되는데, 다음은 전통적인 간트차트를 이용하여 일정계획을 표현하는 방법과 자동화 도구를 이용하여 작성한 일정계획을 표현한 예를 보인 것이다.

③ 프로젝트 일정관리 및 통제

프로젝트 일정관리 및 통제의 목적은 계획된 자원을 이용하여 최소의 비용과 노

그림 12-10(a) 간트차트로 표현한 프로젝트 추진일정표

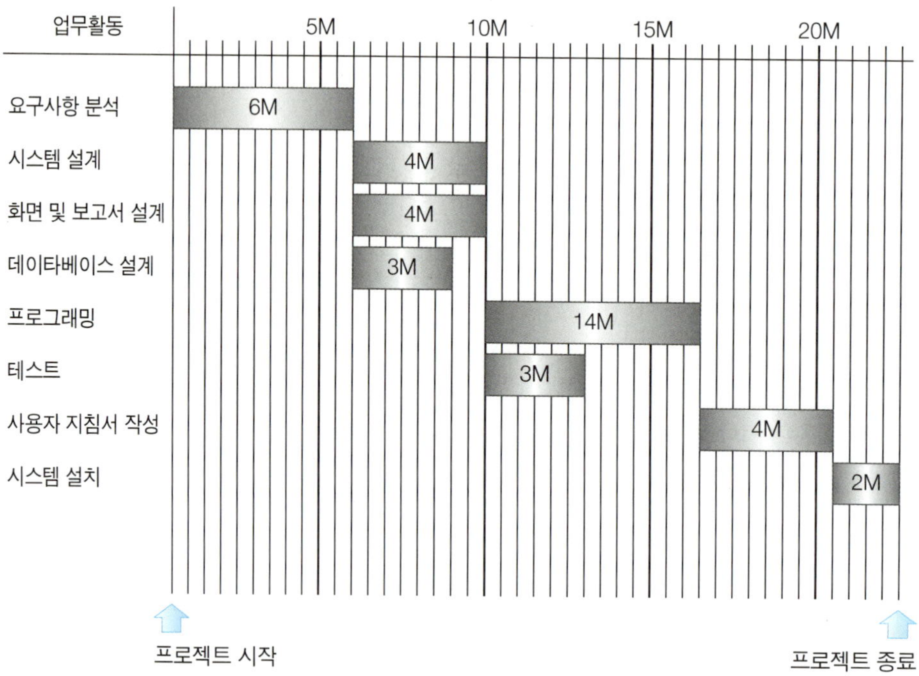

그림 12-10(b) MS Project를 이용하여 표현한 추진일정표

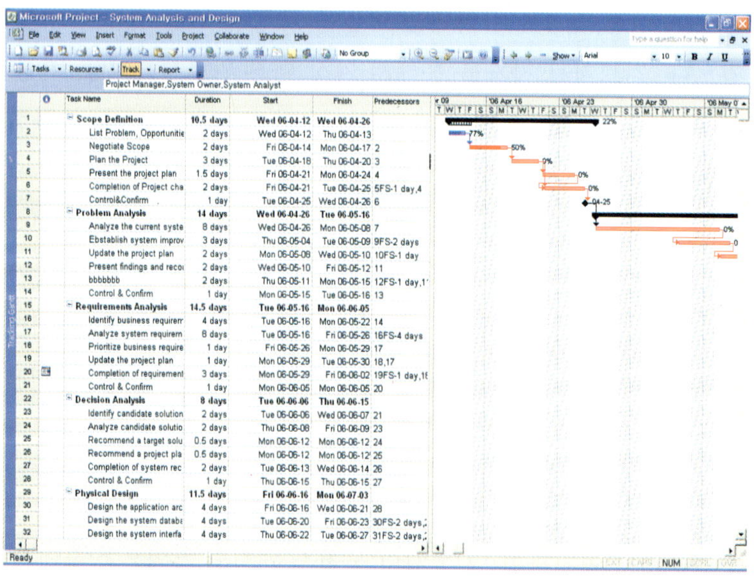

력으로 프로젝트를 완료하는 것이다. 이를 위해서 수립된 일정계획에 의해서 정해진 세부작업이 차질없이 이루어져야 하기 때문에, 프로젝트 관리자는 계획된 시간에 계획된 작업이 이루어질 수 있도록 지속적인 관리노력이 필요하다. 일반적으로 프로젝트 일정을 관리하고 통제하는 방법으로는 중점경로방식(CPM: Critical Path Method)을 주로 이용된다.

03 정보시스템 분석

3.1 사용자 요구분석의 이해

사용자 요구분석은 시스템정의서와 시스템 개발계획서의 내용을 토대로 개발시스템에 대한 요구조건을 파악하고 정리하여 시스템이 갖추어야 할 기능과 성능을 구체화하는 것이다. 시스템분석은 시스템 개발 프로젝트의 성공과 실패로 직결되기 때문에, 현재의 시스템 혹은 업무처리방식이나 사용자의 요구사항을 정확하게 파악하는 것은 대단히 중요하다. 따라서 이러한 작업을 수행하는 시스템분석가의 역할 또한 대단히 중요하며, 요구분석 단계에서 구체화되어야 할 시스템에 대한 요구조건들을 정리하면 다음과 같다.

- 시스템운영 상의 요구조건 : 문제해결을 위해서 필요한 시스템 기능과 데이타의 구소와 흐름, 인터페이스
- 시스템품질 상의 요구조건 : 해당 영역의 문제를 해결하는데 절대적으로 필요하지는 않지만, 개발될 시스템의 품질을 결정하는 시스템의 신뢰성, 유지보수 용이성, 효율성, 사용자 편리성
- 기술적인 요구조건 : 시스템 개발에 필요한 하드웨어나 사용하게 될 프로그래밍 언어, 운영체제 등
- 테스트 및 유지보수를 위한 요구조건 : 시스템의 인수인계를 위한 테스트나, 시스템 운영을 위한 교육 그리고 시스템 운영 중에 발생하는 문제에 대한 유지보

수에 대한 요구조건 등

- 시스템구현을 위한 요구조건 : 기타 시스템구현을 위해서 필요한 요구조건

요구분석 단계에서 구체화되어야 할 이러한 요구조건들은 시스템 품질을 결정하거나, 시스템의 유지보수 등 시스템 개발작업 자체에 영향을 미치기 때문에, 시스템분석가는 가능한 한 모든 요구조건을 파악하고 체계적으로 정리하여야 한다. 또한 요구조건을 분석하는 과정에서 시스템분석가는 사용자의 요구를 찾아내고 일목요연하게 정리하며 기록하는 역할, 사용자와 의뢰인 그리고 개발자 사이의 중재자로서의 역할을 하게 된다.

시스템 개발자는 요구분석 결과를 토대로 시스템으로 구현할 수 있도록 설계하는 기술을 습득하고 있다면, 큰 어려움은 없을 것이지만, 시스템분석가는 해당 영역의 문제가 무엇인지, 문제의 원인이 무엇인지, 어떻게 해결할 수 있는지, 사용자의 요구가 무엇인지, 설계 및 개발자들이 필요로 하는 자료의 형태는 어떤 것인지 등에 대한 내용을 파악해 내기는 쉽지 않기 때문에, 사용자의 요구를 찾아내고 이를 정리하며 체계적으로 문서화하는 역할과 시스템 개발에 참여하는 사람들의 견해를 중재하는 중재자로서의 역할을 제대로 수행하기 위해서 업무영역에 대한 전문적인 지식과, 분석을 위한 전문기술 및 풍부한 경험을 갖추어야 함은 물론, 문제해결을 위한 독창적인 아이디어와 논리적이고 조직적인 통찰력을 겸비해야 한다.

(1) 사용자 요구분석의 대상

- **사용자 요구분석 대상**
  시스템분석가가 분석해야 할 대상으로 기능적 요구와 비기능적 요구로 구분되며, 시스템분석가는 기능의 중요도에 따라서 우선순위를 정하는 역할까지를 담당해야 한다.

시스템 분석가는 기본적으로 사용자들이 요구하는 모든 내용들을 파악해야 하는데, 그들의 요구를 어느 정도 정확하게 파악하여 반영하느냐에 따라서 개발된 시스템 품질이 결정되기 때문에, 사용자의 요구파악은 특히 중요하다. 또한 최종 시스템이 설계된 내용대로 완벽하게 구현되었다 하더라도 분석내용이 부정확했다면, 최종적으로 개발된 시스템은 사용자로부터 외면당할 수밖에 없다. 그러나 어떤 요구사항은 문제해결을 위해서 절대적으로 필요한 것이 있는 반면에, 어떤 요구사항은 문제해결에 직접적으로 관련되지 않는 것도 있다. 요구사항의 우선순위에 따라서 요구사항을 분석하는 방법과 분석정도가 다르기 때문에, 시스템분석가는 사용자의 요구사항을 [그림 12-11]과 같이 분리하여 파악할 필요가 있으며, 또

한 중요성 정도에 따라서 요구사항들의 우선순위를 결정해야만 한다.

(2) 사용자 요구분석의 절차와 접근방법

사용자 요구분석 대상인 기업 또는 기업의 부분 영역은 대개 추상적으로 설명되기 때문에, [그림 12-12]와 같은 체계적인 절차와 방법에 따라서 작성된 모델을 통해서 정확하게 이해될 수 있다. 해당 영역에 대한 모델을 작성함에 있어서 해당 영역 전체를 대상으로 모델링하지 않으며, 현실적으로는 모델의 복잡도를 줄이기 위해서 우선 전체 영역을 개별 영역으로 세분화하여 문제영역을 분할하는 작업이 필요하며(Abstraction), 세분화된 영역들이 직접적인 모델링 대상(Scope of Modeling)이 된다. 모델링 대상은 구체적으로 앞 절에서 설명한 업무처리절차, 입출력 양식이나 입출력 구조 또는 기타 기능적 또는 비 기능적 측면의 내용들이기 때문에, 여기에서 말하는 모델이란, 결국 요구분석결과를 기능측면, 데이타측면, 조직측면 그리고 기타 요구분석 항목별로 그래프 또는 다른 표현방법을 이용하여 명세화한 요구분석서를 의미한다. 이와 같은 절차에 따라 작성된 모델을 사용자의 검증을 거쳐 시스템 설계단계의 작업자에게 전달된다.

그림 12-11 사용자 요구의 종류(시스템분석 및 설계, 손승희 2004)

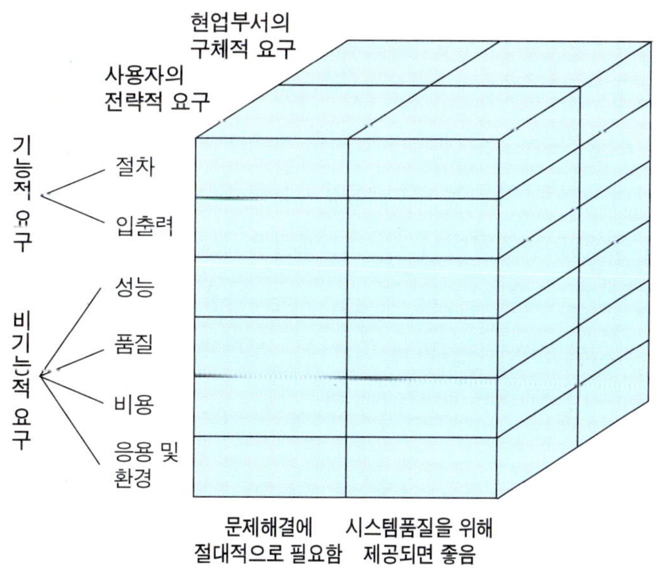

그림 12-12 요구분석 모델링 원리

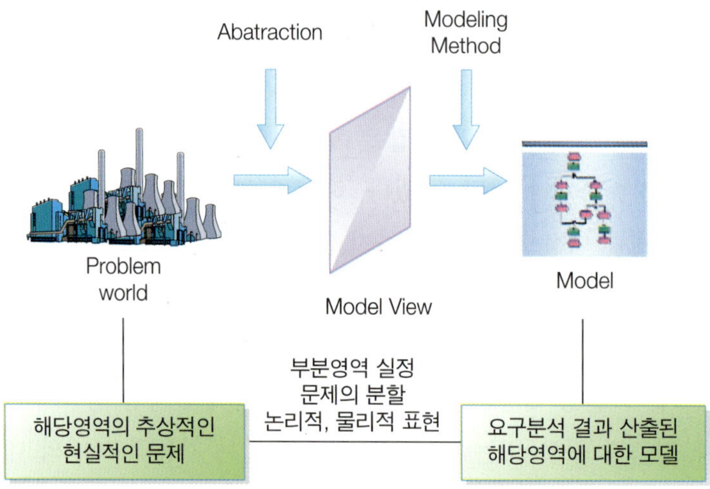

그러나 해당 영역을 분할하여 모델링 대상을 체계적으로 세분화하는 작업은 현실적으로 쉽지 않으며, 따라서 체계적인 절차와 논리적인 접근방법이 필요하며, 자동화된 도구를 이용하는 것이 보통이다. 다음은 사용자 요구분석을 위한 체계적인 접근방법과 접근원리를 설명한 것이다.

사용자들이 요구하는 사항들을 분석하기 위한 효율적인 접근방법이나 접근원리 등은 그 자체의 의미보다는 사용자들이 생각하고 있으나 제대로 표출하지 못하는, 또는 생각하지 못하고 있는 잠재적인 요구사항들까지도 얻어내기 위한 것이다. 그러나 사용자들이 생각하는 요구를 알아낸다는 것은 쉽지 않다. 특히, 시스템분석가와 사용자는 업무에 대한 배경지식과 정보기술에 대한 배경지식이 다르며, 시스템에 대한 요구조건이나 시스템 개발을 통해서 얻으려는 기대감이 서로 다르기 때문에, 서로 다른 시각과 배경을 가진 사용자와 효율적으로 의사소통하기 위해서 일반적으로 사용되는 회의, 인터뷰, 설문조사, 업무관찰, 프로토타이핑 방법 중에서 효과적인 방법을 선택해야 한다.

그림 12-13 요구분석을 위한 접근방법

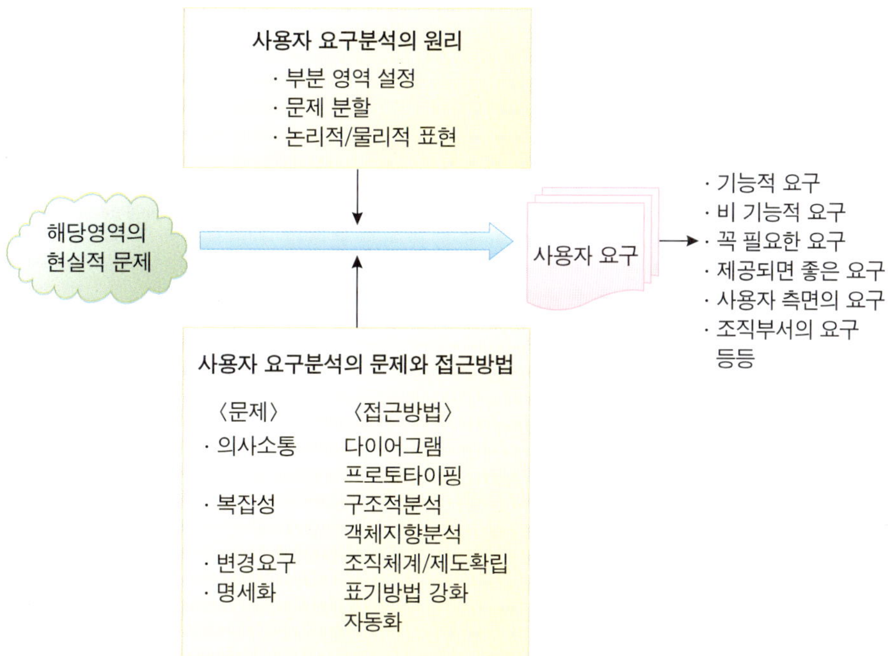

3.2 사용자 요구분석 방법

- **데이타흐름 지향적 분석**
  데이타의 투입-산출관계를 중심으로 사용자의 업무처리과정과 업무처리 방법을 분석하는 방법

(1) 데이타흐름 지향적 요구분석

데이타흐름 지향적 분석기법은 데이타의 투입-산출 관계를 중심으로 사용자의 업무처리 과정과 업무처리 방법 그리고 업무처리에 필요한 데이타를 파악하는 방법이다. 이러한 데이타흐름 지향적 분석기법은 DeMarco&Yourdon 등에 의해서 처음으로 제안되었으며, 특히 구조적 프로그래밍에 접목되기 시작하면서 시스템 분석에 획기적으로 기여하였다.

- **데이타흐름도**
  분석 대상의 업무를 데이타 흐름 중심으로 모형화하고 구체화하여 나타낸 그림

① 데이타흐름도(DFD: Data Flow Diagram)

데이타흐름 지향적 분석기법의 핵심은 시스템으로 개발하려는 해당 영역의 업무를 데이타흐름도-버블차트(Bubble Chart), 버블 다이어그램(Bubble Diagram), 프로세스모형(Process Model) 혹은 작업 흐름도(Work Flow Diagram)라 불리기도

하는 – 형태로 모형화하고 구체화하는 것이다. 데이타흐름도는 현재의 업무를 가장 보편적으로 모형화할 수 있으며, 표현방법이 간단하여 가장 보편적으로 사용되는 분석도구이다. 데이타흐름도를 작성하는 방법은 DeMarco&Yourdon이 제안한 방법이 가장 일반적으로 사용되는데, DeMarco&Yourdon이 제안한 데이타흐름도의 구성요소의 의미와 표현방법은 다음과 같다.

- 프로세스(Process) : 입력데이타를 출력데이타로 변환하는 과정이며, 원으로 표시한다.
- 데이타흐름(Data Flow) : 데이타의 변환과정 사이의 논리적인 연관관계를 나타내며, 화살표로 나타낸다.
- 자료저장소(Data Store) : 시스템 상의 데이타 저장장소이며, 이중 선으로 나타낸다.
- 단말(Terminator) : 최초의 입력과 최후의 출력되는 점으로 네모상자로 표시한다.

DeMarco&Yourdon이 제안한 데이타흐름도의 경우 이와 같은 네 가지 구성요소를 이용하여 데이타의 변환과정과 데이타의 흐름, 데이타의 저장및 데이타의 입력 출력흐름을 모델로 작성하며, 이 같은 구성요소로 작성된 데이타흐름도의 예를

그림 12-14 DeMarco&Yourdon의 표기방법을 이용한 메타 데이타흐름도

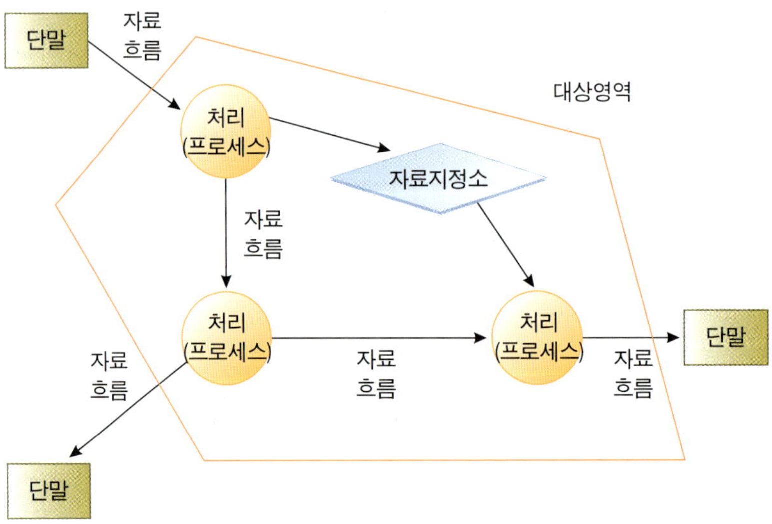

나타낸다.

● 데이타사전
단순한 그림인 데이타흐름도에 표시된 데이타의 항목과 의미,데이타저장소에 저장된 데이타에 대한 내용을 항목 단위로 설명한 문서

② 데이타사전(DD: Data Dictionary)

데이타 흐름도를 통해서 데이타의 흐름은 알 수 있지만, 데이타의 구성 내용이나 의미 그리고 업무처리과정을 정확하게 알 수 없기때문에, 데이타흐름도에 표시되는 입력되고 출력되는 데이타 항목과 의미, 데이타저장소에 저장되는 데이타에 대한 내용을 항목 단위로 설명할 필요가 있다. 데이타사전이 첨부되지 않는 데이타흐름도는 단순한 그림에 불과하며, 데이타흐름 및 데이타저장소의 명칭만을 알 뿐 구체적인 내용을 파악할 수가 없다. 따라서 데이타흐름도의 내용을 보충할 데이타사전이 필요하다. 예를 들어, [그림12-15]는 급여계산 업무기능만을 나타낼 뿐, 급여계산 방법은 알 수가 없기 때문에, 데이타사전을 통해서 급여계산의 내용을 보충한 예를 보인 것이다.

● 소단위 기능명세서
데이타사전을 통해서 설명되지 않는 데이타의 변환과정을 설명하는 문서

③ 소단위 기능명세서(Mini-Specification)

데이타흐름도를 통해서 데이타의 흐름이 파악되고, 데이타사전을 통해서 데이타흐름에 표현되는 데이타와 데이타저장소에 대한 데이타의 구성내용은 설명되지만, 데이타의 변환과정을 알 수 없기 때문에, 이를 구체화하기 위한 작업이 필요하며, 이러한 작업결과는 소단위 기능명세서(Mini-Specification)라는 문서로 작성된다. 위의 예에서 데이타사전을 통해서 데이타흐름도의 내용이 추가적으로 설명되기는 하였지만, 여전히 급여계산을 구체적으로 어떻게 하는지에 대해서는 알 수

그림 12-15 급여계산 자료흐름도

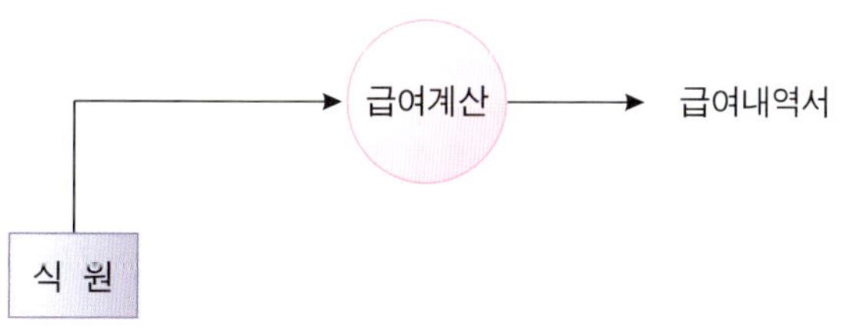

직원 = { 직원번호 + 직원이름 + 직원주소 + 지불형태 + [월급 | 주급]
지불형태 = [주단위 | 월단위]
주급 = 기본임금 + 작업시간 + 시간당 임금
급여내역서 = 직원번호 + 직원이름 + 직원주소 + 총급여

가 없다. 따라서 급여계산 방법을 논리적으로 설명할 수 있는 소단위 기능명세서가 필요하다. 위의 예에서 데이타사전을 바탕으로 작성된 소단위 기능명세서는 다음과 같이 작성될 수 있다.

```
다음은 직원파일의 직원 레코드가 있는 동안
직원번호를 키로 하여 직원파일을 읽는다.
지불형태에 따라 다음 중 선택한다.
        주 단위인 경우
            만일 작업시간이 > 40시간
                급여 = 기본임금 × 40
                초과작업시간 = 작업시간 − 40
                초과수당 = 초과작업시간 × 시간당 임금
                총급여 = 급여 × 초과수당
            아니면
                총급여 = 작업시간 × 기본임금
        월 단위인 경우
            총급여 = 예년의 임금 + 기본임금
        급여내역서를 출력한다.
반복한다.
```

(2) 통합프로세스 지향적 분석기법

통합프로세스 지향적 분석기법이란, 분석대상의 모델 복잡도를 줄이기 위해서 분석 영역을 각각의 뷰(View) – 기능, 데이타, 조직 – 로 나누어 분석하고 개별 모델을 작성한 후, 이를 통합프로세스 모델로 통합하는 방법으로 전통적인 자료흐름 지향적 분석기법을 기반으로 데이타와 조직까지를 모델에 포함시킨 분석기법이다. 따라서 통합프로세스 지향적 분석기법에서는 기능모델과 프로세스모델 그리고 조직모델을 작성한 후, 이를 통합하는 과정이 필요하다. 다음은 개별 모델의 통합원리를 나타낸 것이다.

• **기능모델**
업무를 처리하기 위해서 필요한 기능들을 정의하고, 세분화하여 정적인 계층구조로 표시한 모델

① 기능뷰: 기능모델 (Function Model)

기능 뷰의 요구분석 단계에서는 분석작업의 복잡도를 줄이기 위해서 먼저 업무를 처리하기 위해서 필요한 주요 기능들을 정의하고 이를 여러 개의 하부기능으로 세분화하며, 이들 기능들의 계층적 구조를 밝히는 것이다. 이는 데이타흐름 지향적 분석기법에서 데이타흐름도를 상세화하는 과정과 유사하다. 기능은 전통적인 개념의 프로세스(Process)와 유사하며, 행위의 중요성이나 크기에 상관없기 동일한 것으로 간주하며, 다음과 같이 네모상자로 표현한다.

그림 12-16 통합프로세스 관점에서의 기능, 데이타-조직모델의 통합(ARIS Tool을 이용한 통합프로세스 모델)

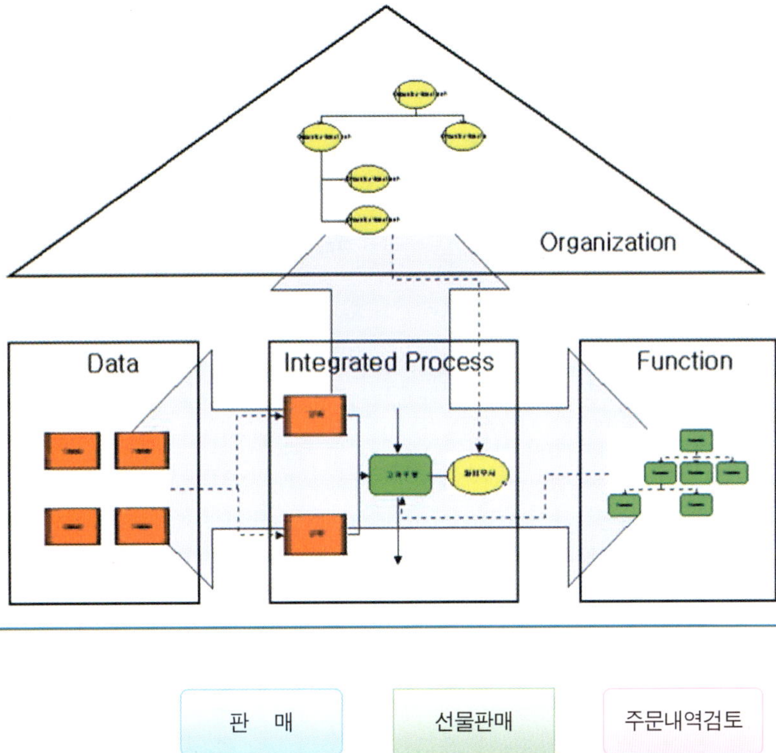

- 최상위 기능의 추출 : 최상위의 기능은 기업의 부가가치를 창출해 가는 과정 즉, 부가가치흐름도 상에 나타난 최상위의 업무기능으로 분석영역의 가장 큰 행위 그룹으로 기업의 업무영역을 의미한다.
- 하위 기능과 기능도 : 최상위 기능 즉, 기업의 각 업무영역들은 많은 부분 영역으로 세분화되기 때문에, 최상위 기능은 많은 하부기능 혹은 단위기능들로 이루어져 있다. 최상위 기능을 포함하여 전체 하위 기능들 사이에 관계를 계층구조로 나타낸 것을 기능도라 한다. 예를 들어, 구매업무의 발주관리, L/C관리, B/L관리, 구매경비관리, 구매입출고 관리, 매입관리 등으로 이루어져 있고, 발주관리는 또 다른 소단위 기능들로 이루어져 있다면, 사례기업의 기능도는 [그림 12-17]과 같다.

● 업무흐름도
정적인 기능도에 나타난 기능들의 수행순서를 동적인 흐름으로 연결한 모델

- 업무흐름도 : 대상영역의 모든 기능을 체계적인 계층구조로 나타낸 기능도는 업무수행에 필요한 기능의 정적인 계층적 구조를 나타낸다. 그러나 실제로 기

그림 12-17 하위 기능묶음과 기능도

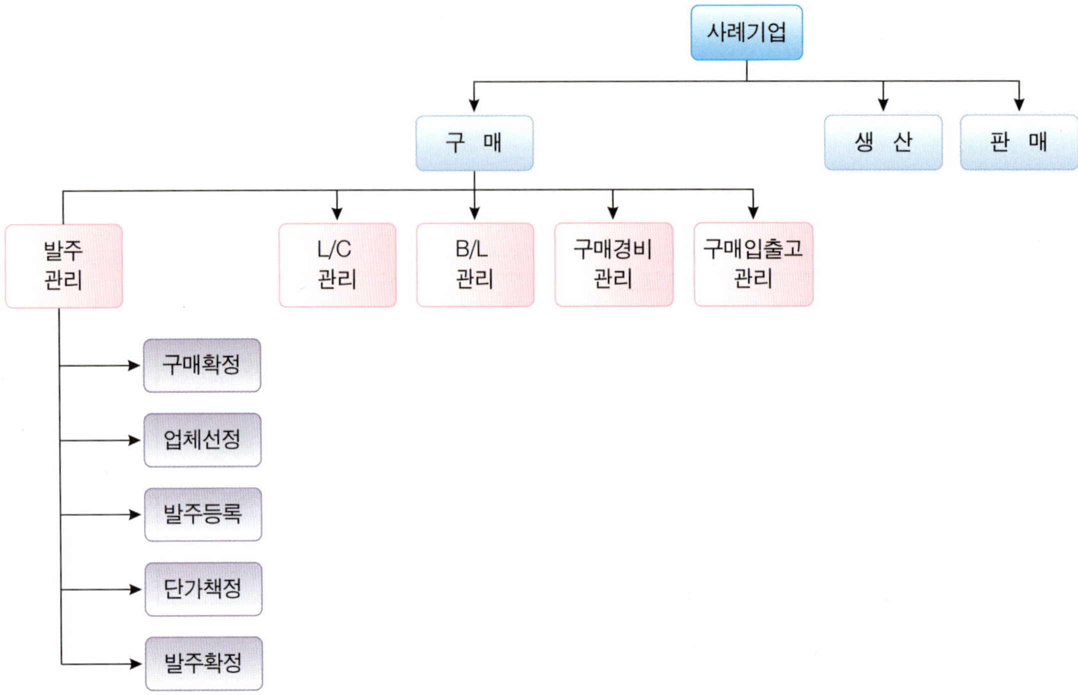

능도에 표시된 기능들은 순차적으로 혹은 동시에 수행될 수도 있고, 선별적으로 수행될 수도 있다. 따라서 기능들이 어떤 순서로 수행되는지를 분석하기 위해서 수행순서를 나타내는 동적인 모델이 작성되어야 분석영역을 정확하게 이해할 수가 있다. 정적인 계층구조를 동적인 흐름으로 표현한 모델을 업무흐름도라 하며, [그림 12-18]과 같이 표현된다.

② 조직뷰: 조직모델 (Organization Model)

모든 조직은 추구하는 목적을 달성하기 위해서 정의된 개별 조직단위(Organizational Unit)가 존재하며, 이는 상위 · 하위의 조직단위로 계층화되어 업무수행 및 보고, 지휘 및 감독체계를 갖는다. 또한 모든 조직단위는 이를 구성하는 구성원이 존재하며, 각각의 구성원마다 고유의 역할이 있다. 따라서 기업의 조직구조를 설명하는 가장 기본적인 단위는 조직단위와 구성원이라 할 수 있다. 조직단위는 조직규모에 따라 다르게 표시될 수 있으나, 상위 조직부서나 하위 조직단위들은 일

그림 12-18 업무흐름도의 예(사례기업의 발주관리)

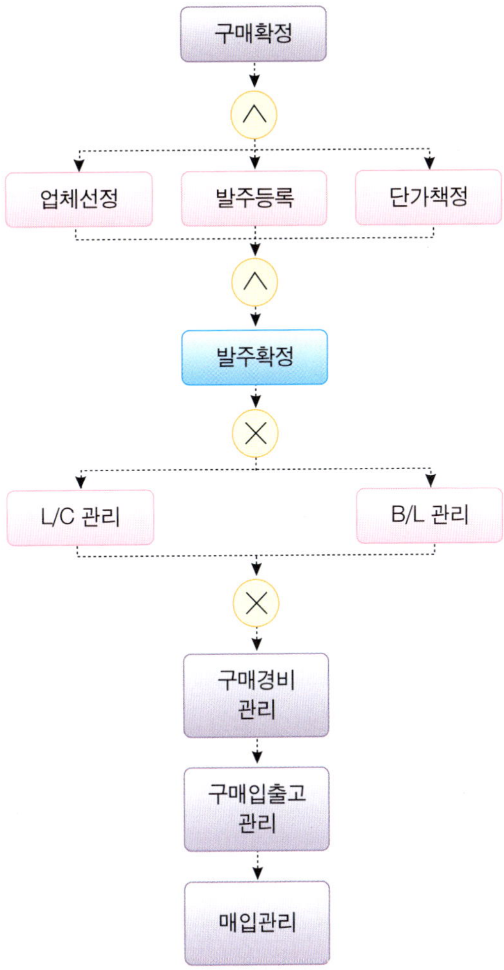

빈적으로 [그림 12-19]와 같은 계층적 구조로 표시되며, 이를 조직모델이라 한다.

③ 데이타모델

데이타뷰는 업무처리를 위해서 투입되고 처리결과 산출되는 데이타 개체에 대한 내용을 다루며, 데이타는 조직단위에 의해서 정보서비스의 일종으로 인식된다. 요구분석 단계에서 작성되는 데이타모델은 따라서 업무처리 과정에서 투입되고 산출되는 데이타 개체를 추출하고 어떤 속성을 가지고 있으며, 이들 데이타 개체 사이에 어떤 논리적인 관계가 있는지를 분석하여 모델화하는 것이다. 데이타모델

그림 12-19 조직구조의 일반적 레벨

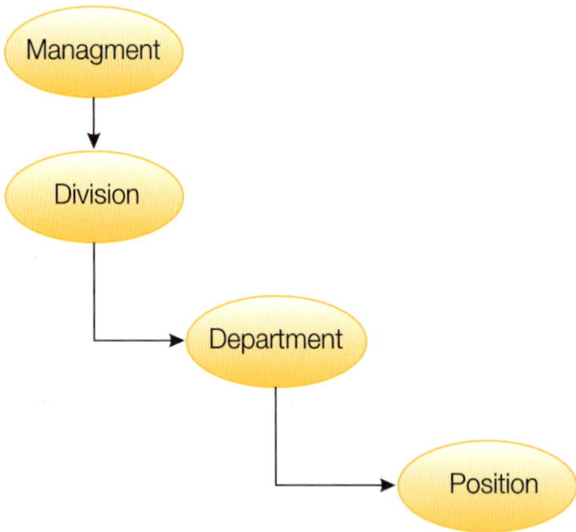

을 작성하는데 가장 보편적으로 사용되고 있는 방법은 E/R-Diagram(Entity-Relationship Method)이다.

④ 통합프로세스 모델(Integrated Process Model)

- 기능모델과 조직모델의 통합 : 기능-조직과의 관계는 처리할 업무와 업무처리 주체와의 관계이며, 개별 업무기능이 어느 조직단위에서 처리되는지를 확인할 수가 있다.
- 기능모델과 데이타모델의 통합 : 기능과 데이타와의 관계는 업무를 처리하는데 입력되고 출력되는 데이타의 관계이며, 이를 통해서 개별 업무처리를 위해서 어떤 데이타가 필요하며, 어떤 데이타가 산출되는지를 확인할 수가 있다.
- 통합프로세스 모델 : 기능모델과 조직모델 그리고 데이타모델을 통합한 통합프로세스 모델을 통해서 개별 업무처리 주체는 누구인지? 어떤 데이타가 투입되어야 하는지? 어떤 데이타가 산출되는지를 확인할 수 있으며, 통합프로세스 모델의 일반적인 형태는 앞에서 설명한 프로세스모델과 같다(그림 12-1 고객주문처리 프로세스 참조).

Case in Point

정보시스템 개발사례 :
LG전자, 독창적인 제품과 혁신적인 기술을 토대로 진정한 글로벌 디지털 리더로 성장

LG전자는 1958년 국내 최초의 라디오 개발을 시작으로 지난 50년 간 첨단디지털 산업분야에서 세계 정상의 기술력을 확보하면서 현재 법인 및 지사 110여 개, 직원 82000명, 연간 매출 47조 원을 창출하는 세계 글로벌 기업으로 성장했다. 2010년 세계 전자 정보통신 업계의 Global Top3로 도약한다는 비전 달성을 목표로 사업분야를 확장하며 새로운 가능성을 키워가고 있다. 글로벌 기업으로 발돋움한 LG전자는 2010년 비전을 실현시키기 위해 전사적으로 통합된 하나의 전산시스템이 필수라고 판단하여 2005년부터 2010년까지 전사적인 기간시스템을 Global Single Instance 환경으로 구축하는 GERP 프로젝트를 추진하고 있다.

분산된 기간시스템 환경을 통합하는 Global Single Instance 의 필요성 인식

기업의 글로벌화가 진행됨에 따라 전 세계 법인의 업무처리 및 관리수준의 중요성이 높아지고 있는 가운데, LG전자도 지난 2005년부터 전 세계적으로 분산 환경을 통합 및 표준화하는 등 글로벌 경영의 기틀을 마련해 왔다. 당시 LG전자는 전 세계적으로 약 80여 개 마케팅법인 및 생산법인을 보유하고 있었다. ERP시스템의 경우, 본사 한 개, 국내 사업장 네 개, 해외지역 세 개 등 총 8개의 인스턴스를, 그리고 In-house ERP시스템인 M 시스템은 나머지 60 여 개 해외법인에 개별적인 인스턴스로 구현되어 있었다. 하지만, 법인에 따라 시스템 설계가 다르고 도입된 버전도 달라 운영 측면에서 통합된 ERP시스템으로의 전환이 꾸준히 요구되는 상황이었다. 이와 같이 각기 다른 버전의 ERP시스템과 기타 In-house ERP시스템이 혼재됨에 따라 많은 문제들이 지속적으로 발생했다. 특히 이들 시스템들은 복잡한 인터페이스로 인해 사용과 관리에 어려울 뿐만 아니라, 속도가 저하되고 정보 정확성을 신뢰할 수 없을 뿐만 아니라 시스템의 변화에 기민하게 대응할 수 없다는 문제가 제기됐다. 예를 들어, 회계결산이나 글로벌 연결 수익성 분석업무 수행 시 전 세계 법인에서 데이타를 취합하는 데 많은 시간이 소요되었으며, 조직변경이나 베스트프랙티스의 확산 적용에 기민하게 대응할 수 없었다. 또한, 각 사업부/자회사마다 다른 프로세스 때문에 글로벌 재고추적, 판매비용 상세분석 등 완벽한 가시성을 확보할 수 없었으며 마스터 데이타의 중복으로 재고 및 BOM 정보 등 정확한 데이타를 활용하는 데 어려움이 따랐다. 이와 같이 법인별로 개별적인 ERP 시스템을 구축 및 운영하는 것이 글로벌 기업경영의 전사적 효율성이나 투자 ROI 측면에서 더 이상 바람직하지 않는 것으로 나타남에 따라 LG전자는 GSI(Global Single Instance) 기반의 ERP시스템을 구축함으로써 국내 사업장은 물론, 전 세계 법인을 통합하는 운영 최적화를 추진하기로 결정했다.

통합시스템 구축 과정

통합의 범위는 크게 생산, 영업, 재경 및 서비스 부문으로 나뉘어 진행되었으며, LG전자는 이들 업무 도메인별로 우선, 글로벌 통합을 위한 To-Be 프로세스와 마스터 데이타의 표준화 및 통합 작업을 수행한 다음, 설계,

개발 및 단위 테스트를 실시하는 한편, 오라클 Standard 패키지에 LG 전자의 요구 사항이 반영되도록 요청했다. 약 2,200 여 개의 테스트 시나리오는 별도의 현업 검증을 통해 보완되었으며, 다섯 차례의 테스트를 진행하며 점차적으로 확대 적용되었다. 테스트는 프로젝트팀 외에도 Key user가 함께 참여하였으며, 결산의 정확성(Accuracy)을 검증하기 위해 테스트 데이타를 기반으로 사전점검을 수행하였다.

생산 영역에서는 기존 네 개 사업본부 ERP시스템의 모듈 통합 및 표준화, 양산 품질/Inbound WMS 등의 Standard 모듈 적용, 그리고 수입 선적, 물류&관세환급 등 관련 시스템과의 연계작업을 수행했다. 영업 영역에서는 국내 및 해외 마케팅, 해외 법인에 대한 내수 및 수출프로세스 표준화 및 시스템 구축을 수행했으며, 재경 영역에서는 기존의 회계 ERP시스템에 반영된 사항을 포함하여 해외법인의 재경 업무프로세스를 표준화하여 시스템을 구축했다. LG전자 GERP 시스템은 Oracle Real Application Clusters 10g 4 node 기반에서 운영되고 있으며, LG전자는 SPOF(Single Point of failure)의 제거를 위해 서버, 스토리지, 네트워크 등 모든 구성 요소를 이중화, 다중화했다. 현재 이 시스템을 지원하는 DB사이즈는 5TB (2008 년 4월 기준)이며 매월 1TB(2008 년 3월 증가량)씩 증가하고 있다. 피크 타임(Peak Time) 시 접속자 수(1 시간)는 8000 명에 이르며 Redo 발생량 5,000,000 /sec 내외, Logical Read 1,300,000 /sec 내외 이른다. 이에 앞서 LG전자는 2005년 10월부터 2006년 4월까지 Oracle HRMS 를 기반으로 글로벌 인사시스템(GHRS; Global Human Resource System)을 구축해 전세계적으로 표준화된 인사프로세스 및 시스템 환경을 구현했으며, 2006년 7월부터 9월까지 Oracle SOA Suite 를 이용한 표준 웹 서비스 통합을 수행함으로써 IT 업계 표준을 준수하고 확장성과 연동성을 확보할 수 있는 토대를 마련했다.

▸ http://www.oracle.com/global/kr/customers/profiles/applications/lge_gerp.pdf

04 정보시스템 설계 및 구현

4.1 기능뷰의 설계 및 구현

• 프로그램 설계 원리
요구분석 결과 도출된 기능들을 명시적으로 표시하기 위한 원칙으로 추상화, 구조화, 모듈화 등의 방법이 있다.

(1) 프로그램 설계의 원리

기능뷰의 요구분석을 통해서 정의된 기능들은 하위 단위프로그램의 구조를 통해서 실체화되기 때문에, 기능뷰의 설계를 프로그램 설계 또는 소프트웨어 설계라고 부르는데, 모든 시스템 개발자의 관심은 프로그램 설계의 내용을 어떻게 명시적으로 나타낼 것인가 이다. 많은 시행착오를 거치면서 끊임없이 새로운 프로그램 설계원리에 대한 연구를 계속하였으며, 그 결과 다음과 같은 프로그램 설계원리들이 개발되어 사용되고 있다.

- 추상화 : 추상화의 원리는 직접적으로 필요하지 않는 요소들을 감추는 것을 의미하며, 복잡한 현실적인 문제를 단계적으로 추상화함으로써 복잡한 문제를

그림 12-20 구조화의 원리를 이용한 프로그램 구조화

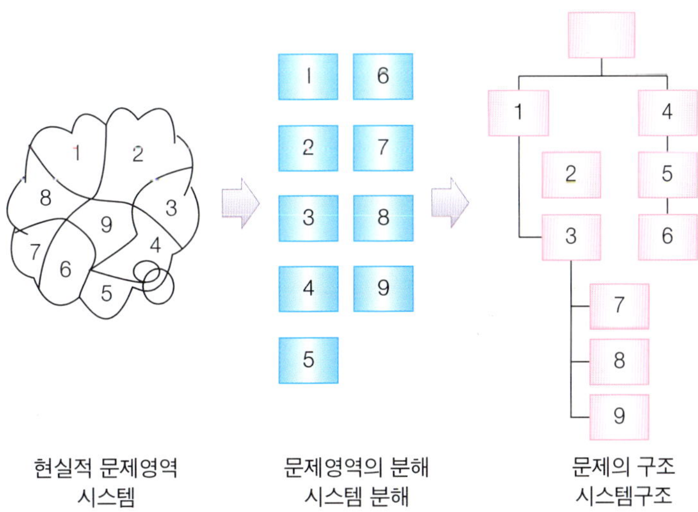

쉽게 이해할 수 있기 때문에, 프로그램 설계 시에도 이 같은 기본원리를 이용한다.

- 구조화 : 구조화의 원리는 시스템을 여러 개의 부분시스템으로 분해하여 체계적인 계층구조로 작성하여 전체 시스템구조 및 체계를 이해하려는 원리이다.
- 모듈화 : 모듈화의 원리는 전체 시스템을 여러 개의 부분 모듈로 분할하고, 부분 모듈을 다시 세분화하여 최하위 단위모듈들을 프로그램 설계의 대상으로 하는 설계원리이다.

●프로그램 설계
프로그램 설계과정을 거치면서 모듈 내부의 데이타변환 과정을 구체화하는 작업

(2) 프로그램 설계 및 구현

프로그램 설계에 추상화의 원리가 적용되기 때문에, 모듈구성에서는 내부의 작동원리를 알 수 없지만, 프로그램 설계과정을 거치면서 모듈 내부의 작동원리가 구체화되는데, 이처럼 모듈 내부의 데이타변환 과정을 구체화하는 작업을 프로그램 설계라 한다. 프로그램 설계 및 구현과정은 기능모델을 통해서 작성된 업무흐

그림 12-21 시스템 설계 및 구현과정

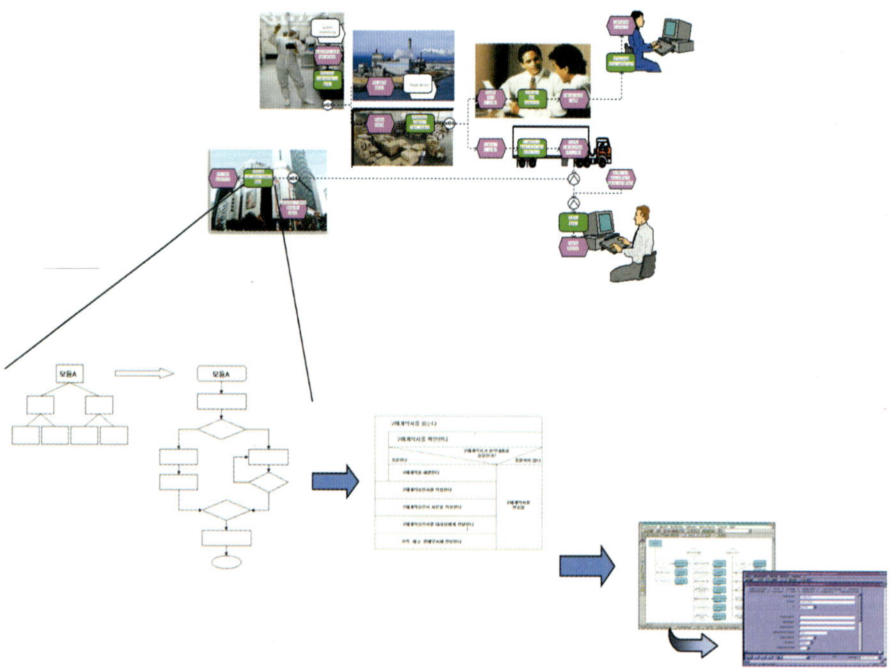

름도의 개별 기능들을 계층화하고 이를 프로그램구조도로 전환하여 최종 시스템으로 구현하는 것이며, [그림 12-21]은 요구분석 단계의 작업으로부터 최종 시스템으로 구현되기까지의 과정을 나타낸 것이다.

최종 시스템을 구현하는 방법은 직접 개발하는 방법 이외에 표준패키지를 구입하는 방법이 있는데, 이 경우에는 시스템 분석단계를 통해서 작성된 기능모델을 근거로 이를 효율적으로 지원할 수 있는 표준패키지를 선정하는 과정이 필요하다.

4.2 데이타뷰와 조직뷰의 설계 및 구현

(1) 데이타뷰의 설계 및 구현

데이타뷰의 설계는 논리적 데이타구조를 설명하는 것을 말하며, 이를 위한 첫 번째 작업은 데이타베이스를 디자인하는 것이며, 두 번째 작업은 데이타구조를 데이타모델로 전환하는 것이다. 데이타모델은 구체적인 데이타베이스시스템을 통해서 디자인되는데, 계층형 데이타베이스시스템을 택할 것인지? 네트워크형 혹은 관계형 데이타베이스시스템을 택할 것인지를 결정하여야 한다. 계층형, 네트워크형 그리고 관계형 데이타베이스시스템은 각각 장단점이 있기 때문에, 개발하려는 시스템의 성격과 사용되는 데이타의 양과 특징 등을 고려하여 결정해야 한다. 실제 기업에서는 관계형 데이타베이스시스템 형태를 가장 선호하는 것으로 나타나고 있다. 그리고 데이타뷰의 구현작업은 데이타모델을 구체적인 데이타베이스시스템으로 전환하는 것이다. 데이타모델을 데이타베이스시스템으로 전환하기 위해서는 데이타베이스 징의어(DDL: Data Description Language)가 필요한데, 관계형 데이타베이스 언어인 IBM의 DB/2 등이 주로 많이 사용되고 있다.

(2) 조직뷰의 설계 및 구현

● 조직뷰의 설계
조직뷰의 설계단계에서 조직 단위 사이의 네트워크 토폴로지를 설계하는 작업

분석단계에서 작성된 조직모델은 정적인 구조만을 나타낸 것이기 때문에, 조직 단위 사이의 커뮤니케이션이나 조정이 필요하다. 조직뷰의 설계단계에서는 조직 단위 사이의 이러한 네트워크 토폴로지(Network Topology)를 설계하는 것이다. 네트워크 토폴로지란, 조직단위들이 업무처리를 위해서 어떻게 집중되고, 어떻게 분

• 네트워크 토폴로지
조직 단위들이 업무처리를 위해서 어떻게 집중되고, 어떻게 분석되는지를 설명하는 모형

산되는지를 설명하는 것이라 할 수 있으며, 이는 개별 조직단위가 컴퓨터시스템에 배치되는 방식을 통해서 설명된다. 조직뷰의 구현이라 함은, 네트워크 토폴로지의 내용을 구체화하는 것이며, 다음은 네트워크 토폴로지의 내용을 구체화한 예이다.

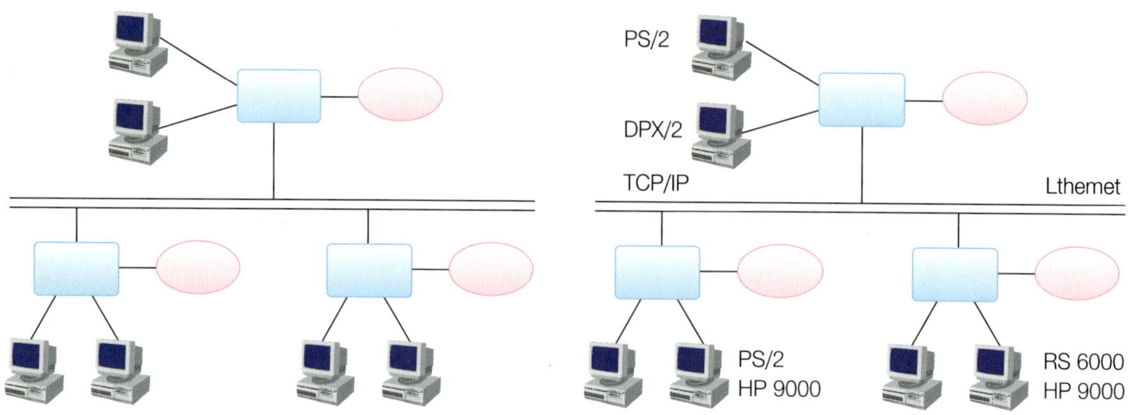

(a) 네트워크 토폴로지 모형

(b) 네트워크 토폴로지의 구현 사례

4.3 시스템 테스트 및 설치

시스템 구현단계를 통해서 물리적인 시스템은 구현되었지만, 아직 사용자가 원하는 업무를 효율적으로 처리할 수 있는지가 검증된 것은 아니다. 따라서 시스템이 구현된 후, 다양한 테스트 과정을 거쳐서 시스템의 신뢰성을 검증하고 설치 운영하는 것이 바람직하다. 시스템 테스트와 병행하여 사용자들이 시스템을 이용하는데 필요한 시스템설명서를 작성하고, 시스템 이용에 대한 사용자 교육도 이루어지는 것이 보통이다.

• 시스템 테스트
시스템품질을 향상시키기 위해서 오류를 찾아내고 수정하여 사용자의 요구를 충족시켜 줄 수 있는 완전한 시스템으로 완성해 가는 과정

(1) 시스템 테스트

시스템 테스트과정은 결국 구현된 시스템 품질을 향상시키기 위해서 필요한 단계라고 할 수 있기 때문에, 단순히 시스템 오류만을 찾아내는 것이 아니라, 오류를 찾아내고 수정하여 사용자의 요구를 충족시켜 줄 수 있는 완전한 시스템을 만들어 가는 과정이다. 따라서 테스트 방법과 유형 그리고 테스트 전략이 사전에 철

저하게 계획되어야 하며, 최소한의 시간과 노력을 투입하여 여러 종류의 오류를 체계적으로 찾아내기 위해서 길잡이 역할을 할 수 있는 테스트 원칙을 수립하는 것도 중요하다. 현재 가장 일반적으로 사용되는 있는 테스트 방법으로는 다음과 같은 방법들이 있다.

- 검은 박스 테스팅(Black-Box Testing) : 시스템 기능에 초점을 맞추어 구현된 시스템이 사용자가 원하는 기능을 수행할 수 있는지의 여부만을 검사하는 방법
- 하얀 박스 테스팅(White-Box Testing) : 검은 박스 테스팅은 구현된 시스템의 효율성은 검사하지 않고 단지 사용자가 원하는 기능이 수행되는지 만을 검사하는 반면, 하얀 박스 테스팅은 프로그램 내부의 논리적인 모순들을 테스트 대상으로 하는 테스팅 방법
- 회색 박스 테스팅(Gray-Box Testing) : 검은 박스 테스팅과 하얀 박스 테스팅의 혼합 형태로 시스템 기능과 기능을 수행하는 프로그램 내부를 동시에 테스팅 하는 방법

●시스템 설치

기존의 시스템을 새로 구현된 시스템으로 전환하는 것을 말하며, 물리적 시스템의 교체는 물론, 데이타의 교환까지를 포함한다.

(2) 시스템 설치

시스템 설치란 기존의 시스템을 새로 구현된 시스템으로 전환하는 것을 말하는데, 이는 단순히 물리적인 시스템의 교체만을 의미하는 것이 아니라, 데이타의 전환까지를 의미한다. 기존의 시스템을 새로운 시스템으로 전환하여 전혀 새로운 방식으로 업무를 처리한다는 것은 시스템 테스팅 과정을 거쳤다 하더라도 위험이 따르게 마련이다. 따라서 위험을 최소화할 수 있는 방법을 선택해야 하는데, 일반적으로 시스템을 설치하는 방법에는 다음과 같은 방법이 있다.

- 직접설치 : 시스템을 전환하기 위해서 특정 날짜를 정하고 정해진 날짜에 기존의 시스템 사용을 중지하고 새로운 시스템으로 일괄적으로 전환하여 이용하는 방법
- 병행설치 : 시스템을 전환하기 위해서 특정 날짜를 정하여 정해지 날짜에 새로운 시스템으로 전환하되, 일정 기간을 정하여 기존의 시스템과 새로운 시스템을 동시에 운영하는 방법
- 파일럿 설치 : 새로운 시스템이 여러 곳에서 동시에 이용될 때 지역적으로 구분

그림 12-22 시스템 설치방법

하여 일정 지역에서 먼저 새로운 시스템으로 전환하여 시험적으로 운영하고 시스템 운영에 문제가 발생하지 않으면 전 지역으로 확대하여 모든 시스템을 전환하는 방법

- 단계적 설치 : 새로운 시스템의 몇 가지 기능만을 시험적으로 설치하여 운영한 후 문제가 발생하지 않으면 단계적으로 기능을 확대하여 설치하여 운영하는 방법

05 정보시스템 유지보수

5.1 시스템 유지보수 및 유지보수 방법

시스템 유지보수란, 개발된 시스템을 운영하면서 또 다른 시스템으로 대체되는 순간까지의 수명을 연장시키기 위한 일련의 작업들을 말한다. 그러나 시스템 유지보수는 일단 시스템이 개발된 후의 일이기 때문에, 시스템을 개발하는 과정에서는 시스템 유지보수에 대해서 많은 주의를 기울이지 않는 것이 사실이다. 그러나

● **시스템 유지보수**
개발된 시스템을 운영하면서 또 다른 시스템으로 대체되는 순간까지 시스템의 수명을 연장시키기 위한 일련의 작업과정으로 수정적 유지보수, 조정적 유지보수, 예방적 유지보수 방법 등이 동원된다.

Putnam의 시스템 생명주기 예측모형에 의하면, 전체 시스템 개발 노력에서 시스템 정의 및 요구분석에 소요되는 노력이 약 20% 정도이며, 시스템 개발이 차지하는 비중은 약 40% 정도인 반면, 시스템 운영 및 유지보수가 차지하는 비중은 약 60% 정도이다. 이는 시스템 개발 못지않게 유지보수를 위한 작업이 더 중요하다는 것을 의미한다.

비용적인 측면에서도 일단 시스템이 개발되어 사용되기 시작하면 시스템 운영에 필요한 비용 이외에 추가적인 비용은 발생하지 않지만, 시스템이 폐기되어 새로운 시스템으로 대체되는 순간까지 유지보수 비용이 발생하게 된다. 특히, 시스템 운영 초기단계는 사용미숙으로 인한 오작동 및 오류가 빈번하게 발생하여 많은 비용이 발생하게 된다. 또한 시스템이 폐기되기까지 상당한 시간이 흘러 업무처리 환경이 변화되고 업무의 내용이 변함에 따라 지속적인 유지보수가 필요하기 때문에 추가적인 비용발생 요인이 나타난다. 즉, 시스템 운영말기에 가까울수록 유지보수의 내용이 많아지고 복잡해지며, 따라서 많은 비용이 요구된다.

시스템 유지보수는 목적에 따라 다음과 같이 구분된다.

- 수정적 유지보수 : 시스템 운영과정에서 발견된 결함이나 오류를 찾아내고 이를 수정하기 위한 작업
- 조정적 유지보수 : 시스템 자체의 결함이 아닌 새로운 환경변화에 적응하기 위해서 새로운 소프트웨어나 하드웨어를 사용하는데 현재의 시스템을 조정해야

그림 12-23 유지보수를 위한 비용

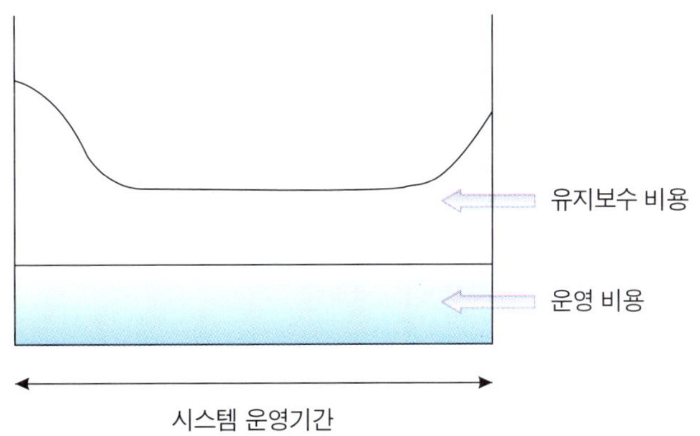

하는 경우 이를 조정하는 작업

- 예방적 유지보수 : 향후 예상되는 새로운 환경변화에 적응하기 위해서 데이타구조나 시스템 성능을 보완할 필요가 있을 때 이를 개선하는 작업

5.2 시스템의 진화와 사망

시스템은 유지보수 과정을 거쳐 부분적으로 새로워지면서 수명이 다할 때까지 진화한다. 시스템 진화의 의미는 시스템이 운영되면서 제기되는 다양한 사용자의 요구를 충족시키며 환경변화와 정보기술 변화를 수용하여 다른 시스템과의 연계영역을 넓혀가는 등 지속적으로 변화함을 의미한다. 그러나 유지보수를 통해서 시스템이 끝없이 진화될 수는 없으며, 어느 순간 진화의 끝이 존재하게 된다. 시스템 진화의 끝은 시스템이 폐기되는 순간이다. 시스템 자체가 생명력을 가지지 못하지만, 다른 시스템으로 대체되는 순간까지를 시스템의 생명주기라 하며, 생명주기 동안 생명을 연장하기 위해서 다양한 유지보수 방법들이 동원된다. 시스템이 생명을 다하고 다른 시스템으로 대체되는 이유는 일반적으로 다음과 같다.

- 새로운 환경변화를 더 이상 수용할 수 없을 때
- 업무의 변화로 인해서 많은 시스템의 기능이 불필요하게 될 때
- 시스템 고장으로 기능을 상실할 때

SUMMARY 요 약

기업의 목표를 달성하기 위해서 정의된 업무를 수행하는 도구로서의 정보시스템을 개발하는 작업에는 다양한 이해관계자들이 참여하게 된다(시스템오너, 시스템사용자, 시스템분석가, 설계자 및 구현자, 프로젝트관리자). 그러나 이들은 각자의 이해관계에 따라서 서로 다른 시각을 가지고 정보시스템을 평가하기 때문에, 이해관계자들의 평가기준을 충족시킬 수 있는 시스템을 개발하는 것이 매우 중요하다. 정보시스템의 품질을 결정짓는 평가기준에는 다음과 같은 요인들이 있다. 사용편리성과 견고성, 효율성, 신뢰성, 정확성, 관리용이성 등.

개발하려는 시스템의 규모와 복잡도에 따라서 차이는 있지만, 서로 다른 시각을 가진 다양한 이해관계자들의 공동의 노력으로 진행되기 때문에, 대상 영역을 이해하고 시스템 개발계획을 수립하며, 사용자들의 요구를 분석하여 이를 충족시킬 수 있도록 설계하고 구현하는 일련의 체계적인 작업과정이 필요한데, 이를 시스템 개발방법론이라 한다. 대표적인 시스템 개발방법론은 전통적인 폭포수모형, 프로토타이핑모형과 나선형모형, 구조적 방법론과 객체지향적 개발방법론 등이 있으며, 일반적으로 시스템계획, 시스템분석 및 설계, 구현 및 유지보수 단계로 나누어진다.

개발계획 단계는 해당 영역이나 기존 시스템에 대한 문제를 이해하고, 개발하려는 시스템을 정의하여 타당성을 분석하고, 타당성이 입증되면, 구체적인 개발계획을 수립하는 과정이다. 구체적인 작업내용은 시스템 개발이 꼭 필요한가, 시스템 개발 이외의 다른 효과적인 대안은 없는가, 시스템을 개발해야 한다면, 어떤 기능을 가진 어떤 시스템이어야 하는가, 기술적으로 구현 가능한가, 개발인원을 얼마나 필요하며, 개발비용은 얼마나 소요될 것인가 등에 대한 내용들을 개괄적으로 분석하는 것이다. 사전연구 결과는 시스템정의서로 작성되며, 이를 근거로 경제적 타당성과 기술적 구현가능성 그리고 법적인 타당성을 분석하게 된다. 타당성이 입증되면, 개발프로젝트팀을 구성하고 개발인력, 개발비용, 개발절차, 개발환경, 개발일정 등 시스템 개발에 필요한 세부사항들을 계획하며, 그 결과는 시스템 개발 계획서라는 문서로 작성된다.

정보시스템 분석단계는 계획단계에서 작성된 시스템정의서와 시스템 개발계획서의 내용을 근거로 개발하려는 시스템에 대한 요구사항을 파악하고 정리하여 시스템이 갖추어야 할 모습을 구체화하는 단계이다. 시스템분석의 실패는 전체 개발프로젝트의 실패로 이어지기 때문에, 현재의 업무처리방식이나 사용자의 요구사항을 정확하게 파악하는 것이 중요하다. 시스템분석가가 분석할 내용은 시스템운영 상의 요구조건, 시스템품질 상의 요구조건, 기술적인 요구조건, 테스트 및 유지보수를 위한 요구조건, 시스템구현을 위한 요구조건 등 있다. 일반적으로 사용되는 사용자 요구분석기법은 입력되고 출력되는 데이타의 동적인 흐름을 중심으로 하는 자료흐름 지향적 분석기법과 입·출력 데이타의 정적인 구조를 중심으로 하는 자료구조 지향적 분석기법 그리고 분석대상의 복잡도를 줄이기 위해서 분석영역을 기능뷰, 데이타뷰, 조직뷰로 나누어 개별 모델을 작성한 후, 이를 통합하는 통합프로세스 지향적 분석기법 등이 있다.

정보시스템 설계 및 구현단계는 사용자 요구분석결과가 충족될 수 있도록 개발시스템을 디자인하고 물리적인 시스템으로 완성하는 단계이다. 설계단계의 핵심은 데이타를 입력 받아 변환과정을 거쳐 출력데이타로 변환시키는 기능이 효율적으로 작동하도록 디자인하는 것이며, 이는 물리적인 최종 시스템으로 구현된다. 최종 시스템을 구현하는 방법은 직접 개발하는 방법 이외에 표준패키지를 구입하는 방법도 가능하며, 이 경우에는 시스템분석단계에서 작성된 결과를 근거로 이를 효율적으로 지원할 수 있는 표준패키지를 선정하는 과정이 필요하다.

정보시스템 구현단계를 거쳐 새로운 시스템으로 데이타가 전환되면 사실상의 시스템 개발 과정은 종료되지만, 시스템 운영과정에서 발행하는 다양한 오류와 문제점들은 수정하는 유지보수 단계로 이어진다. 유지보수 작업을 통해서 새로운 환경변화를 수용할 수 없거나, 업무의 변화로 인해서 시스템을 유지보수 하는 것보다 새로운 시스템을 개발하는 것이 더 효율적이라는 의사결정이 내려지면, 현재의 시스템은 기존의 시스템이 되며, 새로운 시스템 개발 프로젝트가 시작된다.

연 습 문 제

01. 정보시스템 개발 프로젝트에 참여하는 이해관계자의 유형과 이들 이해관계자들의 역할에 대해서 설명하시오.

02. 정보시스템 개발에 참여하는 이해관계자의 시각을 정리하고 이로부터 유추할 수 있는 정보시스템 품질평가 기준에 대해서 설명하시오.

03. 전통적인 폭포수모형의 특징과 장점 및 단점에 대해서 설명하시오.

04. 시스템 개발 계획수립 단계에서 해당 영역의 문제점들을 도출하기 위해서 사용되는 PIECES 프레임워크에 대해서 설명하시오.

05. 시스템 개발 계획수립 단계의 타당성 분석의 의미와 범위에 대해서 설명하시오.

06. 정보시스템 분석단계에서 시스템 분석가가 분석할 대상 즉, 요구분석 내용에는 어떤 것들이 있는지 설명하시오.

07. 정보시스템 분석단계에서 시스템분석가의 주된 임무는 다양한 사용자의 요구들을 분석하여 체계적으로 정리하는 것이다. 분석가로서의 이러한 역할을 수행하기 위해서 필요한 시스템분석가의 자질에 대해서 설명하시오.

08. 사용자 요구분석 방법 중 자료흐름 지향적 분석기법과 자료구조 지향적 분석기법 그리고 통합프로세스 지향적 분석기법에 대해서 설명하시오.

09. 정보시스템 기능(프로그램) 설계에 적용되는 설계원리에 대해서 설명하고, 프로그램 설계 및 구현의 절차에 대해서 설명하시오.

10. 시스템설치는 물리적 시스템의 교체만을 의미하는 것이 아니라, 데이타의 전환까지를 의미하기 때문에, 테스트과정을 거쳤다 하더라도 상당한 위험이 따른다. 위험을 최소화하기 위해서 사용되는 시스템설치 방법들에 대해서 설명하시오.

11. 정보시스템 유지보수의 의미와 유형에 대해서 설명하시오.

참고문헌 Refereces

- 권영오 외, 시스템 분석 및 설계, 양서각 2003.
- 손승희, 시스템 분석 및 설계, 도서출판 그린 2004.
- 정대율 외, 정보시스템 분석 및 설계, 컴원미디어 2007.
- 허원실, 시스템 분석과 설계-효과적인 비지니스 정보시스템 개발, 한빛미디어 2006.
- G.B.Shelly, T.J.Cashman, H.J.Rosenblatt, *System Analysis and Design*, Thomson 2006.
- J.L.Whitten, L.D.Bentley, *Introduction to System Analysis and Design*, McGraw-Hill 2008.
- R.Stair, G.Reynolds, *Fundamentals of Information Systems*, 4th, Tomson 2008.

국문색인

ㅊ

ㅋ

ㅌ

ㅍ

ㅎ

영문색인

T

U

V

W

X

저자소개

■ 최재화
- University of Maryland, College Park, 경영학 박사
- 현재 단국대학교 경영학부 교수

■ 손승희
- (독일) Halle-Wittenberg 대학교, 경영정보학 박사
- 현재 단국대학교 경영학부 교수

■ 장윤희
- 서강대학교, 경영학 박사
- 현재 단국대학교 경영학부 교수

■ 유기동
- 포항공과대학교, 공학 박사
- 현재 단국대학교 경영학부 교수

글로벌경영을 위한 정보시스템

2009년 3월 5일 1쇄 인쇄
2009년 3월 10일 1쇄 발행

저 자 최재화·손승희
장윤희·유기동
발행인 류재식·김영철
발행처 도서출판 북넷

서울시 용산구 효창동 5-3 대신빌딩 2층
등 록 2007. 11. 1 / 제203-90-00857
전 화 (02) 395-2341
팩 스 (02) 395-2303

정가 35,000원

ISBN 978-89-93740-00-4 (93320)

e-mail : book2341@naver.com